"十二五"国家重点图书出版规划项目

中国社会科学院创新工程学术出版资助项目

总主编：金 碚

经济管理学科前沿研究报告系列丛书

THE FRONTIER RESEARCH REPORT ON
DISCIPLINE OF
MARKETING MANAGEMENT

赵占波　张永军　李季　主编

市场营销学学科前沿研究报告

经济管理出版社
ECONOMY & MANAGEMENT PUBLISHING HOUSE

图书在版编目（CIP）数据

市场营销学学科前沿研究报告 2011/赵占波，张永军，李季主编. —北京：
经济管理出版社，2015.3
ISBN 978-7-5096-3609-1

Ⅰ.①市… Ⅱ.①赵… ②张… ③李… Ⅲ.①市场营销学—研究报告—2011
Ⅳ.①F713.50

中国版本图书馆 CIP 数据核字（2015）第 015296 号

组稿编辑：张　艳
责任编辑：张　艳　丁慧敏　郭慧莉
责任印制：司东翔
责任校对：车立佳

出版发行：经济管理出版社
　　　　　（北京市海淀区北蜂窝 8 号中雅大厦 A 座 11 层　100038）
网　　址：www.E-mp.com.cn
电　　话：(010) 51915602
印　　刷：三河市延风印装有限公司
经　　销：新华书店
开　　本：787mm×1092mm/16
印　　张：31.5
字　　数：713 千字
版　　次：2015 年 7 月第 1 版　2015 年 7 月第 1 次印刷
书　　号：ISBN 978-7-5096-3609-1
定　　价：98.00 元

《经济管理学科前沿研究报告》
专家委员会

《经济管理学科前沿研究报告》
编辑委员会

总主编：金 碚

副总主编：徐二明　高　闯　赵景华

编辑委员会委员（按姓氏笔划排序）：

序 言

为了落实中国社会科学院哲学社会科学创新工程的实施，加快建设哲学社会科学创新体系，实现中国社会科学院成为马克思主义的坚强阵地、党中央国务院的思想库和智囊团、哲学社会科学的最高殿堂的定位要求，提升中国社会科学院在国际、国内哲学社会科学领域的话语权和影响力，加快中国社会科学院哲学社会科学学科建设，推进哲学社会科学的繁荣发展具有重大意义。

旨在准确把握经济和管理学科前沿发展状况，评估各学科发展近况，及时跟踪国内外学科发展的最新动态，准确把握学科前沿，引领学科发展方向，积极推进学科建设，特组织中国社会科学院和全国重点大学的专家学者研究撰写《经济管理学科前沿研究报告》。本系列报告的研究和出版得到了国家新闻出版广电总局的支持和肯定，特将本系列报告丛书列为"十二五"国家重点图书出版项目。

《经济管理学科前沿研究报告》包括经济学和管理学两大学科。经济学包括能源经济学、旅游经济学、服务经济学、农业经济学、国际经济合作、世界经济、资源与环境经济学、区域经济学、财政学、金融学、产业经济学、国际贸易学、劳动经济学、数量经济学、统计学。管理学包括工商管理学科、公共管理学科、管理科学与工程三个学科。工商管理学科包括管理学、创新管理、战略管理、技术管理与技术创新、公司治理、会计与审计、财务管理、市场营销、人力资源管理、组织行为学、企业信息管理、物流供应链管理、创业与中小企业管理等学科及研究方向；公共管理学科包括公共行政学、公共政策学、政府绩效管理学、公共部门战略管理学、城市管理学、危机管理学、公共部门经济学、电子政务学、社会保障学、政治学、公共政策与政府管理等学科及研究方向；管理科学与工程包括工程管理、电子商务、管理心理与行为、管理系统工程、信息系统与管理、数据科学、智能制造与运营等学科及研究方向。

《经济管理学科前沿研究报告》依托中国社会科学院独特的学术地位和超前的研究优势，撰写出具有一流水准的哲学社会科学前沿报告，致力于体现以下特点：

（1）前沿性。本系列报告能体现国内外学科发展的最新前沿动态，包括各学术领域内的最新理论观点和方法、热点问题及重大理论创新。

（2）系统性。本系列报告囊括学科发展的所有范畴和领域。一方面，学科覆盖具有全面性，包括本年度不同学科的科研成果、理论发展、科研队伍的建设，以及某学科发展过程中具有的优势和存在的问题；另一方面，就各学科而言，还将涉及该学科下的各个二级学科，既包括学科的传统范畴，也包括新兴领域。

（3）权威性。本系列报告由各个学科内长期从事理论研究的专家、学者主编和组织本领域内一流的专家、学者进行撰写，无疑将是各学科内的权威学术研究。

（4）文献性。本系列报告不仅系统总结和评价了每年各个学科的发展历程，还提炼了各学科学术发展进程中的重大问题、重大事件及重要学术成果，因此具有工具书式的资料性，为哲学社会科学研究的进一步发展奠定了新的基础。

《经济管理学科前沿研究报告》全面体现了经济、管理学科及研究方向本年度国内外的发展状况、最新动态、重要理论观点、前沿问题、热点问题等。该系列报告包括经济学、管理学一级学科和二级学科以及一些重要的研究方向，其中经济学科及研究方向 15个，管理学科及研究方向 45个。该系列丛书按年度撰写出版 60 部学科前沿报告，成为系统研究的年度连续出版物。这项工作虽然是学术研究的一项基础工作，但意义十分重大。要想做好这项工作，需要大量的组织、协调、研究工作，更需要专家学者付出大量的时间和艰苦的努力，在此，特向参与本研究的院内外专家、学者和参与出版工作的同仁表示由衷的敬意和感谢。相信在大家的齐心努力下，会进一步推动中国对经济学和管理学学科建设的研究，同时，也希望本系列报告的连续出版能提升我国经济和管理学科的研究水平。

金碚

2014 年 5 月

目　录

第一章 市场营销学科2011年国内外文献综述

伴随着经济的发展和移动互联网技术的快速普及，营销学也在发生巨大的变化。纵观2011年，国内外的专家学者在营销学的理论和实践研究方面取得了丰硕的成果。

我们从国内外期刊论文、国内外图书和国内外大事记三个方面选择了能代表营销领域最高水平的研究成果进行整理总结。具体地，国内期刊部分，选择了来自于《管理世界》、《南开管理评论》、《营销科学学报》、《管理科学》、《管理评论》和《管理学报》等国内顶级的管理和营销学期刊的20篇营销学术论文；国外期刊部分，选择了来自Journal of Consumer Research、Journal of Marketing、Journal of Marketing Research、Marketing Science等世界顶级营销期刊的19篇论文。国内外图书部分，选择了具有代表性的15本中文著作和20本英文图书。大事记部分，选择了2011年对于营销学学界具有重大影响的10个会议，其中5个为国内会议，5个为国际会议。这些研究涵盖了营销学各个不同的领域，希望能为开阔读者眼界，了解国内外营销学术研究的方向，以及提升研究水平有所帮助。

一、国内期刊论文综述

本章涉及的学术论文均来自于国内顶级的管理和营销学期刊，其中4篇来自于《管理世界》，6篇来自于《南开管理评论》，4篇来自于《营销科学学报》，其他来自于《管理科学》、《管理评论》和《管理学报》。从研究主题上看，2011年市场营销学科的学术论文涵盖了产品品牌、广告传播、消费者心理与行为、网络营销、跨国营销等众多的前沿和热点问题，主要有以下特点：一是对于品牌研究较为全面而深入，从品牌名称、品牌故事、品牌资产、品牌危机等角度进行了较为深入的探讨；二是对于消费者行为的研究有了进一步的进展，讨论了顾客满意与顾客忠诚的形成机制、消费者选择行为的影响因素等问题；三是关于促销的研究出现了新的创新点，例如提出了关系促销这样的新概念等；四是网络营销作为近几年新兴的研究领域继续成为焦点，研究方向主要包括网络营销过程中的口碑传播、个性化推荐等。这些论文所关注的方向对于营销研究人员来说具有指明未来研究方向的作用，对于管理人士以及普通读者来说，阅读这些文章可以更加深刻地了解消费者、理解品牌价值，从而在实际工作中更有效地进行营销活动。

所选文章中有5篇研究品牌，分别从品牌名称、品牌故事、品牌资产、品牌危机和服务品牌等角度展开研究。例如，孙瑾和张红霞从暗示性品牌名字的角度切入，系统分析了中国服务业领域中暗示性品牌名字对消费者品牌态度的影响，发现品牌的暗示性与广告信息之间会产生交互作用。汪涛、周玲等的研究以叙事理论为基础，运用案例研究方法建立了建构和传播品牌故事的品牌叙事理论框架。何佳讯等致力于品牌资产的研究，开发出中国文化背景下的代际品牌资产量表，提出并验证了正向和反向代际品牌资产的结构内容。陈晔、白长虹等通过多行业的跨案例研究找出服务品牌内化的内生构成因素，并构建了服务品牌内化的概念模型。方正、杨洋等对可辩解型产品伤害危机发生后哪种应对策略能有效保护品牌资产这一问题展开研究，指出对于企业自身而言，最优的是辩解策略，其次是攻击策略和缄默策略，最差的是和解策略。

有 6 篇文章从消费者行为的角度展开研究，主要方向包括消费者选择与购买行为、顾客满意与顾客忠诚等。在选择与购买行为方面，杜晓梦和张黎研究了消费者偏好，考察在目标系统理论中，增加一个附加目标对原有手段偏好度评价的影响。李东进等研究了错过购买的现象，发现消费者错过购买后，后悔会促使消费者提高未来购买意向，营销者可通过激发和利用消费者的后悔，促使其下一次购买。陈峻松、符国群等考察了诱导性信息对消费者选择的折中效应的影响，发现诱导性信息呈现的方式和时间会影响折中效应。阎俊、蒋音波、常亚平通过因子分析发现了消费者口碑传播的九种动机，并采用回归分析研究了动机与口碑传播行为的关系。

在顾客满意与顾客忠诚方面，寿志钢、王峰等研究者着眼于顾客的累积满意度领域，以动态的顾客期望为基础，建立了一个测量累积满意度的解析模型，并将该模型运用于企业促销资源的优化分配。易牧农和楚天舒研究了信任对于顾客满意到顾客忠诚转化过程的影响。将顾客信任划分为事先信任和后续信任，以事先信任为源头，以顾客满意、后续信任和顾客承诺为中介变量，建立顾客忠诚的形成机理模型。

有 6 篇文章对商品定价、渠道、促销、广告、企业社会责任等传统的营销领域进行了创新性研究。在商品定价方面，韦夏、王光耀、涂荣庭针对分标价定价策略的负面效果进行了研究，提出当消费者发现分标价产品的实际价格高于回忆价格时，购买满意度、重购意愿及对企业的正面口碑和信任都会显著降低。在渠道方面，学者们研究了渠道成员之间的信任和互动关系，寿志钢、朱文婷等以角色理论和公平理论为基础，探讨行为控制降低受控方被信任感的边界条件，提出受控方的角色感知和公平感知是影响受控方被信任感的权变因素。促销方面，贾思雪等首次提出了关系促销的理论，并建立了关系促销理论的综合模型，指出与传统促销不同，关系促销关注利益相关者的利益和关系，还可成为长期性促进销售的工具。陈荣、苏淞等探究了在不同的奖品组合下相似效应和折中效应的作用，将积分奖励计划中商品类别分为三大类：与企业核心业务相关、与企业增值业务相关以及与企业业务不相关的奖品，测试消费者对三类奖品组合变化的偏好。广告方面，纪文波和彭泗清将研究焦点投向于广告效力，探讨了心理距离与广告导向是如何影响消费者态度的。发现当心理距离与广告导向相互匹配时，消费者呈现出更为积极的态度，同时消费者的感知流畅性也更好。社会责任方面，田志龙、王端等将市场细分运用于企业社会责任研究领域，从产品类型和消费者群体特征双重视角来探究消费者对于企业社会责任反映的特点及内在规律。

有 2 篇文章是关注网络营销的。其中，孙鲁平等着眼于个性化商品推荐，在"最近邻居"法的基础上，提出了加权协同过滤推荐方法，将商品评分的缺失模式相似性视为重要的消费者偏好信息加入商品相似性的计算，改进了现有方法只采用共同评分相似性的不足。宋晓兵等针对网络口碑区别于传统口碑的主要特点，提出了网络口碑对消费者产品态度的影响机理，认为网络口碑的论据质量和网络社区可靠性都会对消费者的产品态度产生正向影响。

另外，还有一篇文章研究国际营销。张峰和吴晓云着眼于跨国营销模式，从"母国—东道国"和"东道国—东道国"两类研究视角，检验了以品牌母国和品牌东道国为基准衍生出的营销标准化程度对东道国顾客心理的影响关系模型。

二、国外期刊论文综述

本部分中选择的 19 篇学术论文均来自于欧美顶级营销期刊，其中 4 篇来自于 Journal of Consumer Research，8 篇来自于 Journal of Marketing，4 篇来自于 Journal of Marketing Research，3 篇来自于 Marketing Science。这些文章的作者大多是世界一流大学的著名专家学者，代表了营销研究的最高水平，这些文章主题大多十分新颖，涵盖了消费者心理与行为、营销战略、营销计量与模型和网络营销等众多的前沿和热点问题。

其中，有 5 篇文章研究消费者心理与行为，这个领域长期以来一直是营销学者关注的热点。Mead 等发现社会排斥导致人群战略性增加消费支出以增强社会属性，Arsel 和 Thompson 从消费者态度和行为的角度对"市场神话"现象进行了解释，Tsai 和 Mcgill 则对流利和解释水平对消费者信心的影响机制进行了探索，Botti 和 Mcgill 对个人享乐与功利决策的因果关系以及与满意度之间的关系进行了研究，Hung 和 Wyer 认为消费者的自我倾注会对产品评估产生影响。

有 5 篇研究营销战略，关于营销战略的文章大多是对中国等新兴市场的研究，对中国读者而言有非常重要的参考价值。Sheng 等对在中国市场上商务与政治之间的联系对公司表现产生的影响进行了研究。Sheth 认为新兴市场有区别于传统化工业资本主义社会，表现为五个关键特质：异质性，社会政治智力，资源的长期短缺，未打上烙印的竞争以及不足的新兴市场基础设施。Day 认为缩小快速发展市场的复杂性和有限的组织反应能力之间的差距需要重新思考营销能力，其中有三个自适功能是必要的：警惕性市场学习、适应市场实验和开放营销。Ulaga 和 Reinartz 对制造型企业如何将产品与服务成功结合进行了相关研究，提出了四大关键资源和五大关键能力。Kotler 认为金融危机使得消费者不得不适应低收入、低消费的生活方式。总体来说，公司必须更加审慎地在其增长目标和可持续发展之间寻求平衡。为了应对这些新的挑战，营销方式的转型迫在眉睫，应将更多的注意力投入到逆营销、社交营销等营销方式上。

有四篇研究营销计量与模型，Yuan 和 Han 提出一个动态的市场均衡模型来研究消费者如何形成价格预期和这些期望如何影响他们的顺序搜索行为和市场价格。Miller 等比较了四个常用的用来测量消费者愿意支付与实际购买数据的方法的优劣和适用情境，四种方法分别是：开放式问题（OE）格式，选择聚合（CBC）分析，（BDM）激励相符机制和诱因一致选择聚合分析。Oliver 和 Garrett 构建了一个动态因素分析选择模型来捕捉潜在的属性空间内品牌的定位变化；Surendra、Steve 和 Ze 则对从大量定性数据中找到样本回答者的有效方法进行了相关研究。

有 3 篇文章对网络营销这一前沿问题进行了研究。Schmitt、Skiera 和 Van 发现推荐项目获得的客户比其他客户更有价值，具有较高的边际贡献，具有较高的保留率，并且在短期和长期都更有价值；Hinz 的研究结果显示，"播种策略"会对病毒式网络营销的成功产生巨大影响；Chen、Wang 和 Xie 使用一个来自于亚马逊网上卖家政策转变的独特的自然实验设置，检查了关于社会互动的两种类型的三个问题，发现当负面口碑比积极的口碑拥有更多影响力时，积极的观察学习信息显著增加销售，但是负面口碑信息没有影响。

此外，在营销方法学方面，MacInnis 的一篇文章提出了"概念化"的思想，描述了不同种类的理论和概念贡献、重要性以及它们之间的相同点和不同点，并总结了今后几年理论和概念对于市场营销英语可能带来的创新和贡献。

三、国内外图书综述

本书从 2011 年出版的专业图书中精选出具有代表性的 15 本中文著作和 20 本英文图书，并且从书名、作者、出版社、出版时间、内容简介等方面对每本书进行了全面介绍，方便读者通过阅读本书可以快速了解 2011 年营销学科最具影响力的中外著作，把握最前沿的营销发展趋势。

在 2011 年出版的专业图书中，最具代表性的 15 本中文著作包括：

1. 有关营销新观念的著作

《营销动态能力的构成：中国国际化企业视角》。该著作以中国国际化企业为研究对象，关注核心商业流程中创造和传递客户价值的跨部门环节，研究环节的反应性和效率，进而明确了营销动态能力的内涵界定、构成维度及其各维度之间的相互关系，并探究了营销动态能力的关键前置影响因素，揭示了营销动态能力的形成机理。同时结合相关企业的数据，对上述问题进行了实证检验。

《新切割营销》。该书首次系统地提出中国企业的竞争之道，阐述中国企业怎样在营销战中狙击对手，成为中国企业的竞争制胜指南。本书还第一次提出"营销就是解决竞争"的务实的营销思想，其开创性地提出的"新切割营销的钻石模型"向读者充分展示了全方位的、立体化的营销策略。

《营销突围：颠覆传统理念的本土营销新思维》。著作研究了本土化营销实践的得失与经验，是最具颠覆性的营销思辨，破解中国营销的神秘密码。本书以中国营销实践素材为基础，扎根于中国营销实践，以中国营销人的实战误区为参照，结合最新国际理论前沿，提炼出新的营销思维、营销理念和营销模式。它颠覆了传统的营销理念，揭示了中国特色营销实践背后蕴含的营销规律。

《透视营销》。该书首先，从透视营销思维和定义上对透视营销进行了概述，论述透视营销的过程及步骤；其次，通过研究市场环境因素、产品影响因素、终端影响因素、媒介影响因素等，透视预测并创造出未来的商机；最后，作者从新市场、新产品、新终端和新媒介四个角度进行了可行性评估，评估出有效的商机并迅速抢占商机，从而打开营销的新局面，总结了透视营销的技巧。本书还收录了作者主持与参与的多个策划案例，并充分利用 54 个品牌成功案例，精炼地说明了透视营销的方法。

2. 有关企业营销实践的著作

《客户管理：打造忠诚营销价值链的行动指南》。本书很清晰细腻地勾勒出了一条通往客户忠诚的路线圈，从客户管理的核心要素谈起，提出企业建立客户忠诚的营销方法与行动指南，并且探讨了社会化媒体带来的客户管理挑战。本书围绕客户管理的 3 个核心要素，提出了创造忠诚营销价值链的 5 个关键步骤：如何建立客户联络，如何发展客户关系，如何营造客户体验，如何赢得客户忠诚，如何经营客户价值。同时，大量的客户营销策略与营销战术案例清晰生动地阐明了客户管理理论是怎样在企业实战中幻化于无形。该书是国内首本定位于介绍客户管理模式与忠诚营销方法的中文图书，为读者开启以客户价值为中心进行营销服务的新思路。

《市场调查与预测》一书系统地阐述了市场调查与预测的基本原理、基本原则和基本方法，并结合实例论述了市场调查与预测在现代市场研究中的运用。该著作的特点是内容丰富、重点突出，并吸纳了国内外相关领域的最新研究成果，具有较强的实用性和可操作性。目前该书被广泛地作为高等院校财经、管理类专业的本科教学用书，也可供从事经济管理、市场营销等工作的人员参考。

《市场营销部管理制度范本大全》。该著作是"企业规范化管理制度范本大全"丛书之一，结合企业管理的实际需要，将枯燥的理论简单化、流程化、制度化，书中大量的表格可以直接拿来就用，方便易行，其全面性和操作便捷性使得该书成为许多营销行业从业者和关注者的首选书籍。

3. 特定行业或企业的营销著作

《服务营销创新研究专论》。该书在我国"后工业化"的背景下，立足于服务企业核心能力的构建，通过对服务企业的营销战略与策略的创新研究，力图为提升我国服务企业整体竞争力提供理论上的依据和指导。著作总结了市场营销系统及其各主要构成要素所发生的变化，以及这些变化对于我国企业的营销实践所带来的影响和中国企业在进入后工业化时期营销实践的总结，归纳和提炼出了同中国的环境和企业相适应的新的营销思想，为市场营销理论的发展做出了贡献。

《创业企业市场营销》。本书现实意义很重大，有利于促进我国以创业带动就业的发展目标。丛书为高校和培训机构进行创业教育和辅导提供了有针对性的专业教材，在一定程度上填补了国内此类教材的空白，让更多的人理性认识创业，既不畏惧创业，也不盲目创业。丛书立足大学生创业培训的需要，兼顾创业基本知识和操作技能的普及，覆盖了大学生创业的各个方面，能够为大学生创业培训和实训提供较好的指导和帮助。

4. 新媒体营销著作

《E营销》。本书从网络营销理论、信息平台建设、搜索引擎营销、平台推广与宣传、网络营销运营与管理、网络营销效果评估及网络营销技术人才要求7个方面进行了系统的讲解。著作的特点是将理论与实践相结合、循序渐进地介绍网络营销的整个过程，旨在为企业管理人士和电子商务营销人士提供营销思维，从营销的角度来阐述企业如何进行网络营销，如何借力网络营销，如何在网络营销时代把企业的商业模式、营销模式结合起来，如何更快地让企业盈利、赚钱。

《社会化营销：人人参与的营销力量》。本书是一本讲述社会化媒体营销的著作，汇集50多个最新、最具创意、最经典的国外社会化营销案例，是第一本全面揭示社会化营销应用的著作。作者为致力帮助国内的企业以规范的手段来做营销行为、提升国内营销素质和营销人员的水平，列举了大量国内外的成功（失败）案例，以帮助读者理解社会化媒体营销的威力，做到投入有限的资源，创造最大的利润。

《社会化媒体营销大趋势：策略与方法》一书阐释了企业怎样抓住机遇，在社会化媒体引发的全新的营销革命中占领先机，具体分析了社会化媒体将如何深度影响商业运营和未来发展。作者通过系统性的策略思考、实证案例，结合社会化媒体概念和新营销的知识，揭示了社会化媒体如何改变营销和企业运营的规则，最后系统地总结了社会化媒体营销及新营销。

《微博营销：把企业搬到微博上》。本书阐述了中国企业在面临以微博为代表的社会化媒体冲击时，是怎样打好营销保卫战的经验和案例。通过翔实的分析和生动的案例来阐述微博给营销带来的革命，将清晰地给读者展示，什么是微博营销、为什么要进行微博营销以及如何进行微博营销。本书还详细介绍了微博的起源与发展，微博给营销带来的革命性、颠覆性的影响，全面阐述了微博在互联网时代的营销功能，透彻地分析了企业利用微博进行营销的策略与步骤。同时，该书总结了微博营销带来的风险，非营利组织如何进行微博营销以及不同行业、不同规模的企业是如何利用微博进行营销等问题。

《市场营销：网络营销》。本书诠释了计算机与互联网技术的高速发展下催生的网络营销新理念。在新的时代背景下，作为实施网络营销的主体和受到网络营销影响的客体，各种组织和个人都有必要理解这种新的营销理念。本书旨在阐释网络营销的基本理论和最新实践，帮助读者成为更好的消费者和更好的营销人员。

《E-mail营销：网商成功之道》。本书是第一本关于许可式订阅E-mail营销的原创书籍，针对E-mail营销在全球互联网营销中的重要地位以及国内网商在邮件营销过程中的一些误区，按照从理论到实践的脉络来帮助网商提高E-mail营销的水平。作者通过大量调查统计数据，向读者展示了一个潜力巨大的E-mail营销的发展空间以及详细、系统的改进方案。书中生动的营销案例展现了许可式订阅邮件营销的全过程，并详细讲解了如何走出垃圾邮件的误区，如何进行有效的用户拓展，如何设计精美的许可邮件，如何提高邮件到达、打开、转化率，如何分析与测试营销效果，如何提高与保持用户忠诚度等问题，具体而详细地展现了 E-mail 营销各个环节、要点和关键技术。

在 2011 年出版的专业图书中，最具代表性的 20 本外文著作包括：

1. 综合类营销著作

Principles of Marketing （14ᵗʰ Edition）。作者在延续以往版本之精华的基础上，建立了一个创新性的顾客价值和客户关系框架。该框架涵盖当今市场营销的基本要素，重点提出了五个主要的价值主题：为了获得来自顾客的价值回报，首先要为顾客创造价值；建立和管理强势品牌以创造品牌资产；测量和管理市场营销回报；利用市场营销新技术；全球范围内可持续市场营销。作者编著的目标是为市场营销基础课提供一本最新、最实用、信息丰富且令人兴奋的教材。事实上，这本书在全球范围内一直被广泛采用，是全球商学院广泛采用的经典教材，也是国内众多高校本科生、MBA 学生市场营销学课程的主要教材，还可以作为研究人员以及企业经营管理者的参考用书。

Marketing for China's Managers Current and Future （Second Edition）。这是一部立足中国本土又兼具国际视野的市场营销学著作。从经济全球化的视野出发，通过美国、欧洲、亚洲以及大量的中国企业的真实案例、情境模拟，展示了一种教与学的新视角——现代企业的营销应该如何运作。

Marketing Plans：How to Prepare Them，How to Use Them。该著作解读了市场营销学面临的一大挑战：如何在全球范围内定位产品。书中强调了潜在消费意识的巨大的作用，为渴望自己的产品能够给他人生活带来真正意义的营销者提供了很大价值。

The Ultimate Marketing Plan。通过学习这本书，在数字化营销举足轻重的今天，面对多种多样媒体形式的营销冲击，读者会系统地了解市场体系，做到凡事胸有成竹，还能正确地挑选自己的客户。本书的内容基于人们的实践经验，是在前人不断取得成功的基础上创作而成。

The Ultimate Sales Letter：Attract New Customers. Boost your Sales。在本书中，作者向我们展示了可以让财富呈指数级增长的营销术。作者在大量案例的基础上，提出了五个独具创意性的营销手段：顾问式销售、渐进式营销、联合经营、客户推荐体系以及背书策略，并且对每个手段都做出了独到的见解和生动的阐释。

2. 有关品牌的著作

Brandwashed：Tricks Companies Use to Manipulate Our Minds and Persuade Us to Buy。马丁·林斯特龙（Martin Lindstrom），全球首席品牌营销大师，在书中告诉我们品牌是如何控制人们的思考、行动与选择，掀开了世界著名品牌大幕之下的营销秘密。马丁向我们展示了广告商和品牌是如何让消费者感到"非买不可"的。此外，作者还揭露了营销者、广告商、零售商如何利用数据挖掘，借助复杂的新工具和科技，追踪和分析我们留下的种种"购物痕迹"。

The Luxury Strategy。《奢侈品战略：揭秘世界顶级奢侈品的品牌战略》是阐述奢侈品品牌的经典之作，两位该领域的专家回答了一个全世界为之困惑的问题：为什么奢侈品让你如此着迷？在书中，读者还可以看到欧洲奢侈品先驱们的成败得失，从这些生动的案例中我们了解到奢侈品品牌对产品品质的至高追求、品牌价值的极致开发、经销商的严格把控、颠覆市场营销策略的营销手法、销售人员高明的沟通技巧等。

Amway Forever：The Amazing Story of a Global Business Phenomenon。《永远的安利》揭示了美国安利公司多年来在商场上保持领先地位的秘诀，深入探究了安利的企业创新，尤其是前所未有的市场营销策略和有时候令人质疑的销售战略是如何使安利成长为强大的全球企业的故事以及这个高盈利企业背后的许多细节。全书记录了安利从一开始的小公司到最后发展成为国际巨头的每一个成长过程。"安利"这个故事的一面是关于热情、奉献和创新的力量，而另一面安利有争议的商业行为引发了社会各界的广泛关注。本书完整地展现了一个企业如何结合创造性的市场营销和铺天盖地的广告，形成独一无二的商业模式，从而走向成功的故事。

3. 有关定价、渠道、整合传播及广告的著作

Priceless：The Myth of Fair Value（and How to Take Advantage of It）。威廉·庞德斯通在《无价：洞悉大众心理玩转价格游戏》中告诉广大读者：价格只是一场集体幻觉，人们无法准确地估计"公平价格"，反而受到无意识、不理性、政治等不正确因素的强烈影响。在本书中，营销专家们很快就把这些关于价格的发现应用了起来。通过大量的案例与实证分析，威廉·庞德斯通向我们展示了价格如何变成最为普遍的隐形说服大师。

Distribution Channels：Understanding and Managing Channels to Market。这本著作重点强调了商业模式的重要意义，并揭示了分销渠道中所有参与者的关键信息，这些参与者包括分销商、批发商、终层渠道参与者及零售商，并详细分析了各类分销渠道的商业模式。本书系统而全面地阐释了应如何优化这些模式及不同分销渠道参与者之间的商业关系，以及如何使产品与服务通过最佳途径销售。通过在考虑到渠道经济的战略与战术维度时借鉴书中的真知灼见，每一个渠道的参与者都能获得针对自身的改善意见。

Integrated Advertising，Promotion and Marketing Communications。本书的写作目的是为读者提供实用的整合营销传播框架，将广告、促销及其他营销手段真正整合为一体。本书共分为五部分，分别讲述了整合营销传播中的基础知识、广告工具、媒体工具、促销工具，以及对整合营销传播的伦理、监管和评估考虑。

Scientific Advertising。作者通过总结了自己在广告界的工作经验，指出了科学的广告应该具备的要素。作者指出，在现代广告业的观点下，广告终于发展成了一门科学，以固定的原则为基础，关于原因与结果，全都经过仔细的分析研究，直到被彻底理解，有关理论的正确方法已然得到求证和确立。读者可以了解到什么样的广告是最有效的，在专业的指导下广告已成为一项最安全的行业。

Will Work for Shoes：The Business Behind Red Carpet Product Placement。本书中作者苏珊·艾什布鲁克教给读者让自己的产品家喻户晓的方法：利用富人和名人效应来影响购买群体。例如，将产品穿在名人的身上或者放在名人手中；与设计师、推广专员和其他与明星有密切关系的人建立联系；怎样为产品找到合适的品牌代言人；实施名人营销战役；

从名人手中收回价值不菲的代言产品。同时，苏珊·艾什布鲁克还教会了我们在不同的环境下如何做植入式营销。书中有艾斯卡达、阿玛尼、迪奥、施华洛世奇、百威啤酒、宝马MiniCooper、宝洁、通用等国际大牌成功的植入式营销案例，还结合了荧屏、杂志、网络新媒体的营销模式，书中的内容让人爱不释手。

Consultative Selling: The Hanan Formula for High-Margin Sales at High Levels。这是一本影响和改变了无数销售人员命运的销售圣经，是 B2B 的开山鼻祖、一代销售大师的经典著作，四十多年经久不衰，销量超过 10 多万册。四十年来，麦克·哈南（Mack Hanan）的《顾问式销售》使得无数销售人员获得了极大的成功。经过修订和再版，第八版无论是在内容上还是形式上都更能应对 21 世纪商业环境下的"破坏性"需求。适合所有渴望在销售领域有重大突破的销售人员、销售管理人员以及希望用更低成本打败竞争对手、紧紧抓住客户的企业管理人员阅读，也适合销售培训师、咨询师以及高校相关专业的师生阅读。

4. 有关新媒体营销的著作

The Third Screen: Marketing to Your Customers in a World Gone Mobile。智能手机是本书重点关注的领域，作者揭示了移动互联网如何改变了营销和企业运营的规则，系统总结了移动互联网商业及新营销。在本书中读者可以看到各种不同的移动互联网商业应用，包括移动应用 APP、移动电子商务、二维码、即时营销、移动搜索等，书中还对如何在实际工作中应用移动互联网给出了具体的指导。此外，本书还分析了移动互联网造成的消费行为的变迁。作者的目的是帮助企业及营销者更好地理解手机革命的重要性，因此本书详细介绍了企业如何更有效地开展移动营销，也希望能够阐明困扰营销者的移动技术问题，并凸显移动营销与传统营销模式的不同。

The New Relationship Marketing: How to Build a Large, Loyal, Profitable Network Using the Social Web。没有人可以忽略社交关系在现代商业中的重要作用，各类社交平台上爆炸数量的客户信息是商家的一笔宝贵财富。本书将关系营销 2.0 定义为"真正地关心所有人，建立稳定的、双赢的关系"，并且为企业在社交网络时代的营销指明了道路。本书提供了 9 个有效步骤来建立规模巨大的、忠实且高质量的关系网络，从而帮助企业在关系营销中立于不败之地。

The Best Digital Marketing Campaigns in the World: Mastering the Art of Customer Engagement。Damian Ryan 选取了 25 个在创意和营销方面最成功的数字营销经典案例。在每个案例中，虽然营销人员面对的挑战不同，他们都精心部署了创造性的数字化营销战略，在不同的技术平台推出了不同的营销活动，但是，他们都选用了数字化媒体，设计了品牌营销的创新性方式。这些案例都有一个内在的、引人注目的共性因素，那就是企业在纷乱的数字化网络世界可以脱颖而出——这些案例成功地整合了多种媒体和渠道，模糊了数字媒体与传统媒体之间的界限，利用数字化网络口碑带动传统大众媒体曝光，转而促使人们进行参与及消费活动。

Sticky Marketing: Why Everything in Marketing Has Changed and What to Do about It。新营销理念正在发生重大的变化：由大众营销转化为利基营销（小众营销），由叫喊式广

告转化为口碑式传播，由竞争转化为协作，由产品转化为体验。本书首先分析了市场营销中的传统观念不再奏效的原因，并提出了极具启迪性和可操作性的解决方案，以便帮助企业实现"粘性营销——吸引正确的客户群并持久粘住他们"。在互联网背景下，如何从传统的"关系营销"到"客户互动"营销；如何将企业自身的问题转化为与客户互动的基础；如何做到从"投资回报"到"客户回报"的转变。同时，作者强调互联网背景下的营销需要的不仅是策略，战略才是最重要的手段。

5. 有关特定消费者的营销著作

What Women Want: The Global Marketplace Turns Female-Friendly。近年来，由于女性在经济地位上的独立和家庭中一贯的重要角色，女性的消费力量越来越不容小觑。因而，女性的购物价值观和消费方式促使商家在产品包装、服务等方面应该更加重视女性特征。帕科·昂德希尔再度将研究视角缩窄在女性的身上，以幽默的风格和独特的视角，以及特有的敏锐观察力和执行力，通过仔细地观察和研究现实生活的案例，为商家提供了应对女性需求和趋势变化的对策。

Selling to the New Elite: Discover the Secret to Winning Over Your Wealthiest Prospects。针对社会的高端人群、精英分子，商家需要为他们提供别出心裁的产品和服务体验。基于对世界高端品牌——雷克萨斯、香奈儿、卡地亚、内曼·马库斯百货、苹果、通用汽车、美国运通等案例的研究，加上销售专家和营销大师的指导，本书揭示了奢侈品的本质和人类占有的本能欲望，教导销售人员如何将目标锁定在精英分子身上，如何将潜在客户转化为真实客户和忠实客户，维持客户的忠诚以及客户挽留。

四、国内外大事记

本部分共收录了 2011 年对于营销学学界具有重大影响的 10 个会议，其中 5 个为国内会议，5 个为国际会议。在收录的 10 个高水平会议中，国内的会议包括：2011 年 JMS 中国营销科学学术年会、2011 中国创新营销峰会、2011 年国际营销科学与管理技术学术交流大会、2011 中国营销领袖年会以及中国国际营销传播大会。国际会议包括：MSI（营销科学研究所）主办的 New Developments in the Practice of Marketing Science 2011–2012、A-MA（美国营销协会）主办的 AMA's Winter Marketing Educators Conference 2011、EMAC（欧洲市场研究学会）主办的 The 40th EMAC Conference、MRA（市场研究学会）主办的 MRA's Annual Conference and expo 2011 以及 ACR（消费者研究协会）主办的 2011 European Conference of the Association for Consumer Research。

本部分所选择的会议是营销学界十分具有影响力的大型年会，这些年会所具有的共同特点是由世界知名的学术研究机构所主办，会议吸引了营销界众多知名学者到会，收到了数量众多的高质量论文。与会者经过精彩的发言和讨论，得出了引领营销学界新动态的宝贵会议成果。通过对这些大型会议的总结，我们可以得出如下的要点：

与会专家是来自于营销学各个领域的重量级人物，纷纷奉献出宝贵的观点。2011 年

JMS 中国营销科学学术年会作为《营销科学学报》（Journal of Marketing Science，JMS）编委会主办、理事会成员单位承办的纯学术会议，倡导营销学术研究的科学精神与方法，倡导营销教育、研究的交流与合作，年会旨在通过高水平的学术交流促进中国营销学科的发展。MRA's Annual Conference and Expo 2011 会议上，各个领域的营销专家及企业人士齐聚一堂，讲出自己在细分模块中的经验总结，并倾听来自其他领域专家的报告。

各类年会展现出鲜明的时代特点，表现出理论界和商业界对与时代发展的准确把握。2011 年国际营销科学与信息技术交流大会让与会各界了解到营销科学和管理技术的创新对金融服务的发展起着越来越大的作用。各位与会代表从多个角度研究了金融服务创新中的营销科学与管理技术方面的相关理论前景，探讨了实践中的困惑与对策，为进一步推动国内外营销学者的学术交流与合作提出建议；2011 年中国营销领袖年会致力于推进中国企业的市场竞争力，推动本土与全球营销智慧的融合。每届年会都以"全球思维、本土实践"的主题、针对"E 时代的新营销"观点，邀请全球企业界、营销界的精英领袖，分享他们如何利用新思维、新技术让营销实现质的飞跃，并获得巨大成功；2011 年中国创新营销峰会延续了《成功营销》一贯的创新理念，可谓亮点百出，精彩重重。除了现场议题按照今年营销动作频频的社会化媒体、视频营销、碎片化趋势、移动营销等热门话题分别设置，还发布了《2011 年创新 100 营销案例手册》，该案例手册收录了这一年来凝聚了营销人智慧的创新营销百个案例，涵盖快消、电子、服装、医药健康、汽车、地产家居、金融、城市旅游、电子商务等 10 多个行业。

同时，在营销盛会上也涌现出不少适应时代潮流的新观点和新思想。中国国际营销传播大会自 2011 年开始提供一个全新的理念——将知识与生活相结合，并借此成为沟通、创新、富有启迪的盛会。The 40th EMAC Conference 选择了"未来：灵感、创新的实现"作为在 2011 年会议的主题，市场营销与灵感和理论创新密不可分。而 Asia-Pacific Conference of the Association for Consumer Research 2011 会议的主题是"Linking Cultures，Concepts & Continents"，探讨当前消费者研究领域的热点问题，分享最新的学术研究成果。

另外，各大营销年会对于理论的研究方法和观点上提出了很多值得借鉴的宝贵经验。New Developments in the Practice of Marketing Science 2011~2012 是一个从业者和营销科学家分享营销问题定量方法的发展的前沿论坛。这次会议中颁发了营销科学实践奖，如今已有多项优秀的市场营销学理念和实施方法被授予这个奖项。AMA's Winter Marketing Educators Conference 2011 集中于号召营销学者承担起自己的学术使命，为当时时代下的商界领袖们提供一个清晰、有适应性的营销实践框架，并能详细分析出当时动荡背景下企业所面临的多样性问题。会议就未来的市场纪律、品牌忠诚度和品牌价值的重新审视、营销策略的实施和创新、营销战略和公司性能的新问题与解决方法等内容进行了讨论。

五、市场营销学研究展望

回顾 2011 年度营销学的发展，无论是学术方面还是实践领域都取得了长足的进步。

在学术方面，传统营销领域的研究依然是关注的重点，同时在以社会化媒体营销为主的新媒体营销领域也已经取得了一些阶段性成果。涉及的研究主题主要包括营销战略、产品品牌、广告传播、消费者心理与行为、网络营销、跨国营销、营销计量与模型以及营销方法学等。

在营销实践方面，越来越多的企业致力于将营销领域的最新进展运用到企业管理实践中。而众多由营销学者和企业家共同参与的国内国际会议为营销理念的落实提供了很好的交流平台，也为学者们的研究指明了方向。同时，国内外出版了一系列偏向于营销实践的专业书籍，对社会化媒体营销、新切割营销、创业企业营销等理论在企业营销和消费者生活中的运用进行了分析研究，对营销学的发展也至关重要。

总之，传统营销领域依然很重要，同时新媒体营销正在成为新的研究热点。但是目前关于新媒体营销的研究还局限于互联网企业的口碑传播和个性化推荐等领域，范围比较狭窄。在传统营销领域内，还很少用到大数据营销的方法和理念，在企业营销实践过程中，对于数据的使用仍然非常有限。我们认为营销学科未来的发展趋势如下：

（1）品牌管理、消费者行为、关系营销、服务营销、营销渠道"五大主题"仍然是未来课题研究的重点，仍然会是未来几年营销界理论研究的重心所在。尤其是关系营销、品牌管理和消费者心理与行为三个主题取得的成果颇为丰富，这三个主题在方法论方面也适合做实证研究。

（2）随着服务业在国民经济中的地位逐步提高，服务营销的研究将长期保持强势地位。服务营销将向内部营销和体验营销两个方向延伸。随着体验经济的来临，和社会化媒体的发展，传统服务营销的研究会转向关注基于消费者参与、互动、体验的体验式营销，内部营销的研究与实践也会成为企业营销管理的内在需求。

（3）客户关系管理日趋重要，而传统的营销道德、绿色营销等主题研究则趋于平淡。传统关系营销正在向数据驱动的现代客户关系管理发展，无论从研究方法还是研究内容都有所不同。

（4）基于互联网的网络营销、口碑营销课题研究值得期待。具体来说，将传统研究热点与移动互联网技术进行有机结合，拓展传统研究领域的范围，开展针对传统研究热点的营销建模，将品牌和消费者行为方面的数据进行有效量化；开展基于海量数据挖掘的研究，例如基于商品交易网站数据的网络评价的影响，基于海量数据企业预测客户流失；进一步对网络营销模式进行探索，例如在网络口碑和个性化推荐方面还有很多未知领域值得研究。

第二章　市场营销学科 2011 年期刊论文精选

第一节

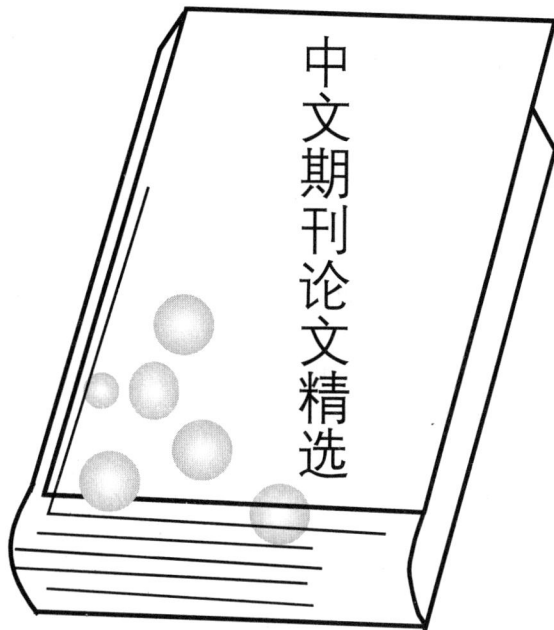

中文期刊论文精选

讲故事　塑品牌：建构和传播故事的品牌叙事理论*

——基于达芙妮品牌的案例研究

汪涛　周玲　彭传新　朱晓梅

【摘　要】 如今，讲故事（Storytelling）已经成为营销领域关注的新兴话题之一。叙事被认为是塑造品牌的有效手段，但企业如何通过讲故事来塑造品牌却仍然缺乏系统性研究。本文以叙事理论为基础，以中国女鞋品牌达芙妮作为样本，运用规范的案例研究方法得出了建构和传播故事的品牌叙事理论框架。该框架认为，企业如果要成功地通过叙事塑造品牌，必须从两方面努力：①为品牌创造一个具有积极主题，内容包含真实、情感、共识和承诺四大要素的品牌故事；②采用合理的叙事结构，围绕"一个核心"的品牌主张，整合多种多样的途径、方式和渠道，对不同消费群体传播不同的品牌故事。

【关键词】 故事；叙事；品牌塑造；案例研究

一、引言

在当今信息爆炸的时代，媒介资源极其丰富。这一方面拓宽了人们的信息收集渠道并加快了人们获取信息的速度，另一方面又使信息比以往任何时候都更难以实现有效的传播。空洞的、煽情的口号已经很难再引起人们的兴趣和关注。而故事特有的传奇性、曲折性、冲突性、戏剧性、传播性和传承性，使其成为抢占人心最有效、最持久的工具。所以，讲故事（Storytelling）被大量运用在传播和管理的各个方面，成为娱乐、导引、告知

---

* 本文选自《工商管理理论论坛》2011 年第 3 期。

基金项目：教育部"新世纪优秀人才支持计划"、国家自然科学基金（70972092）、武汉大学人义社会科学"70后"学者学术团队建设计划、中央高校基本科研业务费专项资金资助（20101050102000058）。

作者简介：汪涛、周玲、彭传新、朱晓梅，武汉大学经济与管理学院市场营销系。

和说服的最佳工具之一。任何形态的企业，不管是制造必需品还是奢侈品，或是提供服务，都将面临这项挑战——创造出产品背后的故事（Godin，2005）。

相应地，营销学术界也开始了对"故事"的关注。在消费者研究领域内，早已有学者结合叙事理论的成果，将故事作为分析工具，来了解消费者如何表述、看待他们的消费经验（Stern，1991；Shankar、Elliott and Goulding，2001）；广告学界也结合心理学探讨过广告叙事方式对广告效果的影响（Stern，1991，1994），以及广告的哪种叙事方式倾向于导致消费者的哪些反应（Escalas，2004a；Padgett and Allen，1997）。这些研究大多都是将叙事作为理解消费者深层次行为动机和认知体验的阐释工具，较少涉及企业如何通过讲故事来影响消费者认知、态度和行为从而塑造品牌（Branding）。塑造品牌指业界如何塑造品牌的过程与策略，主要体现在品牌建立（Brand Building）、品牌发展（Brand Development）和品牌管理（Brand Management）等一系列战略行为，它正是企业利用叙事来促进品牌传播效果时面临的最重要问题。因此，本文基于叙事理论的研究成果，探讨企业如何通过讲故事来塑造品牌。

本文采取案例研究的方法，因为案例研究除了可验证理论、批判理论外，也可以建构理论，具体回答"是什么"和"怎么样"的问题（王凤彬，2009；李飞、陈浩、曹鸿星、马宝龙，2010）。因此，我们从具体深入分析达芙妮的"讲故事塑品牌"案例入手，基于叙事理论在故事管理学派和营销领域内的广泛应用研究成果，尝试构建品牌叙事理论框架。

鉴于高质量案例研究具有以下特征（毛基业、李晓燕，2010）：①针对现有理论缺口提出研究问题；②根据理论构建需要选择案例；③基于理论要素进行案例分析，并详细说明研究方法；④将研究发现与现有理论对比来突出研究贡献。因此，为提高研究的外在效度，本文会以理论来指导案例研究，按照理论基础、理论建构、研究方法、案例分析、结论与讨论的顺序进行阐释，力求符合规范性案例研究的以上特征。

二、理 论 基 础

（一）故事与叙事

故事（Story）是一种使用口语表达或文本语言生产意义的象征体系，它根据角色的设置、情节的主线和转折来铺陈事件发展的时间序列及过渡，在结构上包含开始、中场、结局三个要素（Bruner，1990）。而叙事（Narratives）是叙述者带着既有观点讲故事的过程，故事主题就是叙事者所持有的观点（维森特，2004）。故事是主题的载体，主题是叙事的脉络，故事中的人、物、事等围绕主题展开（余来辉，2009）。因此，许多学者持"叙事就是讲故事"的观点（Stern，1994；Shankar et al.，2001；黄光玉，2006）。本文也采取这种观点，对"叙事"与"讲故事"不做细致区分，等同使用。

叙事正成为与认知相关的众多跨学科研究的中心，与哲学、心理学、神经科学、计算智能、语言学、管理学等互为研究语境。综合了多学科研究成果的新叙事理论认为：叙事是建构和更新大脑中的认知模式的过程（Herman，2003），人们是通过叙事来建构思考和组织资讯的（Arnould and Wallendorf，1994；Holt and Thompson，2004）。生活中的很多信息和知识都是以故事的形式储存、编入和提取的，新的世界或者问题也是通过与先前理解了的存储故事联系来被理解的。故事帮助人们了悟生活经验，人们依赖故事去掌握周遭事物与人生各种境遇的意义（Loebbert，2005）。故事不仅包含信息和意义，还带有联结情感。一个故事是一系列或真实或虚构的事件的叙事，它与事实的区别在于人们会在对故事的储存和加工中附加上自己的情感成分。因此，故事不仅可帮助人们理解世界，也可以帮助人们体会、评价与处理情感（Escalas，2004b）。

（二）故事与品牌

故事与品牌究竟有何关联？"你想把品牌做得更好吗？讲一个故事"——纽约广告研究机构和美国广告代理协会通过三年的实地调查，对故事与品牌之间的关系做出了回答。他们研究了消费者对电视广告的情感反应，发现讲述品牌故事的广告效果比强调产品定位的广告效果要好（Facenda，2007）。

品牌之所以重要，不仅在于它是营销提供物或提供者的身份认同表征，更因为它在营销沟通过程中可唤起消费者与该品牌相联结的各种心象与联想。正是这些抽象的意义，而非实体的指涉物，对消费者产生强大的影响力。而叙事理论中与认知科学相结合的研究表明，叙事是能产生意义的工具，可以作为帮助人类在纷繁复杂的现实世界中找到意义的符号和交际资源（Herman，2003）。

营销者根据品牌精神讲一个符合消费者世界观的故事时，能引起消费者产生两种关联性活动：首先，消费者会产生"共鸣加工"（Gerrig and Egidi，2003）的认知过程，设想自己是故事中的主角，经历故事中所描述的体验；其次，消费者从假想的体验中抽身出来后，会将感知到的品牌故事这类"外部故事"与自己的过往经验、回忆等"内部故事"进行联结（Jahn，2003），这种"内化"过程的结果就是消费者心甘情愿相信品牌故事，转而再召唤出对品牌的消费欲望，说服自身购买（维森特，2004）。

于是，品牌可以通过故事来更好地传达其象征意义，让消费者可以更容易地在这些故事中寻找意义（严幸美，2007）。消费者也趋向于通过故事来体验品牌，因为这些故事展现了他们的生活方式，创造了他们购买的附加价值（Fanning，1999），使消费甚至是他们的生活变得有意义（Shankar et al.，2001）。

（三）讲故事与塑品牌

塑造品牌是指企业建立品牌、发展品牌与管理品牌，是营销管理、产品管理很重要的一环，目的是通过品牌与消费者建立关系、维持关系和强化关系（Aaker，1991）。品牌的意义在于其展现了企业对于营销提供物（产品与服务）与消费者之间关系的承诺与实践，而大品牌的品牌故事之核心恰恰就是承诺（Denning，2004）。所以，讲故事与塑品牌有密切的联系，品牌叙事的核心工作就是打造品牌所要宣扬的核心价值（Fog、Budtz and Yakaboylu，2005）。

通过整合故事管理学派和营销领域内有关品牌叙事的研究成果，本文将讲故事给品牌传播带来的好处归纳为以下五大方面：①在各种营销信息泛滥的洪流中，讲故事能够帮助品牌抓住人们的注意力（维森特，1997，2004）；②讲故事能让品牌的诉求概念和核心价值由抽象变得具体（傅雅玲，2007）；③讲故事具有令消费者产生感同身受的经验，比统计数字更具可信度（Loebbert，2005）；④故事可以在消费者的记忆中停留较久（Denning，2001a）；⑤故事在人际传播上能较远也较快（Denning，2001a）。

正因为讲故事能生动地传递品牌识别与传承等核心价值，历史上许多企业都通过叙事策略来打造消费者热衷的传奇品牌（维森特，2004）。众多营销学者和研究机构也从广告效果和感知品牌形象两个维度，验证了叙事是塑造品牌的一种有力工具：叙事既能帮助品牌（尤其是感性品牌）提升广告效果（美国广告代理协会，2007），又可以提升消费者对品牌的功能性、象征性及经验性的形象知觉（王家伟，2005；傅雅玲，2007）。

尽管已有研究揭示了讲故事是塑品牌的有力手段，但在"如何通过讲故事来塑品牌"这个问题上却抑或从宏观原则上泛泛而论，抑或仅专注于探讨叙事广告的具体效果，缺乏系统性的框架。这些已有研究的成果为本研究奠定了基础，而其缺口又体现了本研究的必要性。

三、理论框架的建立

遵循经验主义学派"根据已有或是新建立的理论框架，对样本公司进行调查，最终得出相应结论"的逻辑（李飞等，2010），本文拟定遵循以下研究思路：基于对叙事理论成熟研究成果的归纳和提炼，建立"讲故事塑品牌"的理论框架，然后通过案例研究对理论框架进行补充或修正，最终得出相应结论。

虽然讲故事是塑造品牌的有力方式之一，但通过故事来实现说服不是一件容易的事，需要深刻的洞察和叙事的技巧。只有抓住讲好故事需要的规则，才能够得到受众热烈的回应（McKee，2003）。因此，企业还需要思考如何通过讲好获得消费者接受与回应的故事来塑造品牌。认知叙事学认为：将叙事作为一种"认知工具"（资源）来研究其对人们认知和行为的影响时，既要从人们拥有的语言使用能力、思维能力及社会交往能力来观察故事如何建构，同时也应从逻辑、互动和认知的角度来了解故事如何被接受和传播（Herman，2003）。因此，本研究认为，通过故事来塑造品牌包含两个主要问题：①如何为品牌创造让消费者认可的好故事？即好的品牌故事包含哪些要素？②怎样才能以消费者接受的语言、逻辑和方式来讲好一个故事？即在传播品牌故事的过程中，需要遵循哪些原则，注意哪些问题。前者是对静态的品牌叙事中故事建构的追寻，后者是对动态的品牌叙事中故事传播的探究。

（一）造好故事

通过叙事来塑造品牌，首先要创造一个让消费者难以忘怀的故事本身（McKee，2003）。怎样的故事才算是好的故事？叙事理论领域的研究成果认为：故事必须在主题和内容上符合人们的思维假定，否则人们的理解就根本无法进行（Palmer，2003）。所以，本文主要聚焦于从故事的主题和内容这两个角度探讨如何建构好的品牌故事。

1. 故事主题

主题是影视、戏剧、小说等故事形式的灵魂，主宰着叙事（维森特，2004）。对消费者来说，品牌故事本身是现实世界中的缩简情节，为他们提供现实消费的意义框架。所以，从品牌塑造的角度出发，品牌故事作为说服消费者的工具，其主题一方面应该反映品牌的核心理念（黄光玉，2006），另一方面则要透过消费者洞察来反映消费者的价值观（袁绍根，2005）。优秀的品牌故事主题往往会兼顾这两方面，如玫琳凯品牌叙事的主题是"你要别人怎样对待你，你也要怎样对待别人"；雅诗兰黛品牌叙事主题是"美丽是一种态度"。正因为这些主题反映了品牌的核心价值理念，又恰到好处地迎合了女性心理，所以俘获了众多爱美女性的心，使品牌历久弥新，成为畅行全球的经典品牌。

此外，故事主题最好与积极的信息联结，引导人们向积极方向行动。包含积极品牌信息的故事，能使听者从消极、疑问、怀疑的思想框架中转变到想去理解信息的积极态度上来（Denning，2001b），从而让消费者与品牌的情感联结达到最大（Facenda，2007）。

2. 故事内容

故事内容反映着人过去所经历的事情，投射着人的情感、态度、动机、观点等（Jahn，2003）。现有研究中，国外及中国台湾的众位故事管理学派和营销领域的学者都分别从各种角度提出了好故事应具备的要素。对这些研究成果进行系统性归纳后，本文提出：一个好的品牌故事在内容上最基本的要求是具备真实、情感、共识和承诺四大要素。

（1）真实（Authenticity）。

真实是故事内容的重要要素之一，这在已有研究成果中受到了普遍性的支持。无论是故事管理学派早期人物 Morgan 和 Dennehy（1997）与后期人物 Denning（2001，2004，2005），还是故事营销领域内 Bruce（2001）、Godin（2005）等大学者，都认为好故事要真实。实证研究也证明：故事的真实性对品牌形象有显著影响，高真实性的品牌故事更能产生正向的品牌形象知觉（傅雅玲，2007）；相较于信任型产品，真实性可让消费者对搜寻型与经验型产品产生更好的品牌态度（丘宏昌，2009）。一个具有影响力且能被牢记的好故事，其内容必须具体且真实（Godin，2005），能够使用真实亲近的沟通语言（Bruce，2001）讲述真实的人和真实的事（Polkinghorne，1991），时间、地点、背景与行动也均须交代清楚（Morgan and Dennehy，1997）。故事的真实性会影响消费者认知（Grayson and Martinec，2004；王美欣，2007），只有当消费者对故事信以为真时，品牌故事才会发挥影响力。

（2）情感（Affectivity）。

故事比单纯的数据或者演讲优越的意义就在于它不只是事实的陈述，还能刺激人们产生强烈情感，从而让消费者体验故事的真谛（Bruce，2001）。一旦消费者的逻辑思维蒙上了感情色彩，就很容易对故事中品牌产生"本能"的"非理性"偏好，成为某品牌的狂热"粉丝"。所以，好的故事不仅包含大量信息，还要包含丰富的情感力量（McKee，2003；Godin，2005）。比如，可以尽量使用幽默（Denning，2005），用有趣的方式讲出故事。在信息爆炸的社会要抓住消费者的有限注意力，故事就要以趣引人。而事实也证明在广告沟通使用幽默会获得较好的效果。

（3）共识（Commonality）。

一个好的品牌故事要能为消费者接受，除了要具备真实性以方便认知、具备情感性以被接受之外，还需要符合消费者的世界观（Godin，2005）。这种故事精神与消费者价值观之间的共通性会使消费者搜寻产品信息的过程中形成更好的品牌态度（丘宏昌，2009）。因此，品牌故事应该讲大家都知道的常识或者描述社会规范（Polkinghorne，1991），以保证所有人都知道、接受并相信这个故事，方便消费者进行沟通和交流。甚至，有效力的品牌故事会形同社会契约，让听故事的人从中学习到品牌目标群体的规范（Morgan and Den-nehy，1997）。

（4）承诺（Commitment）。

从本质上说，故事描述生活中发生的改变，阐明如何改变和为什么改变（McKee，2003）。因此，好的品牌故事要提供一种改变的"承诺"（Godin，2005），以给消费者提供生活需要的理想，解决他们生活中最烦恼的问题。这种承诺实质上是以内隐方式向消费者保证：一旦购买或使用故事中的品牌，就能像故事中的主角一样获得某种改变。这种隐喻改变的信息（Denning，2005）附于清楚明白的故事表面之下，如果能被消费者发现并且把它转变为自身信息的话，故事就起到了说服的作用。

（二）讲好故事

每一个品牌都有故事，每一个品牌自己就是故事。不过，讲故事的最终目的是建立与消费者之间的关系，实现更深层次的沟通。所以，如何传播好故事才是品牌叙事成功的关键（黄光玉，2006）。叙事理论中认知叙事学的研究成果认为，无论"外部故事"是如何建构，它进入人们的"感知"层面后只有经过"内化"（Internalization），成为内部故事后才能真正被人们用来作为认知的资源。"内化"过程涉及"设界"（即设定故事的开头和结尾疆界）、"蒸馏"（即选择相关细节）、"编织情节"（即选择情节模式）等步骤（Jahn，2003）。由此可知，企业在创造了引人入胜的好品牌故事之外，还要遵循这种"内化"规则，以适当的逻辑和方式对消费者讲出这个故事，增加他们的感情和对故事的涉入程度（McKee，2003），让品牌叙事的效果最大化。于是，本文从叙事逻辑和叙事方式两个方面来探讨如何讲好故事。

1. 讲故事的逻辑

要讲好故事，最好采用经典的叙事形式 (Shankar et al., 2001; Simmons, 2001)。对众多叙事理论的相关研究进行系统性整理和归纳后，本文发现：要以适当的逻辑讲好故事，可以从时序和情节两方面着手。

（1）从时序上看。

一个完整的故事讲出来，最好能依时间顺序或因果关系进行编排，并体现开头、中间和结尾三部分 (Simmons, 2001; McKee, 2003; 周皓涵, 2006)。故事的讲述可以从描述角色生活中的平衡开始，然后再遭遇不平衡，经过一番努力之后再重新获得平衡 (Fog et al., 2005)。

（2）从情节上看。

故事结构往往是由导入情境、错综复杂困难和解决难题等三个情节组成的（维森特, 2004)，所以讲故事应围绕着问题或困难的出现、过程和解决来展开 (Boje, 2006)，通过紧张的气氛（局势）和煽动事件来凸显紧张的冲突 (Simmons, 2001; McKee, 2003; Fog et al., 2005)。

2. 讲故事的方式

（1）遵循"一个核心"原则。

品牌讲故事时要遵循"一个核心"的原则，否则就容易让消费者缺乏信任 (Christensen, 2002)，这与品牌塑造要有明确的定位是一致的。因此，在品牌叙事过程中，最好只围绕一个核心故事原型展开，但是可以用多种不同的方式述说。而这个被反复述说的故事，应该是品牌的"核心故事"。这个所谓的"核心故事"并不需要真的像故事一样展开，而往往可以是一句话的陈述，如玫琳凯"你要别人怎样对待你，你也要怎样对待别人"等。它们本身并不是真正意义上的故事，因为它们并没有故事的特征，而更像是"一个基本的观点"或"共同的出发点"。与其说是在讲一个故事，不如说是在表达品牌的主张。

（2）整合多种途径和方式。

在讲故事时，应该结合品牌定位和目标群体的不同，以差异化的方式、途径和渠道，为不同的听众讲述版本不同但主张一致的故事（维森特, 2004)。文本所指的差异化在此有三层含义：第一是指要结合不同目标群体的特征和偏好讲不同版本的故事；第二是指讲故事塑品牌，要讲一个不同于竞争对手的故事；第三是指可以采用多种方式讲故事，如可以以静态的软文广告、宣传策等讲述文字故事，也可以通过动态的电视广告、电影广告、录像广告等讲述影音故事等。

（3）简单化但却留有空间。

简单化是指品牌故事要简洁、留有余地地讲。Denning (2005) 提出发展跳板型故事时，强调故事讲到刚好能让消费者理解的程度就够了，不必太详细。品牌讲故事的目标"不是想让消费者被困于冗长的故事中"，而是在于让消费者"通过与自身背景的联系来发现或一起创造他们自身的心智故事" (Denning, 2005)。只有给消费者留下一定的想象空间，他们才能有机会和能力涉入含蓄的故事和其暗含的意义中去。Shankar 等学者（2001）也认为讲故事时要适当留点想象空间给听众去构建自己的故事，这样才能最大化故事的力量。

综合上述，本文以叙事理论和营销领域内的众多研究成果为理论基础，进行理论推导并系统归纳后，整合得出了一个包括"造故事"和"讲故事"两个层面的"讲故事塑品牌"理论框架。为了检验此理论框架是否可行，我们需要通过案例研究回答以下两大层面的问题：①应该从哪些方面来打造一个好的品牌故事？②有了好的品牌故事后，应该怎样来向消费者进行传播？为了更好地回答这两个问题，我们在咨询专家并进行两次课题组内部讨论后，将这两个层面发展成为 6 个维度的 15 个具体问题（见表 1）。这些具体问题，不仅是讲故事塑品牌已有研究的缺口，也是品牌叙事理论的重要内容。

四、研究方法

本文选择单案例研究方法，原因包括：①目前还没有学者进行过"讲故事塑品牌"方面的系统性研究，而单一案例研究是回答"为什么"和"怎么样"的首选研究策略（罗伯特·K.殷，2004）；②单案例研究能够保证案例研究的深度，并能更好地了解案例的背景（Dyer and Wilkins，1991），能更为清晰地帮助我们解释并验证"讲故事塑品牌"过程及其背后的规律；③单案例研究是多案例研究的基础（李飞等，2010），我们需要基于此来发展品牌叙事理论的初步框架，尔后再通过多案例研究来检验。

（一）案例选择

本文选择鞋类品牌"达芙妮"作为研究企业如何通过叙事塑造品牌的对象。达芙妮从 2003 年诞生开始，一直都在有意地运用讲故事的方式塑造品牌，并取得了显著成果。目前达芙妮已经有"中国第一女鞋"之美誉，成为最受女性喜爱的女鞋品牌，连续 12 年蝉联同类产品市场销量第一。

我们选择"达芙妮"品牌作为研究对象，首先是考虑到案例的典型性，以保证研究获取丰富、详细和深入的信息（Pettigrew，1990）。典型性是个案所必须具有的属性，即个案是否体现了某一类别的现象（个人、群体、事件、过程、社区等）的共性（Pettigrew，1990）。在进行案例分析之前，我们基于产品类别和品牌故事知名度两大要素，将可口可乐、百年润发、哈雷机车、玫琳凯、黄鹤楼 1916 香烟和达芙妮等品牌作为备选对象。接下来，我们借鉴了殷（2004）选择典型案例的步骤：课题组成员以表 1 中所列的 15 个具体问题作为共同特征来收集二手资料，然后召开研讨会，逐一对这些备选对象进行比对和排列。最终发现达芙妮和玫琳凯的品牌叙事实践中均涵盖了 15 个共性特征。虽然相比玫琳凯而言，达芙妮讲故事还不够成熟老练，但本文认为能选择本土品牌作为研究对象对于中国企业的品牌叙事实践会更有意义。况且，达芙妮的品牌叙事实践在我国已是较好的示范，其市场业绩也已证明该个案的突出性。

表 1 "讲故事 塑品牌"的理论框架

2 个层面	6 个维度	15 个具体问题
造故事	1. 故事主题	（1）故事主题是否反映出品牌的核心利益
		（2）故事主题是否符合消费者的价值观
		（3）故事主题是否包含积极信息
	2. 故事内容	（4）故事内容是否让消费者感知真实可信
		（5）故事内容是否引发消费者的情感反应
		（6）故事内容是否包含能为消费者普遍接受的共识
		（7）故事内容是否包含承诺让消费者获得改变的信息
讲故事	3. 结构化	（8）讲故事时是否按照开场、中间和结尾的时序展开
		（9）讲故事时是否突出了紧张的冲突
	4. 系统性	（10）所有故事版本是否都围绕同一核心故事展开
	5. 差异性	（11）是否针对不同的目标群体而讲不同版本的故事
		（12）品牌叙事是否有别于其他竞争品牌
		（13）是否采用了广告、活动等多种方式来讲故事
	6. 简洁性	（14）品牌叙事是否表现得让消费者可以理解和接受
		（15）品牌叙事是否给消费者留下了想象的空间

达芙妮不仅具有通过故事塑造品牌的典型意义，作为知名度和忠诚度较高的品牌，它在一手资料和二手资料的丰富性和收集便捷性等方面都有优势（这一点对于深入的案例研究相当重要），有助于我们深入和多维地了解品牌如何通过讲故事而得以塑造。

（二）数据来源

我们选择了一手资料和二手资料相结合的数据来源。

一手资料包括：①首先，我们根据表 1 中的 15 个具体问题拟定提纲，到武汉、长沙两地的达芙妮专卖店或专柜进行实地调查，与管理层（包括店长）和店员进行了座谈，并在店面中对消费者进行了现场访谈，对所有谈话进行了记录；②为深化并拓展上一步中获得的结论，我们与达芙妮的顾客进行了座谈，座谈的主题为"达芙妮的故事是如何打动你的"，并进行了记录。

二手资料包括：①达芙妮品牌从诞生到 2010 年 5 月为止，在各种媒体上发表过的有关达芙妮品牌故事的文章或报道；②从达芙妮官方网站和公司内部获得的材料（包括文字文档和影音文件）；③网络中各论坛或博客中有关达芙妮品牌的消费者评论或感想。

（三）数据分析

真实可信的经验事实是理论建构的基础，而案例研究是通过对经验事实的连接实现可验证的、相关的、有效的理论发展（Eisenhardt，1989）。为最大限度地体现经验事实以达成理论建构，本文采用访谈记录、主题分析、文本编码、消费者故事的解析模型（Thompson，1997）等工具和方法，对来自达芙妮和其消费者的双边数据进行结合分析，力图客观分析达芙妮品牌叙事实践及其效果，以在此基础上发展理论。

1. 主题分析

因为本文为探索性研究，在研究初期对于品牌叙事的关键性要素尚不明确。根据访谈记录和二手资料，研究者在内部团队多次交流，并咨询品牌管理和消费者行为研究方面的知名教授，在此过程中形成了一些初步的研究主题，比如"故事对于营销有何意义"、"品牌如何叙事"、"如何讲出消费者接受的好故事"、"怎样通过讲故事来塑造品牌"等。在经过多次团队讨论后，将研究主题确定为"企业如何讲故事塑品牌"，借此建构品牌叙事理论。

2. 故事解释

本文主要借鉴 Craig J. Thompson（1997）提出的"消费者故事的解释学模型"来解析达芙妮顾客的本文，这些陈述与她们对达芙妮产品和品牌形象、购物经历和体验相关。这种解析方法在本文中主要运用于两个层面的消费者意义解析：①辨明该顾客在其消费文本中所表达的关键意思；②识别不同顾客在其陈述中所表达的关键词汇和意义。

3. 编码与分类

本文采用对文本进行编码和归类的方法将收集的定性数据分解、比较、归类和分析，致力于在大量定性资料中提炼关键概念，推导因果逻辑，进而论证基于理论推导发展出来的理论框架（Lee，1999；忻榕等，2004；吴晓波、马如飞、毛茜敏，2009；李飞等，2010）。

第一步，按数据来源对资料进行编码分类，得到了含 249 个条目的条目库（见表 2）。

表 2　根据数据来源的文本编码及分类

类别		编码	条目数	类别	编码	条目数
二手资料中来自达芙妮官方网站和公司内部的文档（含文案和影音文件）	广告及宣传文案	SA	64	一手资料中来自达芙妮内部员工的访谈数据	FI	6
	歌曲及歌词	SS	13	一手资料中来自实际调查观察到的品牌故事相关文本	FD	12
	品牌宣言相关文本	SD	5	一手资料中来自消费者访谈的相关文本	FC	11
	活动及相关文本	SE	32	二手资料中来自消费者访谈的相关文本	SR	46
	品牌名称相关文本	SN	3	二手资料中来自网络论坛或博客的消费者评论或故事	SC	57

第二步，根据"如何打造一个好的品牌故事"及"如何以恰当的方式向消费者讲好这个故事"这两个研究问题，以渐进方式对数据进行分析。我们主要参考表 1 中所列的 15 个具体问题把第一步所得的 249 个条目进行重新编码和归类。为了保证编码的一致性，我们采用了先由 2 个人分别独立编码、再就差异进行讨论求共识、再由另外 2 个人检查并讨

论的方法（忻榕等，2004；李飞等，2010）。最终经过三轮编码检查，从249个条目中剔除了42条，保留了207条。表1中的6个维度（从序号1到6）保留的条目数分别为37、24、32、16、53、45，编码一致率达到了83%、85%、85%、81%、79%、82%和83%。

第三步，为了防止研究者的主观偏差影响到数据的真实性和客观性，我们把编码数据结果和初步结论分别向品牌管理领域内2位教授进行咨询，并向接受访谈的2位达芙妮店长、消费者座谈中的2位达芙妮顾客进行了反馈，得到了他们的认可。

五、案 例 分 析

基于数据的编码框架，我们将达芙妮的品牌叙事策略与消费者感受对接起来进行分析，发现了达芙妮讲故事塑品牌的丰富策略和成功效果。这一方面通过来自企业和消费者的双边数据验证了本文提出的"讲故事塑品牌"理论框架，另一方面也证明了选择达芙妮作为案例样本的适当性。下文将对达芙妮品牌叙事的案例进行分析，并陈述有价值的发现。

（一）如何创造品牌故事

1. 树立为"消费者造梦"的品牌核心主题

达芙妮的品牌宣言为"我不卖鞋，我参与一场华丽的戏"。在官网上，其更是进一步提出其品牌主题为"我希望每一个踏入达芙妮的女人，都像谈了一场恋爱，体验一场华丽的戏，甚至找到真正的自己，所以无论今日女孩或是明日女人，自信的女人都会在达芙妮的引领下——新生感动。"这段文本，既体现出达芙妮为消费者营造梦想和创造感动的品牌核心信念，也表达了达芙妮进行品牌叙事的决心与力量。因此在网络上，甚至有消费者称达芙妮是"为消费者造梦"的鞋，并获得了众多附议。

达芙妮为消费者造梦的工程始于一则有关河神女儿达芙妮的希腊神话故事（SN1）。这则神话传奇，不仅给达芙妮品牌名称增添了神话色彩，更是通过爱情题材将达芙妮"为消费者造梦"的品牌核心理念表现得淋漓尽致。故事中追求真爱、勇敢执着的河神女儿达芙妮切合了现代年轻女性消费者所希冀的独立、勇敢、有主见的女性形象，反映了这一群体的核心价值观。因此，这则以积极女性精神为主题的故事对消费者起了很好的引导作用，让一些消费者因为喜欢达芙妮的这则神话故事而喜欢此品牌，让另一些消费者因为意外发现这则故事更加喜欢达芙妮品牌。在此，以一位达芙妮顾客的陈述（SC23）加以说明："真正了解达芙妮这个名字的内涵却是有一天在美术馆里看到名画《阿波罗与达芙妮》的复本。这时才发现，自己钟爱的品牌也是希腊神话中河神的女儿。为阿波罗和达芙妮的爱情而感动，也因有了神话的内涵，让我更爱这个品牌。达芙妮变成树来躲避阿波罗虽然是怯弱，但又勇敢追求真爱——这种矛盾正如我，成长本来就是在这样的矛盾心态中跌跌撞撞走过来。爱上达芙妮，她陪伴我成长。每年奖励自己一双达芙妮，已成为自己努力的动力。"

2. 打造有真实、情感、共识和承诺的故事

在本文所收集的 114 个消费者数据中，涉及达芙妮广告本文评价的有 63 个。其中，消费者提及频率最高（37 个）的为刘若英代言的达芙妮 D28 的电视广告（SA52）。为何达芙妮众多故事中，这则电视广告引发了消费者最好的反应？

"小时候我老爱偷偷穿妈妈的高跟鞋，他们送了一双红色的小公主鞋给我，我爱死它了，每天看着它一直可以发呆好久好久。女人跟鞋子的关系真的很微妙，一双鞋加一双鞋，于是女孩就要变成女人了，我是女人，美丽的女人，昨日女孩，今日女人！"——伴随着广告主角刘若英的画外音，D28 的这则广告先是描述了一个小女孩对小公主鞋的喜爱，然后再出现刘若英穿着华丽小礼服踏着高跟鞋在镜子前不停旋转的画面。当镜头转到坐在墙角不断挑选在身边一字排开各色鞋款的刘若英时，对她脸上那种如猫咪般满足的神情给予了特写。这将女人和鞋子的微妙关系，表现得淋漓尽致。

这则广告讲述了一个真实可信、诱发情感、符合共识和承诺改变的"女孩变成女人"的故事，从而让许多消费者爱上了达芙妮，也让"昨日女孩，今日女人"成为了脍炙人口的广告语。就真实而言，广告借由刘若英这一亲切可信的主角（真人）讲出了或许很多女性小时候都经历过的事（真事）——因为好奇或向往而偷穿妈妈的裙子、鞋子之类；就情感而言，故事中小女孩偷偷穿妈妈高跟鞋的画面，不仅借展露无遗的童趣使人忍俊不禁，又引发了消费者内心的公主情结；就共识而言，它说出了鞋子对女性的重要性——伴随自己成长，更是说出了每个女性在少女时期心中共同的愿望——成为公主、成为女人；就承诺而言，广告主打词"昨日女孩，今日女人"不仅是一种改变，而且是一种质变，是达芙妮 D28 给消费者许的一个承诺，让消费者相信 D28 是使她们成为女人、展现女人魅力的好帮手。

所以，D28 这则广告故事的确让消费者感受了真实、情感、共识和承诺这四个要素，从而易于让消费者接受，引发了消费者共鸣，并给消费者带来了感动（见表 3）。

表 3　达芙妮 D28 品牌故事内容的条目数及消费者文本引用举例

要素	条目数	消费者文本引用举例
真实	8	做（作者注：应该为"作"）为一个刚刚成满 20 的女孩，不应该说是女人，不得不受上奶茶（作者注：广告主角刘若英的昵称）的一句广告词，昨日女孩，今日女人，这是真正每个人女孩的心愿和发展历程，我也不例外，所以就爱上了达芙妮，蜕变女孩的形象，成为真正的女人（SC21）
		刘若英是我欣赏的，纯净淡雅，很亲切，听她娓娓道来，也觉得的确如此（FC4）
情感	13	一直都在想是什么吸引自己，让自己如此痴迷一个品牌的鞋子，可惜百思不得其解。直到有一天，看到电视里刘若英如婉转低述般地讲这个牌子做的广告，才豁然明白，原来是装在心里，那一直都不曾抹去的渴望——成为公主的渴望（SC14）
		我必须承认我有达芙妮情结，那摆在橱窗里或棉或单，或高或低的达芙妮女鞋从来对我都是有着致命的吸引，每每从达芙妮的鞋店旁路过，不管自己需要与否，进去逛逛是必备的功课。于是家里的鞋柜里，便有了一双双的达芙妮女鞋，仿佛自己四季，也就被这些鞋子包围着（SC8）
共识	5	之所以喜欢达芙妮，是源于刘若英拍的那个广告。从女孩变成女人，是多少人年少青春时的梦想啊（FC4）

续表

要素	条目数	消费者文本引用举例
承诺	11	达芙妮的鞋，前面不是世俗的尖，却也不是笨重的圆，而是在尖与圆中间找到了一个很好的契合点，椭圆。于是那鞋子便精巧灵动起来，再加上后面高挑的跟，便完成了一个女孩儿关于公主的完美梦想（SC5）
		自己还是放不下公主的梦吧，要不然自己怎会如此锲而不舍地追寻这个牌子的每一款适合自己的鞋子呢？……矫情也罢，真情也好，反正，我爱达芙妮（FC3）

（二）如何传播品牌故事

1. 遵循结构化原则，按照时间序列凸显冲突地讲

继续以上文中达芙妮 D28 电视广告故事（SA52）为例。从结构上来看：①这则广告故事是按照时间顺序描述生活中的因果事件的。开场始于广告中的主角（刘若英）童年，小女孩想要有一双高跟鞋但是没有，于是偷穿妈妈的；中场，再长大些的女孩有了一双红色的小公主鞋，喜欢得不得了；结局，长大后拥有了真正的高跟鞋，终于成为了有魅力的女人，从小的心愿完全得到了满足。②故事过程围绕想要高跟鞋而没有高跟鞋的这一冲突而展开。该冲突是愿望与现实之间的矛盾，也是女孩和女人之间的矛盾。而有了达芙妮 D28，这冲突就迎刃而解了——故事中小女孩长大成为女人（刘若英）后挑选高跟鞋时脸上那种如猫咪般满足的神情特写，尤其凸显了矛盾的顺利解决。

2. 遵循系统性原则，围绕"一个核心"主题地讲

达芙妮品牌的核心故事起源于月桂女神达芙妮的爱情故事（SN1），达芙妮品牌也借"梦想、桂冠"串联女性消费者，"希望每一个踏入达芙妮的女人，都像谈了一场恋爱，体验一场华丽的戏，甚至找到真正的自己，无论今日女孩或是明日女人"（SD2）。尽管随着市场扩张，达芙妮将目标消费者细分为年轻女孩和成熟女人两个群体并相应将品牌分为 D18 和 D28 两个系列。但无论在针对喜欢表现自我和个性化的年轻女孩的 D18 广告中，还是讲述独立和期望有魅力的成熟女人的 D28 故事中，都体现了女性的梦想和勇敢，秉承了"为消费者造梦"的核心品牌主张。因为不管是年轻女孩还是成熟女人，都是自己生活和梦想中的女主角，最终"都会在达芙妮的引领下——新生感动"（SD2）。

3. 遵循差异化原则，多版本、有别于对手、多途径地讲

（1）对不同目标群体讲不同的故事。

为了对合适的对象讲合适的故事，达芙妮为 D18 和 D28 打造了不同的故事。D28 系列（S52-58）是刘若英作为主角讲述关于优雅成熟女性的故事；D18 系列定位于更年轻和个性的女孩，于是达芙妮为其打造了台湾女性偶像团体 S.H.E 代言的系列故事（SA45-51）。虽然剧情有所差异，但两个系列的故事均以梦想和勇敢作为核心精神。这种在同一品牌主张下为不同受众打造不同版本的故事，本质上是对目标消费者进行市场细分基础上进行的差异化。

值得一提的是，达芙妮针对不同群体讲不同故事的品牌叙事实践较为成功，还在于它选对了故事主角——形象代言人。S.H.E 是台湾当红偶像组合，影响力不言而喻。该组合中三个女孩不仅年龄上与 D18 系列目标消费群的定位非常吻合，还分别代表了三种不同的类型：淑女（Selina）、可爱（Hebe）、豪爽（Ella）。以她们为代言可以满足不同人的喜好，不同类型的女孩要寻找模仿对象，都可以找到自己适合的风格。而代言 D28 系列的刘若英温婉知性、成熟典雅的气质则完全吻合该系列女鞋目标消费者的内在特质。

再有，无论是电视广告还是网络文案，达芙妮的故事都是选择用适合其听众（即目标群体）的语言娓娓道来。如 D18 少女系列网站上都会出现一些若隐若现字体多变的小文字，如"主宰流行气息，发射百分之百魔力，掩不住被宠爱的娇气，在我的小宇宙里，实行狂想主义"（SA59）、"花样十八，青春无敌是个把戏，骗倒，迷恋我的你，任性的美丽，实验性的乐观主义，时尚，也不过是个诡计，最适合搭配鞋子的是，爱情"（SA60）。文字的跳跃正如少女思想的跳跃，符合她们的风格，讲述了她们的心声。不拘囿于以静态的文字引发想象，达芙妮更是以动态的方式每一个细节都能极致地体现出童话般的氛围。鞋子、小花、女主角是网站的主要元素，网站每一个页面都是以粉色、淡绿、淡紫作为基调。这些都细致入微地着迎合少女们渴望成为舞台主角、掌握自我的心理。

（2）有别于竞争对手地讲。

达芙妮讲故事的差异化还体现在与竞争对手的差异化。在达芙妮之前，中国女鞋市场上很少企业有做广告、讲故事的意识。达芙妮可以说是同类市场上"第一个讲故事"的（在 FD、FI、FR 中皆有提到，在此不详细列举），这也是其差异化成功的关键之一。

（3）整合多途径多方式地讲。

虽然广告是最常见、最广为接受的品牌叙事手段，也为达芙妮带来了显著效应，但并不是其所依仗的讲故事的唯一渠道。达芙妮不仅通过广告、网络等常规媒体讲品牌故事，也利用歌曲、品牌名称等传播核心品牌故事，还营造一系列大型活动来进行品牌叙事（见表4）。

表 4　达芙妮传播品牌故事的各种途径及具体举例

途径	具体做法
网络	在其官网上展示有关月桂女神达芙妮的希腊神话故事（SN1）
	委托上海 IDES 互动公司制作了以"爱上达芙妮"为主题的互动网站，上面有各种版本的达芙妮广告视频和故事文案
电视广告	D18、D28 等系列广告（SA37—SA58）
软文	宣传册（SA1–12）、宣传单（SA13–31）、产品名录（S32–S36）
品牌歌曲	根据达芙妮希腊神话故事创作《月桂女神》之歌，由李天龙作曲、方文山填词、S.H.E 演唱（SS1），让达芙妮的爱情神话故事随着歌手被唱遍大江南北
	由歌手陶喆创作广告歌曲《Just Be Yourself》，并借由编曲上的巧妙运用，创作出快、慢两种版本作为广告背景曲，分别由达芙妮 D18 和 D28 的代言人——S.H.E（SS2）和刘若英（SS3）来演绎
大型活动	策划月桂女神选拔大会，让其成为达芙妮女鞋的模特（SE2）
	租下上海体育馆举办"达芙妮之夜"大型活动（SE6）
演唱会	2008 年刘若英"达芙妮梦游全国"巡回演唱会（SE21）
	2008 年陶喆"达芙妮王者归来"演唱会（SE22）

4. 遵循简洁性原则，给消费者留有想象余地地讲

在达芙妮的宣传文案中，不仅充斥着以"月桂女神"的梦幻和勇敢为核心的众多版本不同的故事，而且每款鞋子都是一个美丽的故事，都被赋予了摄人心魂的内涵。如一双黑色布鞋会配上"黑天鹅的迷人之处在于她们的魔性气质中还保存着执着与浪漫，这使她们往往更容易俘获一位王子的心"（SA33）的浪漫神话；款淑女皮鞋配上"乖巧的淑女还在迷恋童真的乐园，即使选择了矜持的举止，还是让脚的造型暴露了内心随时想飞的幻想"（SA34）的可爱故事等。这些有关黑天鹅、淑女的故事，既简短有力又便于理解。它们不仅体现了不同鞋子的风格，更是将消费者带入了一个无限梦想空间：似乎自己是童话故事中的灰姑娘，选上一双玻璃鞋就会瞬间光芒四射。而通过这些故事，达芙妮真的上演了一场"华丽的戏"，大大提高了品牌想象空间。它与消费者间的关系不再仅是售与买的关系，更是一种心灵的互通、精神的依托。因此，达芙妮在消费者心中的美誉度和忠诚度得以很大程度的提高。

（三）案例分析结果

通过以上对达芙妮品牌叙事的案例分析，我们发现表 1 中 2 个层面、6 个维度的 15 个具体问题都在达芙妮的品牌叙事实践和消费者反应中得到了一定程度的回答，因此得到了部分关于达芙妮如何进行品牌叙事的结论（见表 5）。

表 5　达芙妮"讲故事塑品牌"的分析结果

2 个层面	6 个维度	15 个具体问题
造故事	1. 故事主题	（1）故事主题反映了品牌"为消费者造梦"的核心主张，体现了品牌的宣言和信念
		（2）故事主题体现了勇敢、独立和追求梦想的女性精神，符合目标消费者追求的生活理想和认同的价值观
		（3）故事主题体现了积极向上的女性精神，能引导消费者发展积极的品牌态度
	2. 故事内容	（4）故事内容包含真实性因素，采用可信的主角、亲切的语言来讲述真人真事，让消费者感知可信并接受
		（5）故事中用童趣来激发消费者情感反应，触动消费者的内心情结
		（6）故事内容是目标消费群体曾有的共同经验或现有的共同愿望，是消费者普遍接受的共识
		（7）故事包含让消费者获得改变的承诺，让消费者感觉通过品牌可以实现自己的愿望
讲故事	3. 结构化	（8）故事的讲述按照童年、少年和成人的时序展开，包括开场、过程和结局三大要素
		（9）讲故事时突出了想要高跟鞋却没有的冲突，这是源自消费者生活中愿望和现实之间的矛盾，且最终随着品牌的出现而得以解决
	4. 系统性	（10）所有故事版本都围绕着月桂女神这一核心故事展开，均体现出梦想和勇敢的精神
	5. 差异性	（11）根据目标受众（消费群体）的特征和偏好讲不同版本的故事，并相应地采用适当的故事角色和语言风格
		（12）讲故事的方式、时间、场合均有别于其他竞争品牌
		（13）整合采用广告、歌曲、主题活动等多途径和方式来传播品牌故事
	6. 简法性	（14）采用消费者可以理解和接受的语言和形式讲故事
		（15）故事讲完后给消费者留下想象和回味的空间，引导消费者产生与品牌相关的联想

六、结 论 与 讨 论

（一）主要结论

通过达芙妮品牌叙事实践的案例研究，我们系统地分析和研究了企业如何"讲故事塑品牌"的问题，对基于理论推导出来的"讲故事塑品牌"理论框架进行了验证、丰富和修订。最终，本文得出了"品牌叙事理论框架"，它包括 2 个层面、6 个维度的 15 个具体问题（图 1）。该理论框架表明，企业要通过品牌叙事来塑造品牌，既需要为品牌建构好的品牌故事，又需要以适当的方式传播好品牌故事。其具体工作包括：

1. 建立积极的品牌故事主题

品牌故事首先必须有一个积极的、能同时反映品牌核心利益和消费者价值观的主题，这个主题在品牌实践中可以表现为品牌宣言、主张或口号。

2. 创造动人的品牌故事内容

一个好的品牌故事在内容上应该真实可信、能激发消费者情感、反映消费者共识和承诺让消费者获得改变。

3. 按照叙事结构讲述故事

为了保证传播品牌故事的效果，企业在进行品牌叙事时，要按照时序或因果顺序来讲述开场、过程和结局三个阶段，并突出紧张的冲突情节。

4. 以差异化的方式传播故事

企业不仅要针对不同目标群体以差异化的具体方式讲版本不同的故事，还要在品牌故事传播的方式、时间和场合上都有别于竞争品牌，还可以整合广告、歌曲、主题活动等多种途径来进行品牌故事的深入和广泛传播。

5. 遵循品牌故事叙事的系统性

品牌叙事在讲述方式、目标群体和传播手段上的差异化都必须遵循围绕"一个核心故事"展开的原则，体现同一品牌主张。

6. 保持品牌故事叙事的简洁性

无论采用哪一种叙事结构或传播途径，品牌故事的讲述最好使用让消费者可以理解和接受的语言，并给消费者留下想象和回味的空间。

（二）理论创新

1. 品牌叙事理论框架

现有营销研究虽不乏叙事视角的相关成果，但就塑造品牌这一领域而言，目前仍然缺少对应的文献深入探讨讲故事与塑品牌的关系及讲故事在品牌发展与品牌营销上的应用。

◇ 符合公众常识、共同期望或社会规范

2. 动人的故事内容

符合共识

◇ 用真人真事
◇ 用亲切的语言
◇ 用可信的代言人充当故事主角

真实可信

1. 积极的故事主题
◇ 反映品牌核心利益和消费者价值观
◇ 表现为简洁的品牌口号、宣言或主张
◇ 包含积极信息

诱发情感

◇ 使用幽默等方式引发消费者的情感反应

承诺改变

◇ 激发消费者生活理想
◇ 承诺在购买或使用品牌后会获得改变

建构品牌故事

3. 结构化地讲
◇ 突出冲突
◇ 围绕核心矛盾，按照时序或因果关系展开故事
◇ 含开场、过程和结局三要素

4. 系统性地讲
◇ 所有故事版本都体现出同一核心主题（品牌口号、主张或宣言）
◇ 整合多种途径、多种渠道、多版本故事传播同一核心故事主张

5. 差异化地讲
◇ 在讲故事的方式、时间和场合上都有别于竞争品牌
◇ 针对不同目标群体讲版本不同的故事（用不同的剧情、主角、文字风格和传播渠道）

6. 简洁化地讲
◇ 用消费者可以理解的语言和方式说
◇ 给消费者留下想象空间

传播品牌故事

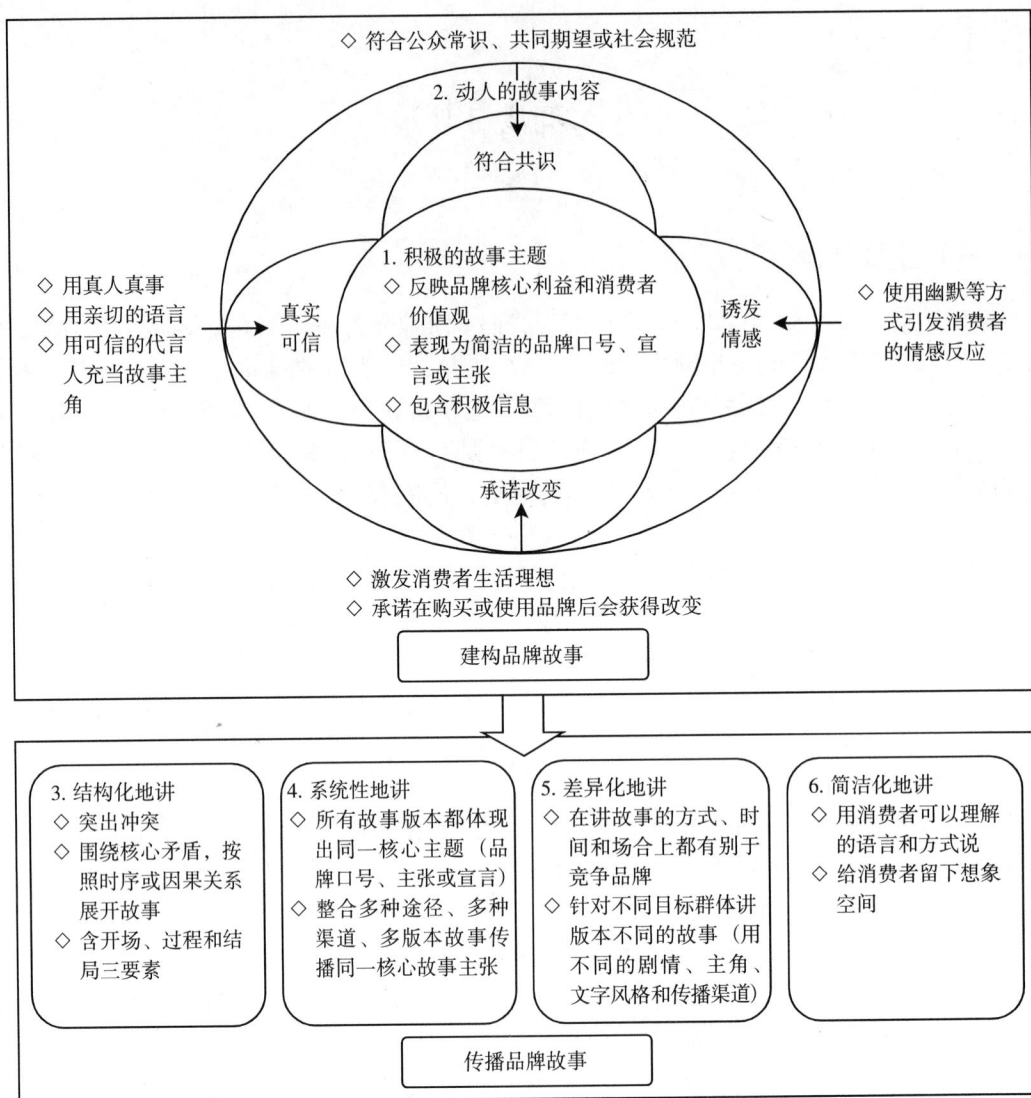

图 1　品牌叙事理论框架

本文首先基于叙事理论研究成果建构了"讲故事塑品牌"的理论框架（见表 1），然后通过达芙妮品牌叙事案例研究对这个理论框架进行了验证、丰富和修订，最终得出了"品牌叙事理论框架"（见图 1）。该框架表明企业可以通过品牌叙事来塑造品牌，而这一工作包括创造品牌故事和传播品牌故事两大维度。"品牌叙事理论框架"是本文最为重要的理论贡献，也是系统性构建企业品牌叙事理论的尝试，对于以后此领域理论的发展有一定的借鉴意义。

2. 品牌故事的构建

现有研究大多从理论角度给出了构成好故事的重要因素，但抑或泛泛而谈，抑或关注

组织管理，抑或零散涉及，并没有在品牌实践领域内指出究竟哪些因素起主导作用。同时，也缺乏系统性的整理和融合，更缺乏实证研究。而本文基于理论的系统归纳和案例的分析验证，整合得出了一个好的品牌故事需要包括一个能同时反映品牌核心理念和消费者价值观的积极主题，同时在内容上应具备真实、情感、共识和承诺四大要素。

3. 品牌故事的传播

企业要通过故事塑造品牌，除了需要构建好的品牌故事之外，还需要以适当的结构和方式来讲好这些故事。故事管理学派仅从故事结构方面来对如何讲故事展开了探索，营销领域内 Escalas（2004a）的研究也只限于探索如何进行广告叙事来影响消费者的品牌形象感知，他们均只是从单个方面来探讨如何提升故事传播的效果。而本文通过文献的整理归纳和达芙妮案例的实证分析，整合提出了品牌叙事传播时应遵循结构化、系统性、差异化和简洁化四大原则。这为有关品牌叙事传播的研究开拓了新的领域，也是一种有力的补充。

（三）实践意义

1. 品牌叙事是塑造成功品牌的有效途径

如今，品牌已成为企业最为重要的无形资产，市场的竞争业已成为品牌的竞争。中国企业要在激烈的国际竞争中站稳脚跟，就必须学会以品牌为武器参与市场角逐，实现品牌价值的提升，创造出成功的中国名牌。

在产品制造质量已获得普遍认可的情况下，中国企业在品牌工程上最为关键的工作就是不断地寻求和构筑与消费者交流沟通的平台，开拓和发展新的品牌塑造和传播方式。

本文经过理论分析和案例验证后，提出"讲故事"就是一种有效塑造和传播品牌的新兴方式。品牌叙事巧妙地将品牌所要表达的品牌背景、品牌核心价值理念和品牌情感串联起来，用故事这种最古老和最有力的沟通形式传递给消费者。它既能完美地体现品牌的核心价值理念，又能增进与消费者的情感交流与心灵共鸣，还能形象巧妙地传递品牌信息，对于深化消费者对品牌的理解与认知起着至关重要的作用。

品牌叙事对中国企业塑造高端品牌尤其重要。纵观国内外传奇品牌发展的历史进程，都能发现其中包含叙事策略的轨迹，如轩尼诗、香奈儿、苹果和茅台等。一个高端品牌的成功塑造，最重要的是通过大量不间断的、富有创造力的努力，来形成其独特的、不可复制的传播体系及品牌识别。而采用品牌叙事策略，企业可以通过品牌故事的传播来树立自己独特的品牌形象及品牌主张，通过故事中感性的渲染在消费者理性的思考中来铺垫感性的前提，使品牌更人性化，让人们能够通过品牌故事了解和记忆品牌，提升品牌价值。

2. 品牌叙事策略的成功要素

我国品牌发展可以说是改革开放的衍生物，许多行业进入品牌发展阶段则更是近几年的事情。所以，中国企业在品牌的塑造和传播方面仍然很薄弱。尤其是在品牌叙事的铺陈构筑上还存在诸多的不足与缺憾，存在着品牌叙事要素的严重缺失和品牌价值理念与品牌叙事脱节等问题（袁绍根，2005）。

本文经过理论推导和实证分析后得出"品牌叙事"理论框架，对于中国企业如何通过讲故事来塑造品牌的实践有着一定的指导意义。根据本文研究结论，企业要成功地进行品牌叙事，既需要构建一个引人入胜的品牌故事，又需要以适当方式将这个品牌故事传播好。

成功的品牌叙事实践，具体而言需要做到以下几点：第一，根据目标消费者的价值主张和品牌的核心利益，选择一个好的故事主题，具体表现为朗朗上口、激奋人心的品牌宣言、主张或口号；第二，通过使用真人真事或采用可信度高的代言人等方式创造一个真实可信的故事，其中必须蕴含能激发消费者情感的因子（比如幽默），而且故事所讲的事实或道理应该是消费者普遍认同的；第三，品牌故事中最好包括一种承诺，可以通过神话、偶像事迹等形式让消费者相信，在购买或使用故事中的品牌后能够实现某种生活理想；第四，广告并不是品牌叙事的唯一方式，企业可以整合广告、大型活动、互动网站、品牌歌曲、终端软文等多种途径来进行品牌故事的深入和广泛传播，但是这些差异化的讲故事手段都必须遵循"一个核心"原则，即围绕核心的故事主题展开；第五，品牌故事要讲好，最好使用让消费者可以理解和接受的语言，并给消费者留下想象和回味的空间。

（四）局限及未来方向

首先，在研究方法上，本文采用的是先基于理论拟定框架再进行资料收集和分析的方式，这虽然符合规范性案例研究的要求且便于编码及分析，但可能会流失一些比较重要的信息。此外，虽然我们在进行案例分析前对备选对象进行了筛选，选定了具备典型性的达芙妮作为研究对象。但囿于单案例研究的局限性，我们还需经过后期的多案例研究补充来得出普遍适用性高的具体理论命题。且达芙妮为女鞋品牌，与男性消费品牌或其他类别产品仍存在差异，研究结论是否能沿用到其他行业还需后续多案例研究。这也是我们将来研究的一个方向。

其次，在研究结论方面，本文得出"一个好的品牌故事必须具备真实、情感、共识和承诺四大要素"，但或许事实中的成功要素会更多。而且随着有关品牌叙事的研究不断发展，也许会有更丰富的要素补充进来。本文得出"最好能围绕某一困难或问题按照时序或因果顺序来讲述品牌故事"，也许会受到现实中"无厘头"风格的挑战。这些问题还需要更进一步的研究来进行发展和检验。

在未来的研究中，发展具体的品牌叙事策略和探测消费者具体反应是两个比较重要的方面。虽然基于目前理论和达芙妮的品牌实践，我们整理并建构了品牌叙事理论框架，但只是较为系统地提出了以故事主题、内容、叙事结构、传播方式等中观方面的思路，尚缺乏具体细致的可供企业品牌实践操作的微观策略或技巧。未来研究可以更进一步地基于多案例研究得出更为丰富和具体的结论。有关品牌故事怎样讲这个问题，在本文中已经有意识地采用来自消费者的文本进行分析，因为不同的讲故事策略可能会引发消费者的不同反应。那么，到底什么样的情境下企业可以利用怎样的品牌叙事引发消费者的特定反应，这也将是未来研究的重要方向。

参考文献

[1] 伯格. 通俗文化、媒介和日常生活中的叙事. 姚媛译. 南京大学出版社，2000.

[2] 傅雅玲. 品牌故事及其结构与内容在不同商品类型下对广告效果的影响. 元智大学硕士学位论文，2007.

[3] 黄光玉. 讲故事打造品牌：一个分析的架构. 广告学研究，2006（26）.

[4] 李飞，陈浩，曹鸿星，马宝龙. 中国百货商店如何进行服务创新. 管理世界，2010（2）.

[5] 毛基业，李晓燕. 理论在案例研究中的作用. 管理世界，2010（2）.

[6] 丘宏昌. 产品如何讲故事？以资讯不对称之产品分类为例. 台湾硕博学位论文，2009.

[7] 维森特. 传奇品牌：诠释叙事魅力，打造致胜市场战略. 钱勇、张超群译. 浙江人民出版社，2004.

[8] 王凤彬. 科层组织中的异层级化趋向——基于宝钢集团公司管理体制的案例研究. 管理世界，2009（2）.

[9] 王家伟. 品牌故事组成元素对品牌形象知觉之影响：产品类别、信息诉求、自我一致性及品牌强调度和效果之探讨. 元智大学硕士学位论文，2005.

[10] 王美欣. 故事型广告对消费者态度影响之探究. 国立东吴大学硕士学位论文，2007.

[11] 吴晓波，马如飞，毛茜敏. 基于二次创新动态过程的组织学习模式演进：杭氧1996~2008纵向案例研究. 管理世界，2009（2）.

[12] 忻榕，徐淑英，王辉，张志学，陈维正. 国有企业的企业文化：对其维度和影响的归纳性分析. 中国企业管理的前沿研究，北京大学出版社，2004.

[13] 严幸美. 品牌故事的魔力与消费意义. 世新大学硕士学位论文，2007.

[14] 罗伯特·K.殷（Robert K.Yin）. 案例研究：设计与方法. 周海涛，李永贤，张蘅译. 重庆大学出版社，2004.

[15] 余来辉. 品牌叙事主题建构及传播研究. 苏州大学硕士学位论文，2009.

[16] 袁绍根. 品牌叙事：提升品牌价值的有效途径. 日用化学品科学，2005（7）.

[17] 周皓涵. 体验营销中的业者与消费者叙事：以小熊维尼80周年庆为例. 世新大学硕士学位论文，2006.

[18] Aaker David A., Managing Brand Equity. New York：Free Press，1991.

[19] Arnould E. J. and M. Wallendorf "Market-oriented Ethnography：Interpretation Building and Marketing Strategy Formulation". Journal of Marketing Research，Vol.31，1994.

[20] Boje D. M.，"Book Review Essay：Pitfalls in Storytelling Advice and Praxis". Academy of Management Review，Vol.31，2006.

[21] Bruce D.，"Storytelling Wins Hearts：Ten Tips for Creating Captivating Brand Stories". Marketing Magazine，Vol.106，2001.

[22] Bruner J.，"Life as narrative". Social Research，Vol.54，1990.

[23] Christensen G. H.，"Company Branding and Company Storytelling". Senders and Receivers，Vol.8，2002.

[24] Denning S.，The Springboard：How Storytelling Ignites Action in Knowledge-era Organizations. Boston：Butterworth Heinemann，2001a.

[25] Denning S.，"Narrative Understanding". Reflections，Vol.3，2001b.

[26] Denning S.，"Telling Tales"，Harvard Business Review，Vol.6，2004.

[27] Denning S.，The Leader's Guide to Storytelling：Mastering the Art And Discipline of Business Narra-

tive [M]. San Francisco: Jossey-Bass, 2005.

[28] Dyer W. Gibb, Alan Wilkins. Better Stories, Not Better Constructs, to Generate Better Theory: A Rejoinder to Eisenhardt [J]. Academy of Management Review, 1991, 16 (3).

[29] Eisenhardt K. M. Building Theories from Case Study Research [J]. Academy of Management Review, 1989, 14 (4).

[30] Escalas J. E. Imagine Yourself in the Product: Mental Simulation, Narrative Transportation, And Persuasion [J]. Journal of Advertising, 2004a (33).

[31] Escalas J. E. Narrative Processing: Building Consumer Connections to Brands [J]. Journal of Consumer Psychology, 2004 (14).

[32] Facenda V. L. Stories Not Facts Engage Consumers [J]. Vmatketing, 2007 (12).

[33] Fanning J. Tell Me a Sstory: The Future of Branding [J]. Irish Marketing Review, 1999, 12 (2).

[34] Fog K., Budtz, C., Yakaboylu B. Storytelling: Branding in Pprac tice [M]. Berlin: Springer, 2005.

[35] Gerrig Richard J., Giovanna Egidi. Cognitive Psychological Foundations of Narrative Experiences [M]. Stanford: CSLI Press, 2003.

[36] Grayson K., Martinec R. Consumer Perceptions of Iconicity and Indexicality and Their Influence on Assessments of Authentic Market Offerings [M]. Journal of Consumer Research, 2004, 31 (2).

[37] Herman David. Narrative Theory and the Cognitive Sciences [M]. Stanford: CSLI Press, 2003.

[38] Holt D. B., C. J. Thompson. Man-of-Action Heroes: The Pursuit of Heroic Masculinity in Everyday Consumption [J]. Journal of Consumer Research, 2004 (31).

[39] Jahn M. Awake! Open your eyes! The Cognitive Logic of External and Internal Stories [M]. Stanford: CSLI Press, 2003.

[40] Lee T. L. Using Qualitative Methods in Organizational Research, Beverly Hills [M]. CA: Sage, 1999.

[41] McKee R. Story: Substance, Structure, Style and the Principles of Screenwriting [M]. New York: Regan Books, 1997.

[42] McKee R. Storytelling That Moves People [J]. Harvard Business Review, 2003, 81 (6).

[43] Morgan, S., Robert F. Dennehy. The Power of Organizational Storytelling: A Management Development Perspective [J]. Journal of Management Development, 1997 (16).

[44] Padgett D., Allen D. Communicating Experiences: A Narrative Approach to Creating Service Brand image [J]. Journal of Advertising, 1997 (26).

[45] Palmer A. The Mind Beyond the Skin [M]. Stanford: CSLI Press, 2003.

[46] Pettigrew A. M. Longitudinal Field Research on Change: Theory and Practice [J]. Organization Science, 1990, 1 (3).

[47] Polkinghorne D. E. Narrative and Self-concept [J]. Journal of Narrative and Life History, 1991 (1).

[48] Shankar A., Elliott R., Goulding C. Understanding Consumption: Contributions from A Narrative Perspective [J]. Journal of Marketing Management, 2001 (17).

[49] Simmons A. The Story Factor: Inspiration, Influence and Persuasion Through the Art of Storytelling. Cambridge [M]. MA: Perseus Publishing, 2001.

[50] Stern B. B. Who Talks Advertising? Literary Theory and Narrative Point of View [J]. Journal of Advertising, 1991 (20).

［51］ Stern B. B. Classical，Vignette. Television Advertising Dramas：Structural Models，Formal Analysis and Consumer Effects ［J］. Journal of Consumer Research，1994（20）.

［52］ Thompson Craig. J. Interpreting Consumers：A Hermeneutical Framework for Deriving Marketing Insights From the Texts Of Consumers' Consumption Stories ［J］. Journal of Marketing Research，1997（34）.

关系促销理论：一家中国百货店的案例研究 *

李飞[1]　贾思雪[1]　刘茜[1]　于春玲[1]　吴沙莉[1]　马宝龙[2]　米卜[1]

（1. 清华大学经济管理学院　北京　100062；

2. 北京理工大学经济管理学院　北京　10081）

【摘　要】 以北京翠微大厦作为研究对象，运用规范的案例研究方法，对其店庆促销管理进行了研究，包括实地访谈、二手资料收集、数据编码和研究分析等阶段，随后在界定关系促销概念、验证关系促销效果模型和关系促销管理模型的基础上，针对这一尚未被理论化的现象，建立了关系促销理论的综合模型，首次提出了关系促销的理论，它与传统促销的最大不同在于关注相关利益者的利益和关系，同时成为长期性促进销售的工具。

【关键词】 关系促销；关系营销；百货商店；店庆促销；案例研究

一、引　言

2009 年 11 月 19 日一早，我们研究小组收到北京翠微大厦报总编辑韩云的短信："昨天（翠微大厦 12 周年庆第一天——作者注）销售达到 8300 万元"。我们十分惊奇，当天赶到翠微大厦，发现促销折价幅度并不大于竞争对手，却人流涌动（后来知道均曰超过 10 万人）。当遇到公司常务副总经理徐涛（现为总经理）时，他高兴地说："我们的促销活动与别家不同，我们是厂商、顾客、商店三家都满意。"店庆活动结束后，翠微大厦张丽君总经理（现为董事长）告诉我们了一个更为惊人的消息，5 天销售额达 3.33 亿元（翠

* 本文选自《管理世界》2011 年第 8 期。

基金项目：本文得到国家社科基金项目（10BJY086）和清华大学经济管理学院中国零售研究中心项目（100004003）的资助。本义为 2010 年《中国企业管理案例与理论构建研究论坛》入选论文。

作者简介：李飞、贾思雪、刘茜、于春玲、吴沙莉、米卜，清华大学经济管理学院；马宝龙，北京理工大学经济管理学院。

微本店 3.6 万平方米，2003 年 12 月开业的牡丹园店 2 万平方米，2007 年 12 月开业的龙德店 2.3 万平方米，80%销售额是本店实现，其他两店并非店庆日，但也参加促销活动），相当于一家万平方米百货商店一年的销售额（据中国连锁经营协会统计，中国百货店平均坪效约为 2.7 万元/年·平方米）或翠微大厦一个月的销售额。我们把目光转向了深受金融危机影响的 2008 年，发现翠微大厦该年的 11 周年店庆，4 天销售额达到 2.13 亿元，也是天文数字，我们又回顾了翠微的前 10 次店庆促销，每次都取得了惊人的效果（在我们对其研究接近尾声时，2010 年 11 月的 4 天店庆，又将销售额提升到 4.18 亿元）。看来不是偶然事件，这引起了我们的思考：翠微大厦店庆的折扣幅度并不比竞争对手更大，在金融危机环境下顾客在百货商店整体购买额连续大幅度下降（李飞、马宝龙、林健，2010），但是翠微大厦店庆期间的销售额并没有受此影响，更令人惊奇的是没有出现常见的大促销后的萧条效应。

以往的研究一致认为促销是一种战术，为短期性刺激购买的工具（赫宾、库柏，2005），不会增加销售的总数量，通常还会对品牌产生伤害（罗门，2005；科特勒、凯勒，2006），也会伤害供应商或零售商或消费者的利益。从实践看，目前诸多零售店促销大体如此，或是让供应商承担促销费用，或是通过虚假打折和降低商品质量伤害消费者利益。翠微的实践与这些做法和已有理论相悖，翠微的店庆促销成为一种战略，成为一个品牌，不仅使短期（店庆促销期间）销售增加，而且使长期（下次店庆和平时）销售也得到提升，同时在促销活动中有 60%以上都是重复参加的忠诚性顾客。因此已有促销理论无法解释翠微大厦店庆促销的成功。这表明存在着一个理论的缝隙或"黑箱"，打开这个"黑箱"的钥匙被翠微人认定为"大顾客观"，即让供应商、员工和消费者三者都满意，这似乎是关系营销理念在促销管理中的延伸，由此我们设想：是否存在着一个全新的关系促销的理论。销售促进是以北美为代表的交易营销（也被一些学者称为传统营销）范式的一个组合要素，该范式管理过程的核心是分析、计划和控制，而关系营销是以欧洲为代表的学者提出的营销范式的转换（韩巍、张含字，2009），两者能交集为一个新的关系促销理论吗？如能具体内容是什么？这是非常值得研究并回答的问题。

如果真的存在一个能带来长期促销效果的关系促销理论并被我们发现了，这不仅具有理论的创新意义，而且具有重要的实践意义，该理论会为一些促销活动不仅带来短期利益，也带来长期利益，进而不是伤害品牌价值而是为品牌资产的增加做出贡献。这样，就会从根本上摆脱一些企业目前处于的"促销找死、不促销等死"的尴尬境地。可见，这是一个非常值得探讨的问题。

二、理论框架

如果案例研究的目的是构建理论，那么在开展案例调查和研究之前建立理论框架是极为重要的，一个好的、严谨的案例研究始终贯穿着理论的指导（毛基业、李晓燕，2010）。理论框架不是研究的结果，而是研究的路标；结果也可能部分修订了理论框架，但这也是理论框架指引的结果。因此，我们在回顾传统促销理论和关系营销理论的基础上，提出一个关系促销的理论框架。

（一）传统促销理论

为了区别新构建的关系促销理论，我们把已有的促销理论称为传统促销理论，因为关系营销方面的学者通常把非关系营销理论称为传统营销理论或交易营销理论。

1. 传统促销理论的内涵

我们讨论的促销是指狭义的促销，即通常所说的销售促进或宣传推广。它是营销活动的一个重要组成部分，包括多种短期性的激励工具，目的是激励顾客迅速和大量地购买某一特定产品或服务（Blttberg 和 Neslin，1990）。对消费者的促销手段包括：样品、优惠券、现金返还、减价、赠品、奖金、光顾奖励、免费试用、产品陈列和示范等（科特勒、凯勒，2006）。

2. 传统促销的正反作用

一般认为，促销的正向作用为短期性刺激顾客购买，包括吸引新的试用者和奖励忠诚性顾客（赫宾、库柏，2005；科特勒、凯勒，2006），但是未必能促使顾客成为品牌忠诚者（Kusum、Karen 和 Neslin，1999），在品牌相似度非常高的市场上几乎没有持久的效果，因为顾客会提前购买眼下不需要、未来需要的产品储存起来（Mela、Carl F.、Kamel Jedidi 和 Douglas Bowman，1998），影响长远的销售效果，甚至伤害品牌的忠诚度，增加价格的敏感性，对感知质量产生负面影响（罗门，2005；科特勒、凯勒，2006）。甚至有学者认为，促销是以品牌资产的下降为代价的，每一笔本应投在广告上的资金转投在促销上都在降低品牌价值（贝尔奇，2009）。其他一些相关研究也得出大体相同的结论（T-versky，Sattath 和 Slovic，1988；Ward 和 Hill，1991；Nowlis 和 Simonson，1997；江明华、董伟民，2003；Verhoef P C.，2003；Kivetz R.和 Simonson I.，2003；d'Astous A.和 Landreville V.，2003；Lewis Michael，2004；韩睿、田志龙，2005；Chen 和 Jia，2005；董艳，2006；张黎，2006）。

3. 传统促销的管理过程

在以往的促销文献中，一个共同的特征是将促销活动视为沟通要素，作为战术来进行管理，关注短期性的促销效果。对于具体管理过程的研究，更将其视为沟通价值（其实应是提供价值）的管理过程，涉及分析、计划和实施三个方面的内容。

促销活动分析。在已有文献中，分析主要体现在各个具体促销工具选择方面，其实分析应该在计划之前进行，具体内容包括：宏观方面国家促销法律和舆论导向分析（皮迪，1998），公司营销战略分析（皮迪，1998），目标顾客（皮迪，1998；布拉星顿、佩提特，2001），竞争对手（科特勒、凯勒，2006；卢泰宏等，1997），商品提供商（中国百货商店独特经营模式的要求）分析等内容。

促销活动计划。在已有文献中，大量地涉及促销计划或方案的编制内容。具体内容包括：目标确定（科特勒、凯勒，2006；布拉星顿、佩提特，2001；赫宾、库柏，2005；皮迪，1998；林建山，1985；卢泰宏等，1997；李飞，2000），目标顾客选择（布拉星顿、佩提特，2001；皮迪，1998；林建山，1985；卢泰宏等，1997），促销定位确定，促销和公关工具选择，促销和公关活动与产品、价格、店铺环境和广告的匹配组合（皮迪，1998），实施的计划（赫宾、库柏，2005），费用核算（科特勒，1999；林建山，1985）等。

促销活动的实施。在已有文献中，诸多涉及了促销活动实施内容，但是主要强调了实施计划的编制（赫宾、库柏，2005）和效果评估（科特勒，1999；布拉星顿、佩提特，2001），对具体实施过程管理缺乏讨论。实施部分包括的内容有：成立组织、实施控制（林正修、曾新穆、邱文政，2004）和效果评估。

（二）关系营销理论

关系营销（relationship marketing）是建立在以市场为导向的营销理念上的一种新型营销（张益，2009），至于它是否与传统的交易营销构成了不同的营销范式，还存在着争论。至少它远未形成一个通用的理论，但理论内容形成了明确的轮廓（宋亦平、杨帅、许诺、范鹏东，2010）。

1. 关系营销理论的内涵

BerrY（1983）在美国市场营销学会的一份报告中最早对关系营销做出了定义："关系营销是吸引、维持和增强客户关系。"1997年芬兰学者格罗鲁斯（Christian Grönroos）完善了定义："关系营销是为了满足企业和相关利益者的目标而进行的识别、建立、维持、促进同消费者的关系并在必要时终止关系的过程，只有通过交换和承诺才能实现。"可见，关系营销与传统交易营销相比，更强调通过多种服务来吸引、维持和促进顾客关系，实现相关利益者的长期利益（不仅是吸引顾客重复购买的奖励计划）。其本质特征是双向沟通、合作、双赢、亲密和控制（李琼、黄勇，2007）。

对于关系营销的范围，不同的关系营销理论学派，给出了不同数量的归纳（张益，2009）。很多学者集中于买方的顾客关系管理研究，但是英澳学派佩恩（1995）等提出了6个市场模型、美国学者摩根和亨特（1994）的投入一信任理论归纳了10种关系、北欧学派古姆松（1994）则主张30种关系。最基本的还是佩恩的6种关系：顾客市场、竞争者市场、分销商市场、供应商市场、内部市场和影响者市场。

2. 关系营销的正反作用

关系营销模式，是从企业、产品和市场的产品营销三角转向了企业、员工和顾客的服务营销三角（Grönroos，2000），关注的是相关利益者之间的长期关系。甚至将关系发展本身视为营销的目的（2004年国际市场营销学学会的新营销定义就是如此）。因此关系营销不仅可以减少交易成本、降低经营风险（郭国庆，2009），而且还可以培养品牌忠诚度、增加零售商店的长期收益。学者们也承认关系营销的"阴暗面"（Grönroos，1997），顾客与企业的关系过久会使顾客丧失技术变化的能力，供应商也并不一定会因此而受益（汪涛、陈露蓉，2004）。

3. 关系营销的管理过程

有学者认为，由于关系营销涉及多方面的关系，因此其管理过程就涉及多方面理论，例如，内部市场为企业文化理论、推荐市场和影响市场为公共关系理论、员工市场为人力资源理论、供应商市场为关系链理论、客户市场为顾客关系理论（汪涛、陈露蓉，2004）。

也有学者试图建立关系营销管理的独有理论。在这方面，尽管有学者建立了关系营销的动态组合模型，提出了关系营销的组合因素（庄贵军、周筱莲，2007），但是更有影响的还是佩恩（2002）的关系管理模型，即在明确顾客价值、提供顾客价值和评价顾客价值的营销过程中，关注内部市场（内部市场营销计划、文化、氛围和员工的保持）和外部市场（外部市场营销计划、客户关系的管理），将它们作为有机的整体而不是单独的过程实施管理。

（三）关系营销理论框架

关系营销是否具有自己独特的理论范式，一直存在着争论。但是越来越多的学者认为关系营销是一种理念，而非一种方法。"关系营销无法对营销管理造成根本的冲击，一个网络式的营销管理构造表明，传统营销管理完全可以包容关系营销的那些新奇发现"（韩巍、张含宇，2009）。同时，关系营销理论还不完善，学者们使用的诸多概念都是从服务营销理论借鉴过来的，与交易营销相比，关系营销理论尚未形成完整、成熟的理论体系（汪涛、陈露蓉，2004；郭国庆，2009）。但是这并不否认关系营销理论的存在及对传统营销理论的贡献。

由前所述，关系营销理论虽然有效，但本身并不完善，其完善的重要途径之一，是将关系营销理论延伸至营销组合各个要素的应用，特别是被认为是短期性工具的促销要素，因为它与关系营销的长期关系管理似乎存在着矛盾。同时，已有的促销理论一致认为促销是短期性工具，这与翠微大厦的店庆促销案例不符，促销理论本身也需要完善。为此在已有研究成果的基础上，结合对翠微大厦的初步访谈，我们提出了一个全新的关系促销理论模型，包括关系促销管理机制和效果形成机制，分别称为关系促销管理模型和关系促销效果模型（图1）。我们以翠微大厦店庆促销为案例，对这两个模型进行研究，并补充关系促销模型中树立关系促销理念和关系促销分析、计划和实施的具体内容，最终建立一个关系促销的综合模型。

显然，这个模型与传统促销理论的模型不同，后者的逻辑是：卓越的短期促销绩效←（"←"表示来源于）单次促销活动的成功←百货店与供应商、顾客博弈价格成功（部分存在虚假打折、处理积压品等）←分析、计划和实施有效的交易或传统促销管理。而我们假设的关系促销逻辑是：卓越的长期促销绩效（为下次促销成功和品牌提升做出贡献）←多次促销活动的成功（成为品牌）←零售店与供应商、顾客处理关系成功（真实打折、推出新品等）←分析、计划和实施的有效的关系促销管理。

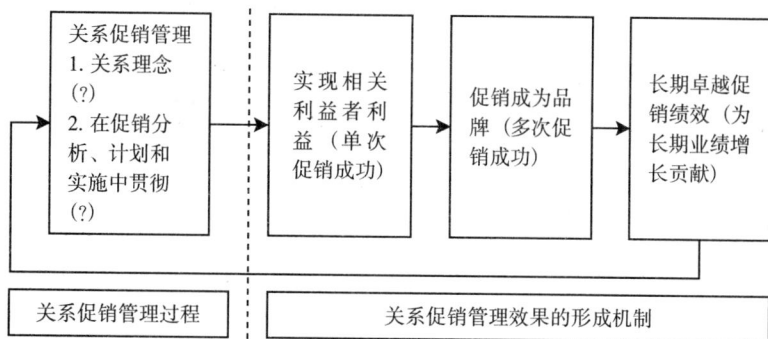

图1　关系促销理论模型

三、研究方法

在研究初期，我们制订了具体的工作计划，包括问题提出，文献回顾，访谈提纲、时间、对象，数据分析方法，可能的理论贡献和人员分工等。由于案例研究方法仍然受到很多科学性方面的质疑，为此，我们将详细描述问题界定、案例抽样、数据采集、数据分析、效度控制的具体过程和方法，以表明本研究在规范性和科学性方面所做的努力。

（一）问题界定

依据前述的理论框架，我们将研究的问题确定为关系促销理论模型的建立，这个模型包括效果模型和管理模型，效果模型包括长期绩效来源于促销成为品牌、促销品牌形成来源于实现相关者利益、实现相关者利益来源于关系促销管理，关系促销管理模型包括树立关系促销理念和在分析、计划和实施3个阶段有效地贯彻关系促销的理念。我们需要回答的问题。可以归纳为两种类别、8个方面的16个问题（见表1）。

表1　案例研究需要具体回答问题

模型类别	方面	8个方面的16个问题
效果模型	1. 绩效认定	（1）促销有长期卓越绩效吗　（2）表现在哪里
	2. 促销品牌	（1）促销成为品牌了吗　（2）为长期绩效做出贡献了吗
	3. 相关关系	（1）促销实现了相关者利益了吗　（2）为促销品牌形成做出了贡献吗
	4. 关系管理	（1）促销实施了关系管理吗　（2）关系管理实现了相关者利益吗
管理模型	5. 促销理念	（1）树立了关系促销的理念吗　（2）如何树立的
	6. 促销计划	（1）在分析过程中考虑了相关利益者了吗　（2）如何分析相关者利益的
	7. 促销计划	（1）在计划过程中考虑了相关利益者了吗　（2）如何计划相关者利益的
	8. 促销实施	（1）在实施过程中考虑了相关利益者了吗　（2）如何保证相关者利益的

（二）案例选择

由于研究问题的需要，我们应该选择这样的商店样本：促销成为品牌并且实现了长期绩效，同时愿意作为样本被研究，并配合研究者提供相关数据。

1. 案例选择过程

我们先从百货行业入手研究，罗列了中国百货商店 100 强名单，对它们的促销活动进行了二手资料的搜集和整理，最终发现只有北京翠微大厦店庆促销符合我们研究样本选择的标准。翠微大厦成立于 1997 年 11 月 18 日，从 1998 年开始，每年进行店庆促销活动，年年取得令人惊奇的佳绩。目前翠微集团有 5 家店铺，翠微大厦本店（1998 年开业，3.6万平方米）、翠微牡丹园店（2003 年开业，2 万平方米）、翠微龙德店（2007 年开业，2.3万平方米）、翠微广场（2009 年年底开业，2.1 万平方米）、翠微清河店（2010 年开业，2.8 万平方米）。尽管随着新店的开业，参与本店店庆促销的面积越来越多，但是 80%的店庆销售额是通过翠微本店实现的，因此我们的研究主要以本店店庆促销为对象。

2. 理论抽样方法

为什么采取理论抽样？因为随机抽样无法在案例研究中抽出满意的样本（埃森哈特、格瑞布纳，2010；毛基业、李晓燕，2010）。我们发现了翠微大厦店庆卓越绩效的案例，没必要再去随机抽样，也不能再抽出相同效果的样本来。虽然它可能不带有普遍性，但它"往往提供了在极其稀少或极端的情况下探究一种重要研究现象的机遇"（埃森哈特、格瑞布纳，2010）。

3. 单一案例研究

为什么选择单一案例研究？有三个理由：一是单一案例研究是多案例研究的基础，我们需要在单一案例研究的基础上，发现关系促销的初步框架，尔后通过多案例研究来检验；二是单一案例研究能更加深入地进行案例调研和分析（周长辉，2005），更容易把"是什么"和"怎么样"说清楚；三是我们原计划进行多案例研究，筛选了大量百货商店案例，最终发现形成品牌（效益和形象都得到提升）的仅有一家，这种不常见的现象适合（或者说只能）进行单一案例研究（谢芳，2009）。

（三）数据采集

在数据采集过程中，我们遵循了案例研究数据采集的规范步骤和方法，对翠微大厦高层、中层管理人员和普通员工，以及供应商、消费者进行了开放式访谈、阅读了相关的内部文献和公开报道，同时也进行了实际的直接观察，这是好的研究型案例数据采集的三大基础（欧阳桃花，2004）。在这三个方面的数据采集，都包括翠微大厦高层、中层管理人员和普通员工，以及供应商、消费者、公众等多个视角。

1. 深度访谈

研究小组对翠微大厦现任高管（总经理和副总经理各 1 位）、离任高管（原总经理 1位）、企划部总监（1 位）、物流管理部部长助理（1 位）、翠微报总编（1 位）、长期兼任翠微大厦的高级顾问（1位）共7位管理者进行了多对一或多对多的访谈，每次访谈时间平均为60分钟。访谈由研究者主持，小组成员一人负责录音和记录，其他人员负责补充提问。在正式访谈之前，主持人介绍了研究目的，并按着事先准备好的访谈提纲进行访谈，尽量不打断受访者的谈话，以发现并补充访谈大纲遗漏的内容。为了保证访谈记录的准确性，我们还对直接参与店庆管理的企划经理（2位）等进行了书面访谈。在初稿完成后，我们发现企业基础对店庆影响非常重要，为此我们补充访谈了翠微大厦和供应商的中层管理者和一线员工，总量达到20人，同样进行了全程录音并整理成文字文本。同时，我们也在翠微店铺中，随机选择了15位参加过翠微店庆促销活动的顾客进行了一对一的开放式访谈，每位访谈15~20分钟左右，主要问题是感觉翠微店庆如何、哪些方面满意、下次还来吗、是否有不满意方面等问题。

2. 资料收集

研究小组借鉴中国式企业管理科学基础研究项目（李飞等，2009）的要求，进行了大量的资料收集。包括：①企业内部店庆相关文件；②在企业整个历史上，所有发表过的有关企业的主要文章以及从行业或专题材料中选取的文章（包括各种传统媒体形态）、大众点评网关于翠微大厦店庆的评论；③直接从企业获得的材料，特别是主观撰写的书籍和文章，他们发表的演说、内部刊物、年度报告，以及消费者问卷调查分析报告等。

3. 实际观察

研究小组1位成员，兼任翠微大厦的战略发展顾问，具有长期观察企业行为的经历，在研究组成立后，又进行了一些具有针对性的实地观察，这样就使实际观察包括回顾以往观察经历和描述当下观察经历两部分内容。观察的主要方式有：观察周年庆典的现场状态（2009年2次，每次2人，每次4个小时；2010年1次1人，3小时）、参加公司战略规划会议（6次）、倾听公司在全国性研讨会的发言（4次）、参加翠微大厦答谢供应商的奖励活动（1次）、陪同翠微大厦高级管理人员赴日本和韩国考察百货店促销活动（1次，7天）。

（四）数据分析

我们分别对深度访谈、资料收集和实际观察三方面的数据进行了编号，其中7位深度访谈者（现任总经理、前任总经理、现任副总经理、翠微报总编、物流管理部部长助理、企划部总监和管理顾问）被分别标号为M1~M7，同时这7位被访者的内外部讲话、研讨会发言、发表的文章，也分别归入相应的编号下；资料收集得到的其他文献依公司文件、新闻报道、内部报告等被分别标号为N1~N3，由实际观察归纳的文本被标号为P，消费者调查数据被标号为C。然后，我们把研究的16个问题列在一张表格上，对已编号的文献进行提炼，找出与研究主题有关的语句，一一列在问题表格上，统计各自的提及率，进行具体而详细的分析，最终得出研究发现。

（五）效度和信度

案例研究结果的真实性和可信性，需要在案例研究过程中进行规范性和严谨性控制，最终实现相应的效度和信度，一般包括构念效度、内在效度、外在效度和信度（殷，2004）。本文在这四个方面，尽可能全面地进行了具体的控制和检验（表2），使用了 Miles 和 Huberman（1984）所描述的三角测量方式，进行了构念效度（针对所要探讨的概念，进行准确的可操作性测量）的检验，发现不同方式搜集到的数据资料都获得了相似的内容，表明具有构念效度（郑伯埙、黄敏萍，2008）。本案例研究，一方面，通过非访谈数据对访谈数据得出的结论进行验证；对研究得出的结论，也反馈至案例企业进行复核，得到了公司总经理和《翠微大厦报》总编的认可，保证研究的效度。另一方面，为了保证数据分析的信度，我们在数据采集和分析的每一个阶段，都采取至少双人参与的制度，最后分析报告也由全体研究人员共同复核，其中四位作者提出了修改意见。在数据搜集和分析的整个研究过程中，我们制定了详细的案例研究计划书、建构了数据资料库，以使后来人能重复进行分析（殷，2004），并保证具有良好的信度。

表 2　实现效度和信度指标的研究策略

测评指标	案例研究策略	应用阶段
构念效度：证据支持研究结论	√ 多元证据来源：访谈（高层、中层和员工）、文献和观察，取得一致结果	资料收集
	√ 形成证据链：原始数据—语句鉴别—专业术语—理论要素—论理模型	资料收集
	√ 证据提供者对案例报告草案核实：成果返回至翠微大厦进行核实和认可	撰写报告
内在效度：构造有效的测量工具	√ 进行模式匹配：理论框架和研究结果—管理模型相匹配，基本相符	证据分析
	√ 尝试进行某种解释：按着逻辑框架分层进行相应的说明	证据分析
	× 分析与之对立的竞争性解释：没有进行	证据分析
	√ 使用逻辑模型：建立店庆促销管理理论框架图	证据分析
外在效度：结论普适性	√ 用理论指导单案例研究：在文献回顾基础上，建立了新的理论分析框架	研究设计
	× 通过复制方法进行多案例研究：没有进行多案例研究，以后可进行	研究设计
信度：研究可复制	√ 采用案例研究草案：事先制定了详细的研究计划	资料收集
	√ 建立案例研究资料库：建立了数据资料库，他人研究会得到相同结果	资料收集

四、基本发现

根据研究采集的数据，我们对关系促销的效果模型和管理模型等八个方面的 16 个问题进行了归纳，每一个问题都得到了有价值的发现。

（一）关系促销的效果模型

这个模型是解释关系促销效果的形成机制，共涉及四个方面的八个问题。我们分别罗列其基本发现。

1. 是否具有长期的绩效

这里需要回答两个问题：翠微店庆促销有长期卓越绩效吗？表现在哪里？通过我们的

调查发现，翠微大厦的确存在着长期卓越的绩效。一方面表现为店庆本身促销业绩的逐年增加，多年都创造出北京市乃至全国百货商店单日销售的最高纪录（见表3）；另一方面表现为翠微百货店整体销售额的逐年增加，在北京市百货商店排行榜中其销售额、利润额都处在名列前茅的位置。开业12年，翠微年销售额由7.12亿元达到34.5亿元（2009年），猛增4.85倍，连续6年单店销售在北京百货商场排名第一。

表 3　翠微大厦历年周年庆的销售额

年份	店庆天数	实现销售（万元）
1998	1	1330
1999	3	5130
2000	2	5630
2001	3	7505
2002	4	7175
2003	5	7838
2004	5	8413
2005	4	9084
2006	4	13024
2007	3	16664
2008	4	21348
2009	5	33300
2010	4	41800

2. 促销是否成为了品牌

这里需要回答两个问题：促销成为品牌了吗？它是否为长期卓越绩效做出了贡献？在我们的调查过程中发现，无论是翠微大厦管理者、行业专家，还是消费者和供应商，都认定翠微大厦的店庆促销已经成为了品牌，因此其惊人的促销效果是别人难以短期模仿的（M1、M2、M3、M6、N2）。有证据证明翠微店庆成为了品牌：一是有独立品牌名称，即"翠微第×届购物节和×周年店庆"；二是有独立的店庆品牌标识；三是有店庆的品牌定位语，即"翠微的生日，消费者的节日"；四是形成了品牌的影响和声誉，每年11月翠微顾客会询问和互相传播翠微店庆消息，期待店庆日的到来。在2009年的中国杰出营销奖评比中翠微店庆案例被评为优秀奖；一些商学院开始关注并对翠微店庆促销案例的学术研究。

翠微店庆品牌为长期绩效做出了贡献。"翠微店庆是一个品牌，无论从影响力和业绩都是最棒的"，服装品牌马克·张负责人的这句话说明了翠微店庆促销品牌的价值。我们对品牌供应商代表进行了深入的访谈，所选择的8家品牌商一致表示，翠微促销店庆成为品牌，这是店庆促销取得长期惊人绩效的重要原因。在翠微大厦2007年进行的100位消费者问卷调查中，有28%表示是由会员短信得知的店庆促销消息，有20%则是由朋友口碑推荐而来的，这两者占了将近50%，在我们进行的15位顾客开放式访谈中，也得到了一致的结果，并且超过50%的顾客表示下次店庆一定会来，另外近50%的顾客表示有时间、有需要购买的商品就会来，表明翠微店庆产生了品牌效应。只要成为品牌就会引起消费者的关注和期待，就有了信任和承诺，最终导致年年店庆促销都会客流如织，销售额增加幅度超过想象。促销每成功一次，就累积一次品牌资产，便为下次店庆促销打下基础，同时也为翠微品牌价值提升做出了贡献，从而为平时销售额增长也做出了贡献。翠微良好的促销品牌形象，在我们的访谈中出现的频次高达 46 次，属于高频次项目，表明对促销效果的影响很大。

3. 促销品牌形成源于实现相关者利益吗

这里需要回答的两个问题是：促销实现了相关者利益了吗？实现相关者利益的关系管理促成促销成为品牌了吗？我们仍然得到了肯定的答案。

一方面，翠微店庆促销实现了利益相关者利益。零售商店的绝大多数促销活动，很难让供应商、消费者和商店三方都满意，特别是在联营的方式下，一方利益的增加常常是建立另外一方利益减少的基础上。但是，如翠微大厦总经理徐涛所言，"我们的促销活动与别家不同，我们是厂商、顾客、商店三家都满意"（N2）。因为商店和供应商都获得巨大销售额的增长和可观的利润（因为集中销售且销售量巨大降低了成本），双方平均利润率甚至可以超过 5%（P），通过我们多次的店庆现场观察，顾客也是像过节一样兴高采烈，亲朋好友结伴而来，提着大包小包欢喜而去，过后很少有退换货的事件发生。在翠微大厦 2007 年进行的有关店庆促销活动的 100 位消费者问卷调查中，有 83% 的顾客对店庆促销表示满意，主要是活动组织有序、店内温度适宜、商品新款多且丰富、大品牌参与的也多（C）。在我们 2011 年 4 月进行的 15 位消费者开放式访谈中，有 10 人表示"挺满意的"，5 人表示满意，主要是"打折商品多"、"服务好"、"环境好"、"温度舒服"（C）。另外，我们对供应商、员工进行的深入访谈，也都得出了各自都满意的结论，没有听到抱怨的声音。

另一方面，实现相关者利益，的确为翠微促销品牌的形成做出了贡献。因为翠微店庆的品牌，本质上就是相关利益者的良好关系状态的反映，即在消费者和顾客心目中都树立了良好的促销品牌形象。在访谈中出现的有关促销品牌形象的 46 项频次中，都是谈及与顾客和供应商关系的内容，其中各出现了 31 次和 15 次。在顾客心目中，翠微店庆提供的是家人式的服务，在"店庆"前两天顾客来买东西，翠微的导购员会直接给顾客支招："过两天等'店庆'再来，能省多少多少钱！"甚至可以让顾客提前 1 天开好票，店庆之日来交款，导致 2010 年店庆第一天开门一小时就卖了 2000 万元（N2）。又如店庆期间，翠微会在离公司较远的五棵松租停车场，供员工停车，而把原来较近的员工停车场留给顾客，如果顾客车流排队超过 5 辆，就不再收费，减少顾客等候的时间（P）。在我们对顾客的开放式访谈中，他们表示主要不是由于打折幅度吸引了他们（与其他商场差不多），而更多是因为服务和环境产生的品牌效应，"翠微的员工服务很热情，也很有耐心，同时还很人性化"（C）。在供应商心目中，翠微店庆提供的是伙伴式的合作，翠微会向供应商提出店庆促销的新产品开发建议、帮助制订销售计划、腾出办公室让供应商存货、次日可以及时结算店庆促销货款等（M5、N2）。可见，翠微的促销品牌形象，就是良好关系的形象，因此实现相关者利益的确为促销品牌的形成做出关键性贡献。

4. 在促销活动中实施关系管理了吗

这里需要回答的两个问题是：促销中实施了关系管理了吗？关系管理为实现相关利益者利益做出贡献了吗？我们仍然得到了肯定的答案。这由下面的关系促销管理过程会得到进一步的证明，这里不再赘述。

（二）关系促销的管理模型

这个模型是解释关系促销的管理机制，同样共涉及 4 个方面的 8 个问题。我们分别罗列其基本发现。

1. 树立关系促销理念了吗

通过调查和研究，我们发现翠微大厦的确树立了关系促销的理念，主要体现为树立"大顾客观"理念、相应的信息保障设施和带来的两个结果：鼎力支持的供应商和敬业的员工队伍，即形成了理念—保障—效果的链条。这些内容总的提及率达到 62 次，其中"大顾客观"提及率最高，达到了 22 次，围绕着"大顾客观"建立的信息保障系统为 15 次，敬业的员工队伍为 14 次，鼎力支持的供应商为 11 次。这些围绕着"大顾客观"形成的内容，成为店庆促销成功的重要无形资源。

（1）独特的"大顾客观"。

在翠微的诸多文件中，我们都会看到一个词——"大顾客观"。他们认为，消费者、供应商和员工都是大厦的顾客。消费者自然是翠微最为关注的衣食父母，经营策略的制定都会以顾客为中心。供应商是翠微商场的一部分，他们会像奖励自己员工一样奖励供应商派驻的销售员，不占压供应商货款，帮助他们实现理想业绩（2010 年年初，因 2009 年表现，翠微奖励各类品牌供应商共 260 万元，其中最高奖励达 8 万多元）（N2）。翠微也把自己员工视为顾客。他们认为，顾客的满意是通过员工的服务来实现的，因此，善待员工即是善待顾客。即使面对突然到来的金融危机，翠微仍然使员工享受到了企业发展的成果，实现不裁员、不减薪。

（2）信息系统的保障。

在访谈过程中，翠微的高管们多次提到信息系统为店庆促销实现相关者利益做出的巨大贡献。仅以"翠微无障碍'一卡通'结算方式"为例，大厦设立开放式的结算中心，统一负责对供应商的结算业务（M2）。超前的信息系统在店庆活动中成为相关利益者实现的保障，一是可以准确地提前一个月锁定单品价格，避免供应商先升后降假打折（这种现象在市场上常见），伤害消费者利益；二是可以保证供应商按天来结算货款；三是可以即时统计销售和每位顾客的购买金额，前者可以控制调整促销活动，后者可以保证现场购买竞赛这种花絮项目的实施，保证消费者利益的实现。

（3）鼎力支持的供应商。

目前中国百货商店促销酬宾活动，通常做法是百货商店和供应商分别承担 50% 费用，供应商不情愿承担或违心承担，都会影响促销效果。翠微大厦的"大顾客观"培养了一大批鼎力相助的供应商。仅从服装品牌马克·张负责人的一段话就可以看出端倪，他说：

"在翠微店庆前一个月，我们就专门开会抽调骨干，组织商品。我们会向北京地区所有VIP顾客发送信息，告诉顾客翠微独享的营销活动。我们的宗旨是全国保翠微，缺货用特快专递从全国各店调货补。翠微店庆是我们展示新品、宣传品牌、检验管理的一个平台，所以营销力度也是最大的，翠微几天的店庆活动是其他同等规模店两个多月的销售额"（N2）。

（4）敬业的员工队伍。

翠微大厦的"大顾客观"造就了敬业的员工队伍，他们吃苦耐劳、爱岗敬业、懂得感恩。公司像对待顾客一样对待他们，在过去相当长的时间内员工持有公司股票，店庆期间每天给每位员工百元左右的补助费，使他们更加热爱翠微，成为一支特别能战斗的队伍，这为店庆促销期间超常规的高强度工作提供了执行力上的保障。在翠微店庆时，员工往往会发挥出非凡的创造性与无私的奉献性，"在心里头就认为这个店庆一定要把销售搞好，一定要把销售额度达到我们既定的目标，已经渗透到每一个员工的思想里面去了"（M6），他们会发短信给老顾客，告诉顾客店庆的信息，邀请他们来参加活动，每个员工还有一些外延销售，邀请一些机关团体或者亲朋好友来光顾。

翠微的店庆日是员工们的"忙碌日"，员工连续几天投入其中，有一种强烈的荣誉感，"没有一个员工提出来，那你让我加班到这么晚，我回家怎么办？每年店庆的时候，周边一圈全都是来接家属、接爱人和接孩子的"（M5）。在我们访谈中听到两个故事可以证实员工的敬业：一是在店庆期间，有的收银员为了减少顾客排队等候的时间，不上厕所，自己穿上尿不湿；二是在店庆期间，员工半夜才下班，为让家离店远的同事充分休息，住在商场附近的员工，会让家人去亲戚家住，腾出床位让自己同事住。

2. 分析中考虑利益相关者了吗

通过对搜集到的一手资料和二手资料进行整理和归类，我们在促销分析阶段得到了如下基本发现：共有88项相关的编码条目，顾客市场、供应商市场、竞争者市场、内部市场和影响者市场，分别对应19项、17项、16项、19项、17项条目。这说明翠微在开展店庆活动前分析了相关利益者，基本符合佩恩的6种关系模型，只是没有分销商市场，因为百货店直接对接消费者，没有分销商市场，因此主要分析了5种类型的关系。访谈结果显示，这些关系在促销分析中，几乎是同等的重要（见表4）。

表4　促销分析阶段的各方面条目数及引用语举例

5个关系	研究问题	条目数	引用语举例
（1）影响者市场	①考虑影响者了吗	17	促销活动期间，按照《促销活动特殊时期价格管理办法》，严格锁定经营商品价格（N3）我们的观点，基本是按照舆论去走的，我们不会采用过于超越市场常规的做法（M6）
	②如何分析影响者的		
（2）内部市场	①考虑内部市场了吗	19	翠微在创店那天开始，就脱俗而成，就是要把我们店庆变成消费者购物的节日。那节日当中，应该让他们买到最好、最优惠、最新的产品。同时实现公司的目标和员工愿望（M2）
	②如何分析内部市场的		

续表

5个关系	研究问题	条目数	引用语举例
（3）顾客市场	①分析顾客了吗	19	翠微大厦把追求高品质生活的中间阶层作为主要目标顾客，按照他们的时尚化需要营造大厦的经营（N3）
	②如何分析顾客的		
（5）竞争市场	①店庆分析了竞争对手吗	16	其实我们店庆也同时带动了城乡贸易中心销售的增长，我觉得最根本的原因就是两家经营定位的错位（M5）
	②如何分析的		
（6）供应商市场	①分析供应商了吗	17	你要拿研究顾客需求、研究员工需求一样的态度方式去研究供货商的需求。当时我们根据调查总结出供货商主要有两个需求，一是进店不要那么难，二是结款不要那么难（M7）
	②如何分析的		

（1）影响者市场。

我们发现，翠微大厦在店庆促销时主要从政府法律和社会舆论两方面分析影响着市场。法律法规方面，翠微主要从促销政策（包括工具选择、商品价格锁定等）、广告宣传用语等方面分析相关规定，比如能否返券、返券的方式等，翠微大厦会依照北京市现有的促销管理条例里的相关规定开展活动，同时还按照《促销活动特殊时期价格管理办法》严格锁定店庆期间的商品价格（N3）。

同时翠微会持续关注主流媒体的相关报道。比如某个活动会明显带来负面的舆论效应，翠微就会避免采用这种"超常规的做法"（M6）。同时，会站在消费者的角度不断调整店庆细节，主动影响舆论。比如有消费者在现场跟记者反映店庆时商场里人多，给热风会让大家感到很热。翠微便改为吹冷风，潜移默化地影响了舆论（M6）。除此之外，《翠微大厦报》还会把店庆时各个部门所做的各种努力整合起来，用新闻报道的方式传播出去。

（2）内部市场。

翠微大厦在成立之初，时任总经理栾茂茹就提出：借鉴国外的圣诞节这种模式，把翠微的生日办成消费者的节日，也成为员工的节日，同时实现商店的绩效大规模增长。她认为："商家时刻不能忘记自己的最终目标——创造顾客……所以，决定开业周年之时不搞店庆活动，而要优惠酬宾"（M2）。这样不仅会实现公司战略目标，进而实现长期利益，实现股东满意，员工也会分享公司健康发展的巨大成果，进而再实现员工满意。

（3）顾客市场。

截至2008年底，翠微已拥有近30万有效会员群体，来自全市各个城区和部分外埠城市，他们给商场带来的销售额，占全年销售额的62%（N3）。因此，翠微会对每一位持卡顾客的消费进行后台监控分析，将统计数据分类记录以供查询，通过对会员一年的消费金额累计，排查商厦的重点顾客。同时，通过调阅顾客消费明细表，分析一定时期顾客的购物特点、购买习惯、消费水平、购买频率等，从中发现他们的个性化需求、阶段性需求，以开展有针对性的店庆营销策划（M6、N3）。

（4）竞争市场。

翠微对竞争对手分析的内容包括：卖场结构特点、商品组织情况（尤其是店庆时供应商参与活动情况)、后勤保障情况（比如店庆形成交通拥堵后是如何解决的）、信息管理情况等。竞争对手资料获得有 3 个途径：①关注媒体相关报道；②实地考察；③各种会议上的交流。这些分析工作不只是企划部门做，物价部门、质检部门等各业务部门都做（M5，M6）。通过分析，翠微发现竞争对手的活动并没有对自己店庆的销售产生多大的影响，同时翠微的店庆还带动了附近商场的销售增长。最根本的原因则在于翠微与其竞争对手在企业经营理念和文化上的区别和在经营上的错位（M2、M3、M7）让其实现了与竞争对手的互补。

供应商市场。翠微把供应商视为顾客，不是当作自己的摇钱树，也不是简单的合作关系，而是为它服务的关系（M7、N2）。翠微通过与供应商的沟通和对数据的统计，发现供应商主要有两个基本需求：一是进店不要太难；二是结款不要太难。对于前者，翠微是按照自己的定位去寻找供应商，而不是让供应商先排队再去选择供应商，也就是说，如果供应商的商品不符合翠微的定位，给再多的优惠条件也进不了翠微。对于后者，翠微则是率先使用"一卡通"，并在一开业就实施了"5 分钟无人签字结账法"，后来又发展成为了完全无障碍的网上结算。

3. 计划中考虑利益相关者了吗

我们将翠微促销计划的内容分为 7 个方面的 14 个问题来归纳和分析，看各个内容是否存在，如存在，再看其是如何体现相关利益者的利益的。我们得到如下基本发现：共有 100 项相关的编码条目，计划包括的店庆目标、目标顾客、市场定位、工具选择、营销组合、实施计划和费用核算 7 项内容，分别对应 10、10、14、18、32、7、9 项条目，说明翠微在开展店庆活动前对研究设定的 7 个方面都做了一定程度的计划，相比之下，对于营销组合上的规划明显高于其他 6 项（见表 5）。在此基础上，我们分析了各项内容是如何体现相关利益者利益情况的，各项内容都考虑了一方面或几方面的利益相关者，但是核心是围绕着消费者的利益实现。

表 5　促销计划的各方面条目数及引用语举例

内容	研究问题	条目数	引用语举例
（1）促销目标	①规划中目标明确吗 ②目标包括相关利益者的利益吗	10	我们每年店庆业务和行政两条线都有明确的销售指标。要求的是每一个导购人员、每一个品牌你都要明白，我这些天一共要卖多少钱、要出多少效益（M5）
（2）目标顾客	①规划针对目标顾客吗 ②目标顾客是如何确定的	10	重点是我们的忠实顾客群体。通过其他的花絮活动，或者说其他的宣传手段，尽量把宣传的范围或者顾客吸纳的范围扩大，这样就形成了我们整个店庆的群体（M6）
（3）市场定位	①规划中定位明确吗 ②定位包括相关利益者利益吗	14	翠微从树立企业大品牌着眼，创造大店、名店的形象。既考核商品毛利贡献率，又兼顾顾客的购买习惯，以高、中档商品为主，同时注重满足民需（M3）
（4）工具选择	①运用了哪些促销工具 ②促销工具体现相关利益者的关系了吗	18	以"体验诚信服务、喜购时尚新品、享受实惠价格、获得超值回报"的翠微酬宾活动大部分商品 8 折再满 100 元减 20 元。就连从不参加打折让利活动的国际一线化妆品牌也以"满 100 送电子红包"的形式，为翠微店庆捧场（N2）

内容	研究问题	条目数	引用语举例
（5）营销组合	①运用了哪些营销组合要素	32	品质好的新款商品一般都不参加打折让利活动，但是在翠微，不仅国内大品牌参加，连国际一线牌子也以独享买赠等形式参加，这在国外也不多见（P）
	②如何体现相关利益者利益的		
（6）实施计划	①实施计划包括哪些内容	7	由营销组制定出来一个详细的相关部门的分工，实际上起一个辅助的作用，帮助专业部门在考虑看到这个方案的时候，想到会有相关的问题出现，那么就此问题再去制定更详细的专业方案（M6）
	②如何体现相关利益者利益的		
（7）费用核算	①费用有核算吗	9	我们没有根据店庆再做一个什么样的费用核算。翠微这一块的费用核算，比如说今年的年底，我要做全年的费用核算（M5）
	②如何体现相关利益者利益的		

（1）店庆目标。

翠微对其店庆规划有明确的目标，包括形象和效益两个方面，并且涉及相关利益者的利益。从形象方面，翠微一直把"店庆促销"作为一个品牌来做，这个品牌是包含"大顾客观"理念的品牌，让顾客"体验诚信营销，喜购时尚新品，享受实惠价格，获得超值回报"（N3），让供应商增加收益和扩大品牌影响，让员工收入增加和产生自豪感。

从效益方面，翠微每年对店庆都有非常严格的销售指标，通过业务线和行政线，将指标分解的非常细，要求每一个导购人员、每一个品牌的负责人都必须明白店庆这几天计划卖多少钱，再具体到每一天要卖多少钱（M5、M7），这样既有商店的销售目标，也有每一家供应商和品牌的销售目标，还有每一个员工的销售目标，实现目标就有相应的利益奖励，进而实现相关利益者利益。

（2）目标顾客。

翠微通过调查方式，掌握了周边居民的收入状况、职业特点、消费水平等第一手资料，从而确立了翠微大厦"立足京西，以周围30平方公里内的90万居民为主要目标市场；以周边约150万居民为贴近目标市场；以全市乃至全国为亟待开发的潜在目标市场"的发展战略（N3）。翠微通过分析得知，目标客户群对店庆促销的主要需求特点为：喜欢简单明了的活动形式；除价格打折之外，他们在乎商店的服务、品质和环境；对于购买新品有较高的参与率；购物的目的性非常强；时间概念突出；除了享受优惠活动之外，还希望能获得额外赠品或者参加小活动；注重购物过程的服务细节；维权意识显著；非常在意个人隐私。可见，在翠微店庆促销计划中，顾客的利益得到了充分的考虑。

（3）市场定位。

翠微店庆的理念经历了几年的摸索，在第二年店庆的时候提出了"商品打折、质量不打折、诚信不打折、服务不打折"，之后进一步提升为"营造一个节、体现一个诚、买到一个值"，再后来就是"享受实惠价格、获得超值回报、体验诚信服务、喜购时尚新品"，三年之后才确定为一直沿用到现在的主题——"翠微的生日、消费者的节日"，也就是从那时起翠微的店庆开始品牌化，在广告宣传、视觉识别、活动形式等方面都开始有了一套传承的东西，"消费者的节日"和开心快乐，成为翠微店庆的定位（M3、M4、N2）。这是为目标顾客最为关注的利益和价值。

（4）促销工具。

翠微在进行店庆规划时，对营销工具的选择和活动的具体开展形式有着比较多的考虑。翠微将每年的店庆活动分为主体和花絮两大部分。主体活动是指让利以增加销量和利润的活动，有两种：一种是 8 折起，满 100 元返 20 元，循环返；另一种就是 8 折起，满100 元减 20 元，折上减，部分商品满 100 元减 10 元（一般不超过 10 个品牌）。后者一直沿用到现在。花絮活动则是主要用于满足消费者参与的兴趣，形式有赠礼、抽奖、折扣、积分返利等（M6、N2、P）。

在选择营销工具时，翠微除了考虑消费者需求外，还会考虑供应商的需求。比如有一些知名品牌不参与打折，翠微就会通过主动提供礼品等形式让其参与到店庆的花絮活动中，这样让供应商和消费者都得到了实惠。这种主体和花絮的设计，就是为了实现"翠微的生日，消费者的节日"这一店庆定位，主体给顾客实惠，花絮给顾客带来快乐，顾客在现场会不停地体会到幸运之神的光顾，惊喜不断。

同时，在店庆中还融入公益活动，关注影响者市场的利益。在 2009 年店庆期间，翠微与中国扶贫基金会联系，现场设立了捐赠点，认购了 1118 个爱心包裹，以金卡会员和11 月 18 日当天生日顾客的名义捐赠给贫困山区的孩子（M5）。2010 年店庆时还举行了"翠微百货助学金颁发仪式"，向翠微中学和小学提供了 10 万元助学金（N3）。

（5）营销组合。

通过分析发现，翠微店庆时对营销组合中产品、价格、环境、沟通等各要素都进行了运用，并围绕着店庆定位点（节日和快乐）进行，兼顾了各方相关利益者的利益。

在价格上，做到了一个"实"字，即实实在在地让利于顾客，8 折优惠，购买满 100元再减 20 元，这一幅度并不大于竞争对手，但是真实于竞争对手。由于商品价格提前通过电子计算机进行锁定，从而避免了供应商先提价再降价的现象发生（M6）。这种实实在在降价，才能真正让顾客有过节的感觉。同时，考虑供应商的利益，分担促销优惠中的50%的成本。

在服务上，突出了一个"值"字，每一个员工（包括供应商的销售员）人手一本活动手册，他们对所有活动、信息熟记于心，现场管理人员一站到位。有的顾客在商场打电话叫亲属来，打不出去，因为人太多了，信道拥堵，在第一年、第二年知道这些信息之后，翠微进行总结，调来通信车，及时为顾客解决问题（M6）。同时，店庆现场收银等统一服务增加的成本，不再向供应商收取费用，而是由翠微大厦承担。

在产品上，做到了一个"新"字，即促销的不是积压品，也不是过季品，保证顾客以真实的优惠价格买到高质量的产品。翠微的店庆促销，与其他商店促销的最大不同，在于他们像对待圣诞节和春节一样，联合供应商在全国组合最好的产品，并会提前两个月开始这项工作，绝不会在店庆时借机处理积压品（M7）。例如 2010 年店庆促销，应季新品数量达到 5.8 万种，约占总产品数的 25%，绝不以优质商品为诱饵，搭车销售滞销品。为了在店庆时做到品种齐、规格齐、不断货，并降低供应商的成本，翠微还腾出会议室和办公室作为供应商临时库房（N3）。

在环境上，做到了一个"节"字，每年店庆，店铺环境都进行精心布置，以营造相应的节日氛围，比如运用灯光设备来装饰店堂等；同时各部门还会制定相应的保障方案，对涉及的各个方面进行检查和整修（M6）。当我们在现场进行实地考察时，有进了游乐场的感觉，处处彩旗飞舞，层层有中奖的宣传，一番喜庆的景象。2010 年店庆时，店面南墙体 1/3 的面积铺上了玫瑰花的花板，门前的 6 根柱子用宝丽布打底，围上一圈亚克力灯箱，柱子间还形成彩虹式的门楣装饰（M5）。而这些费用，完全由翠微大厦承担，既没有向供应商身上转移，也没有以隐性的手法转嫁到消费者身上。

在沟通上，做到了一个"准"字，把店庆打造成品牌。首先，每年都宣传同一句定位语——"翠微的生日，消费者的节日"。同时也展示为店庆设计的同一个标志，每年在媒体上都会频繁出现，唤起消费者对翠微店庆的记忆。其次，分为 3 个时间段进行宣传：店庆前的预热、店庆活动时的情况以及店庆结束后的盘点（M4）。第一阶段，报道核心目的就是向消费者传递翠微要店庆了这样一个基本信息，同时将以前店庆的基本情况告诉给消费者；第二阶段，媒体将当天发生的事情或者卖场的亮点以文字或者图片的形式宣传出去，让更多的人来关注和参与翠微店庆；第三阶段，重点宣传店庆促销的绩效。这一切广告宣传费用也是由翠微大厦承担。

（6）实施计划。

翠微在制定实施计划前，会进行相关内容的调研，再通过对已有数据和资料的分析，由企划部门制定出来一个相关部门的详细分工，包括执行的时候具体怎么来运作、部门与部门之间如何协调配合、供应商和商场之间的分工配合等。除了部门分工外，实施计划里还会涉及各项比较琐碎的工作，比如活动组织、环境布置等方面，同时还会涉及人员储备方面的相关规划，比如在店庆前对员工进行培训、收银员和导购员的调配等。这些员工必须在培训完之后才能在店庆时上岗。当内外分工都形成了之后，翠微再以"宣贯会"的方式连同活动的计划文稿一并下发到各个部门，并在特定的会议上进行一个整体的宣传、贯彻（M6）。如果各个部门没有意见，则视同对方案中涉及的执行各环节的规划表示认可。

（7）费用核算。

翠微并没有根据店庆而专门进行费用核算，都是每年年底统一做全年的费用核算，而在每年初做计划时基本上是按照店庆时费用占全年投入的比例来进行预算。"每年没有太大的变化，差不多占全年宣传费用的 1/6"（M5）。

商品的价格是企划部门先与采购部协商，然后采购部再跟供应商去协商。企划部门会统一制作洽谈函，然后采购部的业务人员就会去与商家具体谈，最后业务人员会把谈完的结果统一汇总到企划部门。由于翠微使用的是计算机系统进行单品管理，所以任何一个品牌的销售情况都完全可以在计算机系统中调出来，这样在店庆结束后，翠微可以根据之前确定的活动细则和各个商品的销售情况进行费用核算，从而在保证速度的同时还确保了准确度。

4. 实施中考虑利益相关者了吗

我们将翠微店庆促销的实施阶段分为 3 个方面 6 个问题来进行归纳和分析，得到如下基本发现：在店庆促销规划的实施阶段，共有 50 项相关的编码条目，分析的 3 个方面——执行组织、实施控制和效果评估则分别对应 12、27、11 项条目，其中对实施控制的重视明显高于另外两项（表 6）。通过调研实施过程中的内容，我们发现主要是在实施控制和效果评估两个方面考虑了相关利益者的利益。

表 6　促销实施阶段的各方面条目数及引用语举例

3 个方面	6 个研究问题	条目数	引用语举例
（1）执行组织	①执行组织包括哪些部分	12	我们每年店庆的时候，都会组成一个临时指导小组，小组的组长是董事长、总经理、副董事长、各个副总，组员就是各个部门的部长（M5）
	②组织考虑利益相关者了吗		
（2）实施控制	①实施控制包括哪些内容	27	让翠微大厦计算机系统与众不同，脱颖而出的，是它的软件系统具有的超群的功能。这个软件系统将管理的基点直达每件商品的源头价格：单品价格，也就是厂家给予商场商品的最初价格。对商品实行数量、金额双控制（N3）
	②控制考虑利益相关者了吗		
（3）效果评估	①效果评估包括哪些内容	11	最后店庆的效果评估除了销售额指标，还有一些顾客满意度调查。我们有呼叫中心，它会把这期间的投诉率、顾客反映的问题等进行一个整理，然后责成相关部门去做一个反馈（M5）
	②评估考虑相关利益者了吗		

（1）执行组织。

翠微每年店庆的时候会成立一个临时指导小组，每天开临时现场会，把当天的情况及时总结，发现问题及时调整（M6）。小组成员来自分析、计划和实施的所有相关部门，店庆时若遇到问题则直接由对口负责部门派人进行处理。翠微在店庆时是 3 个分店与总店同时联动，信息是相通的，人员是互相调配的（M4，P），比如说翠微本店压力最大，店庆时便从分店调一些收银员来等。

（2）实施控制。

这部分主要包括了对商场内外安全的控制、对商品价格和质量的控制，以及对服务质量和效率的控制，方法是现场巡视和及时调整。无疑，这些内容都是为了保证相关利益者利益的实现。

翠微在店庆时非常注重对商场内外安全的控制。从商场外来看，为了方便顾客停车，店庆期间翠微所有员工主动放弃了开车上下班，以留出车位给顾客和供货商；商场外围还组织了 60 多人的队伍配合交警疏导车流、人流，把购物多的顾客送上出租车；同时店庆前翠微会把周围能够用作停车场的地方给包下来，作为临时停车场（M4，M7，N3）。在商场内则是分人包干来负责消费者的商品安全、人身安全、财产安全等，翠微运用现代管理技术实现了商场及楼层客流的自动扫描显示，用电子设备实时监控每一层楼的人数，这样当某层楼人数分布太多时就可以利用广播去疏导人流（M4）。

在对商品价格和质量的控制方面，翠微对供应商有着很严格的要求，比如提前 1 个月锁定商品价格，一直到店庆结束，价格只能下降不能提高，从根本上杜绝了虚假打折

（M5，M7，N2）。同时，翠微还要求供应商签订质量、价格保证书。"每次店庆前，总经理会带领相关部门的领导对所有商品价格、质量进行联合检查，一个楼层一个品牌地看，是不是真正做到了货真价实"。除了保证商品的价格和质量外，翠微一般会提前组织货源，而不是等到店庆时把滞销或库存的商品搬出来销售。

对于服务质量和效率的控制，翠微也十分关注。翠微实行无障碍刷卡结账，"正因为有进价核算和计算机管理，在周年店庆的时候，才能够对每个类别、每件商品的成本都摸得一清二楚"，也因此可以实现无障碍退货，不损害消费者的利益（M2）。同时为了保证服务质量，在店庆前会对所有员工包括管理员进行培训；而店庆时由于顾客很多，便会从以前做过收银员的员工中抽调一部分去收银台帮忙。

另外，翠微店庆期间附近交通容易阻塞，公司会提前与交通管理部门沟通，制定交通疏导方案，并且派出公司员工协助交警疏导附近交通，也通过交通电台对过往车辆进行提示。这是考虑了影响者市场。

（3）效果评估。

翠微大厦在店庆结束后对其效果的评估主要包括销售额指标完成情况、媒体宣传效果、顾客和供应商满意度3个方面，由此可看出与店庆要实现的相关利益者利益紧密关联。

每次店庆后，翠微最关心的是顾客和供应商的满意度（M5）。店庆之后，翠微会组成专门的调查小组，来征求顾客及供货商的意见，看存在的问题解决了没有、顾客与供应商的满意度是否提升了以及对花絮活动的评价等，然后召开总结会，分析问题、查找原因，再根据各方面反馈的意见制定出改进措施。同时，翠微的呼叫中心还会把这期间的投诉率、顾客反映的所有问题进行一个整理，然后责成相关部门去解决。店庆后翠微还会跟供应商开一个会，进行店庆工作总结。

表7　案例分析结果

模型类别	方面	8个方面的16个问题
效果模型	1. 绩效认定	（1）促销获得了长期卓越绩效；（2）表现为店庆本身促销额的连年增长和商店全年销售额的持续增长
	2. 促销品牌	（1）店庆促销成为了品牌；（2）为翠微的长期绩效做出贡献
	3. 相关关系	（1）促销实现了相关利益者的利益；（2）为促销品牌形成做出了贡献
	4. 关系管理	（1）促销实施了关系管理；（2）关系管理实现了相关利益者的利益
管理模型	5. 促销理念	（1）树立了关系促销的理念；（2）表现为树立了大顾客观的理念，建立了大顾客观基础上的信息保障系统，最终培养了鼎力支持的供应商群体和敬业的员工队伍，以及忠诚的目标顾客群体
	6. 促销分析	（1）在分析过程中考虑相关利益者；（2）表现为5个方面：顾客市场、供应商市场、竞争者市场、内部市场和影响者市场
	7. 促销计划	（1）在计划过程中考虑了相关利益者；（2）表现为促销目标、工具选择、营销组合、实施计划和费用核算都主要考虑了顾客、供应商、内部市场和影响者市场的利益；目标顾客和市场定位主要考虑了顾客、竞争者和内部市场的利益
	8. 促销实施	（1）在实施过程中考虑了相关利益者；（2）表现为在实施控制和效果评估方面考虑了顾额、供应商、内部市场和影响者的利益

（三）案例分析结果

通过对翠微大厦店庆促销的案例研究，我们发现：在需要证明的两种类、8 个方面的 16 个问题都得到了验证和回答。在效果模型方面，翠微让促销成为了品牌、从而让其获得了突出的长期绩效；在管理模型方面，翠微在促销的分析、计划、实施 3 个阶段都考虑到了相关利益者利益，并树立了表现为"大顾客观"的关系促销理念。

五、结 论 与 讨 论

通过前述的案例研究，我们可以归纳出研究的结论，并发现本文的创新性贡献、相应的实践意义，以及研究局限和未来研究的方向。

（一）研究结论

本文通过对"一家中国百货商店的案例研究"，得出了关系促销理论：①关系促销，它是运用"关系管理"的理念，对促销活动进行分析、计划和实施的系统管理，建立、维持和发展与顾客、供应商和内部等利益相关者的长期关系，进而带来短期和长期双重绩效的促销方式。显然，关系促销与传统促销的最大不同在于关注相关利益者的利益和关系，同时成为长期促进销售的工具。②关系促销存在着一个效果模型：即有效的关系促销管理导致在促销中相关者利益得到实现，相关者利益实现导致各方积极参与未来的促销活动，使其成为一个促销的成功品牌，成功品牌会带来卓越的长期促销绩效，卓越绩效又反过来增加相关者利益，进而进一步提升品牌价值，形成不断的循环过程。③关系促销存在着一个管理模型：在关系管理理念的指导下，对促销进行分析、计划和控制的有效管理，保证关系促销效果的长期卓越化。这就意味着在关系促销管理的全过程中，渗透实现相关者利益的长期理念。

（二）创新贡献

在现有的文献中，尽管有促销管理的一般模型，也有关系营销的理论探讨，但是通常认为前者是短期行为，后者是长期行为，没有一个将两者结合起来的关系促销理论。案例研究的结论验证了在中国百货商店促销活动中，存在着关系管理，我们发现了一个新的关系促销理论，以及相应的关系促销效果模型和关系促销管理模型。这些是本文的独特性贡献，它区别于以短期业绩为特征的传统促销效果模型和管理模型，也区别于一般的关系营销管理模型。

1. 提出并定义了关系促销概念

已有的传统促销理论认为促销是一种短期性促销工具，不会对长期绩效做出贡献，甚至会对品牌资产产生伤害，而近几年备受关注的关系营销，主张关注相关利益者利益，是一种长期策略，但是关系营销理念如何在短期性的促销要素中体现，还没有多少研究（顾客回报的忠诚性计划研究局限于用诱饵吸引顾客长期购买，并非关系营销的实质——以关系建立、维持和发展为宗旨）。本研究提出了关系促销的新理论，并对关系促销进行了定义，它是指运用"利益相关者关系管理"的理念，对促销活动进行分析、计划和实施的系统管理，建立、维持和发展与顾客、供应商及内部等利益相关者的长期关系，进而带来短期和长期双重绩效的促销方式。

2. 验证了关系促销的效果模型

已有的传统促销理论一直把促销效果视为是短期的，因此研究的关注点在于促销工具的选择和设计，在"关系营销"概念下推出的顾客忠诚性计划虽然是对长期效果的追逐，但也是关注一次短期回报计划的设计，就每次回报计划本身而言，还是实现短期的绩效，即此次回报计划难以增加下一个周期的销售额，同时忠诚计划停止期间会使销售额下降。本研究结果表明，一个连续的、卓越的促销效果，通过关系营销是可以实现的，其逻辑是：通过有效的关系促销管理实现相关利益者利益，多次相关利益者利益实现，使促销成为一个成功的品牌，成功的品牌会带来卓越的长期促销绩效（促销无品牌只能是短期绩效），卓越绩效又反过来增加相关利益者利益，进而进一步提升品牌，形成不断的循环过程。

3. 验证了关系促销的管理模型

已有的促销管理理论，尽管提出了分析、计划和控制的管理过程，但是各个过程的具体内容是什么、哪个内容更为重要等相关研究成果非常稀少，更没有一个应用关系管理理念的关系促销管理模型。本文经过研究证明，关系促销存在着一个独特的管理模型，即在关系管理理念的指导下，实施有效的分析、计划和控制的促销全过程管理。不仅发现了关系促销管理理念的内容、保障和初次效果（鼎力支持的供应商和敬业的员工队伍），也发现了促销管理分析、计划、实施各个阶段的内容和相应的重要程度，以及在各个内容里是否和如何应用关系促销理念的，直至产生二次效果（长期促销绩效的增加）。

4. 建立关系促销理论的综合模型

我们在文献回顾的基础上建立了一个关系促销的理论框架，通过本文的案例研究，对这个理论框架进行了验证和修订，最后形成了相应的理论模型，即在建设关系管理的企业基础上，通过分析、计划和实施的关系促销的全过程管理，实现多次的关系促销活动的成功，使促销成为品牌，不仅为未来该种促销成功奠定基础，而且还会为商店品牌价值提升做出贡献，这两者都会使长期效益增加，长期效益增加又会推动建设关系管理的企业基础，形成循环（图2）。这是本文重要的创新性贡献。

（三）实践意义

由于以往理论界和实践界常常把促销视为短期性的促销工具，因此促销在实践中也大多是使短期利益增加而使长期利益受损，其主要原因是促销活动本身没有关注相关利益者利益的实现。关系促销理论告诉我们，有些促销可以实现短期和长期的双重卓越绩效。因

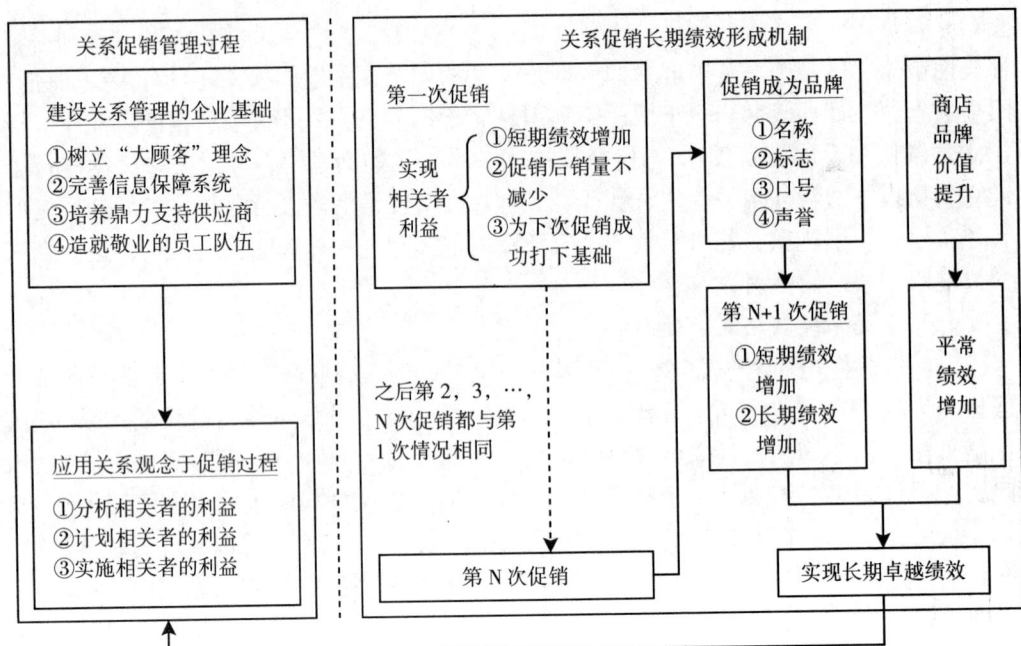

图 2　关系促销管理的综合模型

此企业至少对于一年一次的大规模促销活动可以采取关系促销的方法，即①树立关系促销的理念，建立相应的信息系统保障机制，培养鼎力支持的供应商群体和造就敬业的员工队伍。②运用关系管理的理念，进行系统的促销管理，即在分析、计划和实施的每一个环节，都要体现实现相关利益者利益的宗旨，否则不可能取得理想的长期绩效。在分析阶段，要系统分析顾客市场、供应商市场、竞争者市场、内部市场和影响者市场 5 个方面。在计划阶段，促销目标、工具选择、营销组合、实施和费用核算的规划主要考虑顾客、供应商和内部市场的利益；目标顾客和市场定位规划主要考虑顾客、竞争者和内部市场的利益。在实施控制和效果评估方面，要考虑顾客、供应商和内部市场的利益。

（四）研究局限

本研究主要采用的是单案例研究，虽然我们尽量选择最有代表性的企业案例，但是仍缺乏对照和比较，难以提出具有普遍性的理论命题，仅仅是一个探索性研究。其次，本文研究关系促销理论，仅选择了百货商店店庆促销，它具有一年一次的特点，而中国促销主体间具有较大的差异性，促销频次也有着较大的差别，研究结论是否能应用于其他各类促销活动有待进一步研究。

未来的研究方向，可以综合研究不同商品、规模、频次、时间等多种类型的促销管理过程，进行不同行业或同一行业不同促销的比照研究，总结出关系促销管理的特点，同时对每一个阶段的每一个方面提出更具体的操作措施，最终为建立普适性的关系促销管理理论模型奠定基础。另外，我们在研究中也发现了一个有趣的现象：促销无品牌，设计的活动再好，也只能是获得短期绩效；促销有品牌，就有可能取得长期绩效；促销品牌加上商品品牌，效果会更好；促销品牌加上商品品牌，再加上强势的零售店牌，一定会取得长期卓越的绩效。对于这个问题的机理研究，也可以是未来研究的一个方向。

参考文献

[1] 埃森哈特，格瑞布纳. 由案例构建理论的机会与挑战 [J]. 管理世界，2010 (4).

[2] 贝尔奇. 广告与促销 [M]. 北京：中国人民大学出版社，2009.

[3] 布拉星顿，佩提特. 市场营销学 [M]. 桂林：广西师范大学出版社，2001.

[4] 董艳. 价格促销幅度对服务品牌价值的影响 [J]. 科技创业周刊，2006 (5).

[5] 郭国庆. 营销理论发展史 [M]. 北京：中国人民大学出版社，2009.

[6] 韩睿，田志龙. 促销类型对消费者感知及行为意向影响的研究 [J]. 管理科学，2005 (2).

[7] 赫宾，库柏. 营销计划手册（第 3 版）[M]. 北京：中国财政经济出版社，2005.

[8] 韩巍，张含宇. 关系营销范式之争：老话题的新诠释 [J]. 西北大学学报（哲学社会科学版），2009 (3).

[9] 江明华，董伟民. 价格促销频率对品牌资产的影响研究 [J]. 管理世界，2003 (7).

[10] 科特勒. 营销管理（第 9 版）[M]. 上海：上海人民出版社，1999.

[11] 科特勒，凯勒. 营销管理（第 12 版）[M]. 上海：上海人民出版社，2006.

[12] 李飞. 商场打折的营销思考 [J]. 北京商学院学报（社会科学版），2000 (4).

[13] 李飞等. 高速成长的营销神话——基于中国 10 家成功企业的多案例研究 [J]. 管理世界，2009 (2).

[14] 李飞，马宝龙，林健. 突发事件对零售企业顾客购买行为的影响研究 [J]. 南开管理评论，2010 (3).

[15] 李琼，黄勇. 关系营销理论综述 [J]. 天府论坛，2007 (12).

[16] 林正修，曾新穆，邱文政. 零售业促销方法与案例，企业管理出版社，2004.

[17] 卢泰宏. 实效促销 SP [M]. 广州：广东旅游出版社，1997.

[18] 罗伯特·K. 殷. 案例研究设计和方法（第 3 版）[M]. 重庆：重庆大学出版社，2004.

[19] 罗门. 定价：创造利润的决策 [M]. 北京：中国财政经济出版社，2005.

[20] 毛基业，李晓燕. 理论在案例研究中的作用——中国企业管理案例论坛（2009）综述与范文分析 [J]. 管理世界，2010 (2).

[21] 欧阳桃花. 试论工商管理学科的案例研究方法 [J]. 南开管理评论，2004 (2).

[22] 佩恩. 关系营销——形成和保持竞争优势 [M]. 北京：中信出版社，2002.

[23] 宋亦平等. 顾客为什么忠诚：关系利益视角的研究 [M]. 格致出版社，上海人民出版社，2010.

[24] 汪涛，陈露蓉. 关系营销理论评述与本土化新解 [J]. 财贸经济，2004（12）.

[25] 谢芳. 案例研究方法 [J]. 北京石油管理干部学院学报，2009 (3).

[26] 张益. 关系营销相关文献综述 [J]. 中外企业家，2009 (12)。

[27] 张黎. 价格促销对商店整体价格形象的影响：理论与实证研究回顾 [J]. 商业经济与管理，2006 (5).

[28] 载陈晓萍等. 组织与管理研究的实证方法 [M]. 北京：北京大学出版社，2008 年。

[29] 周长辉. 中国企业战略变革过程研究：五矿经验及一般启示 [J]. 管理世界，2005 (12).

[30] 庄贵军，周筱莲. 关系营销的动态组合模型 [J]. 北京工商大学学报（社会科学版），2007 (1).

[31] Alain d'Astous and Valérie Landreville. An Experimental Investigation of Factors Affecting Con-

sumers' Perceptions of Sales Promotions [J]. European Journal of Marketing, 2003, 37 (11/12).

[32] Carl F. Mela, Kamel Jedidi and Douglas Bowman. The Long Term Impact of Promotions on Consumer Stockpiling Behavior [J]. Journal of Marketing Research, 1998, 35 (2).

[33] Chen Rong and Jianmin Jia. Consumer Choices Under Small Probabilities: Overweighting or Under-weighting? [J]. Marketing Letters, 2005, 16 (1).

[34] Christian Crönroos. Keynote Paper from Marketing Mix to Relationship Marketing-Towards a Paradigm Shift in Marketing [J]. Management Decision, 1997, 35 (4).

[35] Kivetz R. and Simonson I. The Idiosyncratic Fit Heuristic: Effort Advantage as a Determinant of Con-sumer Response to Loyalty Programs [J]. Journal of Marketing Research, 2003, 40 (4).

[36] Kusum L. Ailawadi. Karen Cedenk and Scott A. Neslin. Heterogeneity and Purchase Event Feedback in Choice Models: An Empirical Analysis with Implications for Model Building [J]. International Journal of Re-search in Marketing, 1999, 16 (3).

[37] Lewis Michael. The Influence of Loyalty Programs and Short-Term Promotions on Customer Retention [J]. Journal of Marketing Research, 2004, 41 (3).

[38] Nowlis Stephen M. and Itamar Simonson. Attribute-Task Compatibility as Determinant of Consumer Preference Reversals [J]. Journal of Marketing Research, 1997, 34 (2).

[39] Robert C. Blattberg and Scott A.Neslin [M]. Sales Promotion: Concepts, Methods and Strategies, Prentice Hall, 1990.

[40] Tversky Amos, S. Sattath and P. Slovic. Contingent Weighting in Judgment and Choice [J]. Psycho-logical Review, 1988, 95 (3).

[41] Verhoef P. C. Understanding the Effect of CustomerRelationship Management Efforts on Customer Reten-tion and Customer Share Development [J]. Journal of Marketing, 2003, 67 (4).

[42] Ward James C. and Ronald Paul Hill Designing Effective Promotional Games: Opportunities and Prob-lems [J]. Journal of Advertising, 1991, 20 (3).

The Theory of Relationship-centered Sales Promotion: A Study Based on the Case of a China's Department Store

Li Fei[1] Jia Sixue[1] Liu Qian[1] Yu Chunling[1] Wu Shali[1] Ma Baolong[2] Mi Bu[1]

(1. Tsinghua Universiby School of Economics and Management Beijing 100062;

2. School of Management and Economics, Beijing Institute of Technology Beijing 100081)

Abstract: Taking Beijing Cuiwei Tower Department Store as the object of our study, and using a regular method of case study, we have made researches into the sales management of this store carried out on the ceremony day for the said store, which include on-the-spot visits, the collection of the second-hand data, data coding, discussion and analyses. Then, based on defining the concept of the relationship-centered sales promotion (TRCSP), on the model of testing the effects of TRCSP and on the management model of TRCSP, and in view of the fact that TRCSP has not been theorized, we have constructed a comprehensive model of the theory of TRCSP. We are the first to point out that the greatest difference of our theory of TRCSP from the theory of the traditional sales promotion lies in that our theory pays close attention to the interests and relationship of related beneficiaries, and in that our theory has become a long-term tool for the sales promotion.

营销渠道中的行为控制如何影响信任关系 *
——基于角色理论和公平理论的实证研究

寿志钢[1]　朱文婷[1]　苏晨汀[2]　周南[2]

（1. 武汉大学经济与管理学院　武汉　430071

2. 中国香港城市大学商学院　中国香港）

【摘　要】行为控制是治理渠道交易的常用手段，可分为活动控制和能力控制两种类型。尽管学者们已注意到行为控制会降低受控方的被信任感，却很少有文献探讨这一负面作用的边界条件。本研究以角色理论和公平理论为基础，提出受控方的角色感知和公平感知是影响以上负面作用的权变因素，并通过现场准实验和仿真实验检验相关的研究假设。本研究的结果表明：供应商的活动控制和能力控制分别会显著地降低分销商所感知的善意信任和能力信任；分销商与供应商的友谊会放大活动控制对感知善意信任的抑制作用，却会缓冲能力控制对感知能力信任的负面影响；分销商对控制过程的公平感知会减弱行为控制对感知善意和能力信任的侵蚀。

【关键词】活动控制；能力控制；角色感知；公平感知；被信任感

一、引　言

作为一种正式的控制机制，行为控制（Behavior Control）被广泛地用于管理组织之间的市场交易（Bradach and Eccles，1989）。在营销渠道的管理中，供应商经常会监督和控制分销企业的各类行为，以减少信息的单边性和抑制分销商的机会主义行为（Jaworski and Macinnis，1989；庄贵军等，2008a）。例如，7-11连锁便利店对所有的加盟店都安装了监

* 本文选自《管理世界》2011 年第 10 期。

基金项目：国家自然科学基金项目（70802046）。

作者简介：寿志钢、朱文婷，武汉大学经济与管理学院市场营销学系；苏晨汀、周南，中国香港城市大学商学院市场营销学系。

控录像以控制整个售货过程；宝洁公司在分销商的内部设立办事处，并成立品牌专营小组，全程控制专项产品的所有营销活动。与此同时，学者们也注意到了行为控制对组织间关系的负面影响。其中被普遍提及的是行为控制所产生的"负面信号效用"，即它很可能会传递一种不信任的信号，会让受控制方感觉到自己处在被怀疑的状态从而降低他们的被信任感（Das 和 Teng，1998；Knights et al.，2001）。由于信任具有很强的相互性，较低的被信任感又会进一步阻碍双方信任关系的发展（Bradach 和 Eccles，1989）。

然而，当前研究却很少对行为控制的"负面信号效用"进行细致的实证分析。行为控制在渠道管理中被分为活动控制（Activity Control）和能力控制（Capability Control）两种类型（Challagalla 和 Shervani，1996），信任则常常被划分为能力信任（Competence Trust）和善意信任（Goodwill Trust）两个不同的方面（Das and Teng，1998）。目前并不清楚不同类型的行为控制主要影响的是哪一方面的被信任感。更为重要的是，尽管行为控制的负面信号效用被广泛提及，但很少有学者关注这一负面效用的边界条件。如果能够准确地了解不同类型行为控制所发出的负面信号的特征，同时识别在何种情况下，这些"负面信号效用"会被削弱或被增强，将有助于管理者更为恰当地使用行为控制方式，以尽可能地避免削弱受控方的被信任感，从而降低行为控制对双方信任关系的损害。

本研究首先在细分"行为控制"和"被信任感"的基础上检验了行为控制的负面信号效用。随后，我们提出受控方的角色感知和公平感知很可能是调节这一负面效用的两个重要因素。商业活动所嵌入的社会关系类型往往会塑造不同的角色感知（如朋友或商人），这种角色感知会决定当事人看问题的视角、决策的逻辑和思维方式（Montgomery，1998；Heide 和 Wathne，2006；Grayson，2007），从而在很大程度上影响到他们对另一方行为的理解（Biddle，1979）。由于受控方的被信任感并不仅仅取决他所感知到的受控程度，而更多地取决于他对这种控制方式的解释，因此，我们相信受控方的角色感知很可能会调节行为控制与被信任感之间的关系。同时，供应商选择控制手段的程序和方式会影响到分销企业对供应商决策过程之公平性的评价（Kumar et al.，1995），并进一步影响到控制手段的实施效果（Hernández-Espallardo 和 ArcasLario，2003）及双方的关系质量（Kumar et al.，1995）。因此我们认为受控方对过程公平的感知也很可能会调节行为控制与被信任感之间的关系。

由于本研究涉及较为微妙的心理反应，为提升研究的内部效度，我们参照 Ganesan 等学者（2010）及 Gundlanch 和 Cadotte（1994）在组织市场中的研究方法，使用实验手段收集数据。同时，为了保证研究的外部效度，我们设计了 2 个现场准实验（研究 1）和两个仿真实验（研究 2）来检验研究中的假设。4 个实验的数据对我们的研究假设均提供了强有力的支持。

二、理论背景和研究假设

（一）营销渠道中的行为控制与被信任感

1. 渠道控制机制

渠道控制机制可分为权威机制、契约机制和规范机制（Weitz and Sandy，1995；庄贵军，2004）。前两种机制是显性的正式控制方式，第三种则是隐性的非正式（或社会）控制方式（Maguire et al.，2001）。与组织内部的正式控制系统一样，供应商管理渠道关系的正式控制方式又可分为结果控制和行为控制两大类型。基于结果的控制系统主要测量的是客观的产出，使用此类系统的供应商可能不会过多地监督分销企业的经营活动，也可能较少地提供管理建议或干涉分销企业的经营决策；而基于行为的控制系统关注的则是具体的经营过程，使用此类控制方式的供应商倾向密切地监督分销企业的经营活动、提供管理建议，或使用更为复杂的主观评价系统来衡量分销商的业绩（Anderson and Oliver，1987）。由于行为控制可能会让受控方更为反感，相对结果控制而言，更多的文献挑战了行为控制对组织间合作业绩的贡献（Heide et al.，2007；Huemer et al.，2009）。因此，本研究将着重关注行为控制对受控方被信任感的影响。

早期的营销文献（Oliver and Anderson，1994；Jaworski et al.，1993）在研究销售主管的行为控制与销售员业绩的关系时，往往将行为控制看成单维度的构念。Challagalla 和 Shervani（1996）批评这种简单的处理方式很可能是前期研究结论相互矛盾的原因。因此，他们将营销管理中的行为控制进一步地细分为活动控制（Activity Control）和能力控制（Capability Control），并认为只有将两者加以区分，在研究行为控制时才能够得到更有说服力的结论。活动控制涉及对营销活动的安排，以及监督营销活动的具体执行过程；而能力控制则着重于发展受控方的营销能力，往往通过提供管理建议，提供培训以及参与受控方的经营决策来实现。对行为控制这一分类方法已在最近被运用于研究组织间的行为控制问题。如 Joshi（2009）在研究采购商的控制机制如何调节协同沟通对供应商的业绩影响时发现，采购商对供应企业的能力控制会强化"供应商知识"和"情感承诺"对其业绩的积极影响，但活动控制却会弱化"供应商知识"对其业绩的积极作用。

企业间的行为控制对信任关系的影响在管理领域备受关注，但结论却并未统一。管理学界有不少学者（Das and Teng，1998）认为包括行为控制在内的正式控制机制会向受控方传递强烈的不信任信号，因而会通过降低受控者的被信任感危害到双方的信任关系。但源于交易成本和契约理论的观点却认为，行为控制会减少机会主义行为的吸引力从而为双方提供稳定的积极预期，由于信任基于一方对另一方行为的预期，因此行为控制会促进信任关系的发展（Zucker，1986）。以上矛盾的观点主要源于对信任概念的不同理解

（Woolthuis et al.，2005），因而有必要在研究中明确信任的定义。

2. 信任与被信任感

浩如烟海的信任文献使各领域的研究所涉及的信任定义有所区别，对信任的分类方式也错综复杂。经济学者往往更关注"计算型信任"（Calculus-based Trust）（Noorderhaven，1996）。此类信任源于信任者对交易条件的计算，即当信任者考量交易环境后认为"合作"是对方的最优选择时，他就会选择信任对方。计算型信任亦被称为情境信任（Situational trust），主要受到交易环境中的法律、规范或其他控制系统的影响，它与被信任者自身的特质无关并且会随着环境的变化而改变（Noorderhaven，1996）。管理领域的学者（Ring and Van de Ven，1994；Mayer et al.，1995）往往更强调"品质信任"（Character Trust）。此类信任受到信任对象内在特质的影响，意味着即使缺乏环境的约束和刺激，被信任者都会按照信任者的期望而行事。声称行为控制会促进信任关系的观点采纳的就是情境信任的概念。此类信任是建立在控制系统的质量而非信任客体的内在可信度之上的，即意味着只要控制系统可靠，可以信任任何处在系统之中的理性之人，即使此人在本质上是个无赖。由于被信任感往往与某人的可信任度（Trustworthiness）是否被认可有关，从而与被信任者个人的内在品质有密切的联系，因此我们在本文中采纳的是与客体特质相关的品质信任概念。

Mayer等（1995）将个人能够被信任的特质分为能力（Ability）、善意（Benevolence）和正直（Integrity）3种类型。由于善意和正直有着很强的相关性，并不容易区分，因此我们借鉴Das和Teng（1998，2001）的做法，将被信任感分为善意（Good-will）和能力（Competence）两个维度。前者指的是人们感觉到自己的善意被认可的程度；而后者指的是人们感觉到自己的能力被认可的程度。尽管我们意识到信任同时还是一个多层次的概念（Currall and Inkpen，2002），然而基于本研究的需要，我们在此只讨论供应商与分销商的边际人员之间的人际间信任而非企业层面的信任。

3. 行为控制与被信任感

如前所述，如果认为信任源于客体的品质而非环境的约束，行为控制对信任的抑制作用将变得更为清晰。业界已普遍意识到这一抑制作用正是由于行为控制会向受控方传递不信任的信号，使受控者的被信任感下降而产生的（Woolthuis et al.，2005）。然而，尽管行为控制和被信任感均为多维度的构念，当前研究却很少对两者之间的关联展开更为细致的探讨。① 我们认为，不同类型的行为控制影响的是被信任感的不同侧面，准确地了解不同类型行为控制所发出的负面信号的特征，将有助于管理者更好地降低由此产生的负面影响。

在营销渠道的管理中，活动控制包含了对日常营销活动的设计和监督，以及依据日常活动的执行情况进行奖罚。此类控制会让受控方感觉到隐私被侵犯，并有可能与受控方现有的习惯发生冲突，从而让其感觉到自己的自由被限制（Christ et al.，2008）。在企业间的

① 初浩楠和廖建桥（2008）曾研究了组织内部的活动控制和能力控制对知识员工认知信任和情感信任的影响。

合作关系中，当一方对另一方的善意产生怀疑时，往往会通过密切监督对方的行为过程来降低关系风险（刘学等，2006）。因此，当供应商对分销企业实施活动控制时，分销商很可能会将供应商的此类行为归因于对自己善意的怀疑。供应商对分销企业的能力控制主要包括对后者的营销决策进行干预和指导，培训和提升分销企业的销售技能。之所以实施此类行为，合理的解释是基于对分销商经营能力的担忧。然而，尽管能力控制会干涉分销商的经营自主权，但由于它也意味着供应商在一定程度上承担了经营失败的风险，并有可能在培训和指导过程中向分销企业传递了某些机密信息，因而并不一定会让分销商感觉到自己的善意被低估。据此提出以下两个假设。

假设1：与受到结果控制的分销商相比，受到活动控制的分销商所感知到的善意信任会更低；

假设2：与受到结果控制的分销商相比，受到能力控制的分销商所感知到的能力信任会更低。

此外，在当前研究中，对行为控制负面信号效用的讨论很少涉及其边界条件。我们认为，如果能够准确地识别在何种情况下，这些"负面信号效用"会被削弱或被增强，将有助于管理者更为恰当地使用行为控制方式。本文分别基于角色理论和公平理论，探讨受控方的角色感知和公平感知对行为控制的负面信号效用的调节作用。

（二）角色感知的调节作用

1. 角色理论：朋友角色和商人角色

角色理论起源于戏剧学，后来其研究范畴逐渐扩展为所有能够反映行动者情境特点的行为（Biddle，1979）。近年来，不少营销学者（Heide and Wathne，2006；Grayson，2007）开始从角色理论的视角研究传统的营销关系。由于商业关系常常与朋友关系相互交织，因此在营销文献中被广泛使用的两类典型角色是"朋友"角色和"商人"角色。朋友角色所遵循的是"合适逻辑"（Logic of Appropriateness）及基于该逻辑而建立的相关规则，而商人角色遵循的是"结果逻辑"（Logic of Consequences）指导下的利益最大化（Heide and Wathne，2006）。

由于朋友角色和商人角色是可以并存的，因而基于合适逻辑的情感型目标与基于结果逻辑的工具型目标很可能会发生冲突。此类角色冲突可能导致的潜在风险在多项营销研究中被发现，例如：Price和Arnould（1999）发现在发型师和顾客之间的商业友谊中，情感型目标和工具型目标之间存在矛盾。Grayson（2007）的研究发现，尽管商业关系中的友谊确实会对经营业绩产生积极的作用，但是一旦当事人感觉到朋友的角色期望和商人的角色期望发生冲突时，这种积极影响会被显著削弱。情感型目标和工具型目标之间的冲突在中国的文化背景下会表现得更为明显（庄贵军等，2008b），因而在中国的营销渠道中探讨这两类角色的冲突问题更具实践意义。

包含了密切监督在内的行为控制是一种相对"硬性"的治理战略，它与朋友角色的不匹配很可能会导致较为复杂的角色稀释或角色转换现象（Heide and Wathne，2006）。因而，我们意识到角色感知很可能会影响到受控者对行为控制的理解，进而影响到行为控制的负面信号效用。

2. 角色感知的调节作用

分销商初始的感知角色往往决定了他们对待供应商的初始态度和行为预期，因此，处于不同角色的分销商，面对来自供应商的同一类控制策略，会有不同的感知和判断（Heide et al.，2006）。具体而言，分销商与供应商之间的友谊很可能会放大活动控制对感知善意信任的负面作用，同时却有可能缓冲能力控制对感知能力信任的消极影响。

（1）友谊的放大效应（Amplifying Effect）。

与处在商人角色中的分销商相比，处于朋友角色的分销商很可能对来自供应商的活动控制更为反感，因为活动控制中所涉及的密切监督很可能会导致心理契约的破裂。"心理契约"这一概念源于对组织中雇佣关系的研究，它被定义为雇佣双方对相互义务的期望（Robinson and Rousseau，1994）。近年来，这一概念被拓展至企业间的供应购买关系上（Hill et al.，2009）。值得强调的是，心理契约是一种内在的感知，在本质上具有个体性（Idiosyncratic），即一方对心理契约的理解可能并不被另一方所分享（Robinson，1996）。处于朋友角色的分销商所拥有的心理契约可能并不被供应商所感知。

尽管朋友是一个模糊的概念，其具体含义会因情景而异，然而善意都被看成是发展友谊的前提条件（Schonsheck，2000）。同时，根据亚里士多德对友谊的描述，"作为朋友，必须相互意识到对方的善意"。因此，当分销商认为其是供应商的朋友时，不仅会在"合适逻辑"的指导下，建立并遵循某些与善意相关的行为规则（如灵活性、信息分享和团结）（Heide and Wathne，2006），而且很可能会拥有一种心理契约，即希望供应商意识到并且相信自己的此番善意。然而，当供应商由于实施活动控制而发出一种不信任的信号时，对供应商的此类期望很可能会破灭。心理契约的破裂可能会让分销商产生一种被冒犯的感觉，并进而导致一系列的负面情绪，如失望、沮丧、委屈或者甚至感觉到自己被欺骗（Morrison and Robinson，1997），这些负面情绪会让当事人对事物做出更多的悲观判断（Johnson and Tversky，1983），从而进一步放大了分销商的不被信任感。据此得出以下假设。

假设3：当分销商处于朋友角色时，相对于那些处于商人角色的分销商而言，活动控制对其感知善意信任的负面影响会较强。

（2）友谊的缓冲效应（Buffering Effect）。

与善意所不同的是，能力并不是发展朋友关系的必要条件。例如，中国传统的道德观念强调，只与强者交朋友而不屑与弱者往来的人往往被看势利小人（南怀瑾，2000）。在现实生活中，无论对方能力高低，人们应当均可能与之成为朋友。因此，尽管处于朋友角色的分销商很可能有一个与善意信任相关的心理契约，但他们并不一定会有与能力信任相关的心理契约。当供应商对其实施能力控制时，也就不会存在因心理契约的破裂而产生的负面情绪。

尽管能力控制会约束受控方的决策自主权，然而，如果供应商选择包含了决策干预和决策指导的能力控制作为治理战略，这也意味着供应商将在一定程度上承担经营失败的责任（Oliver and Anderson，1994）。因此，能力控制也有积极的一面，它可能会代表供应商对分销商的关心和支持（Atuahene-Gima and Li，2002）。当一个事物既存在积极的一面又存在消极的一面时，选择性解释机制很可能会影响当事人对事物的最后判断。人们往往为了保持自身态度的一致性，会倾向依据初始的认知来解释信息（Robinson，1996）。相对处于商人角色的分销商而言，处于朋友角色的分销商对供应商的初始认知显然更可能是正面的，他们更可能会从积极的方面解释供应商的能力控制策略。即使他们同时也意识到供应商的能力控制可能限制自己的经营权，由于并没有负面情绪的干扰，能力控制所带来的负面影响将可能并不会太强烈。据此得出以下假设。

假设4：当分销商处于朋友角色时，相对于那些处于商人角色的分销商而言，能力控制对其感知能力信任的负面影响会较弱。

（三）公平感知的调节作用

1. 渠道关系中的公平感知

当前对渠道关系的研究普遍地将"公平感知"划分为"结果公平感知"和"过程公平感知"。前者是分销商对渠道关系收益的评价，是分销商对所得收益和应得收益比较之后所产生的公平感知；而后者则是分销商对渠道关系的互动过程和程序所作的评价（Kumar et al.，1995）。当前的渠道研究似乎更为强调过程公平的积极作用。例如，Kumar（1995）以及Brown（2006）的研究均发现，尽管分销商所感知的结果公平和过程公平对供应商和分销商的关系质量均有积极影响，但过程公平的促进作用更为明显。Li（2010）在对国际营销渠道的研究中也发现，代理商所感知的过程公平会促进他们的知识分享与主动合作的意愿。Hernández-Espallardo 和 Arcas-Lario（2003）则直接探讨了过程公平对控制后果的调节作用，该研究发现，过程公平会强化行为控制和结果控制对"业绩归因"（即将业绩的提升归功于供应商对自己的控制）的正向影响。

本研究中所关注的行为控制对感知信任的影响也很可能直接与受控方所感知的过程公平相关。例如：供应商是否对所有的分销商都执行相同的控制策略、是否在具体实施控制行为之前提供合理的解释、是否与分销商就控制策略的选择及实施保持积极的双向沟通、是否尊重分销商对控制方式的意见等这些影响到"过程公平感"的因素，均可能会影响到控制策略的实施效果（Hernandez-espallar-do and Arcas-Lario，2003）。因此，本文将着重探讨分销商的过程公平感知在行为控制对感知信任的影响中所起的调节作用。

2. 公平感知的调节作用

过程公平感知很可能会减弱行为控制对被信任感的负面影响。归因机制可以为这一推断提供一定的解释。组织公平理论认为过程公平感在很大程度上会影响到人们的归因倾向，即人们往往依据其对过程公平的感知来判断决策者应当对决策后果承担多大的责任（Brockner，2002）。当人们在遭受到不利的决策后果的同时，感知到决策的过程是公平的，他们往往较少地怪罪决策者（Brockner，2002）。如果供应商在具体实施行为控制之前，与分销商有充分的沟通并对为何选择行为控制提供了解释甚至提供了充分的理由；或者，供应商在控制策略的选择上，对所有分销商都一视同仁而不是有所偏颇，均会提升分销商对决策过程的公平感知。而这一感知又会进一步降低与供应商有关的负面归因，即分销商可能会认为，供应商选择行为控制是对事不对人，是市场及管理活动的客观需要，而不是供应商对分销商善意或能力的怀疑。

从另一方面来看，对于那些遭受到行为控制的分销商而言，如果他们所感知的过程公平较低时，会显著地增强他们对供应商的敌对情绪（Kaufmann and Stern, 1988），而负面情绪会让当事人对事物做出更多的悲观判断（Johnson and Tver-sky, 1983）。因此，在敌对情绪的感染下，分销商更可能将行为控制归因为供应商对他们能力和善意的怀疑。据此得出以下假设。

假设 5：当分销商感知的过程公平程度较高时，相对于那些感知过程公平较低的分销商而言，（a）活动控制对感知善意信任的负面影响会较弱；（b）能力控制对感知能力信任的负面影响会较弱。

三、研究方法

由于本研究涉及分销商在遭受到行为控制时的心理反应，为了在数据收集过程中减少其他变量的干扰，提高研究的内部效度，我们并没有使用传统的问卷调查法，而是借鉴 Ganesan 等（2010）及 Gundlanch 和 Cadotte（1994）在组织市场中的研究方法，使用实验法收集数据。Ganesan（2010）使用了两个现场准实验，来研究组织间关系承诺如何放大或缓冲机会主义行为和非道德行为的后果。效仿此法，我们也实施了两个现场准实验（研究 1），以检验行为控制对感知信任的主效用以及角色感知在这一效用中的放大及缓冲作用；Gundlanch 和 Cadotte（1994）在一个模拟的营销渠道中，使用仿真实验调查了组织间相互依赖对使用强制性策略、冲突后果以及业绩评价的影响。参照这一方法，我们使用一款教学软件模拟了两场营销渠道中的销售竞赛，利用仿真实验（研究 2）来检验行为控制对感知信任的主效用以及公平感知的调节效用。因此，本研究在保证内部效度的同时，也兼顾了研究结论的外部效度。

（一）研究 1：现场准实验

1. 实验设计和样本选择

本项研究包括两个独立的现场准实验。实验 1 测量的是受试者对善意信任的感知，旨在检验假设 1 和假设 3；实验 2 测量的是受试者对能力信任的感知，用于检验假设 2 和假设 4。分别开展两个独立的实验，是采纳了 Ganesan 等（2010）的建议，以避免实验中活动控制和能力控制可能对感知信任产生交互作用。375 位和 342 位从事市场营销工作的在职 MBA 或 EMBA 学员分别完成了实验 1 和实验 2 中的任务，每人获得一份市值约 40 元的礼品。

实验 1 的背景材料提供了一个可能存在机会主义行为的合作模式（详见附件 A）。在该模式下，分销商可以通过向供应商虚报当期的销售数量来最大化本公司的利润。正因如此，供应商也存在监控分销商的动机。在实验 2 的背景材料中（详见附件 A），我们所设计的合作模式赋予了分销商自主决策的权力，但是供应商有较强的动机参与和影响分销商的决策。此外，该模式完全消除了分销商实施机会主义行为的可能性。信任的产生往往受到双方依赖程度的影响（Sheppard and Sherman，1998）。依赖程度越强的一方很可能对自己的能力有较少的自信从而对能力控制有更高的容忍度。同时，依赖程度越强的一方也很可能更容易认可权力强大的对方行使活动控制的合理性（Legitimacy），从而对活动控制有更高的容忍度。因此，我们在实验场景的设计中强调了合作双方有着均等的依赖程度（详见附件 A），并在实验结束时对该项操纵进行了检验（详见附件 B）。

2. 实验过程

本研究中的两个实验均通过两步完成。第一个步骤是对一些基本信息的测量。依据 Canesan（2010）的方法，研究人员首先要求参与者识别一位与他（她）有商务往来的人员，此人必须与受试者是同一性别的，而且是通过商务交往才认识的。[①]这位合作伙伴将成为实验材料中的关键人物（即附件 A 中的 A 君）。随后，参与者需要提供他们之间交往的详细信息，如关系的亲密程度（详见附件 B）、两家企业所处的行业等。同时，在受试者参加实验之前，实验人员测量了他们在这一关系中所感知到的被信任程度（实验 1 测量的是初始的善意信任，实验 2 测量的是初始的能力信任，见附件 B）以及受试者个人的工作经验。

在实验的第二个步骤，研究人员根据初始被信任感的高低以及感知亲密度，将受试者均匀地分配到两个实验条件下（实验 1："活动控制"对"结果控制"；实验 2："能力控制"对"结果控制"）。对控制条件的描述（见附件 A）基于 Challagalla 和 Shervani（1996）对"活动控制"和"能力控制"的界定。不同控制条件下的参与者在阅读了背景材料和相应的控制条件后，研究人员通过问卷测量他们所感知的被信任程度，并对实验中的操纵效果进行了检验（见附件 B）。

3. 测量

我们借鉴 Grayson（2007）对友谊的测量方法，使用包含了 5 个项目的量表来测量受试者与他们识别的那位商业伙伴之间的私人关系。基于 Doney 和 Cannon（1997）对"善意信任"的测量，我们发展了一个包含 4 个项目的量表测量受试者在接受刺激后的感知善意信任。同时，按照 Das 和 Teng（2001）对"能力信任"的定义，我们编写了一个包含 4

---

① 根据 Grayson（2007）以及 Hcide 和 Wathne（2006）的观点，相对于单纯的非商业友谊而言，在商业活动中建立的友谊对行为控制后果的放大和缓冲效果可能比较弱，因此选择商业朋友作为实验对象来检验本研究中的假设，所得到的研究结论可能更具说服力。

个项目的量表来评价受试者在接受刺激后的感知能力信任。这些用于测量被信任感的项目都被混在一些其他问题之中，以免受试者猜测研究人员的真实意图。为了避免"前测效应"，对受试者初始被信任感的测量并没有使用上述量表。研究人员借鉴了信任博弈研究中的信任测量方式（Berg et al., 1995；Ho and Weigelt, 2005），让分销商的扮演者在模拟情境下填写供应商可能对他们的投资额，以此测量善意及能力方面的被信任感。以上所有的测量量表列示在附件 B 中。

4. 控制变量的选择

Heide 等（2007）指出，微观环境中的社会契约（Microlevel Social Contract）对行为控制方式的认可程度会减弱行为控制所产生的负面效应。由于不同的行业存在着不同的社会契约，人们也会因其工作经验的不同而对本行业社会契约的理解存在差异，因此我们将行业类型和受试者在本行业的工作时间均作为控制变量处理。受试者对被信任感的初始感知显然也很可能影响到受试者在接受实验刺激后所报告的被信任感。然而，由于感知角色与初始的感知善意信任密切相关（Schonsheck, 2000），为避免共线性，我们仅在分析实验 2 的数据时，将初始的感知能力信任作为控制变量的处理。

5. 数据分析和结果

在完成实验后，我们对研究中的控制方式及依赖程度的操纵效果进行了检验（附件B）。接受行为控制和结果控制的受试者在对受控程度的感知上均存在显著的差异（$t_{实验1}$ = 5.15，$p < 0.00$；$t_{实验2}$ = 39.79，$p < 0.00$）；所有受试者在对依赖程度的感知上也与研究设定相吻合（$均值_{实验1}$ = 5.93，$均值_{实验2}$ = 6.24，均显著地大于七级量表的中间值 4，即同意供应商与分销商之间的依赖程度均衡）。

由于实验 1 和实验 2 是分别展开的，因此使用普通最小二乘法分别分析实验 1 和实验 2 中的数据。表 1 列示了数据分析的结果，图 1 则是交互作用的分解示意图。从实验 1 中的结果可以看到，活动控制会明显地让受试者感觉到自己的善意被怀疑（$\beta = -0.462$，$p < 0.01$），假设 1 被支持。此外，随着感知亲密度的增加，受试者感知的善意信任会显著地增加（$\beta = 0.274$，$p < 0.01$）。更为重要的是，感知角色的亲密度会显著地调节假设 1 中的效用（$\beta = -0.134$，$p < 0.05$），即假设 3 被支持。

表 1　实验 1 和实验 2 的结果

自变量	感知善意信任		感知能力信任	
	模型 1	模型 2	模型 3	模型 4
	标准化系数	标准化系数	标准化系数	标准化系数
控制方式 1：（活动控制 vs 结果控制）	−0.46***	−0.46***	—	—
控制方式 2：（能力控制 vs 结果控制）	—	—	−0.34***	−0.34***
感知角色	0.27***	0.38***	−0.01	−0.14*
交互项：感知角色 × 控制方式 1		−0.13**		
交互项：感知角色 × 控制方式 2	—	—	—	0.18**

续表

自变量	感知善意信任		感知能力信任	
	模型 1	模型 2	模型 3	模型 4
	标准化 系数	标准化 系数	标准化 系数	标准化 系数
控制变量	—	—	—	—
行业类型	−0.06	0.06	−0.03	−0.02
工作时间	0.03	0.02	0.10*	0.11*
对能力信任的初始感知	—	—	0.24***	0.23***
F 值	31.87***	27.50***	10.09***	9.53***
调节后的 R^2	0.29	0.3	0.14	0.15
F 值的变化	—	4.27**	—	5.34***

注：* 表示 $p<0.1$，** 表示 $p<0.05$，*** 表示 $p<0.01$。

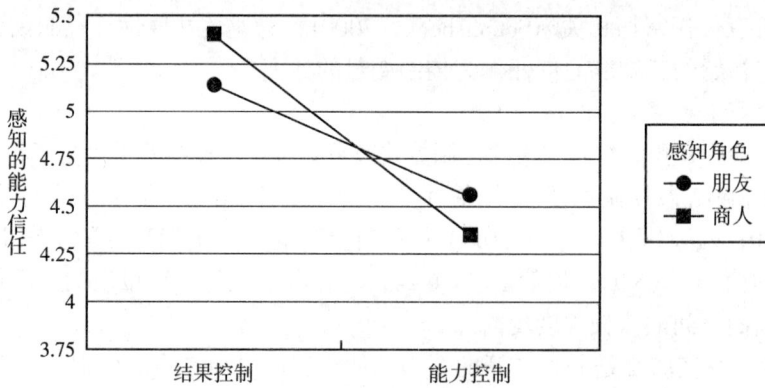

图 1a　实验 1 运算结果

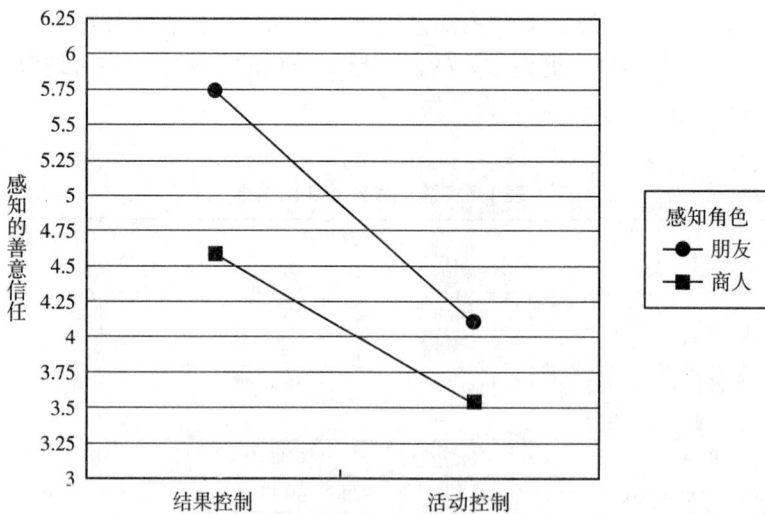

图 1b　实验 2 运算结果

从实验 2 中的结果可以看到，能力控制会显著地抑制受试者感知的能力信任（β = -0.338，p < 0.01）。尽管感知亲密度与能力信任没有显著关联，但是前者对控制模式和感知能力信任之间的关系具有显著的调节作用（3 = 0.176，p < 0.05），即假设 4 被支持。此外，我们还看到受试者初始的感知能力信任以及在本行业的工作经历对实验中的被信任感均有一定的影响，尽管后者的影响比较微弱。

（二）研究二：仿真实验

本研究通过在实验室模拟的销售竞赛展开，包括两个独立的仿真实验。第一个实验（后文称为实验 3）测量的是受试者对善意信任的感知，旨在检验假设 1 和假设 5a；第二个实验（后文称为实验 4）测量的是受试者对能力信任的感知，用于检验假设 2 和假设 5b。受试对象为市场营销方向的 MBA 在职班学员，211 位和 205 位受试者分别在实验 3 和实验 4 中扮演分销商的角色，他们所获得的报酬取决于模拟销售过程中的经营业绩。

1. 实验设计

实验 3 和实验 4 均使用 2（"行为控制"对"结果控制"）× 2（"公平"对"不公平"）的组间设计（实验 3 中的行为控制为活动控制；实验 4 中的行为控制为能力控制，两个实验对结果控制的操纵亦有区别，详见附件 A）。为了确保本研究的外部效度，受试者在模拟的营销渠道中扮演分销商，游戏中的供应商则由实验助手扮演。所有实验助手均为市场营销专业一年级的研究生，为控制角色感知的影响，他们与受试对象均为第一次见面。在同一场竞赛中，每位供应商只与一位分销商发生交易，以保证供应商与分销商之间的依赖程度是均等的，从而尽可能地降低"依赖程度对感知信任的影响"（Sheppard and Sherman, 1998）。

研究人员在实验中通过实验助手来操纵供应商对分销商的控制方式。具体而言，在"公平"组的操纵中，供应商对所有分销商均实施行为控制或均使用结果控制；在"不公平"组的操纵中，供应商只对一半左右的分销商实施结果控制，而对其他分销商实施行为控制。在"不公平"组的实验中，研究人员还安排隶属于同一位供应商的分销商相邻而坐，让他们明显地感觉到所遭受到的不同对待，以激发受试者的公平感知。游戏结束后，研究人员通过问卷测量分销商的感知信任程度（实验 3：善意信任；实验 4：能力信任）。在正式实验的前两周，所有的受试者接受了大约 3 小时的软件培训，以便熟悉如何操作这个计算机模拟的销售竞赛。

在实验中模拟销售竞赛的是一款用于培养学生销售能力的教学软件。扮演分销商的受试者各经营一家分销公司，并需要在竞赛中制定商品的采购数量、广告费用、商品的销售价格和销售人员的雇佣这四项决策。每个公司的经营时间均为 4 个季度，各公司在每季度提交一次决策。当某场竞赛中所有公司都提交了本季的营销决策后，软件管理员会执行结算程序。随后，各公司均可看到自己的经营状况以及其他公司的产品售价、市场份额和销售业绩，这些信息是下期营销决策的重要依据。衡量各公司的最终业绩的是每期销售利润的净现值。为了保证竞赛的参与者有足够的动力去最大化本公司的利润，以及强化机会主义行为对分销商的吸引力，参与者获得的实验报酬与其所经营公司的销售利润的净现值直接相关。受试者还被告知，扮演供应商的实验助手所获得的实际报酬也取决于与其交易的分销企业的经营业绩。

2. 实验过程

接受过软件培训的受试者被随机地分配到不同的供应商名下，在与供应商的扮演者经过5分钟的短暂接触后，后者进入控制室，受试者留在实验室扮演分销商的角色。参加各组实验的供应商和分销商的扮演者，主要通过研究人员预先发放的QQ账号进行交流，以便研究人员监督他们之间的所有对话，避免出现可能影响实验结果的信息。

受试者首先通过对背景材料的阅读，了解到他们与供应商的合作模式（见附件A）研究人员根据受试者报告的初始信任程度均匀地将分销商的扮演者分配至不同的控制条件之下。位于控制室的供应商在研究人员的指令下，对相应的分销商实施"行为控制"或"结果控制"（详见附件A）。在完成4个季度的销售竞赛后，分销商的扮演者需要填写第二份问卷（附件B）。研究人员据此测量他们在本次实验中的被信任感（实验3是善意信任，实验4是能力信任），并对实验中所操纵的控制方式进行检验。研究2中对感知善意信任和感知能力信任的前测和后测与研究1中的相应测量量表基本一致（见附件B）。由于担心游戏中所获得的实际报酬会影响到受试者的情绪并进一步影响实验结果，我们对实验3和实验4的数据进行处理时，均将受试者的经营业绩作为控制变量处理。

3. 实验结果和讨论

在完成实验后，我们检验了研究中的控制方式、公平感知及依赖程度的操纵效果（附件B）。接受行为控制和结果控制的受试者在对受控程度的感知上均存在显著的差异（$t_{实验3} = 28.94$，$p < 0.00$；$t_{实验4} = 29.59$，$p < 0.00$），处于"公平"组和"不公平"组的受试者在公平感知上亦存在显著差异（$t_{实验3} = 15.79$，$p < 0.00$；$t_{实验4} = 11.9$，$p < 0.00$）。所有受试者在对依赖程度的感知上也与研究设定相吻合（均值$_{实验3} = 6.32$，均值$_{实验4} = 6.01$，均显著地大于七级量表的中间值4，即同意供应商与分销商之间的依赖程度均衡）。

图2a展示的是"实验3"的数据运算结果。无论在"公平"还是"不公平"操纵条件下，"活动控制"组和"结果控制"组的分销商在实验中感知到的被信任程度都存在显著的差异（$t_{公平组} = 6.77$，$p < 0.00$；$t_{不公平组} = 14.74$，$p < 0.00$）。由于受试者被均匀地分配到这两种实验条件中，他们的初始被信任程度没有显著区别，因此假设1再次被支持。图2a展示的最为重要的结果是，与"公平"组相比，"不公平"组中行为控制对被信任感的影响更为明显，即公平感知会显著地调节控制模式对善意信任感知的影响（$F_{1,206} = 13.86$，$p < 0.00$）。因此，假设5a得到支持。由于怀疑受试者的经营业绩可能会对感知信任产生影响，在进行方差分析时，我们将NPV作为协变量处理，但结果显示，经营业绩对感知信任并没有显著影响（$F_{1,206} = 0.265$，$p > 0.1$）。

图2b展示的是"实验4"的数据运算结果。在"公平"组和"不公平"组的操纵条件下，"能力控制"组和"结果控制"组的分销商在实验中感知到的能力信任都存在显著的差异（$t_{公平组} = 6.13$，$p < 0.00$；$t_{不公平组} = 9.29$，$p < 0.00$）。由于受试者被均匀地分配到这

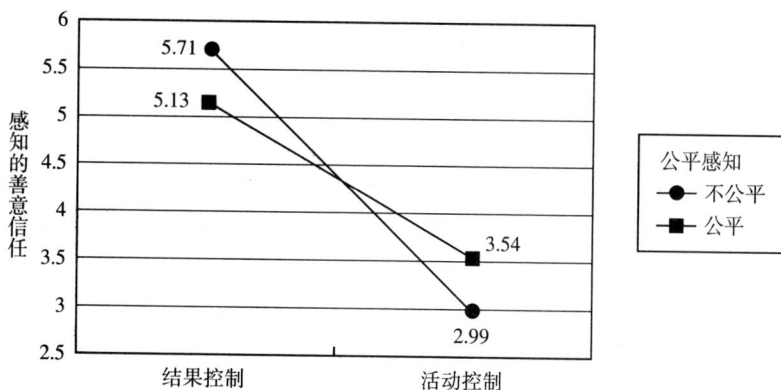

图 2a　实验 3 运算结果

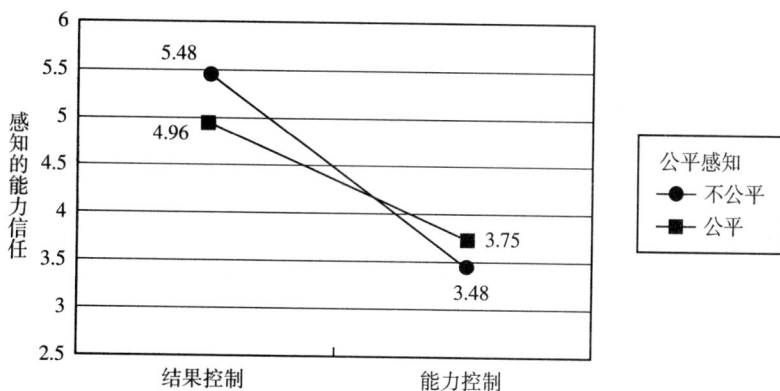

图 2b　实验 4 运算结果

两种实验条件中，他们的初始被信任程度没有显著区别，因此假设 2 再次被支持。同时，图 2b 展示的另一个重要的结果是，与"公平"组相比，"不公平"组中行为控制对被信任感的影响更为明显，即公平感知会显著地调节控制模式对善意信任感知的影响（$F_{1,200} = 6.35$，$p < 0.05$）。因此，假设 5b 得到支持。由于怀疑受试者的经营业绩可能会对感知信任产生影响，在进行方差分析时，我们将 NPV 作为协变量处理，结果显示，经营业绩对感知信任确实有显著的正向作用（$F_{1,200} = 4.08$，$p < 0.05$）。

四、讨　论

（一）理论意义

在管理文献中，行为控制对感知信任的侵蚀常常被学者们所强调。尽管行为控制与感知信任均为多维度的概念，但当前研究却很少对两者之间的关联展开细致的分析，也很少讨论行为控制这一负面效用的边界条件。本研究在营销渠道的背景下，揭示了不同类型的行为控制与不同类型的被信任感之间的关联。本研究的结果表明，来自供应商的活动控制会显著降低分销商感知到的善意信任，能力控制则会显著地削弱分销商感知到的能力信任。更为重要的是，本研究还进一步识别了这些影响的权变条件。首先，我们发现商业活动中的友谊会放大活动控制对感知善意信任的负面影响，同时却会缓冲能力控制对感知能力信任的消极作用。其次，本研究还发现，受控方对控制过程的公平感知是影响行为控制后果的一个重要的权变因素。相对于公平感知较低的受控者而言，公平感知较高的受控者对两类行为控制方式的负面效用均表现出更低的敏感性。由于被信任感与信任如同一个硬币的两面，前者的变化显然会在很大程度上影响到双方信任关系的发展，因此我们相信，这些研究结果较大程度地丰富了人们对正式控制与信任关系的理解。

（二）管理意义

在组织市场中，选择何种方式管理企业之间的关系一直是整体营销战略的重要组成部分（Ghosh and John，1999）。我们的研究结论在治理机制的选择方面为营销渠道的管理者提供了有效的参考。首先，本研究发现，活动控制和能力控制分别会显著地削弱受控方所感知到的善意信任和能力信任。因此，当供应商在渠道管理中需要选择这些控制策略时，应当注意到自己与渠道成员的信任关系可能会受到较大的影响，在必要的时候，可以采取一些适当的有针对性的补救措施。例如，本研究的结果指出，公平地对待所有的渠道成员，让受控者感觉到控制过程的公平性就是一种较好的方式。其次，正如 Heide 和 Wathne（2006）所强调的，企业经理们应当意识到，识别相关企业及其边际人员的角色感知是成功选择治理机制的重要前提和保证。本研究的结果不仅为这一观点提供了实证支持，还为渠道管理者提供了更为具体的指导。我们的研究结果表明，包含密切监督的活动控制策略确实会与朋友角色存在较大程度的冲突，友谊会放大活动控制对信任关系的负面影响。然而，涉及决策干预和决策指导的能力控制与朋友角色的冲突却并不明显，友谊会在能力控制对感知信任的负面影响中发挥缓冲效应。因此，面对较为亲密的伙伴关系，供应商应当谨慎地使用活动控制这种治理策略，而对能力控制策略的选择上则可以少几分禁忌。

正如 Grayson（2007）所说，企业间的商业活动往往伴随着企业边际人员之间的友谊发展。而在中国，边际人员之间的个人关系更是被众多的企业经理们看作是商业活动的命脉（Park and Luo，2001）。本研究结果同时展示个人友谊在行为控制对感知信任的负面影响中所起到的放大与缓冲效用。这让企业经理们清晰地看到友谊在商业活动中的作用如同一把"双刃剑"。将它融入在商业活动之中既可能产生积极的效果，也可能存在潜在的冲突和风险。

（三）研究局限及未来方向

本研究存在的局限至少包括以下两个方面：首先，研究中的被信任感主要还是基于个人层面的，而组织之间的关系质量（包括组织间的信任、承诺等）很可能会对此有影响，研究结论要推广到组织层面也需要进一步厘清两个不同层面信任之间的关联。其次，受控者的角色感知和公平感知可能会相互影响（翟森竞等，2008），并很可能对其被信任感产生较为复杂的联合作用。由于中国社会对"差序格局，亲疏远近"的认同，处于朋友角色的当事人可能会更坦然地接受积极的不公平感（positive inequity，即由于当事人受到优待而对别人不公平）并对消极的不公平（negative inequity，即由于优待别人而对当事人不公平）产生更强烈的负面反应；反之，当受优待者与资源掌控者有较亲密的关系时，处于陌生人角色的当事人则可能对消极的不公平有较大的容忍度。由于本研究实施的4个实验是相互独立的，无法识别角色感知和公平感知的联合作用，但我们认为这会是未来一个有趣的研究方向。

参与文献

[1] Anderson Erin and Richard L. Oliver. Perspectives on Behavior-Based Versus Outcome-Based Salesforce Control Systems [J]. Journal of Marketing, 1987, 51 (4).

[2] Atuahene-Gima, Kwaku and Haiyan Li. When Does Trust Matter? Antecedents and Contingent Effects of Supervisee Trust on Performance in Selling New Products in China and the United States [J]. Journal of Marketing, 2002 (66).

[3] Berg J., D. John and M. Kevin. Trust, Reciprocity and Social History [J]. Cames and Economic Behavior, 1995, 10 (1).

[4] Biddle Bruce J. Role Theory: Expectation, Identities and Behaviors [M]. New York: Academic Press, 1979.

[5] Bradach Jeffrey L. and Robert G. Eccles. Price, Authority and Trust: From ldeal Types to Plural Forms [J]. Annual Review of Sociology, 1989 (15).

[6] Brockner Joel. Making Sense of Procedural Fairness: How High Procedural Faimess Can Reduce or Heighten the Influence of Outcome Favorability [J]. Academy of management Review, 2002, 27 (1).

[7] Brown J. R., A. T. Cobb and R. F. Lusch. The Roles Played by Interorganizational Contracts and Justice in Marketing Channel Relationships [J]. Journal of Business Research, 2009, 59 (2).

[8] Challagalla G. N. and T. A. Shervani. Dimen-sions and Types of Supervisory Control: Effects on Salesperson Performance and Satisfaction [J]. Journal of Marketing, 1996 (60).

[9] Christ M. H., K. L. Sedatole, K. L. Towry and M. A. Thomas. When Formal Controls Undermine TrusL and Cooperation [J]. Strategic Finance, 2008, 89 (7).

[10] Currall S. C. and A. C. Inkpen. A Multilevel Approach to Trust in Joint Ventures [J]. Journal of International Business Studies, 2002, 33 (3).

[11] Das T. K. and B. S. Teng. Between Trust and Control: Developing Confidence in Partner Cooperation in Alliances [J]. Academy of Management Review, 1998, 23 (3).

[12] Das T. K. and B. S. Teng. Trust, Control and Risk in Strategic Alliances: An Integrated Framework [J]. Organization Studies, 2001, 22 (2).

[13] Ding M. An Incentive-Aligned Mechanism for Conjoint Analysis [J]. Journal of Marketing Re-

search, 2007, 44 (2).

[14] Doney P. M. and J. P. Cannon. An Examination of the Nature of Trust in Buyer-seller Relationships [J]. Journal of Marketing, 1997, 61 (April).

[15] Ganesan S., S. P. Brown, B. J. Manadoss and H. D. X. Ho. Buffering and Amplifying Effects of Relationship Commitment in Business-to-Business Relationships [J]. Journal of Marketing Research, 2010, 47 (2).

[16] Ghosh M. and G. John. Govemance Value Analysis and Marketing StraLegy [J]. Journal of Marketing, 1999, 63 (Special Issue).

[17] Grayson K. Friendship Versus Business in Marketing Relationship [J]. Journal of Marketing, 2007, 71 (Octoher).

[18] Gundlach G. T. and E. R. Cadotte. Exchange Interdependence and Interfirm Interaction: Research in a Simulated Channel Setting [J]. Journal of Marketing Research, 1994, 34 (4).

[19] Heide Jan B. and Kenneth H. Wathne. Friends, Businesspeople and Relationship Roles: A Conceptual Framework and a Research Agenda [J]. Journal of Marketing, 2006, 70 (July).

[20] Heide Jan. B., Kenneth H. Wathne and Aksel I. Rokkan. Interfirm Monitoring, Social Contracts and Relationship Outcomes [J]. Journal of Marketing Research, 2007, 44 (August).

[21] Hernández-Espallardo M., N. Arcas-Lario. Unilaleral Control and the Moderating Effects of Fairness on the Target's Performance In Asymmetric Channel Partnerships [J]. European Journal of Marketing, 2003, 37 (11/12).

[22] Huemer L., G. Boström and C. Felzensztein. Control-Trust Interplays and the Influence Paradox: A Comparative Study of MNC-Subsidiary Relationships [J]. Industrial Marketing Management, 2009, 38.

[23] Hill J. A., S. Eckerd, D. Wilson and B. Greer. The Effect of Unethical Behavior on Trust in a Buyer-Supplier Relationship: The Mediating Role of Psychological Contract Violation [J]. Journal of Operations Management, 2009, 27 (4).

[24] Ho T. H. and K. Weigelt. Trust Building among Strangers [J]. Management Science, 2009, 51 (4).

[25] Jaworski B. J. and D. J. Macinnis. Marketing Jobs and Management Controls: Toward a Framework [J]. Journal of Marketing Research, 1989, 26 (November).

[26] Jaworski B. J., V. Stathakopoulos and H. S. Krishnan. Control Combinations in Marketing: Conceptual Framewoiic and Empirical Evidence [J]. Journal of Marketing, 1993, 57 (January).

[27] Joshi A. Continuous Supplier Performance Improvement: Effects of Collaborative Communication and Control [J]. Journal of Marketing, 2009, 73 (1).

[28] Johnson E. J. and A. Tversky. Affect, Generalization and the Perception of Risk [J]. Journal of Personality and Social Psychology, 1983, 45 (1).

[29] Kaufmann P. J. and L. W. Stem. Relational Exchange Norms, Perceptions of Unfairness and Retained Hostility in Commercial Litigation [J]. Journal of Conflict Resolution, 1988, 32 (3).

[30] Knight D. F., N. T. Vurdubakis and H. Willrnott. Chasing Shadows: Control, Virtuality and the Production of Trust [J]. Organization Studies, 1988, 22 (2).

[31] Kumar N., Lisa K. Scheer and Jan-Benedict E. M. Steenkamp. The Effects of Supplier Fairness on Vulnerable Resellers [J]. Journal of Marketing Research, 1995, 32 (1).

［32］Lau D. C., J. Liu, P. P. Fu. Feeling Trusted by Business Leaders in China: Antecedents and the Mediating Role of Value Congruence ［J］. Asia Pacific Journal of Management, 2007, 24.

［33］Li Ling-yee. Encouraging Extra-role Behavior in a Channel Context: The Role of Economic Social and Justice-based Shardness Mechanisms ［J］. Industrial Marketing Manage-ment, 2010, 39 (2).

［34］Maguire S., N. Phillips, C. Hardy. When 'Silence=Death', Keep Talking: Trust, Control and the Discur-sive Construction of Identitv in the Canadian HIV/AIDS Treatment Domain ［J］. Organization Studies, 2001, 22 (2).

［35］Mayer R. C., J. H. Davis, F. D. Schoorman. An Integrative Model of Organizational Trust ［J］. Academy of Management Review, 1995, 20 (3).

［36］Montgomery, James D. Toward a Role-Theoretic Conception of Embeddedness ［J］. American Journal of Sociology, 1998, 104 (1).

［37］Morrison E. W., S. L. Robinson. When Employees Feel Betrayed: A Model of How Psychological Contract Violation Develops ［J］. Academy of Management Review, 1997, 22 (1).

［38］Noorderhaven N. G. Opportunism and Trust in Transaction Cost Economics ［M］. Boston: Academic Publishers, 1996.

［39］Oliver R. L., E. Anderson. An Empirical Test of the Consequence of Behavior and Outcome-Based Sales Control Systems ［J］. Journal of Marketing, 1994, 58 (October).

［40］Park S. H., Y. D. Luo. Guanxi and Organizational Dynamics: Organizational Networking in Chinese Firms ［J］. Strategic Management Journal, 2001, 22 (May).

［41］Price L. L., E. J. Arnould. Commercial Friendships: Service Provider-Client Relationships in Context ［J］. Journal of Marketing, 1999, 63 (October).

［42］Ring P. S., A. H. Van de Ven. Development Processes of Cooperative Incerorganizational Relationships ［J］. Academy of Management Review, 1994, 19 (1).

［43］Robinson S. L. Trust and Breach of the Psychological Contract ［J］. Administrative Science Quarterly, 1996, 41 (4).

［44］Rohinson S. L., D. M. Rousseau. Violating the Psychological Contract: Not the Exception but the Norm ［J］. Journal of Organizational Behavior, 1994, 15 (3).

［45］Schonsheck J. Business Friends: Aristotle, Kant and Other Management Theorists on the Practice of Networking ［J］. Business Ethics Quarterly, 2000, 10 (4).

［46］Sheppard B. H., D. M. Sherman. The Grammars of Trust: A Model and General Implications ［J］. Academy of Management Review, 1998, 23 (3).

［47］Weitz B. A., D. J. Sandy. Relationship Marketing and Distribution Channels ［J］. Journal of the Academy of Marketing Science, 1995, 23 (4).

［48］Woolthuis R. K., B. Hillebrand, B. Nooteboom, Trust. Contract and Relationship Development ［J］. Organization Studies, 2005, 26 (6).

［49］Zaheer Akbar, Bill McEvily, Vincenzo Perrone. Does Trust Matter? Exploring the Effects of Interiorganizational and Interpersonal Trust on Performance ［J］. Organizational Science, 1998, 9 (2).

［50］Zucker, L G. The Production of Trust: Institutional Sources of Economic Structure", Research in Organizational Behavior, 1986 (8).

［51］初浩楠, 廖建桥. 正式控制对认知信任和情感信任影响的实证研究 ［J］. 科学学与科学技术管理,

2008（4）.

[52] 刘学，项晓峰，林耕，李明亮.研发联盟中的初始信任与控制战略：基于中国制药产业的研究 [J].管理世界，2006（1）.

[53] 南怀瑾.南怀瑾著作珍藏本——论语别裁 [M].上海：复旦大学出版社，2000.

[54] 翟森竞，黄沛，高维和.渠道关系中的感知不公平研究：基于心理契约及不公平容忍区域的视角 [J].南开管理评论，2008（6）.

[55] 庄贵军.营销渠道控制：理论与模型 [J].管理学报，2004（1）.

[56] 庄贵军，徐文，周筱莲.关系营销导向对于企业营销渠道控制行为的影响 [J].管理工程学报，2008a（3）.

[57] 庄贵军，李珂，崔晓明.关系营销导向与跨组织人际关系对企业关系型渠道治理的影响 [J].管理世界，2008b（7）.

How the Control over the Behavior in Marketing Channels Affects the Relations in Trust: a Case Study Based on the Role Theory and the Justice Theory

Shou Zhigang[1] Zhu Wenting[1] Su Chenting[1] Zhou Nan[2]

（1. Economics and Management School of Wuhan Universtiy Wuhan 430072;

2. Collage of Busines, City University of Hongkong China）

Abstract： The behavior control, which may be classified into the activity control and the capability control, is a means often used in the control of the channel trade. Although scholars have noted that the behavior control will deduce the feelings, of being trusted, of the controlled party, little literature has probed into the boundary condition of the negative effect. Based on the role theory and the justice theory, we have, in this paper, pointed out that the role perception and the fairness perception of the controlled are the two moderators that impact on the negative effect mentioned above, and we have, by a field experiment and a simulation experiment, tested the relative hypotheses used in this study. The results of our study indicate that the suppliers activity control and ability control will respectively decrease, noticeably, the goodwill trust perceived by distributors, that the friendship between the supplier and the distributor will amplify the inhibition of the activity control in the perception of the goodwill trust, that, however, this friendship will buffer the negative effect of the ability control on the trust of the perception ability, and that the fairness perception of distributors in the process of control will weaken the erosion of the behavior control on the perception goodwill and the ability trust.

附件 A

1. 供应商与分销商的合作方式

实验 1 和实验 3：A 君① 拥有一家生产 IT 产品的企业，你所拥有的一家公司则在某一地区独家分销该款产品。你的公司和 A 的公司之间相互协作，双方的依赖程度几乎是均等的。由于技术革新，这款产品的价格每季度会下跌 30%，相应地，分销公司从 A 的公司购买该款产品的采购单价每季度也会下降 25%。根据 IT 产业的行业惯例，供应商与分销商的合作协议中包含了"价格保护"条款，即分销商每季度应当支付给供应商的购货款是根据分销商所销售产品的数量而不是其所采购产品的数量来结算的，分销商在本季度已采购但尚未销售的产品均无须在本季度结算。由于分销商每期的销售数量直接影响到供销双方的利益，分销商有可能通过少报前期而多报后期的销售数量来增加自己的收益，因此双方在协议约定：分销商应当在每季度结算时，将当季的产品销售量如实地报告给供应商，而供应商有权对分销商的实际销售情况进行调查和审核。

实验 2 和实验 4：A 君拥有一家生产快速消费品的企业。你所拥有的一家公司则在某一地区独家分销 A 企业的产品。你的公司和 A 的公司之间相互协作，双方的依赖程度几乎是均等的。尽管 A 企业所处的行业竞争激烈，但是 A 君在该行业中具有较为丰富的营销经验。由于处在一个成熟行业，分销商采购产品的价格在各季度基本是稳定的。双方协定，在每季度末，分销商必须根据本季度的采购数量向供应商支付产品的购货款。尽管你在分销公司的经营决策上拥有完全的自主权，但是由于分销商的产品销售数量与采购数量密切相关并进一步影响到供应商的经营业绩，A 君很可能会干涉你的营销决策并希望你能够接受他的建议。当然，无论 A 君提出何种建议，你完全有权不予采纳。

2. 对"控制方式"的操纵手段

在实验 1 和实验 2 中，研究人员通过背景材料中的描述让不同组的受试者体验相应的控制方式，具体描述如下。

实验 1 的活动控制：A 君为了确切了解分销商每季度的实际销量，投资建立了一整套的电子数据交换系统。这套系统将分销企业的销售电脑与 A 所在企业的销售电脑连接在一起。通过这套系统，A 君可以即时地看到分销公司的产品销售数量、销售收入、应收账款及销售成本等信息。除此之外，A 君每个月都会不定期地派人到分销商的仓库清点实际的产品库存状况，并将实际情况与信息系统中的数据相核对。

---

① 在实验 1 和实验 2 中，A 君指的是受试者指认的那位合作伙伴；在实验 3 和实验 4 中，A 君指的是我们的实验助手。受试者看到的实验材料对此进行了明确的描述，为撰文方便，我们在此均用 A 君来代替。

实验 1 的结果控制：A 君为了确切了解分销商每季度的实际销量，要求你在每个季度末，向他提供一份详细的销售报告。报告中不仅包括销售数量和销售金额，还要尽可能地提供竞争对手的信息，以及下一期的预计的销售数量。

实验 2 能力控制：尽管作为一家独立的分销公司，你拥有完全的经营决策权。但由于你是这家公司的独家代理，分销企业的业绩直接影响到该公司的销售利润，A 君要求你随时向他报告产品销售价格、广告费用、销售人员的雇佣等营销决策信息；同时，A 君经常会对你提出一些营销决策方面提出建议，并希望你的公司采纳。

实验 2 的结果控制：作为一家独立的分销公司，你拥有完全的经营决策权。尽管分销企业的业绩直接影响到 A 所在公司产品的销售量和利润，但是 A 君从来不干涉各分销公司的经营决策，也很少对分销企业的经营决策提出建议。

在实验 3 和实验 4 中，研究人员通过操纵实验助手的行为让不同组的受试者接受相应的“控制”刺激，具体行为如下。

实验 3 的活动控制：每隔两分钟，供应商会通过 QQ 询问分销商本期是否结算，当期的实际销售量是多少；当分销商将结算后的实际销售量通过 QQ 报告给供应商，并向供应商索要下一期的密码时，供应商会要求查看分销商的损益表；供应商的扮演者进入实验室，查看并抄录分销商本期的实际销售数量，然后回到控制室，通过 QQ 将下期密码告诉分销商。

实验 3 的结果控制：供应商并不主动和分销商联系。当分销商向供应商索取下期密码时，无论其是否报告了本期销售量，供应商都立刻将密码告诉对方。如果分销商没有报告销售量，供应商只在提供密码后询问一次该信息。

实验 4 能力控制：每隔两分钟，扮演供应商的实验助手会通过 QQ 向受试者传送一条营销决策建议；当分销商将经营决策通过 QQ 报告给供应商时，供应商要对其中的两项决策提出修改建议，同时告诉分销商提交决策的密码；结算时，通过 QQ 询问分销商是否采纳了自己的修改建议。

实验 4 的结果控制：供应商并不主动和分销商联系。当分销商向供应商索取决策密码时，无论其是否报告了营销决策，都立刻将密码告诉对方。如果分销商没有报告本期的营销决策，供应商只在提供密码后询问一次该信息。

附件 B　用于变量测量和操纵检验的量表[②]

除特别说明，变量测量均使用李克特 7 级量表，操纵检验均使用 10 级量表。

1. 初始善意信任的测量 [借鉴 Berg 等 (1995)，Ho 和 Weigelt (2005) 的方法]

假设您正在操作一个具有丰厚预期回报的投资项目。由于需要资金，您希望 A 对这个项目投资。A 毫不怀疑您运作项目的能力，相信您对投资回报率的估计。但是 A 也清楚地

---

① 由于实验 1 和实验 2 使用的是基于角色—情境模拟的准实验，实验 3 和实验 4 使用的是实验室的仿真实验，因此所有的测量量表均根据不同实验中的实际语境进行了适应性调整。因篇幅所限，本文对此并未一一列出。

知道，他（她）本人不可能直接参与项目的操作，该项目的所有运营信息都来自于您。即使您在项目结束时告诉他（她），由于某种原因，项目运作失败了，A也无法从其他地方去核实信息的准确性。如果A君手头恰有100万元的闲置资金，您认为A将会在这个项目中投入多少钱？

0元	10万元	20万元	30万元	40万元	50万元	60万元	70万元	80万元	90万元	100万元

2. 初始能力信任的测量［借鉴 Berg 等（1995），Ho 和 Weigelt（2005）的方法］

假设您正在操作一个具有丰厚预期回报的投资项目，由于需要资金，您希望A对这个项目投资。尽管A本人没有时间参与项目的运作，但是项目的所有运作信息均向他（她）公开，A也完全相信您不会欺骗他（她）。然而，由于市场的波动，投资回报率并不是固定的，它取决于您的经营能力。假设A手头恰有100万元的闲置资金，您认为A会在这个项目中投入多少钱？

0元	10万元	20万元	30万元	40万元	50万元	60万元	70万元	80万元	90万元	100万元

3. 实验中感知善意信任的测量［根据 Doney 和 Cannon（1997）的量表改编］
供应商怀疑我根本不关心他（她）的利益（R）；
供应商相信我在每季度末会如实报告当期的产品销售数量；
供应商怀疑我不会向他（她）支付其应得的收益（R）；
供应商相信我对他（她）会坦诚相待。

4. 实验中感知能力信任的测量（根据 Das 和 Teng（2001）提出的定义编写）
供应商毫不怀疑我的经营能力；
供应商认为只依靠我这个分销商的力量很难在市场销售中获得成功（R）；
供应商相信没有他的帮助，分销商也能够获得的优秀的销售业绩；
供应商怀疑我并不能为他（她）来丰厚的收益（R）。

5. 角色感知的测量［使用 Grayson（2007）的量表，用于实验1和实验2］
我会经常和A君讨论私人生活方面的问题；
我会经常花整个下午或晚上的时间和A君在一起；
当我遇到困难时，我觉得A君有义务帮助我；
当A君遇到困难时，我觉得我有义务帮助他（她）；
A君并不是因为能够从我这里得到好处才和我交往的。

6. 对"控制方式"的操纵检验
供应商密切地监督我公司的经营行为（用于实验1和实验3）；
供应商积极地参与我公司的经营决策（用于实验2和实验4）。

7. 对"公平感知"的操纵检验（用于实验3和实验4）
我认为在本次游戏中，我受到了供应商的公平对待。

8. 对"依赖程度"的操纵检验

我更依赖于供应商（R）；

供应商更依赖于我（R）；

我和供应商相互依赖。

中国文化背景下消费者代际品牌资产的结构与测量*
——基于双向影响的视角

何佳讯[1]　才源源[2]　秦翕嫣[2]

（1. 华东师范大学商学院　上海　200062；

2. 华东师范大学心理与认知科学学院　上海　200062）

【摘　要】本文采用定性研究和定量研究相结合的方法，以上下辈配对样本进行测量，在中国文化背景下开发出代际品牌资产（IGBE）量表（含正向和反向两个子量表），同时从多个角度验证了量表的信度和效度。正向和反向子量表均包括品牌意识、情感联想、感知质量和品牌忠诚4个维度，此外，正向子量表中还有品牌信任这一独特维度。本研究提出并验证了正向和反向代际品牌资产的结构内容，不仅在理论上推进了代际品牌资产的研究，而且通过实际测试表明，本研究开发的测量工具对评估不同品类及品牌的代际影响特征具有实际应用效力。

【关键词】代际品牌资产；代际影响；量表开发；效度

一、引　言

品牌资产概念自20世纪80年代后期被提出以来，一直是营销学研究领域热议的话题。企业家们纷纷致力于创建强大的品牌，以保证产品的差异化及获得长期的竞争优势（Aaker，1991；Keller，1993）。在品牌化的过程中，企业通常运用多种多样的营销方式，

* 本文选自《管理世界》2011年第10期。

　　基金项目：本文受国家自然科学基金面上项目《文化价值观影响下的消费者品牌态度：世代差异与代际影响研究》（70772107）和教育部"新世纪优秀人才支持计划"（NCET-08-0918）联合资助。

　　作者简介：何佳讯，华东师范大学商学院；才源源，华东师范大学心理与认知科学学院；秦翕嫣，北京益普索（中国）市场研究咨询有限公司上海分公司。

常见的如广告、价格和促销等（Yoo, Donthu and Lee, 2000; Villarejo and Sánchez-Franco, 2005）。但是，营销者们却没有太多地注意到来自家庭的代际影响对建立品牌资产的作用。实际上，Miller（1975）早就提出了代际间在品牌忠诚上可能存在一致性的问题，而Moore、Wilkie 和 Lutz（2002）明确提出代际影响可以成为品牌资产来源这一观点，他们认为家庭成员一起生活、购物和讨论喜欢的品牌，这很容易使子女对家中经常使用的品牌建立起深刻的、积极的联想，上辈对品牌的忠诚也就自然而然地传递给了下辈。这个视角拓宽了"基于顾客的品牌资产"（Customer-based Brand Equity, CBBE）的认识和研究视野（何佳讯，2007a）。在本文中，我们把"代际品牌资产"（Intergenerational Brand Equity, IGBE）定义为：消费者受代际影响而形成的特定品牌态度，区别于其他途径形成的品牌资产来源。Bravo、Fraj 和 Martínez（2007a）建立并验证了家庭、广告、价格和促销对品牌资产各维度的影响路径模型，表明家庭确是品牌资产的来源途径，而我们考察的是家庭中纵向关系（相对于横向关系）影响导致的品牌态度，并且分离出受这种影响而形成的独有的品牌资产。

那么，代际品牌资产的构成维度应该是怎样的呢？Bravo、Fraj 和 Martínez（2007b）的定性研究表明，代际影响确实对品牌资产的四个维度（Aaker, 1991）产生作用，包括品牌意识、品牌联想、感知质量和品牌忠诚。但是他们没有建立在代际品牌资产的构念上，因而无法明确区分代际品牌资产与一般品牌资产的差异。到目前为止，有关代际品牌资产构成的定量研究更是没有得到展开。本文的主要工作即是在中国文化背景下把代际品牌资产构念从探索性阶段推进到实证研究阶段，开发并验证代际品牌资产的有效测量工具。

值得指出的是，我们通常提到的代际品牌资产着眼于来自于上辈对下辈的影响，这是消费行为代际影响研究中学者们通常关注的视角（何佳讯，2007a），即是所谓的"正向代际品牌资产"，我们把它定义为：家庭中下辈受上辈影响而形成的特定品牌态度。然而，下辈对上辈的代际影响即反向代际影响也是不能忽视的（Miller, 1975）。在当下社会文化、科学技术高速发展变迁的时代，反向代际影响尤为普遍（周晓虹，1996），而在中国社会转型的环境中，由于世代之间差异大而造成的这种反向代际影响又特别突出（何佳讯，2007b）。目前，对消费行为反向代际影响的研究并不丰富，还未有学者明确提出反向代际品牌资产的概念。所以，本文的第二项工作即是在通常的正向代际影响测量研究的基础上，同时提出反向代际品牌资产的构成维度，并开发相应的测量量表。在本文中，我们把"反向品牌资产"定义为：家庭中上辈受下辈影响而形成的特定品牌态度。

从现有成果看，目前尚缺乏完整的、包含正向和反向两个角度的代际品牌资产理论框架，正向与反向代际品牌资产结构内容的差异性也尚不明确。所以，本文首先采用定性研究的方法，初步确立维度框架，在此基础上编制问卷进行子女和父母的配对测量，经过探索性和验证性因子分析建立代际品牌资产的结构模型。我们期望该量表可以成为直接测量不同品牌代际资产的有效工具，这样就把代际影响随品类特征差异而变化的广泛讨论（Moore-Shay and Lutz, 1988; Heckler, Childers and Arunachalam, 1989; Childers and

Rao，1992； Moore、Wilkie and Lutz，2002）推进到实际可以衡量的阶段，这无疑对不同行业的企业如何将家庭影响和代际互动作为品牌资产来源，进而开展有关营销活动具有实际指引作用。

二、理论背景

（一）代际影响与中国文化背景下的代际影响

按 Moore、Wilkie 和 Alder（2001）的定义，广义上代际影响是讲指家庭中的一代人向另一代人传递信息、信念和资源。这个定义把家庭中受同辈（姐妹兄弟）的影响排除在外了。在 20 世纪 70 年代早期，代际影响被引入到消费者行为（消费者社会化）研究领域，并被定义为：家庭中的一代人向另一代传递与市场有关的技巧、态度、偏好、价值观和行为（Heckler、Childers and Arunachalam，1989；Childers and Rao，1992）。目前在营销领域，已有很多研究证实了在消费价值观、市场信息的搜集和加工方式、品牌态度等方面子女都受到来自父母的影响，表现出代际传承的特征（Heckler，Childers and Arunachalam，1989；Moore、Wilkie and Lutz，2002）。如 Moore-Shay 和 Lutz（1988）发现母亲和女儿之间会在理财技巧、购物风格及产品的偏好方面互相探讨和彼此影响。Francis 和 Burns（1992）的研究验证了母女对于服装在感知质量和满意度上具有较高的一致性。

通常地，代际影响研究立足于上辈对下辈（长辈对幼辈）的视角，即所谓的正向代际影响。但是，反向代际影响同样发生重要的作用（Lee，2001），它立足于下辈对上辈（幼辈对长辈）的影响。Ekstrom（2007）对家中有 13~30 岁子女的家庭深度访谈研究发现，青少年和成年子女会向父母提供新的产品信息，向父母演示或帮助他（她）们使用新的产品，使父母们能够跟上消费的潮流。可见，消费行为代际影响是一个持续的过程，通过代际间相互的学习，子女和父母共同去适应环境的改变和社会的发展（Ekstrom，2007）。但从现有成果看，反向代际影响很少，同时探究正向代际影响和反向代际影响的研究更是少见。

那么，代际影响在中国文化背景中有何特别含义呢？与西方以横向（夫妻）家庭关系为主相比，中国的家庭关系是以纵向（亲子）关系为主要的、本质性的关系形态。这源于宗法等级制度和"礼"与"仁"的文化，在观念上崇尚孝道，强调下辈对上辈的义务和服从。简而言之，"孝"是中国传统家庭代际伦理的典型表现形式。这意味着，在中国文化背景中，存在着更强的代际互动特征与代际影响结果。有研究表明，在中国家庭中，纵向交往频率高于横向交往的频率（潘允康、林南，1992），父母与其成年子女之间存在着广泛的资源交换（陈皆明，1998）。这种资源交换的主要载体是实物，伴随而来的是消费信息的交流与沟通。因此，从正向代际影响看，中国家庭的子女可能更多地接受父母消费观念的影响、更多地顺从父母的消费建议。

另外，20世纪80年代以来改革开放与中国社会的巨大变革造就了新一代的城市青少年（风笑天，2000），与他们的父母辈相比，存在着明显的世代差异特征。在经济高速发展与物质富裕环境中成长的新一代，有着上代并不具有的更多的新产品消费经验，特别伴随西方品牌大量进入中国市场，年轻一代消费者建立了品牌消费意识。因此，在密切代际关系和频繁代际互动的背景下，我们可以认为，中国家庭中的青少年甚至成家分居后的子女对父母在消费观念和态度上的影响是十分巨大的，这又是与西方国家明显不同的情况。宫丽秀和刘长城（2008）的研究表明，青少年对父母在知识技术和消费休闲上存在反哺现象，且女生较男生对父母的反向影响更显著。何佳讯（2007b）的探索性研究结果则表明，上辈因受下辈的反向影响而破坏了上辈与老字号的积极品牌关系。这个结果只有放在中国社会经济发展的特定背景中才可以很好地理解。

目前，国内有关消费行为代际影响方面的研究还不多见。结合中国文化与社会经济发展的特定情况，对消费行为代际影响的研究很有必要建立在探索性研究的基础上，从无到有地探究这个领域的实际规律与特征。

（二）代际品牌资产及其测量方法

代际品牌资产建立在一般的品牌资产概念的基础上（Moore、Wilkie and Lutz，2002；Aaker，1991；Keller，1993）。在代际影响的研究的早期阶段，虽然没有学者明确提出代际品牌资产的概念，但是Woodson、Childer和Winn（1976）很早就把代际影响延伸到品牌领域。在此之后，学者们逐渐证实了代际影响在品牌偏好、品牌忠诚等品牌资产要素上的表现（何佳讯，2007a）。如Woodson、Childers和Winn（1976）的研究证实了代际影响在品牌忠诚上的作用；Zeithaml（1988）认为子女最初对品牌质量的感知往往来源于家庭的消费经验。随着消费行为代际影响研究的不断深入和发展，Moore、Wilkie和Lutz（2002）采用定量与定性相结合的方式，揭示了代际品牌资产的客观存在，认为代际影响可以成为品牌资产的一个重要来源。尽管他们没有对代际品牌资产进行明确定义，但就代际对品牌以及对品牌之外影响的表现形式做出了全面概括。

那么，Moore、Wilkie和Lutz（2002）立足探讨代际影响与品牌资产这两者之间的关系，本文为什么要把两者合为一个概念？[①] 笔者认为，Moore、Wilkie和Lutz（2002）研究的贡献在于，他们客观检验了"有没有"代际品牌资产，并描述了代际品牌资产"有些什么"的轮廓，但无法衡量某个品牌到底"有多少"代际品牌资产。要解决后者的问题，则需要开发特定的代际品牌资产量表。因此，本文在Moore、Wilkie和Lutz（2002）研究的基础上，对"代际品牌资产"（Intergenerational Brand Equity，IGBE）提出了明确的定义：消费者受代际影响而形成的特定品牌态度，区别于其他途径形成的品牌资产来源。这个概念存在的作用，首先是帮助分离出受代际影响与受非代际影响形成的品牌资产的差异。这

---

① 本段及下面一段文字直接得益于评审专家的意见而修改补充，特此表示感谢。

里所谓的代际影响，即是家庭中上下代之间的纵向影响关系，具体包括正向影响（上代对下代）和反向影响（下代对上代）两个方面。

从一般品牌资产中分离出代际品牌资产，至少有如下这些理论与实践意义。在理论上，确定和揭示代际品牌资产的独特性质和构成，进而可以考察它对购买行为的特定影响作用。例如，年轻人通过广告的影响对某个品牌产生情感，与受父母的影响对该品牌产生的情感，对长期品牌忠诚关系的维系是否存在差异？后者即是属于所谓代际品牌资产的范畴。此外，需要指出的是，代际是一种纵向的视角，因而对长期品牌管理具有特别理论意义。在实践中，我们看到很多老字号并没有使用大众媒体营销手段，亦没有来自同辈的口碑影响，但通过家庭对该品牌的使用，使得品牌代代相传，形成了独特的品牌资产。这种品牌资产的创建路径对一般品牌是否具有某方面的借鉴作用？这种代际品牌资产对购买行为是否具有独特的影响作用？回答这个问题首先需要对代际品牌资产作客观衡量。在实践上，如果能够衡量出某个品牌的代际品牌资产，即可探知它是否适宜于使用家庭代际影响途径进行品牌创建与管理。以往的研究表明，代际品牌资产的形成与品类和品牌的特点有很大的关系（Miller，1975；Heckler，Childers and Arunachalam，1989；Childers and Rao，1992）。Moore、Wilkie 和 Lutz（2002）进一步指出，代际影响虽然可以被视为品牌资产的一个重要来源，但是还不能将其作为一个普遍的来源。也就是说，代际影响只对一部分品牌起作用，而对另一部分品牌而言则不具备代际品牌资产。既然代际影响在不同品类和品牌上存在差异，那么，如何进行客观识别和评价呢？这就需要有一种工具性方法来测定这种差异性，以便企业能够结合自身所在行业的特征以及品牌的代际影响特点，有的放矢地开展家庭营销活动。这正是本文旨在发展代际品牌资产量表的初衷。

从代际品牌资产的测量方法上来看，可以分为相对测量和绝对测量两类（何佳讯，2007a）。绝对测量是以影响者或被影响者为研究对象，对于父母要询问他（她）们如何影响子女的消费行为的，而对于子女则要询问他（她）们对来自上辈的影响是如何反应的。相对测量是一种联合取向（Co-orientations）假设，理想的做法是进行具体的配对和影响指向研究。大多数研究采用某一种配对方式，最常见的是母女配对。比较两类测量方法，显然相对测量能够获得代际间互动影响的更直接和客观的信息，但由于配对测量不易实施而在实际研究中很少被采用。本文为了获得更客观有效的研究结论，决定采取相对测量方法，采用包括母女、母子、父子、父女全部四种配对方式。这种混合配对方式也见于 Mooore-Shay 和 Berchmans（1996）的研究中。此外，需要特别指出的是，由于品牌资产的形成往往是多种影响方式的综合结果，因此为了分离出代际品牌资产，我们在定量研究中对测项进行专门设计，特别提示并限制了"父母"（正向）与"子女"（反向）或类似的字样。

三、研究一：定性研究

（一）研究目的、样本与过程

由于目前对代际品牌资产特别是受反向代际影响的品牌资产，其结构维度尚不明确，而且在中国文化背景下尚无类似研究，所以我们在发展代际品牌资产量表的过程中，进行定性研究，以获得消费者关于品牌的感觉、动机和情感的丰富信息（Olsen，1993），作为发展量表测项的重要来源（Churchill，1979）。通过定性研究，我们建构正向和反向代际品牌资产的基本维度，探究代际影响下的品牌资产与通常的"基于顾客的品牌资产"相比，是否存在新的品牌资产元素和内涵，以及正向与反向的代际品牌资产之间是否存在差异。

通常消费行为的代际影响在母亲和女儿间表现得尤为突出（何佳讯，2007a），所以本研究以 10 对母女为研究对象，对她们进行多阶段的深度访谈。在我们的访谈样本中，女儿的年龄从 24~38 岁，母亲的年龄从 53~62 岁，母亲和女儿目前均常住在上海。子辈群体中，学生样本 1 人，其他均已工作；未婚者 3 人，已婚有孩子的 3 人，其余 4 人为已婚无孩子；学历均为本科及以上。长辈样本中，已退休的 4 人，离婚 1 人。在经济条件上，9对认为自己的家庭收入属于中等或中上，1 对认为中等（女儿）和偏低（母亲）。

每人访谈的时间是 1~4 小时，首先对女儿进行前后两次访谈，第一次是了解个人背景、价值观、家庭情况及他们的生活世界；第二次则专门针对消费行为代际影响的问题展开；第三次是专门针对他们的母亲进行，目的是从上辈的角度客观地看待子辈的陈述，并且理解代际影响的互动过程。每次访谈都进行录音，结束后给予被访者 200 元报酬。累计总访谈 55 小时。

访谈提纲主要分为 4 个部分：受访者背景情况；受访者的家庭情况，如代际间的价值观碰撞、家庭互动的模式、家庭经历的事件等；个人消费习惯和家庭消费习惯；在品牌资产上的代际影响。全部访谈结束后将录音转成文字稿，总计 60 万字。由本文第二和第三作者分别对访谈资料进行分析。按照扎根理论的分析方法（Strauss，1987；Stratuss and Corbin，1990；陈向明，2000），进行了三级编码的资料分析工作。在每分析完一对母女的资料后，两位研究者会同第一作者进行讨论，以不断地统一编码原则，提高分析信度。

（二）研究结果

1. 正向代际品牌资产

通过定性研究，我们初步确立了正向代际品牌资产（Intergenerational Brand Equity-forward，IG-BE-F）的 5 个维度，其中品牌意识、感知质量、情感联想和品牌忠诚与 Bravo、Fraj 和 Martínez（2007b）的定性研究结论基本一致，但品牌信任是本研究新发现的正向代际品牌资产维度。

（1）品牌意识。品牌意识是在消费者的联想网络记忆模型中品牌记忆节点的强度，它反映的是消费者在不同的情境中能够辨认和回忆出某品牌的能力（Rossiter and Percy，1987）。在"基于顾客的品牌资产"中，品牌意识是形成品牌知识差异化的必要条件，也是建立品牌资产的第一步（Keller，1993）。品牌意识的形成与长期的品牌暴露（如高频率的广告）有直接的关系（Alba and Hutchinson，1987），从代际影响的角度看，原生家庭就是品牌暴露的一个主要场所。在我们的访谈中，消费者可能说不清楚从什么时候起知道了某个品牌，也不知道为什么选购这个品牌，因为这些品牌从小就出现在他们的家庭，是母亲或父亲一直使用的；消费者不需要特别的认知加工，这些品牌就已经存储在他们的记忆系统中了（Coupland，2005）。还有一种情况是，当年轻的子女刚刚开始离开家庭，独立生活的时候会显得手足无措，这时候它们往往会来征求家长的意见（Moore，Wilkie and Lutz，2002），从而形成了对某一品牌的初次印象。

"（买金银饰品）我不买老庙的，只买周大福的……是妈妈用的，她认可这个牌子，非常喜欢，而且（我）挑了（和妈妈）同款式同花型最重的一颗"（王凌燕，24岁，国企职员）。

"我们当时买的时候首先去看的就是小天鹅的牌子。家里（原生家庭）一直用的，就觉得性价比也是蛮高的，经得住考验"（李薇娜，28岁，公司职员）。

（2）情感联想。除品牌意识外，通过强烈的、偏好性的和独特的品牌联想建立起来的品牌形象，是"基于顾客的品牌资产"的另一重要构成要素。与品牌意识一样，品牌联想的建立取决于消费者与品牌的频繁接触（Keller，1993）。通过在原生家庭对品牌的使用，子女与品牌建立了深厚的情感联结。有研究已证明，家庭内传递的品牌信息往往会和家人之间的情感因素相联系，品牌可以勾起与家人相伴的回忆，形成特定的家庭品牌情结（Olsen，1993；Fournier，1998）。因而，通过代际影响建立的品牌联想更可能是非产品物理属性的，蕴含了更多的怀旧情愫和身份象征的意义。消费者通过品牌，联想到自己的童年经历、家族的身份、家乡传统的风俗，甚至直接与父亲和母亲的形象联系起来。在本研究中，我们把它具体界定为"情感联想"，与通常的品牌联想有所区别。

"小时候我记得印象最深的就是淮海路上的皮鞋商店嘛，第一百货（即现在的上海妇女用品商店B馆）的皮鞋商店，现在还有，都是在那里买的皮鞋"（曹瑾，29岁，公司职员）。

"小时候（和妈妈）一起打（羽毛球）。以前也没有什么羽毛球场子，就在弄堂里打。羽毛拍子买的是 YONEX"（黄琦华，28岁，公司职员）。

（3）感知质量。感知质量是消费者对一个品牌优越性的总体评价（Zeithaml，1988），企业要想建立一个强大的品牌，就必须从根本上提高产品质量，从而使消费者在品牌名称和感知质量之间形成积极的、强有力的联想（Aaker，1996）。消费者可以通过自己的直接经验形成对感知质量的评价，也可以通过从周围环境获得相关信息而形成对品牌的感知质量（Grönroos，1984；Yoo，Donthu and Lee，2000）。在代际影响中，父母的使用经验、评价和建议成为子女间接获得感知质量信息的来源。母亲会告诉女儿某个品牌好在哪里，以及如何辨别那些具有优良品质的品牌。

"我妈喜欢用肥皂，她要用扇牌的肥皂。她觉得外面那种奥妙啊其他什么的不好……她就觉得扇牌的肥皂不容易化，就是一块一块的那种，然后也经洗。（问：那你以后会用这个扇牌肥皂吗？）我也会用啊，可能成家以后也会买"（王凌燕，24 岁，国企职员）。

（4）品牌忠诚。品牌忠诚是品牌资产的核心内容（Aaker，1996），具有高度品牌忠诚的消费者，可以不受情境因素和营销活动的影响而重复地购买同一品牌（Oliver，1997）。这种重复购买行为又可分为态度忠诚和行为忠诚（Dick and Basu，1994；Taylor，Goodwin and Celuch，2004）。态度忠诚是消费者对品牌的真正认可和承诺，这源于品牌属性与消费者偏好之间的一致性（Dick and Basu，1994）。消费者受原生家庭消费习惯的影响，对某些品牌具有高度的熟悉度和认可度，建立了积极的品牌联想。在建立新家庭时，仍然首选这些"熟悉的"、"信得过"的品牌，这便是态度忠诚。另外，行为忠诚是由于消费者之前的购买经验，而产生的对某些品牌的购买习惯（Dick and Basu，1994），特别是在个人卷入度比较低的决策过程中，消费者往往依据过去经验做出启发式的决策（Keller，1993）。子女习惯了家中使用的产品和品牌，当自己选购时也倾向于重复地购买这些固有的品牌，这是因为他们不想尝试因做出改变而可能带来的风险（Bravo Frajand Martínez，2007b），同时也是为了节省品牌选择和比较所耗费的精力，特别是对于个人卷入度低的日用品，可以快速地做出决策。

"当然洗衣粉啊都是那个时候我妈跟我说雕牌啊什么，就是我第一次去买的时候，他们跟我说买雕牌，然后我就一直买一直买，到现在没换过"（曹瑾，29 岁，公司职员）。

（5）品牌信任。与 Bravo、Fraj 和 Martínez（2007b）的定性研究结果对照，品牌信任是我们在中国文化背景下发现的一个新维度。在诸多关于品牌信任的定义中，研究者们大多强调了在风险情境下，消费者对某品牌的信心、期望，以及对品牌绩效的积极预期（Lau and Lee，1999；Delgado-Ballester，Munuera-Alemán and Yagüe-Guillén，2003）。在影响品牌信任形成的诸多要素中，品牌经验和品牌熟悉度是两个主要因素（袁登华，2007）。品牌经验包括了直接经验（如试用、使用、消费满意等）和间接经验（如广告、口碑、品牌声誉等）（Keller，1993；Krishnan，1996）。在代际影响中，子女通过父母的口碑推荐、使用经验介绍会形成对品牌的间接经验，之后在自己的使用中又形成了直接经验，从而增加了品牌信任。品牌熟悉度可以视为品牌信任的前因变量，Laroche、Chankon和 Zhou（1996）的实证研究即证明了品牌熟悉度对品牌信任的影响作用。原生家庭对品牌的长期使用，增加了子女对品牌的熟悉度，也可以提升品牌信任。

值得关注的是，受代际影响而形成的品牌信任，不仅是对品牌能力的认知结果（Dick and Basu，1994），同时也反映了消费者与品牌之间的情感关系（Elliot and Wattanasuwan，1998）。也就是说，子女对品牌的信任背后隐含着对父母的信任，他们相信长辈的经验和判断，乐于接受长辈——这个"权威"人物的意见；而子女对品牌的情感也蕴含着对长辈的信赖和尊敬。

"KAO 是花王的，以前我妈用的，很香的，她以前买过；然后，我后来也买了，我也觉得很好……"（罗冠劫，31 岁，事业单位职员）。

"这个（衣服）质量什么的我不会看的，我妈很在行的，这个我得问她，她一般是不会看错的"（潘吟艳，28 岁，警察）。

2. 反向代际品牌资产

我们的研究发现，反向代际品牌资产（Intergenerational Brand Equity-reverse，IGBE-R）存在 4 个维度：品牌意识、感知质量、情感联想和品牌忠诚。这 4 个维度与正向代际品牌资产具有一致性，而其内涵构成则需要具体探究。

（1）品牌意识。受制于中国特定的社会经济环境的影响，直到 20 世纪 80 年代后期，由于外资企业大量进入中国才引导消费领域出现品牌意识（何佳讯、卢泰宏，2004）。因此，对于本研究中的上代被访者，在他们消费意识和观念开始成熟的年代并没有"品牌"的概念。而他们的子女成长于改革开放后的时代，在社会化早期就受大众媒体的影响而具有普遍的品牌意识。因此，反向代际影响就成为年长辈转变消费观念的重要途径。我们的定性研究表明，子代通过与上代频繁的沟通、共同的购物、创造消费体验机会等方式，将品牌信息和品牌消费观念传递给上代；而上代通过学习和观察从子代那里获得了品牌知识，并逐渐发展成买东西"讲牌子"的消费理念。

"她现在都是被我带出来了，洗头膏是用力士的。因为我跟她说的，她们那个年代就是肥皂，自从她知道洗头膏，就开始用力士的，最早是飘柔，我想起来了，后来我说不好她就改成力士的"（曹瑾，29 岁，公司职员）。

"比如说是服装什么的，她（女儿）讲品牌。以前我们这种人不讲的，只要款式好，料子质地好就可以。但是我跟女儿逛街的时候她看见这个品牌了，我就受她影响也对这个品牌有种概念啦"［张予凤（陈弘红母亲），54 岁，国企职员］。

（2）感知质量。我们的定性研究表明，由于时代背景的影响，上代和下代在消费意识和观念上存在着明显的差异，上代的消费经验主要集中于国货的领域，品牌消费的范围比较有限。而下辈成长于改革开放的时代，受西方观念影响很大，导致他们对外资品牌具有更明显的偏好。因此在我们的被访对象中，下辈对上辈的消费推荐主要是外资品牌，而感知质量则是相当重要的改变他们对这些"新品牌"认识的因素。当母亲对女儿推荐的"新品牌"有了消费体验后，往往会形成积极的感知质量评价，认为是"物有所值"的，即所谓的"牌子好"。

"如果让我再选啊，我情愿选耐克……牌子好啊，本身这个牌子好，还有，就是以前我给王凌燕（女儿）买过一个什么牌子，忘记叫什么了，穿了一个多月，马上就裂开了，后来我再也不相信这个牌子了，再也不买了。现在国产的质量也好多了，我对安踏也是能认可的。假如我就是看见安踏的没看见耐克的，可能会买安踏的。但是现在既然我看见了更好的，我想我还是会买耐克的"［姚根妹（王凌燕母亲），52 岁，退休］。

（3）情感联想。我们的研究还表明，反向代际影响也是体现子女孝顺父母的一种途径。当子女经济独立后，她们有条件让父母来体验一些新的消费，主要表现为向父母赠礼，或共同消费时支付费用，这让上辈有机会尝试到新的产品和品牌。在子女的影响和引导下，父母有了首次去咖啡厅、首次泡吧、首次使用高端品牌的创新性消费体验。由此，父母对受子女影响而消费的品牌形成了独特的情感，这种情感蕴含着对子女孝心的感受。

"前几天母亲节嘛，我女儿就给我买这个牌子（玉兰油）的，但是什么名字我记不清了"［侯亚鸣（郁婕母亲），52岁，物业员工］。

"（星巴克）最初也是她带我去的，我觉得蛮好，比较近，还有肯德基"。

"那个时候，她常带我们一起去外边吃饭，换着吃不断地吃，她甚至还带我们去泡过吧的"［王文娟（曹瑾母亲），57岁，退休］。

（4）品牌忠诚。品牌意识和感知质量评价都是形成品牌忠诚的重要前提，如 Chiou、Droge 和 Hanvanich（2002）将品牌忠诚视为是消费者正面的感知质量评价的结果；Yoo、Donthu 和 Lee（2000）提出了品牌意识对形成品牌忠诚的可能性作用。在反向代际影响中，一旦母亲对女儿推荐的品牌有了深刻的印象，并且通过消费体验形成了积极的质量评价后，就容易产生长久的品牌忠诚。

"我女儿很喜欢这个牌子（Esprit）的，她带我去看，我后来也接受了，价格还蛮贵的……后来过了一段时间以后，我自己也到这边买了一套服装吧。后来她爸爸也买了一件"［张予凤（陈弘红母亲），53岁，国企职员］。

（三）小结

通过上述的定性研究，我们发现了正向和反向代际影响过程中形成的品牌资产要素，我们分别称之为正向代际品牌资产（IGBE-F）和反向代际品牌资产（IGBE-R）。前者包括品牌意识、感知质量、情感联想、品牌忠诚和品牌信任；后者包括品牌意识、感知质量、情感联想和品牌忠诚。这既表明品牌资产要素具有广泛的普适性，又显示在特定的情境中可能存在少许的特殊性。例如，在正向代际品牌资产中含有品牌信任要素，而这在通常的品牌资产来源中并不与品牌意识、感知质量等放在一起研究，但它确实是形成品牌忠诚的重要因素（Chaudhuri and Holbrook，2001）。此外，在代际品牌资产中，品牌联想主要来自于经由品牌消费为媒介的代际关系，我们称之为情感联想，这既不同于品牌情感（Chaudhuri and Holbrook，2001），又与通常的品牌联想存在差异（Aaker，1991；Keller，1993）。

值得指出的是，尽管先前的有关研究（Bravo、Fraj and Martínez，2007a；Bravo、Fraj and Montaner，2008）已证实了家庭沟通和影响是形成品牌资产的来源途径，但由于在对品牌资产各维度（如品牌意识、品牌联想、感知质量和品牌忠诚）进行实际测量的时候，借用的是通行的品牌资产量表（Yoo and Donthu，2001），因此，现有研究还只是证实了代际影响对品牌资产的贡献，而未能直接估量代际品牌资产的大小。本文的定量研究正是要解决这个问题，这以开发全新量表为基本前提。

四、研究二：定量研究

（一）量表发展与问卷编制

基于上述的定性研究及提出的代际品牌资产维度，结合 Bravo、Fraj 和 Martínez（2007a，2007b），Bravo、Fraj 和 Montaner（2008），Viswanathan、Childers 和 Moore（2000），Olsen（1993）等研究及有关测项，我们编制代际品牌资产初始量表，对其进行表面效度和内容效度检核后，最终形成了由25道题构成的正向代际品牌资产量表（ICBE-F）和17道题构成的反向代际品牌资产量表（IGBE-R），共计42道题，其中自行编写的为27道题。

调查问卷共有两套，分别适用于下辈（正向品牌资产）和上辈（反向品牌资产）。主要内容包括：①代际品牌资产部分，我们基于定性研究和参考关于代际影响在品类差异上的文献（Moore-Shay and Lutz，1988；Heckler，Childers and Arunachalam，1989；Childers and Rao，1992；Moore，Wilkie and Lutz，2002），选取了八大消费品作为测试品类，要求被试者从这些品类中选取受父母或子女影响最大的品类，进而填写一个在该品类内印象最深刻的品牌名称，以此品牌进行代际品牌资产的评价，采用 Likert7 点量表。②选用 Yoo 和 Donthu（2001）开发的总体品牌资产（Overall Brand Equity，OBE）量表，作为效标效度，共4题，同样采用 Likert7 点量表进行评价。③背景资料，包括性别、年龄、教育程度、职业、收入，以及与父母分开居住的时间等基本信息。

（二）施测过程及样本情况

我们以母女、母子、父子、父女四种配对形式，先后分两次发放问卷。在执行过程中，我们采取并行调查的方法，首先对子代进行问卷调查，对象是上海某重点高校本地在读大学生，以及来自作者社会关系的推荐和介绍。采用现场调查的方式回收子代问卷，同时要求他们在母亲与父亲之间选出一位相对更为亲密的对象，提供她（他）的姓名及通信方式，我们采取邮寄的方式发出调查邀请和问卷，随信附贴好邮票的回邮信封，要求他们在限定的日期内寄回问卷。我们给予每对有效问卷的被访者以20元的报酬。总共发出问卷450套，回收配对样本363套，回收率为80.1%；经核查有效配对样本为323套，有效率为71.8%。其中，第一次回收的有效问卷为172份，第二次回收的有效问卷为151份。我们以前者的样本进行探索性因子分析，以后者的样本进行验证性因子分析，以总样本进行实际测评应用分析。

在总样本中，母女配对占65.1%，母子配对为21.5%，父子和父女分别为7.6%和5.8%。样本分布的人口统计情况见表1。从家庭月收入这项看，上辈与下辈的回答是相当一致的。

表1　上代和下代样本分布情况

上代		样本数	比例	下代		样本数	比例
性别	男	55	17.0%	性别	男	84	26.0%
	女	268	83.0%		女	239	74.0%
年龄	41~50岁	210	64.9%	年龄	18~20岁	159	49.2%
	51~55岁	113	35.1%		21~27岁	164	50.8%
教育背景	高中及以下	174	53.8%	教育背景	大专及以下	29	8.9%
	大专	85	26.3%		本科	278	86.1%
	本科及以上	64	19.8%		硕士学位及以上	16	5.0%
职业	普通员工	139	43.0%	与父母分开居住时间	从未分开	219	67.8%
	中高层管理者	81	25.1%		1年以下	56	17.3%
	退休	92	28.5%		1~5年	28	8.6%
	下岗	11	3.4%		5年以上	20	6.2%
家庭月收入（父母回答）	3000元以下	62	19.2%	家庭月收入（子女回答）	3000元以下	40	12.4%
	3000~5000元	94	29.1%		3000~5000元	99	30.7%
	5000~10000元	106	32.8%		5000~10000元	121	37.5%
	10000元以上	61	18.9%		10000元以上	63	19.5%

本研究所有数据的统计处理，采用 SPSS16.0 和 Lisre18.51 软件。

（三）结果分析（1）：正向代际品牌资产量表（IGBE-F）

1. 探索性因子分析

首先进行项目—总体相关性分析，删除相关系数小于 0.4 的 3 个测项，保留 22 个测项。再进行因子负荷检验，根据 Nunnally 和 Bernstein（1994）的观点，对旋转后测项的因子负荷小于 0.40 或者同时在两个因子上的负荷都大于 0.40 者作删除处理，结合语义分析，最终保留 17 个测项。采用正交转轴的主成分因子分析法（KMO 值为 0.847；巴特利特球体检验的 $\chi^2 = 2575.061$（df = 136，sig = 0.000），得到 4 个因子。根据各个因子的测项构成，分别命名为品牌信任/忠诚、品牌意识、情感联想和感知质量。总量表的 Cronbach α 系数为 0.88，达到了 Nunnally 和 Bernstein（1994）对量表开发信度的要求。表 2 为因子分析的相关统计量。

2. 验证性因子分析

采用最大似然法进行验证性因子分析。首先以探索性因子分析得出的四因素模型为原始模型，进行验证性分析。根据拟合指数和修正指数，结合测项含义分析进行调整，删除了 2 个测项（即表 2 中测项 9 和测项 12），保留 15 个测项，得到四因素的修正模型。但修正模型的拟合指数仍然不够理想，RMSEA 为 0.094，相对指数均小于 0.9。详见表 3。

表 2 正向代际品牌资产的测项及因子负荷

测项	因子负荷 a			
	品牌信任/忠诚	品牌意识	情感联想	感知质量
1. 我觉得我母亲（父亲）推荐的这个品牌确实很好	**0.850**	0.059	−0.015	0.158
2. 我接受母亲（父亲）的推荐后尝试这个品牌，确实不错	**0.823**	0.174	0.066	0.003
3. 因为我母亲（父亲）一直用这个品牌，我也会继续用	**0.762**	−0.100	0.349	0.137
4. 我购买这种产品的时候就认准这个品牌，因为母亲（父亲）告诉我质量有保证	**0.761**	0.119	0.252	0.115
5. 我相信我母亲（父亲）对这个品牌质量评价	**0.744**	0.194	−0.087	0.160
6. 受我母亲（父亲）的影响，我使用这个品牌产品已经习惯了	**0.674**	−0.145	0.287	0.265
7. 我从母亲（父亲）那里知道这个品牌	0.074	**0.907**	0.117	0.162
8. 我最初从我母亲（父亲）那里了解到这个品牌	0.057	**0.896**	0.074	0.110
9. 我从母亲（父亲）那了解到关于这个品牌的信息	0.130	**0.804**	0.103	0.328
10. 每次看到这个品牌我就想到我的童年	0.010	0.105	**0.862**	−0.005
11. 这个品牌唤起我美好的回忆	0.160	0.191	**0.769**	0.096
12. 对我来说这个品牌就是某某产品的代名词	0.206	−0.100	**0.680**	0.123
13. 这个品牌让我想起我的母亲（父亲）	0.064	0.351	**0.551**	0.358
14. 我知道母亲（父亲）为什么喜欢这个品牌	0.089	0.092	−0.022	**0.816**
15. 我母亲（父亲）跟我介绍过这个品牌的优点	0.140	0.260	0.136	**0.800**
16. 购买母亲（父亲）推荐的这个品牌有很多好处	0.292	0.216	0.166	**0.543**
17. 我母亲（父亲）教会我如何辨识这个品牌	0.204	0.128	0.397	**0.510**
初始特征值	5.82	2.56	1.84	1.23
抽取的方差贡献率%（累计 67.37%）	34.27	15.06	10.84	7.22
转轴后的方差贡献率%	22.47	38.40	15.38	13.61
测项数	6	3	4	4
平均值 b	4.81	4.82	4.50	4.10
标准差	1.38	1.80	1.30	1.51
因子 Cronbach α 系数	0.89	0.90	0.74	0.76

注：a：抽取方法为主成分方法；转轴法：Kaiser 正规化最大变异法；转轴收敛于 6 次迭代。因素负荷量大于 0.4 者标以黑粗体。b：采用 Likert 7 点量表，分值介于 1~7。

表 3 正向代际品牌资产模型的验证性因子分析

模型	绝对指数				相对指数		简约指数	
	$\chi^2(df)$	χ^2/df	RMSEA	GFI	NNFI	CFI	PNFI	PGFI
四因子（原始）	288.29（113）	2.55	0.102	0.82	0.81	0.84	0.64	0.60
四因子（修正）	195.14（84）	2.32	0.094	0.85	0.85	0.88	0.65	0.60
五因子（原始）	252.03（109）	2.31	0.094	0.83	0.84	0.87	0.64	0.59
五因子（修正）	162.66（80）	2.02	0.083	0.87	0.88	0.91	0.64	0.58

　　根据我们通过定性研究得出的正向代际品牌资产五因素假设，再进行五因素模型的验证性因子分析，即将探索性因子分析中得出的"品牌信任，忠诚"维度分拆为两个因子"品牌信任"（测项1、2和5）与"品牌忠诚"（测项3、4和6），最后对五因子模型进行修正，同样逐步删除了测项9和测项12，最终形成15个测项的修正模型，与四因子的修正模型相比，χ^2减少了32.48（p < 0.01），其他指数均有所提高，成为4个模型中的最优模型，大部分拟合指数都达到了"良好"模型的要求，为此我们确定，五因子修正模型为最终的正向代际品牌资产量表的结构及测项构成。

　　3. 信度和效度分析

　　先检验五因子结构的组合信度，5个潜变量的组合信度指标介于0.69~0.81之间，高于Bagozzi和Yi（1988）推荐的大于0.6的要求，除第四维度情感联想的组合信度为0.69外，其他4个维度的组合信度达到Fornell和Larcker（1981）推荐的更理想的0.70的标准。15个测项的标准化系数介于0.55~0.90，t值远大于1.96，大部分测项的信度（平均复相关系数）都高于Fornell和Larcker（1981）以及Bagozzi和Yi（1988）推荐的高于0.50的要求。详见表4。

表4　正向代际品牌资产最优模型的变量载荷、组合信度和平均方差抽取量

潜变量	观察变量	标准化载荷（T值）	标准误差	测量误差	ρ_c	AVE
品牌信任	项目1（$\lambda_{1,1}$）	0.74（11.65）	0.09	0.28	0.76	0.51
	项目2（$\lambda_{2,1}$）	0.62（7.86）	0.11	0.61		
	项目5（$\lambda_{3,1}$）	0.72（9.46）	0.09	0.48		
品牌忠诚	项目3（$\lambda_{4,2}$）	0.83（11.56）	0.11	0.30	0.81	0.58
	项目4（$\lambda_{5,2}$）	0.74（9.84）	0.11	0.45		
	项目6（$\lambda_{6,2}$）	0.71（9.32）	0.13	0.50		
品牌意识	项目7（$\lambda_{7,3}$）	0.88（10.46）	0.18	0.23	0.81	0.79
	项目8（$\lambda_{8,3}$）	0.90（10.69）	0.18	0.19		
情感联想	项目10（$\lambda_{9,4}$）	0.65（7.66）	0.14	0.58	0.69	0.43
	项目11（$\lambda_{10,4}$）	0.68（8.04）	0.14	0.54		
	项目13（$\lambda_{11,4}$）	0.64（7.55）	0.16	0.59		
感知质量	项目15（$\lambda_{12,5}$）	0.83（11.57）	0.13	0.30	0.81	0.53
	项目14（$\lambda_{13,5}$）	0.73（9.17）	0.13	0.46		
	项目16（$\lambda_{14,5}$）	0.76（10.25）	0.11	0.42		
	项目17（$\lambda_{15,5}$）	0.55（6.74）	0.13	0.70		

　　使用平均方差抽取量（AVE）评价量表的收敛效度。经计算，5个因子的AVE值介于0.43~0.79之间，除第四维度情感联想的AVE值为0.43外，其他4个维度均达到Fornell和Larcker（1981）以及Bagozzi和Yi（1988）提出的大于0.50的要求，这表明对于这4个维度来说，潜变量方差高于测量误差对于总方差的贡献。此外，5个潜变量相关系数在0.15~0.64之间，每个变量AVE值的平方根都大于该变量与其他变量之间的相关系数，这表明变量具有良好的区分效度。详见表5。

表5 正向代际品牌资产各潜变量 AVE 值与相关系数

潜变量	品牌信任	品牌忠诚	品牌意识	情感联想	感知质量
品牌信任	0.71				
品牌忠诚	0.64**	0.76			
品牌意识	0.18**	0.15**	0.89		
情感联想	0.26**	0.39**	0.34**	0.66	
感知质量	0.34**	0.39**	0.38**	0.43**	0.73

注：** 表示 $p<0.01$；对角线为 AVE 值的平方根。

将 Yoo 和 Donthu（2001）开发的总体品牌资产（OBE）量表作为效标，以验证我们开发的正向代际品牌资产的收敛效度。结果显示，品牌信任、品牌忠诚、品牌意识、情感联想、感知质量 5 个维度与效标之间的相关系数分别为 0.50、0.60、0.07、0.29 和 0.24，品牌意识与总体品牌资产之间未呈显著相关，其余均达到显著相关水平（$p < 0.01$）。正向代际品牌资产量表总分与效标之间的相关为 0.49（$p < 0.01$），为中等显著相关，证明正向代际品牌资产量表与总体品牌资产构念之间既有良好的收敛效度，又有明显的区分效度。

（四）结果分析（2）：反向代际品牌资产量表（IGBE-R）

1. 探索性因子分析

采用与上述数据分析相同的步骤，对反向代际品牌资产量表进行探索性因子分析后，保留了 12 个题目，获得三因子维度，根据各个因子的测项构成，分别命名为品牌忠诚/感知质量、情感联想和品牌意识。KMO 值为 0.887，巴特利特球体检验的 $\chi^2 = 1096.733$（df =66，sig = 0.000）。总量表的 Cronbach α 系数为 0.90，达到了 Nunnally 和 Bernstein（1994）对量表开发信度的要求。表 6 为因子分析的相关统计量。

表6 反向代际品牌资产的测项及因子负荷

测项	因子负荷[a]		
	品牌忠诚/感知质量	情感联想	品牌意识
1. 我现在自己也会去购买这个品牌的产品	**0.849**	0.160	0.099
2. 我自己以后还会再购买这个品牌的产品	**0.834**	0.179	0.134
3. 我会向同龄人推荐这个品牌	**0.815**	0.071	0.144
4. 我认为我孩子推荐的这个品牌比我以前使用的别的品牌都好	**0.749**	0.277	0.185
5. 我用了我孩子推荐的这个品牌感觉确实不错	**0.646**	0.321	0.279
6. 我的孩子让我相信买高品质产品，选择这个品牌没错	**0.610**	0.455	0.189
7. 使用这个品牌让我觉得自己像我的孩子一样，变年轻了	0.335	**0.795**	0.179
8. 从这个品牌上我体会到我孩子对我的爱	0.360	**0.777**	0.112
9. 这个品牌会让我想到与我的孩子在一起的时候	0.047	**0.708**	0.384
10. 我是从我的孩子那里知道这个品牌	0.168	0.071	**0.861**
11. 我从我的孩子那里了解到很多关于这个品牌的信息	0.365	0.244	**0.690**

测项	因子负荷 [a]		
	品牌忠诚/感知质量	情感联想	品牌意识
12. 看到这个品牌我就想到这是我孩子向我推荐的	0.085	0.403	**0.674**
初始特征值	5.87	1.52	0.92
抽取的方差贡献率%（累计69.25%）	48.92	12.65	7.69
转轴后的方差贡献率%	31.97	20.11	17.17
测项数	6	3	3
平均值 [b]	4.92	4.54	5.06
标准差	1.40	1.55	1.45
因子 Cronbach α 系数	0.90	0.79	0.73

注：a：抽取方法为主成分方法；转轴法：Kaiser 正规化最大变异法；转轴收敛于 5 次迭代。因素负荷量大于 0.5 者标以黑粗体。b：采用 Likert 7 点量表，分值介于 1~7 之间。

2. 验证性因子分析

采用最大似然法，以探索性因子分析得出的三因素模型为基础，进行验证性分析，作为三因子原始模型。根据拟合指数和修正指数进行调整，删除了第一个测项，即"我现在自己也会去购买这个品牌的产品"，共保留 11 个题目，从而建立了三因子的修正模型。三因子模型的各项指标已经达到比较理想的水平，表现为 RMSEA 小于 0.08，CFI 和 NNFI 值也大于 0.09。但是，由于我们在定性研究中提出的是四因子假设，因此接下来我们要再验证四因子模型，即将三因子的第一个维度拆分为品牌忠诚（测项 1、2 和 3）和感知质量（测项 4、5 和 6）。结果发现，四因子的模型经过修正后（同样删除了第一个测项），各项指标均比三因子的修正模型更为理想，表现在 χ^2 值和 RMSEA 均有所减少，而相对指数均有所增加，见表 7。因此在本研究中，我们认为四因子修正模型为最优模型。

表 7　反向代际品牌资产模型的验证性因子分析

模型	绝对指数				相对指数		简约指数	
	χ^2(df)	χ^2/df	RMSEA	GFI	NNFI	CFI	PNFI	PGFI
三因子（原始）	173.21（51）	3.39	0.126	0.84	0.85	0.88	0.65	0.55
三因子（修正）	74.61（41）	1.82	0.074	0.92	0.93	0.95	0.67	0.57
四因子（原始）	90.53（48）	1.89	0.077	0.91	0.94	0.96	0.66	0.56
四因子（修正）	60.96（38）	1.60	0.063	0.93	0.95	0.97	0.64	0.54

3. 信度和效度分析

进一步验证四因子修正模型的信度，采用组合信度指标以及抽取的方差值进行检验。4 个潜变量的组合信度介于 0.75~0.85 之间，均大于 0.7 的更优标准（Fornell 和 Larcker，1981）；11 个测项的标准化系数介于 0.66~0.89 之间，绝大部分测项的信度（平均复相关系数）都高于 Fornell 和 Larcker（1981）以及 Bagozzi 和 Yi（1988）推荐的高于 0.50 的要求。详见表 8。接下来，使用平均方差抽取量（AVE）评价量表的收敛效度。经计算，3 个因子的 AVE 介于 0.55~0.66 之间，符合 Fornell 和 Larcker（1981）以及 Bagozzi 和 Yi（1988）推荐的大于 0.50 的要求。这表明潜变量方差高于测量误差对于总方差的贡献。此外，4 个潜变量相关系数在 0.34~0.71 之间，每个变量 AVE 值的平方根都大于该变量与其他变量之间的相关系数，这表明变量具有良好的区分效度。见表 9。

表 8　反向代际品牌资产最优模型的变量载荷、组合信度和平均方差抽取量

潜变量	观察变量	标准化载荷（T 值）	标准误差	测量误差	ρ_c	AVE
品牌忠诚	项目 2（$\lambda_{1,1}$）	0.73（9.43）	0.13	0.46	0.75	0.59
	项目 3（$\lambda_{2,1}$）	0.81（10.50）	0.15	0.35		
感知质量	项目 4（$\lambda_{3,2}$）	0.82（11.66）	0.12	0.33	0.85	0.66
	项目 5（$\lambda_{4,2}$）	0.82（11.72）	0.12	0.33		
	项目 6（$\lambda_{5,2}$）	0.80（11.24）	0.10	0.37		
情感联想	项目 7（$\lambda_{6,3}$）	0.76（10.21）	0.12	0.43	0.83	0.62
	项目 8（$\lambda_{7,3}$）	0.89（12.68）	0.13	0.21		
	项目 9（$\lambda_{8,3}$）	0.69（9.08）	0.13	0.52		
品牌意识	项目 10（$\lambda_{9,4}$）	0.66（8.12）	0.17	0.56	0.78	0.55
	项目 11（$\lambda_{10,4}$）	0.72（9.03）	0.13	0.48		
	项目 12（$\lambda_{11,4}$）	0.89（9.80）	0.14	0.40		

表 9　反向代际品牌资产各潜变量 AVE 值与相关系数

潜变量	品牌忠诚	感知质量	情感联想	品牌意识
品牌忠诚	0.77			
感知质量	0.71**	0.81		
情感联想	0.41**	0.60**	0.79	
品牌意识	0.34**	0.50**	0.52**	0.74

注：** 表示 $p<0.01$；对角线为 AVE 值的平方根。

将总体品牌资产量表（Yoo and Donthu，2001）作为收敛效度的效标，反向代际品牌资产量表的品牌忠诚、感知质量、情感联想和品牌意识 4 个维度与效标之间的相关系数分别为 0.58、0.72、0.45 和 0.41，均达到显著水平（$p < 0.01$）。反向代际品牌资产量表总分与效标之间的相关系数为 0.67（$p < 0.01$），证明反向代际品牌资产量表与总体品牌资产构念之间既有良好的收敛效度，又有明显的区分效度。

（五）结果分析（3）：代际品牌资产量表的应用

1. 正向代际品牌资产量表（IGBE-F）的实际测评

为进一步验证量表在实际应用中的区分效度，我们将总样本中被试选择的八大品类按照个人用品（包括鞋帽和服饰、数码产品和个人护肤品）和家用公共品（包括家用电器、厨卫用品、家庭清洁用品、厨房调味品、食品），以及选购品（包括鞋帽和服饰、数码产

品、家用电器、厨卫用品）和便利品（包括个人护肤品、家庭清洁用品、厨房调味品、食品）两种分类标准做进一步划分，采用独立样本 T 检验的方法，对品类上存在的正向代际品牌资产的差异性进行验证。结果发现在正向代际间的品牌忠诚上，家用公共品显著高于个人用品（t = 2.94，p < 0.01），这与 Heckler、Childers 和 Arunachalam（1989）以及郭朝阳和陈畅（2007）的研究结论一致；而在正向代际间的品牌忠诚、品牌意识、情感联想和总体品牌资产上，便利品均显著地高于选购品（p < 0.05），这与 Childers 和 Rao（1992）以及郭朝阳和陈畅（2007）的研究结论一致。我们再采用方差分析的方法详细比较了总样本中被选频数较多（n > 30）的 5 个品类上的品牌资产差异性。结果显示，厨房调味品在品牌信任、品牌忠诚和品牌意识上均显著较高；而家用电器类在品牌意识上获得的评价显著较低。这揭示了不同的品类具有不同的品牌资产传承性，同时也验证了本研究发展的正向代际品牌资产量表具有实际应用上的区分效度。详见表 10。

表 10　各品类的正向品牌代际资产比较

	鞋类和服饰（a）	家庭清洁用品（b）	家用电器（c）	食品（d）	厨房调味品（e）	平均
品牌信任	5.10^a	5.24	5.33	5.37	5.58^a	5.31
品牌忠诚	$4.03^{a,d,e}$	4.63^a	4.42^e	4.76^a	$5.15^{a,c}$	4.54
品牌意识	4.79^e	5.07^e	$4.11^{a,b,d,e}$	4.84^e	5.20^c	4.78
情感联想	3.76^d	4.18	3.77	4.24^a	3.87	3.95
感知质量	4.38	4.37	4.39	4.28	4.55	4.39
正向品牌资产（总平均）	$4.36^{d,e}$	4.67^a	4.42^e	4.68^a	$4.83^{a,c}$	4.57
总体品牌资产（效标）	$4.32^{c,d,e}$	$4.60^{d,e}$	4.93^e	$5.11^{a,b}$	$5.21^{a,b}$	4.80
样本量	70	41	49	60	41	261

注：表中数字代表平均值，分值介于 1~7 之间；a、b、c、d、e 分别代表各个品类，数值右上方的上标字母代表该品类与该列的品类相比存在显著差异性，显著性水平在 0.05~0.001 之间。

此外，我们还特别检验本土老字号品牌的代际传承情况，从总样本中筛选出子代评价的本土老品牌（n = 68），采用单样本 T 检验的方法与总体样本进行差异比较，发现在正向代际品牌资产的各个维度及总体上均不存在显著的差异。这一结果呼应了何佳讯（2007b）的定性研究结果，即本土老字号在品牌资产传承上已产生"隔断"现象。

2. 反向品牌资产量表（IGBE-R）的实际测评

进一步分析在不同品类上的反向代际品牌资产，结果发现在品牌忠诚上，家庭公共品显著高于个人用品（t = 2.93，p < 0.01），说明在家庭公共品上父母受子女的影响相对较大，这与正向代际影响的结论相同；但是，在选购品和便利品上，反向代际品牌资产的各个维度和总体都不存在显著差异，也就是说，反向代际影响不受选购品或是便利品的品类影响，这是与正向代际影响不同的方面。接下来，采用方差分析具体比较在被选频数较多（n > 30）的 4 个品类上反向代际品牌资产的差异性。结果发现，数码产品在品牌忠诚、感知质量和品牌意识上的得分显著较高，而鞋类和服饰在上述 3 个维度上获得的评价均显著较低。这揭示了不同的品类具有不同的反向品牌资产来源特征，同时也验证了本研究发展的反向代际品牌资产量表具有实际应用上的区分效度。详见表 11。

表 11 各品类的反向品牌代际资产比较

	个人护肤品（a）	鞋类和服饰（b）	食品（c）	数码产品（d）	平均值
品牌忠诚	4.83[b,d]	4.13[a,c,d]	5.08[b]	5.33[a,b]	4.75
感知质量	5.36[b]	4.72[a,c,d]	5.22[b]	5.38[b]	5.11
情感联想	4.82	4.69	4.82	4.74	4.75
品牌意识	5.16[b]	4.68[a,d]	5.04	5.27[b]	4.99
反向品牌资产（总平均）	5.07[b]	4.60[a,c,d]	5.01[b]	5.17[b]	4.91
总体品牌资产（效标）	5.25[b]	4.79[a,c,d]	5.42[b]	5.55[b]	5.19
样本数	55	107	48	81	291

注：表中数字代表平均值，分值介于 1~7 之间；a、b、c、d、e 分别代表各个品类，数值右上方的上标字母代表该品类与该例的品类相比存在显著差异性，显著性水平在 0.05~0.001 之间。

除此之外，我们还对具体品牌的反向代际资产进行检验，在总样本的上代样本中选择被选频数最高的两个品牌耐克（n = 33）和诺基亚（n = 28），采用单样本 T 检验的方法分别检验这两个品牌与总样本之间在反向代际资产上的差异。结果表明：耐克在品牌意识上达到边缘显著水平（t = 2.03，p = 0.051），诺基亚在品牌忠诚（t = 2.20，p < 0.01）、感知质量（t = 2.42，p < 0.01）以及总体品牌资产（t = 2.08，p < 0.01）上均达到显著差异水平，即其评价高于总样本的平均值。耐克和诺基亚均为著名的国外品牌，这提示我们国外品牌可能在反向代际影响中具有更突出的品牌资产生成特性。

五、结 论 与 讨 论

本文详细介绍了代际品牌资产量表的开发过程。我们首先通过定性研究提出正向和反向代际品牌资产维度结构的假设，发现品牌意识、情感联想、感知质量和品牌忠诚这 4 个维度为正向和反向代际品牌资产所共有，此外，正向代际品牌资产还具有品牌信任这一独特维度。在定量研究中，我们采用探索性因子分析和验证性因子分析相结合的方法对量表结构和测项构成进行验证和修整，通过对信度和效度的检验，最终确定了量表的结构内容，结果与本文的定性研究一致。应用本研究开发的量表，对实际品类和品牌进行测评发现，不同品类及品牌具有不同特征的正向品牌资产或反向品牌资产。这进一步表明了本文所开发量表的有效性。

（一）理论与管理含义

本文的理论贡献在于通过定性研究，在中国文化背景下进一步印证了 Moore、Wilkie 和

Lutz（2002）提出的代际影响可以成为一种重要的品牌资产来源的主张；更为重要的是，本文通过定量研究明确提出并验证了代际品牌资产的构成维度和测量方式，把理论构念推进到了实际应用的阶段。以往对构成维度问题的研究，我们仅发现有基于西班牙背景的定性研究探讨（Bravo、Fraj and Martínez，2007b），并没有对代际品牌资产的实际测量研究。

本文的理论贡献还在于，检验了通行的品牌资产结构（Aaker，1991；Keller，1993）在代际影响领域的适合性及可能存在的特殊性。本研究表明，在代际品牌资产领域，同样存在品牌意识、感知质量和品牌忠诚，但品牌联想则聚焦为情感联想。究其原因，主要是因为在中国社会背景中上下代之间存在明显的世代差异，他们的消费动机和评价方式并不相同，这导致他们对同一品牌所联想到的属性或利益并不一致。但是，由品牌这个载体所联结的情感具有上下代之间的共通性，因而这种情感联想就成为代际品牌资产的构成来源。此外，本文还表明，属于消费者—品牌关系领域的品牌信任明显地可以由上代传承至下代，成为正向代际品牌资产的构成。这表明关系理论（Fournier，1998）是对品牌资产研究的有益拓展，呼应了在品牌资产来源研究方面，需要融合认知心理和社会心理两大视角的观点（何佳讯，2006）。

本文同时结合了正向和反向两大方面来研究代际品牌资产，这在消费行为代际影响领域并不多见。在中国转型社会环境，探究处于成人后阶段的子女影响父母的消费行为对开拓中老年消费市场具有重要管理含义。本文提出了反向代际品牌资产的概念，同时建构了其维度，发现与正向代际品牌资产并不完全一致。在应用反向代际资产量表进行实际测评的过程中，我们发现反向代际品牌资产强弱不受选购品/便利品的品类影响，此外国外著名品牌的反向代际资产表现更强，这些结论并不存在于正向代际品牌资产领域。这表明，正向代际品牌资产与反向代际品牌资产具有不同的表现特征，它们既具有共同性，也存在差异性。

在管理方面，本研究开发的代际品牌资产量表（IGBE）可以直接应用于不同品类和品牌的测评，这把代际影响是否成为品牌资产一般来源的讨论（Moore、Wilkie and Lutz，2002）推进到可以明确回答和客观衡量的阶段。营销者可以利用本量表方便地进行代际品牌资产的评估，确定代际影响在品牌资产生成过程中的作用强弱，以便为如何开展家庭营销提供基础性决策依据。不仅如此，营销者还可以了解到所管理的品牌在代际品牌资产各维度上的表现，具体地把握其构成成分与强度，以便有针对性地制定营销策略来提高品牌意识、唤起情感联想、强化感知质量、建立品牌忠诚，或是传承品牌信任。

（二）局限性与进一步研究

总体来看，对于本文开发的代际品牌资产量表，其反向子量表的统计指标要略优于正向子量表，后者的个别拟合指数并没有达到最优标准，其品牌意识这一维度与效标总体品牌资产（Yoo and Donthu，2001）之间相关性未达到显著水平，其原因我们需要进一步探究。量表的修订工作是一个长期的过程，未来研究需要对个别维度和测项做必要的调整，进一步提高量表的信度和效度。另外值得指出的是，尽管我们严格采取了对同一个家庭中的父母与子女进行配对调查的方法，同时为了隔离出该品牌资产是受代际影响而不是其他影响，我们在测量的句子中特别提示了"父母"（正向）与"子女"（反向）或类似的字样，但从测量方法看，这种分离仍存在局限性，被试在回答的时候并不一定分得很清楚。对于进一步研究，在本文已确定的基本维度结构的基础上，探究正向和反向代际品牌资产的先行影响因素及其异同性，亦是一项十分基础性的研究内容，这将为营销者如何开展家庭营销提供更为直接的策略指引。

附录：消费者代际品牌资产量表（IGBE）

正向代际品牌资产量表（IGBE-F）

品牌意识
1 我从母亲（父亲）那里知道这个品牌
2 我最初从我母亲（父亲）那里了解到这个品牌

情感联想
3 每次看到这个品牌我就想到我的童年
4 这个品牌唤起我美好的回忆
5 这个品牌让我想起我的母亲（父亲）

感知质量
6 我知道母亲（父亲）为什么喜欢这个品牌
7 我母亲（父亲）跟我介绍过这个品牌的优点
8 购买母亲（父亲）推荐的这个品牌有很多好处
9 我母亲（父亲）教会我如何辨识这个品牌

品牌信任
10 我觉得我母亲（父亲）推荐的这个品牌确实很好
11 我接受母亲（父亲）的推荐后尝试这个品牌，确实不错
12 我相信我母亲（父亲）对这个品牌质量的评价

品牌忠诚
13 因为我母亲（父亲）一直用这个品牌，我也会继续用
14 我购买这种产品的时候就认准这个品牌，因为母亲（父亲）告诉我质量有保证
15 受我母亲（父亲）的影响，我使用这个品牌产品已经习惯了

反向代际品牌资产量表（IGBE-R）

品牌意识
1 我是从我的孩子那里知道这个品牌
2 我从我的孩子那里了解到很多关于这个品牌的信息
3 看到这个品牌我就想到这是我孩子向我推荐的

情感联想
4 使用这个品牌让我觉得自己像我的孩子一样变年轻了
5 从这个品牌上我体会到我孩子对我的爱
6 这个品牌会让我想到与我的孩子在一起的时候

感知质量
7 我认为我孩子推荐的这个品牌比我以前使用的别的品牌都好
8 我用了我孩子推荐的这个品牌感觉确实不错
9 我的孩子让我相信要买高品质产品，选择这个品牌没错

品牌忠诚
10 我现在自己也会去购买这个品牌的产品 [a]
11 我自己以后还会再购买这个品牌的产品
12 我会向同龄人推荐这个品牌

注：[a] 在本文研究中作了删除处理。

参考文献

［1］陈皆明. 投资与赡养——关于城市居民代际交换的因果分析［J］. 中国社会科学，1998（6）.

［2］陈向明. 质的研究方法与社会科学研究［M］. 北京：教育科学出版社，2000.

［3］风笑天. 独生子女青少年的社会化过程及其结果［J］. 中国社会科学，2000（6）.

［4］宫丽秀，刘长城. 青少年社会化双向模式的发展特征［J］. 青少年犯罪问题，2008（4）.

［5］郭朝阳，陈畅. 代际影响在消费者社会化中的作用——以我国城市母女消费者为例［J］. 经济管理，2007（8）.

［6］何佳讯. 品牌资产测量的社会心理学视角研究评价［J］. 外国经济与管理，2006（4）.

［7］何佳讯（a）. 消费行为代际影响与品牌资产传承研究述评［J］. 外国经济与管理，2007（5）.

［8］何佳讯（b）. 传承与隔断：基于代际影响的老字号品牌关系质量——一项来自上海的探索性研究［J］. 营销科学学报，2007（2）.

［9］何佳讯，卢泰宏. 中国营销 25 年［M］. 北京：华夏出版社，2004.

［10］潘允康，林南. 中国的纵向家庭关系及对社会的影响［J］. 社会学研究，1992（6）.

［11］袁登华. 品牌信任研究脉络与展望［J］. 心理科学，2007（2）.

［12］周晓虹. 现代社会心理学［M］. 上海人民出版社，1996.

［13］Aaker D. A. Managing Brand Equity［M］. New York：The Free Press，1991.

［14］Aaker D. A. Measuring Brand Equity Across Products and Markets［J］. California Management Review，1996，38（3）.

［15］Alba J. W. and J. W. Hutchinson. Dimensions of Consumer Expertise［J］. Journal of Consumer Research，1987，13（3）.

［16］Bagozzi R. P. and Y. Yi. On the Evaluation of Structural Equation Models［J］. Journal of the Academy of Marketing Science，1988，16（1）.

［17］Bravo R.，E. Fraj and E. Martfnez. Familyas a Source of Con sumer–based Brand Equity［J］. Journal of Product & Brand Management，2007（a），16（3）.

［18］Bravo R.，E. Fraj and E. Martfnez. Intergenerational Influences on the Dimensions of Young Customer–Based Brand Equity［J］. Young Consumers，2007（b），8（1）.

［19］Bravo R.，E. Fraj and T. Montaner. Family Influence on Young Adult's Brand Evaluation. An Empirical Analysis Focused on Parent –Children Influence in Three Consumer Packaged Goods［J］. The International Review of Retail，Distribution and Consumer Research，2008，18（3）.

［20］Chaudhuri A. and M. B. Holbrook. The Chainof Effects from Brand Trust and Brand Affect to Brand Performance：The Role of Brand Loyalty［J］. Journal of Marketing，2001，65（April）.

［21］Childers T. L. and A. R. Rao. The Influence of Familial and Peer–Based References Groups on Consumer Decisions［J］. Journal of Consumer Research，1992，19（2）.

［22］Chiou J. S.，C. Droge and S. Hanvanich. Does Customer Knowledge Affect How Loyalty is Formed?［J］. Journal of Services Research，2002，5（2）.

［23］Churchill G. A. A Paradigm for Developing Better Measures of Marketing Constructs［J］. Journal of Marketing Research，1979，16（February）.

［24］Coupland J. C.. Invisible brands：An Ethnography of Households and Their Kitchen Pantries［J］. Journal of Consumer Research，2005，32（6）.

［25］Delgado–Ballester Elena，J. L. Munuera–Alemán and M. J. Yagüie–Guillén. Development and

Validation of a Brand Trust Scale [J]. International Journal of Market Research, 2003, 45 (1).

[26] Dick A. S. and K. Basu. Customer Loyalty: Toward an Integrated Conceptual Framework [J]. Journal of Academy of Marketing Science, 1994, 22 (2).

[27] Ekstrom Karin M. Parental Consumer Learning or "Keeping up with the Children" [J]. Journal of Consumer Behavior, 2007, 6 (4).

[28] Elliot R. and K. Wattanasuwan. Brands as Symbolic Resources for the Construction of Identity [J]. International Journal of Advertising, 1998, 17 (2).

[29] Fornell C. and D. F. Larcker. Evaluating Structural Equation Models with Unobservable Variables and Measurement Error: Algebra and Statistics [J]. Journal of Marketing Research, 1981, 18 (1).

[30] Fournier S. Consumers and Their Brands: Developing Relationship Theory in Consumer Research [J]. Journal of Consumer Marketing, 1998, 24 (4).

[31] Francis S. and L. D. Burns. Effects of Consumer Socialization on Clothing Shopping Attitude, Clothing Acquisition and Clothing Satisfaction [J]. Clothing and Textile Research Journal, 1992, 10 (4).

[32] Grönroos C. A Service Quality Model and Its Marketing Implications [J]. European Journal of Marketing, 1984, 18 (4).

[33] Heckler S. E., T. L. Childers and R. Arunachalam. Intergenerational Influences in Adult Buying Behaviors: An Examination of Moderating Factors [J] Advances in Consumer Research, 1989 (16).

[34] Keller K. L. Conceptualizing, Measuring and Managing Customer-Based Brand Equity [J]. Journal of Marketing, 1993, 57 (1).

[35] Krishnan H. S. Characteristics of Memory Associations: A Consumer-Based Brand Equity Perspective [J]. International Journal of Research in Marketing, 1996, 13 (4).

[36] Laroche M., K. Chankon and L. Zhou. Brand Familiarity and Confidence as Determinants of Purchase Intention: An Empirical Test in a Multiple Brand Context [J]. Journal of Business Research, 1996, 37 (2).

[37] Lau G. T. and S. H. Lee. Consumers' Trust in a Brand and the Link to Brand Loyalty [J]. Journal of Market Focused Management, 1999, 4 (4).

[38] Lee N.. Childhood and Society: Growing up in an Age of Uncertainty [M]. Open University Press: Buckingham, 2001.

[39] Miller Brent C. Intergenerational Patterns of Consumer Behavior [J]. Advances in Consumer Research, 1975 (2).

[40] Moore E. S., W. L. Wilkie and J. A. Alder. Lighting the Torch: How Do Intergenerational Influences Develop? [J]. Advances in Consumer Research, 2001 (28).

[41] Moore E. S., W. L. Wilkie and R. J. Lutz. Passing the Torch: Intergenerational Influence as a Source of Brand Equity [J]. Journal of Marketing. 2002, 66 (5).

[42] Moore-Shay E. S. and R. J. Lutz. Intergenerational Influences in the Formation of Consumer Attitudes and Beliefs About the Marketplace: Mother and Daughters [J]. Advances in Consumer Research, 1988 (15).

[43] Moore-Shay E. S. and B. M. Berchmans. The Role of the Family Environment in the Development of Shared Consumption Values: An Intergenerational Study [J]. Advances in Consumer Research, 1996 (23).

[44] Nunnally J. C. and L H. Bernstein. Psychometric Theory (3rd ed.) [M]. New York: McGraw-Hill, 1994.

[45] Oliver R. L. Satisfaction: A Behavioral Perspective on the Consumer [M]. New York: McGraw-Hill,

1997.

[46] Olsen B. Brand Loyalty and Lineage: Exploring New Dimensions for Research [J]. Advances in Consumer Research, 1993 (20).

[47] Rossiter John R. and L. Percy. Advertising and Promotion Management [M]. New York: McGraw-Hill Book Company, 1987.

[48] Strauss A. Qualitative Analysis for Social Scientists [M]. New York: Cambridge University Press, 1987.

[49] Strauss A. and J. Corbin. Basics of Qualitative Research: Crounded Theory Procedures Techniques [M]. New bury Park: Sage Publications, 1990.

[50] Taylor S. A., S. Goodwin and K. Celuch. The Relative Importance of Brand Equity to Customer Loyalty in an Industrial Setting [J]. Journal Product and Brand Management, 2004, 13 (4).

[51] Villarejo A. F. and M. J. Sánchez-Franco. The Impact of Marketing Communication and Price Promotion on Brand Equity [J]. Journal of Brand Management, 2005, 12 (6).

[52] Viswanathan M., T. L. Childers and E. S. Moore. The Measurement of Intergenerational Communication and Influence on Consumption: Development, Validation and Cross-Cultural Comparison of the IGEN Scale [J]. Journal of the Academy of Marketing Science, 2000, 28 (3).

[53] Woodson L. G., T. L. Childers and P. R. Winn. Intergenerational Influences in the Purchase of Auto Insurance [M]. Chicago: American Marketing Association, 1976.

[54] Yoo B. and N. Donthu. Developing and Validating a Multidimensional Consumer-Based Brand Equity Scale [J]. Journal of Business Research, 2001, 52 (1).

[55] Yoo B., N. Donthu and S. Lee. An Examination of Selected Marketing Mix Elements and Brand Equity [J]. Journal of the Academy of Marketing Science, 2000, 2 (2).

[56] ZeithamI Valarie. Consumer Perceptions of Price, Quality and Value: A Means-End Model and SynLhesis of the Evidence [J]. Journal of Marketing, 1988, 52 (7).

服务品牌名字的暗示性对消费者决策的影响[*]
——基于服务业的新视角

孙瑾　张红霞

（对外经济贸易大学国际商学院　北京　100029）

【摘　要】品牌名字是品牌的第一要素，品牌命名在品牌要素选择中处于中心地位，是建立品牌资产的重要手段之一。从暗示性品牌名字的角度切入，借鉴国内外已有的研究成果，系统分析中国服务业领域中暗示性品牌名字对消费者品牌态度的影响。对来自某大学的 170 名 MBA 学生和 186 名普通学生参加的两个实验进行数据收集，然后进行方差分析。研究结果表明，在餐馆、宾馆和心理咨询服务中，品牌名字的暗示性与广告信息之间会产生交互作用，暗示性的品牌名字与广告信息越一致，越容易刺激消费者正面的情感，越能激发消费者正面的广告态度和品牌态度；在保险服务中，虽然暗示性品牌名字与广告信息的一致性可以带来消费者积极的广告和品牌态度，但是却不能激发消费者正面的情感状态。此外，感知风险是重要的中介变量。

【关键词】暗示性的品牌名字；感知风险；品牌态度；广告态度；情感

一、引　言

品牌名字是品牌的第一要素，是建立品牌资产的重要手段之一，与品牌相关的一系列信息都围绕品牌名字储存在消费者记忆中^[1]。在现实生活中，很多企业在品牌名字中尽可能多地将企业产品性能和特点的信息浓缩其中，如飘柔洗发水、舒肤佳、中国平安保险

* 本文选自《管理科学》2011 年 10 月第 5 期。

基金项目：国家自然科学基金（70772007、71002006）；教育部人文社会科学研究青年基金（09YJC630034）；对外经济贸易大学教师学术创新团队。

作者简介：孙瑾（1982–），女，山东临沂人，毕业于北京大学光华管理学院，获管理学博士学位，现任对外经济贸易大学国际商学院助理教授，研究方向：服务营销、消费者行为、跨文化研究等。

公司等，人们从名字上就可以获得产品的功能等信息。Keller 等[2] 和郝佳[3] 的开拓性研究将以上这些能够体现产品或服务主要特点的名字称为暗示性的品牌名字，即品牌名字传递了有关产品或服务的描述性或本质性的特征。他们通过两个实验的实证研究发现，相对于没有暗示性的品牌名字，暗示性的品牌名字更有利于激发消费者积极的广告评价和品牌购买意向。

根据对暗示性的品牌名字相关文献回顾，发现有关的研究相对有限，很多研究问题还没有被深入挖掘，大部分的研究集中在有形产品领域。由于服务具有区别于产品的 IHIP 特征，即无形性、异质性、不可分离性和不可储存性四大特性，从而显著地提高了消费者购买过程中的感知风险[4]。不同程度的感知风险会带来不同的信息处理过程和消费者决策过程，因此有必要检验在无形性较高的服务业领域，暗示性品牌名字是否能够对消费者决策过程具有同样的正面效果。其次，虽然在有关广告的研究中情感的重要性已经得到了普遍证实[5]，但是到目前为止，还没有学者检验暗示性品牌名字与消费者情感的关系。以往暗示性品牌名字的研究主要集中在西方国家，除上述几个研究外几乎没有专门针对中国服务品牌的文献。本研究从暗示性品牌名字的角度切入，系统分析中国服务业领域中暗示性品牌名字对消费者品牌决策的影响。此外由于服务本身的高风险特征，所以还考虑消费者本身的感知风险在其中所起的中介变量作用。

二、相关研究评述

（一）暗示性的品牌名字

在广告研究领域中，企业品牌命名一直是一个重要的研究课题。但是，目前国内外学者对品牌命名，尤其是暗示性品牌名字的实证研究相对比较少，存在着很大的研究空间。Keller 等[2] 将暗示性的品牌名字定义为品牌名字传递了与某种特定产品或服务主要属性相一致、描述性或本质性特征的信息。某种程度上来说，暗示性的品牌名字浓缩了某种产品或服务的特色，简洁、准确地表达了产品或服务的性能和功用，如美加净、立白、捷马电动车等。通过暗示性的品牌名字，消费者可以直接获得有关品牌的主要特色。

早期的一些研究表明，消费者容易记住暗示性的品牌名字并且有利于发展广告中与品牌名字信息相关的记忆结构[2-3]。Keller[6-8] 通过一系列的研究表明，不包含任何意义的无暗示性的品牌名字对于消费者记忆的刺激效果非常弱。随后，一些营销学者探讨品牌名字的暗示性对广告态度和品牌态度的积极影响[2,9]。由 Keller 等[2] 的两个实验发现，与非暗示性的品牌名字相比，暗示性的品牌名字能够帮助消费者记忆广告中与品牌名字一致的信息；与此相反，如果广告中的信息与暗示性品牌名字不一致，则非暗示性品牌名字更有助于被试记忆广告中的信息[2]。在 Keller 等之后，一些学者对更深层次的品牌名字暗示性进行探讨。Sen[10] 试图了解暗示性的品牌名字是如何影响消费者获取新品牌知识的内在机制，他发现暗示性的品牌名字会与不同的决策任务（从不同的品牌中进行选择或是对不同的品牌进行评价）发生交互作用，进而影响到被试对不同广告信息的获取和记忆；Lee 等[9] 则更加细致的从中国语言方面研究品牌名字的暗示性，他们把暗示性细化到字根层面，并且提出"消费者对含有暗示性字根的字的熟悉程度"这个调节变量。也就是说，如果品牌名字中含有一个消费者不熟悉的汉字，但是该汉字的字根具有很强的暗示性，消费者就会依赖这个字根来推断产品功效。但是如果消费者非常熟悉该汉字，字根的暗示性效应就不复存在。随后，Lee 等[11] 又发现暗示性的品牌名字和与其相一致的图片会产生交互作用来影响消费者对信息的记忆，品牌名字暗示的信息与图片的匹配会增加消费者的购买意向；Lowrey 等[12] 通过对真实的品牌名字进行研究发现，当消费者对该品牌名字不是很熟悉时，该品牌名字与产品类别的主要属性匹配程度越高，越有利于消费者对品牌信息的记忆；Brendl 等[13] 发现当品牌名字中包含该产品类别信息的字母时（如冰激凌品牌中包含 "ice" 这 3 个字母），被试倾向于对此类品牌产生好的品牌态度；Lowrey 等[14] 则从语言的最小单位元音的角度来研究品牌名字的暗示性问题，当品牌名字中包含的元音代表的信息与产品的正面属性一致时，被试会对该品牌产生积极的品牌态度；Chan 等[15] 通过实验研究证实，与非暗示命运的品牌名字（如双星电脑）相比，暗示命运的品牌名字（如幸运星电脑）会影响到消费者相信命运的程度和对服务补救效果的评价之间的关系。

通过对现有文献的梳理发现，尽管已有研究在一定程度上揭示了暗示性品牌名字对消费者品牌决策的影响以及暗示性品牌对消费者更具说服力，但这些研究在很大程度上都忽略了从服务领域的视角对暗示性品牌名字的探讨。目前，大家普遍意识到服务业在国家经济发展中起到的巨大作用，并有众多学者宣称以产品为中心的营销范式将被以服务为中心的范式所取代，非常有必要建立一个框架来研究服务品牌名字的暗示性。此外，以往文献大都关注暗示性品牌名字对消费者广告评价和品牌态度的影响，忽略了对消费者情感的关注，更没有从深层机制上揭示暗示性品牌名字对消费者决策过程的内在影响。

（二）体验型服务和信用型服务

现有营销文献通常关注两类典型服务。一类是体验型服务，即消费者消费完该服务就可以立即对服务做出评价，如宾馆和定制衣服的服务；另一类是信用型服务，即使消费者已经消费完该服务，也不能立即对该服务做出好坏的评价，如阑尾炎手术和牙科手术。病人在接受手术以后，由于通常不具备充足的医学知识，也很难判断这种手术是否施行得当，从而表现出较强的信用特征。从体验型服务到信用型服务，消费者付出的信息搜寻努力、购买复杂程度、花费程度以及感知风险相应逐步升高，也更难对服务质量做出客观评价[4]。本研究将集中探讨在这两种典型服务中暗示性品牌名字对消费者决策过程的影响，意在通过两种服务类型来证明暗示性品牌名字影响的可推广性和稳健性，并不期待两类服务有不同的效应。

三、研究假设

本研究探讨暗示性品牌名字的作用以及与广告信息的交互作用影响消费者情感、广告态度和服务品牌态度的内在机制，图 1 是本研究的理论框架，图中虚线框表示消费者感知风险为中间变量，在品牌名字暗示性与消费者情感、广告态度和品牌态度之间起中介作用。具体来说，本研究认为暗示性的品牌名字会与广告信息产生交互作用来促使消费者产生正面情感、积极的广告态度和品牌态度，并提出消费者感知风险可能是暗示性品牌名字与情感、广告态度、品牌态度之间的中间变量。

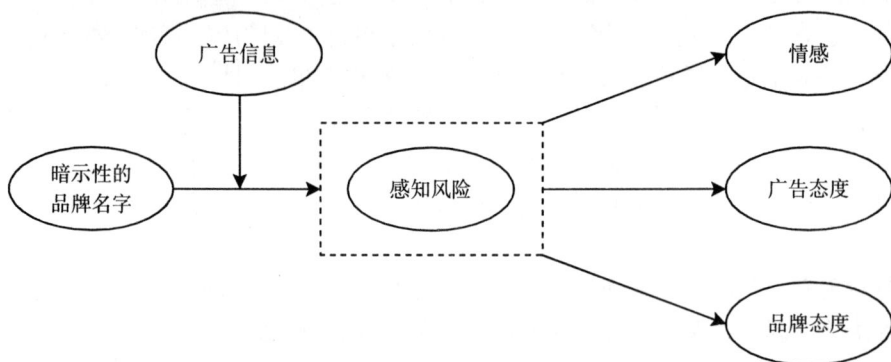

图 1　理论研究框架

（一）品牌名字的暗示性和广告信息对消费者情感、广告态度和品牌态度的影响

根据关联网络理论，消费者的记忆通常是由一系列关系强弱不同的结点构成的，不同的结点往往通过强弱不同的关系与其他的结点相互联系[16]。同理，在消费者获取信息的过程中，当一个结点被激活时，与这个结点联系最密切的结点越有可能被激活，并且受的影响也最大。因此，如果将关联网络理论应用到广告中，那么广告信息之间的相关关系也会有助于帮助消费者记忆，这时广告中提到的信息联系越紧密，越有利于消费者记住相关的信息。所以，暗示性的品牌名字作为一种信息刺激，与广告信息一样对消费者信息处理过程具有很强的刺激作用，通过激发消费者的正面情感，对广告和品牌产生积极的态度。Pomerantz[17] 认为一个刺激物中所包含的信息越匹配，越容易刺激消费者产生正面情感，并且这些匹配信息对于消费者更有吸引力、更有决策价值；Holbrook 等[18] 首先将消费者情感引入广告领域，他们通过实验发现广告内容可以刺激消费者情感；随后也有大量的实证研究表明消费者情感对消费者广告评价的重要影响[19-20]；MacInnis

等[21]证实相互匹配的刺激物相对于不相互匹配的刺激物而言,更容易激发消费者的正面情感。一个暗示性的品牌名字不仅仅是广告必要的组成部分,同样可以刺激消费者记忆与品牌名字相关的产品或服务信息,广告中这些与品牌名字相一致的信息是彼此相互联系和相互匹配的。虽然以往的研究没有系统检验暗示性品牌名字与消费者情感之间的联系,但是根据以上论述可以认为暗示性品牌名字有利于刺激消费者正面的情感。

Keller等[2]发现,与非暗示性的品牌名字相比,暗示性的品牌名字能够帮助消费者记忆广告中与品牌名字一致的信息;与此相反,如果广告中的信息与暗示性品牌名字不一致,则非暗示性品牌名字更有助于被试记忆广告中的信息。Sen[10]证实暗示性的品牌名字与不同的决策任务(从不同的品牌中进行选择或是对不同的品牌进行评价)发生交互作用,进而影响到被试对不同广告信息的获取和记忆。Lee等[22]发现广告信息之间的有效联系、匹配性可以增强消费者对广告的正面态度。Lee等[9]提出,广告中通过建立暗示性的品牌名字与广告信息之间的联系,增强它们之间的匹配性,进而产生积极的广告和品牌态度,即当广告里的中文品牌包含有暗示性的文字或是暗示性的偏旁部首时,消费者对于相一致的广告信息和品牌态度的评价更为正面。由此,本研究认为广告中包含越多的与暗示性品牌名字有关的信息,消费者感知匹配程度就会越高。基于关联网络理论,暗示性的品牌名字与广告信息之间越匹配,它们两者之间越容易发生交互作用来刺激消费者的正面情感,对广告和品牌产生积极的态度。

H₁品牌名字的暗示性与广告信息之间会产生交互作用,暗示性的品牌名字与广告信息之间越一致,越容易刺激消费者正面的情感。

H₂品牌名字的暗示性与广告信息之间会产生交互作用,暗示性的品牌名字与广告信息之间越一致,越容易刺激消费者正面的广告态度。

H₃品牌名字的暗示性与广告信息之间会产生交互作用,暗示性的品牌名字与广告信息之间越一致,越容易刺激消费者正面的品牌态度。

(二)消费者感知风险在品牌名字暗示性与消费者情感、广告态度和品牌态度之间的中介作用

众所周知,相对有形产品而言,由于服务的无形性、异质性、不可分离性、缺少标准化和服务保证等,服务业领域的消费者感知风险相对较高。只有消费者真正消费了这项服务,他才能评价这个服务品牌的好坏。但是在一些信用特性比较高的服务领域,如保险业、心理咨询、远程教育培训等,即使消费者购买了这项服务,也很难立即对这项服务做出客观评价。因此,鉴于服务的高风险性,本研究认为消费者感知风险是暗示性品牌名字与广告信息影响消费者评价的重要中间变量。这种感知风险是消费者通过对品牌名字和广告信息综合评价后得出的不确定感知,它不仅仅包括对品牌名字的感知,本研究将其定义为在服务消费过程中消费者由于无法预料购买决策的优劣而主观感知的损失期望。Maheswaran等[23]的研究通过实验发现,相比较处理一致性程度较高的信息,当被试处理不一致的信息时,他们会付出更多的时间和精力,会产生较大的不确定感,即风险感知,进

而影响到随后的判断。同理，由于广告信息与暗示性品牌名字一致会进一步增强消费者评价的确定性，从而可以减少消费者的感知风险。已有研究表明感知风险在影响消费者购买行为和购买评价等方面发挥着重要的中介变量作用，是影响其品牌决策和未来行为意向极为重要的要素。国外一些学者研究发现，品牌的一些外在特征（如价格、质量、声誉等）正是通过感知风险来影响其品牌态度和购买意向[4,24]。Lee 等[9] 也发现被试的知识水平会影响到暗示性品牌名字作用的发挥。由于被试的知识水平和购买的不确定程度密切相关，本研究推断感知风险在品牌名字暗示性与消费者情感、广告态度和品牌态度之间发挥着中间变量的作用。

此外，由于中国正处在由计划经济向市场经济转型的特殊时期，市场规范性、政府的立法以及商业的自我监控体制等方面还有待完善[25]。一些不道德的商业行为，如虚假广告（夸大其词和欺骗性的广告）比比皆是[26]。广告中的一些信息可能不够真实，导致中国消费者对广告持谨慎的态度。所以，本研究认为，消费者的感知风险是其能否将暗示性品牌名字与相匹配的广告信息转移到品牌上的一个重要的决定因素。当暗示性品牌名字与广告信息相匹配时，会进一步增强消费者评价的确定性，让他们对这个广告和品牌更加信任；也就是说，消费者越有可能将对暗示性品牌名字与相匹配的广告信息的正面态度转移到情感、广告和品牌上面。反之，当暗示性品牌名字与广告信息不匹配时，消费者则会产生较强的风险感知，进而影响到其随后的情感状态、广告评价和品牌态度。因此，本研究认为在服务领域，暗示性品牌名字与广告信息的交互作用会对消费者风险感知产生影响，而且感知风险有效地传递了品牌名字暗示性与广告信息的交互作用对消费者情感、广告态度和品牌态度的影响，由此提出假设。

H4 品牌名字的暗示性与广告信息之间会产生交互作用，暗示性的品牌名字与广告信息之间越一致，越容易降低消费者的感知风险。

H5 消费者感知风险是品牌名字暗示性和广告信息两者的交互作用与消费者情感、广告态度和品牌态度之间关系的中介变量。

四、研究设计

（一）研究 1

1. 前测 1

有 15 个在校 MBA 学生参加第一个前测，前测 1 的目的是将不同的服务划分为体验型服务和信用型服务。首先向被试提供体验型和信用型服务的主要定义，即"通常我们将服务分为两种类型：①体验型服务，消费完该服务就可以立即对服务做出评价，如房屋清洁和定制衣服的服务；②信用型服务，即使您已经消费完该服务，也不能立即对该服务做出好坏的评价，如阑尾炎手术和保险"。然后，要求前测参加者将提供的 6 种服务（餐馆、宾馆、民航、保险、医院内科、心理咨询）分别划分到体验型服务和信用型服务中。根据行业代表性、熟悉性以及选择频率最大的原则，选取餐馆作为体验型服务代表，保险作为信用型服务代表。

2. 前测 2

本研究选择餐馆和保险作为最主要的服务行业。根据深度访谈，为每种服务设计 3 个暗示性和 3 个无暗示性的品牌名字。研究人员将设计的暗示性的和无暗示性的名字展示给 20 个 MBA 学生，要求被试对每一个品牌名字进行打分，1 为完全没有暗示性，7 为完全具有暗示性，得分最高的被选为暗示性的品牌名字，得分最低的被选为无暗示性的品牌名字。品牌名字暗示性程度的测量借鉴 Keller 等 [2] 的研究，采用"从多大程度上您认为这个品牌名字传递了餐馆/ 保险服务的典型特征"这个问项，前测结果见表 1。

表 1　品牌名字暗示性程度得分

暗示性的品牌名字	均值	非暗示性的品牌名字	均值
味美滋	5.45	祥德轩	2.85
美食捷	4.45	维琪奥	3.70
速美达	4.10	涵香莱	3.70
安泰	5.60	伟宏	2.75
康安	4.70	永固	3.80
安信	4.20	安洋	3.75

从表 1 可以看出，与其他两个暗示性餐馆品牌名字相比，味美滋的得分显著高于其他两个暗示性的名字美食捷（$t(19) = 2.15$，$p < 0.05$）和速美达（$t(19) = 3.94$，$p < 0.01$），因此本研究选择的暗示性的品牌名字是味美滋。同样，与另外两个非暗示性的餐馆品牌名字维琪奥（$t(19) = -2.24$，$p < 0.05$）和涵香莱（$t(19) = -2.43$，$p < 0.03$）相比，祥德轩的得分最低。保险服务中，暗示性的品牌名字是安泰，其均值为 5.60，显著高于备选的暗示性品牌名康安的均值 4.70（$t(19) = 2.31$，$p < 0.05$）和安信的均值 4.20（$t(19) = 6.66$，$p < 0.001$）。非暗示性的品牌名字伟宏的得分均值为 2.75，显著低于永固的均值 3.80（$t(19) = -2.22$，$p < 0.05$）和安洋的均值 3.75（$t(19) = -2.24$，$p < 0.05$）。

除此之外，每一个暗示性的品牌名字后面都有一系列的与暗示性的品牌名字一致或不一致的广告文字信息描述。被试需要对这些文字描述与品牌名字的一致性程度进行打分，题项为"从多大程度上您认为这个品牌名字与下面的文字描述相匹配"，1 为完全不匹配，7 为完全匹配。在被试做出判断后，研究人员同样选择了两个与暗示性的品牌名字完全一致或不一致的文字信息。餐馆服务中，与暗示性的品牌名字完全一致的广告信息是"餐厅提供的菜肴味道可口、鲜美爽滑，让您尽享美好时光"，与暗示性的品牌名字不一致的广告信息是"餐厅环境温馨、价钱合理，给您家一样的感觉"。保险服务中，与暗示性的品牌名字完全一致的广告信息是"诚信天下，稳健人生。公司致力于您生活的平安、稳定、泰然"，与暗示性的品牌名字不一致的广告信息是"专业·价值。公司为您提供专业的团队、优质的服务"。

3. 实验设计

实验设计是 2×2×2 组间设计，组间变量分别为两种服务类型、品牌名字的暗示性程度以及两种品牌名字与广告信息的一致性水平，两种服务类型分别为体验型服务和信用型服务，两种品牌名字的暗示性程度分别为暗示性的品牌名字和非暗示性的品牌名字，两种品牌名字与广告信息一致性水平分别为与暗示性品牌名字一致的广告信息和与暗示性品牌名字不一致的广告信息。来自某大学的 184 名 MBA 学生参加此次实验，并被随机分配到 8 种不同的实验条件下。剔除回答不完整和不认真的问卷后，最终得到 170 份有效问卷，每种实验条件下约有 21 名被试。选择 MBA 学生样本是因为他们与普通消费者样本最为接近，得到的研究结论更有推广性，并且所选择的 MBA 学生刚刚入学，还没有接触到营销学的相关课程。在问卷的最后，要求被试填写以前是否接触过类似研究，从而在一定程度上保证实验的可靠性。整个实验过程仍以被试自己独立填写为主，不能互相讨论，时间为 20 分钟。不同的实验条件组合呈现给被试不同的彩色平面广告图片，实验中出现的所有广告的格式都是一致的，即上面是餐馆或保险公司的彩色图片，品牌名字同时出现在图片中，接下来是对该服务的文字信息描述（与暗示性品牌名字一致或不一致的广告信息），最后是对服务描述的总结（××公司，您最值得信赖的选择）。

在看完平面广告之后，要求被试回答一系列的问题，测量他们的情感、对广告的态度、对品牌的态度和风险感知，以被试对不同服务的熟悉程度作为控制变量。问卷还包括有关介入度、不同广告易理解性和宣传效果等方面的问题，以确认实验得出的结论不是由于这些变量而造成影响。最后，给被试每人赠送一个小礼品表示感谢。

4. 实验问卷

测量消费者情感的问卷来源于 Watson 等[27] 的 Positive Affect Negative Affect Scale (PANAS)，通过高兴、积极、兴奋、满足、活力、感兴趣测量被试情绪，让被试对自己浏览广告后的情感状态进行评分，分别为非常不高兴/非常高兴、非常不积极/非常积极、非常不兴奋/非常兴奋、非常不满足/非常满足、非常没有活力/非常有活力、非常不感兴趣/非常感兴趣。测量广告态度的问卷源自 Lee 等[9] 的研究，让被试在以下 3 个方面对广告进行打分，分别为非常不好/非常好、非常无聊/非常有趣、非常不喜欢/非常喜欢。在测量品牌态度时，借鉴 Lee 等[9] 的研究，让被试对该品牌在以下 3 个方面进行打分，分别为极其不满意/非常满意、非常不喜欢/非常喜欢、非常糟糕/非常棒。测量感知风险参考 Keh 等[4] 的研究，分别为非常不重要/非常重要、一点不关心/非常关心、风险很高/风险很低。测量服务熟悉程度的问卷来源于 Malaviya[28] 的研究，即非常陌生/非常熟悉、了解的很少/了解的很多、完全不知道/非常清晰的了解。上述问卷全部采用 7 点量表测量，为了更好地检验实验所选择的品牌名字的暗示性以及广告信息与品牌名字的一致程度，本研究在问卷中设计了"从多大程度上您认为这个品牌名字传递了餐馆/保险服务的典型特征"、"从多大程度上您认为这个品牌名字与广告下面的文字描述相匹配"的题项，1 为很低的程度，7 为非常高的程度。

5. 数据结果分析

（1）操纵检验。

与预期相一致，在餐馆服务中，暗示性的品牌名字的均值为 4.64，显著高于非暗示性的品牌名字的均值 3.70，$F(1, 77) = 8.78$，$p < 0.01$；在保险服务中，与非暗示性的品牌名字的均值 3.43 相比，暗示性的品牌名字的均值 5.13 更能够直接传递服务的典型特征，$F(1, 87) = 28.89$，$p < 0.001$。并且在餐馆服务中，品牌名字与广告信息一致的情况下，被试对品牌名字与信息匹配程度的评价均值为 4.22，显著高于品牌名字与广告信息不一致组的评价均值 3.59；在保险服务中，品牌名字与广告信息一致的情况下，被试对品牌名字与广告信息匹配程度的评价均值为 4.52，同样高于品牌名字与广告信息不一致组的评价均值 3.93，$F(1, 87) = 3.66$，$p = 0.05$。

（2）情感。

被试情感状态测量问卷的信度达到令人满意的水平，餐馆服务的 Cronbach's α 值为 0.87，保险服务的 Cronbach's α 值为 0.89。控制变量被试对服务熟悉程度对被试看完广告后的情感状态并没有显著影响，餐馆：$F(1, 75) = 1.86$，$p > 0.10$；保险：$F(1, 85) = 1.87$，$p > 0.10$。在餐馆和保险两种服务中，以品牌名字的暗示性程度、品牌名字与广告信息的一致性水平为因子进行 2×2 协方差分析检验前面提出的 H_1。品牌名字的暗示性程度分别为暗示性的品牌名字和非暗示性的品牌名字，品牌名字与广告信息的一致性水平分别为与暗示性的品牌名字相一致的广告信息和与暗示性的品牌名字不一致的广告信息（下同）。结果发现，品牌名字的暗示性程度和品牌名字与信息一致性之间的交互作用只有在餐馆服务中是显著的，餐馆：$F(1, 75) = 8.81$，$p < 0.01$；保险：$F(1, 85) = 0.24$，$p > 0.10$。鉴于在保险服务中两者的交互作用并不显著，本研究只在餐馆服务中进行两两比较，比较结果均支持 H_1，不同实验条件下被试的情感状态评价见图 2。

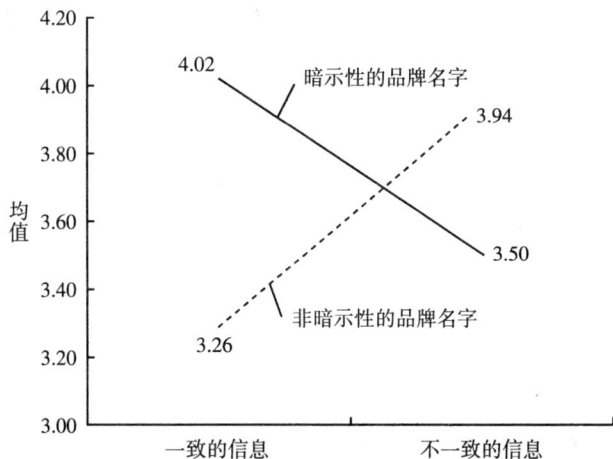

图 2　被试的情感状态评价（餐馆）

如图 2 所示，在广告信息与暗示性品牌名字一致的情况下，暗示性的品牌名字组的情感均值为 4.02，显著高于非暗示性的品牌名字组的情感均值，3.26，$F(1, 37) = 7.38$，$p < 0.01$，被试对暗示性的品牌名字的广告更容易产生积极的情感；在暗示性的品牌名字的情况下，广告信息与暗示性品牌名字一致组的被试情感均值为 4.02，显著高于不一致组的被试情感均值 3.50，$F(1, 37) = 2.86$，$p < 0.10$。因此，H_1 得到证实。此外，当广告信息与暗示性品牌名字不一致时，暗示性的品牌名字组的被试情感状态均值为 3.50，与非暗示性的品牌名字组的被试情感状态均值 3.94 并没有显著差异，$F(1, 37) = 1.48$，$p > 0.10$。

（3）广告态度。

广告态度测量问卷的信度也达到令人满意的水平，餐馆的 Cronbach's α 值为 0.78，保险的 Cronbach's α 值为 0.89。与情感测量的结果一致，被试对两种服务类型的熟悉程度并没有对广告态度产生显著影响，餐馆：$F(1, 75) = 2.15$，$p > 0.10$；保险：$F(1, 85) = 1.50$，$p > 0.10$。以品牌名字的暗示性程度、品牌名字与广告信息的一致性水平为因子的 2×2 协方差分析表明，两者的交互作用是显著的，餐馆：$F(1, 75) = 3.07$，$p = 0.08$；保险：$F(1, 85) = 3.37$，$p = 0.07$。研究结果部分支持 H_2。图 3 和图 4 分别给出在餐馆和保险服务中不同实验条件下被试的广告态度。

如图 3 和图 4 所示，当广告信息与暗示性品牌名字相匹配时，在餐馆服务中，暗示性的品牌名字组的广告评价均值为 4.05，显著高于非暗示性的品牌名字组的广告评价均值 3.13，$F(1, 37) = 8.57$，$p < 0.05$；在保险服务中，暗示性的品牌名字组的广告评价均值为 4.21，高于非暗示性的品牌名字组的广告评价均值 3.45，$F(1, 41) = 3.26$，$p = 0.07$。当品牌名字同样是暗示性时，广告信息与暗示性的品牌名字一致组对餐馆广告的评价均值为 4.05，与不一致组的均值 3.87 没有显著差别，$F(1, 37) = 0.64$，$p > 0.60$；但是广告信息与暗示性的品牌名字一致组对保险广告的评价均值为 4.21，比不一致组的均值 3.49 高且显著，$F(1, 43) = 8.92$，$p < 0.01$。此外，当广告信息与暗示性的品牌名字不一致时，在餐馆

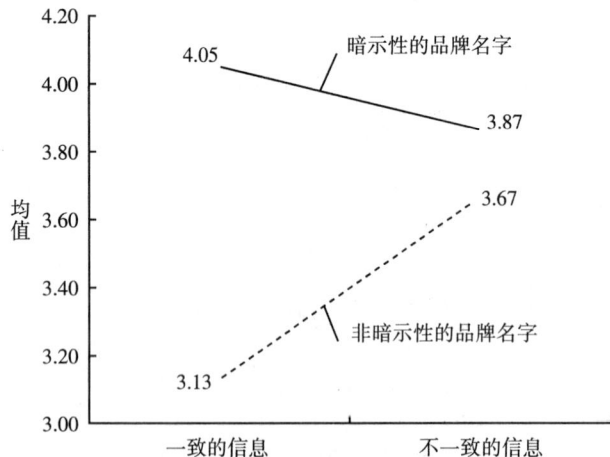

图 3　被试的广告态度（餐馆）

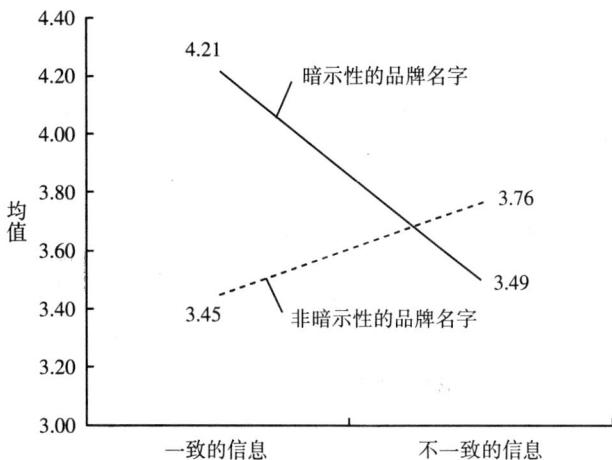

图 4 被试的广告态度（保险）

服务中，暗示性的品牌名字组的广告态度均值为 3.87，与非暗示性的品牌名字组的广告态度均值 3.67 并没有显著差异，$F(1, 37) = 0.37$，$p > 0.50$；在保险服务中，暗示性的品牌名字组的广告态度均值为 3.49，与非暗示性的品牌名字组的广告态度均值 3.76 同样不存在显著差异，$F(1, 43) = 0.52$，$p > 0.50$。

（4）品牌态度。

品牌态度测量问卷的信度水平是令人满意的，餐馆的 Cronbach's α 值为 0.90，保险的 Cronbach's α 值为 0.92。此外，控制变量被试对餐馆/保险服务的熟悉程度对品牌态度的影响均不显著，餐馆：$F(1, 75) = 2.05$，$p > 0.10$；保险：$F(1, 85) = 1.93$，$p > 0.10$。以品牌名字的暗示性程度、品牌名字与广告信息的一致性水平为因子的 2×2 协方差分析表明，两者的交互作用显著，餐馆：$F(1, 75) = 13.43$，$p < 0.001$；保险：$F(1, 85) = 6.73$，$p < 0.05$。餐馆和保险服务两两比较的具体结果见图 5 和图 6。

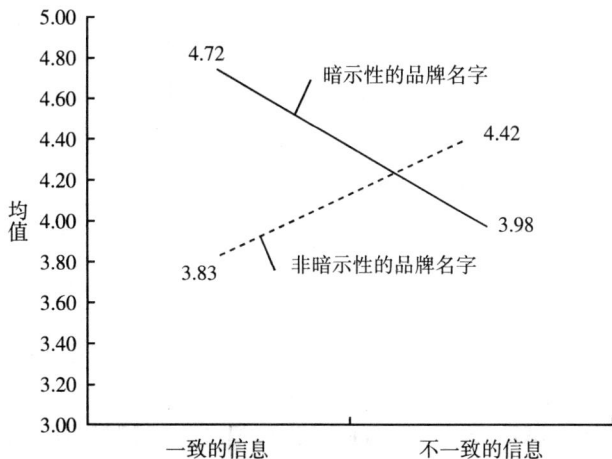

图 5 被试的品牌态度（餐馆）

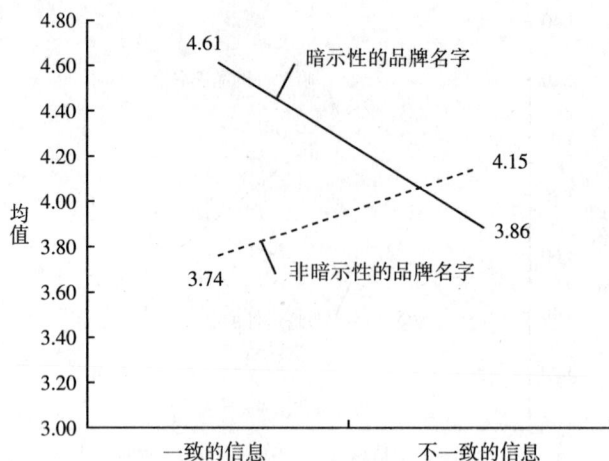

图 6　被试的品牌态度（保险）

如图 5 和图 6 所示，当广告信息与暗示性品牌名字一致时，在餐馆服务中，与非暗示性的品牌名字组的品牌态度均值 3.83 相比，暗示性的品牌名字组的品牌态度均值 4.72 更高，$F(1, 37) = 8.85$，$p < 0.01$；在保险服务中，暗示性的品牌名字组的品牌态度均值为 4.61，显著高于非暗示性的品牌名字组的品牌态度均值 3.74，$F(1, 41) = 6.67$，$p < 0.05$。在暗示性的品牌名字的情况下，餐馆广告信息与品牌名字一致组的品牌态度均值为 4.72，显著高于不一致组的均值 3.98，$F(1, 37) = 10.24$，$p < 0.005$；同样，保险广告信息与名字一致组的品牌态度均值为 4.61，显著高于不一致组的品牌态度均值 3.86，$F(1, 43) = 9.04$，$p < 0.01$，因此，H_3 得到证实。并且当广告信息与暗示性的品牌名字不一致时，非暗示性的餐馆品牌名字组的品牌态度均值为 4.42，显著高于暗示性的品牌名字组的品牌态度均值 3.98，$F(1, 37) = 3.78$，$p < 0.06$；在保险服务中，暗示性品牌名字情况下的品牌态度均值为 3.86，与非暗示性品牌名字情况下的品牌态度均值 4.15 并没有显著差异，$F(1, 43) = 0.93$，$p > 0.30$。

（5）感知风险。

感知风险的测量问卷是有效的，餐馆服务的 Cronbach's α 值为 0.76，保险服务的 Cronbach's α 值为 0.71。以品牌名字的暗示性、品牌名字与广告信息一致性为因子的 2×2 协方差分析表明，两者的交互作用是显著的，餐馆：$F(1, 75) = 4.70$，$p < 0.05$；保险：$F(1, 85) = 4.86$，$p < 0.05$。餐馆和保险服务中不同实验条件下被试的感知风险如图 7 和图 8 所示。

如图 7 和图 8 所示，在广告信息与暗示性品牌名字一致组，被试感知风险在暗示性餐馆品牌名字组的得分均值为 2.78，显著低于在非暗示性餐馆品牌名字组的得分均值 3.53，$F(1, 37) = 3.40$，$p = 0.07$；相类似，暗示性的保险品牌名字组的感知风险均值为 3.45，显著低于非暗示性的保险品牌名字组的感知风险均值 4.32，$F(1, 41) = 3.92$，$p = 0.05$。在暗示性品牌名字情况下，餐馆服务中与广告信息一致组的感知风险均值为 2.78，显著低于

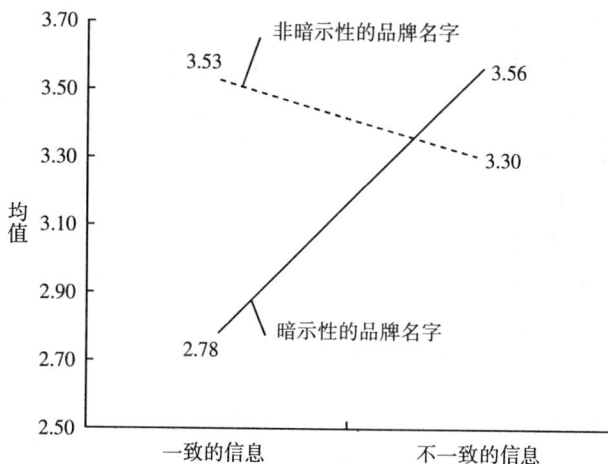

图 7 被试的感知风险（餐馆）

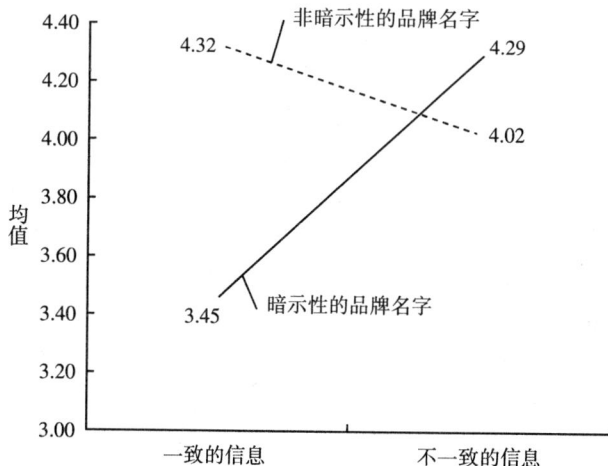

图 8 被试的感知风险（保险）

与广告信息不一致组的感知风险均值 3.56，F$(1, 37)$ = 4.85，p < 0.05；保险服务中与广告信息一致组的感知风险均值为 3.45，显著低于与广告信息不一致的实验组感知风险均值 4.29，F$(1, 43)$ = 9.07，p < 0.01。H$_4$ 得到证实。当广告信息与暗示性品牌名字不一致时，暗示性的餐馆品牌名字组的感知风险均值为 3.56，与非暗示性的餐馆品牌名字组的感知风险均值 3.30 并没有显著差别，F$(1, 37)$ = 1.19，p > 0.28；保险服务中，暗示性的品牌名字组的感知风险均值为 4.29，也不显著高于非暗示性的品牌名字组的均值 4.02，F$(1, 43)$ = 0.82，p > 0.30。

（6）中介变量检验。

为了更加深入地挖掘 H$_1$ 至 H$_3$ 背后的运行机制，进行中介变量分析，以确定被试感知风险是否导致以上不同结果的中间变量，本研究根据张莉等[29] 和楼尊[30] 的建议采用协方差分析的方法检验有中介的调节作用。

1）构建模型一，分别以情感、广告态度和品牌态度作为因变量，以品牌名字的暗示性程度、品牌名字与广告信息一致性为因子进行 2×2 协方差分析，结果表明，品牌名字的暗示性程度和品牌名字与广告信息一致性两者的交互作用在餐馆情况下显著，情感：$F(1, 75) = 8.81$，$p = 0.004$；广告态度：$F(1, 75) = 3.07$，$p = 0.084$；品牌态度：$F(1, 75) = 13.43$，$p = 0.00$。在保险服务中，该交互作用除了在以情感作为因变量时不显著，其他的都显著，情感：$F(1, 85) = 0.24$，$p = 0.63$；广告态度：$F(1, 85) = 3.37$，$p = 0.07$；品牌态度：$F(1, 85) = 6.73$，$p = 0.01$。

2）构建模型二，以感知风险作为因变量，仍然以品牌名字的暗示性程度、品牌名字与广告信息一致性为因子进行 2×2 协方差分析，两个因子的交互作用是显著的，餐馆：$F(1, 75) = 4.70$，$p = 0.03$；保险：$F(1, 85) = 4.86$，$p < 0.05$。

3）分别以情感、广告态度和品牌态度作为因变量，以感知风险作为自变量进行回归。回归结果表明，在餐馆服务中，感知风险对情感、广告态度和品牌态度具有显著的负向影响，情感：$\beta = -0.31$，$t = -2.85$，$p < 0.01$；广告态度：$\beta = -0.25$，$t = -2.23$，$p < 0.05$；品牌态度：$\beta = -0.42$，$t = -4.08$，$p < 0.001$。在保险服务中，感知风险对 3 个因变量的影响也是显著的，情感：$\beta = -0.37$，$t = -3.76$，$p < 0.001$；广告态度：$\beta = -0.50$，$t = -5.41$，$p < 0.001$；品牌态度：$\beta = -0.53$，$t = -5.91$，$p < 0.001$。

4）在餐馆服务中，当把感知风险放入模型一作为协变量时，品牌名字的暗示性程度和品牌名字与广告信息一致性交互作用变得不显著或相对于模型二有所下降，情感：$F(1, 74) = 5.68$，$p = 0.02$；广告态度：$F(1, 74) = 1.68$，$p > 0.10$；品牌态度：$F(1, 74) = 8.97$，$p = 0.004$。但是感知风险的作用仍然是高度显著的，情感：$F(1, 74) = 5.83$，$p < 0.02$；广告态度：$F(1, 74) = 3.05$，$p = 0.08$；品牌态度：$F(1, 74) = 9.95$，$p < 0.01$。同样，在保险服务中，品牌名字的暗示性程度和品牌名字与广告信息一致性两个因子的交互作用变得不显著或相对于模型一有所下降，情感：$F(1, 84) = 0.04$，$p = 0.84$；广告态度：$F(1, 84) = 0.94$，$p = 0.34$；品牌态度：$F(1, 84) = 2.99$，$p < 0.09$。但是感知风险的作用仍然是高度显著的，情感：$F(1, 84) = 9.10$，$p = 0.003$；广告态度：$F(1, 84) = 18.05$，$p < 0.001$；品牌态度：$F(1, 84) = 21.80$，$p < 0.001$。感知风险的中介变量作用成立，H_5 得到证实。

在餐馆服务中，Sobel 检验结果也进一步证实品牌名字的暗示性程度和与暗示性品牌名字一致的广告信息的交互作用通过感知风险影响消费者情感、广告态度和品牌态度。当以情感作为因变量时，检验结果为 1.84，$p < 0.07$；以品牌态度作为因变量时，检验结果为 1.87，$p < 0.07$；以广告态度作为因变量时，检验结果为 1.80，$p < 0.07$。感知风险的中介作用同样在保险服务中得到证实，以情感作为因变量时，检验结果为 1.78，$p < 0.08$；以品牌态度作为因变量时，检验结果为 1.99，$p < 0.05$；以广告态度作为因变量时，检验结果为 1.96，$p < 0.05$。

（二）研究 2

研究 2 意在检验研究 1 所得结论的稳健性，与研究 1 有两点不同。首先，在研究 2 中，本研究采用宾馆和心理咨询作为体验型服务和信用型服务的代表，并相应设计不同的实验刺激物。其次，考虑到研究 1 中 MBA 样本的局限性，研究 2 采用方便抽样的方式对北京高校的大学生施测。

1. 前测

与研究 1 中的两个前测类似，首先选择宾馆和心理咨询作为实验的服务行业。在被试大学生做出判断后，为每种服务选择暗示性和非暗示性的品牌名字，选择的暗示性的品牌名字分别为忆家酒店、知心心理咨询，非暗示性的品牌名字分别为国奥酒店、北方心理咨询。并选择两个与暗示性的品牌名字完全一致的文字信息或是不一致的文字信息，两个与暗示性品牌名字完全一致的文字信息是"给您有家的温馨、家的感觉，回忆家的味道"和"倾听您的心声，诉说您的烦恼，做您的知心人"，两个与暗示性品牌名字不一致的文字信息是"为您提供舒适、便捷的旅行住宿服务，为您开启时尚新生活"和"最权威的专家，最专业的帮助，优化您的人生"。鉴于篇幅，前测结果在此不再赘述。

2. 实验设计

实验设计是 $2 \times 2 \times 2$ 组间设计。组间因子分别为服务类型、品牌名字的暗示性程度以及品牌名字与广告信息一致性水平，服务类型分为体验型服务和信用型服务，品牌名字的暗示性程度分为暗示性的品牌名字和非暗示性的品牌名字，品牌名字与广告信息一致性水平分为与暗示性的品牌名字一致的广告信息和与暗示性的品牌名字不一致的广告信息。来自各大学的 186 名学生参加了此次实验，并被随机分配到 8 种不同的实验条件下，每种实验条件下大概有 23 人。整个实验过程与研究 1 完全一致，所有测量问卷信度均达到令人满意的水平。

3. 数据结果分析

（1）操纵检验。

本研究对所有实验材料进行检验以保证之前所有操纵都是有效的，为了节省篇幅，不再详细赘述。

（2）情感。

协方差分析的结果表明无论是在宾馆还是在心理咨询服务中，品牌名字的暗示性程度与品牌名字与广告信息一致性两者的交互作用均是显著的，宾馆：$F_{(1, 85)} = 24.26$，$p < 0.001$；心理咨询：$F_{(1, 91)} = 5.55$，$p < 0.03$，结果均支持 H_1。不同实验组合条件下被试情感状态评价如图 9 和图 10 所示。

如图 9 和图 10 所示，在广告信息与暗示性品牌名字一致的情况下，被试对暗示性的宾馆品牌名字广告产生的情感均值为 4.53，显著高于对非暗示性的宾馆品牌名字组的情感均值 3.29，$F_{(1, 42)} = 24.74$，$p < 0.001$；在心理咨询服务中，暗示性的品牌名字组的情感均值为 4.58，也显著高于非暗示性品牌组的情感均值 3.57，$F_{(1, 45)} = 14.89$，$p < 0.001$。

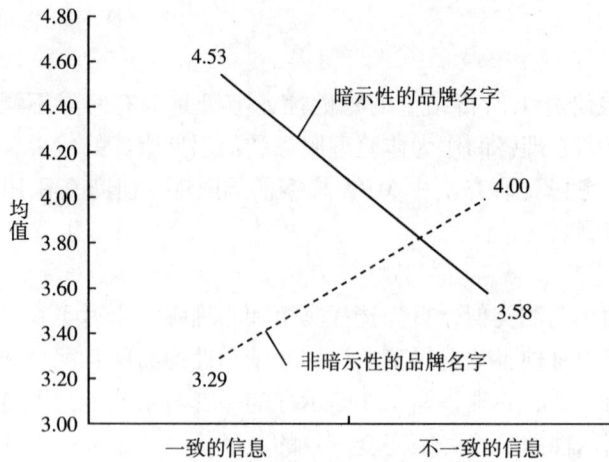

图 9 被试的情感状态评价（宾馆）

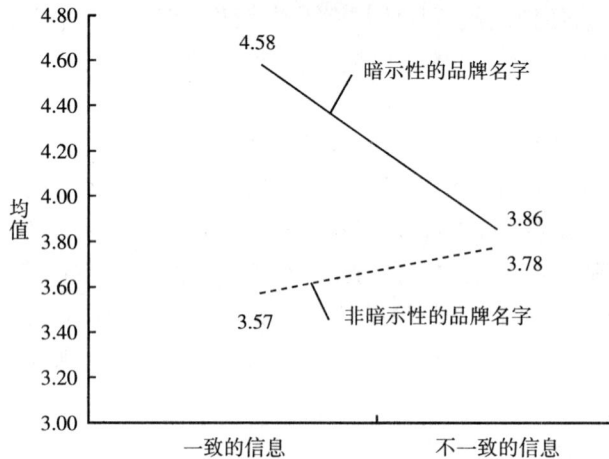

图 10 被试的情感状态评价（心理咨询）

在暗示性的品牌名字的情况下，宾馆服务中，与暗示性品牌名字一致的广告信息组的情感均值为 4.53，显著高于与暗示性品牌名字不一致的广告信息组的情感均值 3.58，$F(1，41) = 19.86$，$p < 0.001$；心理咨询服务中，与暗示性品牌名字一致的广告信息组的情感均值为 4.58，也显著高于不一致组的情感均值 3.86，$F(1，45) = 11.21$，$p < 0.005$。

（3）广告态度。

在两种服务中，品牌名字的暗示性程度和品牌名字与广告信息一致性的交互作用是显著的，宾馆：$F(1，85) = 13.71$，$p < 0.001$；心理咨询：$F(1，91) = 5.55$，$p < 0.03$。研究结果支持 H_2，如图 11 和图 12 所示。

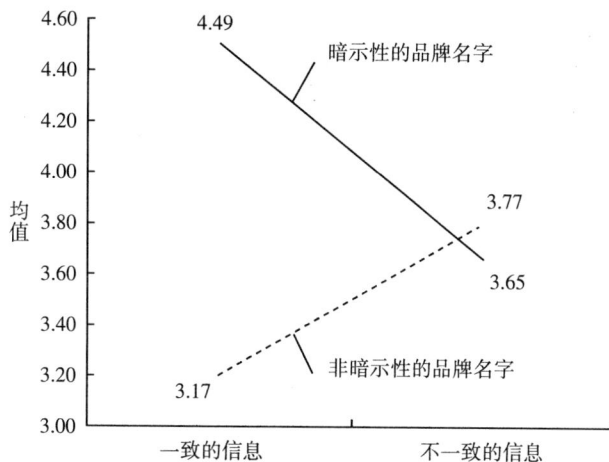

图 11 被试的广告态度（宾馆）

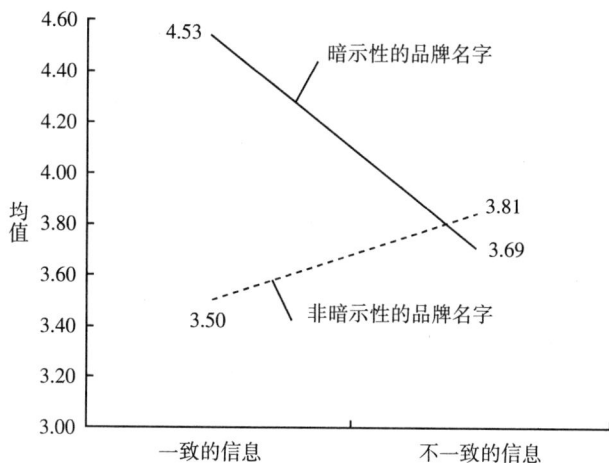

图 12 被试的广告态度（心理咨询）

当广告信息与暗示性品牌名字一致时，暗示性的宾馆品牌名字组的广告态度均值为 4.49，显著高于非暗示性的宾馆品牌名字组的广告态度均值 3.17，$F(1, 42) = 21.97$，$p < 0.001$；对于心理咨询服务，暗示性的品牌名字组的广告态度均值为 4.53，同样高于非暗示性的品牌名字组的广告态度均值 3.50，$F(1, 45) = 9.38$，$p < 0.005$。当品牌名字同样是暗示性时，与暗示性品牌名字一致的广告信息组的广告态度均值为 4.49，比不一致组的广告态度均值 3.65 高且显著，$F(1, 41) = 11.82$，$p < 0.001$；在心理咨询服务中，与暗示性品牌名字一致的广告信息组的广告态度均值为 4.53，也显著高于不一致组的广告态度均值 3.69，$F(1, 45) = 12.40$，$p < 0.001$。

（4）品牌态度。

协方差分析结果表明了品牌名字的暗示性程度和品牌名字与广告信息一致性的交互作用，宾馆：$F(1, 85) = 13.56$，$p < 0.001$；心理咨询：$F(1, 91) = 12.38$，$p < 0.001$，详见图 13 和图 14。

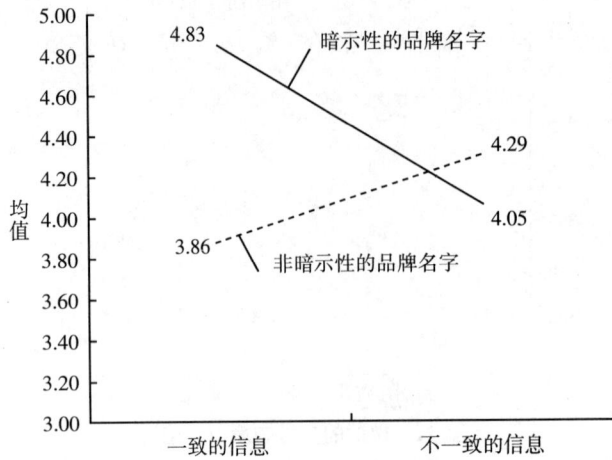

图 13　被试的品牌态度（宾馆）

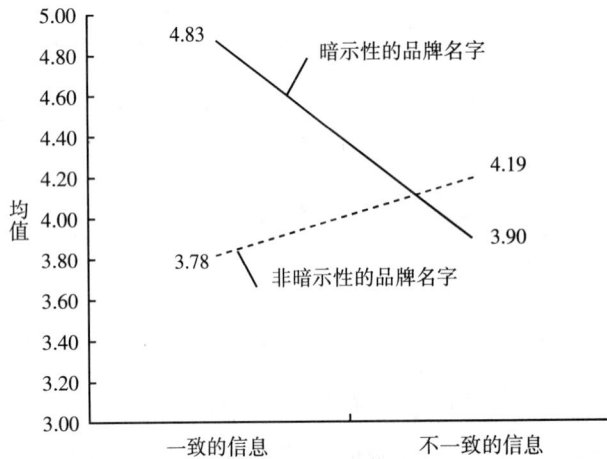

图 14　被试的品牌态度（心理咨询）

两两比较的结果表明，当广告信息与暗示性的品牌名字一致时，相比较于非暗示性的宾馆品牌名字组的品牌态度均值 3.86，暗示性的宾馆品牌名字组的品牌态度均值 4.83 更高且显著，$F(1, 42) = 13.39$，$p < 0.001$；对于心理咨询服务来说，暗示性的品牌名字组的品牌态度均值为 4.88，也显著高于非暗示性的品牌名字组的品牌态度均值 3.78，$F(1, 45) = 14.41$，$p < 0.001$；在暗示性的品牌名字的情况下，宾馆服务中被试在与暗示性品牌名字一致的广告信息时的品牌态度均值为 4.83，显著高于不一致时的品牌态度均值 4.05，$F(1, 41) = 14.37$，$p < 0.001$；对于心理咨询服务来说，与暗示性品牌名字一致的广告信息组的被试品牌态度均值为 4.88，也显著高于不一致组的品牌态度均值 3.90，$F(1, 45) = 15.73$，$p < 0.001$。因此，H_3 得到证实。

（5）感知风险。

协方差分析表明品牌名字的暗示性程度和品牌名字与广告信息一致性两者的交互作用是显著的，宾馆：$F_{(1, 85)} = 6.21$，$p < 0.05$；心理咨询：$F_{(1, 91)} = 8.10$，$p < 0.005$，具体的数据结果如图 15 和图 16 所示。

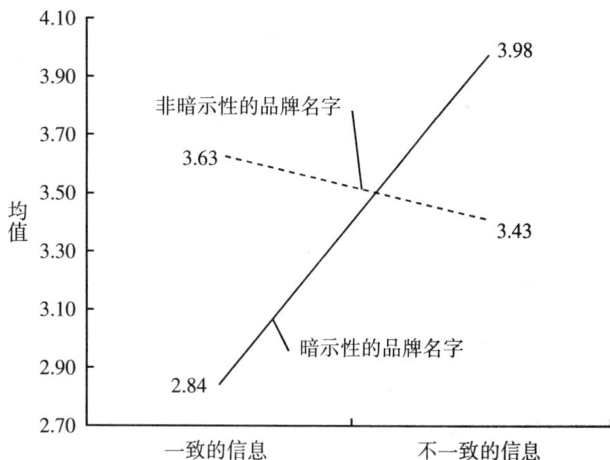

图 15 被试的感知风险（宾馆）

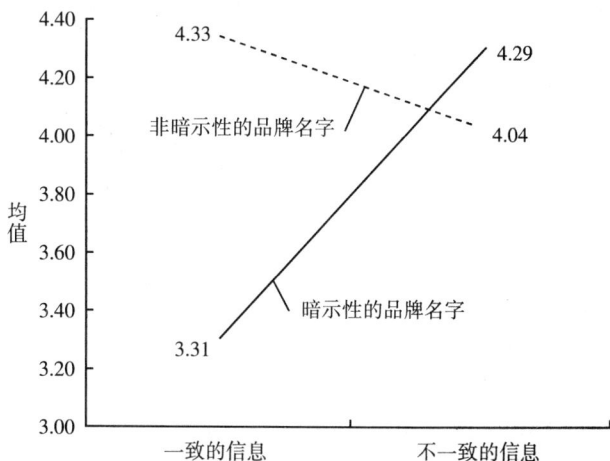

图 16 被试的感知风险（心理咨询）

在广告信息与暗示性的品牌名字一致组，被试在暗示性的宾馆品牌名字情况下的感知风险均值为 2.84，显著低于在非暗示性的品牌名字情况下的感知风险均值 3.63，$F_{(1, 42)} = 3.97$，$p = 0.05$；暗示性的心理咨询品牌名字组的感知风险均值为 3.31，也显著低于非暗示性的品牌名字组的感知风险均值 4.33，$F_{(1, 45)} = 8.36$，$p < 0.01$。在暗示性品牌名字情况下，对于宾馆服务来说，与暗示性品牌名字一致的信息组的感知风险均值为 2.84，显著低于不一致组的感知风险均值 3.98，$F_{(1, 41)} = 7.73$，$p < 0.01$；对于心理咨询服务来说，与

暗示性品牌名字一致的信息组的感知风险均值为3.31，也显著低于不一致组的感知风险均值4.29，$F(1, 45) = 12.83$，$p = 0.001$。H_4再一次得到验证。

（6）中介变量检验。

与研究1类似，同样进行中介变量分析以确定被试感知风险是否导致以上不同结果的中间变量。

1）构建模型一，分别以情感、广告态度和品牌态度作为因变量，以品牌名字的暗示性程度和品牌名字与广告信息的一致性为因子，进行协方差分析，结果表明两者的交互作用在宾馆和心理咨询服务中均是显著的。宾馆服务中，情感：$F(1, 85) = 24.26$，$p < 0.001$；广告态度：$F(1, 85) = 13.71$，$p < 0.001$；品牌态度：$F(1, 85) = 13.56$，$p < 0.001$。心理咨询服务中，情感：$F(1, 91) = 5.55$，$p < 0.03$；广告态度：$F(1, 91) = 5.55$，$p < 0.03$；品牌态度：$F(1, 91) = 12.38$，$p < 0.001$。

2）构建模型二，以感知风险作为因变量进行协方差分析，分析结果表明，品牌名字的暗示性程度和品牌名字与广告信息一致性两者交互作用是显著的，宾馆：$F(1, 85) = 6.21$，$p < 0.05$；心理咨询：$F(1, 91) = 8.10$，$p < 0.005$。

3）回归分析结果表明，在宾馆服务中，感知风险作为自变量对情感、广告态度和品牌态度具有显著的负向影响，情感：$\beta = -0.30$，$t = -2.90$，$p < 0.005$；广告态度：$\beta = -0.37$，$t = -3.75$，$p < 0.001$；品牌态度：$\beta = -0.41$，$t = -4.21$，$p < 0.001$。在心理咨询服务中，感知风险对3个因变量的影响也是显著的，情感：$\beta = -0.45$，$t = -4.93$，$p < 0.001$；广告态度：$\beta = -0.45$，$t = -4.92$，$p < 0.001$；品牌态度：$\beta = -0.51$，$t = -5.78$，$p < 0.001$。

4）在宾馆服务中，当把感知风险放入模型一作为协变量时，品牌名字的暗示性和品牌名字与信息一致性的交互作用相对于模型一有所下降，情感：$F(1, 84) = 18.53$，$p < 0.001$；广告态度：$F(1, 84) = 8.90$，$p < 0.005$；品牌态度：$F(1, 84) = 8.50$，$p = 0.005$。但是感知风险的作用仍然是高度显著的，情感：$F(1, 84) = 4.32$，$p < 0.05$；广告态度：$F(1, 84) = 7.90$，$p < 0.01$；品牌态度：$F(1, 84) = 9.87$，$p < 0.005$。同样，在心理咨询服务中，品牌名字的暗示性程度和品牌名字与信息一致性的交互作用变得不显著或是相对于模型一中有所下降，情感：$F(1, 90) = 1.97$，$p > 0.10$；广告态度：$F(1, 90) = 1.95$，$p > 0.10$；品牌态度：$F(1, 90) = 6.09$，$p < 0.02$。但是感知风险的作用仍然是高度显著的，情感：$F(1, 90) = 11.90$，$p = 0.001$；广告态度：$F(1, 90) = 12.10$，$p = 0.001$；品牌态度：$F(1, 90) = 17.60$，$p < 0.001$。感知风险的中介变量作用成立，H_5再一次得到证实。

在宾馆服务中，Sobel检验结果也进一步证实感知风险在暗示性的品牌名字与消费者情感、广告态度和品牌态度关系之间的中介作用。以情感作为因变量时，检验结果为1.60，$p = 0.10$；以品牌态度作为因变量时，检验结果为1.95，$p < 0.05$；以广告态度作为因变量时，检验结果为1.87，$p = 0.06$。类似的检验结果同样在心理咨询服务中得到证实，以情感作为因变量时，检验结果为2.38，$p < 0.02$；以品牌态度作为因变量时，检验结果为2.58，$p < 0.02$；以广告态度作为因变量时，检验结果为2.38，$p < 0.02$。

（三）小结和讨论

通过前面两个实验，在体验型和信用型两种不同类型的服务中，笔者提出的 5 个假设均得到不同程度的证实。首先，H_1 在餐馆、宾馆和心理咨询服务中得到证实，而在信用特性非常高的服务（如保险）中，品牌名字的暗示性和与暗示性品牌名字一致的广告信息之间的交互作用并不显著，不会激发消费者不同的情感状态。其次，笔者发现被试的广告态度与品牌名字的暗示性和与暗示性品牌名字一致的广告信息之间的交互作用有关，H_2 在所有的服务类型中得到一定程度的证实。再次，与 H_3 完全一致，当广告信息与暗示性品牌名字一致时，与非暗示性的品牌名字相比，被试在暗示性的品牌名字情况下的品牌态度更高。最后，通过中介变量分析，感知风险的中介变量作用被证实，即品牌名字的暗示性和与暗示性的品牌名字一致的广告信息的交互作用对被试情感、广告态度和品牌态度的影响是通过风险感知起作用的。

本研究发现暗示性的品牌名字与广告信息一致性越高，越有利于刺激消费者正面的情感以及更积极的品牌态度和广告态度。中国国内一些服务企业（如中国平安保险股份有限公司）便将企业品牌名字与提供的保险服务主要特色（如可靠、保障等）结合起来，有利于企业和服务的信息浓缩其中。平安的很多广告语中也准确、简洁地表达保险服务的功用和性能，在广告中同时宣传了企业的品牌，如平安保险广告语"让每个家庭拥有平安"、"中国平安，平安中国"、"人生旅途，平安相伴"等，暗示有平安保险陪伴左右，人生能够有保障，时时刻刻都会生活得平安。在传播策略中将暗示性的名字与广告信息相互呼应，彰显企业服务的竞争优势，在企业宣传方面起到事半功倍的作用。

五、结　论

本研究系统分析中国服务业领域暗示性品牌名字对消费者品牌决策的影响。通过两个组间实验设计，实证研究暗示性品牌名字的效果以及与广告信息的交互作用影响消费者情感、广告态度和服务品牌态度的内在机制，探讨消费者感知风险在这一作用机制过程中的中介变量作用。研究结果表明：①暗示性的品牌名字和广告信息能对被试情感状态产生影响，即暗示性的品牌名字与广告信息之间越匹配，它们之间越容易发生交互作用来刺激消费者的正面情感；②通过建立暗示性的品牌名字与广告信息之间的联系，增强它们之间的匹配性，有利于刺激消费者产生积极的广告态度和品牌态度；③当服务品牌具有一个暗示性的名字时，相一致的广告信息会进一步增强消费者评价的确定性，让他们对这个广告和品牌更加信任，其感知风险水平较低；④感知风险对暗示性品牌与广告信息交互项的中介作用的检验表明，暗示性服务品牌名字和与暗示性的品牌名字一致的广告信息的交互作用是通过感知风险的中介作用来实现的，感知风险有效地传递了品牌名字的暗示性和与暗示性的品牌名字一致的广告信息两者的交互作用对消费者情感、广告态度和品牌态度的影响。

本研究不仅为国外学者的一些主张提供了实证支持，同时也在基于中国消费者数据的基础上尝试了理论创新。一方面，从实证角度系统探讨在消费者介入程度及其无形性相对较高的两种典型服务领域（体验型服务和信用型服务）中，消费者如何根据暗示性的品牌名字和广告信息最终做出自己服务决策的心理过程，这有助于更好地理解消费者服务品牌决策的过程，从而更准确地预测消费者行为。另一方面，由于服务业中消费者感知风险和不确定性水平相对较高，本研究将消费者感知风险引入到暗示性品牌名字的研究中，探讨服务领域中感知风险在品牌名字暗示性与消费者情感、广告态度和品牌态度之间的中介作用，从而为更加细致深入地了解暗示性服务品牌名字对消费者决策影响的内在心理驱动机制提供例证，进一步拓展服务业中消费者感知风险在暗示性品牌名字研究领域的应用。另外，在中国的背景下进行暗示性品牌名字的研究不仅能帮助中国的服务企业创建一个优秀的品牌名字，还可以帮助外国的企业将全球品牌本土化，进而促进其在中国市场的成功。

一些不知名的服务品牌和新兴的服务企业要想在激烈的市场竞争中占有一席之地，对于服务提供商，为了吸引消费者的注意和鼓励消费者购买自己企业提供的服务，应该为服务品牌起一个暗示性的品牌名字，从而使消费者能够透过品牌名字感知到服务提供商主要的竞争优势，即所能提供的主要利益，如特色服务、特色菜肴、消费环境、价格等。此外在广告传播策略中，也应该着力强调与暗示性品牌名字相一致的服务属性，使暗示性品牌名字与广告信息相得益彰、相互配合，共同激发消费者对品牌的正面、积极评价。

本研究只选择体验服务中的餐馆、宾馆和信用服务中的保险、心理咨询行业进行假设检验，所以研究结果还需要在更多的服务行业中进行验证，有助于将本研究结果进一步扩展到其他服务领域，从而为有关领域做出更大的贡献；以往研究证实当消费者对评价产品类型的知识程度相对较高时会影响到暗示性品牌名字作用的发挥，未来研究可以进一步探讨消费者专业化程度的调节作用；在实验中购买重要性均控制在相同的水平，在实际日常生活中，服务消费情境重要性程度存在差异，不同的购买重要性会引发消费者不同的购买介入程度，进而影响消费者购买决策过程，因此之前的研究结论能否推广到不同的购买重要性情况下是未来可探讨的方向。从品牌命名研究的主体看，目前还没有吸引足够的学者从事研究，品牌命名研究涉及多门学科的知识，期待着有更多的营销学者拓展品牌命名研究。

参考文献

[1] Keller K. L.. Conceptualizing, Measuring, and Managing Customer: Based brand Equity [J]. Journal of Marketing, 1993, 57 (1): 1-22.

[2] Keller K. L., Heckler S. E., Houston M. J.. The Effects of Brand Name Suggestiveness on Advertising Recall [J]. Journal of Marketing, 1998, 62 (1): 48-57.

[3] 郝佳. 全球化环境下的跨学科、跨文化品牌名称研究探析 [J]. 外国经济与管理, 2009 (4): 51-58.

［4］Keh H. T., Sun J. The Complexities of Perceived Risk in Cross-cultural Services Marketing［J］. Journal of International Marketing, 2008, 16（1）: 120-146.

［5］Qiu C., Yeung C. W. M. Mood and Comparative Judgment: Does Mood Influence Everything and Finally Nothing?［J］. Journal of Consumer Research, 2008, 34（5）: 657-669.

［6］Keller K. L. Memory Factors in Advertising: The Effect of Advertising Retrieval Cues on Brand Evaluations［J］. Journal of Consumer Research, 1987, 14（3）: 316-333.

［7］Keller K. L. Cue Compatibility and Framing in Advertising ［J］. Journal of Marketing Research, 1991, 28(1): 42-57.

［8］Keller K. L. Memory and Evaluation Effects in Competitive Advertising Environments ［J］. Journal of Consumer Research, 1991, 17（4）: 463-476.

［9］Lee Y. H., Ang K. S. Brand Name Suggestiveness: A Chinese Language Perspective［J］. International Journal of Research in Marketing, 2003, 20（4）: 323-335.

［10］Sen S. The Effects of Brand Name Suggestiveness and Decision Goal on the Development of Brand Knowledge ［J］. Journal of Consumer Psychology, 1999, 8（4）: 431-455.

［11］Lee Y. H., Ang S. H. Interference of Picture and Brand Name in a Multiple Linkage ad Context ［J］. Marketing Letters, 2003, 14（4）: 273-288.

［12］Lowrey T. M., Shrum L. J., Dubitsky T. M. The Relation between Brand-name Linguistic Characteristics and Brand-name Memory ［J］. Journal of Advertising, 2003, 32（3）: 7-17.

［13］Brendl C. M., Chattopadhyay A., Pelham B. W., Carvallo M. Name Letter Branding: Valence Transfers when Product Specific Needs are Active ［J］. Journal of Consumer Research, 2005, 32（3）: 405-415.

［14］Lowrey T. M., Shrum L. J. Phonetic Symbolism and Brand Name Preference ［J］. Journal of Consumer Research, 2007, 34（3）: 406-414.

［15］Chan H., Wan L. C., Sin L. Y. M. The Contrasting Effects of Culture on Consumer Tolerance: Interpersonal Face and Impersonal Fate ［J］. Journal of Consumer Research, 2009, 36（2）: 292-304.

［16］Anderson J. Spreading Activation ［M］. New York, 1984: 61-90.

［17］Pomerantz J. R. Perceptual Organization in Information Processing ［M］. Hillsdale, NJ: Erlbaum, 1981: 141-180.

［18］Holbrook M. B., Batra R. Assessing the Role of Emotions as Mediators of Consumer Responses to Advertising ［J］. Journal of Consumer Research, 1987, 14（3）: 404-420.

［19］White K., McFarland C. When are Moods most Likely to Influence Consumers' Product Preferences? The Role of Mood Focus and Perceived Relevance of Moods ［J］. Journal of Consumer Psychology, 2009, 19（3）: 526-536.

［20］LaTour K. A., LaTour M. S. Positve Mood and Susceptibility to False Advertising ［J］. Journal of Advertising, 2009, 38（3）: 127-142.

［21］MacInnis D. J., Park C. W. The Differential Role of Characteristics of Music on High-and Low-involvement Consumers' Processing of Ads ［J］. Journal of Consumer Research, 1991, 18（2）: 161-173.

［22］Lee Y. H., Mason C. Responses to Information Incongruency in Advertising: The Role of Expectancy, Relevancy, and Humor ［J］. Journal of Consumer Research, 1999, 26（2）: 156-169.

［23］Maheswaran D., Chaiken S. Promoting Systematic Processing in Low-motivation Settings: Effect of Incongruent Information on Processing and Judgment［J］. Journal of Personality and Social Psychology, 1991, 61

（1）：13-25.

　　[24] Grewal D., Iyer G. R., Gotlieb J., Levy M. Developing a Deeper Understanding of Post-purchase Perceived Risk and Behavioral Intentions in a Service Setting [J]. Journal of the Academy of Marketing Science, 2007, 35 (2): 250-258.

　　[25] Burgess S. M., Steenkamp E. M. Marketing Renaissance: How Research in Emerging Markets Advances Marketing Science and Practice [J]. International Journal of Research in Marketing, 2006, 23 (4): 337-356.

　　[26] 杨鹏鹏，王能民，杨彤. 虚假广告的产生及其监控分析 [J]. 中央财经大学学报，2008 (8)：91-96.

　　[27] Watson D., Clark L. A., Tellegen A. Development and Validation of Brief Measures of Positive and Negative Affect: The PANAS scales [J]. Journal of Personality and Social Psychology, 1988, 54 (6): 1063-1070.

　　[28] Malaviya P. The Moderating Influence of Advertising Context on Ad Repetition Effects: The Role of Amount and Type of Elaboration [J]. Journal of Consumer Research, 2007, 34 (1): 32-40.

　　[29] 张莉，Wan Fang，林与川，Qiu Pingping. 实验研究中的调节变量和中介变量 [J]. 管理科学，2011, 24 (1)：108-116.

　　[30] 楼尊. 参与的乐趣：一个有中介的调节模型 [J]. 管理科学，2010, 23 (2)：69-76.

Effect of Brand Name Suggestiveness on Consumer Decision Making
——An Empirical Evidence from Chinese Service Industry

Sun Jin　　Zhang Hongxia

(International Business School in University of International Business and Economics
Beijing　　00029)

Abstract: Brand name is considered to be one of the major assets of a firm. A good brand name can enhance brand awareness and is considered as an important means to build brand equity. Synthesizing the literature, the main objective of this research is to systematically investigate whether the suggestive brand name can influence consumer advertising attitude in a Chinese service context.170 MBA students and 186 university students participated in the first and second experiments, The main data analysis method is ANCOVA. The results showed that there is a significant interaction effect between brand name suggestiveness and advertising verbal content in the scenarios such as restaurants, hotels, and psychology consultations. That is, the more consistency between suggestive brand name and advertisement content, the more positive emotional responses toward the information. and the more positive advertising and brand attitude. However, the consistency can only bring postive brand and advertising attidue in insurance services In addition, perceived risk is an important mediator.

Key Words: Suggestive Brand Name; Perceived Risk; Brand Attitude; Advertising Attitude; Emotional Responses

消费者 CSR 反应的产品类别差异及群体特征研究*

田志龙　王瑞　樊建锋　马玉涛

（华中科技大学管理学院　武汉　430074）

【摘　要】本文通过对六个行业 1022 名消费者的情境式问卷调查，将市场细分运用于企业社会责任（CSR）研究领域，从产品类型和消费者群体特征双重视角来探究消费者 CSR 反应的特点及内在规律，弥补了现有相关研究中缺乏产品类型比较和消费者分类的缺点。实证结果表明：第一，总体而言，消费者会将正面的 CSR 行为转换为积极的企业评价、产品联想和购买意向，尤其是在 CSR 行为赢得消费者关注和信任的情况下。第二，消费者的 CSR 反应因产品类型的不同而有所差异。销售体验产品相对于销售搜索产品和信任产品的企业更可能通过 CSR 实践取得消费者积极的产品联想和购买支持。第三，依据消费者 CSR 反应程度由强到弱，将消费者分为热情型、精明型和现实型，三类消费者群体的人口统计特征分布各有侧重。第四，不同消费者群体对不同产品类别 CSR 信息的反应是存在差异的。

【关键词】CSR；消费者反应　产品类型　群体特征　中国市场

在过去的近 20 年中，随着越来越多的国家和地区对企业社会责任（corporate social responsibility，CSR）的重视，企业如何通过履行社会责任影响消费者的态度和行为也成为学术界备受关注的主题。尽管现有的大多数研究表明，CSR 对消费者的企业评价和购买意向存在积极影响，[1-4] 但 CSR 究竟如何影响消费者的心理与行为仍缺乏深入的研究。[5] 更重要的是，由于 CSR 相关法律法规在行业之间的差异性以及各个行业产品所具有的自身特点，消费者在面对不同行业产品的 CSR 信息时，很可能会表现出不同的态度反应和行

* 本文选自《南开管理评论》2011 年第 14 卷第 1 期。
基金项目：国家自然科学基金（70672038、70972015）。
作者简介：田志龙，华中科技大学管理学院工商管理系主任、教授、博士生导师，研究方向为营销管理与战略管理；王瑞，华中科技大学管理学院博士生，研究方向为营销管理与战略管理；樊建锋，华中科技大学管理学院博士生，研究方向为营销管理与战略管理；马玉涛，华中科技大学管理学院博士生，研究方向为营销管理与战略管理。

为意向。[6] 然而，消费者在响应不同行业或产品类别的 CSR 信息时会呈现怎样的差异性及其规律，尚没有在已有研究中得到合理的回答和解释。而弄清这个问题将有助于身处不同行业的企业管理者们更好地履行 CSR 实践，[6] 以及更有效地发挥 CSR 的经济意义。[7-9] 另外，中国作为全球最大的新兴市场，中国消费者的态度和行为已成为中国本土企业和跨国公司共同关注的对象。随着 CSR 在企业战略管理及营销实践中的逐渐应用，不同阶层的中国消费者究竟会如何响应企业的 CSR 行为，研究十分有限。更确切地说，已有研究缺乏探讨消费者 CSR 反应的群体差异性，而这一问题的解决将有利于在华经营企业有效地运用 CSR 策略以达到取悦消费者的目的。综上所述，本文通过对六个行业 1022 名消费者的情境式问卷调查，试图回答以下几个有待探讨的问题：①借鉴信息加工理论，探讨中国消费者究竟会如何反映企业的 CSR 行为；②突破性地将产品分类理论与消费者视角的 CSR 理论关联起来，探讨消费者 CSR 反应在不同产品类别之间具有怎样的差异性，并解释这种差异性所隐含的心理机制；③在群体细分的基础上，探讨消费者 CSR 反应的群体特征，并结合中国特有的经济与文化背景来解释不同消费者群体的反应特点及其外在动因；④本研究进一步挖掘产品类型与群体特征的内在关联机制，以更深入全面地探究消费者 CSR 反应的内在规律。本研究弥补了现有研究仅仅依据单一行业或总体消费者的情况来解释消费者 CSR 反应的不足，是对现有研究成果的丰富与补充。本研究结果旨在为企业的 CSR 实践提供策略性的指导和建议。

一、文献回顾与假设提出

1. 企业 CSR 实践

最早对 CSR 的概念进行分级阐释的是 Carroll 的定义，此定义也成为日后 CSR 研究领域的经典。Carroll 将企业社会责任分解为四个部分：经济责任、法律责任、伦理责任和慈善责任（也称自愿责任）。[10] 所谓伦理责任是指企业必须符合社会准则、规范和价值观，具体的表现包括环境保护、维护公民权利、保护消费者权益等多种形式；而慈善责任是指企业行为应当体现良好的企业公民形象以回应社会的期望，主要的表现方式是可以提高社会福利的公益慈善行为。[11] 由于经济责任和法律责任是企业必须履行的责任，且普遍受到消费者的重视和关注，[12,13] 因而在已有的 CSR 研究中主要探讨的是企业在伦理和慈善层面上的更高级的社会责任，[14,15] 这也是本研究所主要关注的方面。

2. 消费者 CSR 反应

信息加工理论（Information Processing Theory）认为，行为个体对外界信息的加工过程至少包括以下几个阶段：首先注意到信息的存在，然后在短期记忆区内对信息进行译码和判断，接着在长期记忆区内对信息进行转换和推理，最后根据推理的结果做出行为反应。[16] 根据这一理论，我们将消费者对 CSR 信息的反应同样分解为注意、判断、推理和行为反应这几个阶段，每个阶段分别对应着现有相关文献中的关键变量，即消费者对 CSR 行为的关注、信任（对 CSR 行为真诚性的判断）、由此产生的企业评价和产品联想以及在 CSR 信息刺激下的购买意愿。在现有文献中，企业评价、产品联想和购买意愿是学者们普遍关注的因变量，并且它们均会受到消费者感知的企业 CSR 水平而非企业客观的 CSR 表现的影响。[17,18] 图 1 给出了本研究的理论模型。下面我们将提出具体的研究假设。

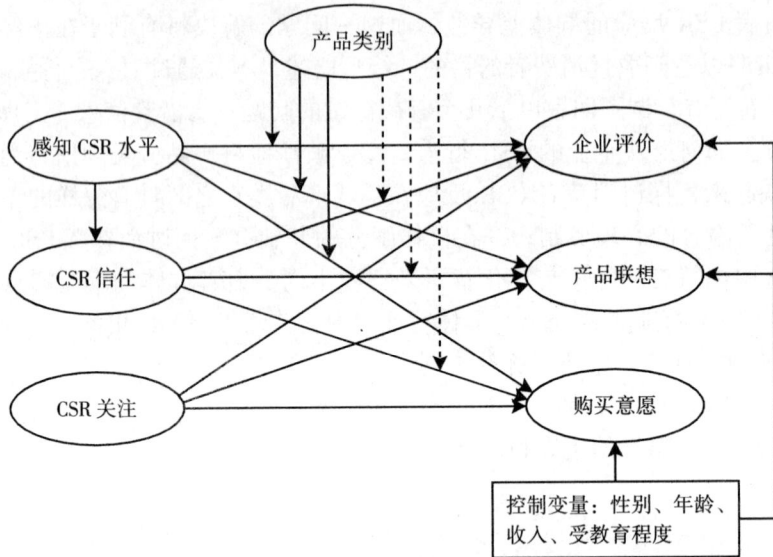

图 1　理论模型

注：虚线部分的假设，表示只有在 CSR 信任的中介作用成立的情况下这些假设才有检验的必要。

（1）消费者感知 CSR 水平。

消费者感知 CSR 水平是指企业在履行超越经济和法律层面的高级社会责任的过程中所付出的努力或投入符合消费者期望的水平。在现有的探讨 CSR 与消费者相关关系的实证研究中，对于自变量 CSR 的测量（指问卷调查中）或处理（指实验设计中）均是以消费者感知的 CSR 水平或 CSR 信息作为衡量标准的，但大多数学者并没有在变量命名时强调"感知"这一点。本研究中，消费者感知 CSR 水平的测量是在借鉴已有研究的基础上进行的。如 Sen 和 Bhattacharya 在测量消费者感知的 CSR 水平时，运用了"Aware of"、"Expected of"和"Surprised of"三个不同程度的表达；[1] 而我国学者周祖城和张漪杰则探讨了行业内的企业社会责任相对水平与消费者购买意向的关系，使得自变量 CSR 在情境描述和界定上更明确了一步。[19] 在本研究中，我们通过向消费者呈现企业在行业内的 CSR 表现，来测量消费者所感知到的企业 CSR 努力在多大程度上达到甚至超越了他们的期望值。在现有的实证研究中，对于企业的 CSR 行为会引起怎样的消费者反应已经取得了十分丰富的研究成果，通过对已有的相关文献的检索我们发现，消费者对企业 CSR 行为的反应主要表现对企业和产品的态度以及购买意愿，并且消费者感知的企业 CSR 表现越优秀，越可能做出积极的态度反应和行为意向反应。[1,5,17,19-22] 因此，本文提出如下假设：

H1：消费者感知 CSR 水平越高，对 CSR 行为的反应越积极。消费者 CSR 反应包括：H1a，企业评价；H1b，产品联想；H1c，购买意愿。

（2）消费者 CSR 信任。

消费者 CSR 信任主要指消费者在多大程度上相信企业从事环保、慈善等高级 CSR 行为是出于服务社会（Public Serving）的利他动机。[17,23] 在已有的相关研究中，消费者对企业从事 CSR 实践的动机猜测或归因（Attribution）被划分为内在的利他动机（如真正为了帮助那些有困难的人）和外在的利己动机（如为了增加利润）。[17,23,24] Drumwright 发现，即使企业管理者们承认履行社会责任具有帮助社会和经济上自利的双重目标，但这些企业管理者们同样相信，在消费者眼中，企业履行社会责任的动机很单一，要么是出于真诚的帮助社会，要么是出于自利的经济目的。[25] 实证研究结果表明，企业从事 CSR 实践的类型、[26] 承诺水平[4,27] 和时机[17] 都会影响消费者对企业 CSR 行为动机的判断，而只有当消费者相信企业 CSR 行为是真正出于服务社会的利他动机时，才会产生更积极的企业评价、[17,23] 产品质量感知[28,29] 及购买意愿。[4,17] 相反，若消费者认为企业 CSR 行为是出于赚取利润等自利目的，他们将不会做出积极响应来回报企业的 CSR 投入，[30] 甚至会做出惩罚行为。[1] 此外，在 CSR 领域的定性研究中，Du 等学者认为企业的 CSR 行为只有被利益相关者（包括消费者）关注并感知到才可能对他们产生影响，但对企业来说更关键的挑战是如何降低消费者对企业自利意图的怀疑。他们指出，当消费者关注到企业的 CSR 行为时，会马上机敏地想到企业 CSR 行为的动机并做出猜测，而猜测的结果会影响消费者的后续态度和行为反应。[24] Gao 则在研究中做出这样的推断：企业承诺的 CSR 水平会影响消费者对企业 CSR 行为的动机归因，进而影响消费者对企业的态度反应。[31] 综上所述，我们认为企业所付出的 CSR 努力被消费者关注并感知到还不够，必须通过赢得消费者对 CSR 行为真诚性的信任才有可能转换为消费者对企业和产品的正面评价以及积极的购买意愿。进一步说，消费者感知的 CSR 水平是通过影响消费者 CSR 信任，进而影响消费者的态度反应及购买意向反应。在路径关系的检验中，如果 X 通过影响变量 M 来影响 Y，则 M 为中介变量。[32] 因此，我们提出如下假设：

H2：消费者感知 CSR 水平与消费者 CSR 反应的正相关关系受到消费者 CSR 信任的中介作用，即消费者感知 CSR 水平越高，对 CSR 行为的信任度越高，进而对 CSR 行为的反应越积极。消费者 CSR 反应包括：H2a，企业评价；H2b，产品联想；H2c，购买意愿。

（3）消费者 CSR 关注。

消费者 CSR 关注研究主要探讨消费者在日常生活和消费中是否会主动地注意企业在超越经济和法律层面的高级社会责任行为（如环保、慈善等）。[33] 信息加工理论认为，行为个体对外界信息的加工始于对某种信息的注意，而主动的注意则表现为关心或关注（Concern or Awareness）。[16] 在本研究的理论模型中，消费者 CSR 关注是一个外生变量，它主要受到特定社会背景下的政治体制、经济发展与社会文化的影响因而存在不同国家之间的差异。[33] 在中国，CSR 概念的传播还处于初级阶段，[31] 很多消费者并没有关注到企业的 CSR 行为，尤其是企业在伦理和慈善层面的 CSR 实践。[34] 消费者对 CSR 行为的低关注度可能会阻碍消费者对 CSR 做出敏感的反应，并可能成为消费者在评价企业和产品时没有考虑 CSR 因素的主要原因之一。[7,12] 相反，越主动关注 CSR 的消费者越可能更好地理解企业的 CSR 行为，从而将感知的正面 CSR 信息转化为积极的企业评价和产品联想，甚至为购买意愿。[35] 因此，我们提出以下假设：

H3：消费者对企业 CSR 行为的关注度越高，对 CSR 行为的反应就越积极。消费者 CSR 反应包括：H3a，企业评价；H3b，产品联想；H3c，购买意愿。

（4）产品类别

早期的研究表明，在产品特征与恰当的营销组合之间存在明显的相关关系。[36] 也就是说，如果我们建立了产品特征与消费者决策机制之间的关联关系，那么依据这些产品特征所进行的产品分类将有助于构建和发展营销策略的框架，从而简化企业管理者进行营销选择的范围。[37] 在最近的研究中，Siegel 和 Vitaliano 发现企业销售产品的类别与企业从事 CSR 的热情之间存在关联，他们的研究表明那些销售体验产品的企业更乐于致力于 CSR 实践。[38] 根据产品分类理论，产品可以被分为搜索产品、体验产品和信任产品三大类。搜索产品的质量在购买之前就能够被消费者检查和了解，而体验产品的质量只有在购买后的使用过程中才能被判断。[39] 而信任产品即使在购买之后也仍然难以评价。[40] Siegel 和 Vitaliano 认为，之所以体验产品的销售企业更乐于致力于 CSR 实践，很可能归因于消费者对不同产品类型的 CSR 反应有所不同，即消费者更可能将体验产品与其关联的 CSR 信息关联起来。[38] 具体而言，由于体验产品的真实价值必须在消费者购买使用之后才能够判断，因而当消费者在购买体验产品时更可能依赖于对产品销售企业的责任感和信任感，而 CSR 正是企业诚实可信的一个信号。[41] 当然，以上的解释是需要实证检验的，但绝大多数关于 CSR 与消费者关联关系的研究都是在单一产品或无产品背景下进行的。尽管最近也有学者探讨消费者 CSR 反应的行业差异，[42] 但消费者 CSR 反应的维度仅局限于认知层面，并且对于消费者 CSR 反应如何因产品类型的不同而变化的规律性，仍缺乏探讨和解释。因而，基于以上文献回顾我们提出以下假设：

H4：消费者感知 CSR 水平与其 CSR 反应之间的正相关关系会受到产品类别的调节作用。即当消费者接收到体验产品（对比搜索产品和信任产品）的 CSR 信息时，消费者感知 CSR 水平会唤起更积极的 CSR 反应。消费者 CSR 反应包括：H4a，企业评价；H4b，产品联想；H4c，购买意愿。

此外，如果消费者 CSR 信任的确是消费者感知 CSR 水平与其 CSR 响应（包括企业评价、产品联想和购买意愿）之间的中介变量，那么，消费者 CSR 信任与其 CSR 响应之间的相关关系同样会受到产品类别的调节作用。因而，提出以下假设：

H5：消费者 CSR 信任与其 CSR 反应之间的正相关关系会受到产品类别的调节作用。即当消费者接收到体验产品（对比搜索产品和信任产品）的 CSR 信息时，消费者 CSR 信任会唤起更积极的 CSR 反应。消费者 CSR 反应包括：H5a，企业评价；H5b，产品联想；H5c，购买意愿。

（5）消费者人口统计特征。

当企业管理者们试图利用 CSR 策略来取悦消费者时，除了要考虑企业所涉及的产品类别，另一个需要考虑的重要问题是哪些消费者群体对企业的 CSR 行为更敏感。一些西方学者探讨了对企业 CSR 行为做出不同反应（包括积极的、消极的和中立的）的消费者群体所具有的人口统计特征，结果表明，女性比男性、老年人比青年人、高教育程度比低教育程度、高收入比低收入的消费者更可能对 CSR 行为做出购买支持。[43,44] 然而，我们认为消费者人口统计特征与其 CSR 反应之间的关联性很可能会因国家和地区的不同而有所差异，在中国市场背景下，具有哪些人口统计特征的消费者会更积极的响应 CSR 行为仍有待于进一步识别和解释。因而，基于已有的研究成果，我们暂提出以下假设：

H6：女性比男性消费者对 CSR 行为的反应更积极。消费者 CSR 反应包括：H6a，企业评价；H6b，产品联想；H6c，购买意愿。

H7：老年比青年消费者对 CSR 行为的反应更积极。消费者 CSR 反应包括：H7a，企业评价；H7b，产品联想；H7c，购买意愿。

H8：高教育程度比低教育程度消费者对 CSR 行为的反应更积极。消费者 CSR 反应包括：H8a，企业评价；H8b，产品联想；H8c，购买意愿 H9：高收入比低收入消费者对 CSR 行为的反应更积极。消费者 CSR 反应包括：H9a，企业评价；H9b，产品联想；H9c，购买意愿。

二、研究方法

1. 产品选择与分类

为了检验产品类别的调节作用，即消费者 CSR 反应在搜索、体验和信任产品之间是否存在显著差异，我们需要在不同产品类别中选择典型的具体产品作为研究对象。通过对涉及产品分类相关实证研究的检索（这里的产品分类指将产品划分为搜索、体验和信任的分类方法）我们发现，在 20 世纪 70 年代 Nelson 以及 Darby 和 Karni 就对搜索、体验和信任产品进行了界定，并且他们所提出的最早界定在今天仍然被学者们所接受和认同，尽管学者们在引用时的表述略有差异，但产品分类及其内涵并无根本变化，即搜索产品指那些消费者在购买之前就可以对产品质量及主要属性进行察知和判断的产品；体验产品指那些消费者只有在购买之后才能对产品质量及主要属性进行了解的产品；而信任产品指那些消费者在购买之后也很难对产品质量和价值进行判断的产品。[39,40] 在 Nelson 的研究中也列举了一些典型的产品，如鞋服、相机属于典型的搜索产品，家电、饮品属于典型的体验产品。Liebermann 和 Flint-Goor 在以上界定的基础上进一步给出了不同类别产品的更全面典型示例，如鞋服属于典型的搜索产品，家电、旅游服务属于典型的体验产品，保险服务则属于典型的信任产品。[45] 在最新的研究成果中，Mudambi 和 Schuff 将数码相机归属为搜索产品的范畴。[46] 在以上研究的基础上，本文选择六个具有代表性的行业及所属产品进行消费者调查，分类情况如下：搜索产品为运动鞋服、数码相机；体验产品为冰箱和空调、旅游服务和酸奶；信任产品为保险服务。

2. 样本及数据收集

数据收集是通过对真实消费者进行问卷调查完成的。调研工作于 2009 年 9 月在武汉和上海展开，调研地点主要锁定在大型购物中心、商务区写字楼和大型居民社区。为了提高问卷的回收率和保证问卷填答的质量，我们采用面对面的调查方式，当场回收。本研究共收回有效问卷 1022 份，问卷的回收率和有效率分别为 69% 和 92%。六个行业的样本量分别为 163（家电行业）、168（旅游行业）、173（食品行业）、166（鞋服行业）、179（保险行业）和 173（数码行业）。在调查过程中，我们要求调研人员（均为在校研究生）注意被调研消费者在性别、年龄上的分布，并且注意问卷发放在工作日和休息日、工作时间和休息时间上的分配，以提高总体样本的代表性。被访问消费者的构成分布如表 1 所示。

表 1　被访问消费者的构成分布

分类指标	百分比（%）	分类指标	百分比（%）
性别：		年龄：	
男性	49.12	18~24 岁	34.75
女性	50.88	25~39 岁	38.22
教育程度：		40~55 岁	14.66
高中及以下	30.41	55 岁以上	12.37
大学本科	58.06	月收入：	
研究生	11.53	2000 元以下	47.21
城市：		2000~3000 元	23.52
武汉	51.77	3000~5000 元	19.01
上海	48.23	5000 元以上	10.26

注：①老年人对问卷调查的配合度偏低；②在中国，月收入的总和大约占年收入的 1/3 到 2/3。年底的薪酬会根据工作绩效上下浮动，因而消费者在填答问卷时没有将年底薪酬分摊到每月收入中，导致样本的收入与实际水平相比偏低。

需要说明的是，之所以选择武汉和上海进行调研主要考虑两者在经济和文化上的差异性。武汉是中国中部地区最大的内陆城市和重要的交通枢纽，具有悠久的历史和丰富的中原文化，经济发展水平和人均购买力处于全国中等水平；而上海是中国东部沿海最大的国际大都市，经济发展水平始终处于全国最前列。自 1843 年上海正式成为中国对外开放通商口岸之一，上海迅速发展为全国的经济和文化中心，并逐渐形成了一种中西交融的文化氛围。总之，武汉和上海在经济和文化上的差异在一定程度上反映了中国内陆地区和沿海地区发展的不均衡性，这也是本研究选择这两个城市进行消费者调研的主要原因。

3. 变量测量

首先，在问卷设计阶段，为了更准确全面地测量消费者对企业 CSR 行为的反应，我们组织了两次焦点小组访谈，访谈对象分别为在校本科生和不同年龄、不同职业的真实消费者，以了解消费者在关注、信任、企业评价、产品联想和购买意愿五个方面如何看待和响应企业的 CSR 行为，并要求被访消费者举出实例进行说明。访谈结果有助于选择和改进已有量表以适用于中国背景和语境。其次，在问卷修改和完善阶段，为了提高问卷测量的内容效度，五位专家（包括三位学者和两位企业管理者）对问卷量表的修正提出了建议和意见，同时我们还请三位不同年龄、初中及以下文化水平的消费者填答该问卷，请他们说出在填答过程中遇到的任何障碍和困难，并寻求他们的意见。在此基础上，一些不恰当或不容易被理解的问项被重新改善或者删除。再次，本问卷中的量表大部分是借鉴国外学者研究的基础上修改而成的，在借鉴和修改的过程中均采用翻译和回译（Translation 和 Back-translation）的方法以确保量表语句的准确表达。最后，我们对 62 名在校研究生（包括硕士、博士和 MBA）进行了预调查，要求参与预调查的人员提出在填写问卷过程中所遇到的各种问题。在预调查的基础上，我们对问卷量表进一步做了修正和完善。

本研究中的自变量是消费者感知到的企业 CSR 行为。由于本研究着重探讨企业积极的 CSR 行为会引起怎样的消费者反应，因此被访问消费者在正式填答问卷之前要求先阅读一段有关某虚拟 X 企业的基本资料（包括所属行业、主营产品以及企业规模等）和其正面的 CSR 表现的情境描述材料，然后要求被调查消费者对该企业的 CSR 表现进行评价。本研究中关于消费者反应的结构变量有五个：CSR 关注、CSR 信任、企业评价、产品联想和购买意愿。所有结构变量的测量都是根据国外研究中的已有量表改进而来的，并采用李克特 7 级量表进行测量（1—表示非常不同意；7—表示非常同意）。

4. 数据检验

我们通过一个验证性因子分析来检验数据的信效度。结果表明，测量模型拟合度良好：$\chi^2(215) = 395.38$，$p < 0.01$，GFI = 0.96，AGFI = 0.94，CFI = 0.95，RMSEA = 0.05，RMR = 0.07；TLI（NNFI）= 0.93。如表 2 所示，所有结构变量的组合信度均高于建议水平 0.60，并且平均变异数抽取量（Average Variance Extracted，AVE）也高于建议水平 0.50，这说明本研究对各结构变量的测量具有较好的信度。所有结构变量的标准化因素荷载均高于或接近于 0.60 并且在 $\alpha = 0.01$ 的水平下显著，说明量表具有较高的聚合效度。此外，所有 AVE 的平方根均大于其对应行和列的相关系数，说明量表具有较高的区分效度。

三、研 究 结 果

1. 消费者 CSR 反应的路径分析

我们运用结构方程模型的路径分析来检验假设 H1、H2 和 H3（见图 2），并进一步探究了消费者对企业 CSR 行为最关注和最不关注的方面（见图 3）。

如图 2 所示，首先，消费者 CSR 关注对消费者购买意愿具有显著的积极影响（$\gamma = 0.76$，$p < 0.01$），但对企业评价（$\gamma = 0.05$，$p > 0.05$）和产品联想（$\gamma = 0.08$，$p > 0.05$）的

表 2 描述性统计及其信度效度的检验

	城市均值		总体均值	标准差	AVE	1	2	3	4	5	6	7	8	9
	武汉	上海												
1. 感知 CSR 水平	4.18	4.10	4.14	0.87	0.51	0.76								
2. CSR 关注	4.41a	4.28a	4.35	0.90	0.60	0.07*	0.82							
3. CSR 信任	4.65a	4.34a	4.50	0.88	0.50	0.45**	0.10**	0.77						
4. 企业评价	5.15	5.12	5.14	1.05	0.62	0.43**	0.12**	0.61**	0.83					
5. 产品联想	5.19	5.07	5.13	0.96	0.50	0.16**	0.10**	0.20**	0.23**	0.86				
6. 购买意愿	4.97	4.64	4.80	0.88	0.59	0.32**	0.15**	0.25**	0.37**	0.14**	0.81			
7. 年龄	—	—	—	—	—	-0.05	0.12**	-0.03	0.01	0.07*	-0.04	—		
8. 性别	—	—	—	—	—	0.05	-0.06	0.03	0.04	0.02	0.04	-0.07*	—	
9. 收入	—	—	—	—	—	-0.05	0.10**	-0.11**	-0.12**	0.00	-0.01	0.26**	-0.25**	—
10. 教育程度	—	—	—	—	—	-0.02	-0.07*	-0.07*	-0.10**	-0.05	0.15	-0.24**	-0.07*	0.08*

注：AVE 表示平均变异数抽取量。对角线数据为各变量的组合信度；** 表示 $p<0.01$，* 表示 $p<0.05$。a 表示该均值在武汉和上海之间具有显著差异。

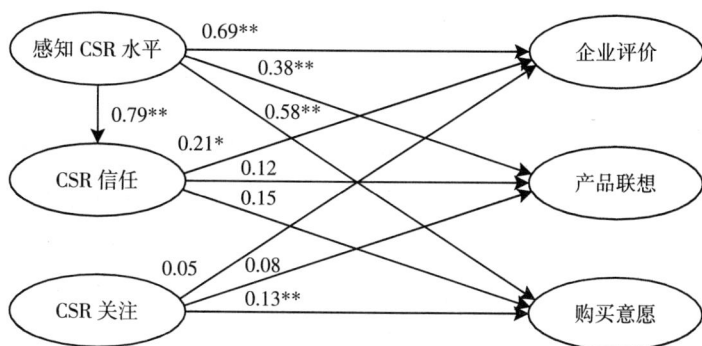

图 2 结构方程模型路径分析结果

注: ** 表示 p<0.01, * 表示 p<0.05。

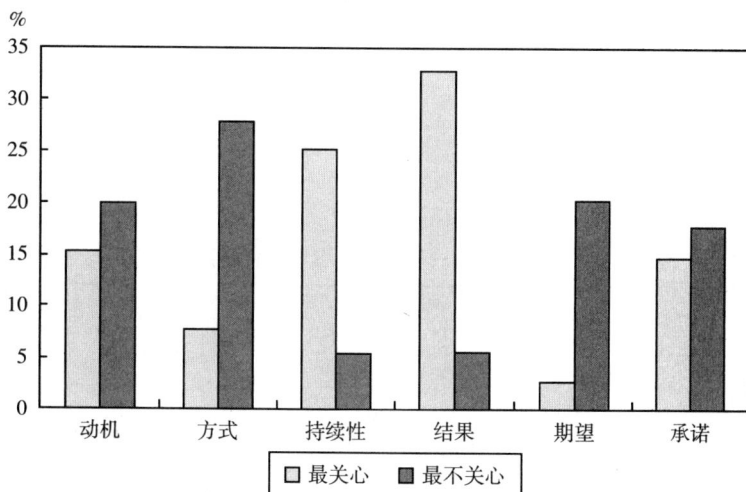

图 3 消费者对 CSR 行为最关注和最不关注的方面

影响并不显著（$\gamma = 0.79$, $p < 0.01$）。其次，消费者感知 CSR 水平与其 CSR 信任之间（$\gamma = 0.79$, $p < 0.01$）以及 CSR 信任与企业评价之间（$\gamma = 0.21$, $p < 0.05$）均具有显著的正相关关系，也就是说，消费者 CSR 信任是感知 CSR 水平与企业评价的中介变量。但消费者 CSR 信任对产品联想（$\gamma = 0.12$, $p > 0.05$）和购买意愿（$\gamma = 0.15$, $p > 0.05$）的积极影响却不显著，这表明消费者 CSR 信任的中介作用在感知 CSR 水平与产品联想以及感知 CSR 水平与购买意愿之间不能成立。最后，消费者感知 CSR 水平对企业评价（$\gamma = 0.69$, $p < 0.01$）、产品联想（$\gamma = 0.38$, $p < 0.01$）和购买意愿（$\gamma = 0.58$, $p < 0.01$）均具有直接的显著的正向影响。综上所述，假设 H1a、H1b、H1c、H2a 和 H3c 被支持，而假设 H2b、H2c、H3a 和 H3b 没有被支持。

最后，图 3 表明了消费者对企业 CSR 行为最关注和最不关注的方面。结果表明，分别有 33% 和 25% 的消费者最关注企业 CSR 行为的结果和持续性，只有 15% 的消费者最关注企业履行 CSR 行为的真诚性。此外，描述性统计结果显示（如表 2 所示），武汉消费者比上海消费者更关注和信任企业的 CSR 行为。

2. 产品类别的调节作用

我们运用结构方程模型中的多群组分析来检验产品类型的调节作用。按照消费者调查问卷中所涉及的产品类型，我们将样本分为搜索产品、体验产品和信任产品三个群组。首先，我们设定三个群组所对应结构模型的所有路径系数均相等，我们称其为等价模型。接着，我们将某条待检验路径的系数由相等改为自由估计，我们称其为一般模型，通过比较等价模型与一般模型卡方值的变化是否显著，从而判断产品类型对待检验路径的调节作用是否成立。如表 3 所示，多群组分析的结果表明，部分待检验的假设路径在不同产品类型之间的确存在差异。具体而言，在体验型产品的群组中，消费者感知 CSR 水平对产品联想和购买意愿具有更强的显著正向影响，但消费者感知 CSR 水平对企业评价的显著正向影响在信任产品群组中表现得更强；其次，消费者 CSR 信任对企业评价的影响不存在产品类别之间的显著差异。由于消费者感知 CSR 水平对产品联想和购买意愿的正向影响不会受到 CSR 信任的中介作用，因而消费者 CSR 信任与产品联想以及购买意愿之间的相关关系是否会受到产品类型的调节作用就没有检验的必要了。综上所述，H4a 部分被支持，H4b 和 H4c 被支持，而 H5a、H5b 和 H5c 没有被支持。

表 3　结构方程模型多群组分析结果

路径关系	调节变量—产品类型			$\Delta\chi^2$ ($\Delta df = 1$)
	搜索产品	体验产品	信任产品	
感知 CSR 水平→企业评价	$\gamma = 0.76^{**}$	$\gamma = 0.69^{**}$	$\gamma = 0.81^{**}$	$\Delta\chi^2 = 7.09^{**}$
感知 CSR 水平→产品联想	$\gamma = 0.23^{*}$	$\gamma = 0.58^{**}$	$\gamma = 0.36^{**}$	$\Delta\chi^2 = 9.01^{**}$
感知 CSR 水平→购买意愿	$\gamma = 0.57^{**}$	$\gamma = 0.70^{**}$	$\gamma = 0.40^{**}$	$\Delta\chi^2 = 18.03^{**}$
CSR 信任→企业评价	$\gamma = 0.24^{*}$	$\gamma = 0.23^{*}$	$\gamma = 0.17^{*}$	$\Delta\chi^2 = 2.06$

注：** 表示 $p<0.01$，* 表示 $p<0.05$。

3. 消费者 CSR 反应的群体特征

我们运用多元线性回归来检验消费者人口特征与其 CSR 反应之间的相关关系。如表 4 所示，除了收入与企业评价之间有显著的负相关关系（但相关关系的方向与假设相反），其余回归系数均不显著。因此，H6、H7、H8 和 H9 均没有被支持。

表 4　多元线性回归分析结果

	企业评价			产品联想			购买意愿		
	β	T	VIF	β	T	VIF	β	T	VIF
年龄	0.02	0.47	1.15	0.05	1.32	1.15	−0.04	−1.10	1.15
性别	0.02	0.49	1.07	0.03	0.86	1.07	0.04	1.23	1.07
收入	−0.11	−3.17**	1.16	−0.00	−0.07	1.15	0.01	0.30	1.16
教育程度	−0.01	−0.32	1.00	−0.03	−0.92	1.08	0.01	0.22	1.08

注：β 表示标准化回归系数，VIF 表示膨胀系数。** 表示 $p<0.01$，* 表示 $p<0.05$。

基于以上分析结果，我们推断消费者人口统计特征与其 CSR 反应之间可能存在非线性的相关关系。因此，我们依据消费者 CSR 反应的各变量进行聚类分析（如表 5 所示），并运用列联表和卡方检验进一步识别每一类消费者所凸显的人口统计特征（如表 6 所示）。聚类分析的结果将消费者分为三类，我们根据每一类消费者 CSR 反应的特点分别将其命名为热情型、现实型和精明型，下面我们根据统计数据逐类进行分析。

表 5　聚类分析结果

	均值			F 值
	热情型（44%）	现实型（33%）	精明型（23%）	
CSR 关注	4.73	3.68	4.58	174.48**
CSR 信任	5.01	4.49	3.51	354.62**
企业评价	5.84	5.05	3.87	514.88**
产品联想	5.91	4.53	4.70	193.43**
购买意愿	5.12	4.01	4.67	165.69**

注：** 表示 $p < 0.01$，* 表示 $p < 0.05$。

表 6　列联表分析与卡方检验结果

		百分比（%）			卡方值
		热情型	现实型	精明型	
性别	男性	47.76	45.71	54.12	3.62
	女性	52.24	54.29	45.88	
年龄	18~24 岁	35.03	44.67	27.11	18.08**
	25~39 岁	36.38	31.32	48.02	
	40~55 岁	16.89	11.73	14.45	
	55 岁以上	11.70	12.28	10.42	
收入	2000 元以上	44.76	58.08	36.24	20.87**
	2000~3000 元	28.01	20.23	21.66	
	3000~5000 元	19.13	14.65	28.63	
	5000 元以上	8.10	7.04	13.47	
教育程度	高中及以下	31.41	29.65	28.02	6.13
	大学本科	57.70	62.33	57.04	
	研究生	10.89	8.02	14.94	

注：** 表示 $p < 0.01$，* 表示 $p < 0.05$。

（1）热情型消费者。

有 44% 的消费者会对企业 CSR 行为做出相对积极的反应，我们称其为"热情型"消费者。他们的具体表现为：在日常消费中比较关注企业的 CSR 实践及相关信息，并且对企业 CSR 行为的信任度较高，会将好的 CSR 行为与好的企业或产品关联起来，并做出较积极的购买支持。在该类消费者群体中，中年人（40~55 岁）和中等收入（2000~3000 元/

月）的消费者所占的比例相对较高。

（2）现实型消费者。

有 33% 的消费者会对企业 CSR 行为做出相对消极的反应，我们称其为"现实型"消费者。他们的具体表现为：在日常消费中不会关注企业的 CSR 行为，对企业 CSR 行为的信任度不高，也不太倾向于将好的 CSR 行为与好的企业或产品关联起来。最重要的是，这类消费者不会在购买决策中考虑 CSR 因素。在该类消费者群体中，青年人（18~24 岁）和低收入消费者（低于 2000 元/月）的比例较高。

（3）精明型消费者。

有些消费者对企业 CSR 行为的态度反应和行为意向反应是不一致的，这类消费者占总样本的 23%，我们称其为"精明型"消费者。他们的具体表现为：在日常消费中会适当地关注 CSR 信息，并在购买意愿上表现出对 CSR 行为的支持。但他们并不相信企业履行社会责任是出于真诚帮助社会的动机，也不会将 CSR 与企业声誉或产品建立起较强的关联。在该类消费者群体中，高收入（高于 5000 元/月）、高教育程度（研究生学历）和中青年（25~39 岁）人所占的比例相对较高。

4. 消费者群体特征与产品类型的内在关联

聚类分析与列联表分析的结果表明，确实存在细分的消费者群体对企业 CSR 行为持有不同的态度反应和购买意向反应，并且不同类别消费者群体在人口统计特征的分布结构上各有侧重。然而，当我们运用聚类分析来探讨消费者 CSR 反应的群体特征时，并没有同时兼顾到考虑产品类型对消费者 CSR 反应的影响。也就是说，消费者群体特征与产品类型之间存在怎样的内在关联关系，即产品类型对消费者 CSR 反应路径的调节作用是否在每一类消费者群体中均能成立，仍有待于探索和解释。因此，我们将前述研究运用全样本数据所得到的路径关系（如图 2 所示）在不同类型的消费者群体内部进行再次检验，并进一步验证产品类型的调节作用在不同类型的消费者群体内是否仍然成立（如表 7 所示）。

如表 7 可知，在不同类型的消费者群体中，产品类型对消费者 CSR 反应路径的调节作用是有差异的。具体表现为如下三个方面：首先，感知 CSR 水平分别与企业评价、产品联想和购买意愿之间的相关关系的确会受到产品类型的调节作用（即与图 2 所示的研究结果一致），但该调节作用只在热情型和现实型的消费者群体中成立，调节机制均表现为体验产品所唤起的 CSR 反应更为积极。对于精明型消费者而言，无论何种类型的产品都会引起他们一致的反应，那就是正面的 CSR 信息都能够积极影响他们的企业评价，却不能积极影响他们的产品联想和购买意愿。其次，只有在现实型和精明型的消费者群体中，消费者 CSR 信任对企业评价的影响才会受到产品类型的调节作用，但两种群体内所表现的调节效应有所不同—— 现实型消费者在评价体验产品的销售企业时更倾向于受到 CSR 信任的影响，而精明型消费者则在评价搜索产品的销售企业时更倾向于受到 CSR 信任的影响。不论对于何种类型的产品，热情型消费者的企业评价不会受到 CSR 信任的显著影响。最后，与全样本所体现的调节效应不同的是，在现实型消费者群体中，CSR 关注对企

表 7 不同消费者群体的 CSR 反应路径及其产品类别的调节作用

消费者类型 / 路径关系 (产品类型)	热情型消费者				现实型消费者				精明型消费者			
	搜索产品	体验产品	信任产品	$\Delta\chi^2$	搜索产品	体验产品	信任产品	$\Delta\chi^2$	搜索产品	体验产品	信任产品	$\Delta\chi^2$
感知 CSR 水平→企业评价	0.73**	0.86**	0.12	6.66**	0.27*	0.52**	0.35*	4.13*	0.35*	0.44**	0.31*	2.34
感知 CSR 水平→产品联想	0.27*	0.45*	0.15	4.38*	0.10	0.35*	0.10	4.33*	0.04	0.20	0.07	2.03
感知 CSR 水平→购买意愿	0.29*	0.50**	0.14	8.12**	0.09	0.55**	0.34*	3.99*	0.22	0.14	0.13	2.86
CSR 信任→企业评价	0.14	0.10	0.16	0.35	0.30*	0.40**	0.05	6.64**	0.47**	0.29*	0.24*	4.24*
CSR 信任→产品联想	0.07	0.12	0.09	1.14	0.07	0.20	0.17	1.68	0.16	0.15	0.21	0.36
CSR 信任→购买意愿	0.14	0.19	0.22	0.86	0.00	0.08	0.63	0.90	0.10	0.07	0.04	0.38
CSR 关注→企业评价	0.00	0.00	0.00	0.57	0.29*	0.07	0.06	10.45**	0.24*	0.31*	0.25*	0.63
CSR 关注→产品联想	0.12	0.19	0.07	0.71	0.06	0.10	0.09	1.74	0.25	0.38**	0.22*	2.07
CSR 关注→购买意愿	0.24*	0.22*	0.21*	3.56	0.04	0.18	0.00	2.32	0.07	0.13	0.02	0.94

注：*** 表示 p<0.01，* 表示 p<0.05。

业评价的影响也会受到产品类型的调节作用（全样本的调节效应则没有体现出这一点）。具体表现为：现实型消费者对搜索产品的关注度越高，则他们在 CSR 刺激下的企业评价就会越高。而对于体验和信任产品，CSR 关注则不会唤起他们更积极的企业评价。

四、研究讨论

作为世界上最大的新兴市场，中国消费者已经成为众多跨国公司和本土企业竞相讨好的目标；随着中国经济快速发展所引发的环境恶化、贫富差距等一系列社会问题的出现，CSR 理念已经在中国社会完成了从思想启蒙到社会共识的过渡，并不断影响着社会公众和广大消费者对企业的理解和期望。在这种情况下，中国背景下的 CSR 研究开始引起学者们的兴趣，但研究成果十分有限，消费者视角的 CSR 研究则更为匮乏。本文根据对六个行业 CSR 行为的消费者调查，试图回答三个方面的问题：①费者对企业 CSR 行为的真实反应是怎样的？②消费者 CSR 反应是否因产品类别的不同而有所差异？③中国消费者的人口统计特征与其 CSR 反应具有怎样的相关关系？

1. 中国消费者 CSR 反应的总体状态

如前文所述，信息加工理论认为，行为个体对信息的认知要经过信息注意、信息判断、信息推理与联想最后到行为反应的过程。其中，主动的信息注意表现为关注。[16] 因此，要真正了解消费者对 CSR 行为的反应，不应只探讨消费者在行为层面上的反应（如购买意愿），还应探究消费者为什么会做出某种行为的感知层面（如关注度、信任度、态度等），这对运用 CSR 增强产品的差异化程度和提高企业的竞争力是尤为重要的。[6] 在本研究中，我们在信息加工理论的启示下认为要全面地了解消费者对 CSR 行为的真实反应，应至少探讨消费者对 CSR 行为的关注、信任、企业评价、产品联想和购买意愿这五个方面，本研究结果进一步支持了已有西方学者的研究结果，即消费者感知 CSR 水平的确对他们的企业评价、产品联想和购买意愿具有显著的正向影响，但前提条件是消费者已经关注到企业的 CSR 表现（在调查问卷中已给出）。已有的研究结果表明，消费者在日常生活和消费中对企业 CSR 行为的关注度较低，这种低关注度在很大程度上限制了消费者做出进一步的反应。[7,12] 本文的研究结果表明，消费者在日常生活和消费中对企业 CSR 行为的关注度越高，在 CSR 信息的刺激下表现出的购买意愿就越积极，因为高关注度的消费者对企业 CSR 行为具有更好的领会和理解。[35]

此外，消费者感知的企业 CSR 水平越高，越会信任企业履行 CSR 行为的真诚性，从而做出越积极的企业评价。然而，消费者对企业 CSR 行为更高的信任度不会转换为更积极的产品联想和购买意愿。更重要的是，对于中国消费者而言，他们更关注企业 CSR 行为的结果和持续性，而不是企业履行 CSR 行为的动机（如图 3 所示）。这与西方消费者会依据所感知的企业履行 CSR 行为的动机从而做出反应有所不同，进一步表明了中国消费者在 CSR 议题的态度上更倾向于结果导向。

2. 产品类别的调节作用

最新的研究表明，销售体验产品的企业更乐于致力于 CSR 实践。[38] 本研究试图从消费者视角来解释这种趋势，结果表明销售体验产品的企业的确能够通过 CSR 实践赢得消费者更积极的产品联想和购买意愿，这进一步说明销售体验产品的企业更可能运用 CSR 策略赢得消费者对企业产品的好感和购买支持。

然而，我们如何从理论上来解释消费者对不同产品类别 CSR 信息的反应差异？根据 Petty 和 Cacioppo 提出的精细加工可能性模型理论（Elaboration Likelihood Model Theory, ELM），行为个体的态度可以由两条相对不同的路径进行说服。一种称为中心路径，即态度改变取决于对评价客体的真实情况；另一种称为边缘路径，即态度改变是由于行为个体将评价客体与所处情境中相关的正面或负面的线索联系起来，并在这些关联线索的简单参考下表明态度。[47] 能力和动机是影响说服路径的两个主要因素，即当行为个体缺乏评价能力或缺乏评价动机的情况下，对评价客体的态度就会从边缘路径产生。[48] ELM 理论对解释消费者对不同产品类别 CSR 信息的反应具有重要的启示。具体而言，由于体验产品的真实价值难以在购买之前被消费者感知和了解，[39] 即很难从中心路径对产品进行评价，因而消费者在评价或购买体验产品时更倾向于将产品价值或质量与相关的重要线索关联起来，如企业信誉（即从边缘路径对产品进行态度评价），而 CSR 正是企业信誉的重要信号。[38,41] 也就是说，当消费者购买体验产品时，CSR 更可能成为具有说服力的信息影响消费者对产品的态度评价和购买意愿。

3. 消费者 CSR 反应的群体特征

已有研究表明，女性比男性、高收入群体比低收入群体、老年人比青年人更支持 CSR 行为。[43,44] 本研究结果表明，人口统计因素与消费者 CSR 反应之间并不是简单的线性关系，具有多元人口统计特征的不同社会群体或社会阶层之间更可能在 CSR 反应上存在较大差异。首先，那些出生于 20 世纪五六十年代、具有中等收入的消费者更倾向于支持企业的 CSR 行为。出生在这个年代的人经历了"文化大革命"，很多人为了新中国的建设贡献了青春并经历了艰苦的物质生活，在他们心中仍然保留着英雄主义和理想主义。[49] 因此，这一代人更可能在态度和行为上支持那些有益于社会的行为。其次，出生于 20 世纪八九十年代、收入较低的消费者则对企业的 CSR 行为反应消极。这一代人的成长伴随着中国的改革开放和经济全球化的时代变迁，并生活在大众媒体高速发展与网络信息爆炸的环境中，他们更趋向于物质主义并会受到全球消费文化的影响。[50] 在他们看来，企业需要履行的社会责任就是生产质量可靠的产品并赢得利润，能善待员工当然更好，[51] 因而他们不太可能因为企业在伦理和慈善方面履行了更高级的社会责任而青睐它的产品，尤其是在收入较低的情况下。最后，那些高收入、高学历、出生在 20 世纪 70 年代的消费者更倾向于对企业 CSR 行为持有中立的态度。与更年长或更年轻的消费者相比，他们可能更容易受到传统文化和现代价值观的双重影响，并在日常的购买决策中权衡经济因素和规范因素，在表现的具有社会责任感的同时保持理性的判断，这可能是这一类消费者持有中立态度的主要原因。

4. 消费者群体特征与产品类型的内在关联分析

在营销学领域，市场细分是识别消费者群体特征并针对性地制定有效营销策略的重要工具，而将消费者进行群体细分的依据可以来源于多种标准，如个性、心理、文化等，其中人口统计因素是划分消费者群体最直观的重要标准之一。然而，随着企业营销手段的不断拓展与创新，市场细分的应用仍停留在了解企业市场行为（如新产品开发、促销等）的消费者效应层面，对于现代企业营销实践中大量存在的非市场行为（如善因营销、绿色营销），则鲜有研究从消费者细分的视角来探讨消费者反应的特点及其规律。在本研究中，我们探讨了伦理和慈善层面的企业社会责任（以下简称 CSR）行为对消费者的影响，CSR 行为是企业非市场行为的重要方面，[52] 同时也日趋成为当今企业取悦消费者的重要途径。[38,41] 与以往研究不同的是，我们不但依据多个 CSR 反应变量对消费者进行了群体细分，而且进一步探讨了消费者群体特征与产品类型的内在关联。结果表明，单一的从群体细分视角或产品类别视角来了解消费者对企业 CSR 行为的反应都是不全面的，不同消费者群体对不同产品类别 CSR 信息的反应是存在差异的。只有热情型和现实型消费者在接收到体验产品销售企业的 CSR 信息时，才会表现得更加积极，且现实型消费者的反应还会受到 CSR 信任的显著影响；精明型消费者很难对 CSR 信息做出积极的反应，即使企业 CSR 行为赢得了他们的信任，也只能影响他们对企业的评价，而不会唤起他们对产品的积极联想和购买意愿；现实型消费者会将搜索产品的 CSR 关注转换为正面的企业评价。总之，消费者的群体差异性如何与产品类别联系起来一直是市场细分研究中的挑战，[53] 本文突破性地将这一问题的解决运用于企业社会责任的研究领域，切实丰富了消费者 CSR 反应的研究成果。

五、研究结论、管理启示与未来研究方向

1. 研究结论

本文在中国市场背景下探讨了消费者对企业 CSR 行为的反应特点及其内在规律。试图在理论上丰富有关消费者 CSR 反应的研究成果。第一，本研究突破性地将产品分类理论与消费者视角的 CSR 理论建立了内在的关联关系，并且运用心理学中的 ELM 理论合理解释了为什么销售体验产品（对比搜索和信任产品）的企业能够通过 CSR 实践唤起消费者更积极的态度反应和购买意愿。第二，本研究依据多个 CSR 反应变量对消费者进行了群体细分，弥补了现有研究仅仅依据总体消费者的情况来解释消费者 CSR 反应规律的缺陷。根据本研究结果，消费者被细分为热情型、现实型和精明型，年龄和收入是三类消费者在人口统计特征分布上的主要差别。中年、中等收入消费者更乐于积极响应企业的 CSR 行为，我们认为这与中国不同年代出生的人所处的社会经济及文化环境有着

密切的关联。第三，从群体细分和产品类别双重视角可以更全面确切地了解消费者对企业 CSR 行为的反应。我们发现只有热情型和现实型消费者在接收到体验产品销售企业的 CSR 信息时，才会表现得更加积极，且现实型消费者的反应还会受到 CSR 信任的显著影响；精明型消费者很难对 CSR 信息做出积极反应，即使企业 CSR 行为赢得了他们的信任，也只能影响他们的企业评价，而不会唤起他们对产品的积极联想和购买意愿；现实型消费者会将搜索产品的 CSR 关注转换为正面的企业评价。本研究启示在华经营的企业管理者们，不是所有的行业或产品类别都能够通过 CSR 策略赢得消费者的好感和支持。CSR 作为市场竞争的一种新的营销工具，必须考虑到企业所处市场的行业特征及消费者特征。

2. 管理启示

西方发达国家的企业管理者已经认识到，21 世纪的企业将从利益相关者感知到的社会责任中获得巨大的收益。[54] 其中，消费者群体是被企业影响的最重要的利益相关者。[6] 在中国，尽管环境恶化、贫富差距等社会问题的出现使得 CSR 理念得到整个社会的积极倡导和重视，但对于企业而言，究竟能否通过 CSR 影响消费者的态度和行为？销售哪种产品类别的企业更可能通过 CSR 策略打动消费者？哪些消费者更容易被 CSR 行为所打动？这些问题都关系着企业的 CSR 实践能否赢得长期的甚至是短期的市场绩效。本文的研究结果试图给在华经营企业的管理者们以如下启示：首先，尽管中国的 CSR 实践还处于初级阶段，[18] 并且中国消费者总体上对 CSR 行为的反应并不十分强烈，但总体而言，消费者仍然会将企业优秀的 CSR 表现与企业声誉及其产品关联起来，并在一定程度上做出购买支持。因此，今天的企业应重视 CSR 策略或战略的运用，以赢得长期的市场绩效。其次，在中国市场确实存在细分的消费者群体关注并且支持企业在更高层面上的社会责任行为（即本研究中的热情型消费者，占总样本的 38%）。因此，企业应该注意到这部分消费者的存在，在运用 CSR 策略时有针对性地进行营销传播，创造可能的营销机会。再次，企业在运用 CSR 策略取悦消费者时，应注重以恰当的方式将 CSR 信息传播给消费者，如尽可能提供企业如何帮助解决社会问题的细节信息，强调企业进行 CSR 投入的"结果"和"持续性"，以唤起消费者的关注并取得消费者对企业的信任。最后，CSR 的运用应考虑到产品类别特征的影响。对于体验产品尤其是体验型耐用产品的生产企业来说，CSR 战略的运用更可能达到取悦消费者的目的；而对于信任产品的销售企业而言，通过 CSR 实践打动消费者的难度比较大，但这并不表明此类企业的 CSR 行为不能达到取悦其他利益相关者的目的，如取悦当地政府。

3. 研究局限与未来研究方向

本研究通过面对面的消费者问卷调查，探讨了中国消费者对企业 CSR 行为会如何反应（包括关注、信任、企业评价、产品联想和购买意愿五个方面），以及消费者 CSR 反应是否表现出一定的产品类别差异。由于时间和条件的限制，本研究主要存在四个方面的局限性，这些局限性暗示着未来研究的方向。首先，本研究为了抽离出 CSR 对消费者的影响（而不是品牌对消费者的影响），我们在消费者调查问卷的情境设计中并没有给出 CSR

实施企业的真实名称，这也是该领域内的很多学者所采用的情境设计方式。[1,3,15,32] 但在现实消费中，消费者对企业 CSR 行为的响应不可避免地会受到品牌偏好的影响。因此，CSR 与品牌偏好如何共同影响消费者的态度和行为，以及在品牌认知的不同阶段 CSR 对消费者的影响会有怎样的差异，均有待于进一步探讨。其次，由于在调查过程中高收入消费者和老年消费者的配合度相对较低，因此这两类消费者在总样本中所占的比例偏低，今后的研究应努力增加这两类群体的比例，使得样本更具有代表性。再次，本文主要对六个行业进行了消费者 CSR 反应的调查，未来的研究可以对更多的行业进行调查，同时增加样本规模，使研究结论更加具有说服力。最后，未来研究可在更多的城市展开调查，探讨消费者 CSR 反应在不同地区的不均衡性。

参考文献

［1］Sen S., C. B. Bhattacharya. Does Doing Good always Lead to Doing Better? Consumer Reactions to Corporate Social Responsibility [J]. Journal of Marketing Research, 2001, 38 (2): 225-243.

［2］Lichtenstein D. R., M. E. Drunwright, B. M. Braig. The Effect of Corporate Social Responsibility on Customer Donations to Corporate-supported Nonprofits [J]. Journal of Marketing, 2004, 68 (4): 16-32.

［3］Mohr L. A., D. J. Webb. The Effect of Corporate Social Responsibility and Price on Consumer Responses [J]. Journal of Consumer Affairs, 2005, 39 (1): 121-147.

［4］Ellen P. S., D. J. Webb, L. A. Mohr. Building Corporate Associations: Consumer Attributions for Corporate Socially Responsible Programs [J]. Academy of Marketing Science, 2006, 34 (2): 147-157.

［5］谢佩洪，周祖城. 中国背景下 CSR 与消费者购买意向关系的实证研究 [J]. 南开管理评论，2009，(1): 64-70.

［6］Bhattacharya C. B., S. Sen. Doing Better at Doing Good: When, Why, and How Consumers Respond to Corporate Social Initiatives [J]. California Management Review, 2004, 47 (1): 9-24.

［7］Smith N. C. Changes in Corporate Practices in Response to Public Interest Advocacy and Actions: The Role of Consumer Boycotts and Socially Responsible Corporate Social Responsibility [Z]. Working Paper. London Business School. Centre for Marketing. London, 2000.

［8］Idowu S. O., B. A. Towler. A Comparative Study of The Contents of Corporate Social Responsibility Reports of UK Companies [J]. Management of Environmental Quality: An International Journal, 2004, 15 (4): 420-437.

［9］鞠芳辉，谢子远，宝贡敏. 企业社会责任的实现——基于消费者选择的分析 [J]. 中国工业经济，2005 (9): 91-98.

［10］Carroll A. B. A Three-dimensional Conceptual Model of Corporate Performance [J]. Academy of Management Review, 1979, 4 (4): 497-505.

［11］Carroll A. B.. The Pyramid of Corporate Social Responsibility: Toward the Moral Management of Organizational Stakeholders [J]. Business Horizons, 1991, 34 (4): 39-48.

［12］Maignan I. Consumers' Perceptions of Corporate Social Responsibilities: A Cross-cultural Comparison [J]. Journal of Business Ethics, 2001, 30 (1): 57-72.

［13］Singh J., G. Salmones Sanchez, I. R. Bosque. Understanding Corporate Social Responsibility and Product Perceptions in Consumer Markets: A Cross-cultural Evaluation [J]. Journal of Business Ethics,

2008，80（3）：597-611.

[14] 陈迅，韩亚琴. 企业社会责任分级模型及其应用 [J]. 中国工业经济，2005（9）：99-105.

[15] 周延风，罗文恩，肖文建. 企业社会责任行为与消费者响应——消费者个人特征和价格信号的调节 [J]. 中国工业经济，2007（3）：62-69.

[16] Miller G. A. The Magical Number Seven, Plus or Minus Two some Limits on Our Capacity for Processing Information. Psychological Review, 1956, 101（2）：343-352.

[17] Becker-Olsen K. L., B. A. Cudmore, R. P. Hill. The Impact of Perceived Corporate Social Responsibility on Consumer Behavior [J]. Journal of Business Research, 2006, 59（1）：46-53.

[18] Marin L., S. Ruiz, A. Rubio. The Role of Identity Salience in the Effects of Corporate Social Responsibility on Consumer Behavior [J]. Journal of Business Ethics, 2009, 84（1）：65-78.

[19] 周祖城，张漪杰. 企业社会责任相对水平与消费者购买意向关系的实证研究 [J]. 中国工业经济，2007（9）：111-118.

[20] 李海芹，张子刚. CSR 对企业声誉及顾客忠诚影响的实证研究 [J]. 南开管理评论，2010（1）：90-98.

[21] 张广玲，付祥伟，熊啸. 企业社会责任对消费者购买意愿的影响机制研究 [J]. 武汉大学学报（哲学社会科学版），2010（2）：244-248.

[22] 常亚平，阎俊，方琪. 企业社会责任行为、产品价格对消费者购买意愿的影响研究 [J]. 管理学报，2008（1）：110-117.

[23] Forehand M. R., Grier S. When is Honesty the Best Policy? The Effect of Stated Company Intent on Consumer Skepticism [J]. Journal of Consumer Psychology, 2003, 13（3）：349-356.

[24] Du S., Bhattacharya C. B., Sen S. Maximizing Business Returns to Corporate Social Responsibility （CSR）：The Role of CSR Communication [J]. International Journal of Management Reviews, 2010, 12（1）：8-19.

[25] Drumwright M. E. Company Advertising with a Social Dimension：The Role of Noneconomic Criteria. Journal of Marketing, 1996, 60（October）：71-87.

[26] Ellen P. S., Mohr L. A., Webb D. J. Charitable Programs and the Retailer：Do they Mix? [J]. Journal of Retailing, 2000, 76（3）：393-406.

[27] Webb D. J., Mohr L. A. A Typology of Consumer Responses to Cause-related Marketing：From Skeptics to Socially Concerned [J]. Journal of Public Policy & Marketing, 1998, 17（Fall）：226-238.

[28] Rifon N. J., S. M. Choi, C. S. Trimble, H. Li. Congruence Effects in Sponsorship：The Mediating Role of Sponsor Credibility and Consumer Attributions of Sponsor Motive [J]. Journal of Advertising, 2004, 33（1）：29-42.

[29] 卢东，Samart Powpaka，寇燕. 基于消费者视角的企业社会责任归因 [J]. 管理学报，2010（6）：861-867.

[30] Osterhus T. L. Pro-social Consumer Influence Strategies：When and how do They Work? [J]. Journal of Marketing, 1997, 61（4）：16-29.

[31] Gao Y. Corporate Social Performance in China：Evidence From Large Companies [J]. Journal of Business Ethics, 2009, 89（1）：23-35.

[32] 温忠麟，侯杰泰，张雷. 调节效应与中介效应的比较和应用 [J]. 心理学报，2005，37（2）：268-274.

[33] Pomering A., S. Dolniar. Assessing the Prerequisite of Successful CSR Implementation: Are Consumers Aware of CSR Initiatives? [J]. Journal of Business Ethics, 2009, 85 (Supplement 2): 285-301.

[34] Bala R., M. Yeung. Chinese Consumers' Perception of Corporate Social Responsibility (CSR) [J]. Journal of Business Ethics, 2009, Supplement 1 (88): 119-132.

[35] Lee K. H., D. Shin. Consumers' Responses to CSR Activities: The Linkage Between Increased Awareness and Purchase Intention [J]. Public Relations Review, 2010, 36 (2): 193-195.

[36] Miracle G. E. Product Characteristics and Marketing Strategy [J]. The Journal of Marketing, 1965, 29 (1): 18-24.

[37] Assael H. Product Classification and the theory of Consumer Behavior [J]. Journal of the Academy of Marketing Science, 1974, 2 (4): 539-552.

[38] Siegel D. S., D. F. Vitaliano. An Empirical Analysis of the Strategic Use of Corporate Social Responsibility [J]. Journal of Economics & Management Strategy, 2007, 16 (3): 773-792.

[39] Nelson P. Information and Consumer Behavior [J]. Journal of Political Economy, 1970, 78 (3): 311-329.

[40] Darby M. R., E. Karni. Free Competition and the Optimal Amount of Fraud [J]. The Journal of Law and Economics, 1973, 16 (4): 67-75.

[41] McWilliams A., D. Siegel. Corporate Social Responsibility: A Theory of the Firm Perspective [J]. Academy of Management Review, 2001, 26 (1): 117-127.

[42] 向阳，曹勇，汪凤桂. 基于消费者认知度的企业社会责任行业差异性研究 [J]. 管理学报，2010，(2)：311-316.

[43] Youn S., H. Kim. Antecedents of Consumer Attitudes Toward Cause-related Marketing [J]. Journal of Advertising Research, 2008, 48 (1): 123-137.

[44] Carrigan M., I. Szmigin J. Wright. Shopping for a Better World? An Interpretive Study of the Potential for Ethical Consumption within the Older Market [J]. The Journal of Consumer Marketing, 2004, 21 (6): 401-417.

[45] Liebermann Y., A. Flint-Goor. Message Strategy by Productclass Type: A Matching Model. International [J]. Journal of Research in Marketing, 1996, 13 (3): 237-249.

[46] Mudambi S. M., Schuff D. What Makes a Helpful Online Review? A Study of Customer Reviews on Amazon.com [J]. MIS Quarterly, 34 (1): 185-200.

[47] Petty R. E., J. T. Cacioppo. The Effects of Involvement to Responses to Argument Quantity and Quality: Central and Peripheral Routes to Persuasion [J]. Journal of Personality and Social Psychology, 1984, 46 (1): 69-81.

[48] Petty R. E., J. T. Cacioppo. Source Factor and the Elaboration Likelihood Model of Persuasion [J]. Advances in Consumer Research, 1984, 11 (1): 668-672.

[49] Rosen, S.. Foreword. Mao's Children in the New China: Voices from the Red Guard Generation [M]. Routledge: New York, 2000.

[50] Hung K. H., F. Fang Gu, Y. Chi Kin (Bennett). A Social Institutional Approach to Identifying Generation Cohorts in China with a Comparison with American Consumers [J]. Journal of International Business Studies, 2007, 38 (5): 836-853.

[51] Mohr L.A., D. J. Webb, K. E. Harris. Do Consumers Expect Companies to Be Socially Responsible?

The Impact of Corporate Social Responsibility on Buying Behavior [J]. Journal of Consumer Affairs, 2001, 35 (1): 45-72.

[52] 田志龙, 邓新明, Taieb Hafsi. 企业市场行为、非市场行为与竞争互动——基于中国家电行业的案例研究 [J]. 管理世界, 2007 (8): 116-128.

[53] Fennell G., G. M. Allenby, S. Yang Y. Edwards. The Effectiveness of Demographic and Psychographic Variables for Explaining Brand and Product Category Use, 2003, 1 (2): 223-244.

[54] Crowther D.. Corporate Social Reporting: Genuine Action or Window Dressing? [Z]. Perspectives on Corporate Social Responsibility. Ashgate. Aldershot.2003: 140-160.

The Differences of Product Category and Group Characteristics of Consumers' CSR Responses

Tian Zhilong   Wang Rui   Fan Jianfeng   Ma Yutao

(School of Management, Huazhong University of Science Technology

Wuhan   430074)

Abstract: This research explores how consumers respond to Corporate Social Responsibility (CSR) in Chinese market with a multi-industry, situational survey with a sample of 1022 consumers. Empirical results conclude that: ①Chinese consumers, who show a high level of awareness and trust of CSR, are more likely to transform a good CSR record into positive corporate evaluation, product association and purchase intention. Besides, the most important aspects that consumers care about are results and sustainability of firms' CSR actions; ②Consumer responses to CSR vary across different product categories. Those firms selling experience products (vs. search and credence products) are more likely to gain consumers' positive product associations and purchase support through CSR practices, which can be explained by the psychological theory of ELM (Elaboration Likelihood Model); ③The result of multiple regression shows that the relationships between consumer demographics and their CSR responses are not linear, thus we classified consumers into three types which are enthusiastic, shrewd and practical based on the extent of consumer responses to CSR, and a further analysis of crosstab indicates that the distribution of demographics among these consumer types are different. Those consumers with a middle level of age and income would respond to CSR more positively; ④Consumer responses to CSR cannot be fully understood from a single perspective of segmentation or product category. Different consumer groups hold different CSR reactions among product categories. This research explores consumer responses to CSR from dual perspectives and makes up the insufficient aspects of existing studies that only discuss that topic based on data of single industry or total sample. This study enriches the current research and provides implications for managers especially operating in China that CSR strategy, as a new marketing function to please consumers, should be adopted and communicated by carefully considering product and consumer characteristics.

Key Words: CSR; Consumer Responses; Product Category; Demographics

服务品牌内化的概念及概念模型：
基于跨案例研究的结论 *

陈晔　　白长虹　　吴小灵

（南开大学旅游与服务学院　天津　300000）

【摘　要】本研究按 Eisenhardt 在 1989 年提出的案例研究步骤展开，对国内一个著名保险公司进行纵深案例研究，发现了服务品牌内化的现象。为进一步探索这一现象并验证在此案例中得到的结论，作者又在信息通讯、银行、酒店和保险业里分别选择一个位居行业前列的代表性企业实施跨案例研究。通过对跨案例研究收集的资料进行内容分析，本研究找出服务品牌内化的内生构成因素，构建了服务品牌内化的概念模型。

【关键词】服务企业；服务品牌；内化

　　长期以来，品牌研究主要聚焦于产品品牌而不是服务品牌。[1] 产品品牌的研究相对成熟，但服务品牌在研究和实践领域都是比较新的方向。有些学者指出，服务品牌建设需关注企业内部，品牌建设要通过内化来实现。[2,3]

　　由于服务与产品的区别，服务品牌也具有与产品品牌不同的特征。如 Blankson 和 Kalafatis 指出，服务品牌更多依赖于员工的态度和行为。[4] 此外，产品品牌多数是以某一类型或规格的产品为品牌对象、很少使用企业品牌，而服务品牌往往是以企业品牌为主品牌（Primary Brand）。还有一些研究者把服务品牌看作一种承诺。[2,5,6] 这种承诺是通过服务企业与顾客的接触来完成，接触的过程需要员工的优秀表现以兑现甚至超越承诺。Ambler 和 Styles 把品牌定义为"对顾客所购买的一系列属性的承诺，这些构成品牌的属性可能是真实的或者虚幻的、理性的或情感的、有形的或无形的"。[5] 因此，只有当员工理解了品牌，认识到服务品牌承诺的这些具体属性，才有可能把品牌的价值传递给顾客。如果

* 本文选自《南开管理评论》2011 年第 14 卷第 2 期。
基金项目：国家社会科学基金重点项目（08AJY009）。
作者简介：陈晔，南开大学旅游与服务学院副教授、博士，研究方向为服务管理、品牌管理；白长虹，南开大学旅游与服务学院院长、教授、博士生导师，研究方向为品牌管理与传媒营销、城市品牌与旅游营销；吴小灵，深圳大学管理学院讲师，研究方向为旅游管理、旅游规划。

员工的头脑中没有一致的品牌认识，没有清晰的品牌承诺，组织内部沟通不充分，就无法顺利且成功地实现品牌承诺，传递品牌价值。一些学者关注到以上服务品牌的独有特征，开始以新的视角研究服务品牌的建设。

一、文献回顾

对于服务品牌内化的研究，学者们从"内化品牌"、"内部品牌建设"和"内部品牌化"等概念入手，关注企业如何从内部建设自己的品牌并逐步深入研究。这些研究可以从概念研究、服务品牌管理方法、策略研究和以员工为核心的服务品牌建设三个方面来分析和总结。

1. 关于服务品牌内化的概念

具有代表性的概念是 Berry 和 Parasuraman 提出的内化品牌（Internalizing the Brand）。内化品牌包括：对员工进行培训并把品牌营销给员工、与员工分享品牌背后的探索和策略、员工创造性的品牌沟通、强化品牌行为的员工培训、对支持品牌建设的员工给予回报和鼓励，最重要的是员工参与到培育和建设品牌的工作中。[7]

Berry 认为，服务的传递者是建立品牌含义和品牌权益最有力的媒介，服务传递过程需要一线员工的积极参与。因此，服务企业必须重视员工，让品牌价值内涵体现在员工的服务行为中。[2]

在服务品牌内化的概念提出后，学者们开始逐步关注服务企业品牌的内部建设问题，一些相关概念如"内部品牌建设"、[8-10]"内部品牌化"[11,12]出现在服务品牌的研究中，进一步拓展了品牌内化的相关研究主题。可以看出，服务品牌内化的研究集中出现在最近十几年，是随着服务经济的繁荣和服务企业品牌管理的不断成熟而出现的。

2. 服务品牌管理方法及策略研究

不少学者经过研究提出了服务品牌管理与建设的具体策略，对服务品牌的建设提出了可操作性较强的步骤和方法。

Dobree 和 Page 指出，有效进行服务品牌化有五大步骤：建立一个品牌观点、克服内部障碍、对品牌传递效果测评、持续改进、拓展顾客群。他们还提出通过服务组织各层次进行服务接触来贯彻服务品牌理念的观点。[13] Steinmetz 和 Allan 以企业内部管理的视角，提出内部品牌化是一系列过程，企业通过这些过程获得了品牌的成功。内部品牌化应该始于一个清晰的企业形象和目标，还需要使企业全体成员理解企业目标和战略。成功的内部品牌化能使员工从被动接受转变为主动理解品牌并承担责任，从而改变其行为以支持企业目标。[14] 以上两项研究结论都将建立品牌理念和品牌形象视为服务品牌建设的初始工作，随后通过一系列措施来推进。

也有学者以构建模型的方式，提出了建设服务品牌的方法。如 Kotter 和 Heskett 的品牌管理的良性循环模型指出，企业建设品牌不仅要注重消费者和分销商，也需要看重职员与消费者的相互影响。企业要重视职员的培养，招募与公司有类似价值观的职员，同时通过一致的文化与员工交流、沟通品牌内涵，形成一致的员工行为。[15] Berry 对 14 个成熟的高绩效服务企业进行研究，构建了一个以服务品牌资产为核心的服务品牌化模型，指出建设强势服务品牌的四个策略：差异化、提升企业的声誉、建立情感联系和内化品牌。[2]

Causon 以案例研究法分析了英国一个领先的职业考试机构"City & Guilds"的内部品牌重建过程。[9] 他认为内部品牌代表了组织的精神和文化。为保持市场的领先地位并把组织统一到一个品牌下，"City & Guilds"通过三个阶段来实施内部品牌重建：教育阶段、认同阶段和实施阶段。在三阶段后，对员工的调查显示，多数员工理解了品牌的价值并且知道如何通过沟通来协助企业完成品牌规划。

关于服务品牌内化策略的研究，基本一致的研究结论是：服务企业更需要进行品牌内化，品牌内化对于服务比产品更重要；服务品牌内化是一个过程，这个过程开始于品牌的定位和清晰的品牌形象，通过企业高层领导的参与、培训教育、激励等管理手段让企业全体员工理解品牌理念、明确品牌承诺，最后员工以自己的工作和行为为企业品牌做出贡献。

3. 以员工为核心的服务品牌内化研究

由于服务品牌价值的传递主要是通过服务员工与顾客接触来完成，员工就成为服务品牌研究的重点。Leslie 等也提出，与产品品牌相比，服务品牌更依赖员工。[16]

在服务品牌的建设过程中，员工的意识和价值观具有促进作用，如果员工能认识到企业品牌的价值，就容易在品牌建设中做出更多贡献。Howard 在研究保险公司的品牌知名度塑造时提出，企业应当通过员工能够接受的价值观来塑造品牌，激励员工和分销网络，服务品牌建设是通过行为传递品牌承诺并建立品牌信任。[17] Christine 等提出，员工作为"品牌形象大使"，仅仅理解品牌内涵、具备良好的技能是不够的，更重要的是员工能够完全将品牌价值内化、成为自己思想的一部分。[18]

一些学者比较关注员工在服务品牌内化过程中的行为参与。如 Bergstrom 等提出，内部品牌化（Internal Branding）指三件事情：将品牌有效传播给员工、使员工相信品牌及其价值、成功地把组织的每一项工作与品牌价值的传递联系起来。[12] 在 20 世纪 90 年代，瑞典 Saab 公司的品牌内部化案例证明了这些措施是有效的。Zucker 研究了英国 Pearl 保险公司的内部品牌化案例。该公司认为企业的每个员工都应该加入到品牌建设的工作中，此外要特别关注那些面对顾客的一线员工。实施了品牌内化后，Pearl 公司在品牌理解、沟通以及业务承诺等方面，员工的满意度几乎都提高了一倍。[11] Christine 等提出，内部品牌建设是关于将员工行为与品牌价值统一起来的企业行为。[8]

以员工为核心的品牌建设研究将员工视为服务品牌建设的主要力量，强调企业全体员工都应当参与到品牌建设当中。Thomson 等认为员工是理解和传递品牌价值的主体。[19] 现有服务品牌内化研究基本上是从员工的意识和行为两个方面来分析，员工意识的变化最终体现在员工品牌行为的改变。

通过回顾服务品牌内化的相关研究文献，可以看出这一主题的研究处于概念研究阶段，而且缺乏系统的研究。本研究致力于发现成功的服务企业如何建设它们的品牌，是否存在一些共同的内部品牌建设要素。本研究将以系统的案例研究方法，提出服务品牌内化的概念并构建概念模型。

二、研究方法及研究过程

本研究属于探索性研究，焦点是成功服务企业如何在内部建设它们的品牌。由于研究聚焦于一系列当时发生事件的"如何"和"为什么"的问题，研究者对于事件只有微弱的操控权，研究的重点是当时在真实背景中所发生的现象，适合的研究方法是案例研究。[20]所以采用案例研究方法。

对于单一个案的研究过程，本研究以 Eisenhardt 提出的案例研究路线图为范本而展开，共分为启动、选取案例、建立工具或共同的概念和语言、进入现场、分析数据、建立假设、文献比较和得出结论八个部分，如表 1 所示。

表 1 案例研究流程

顺序	步骤	内容
1	启动	确定研究问题
2	选取案例	确定样本池、理论抽样
3	建立工具或共同的概念和语言	多种数据收集方式、质化和量化数据以及多个调研者
4	进入现场	重叠数据搜集和分析，包括田野笔记、灵活机动的数据收集方法
5	分析数据	单一案分析，使用不同方法的跨案例分析
6	建立假设	为每个概念建立证据表，复制跨案例逻辑，对"为什么"的问题寻找证据
7	文献比较	对相似的和不同的文献进行比较
8	得出结论	在尽可能改进的情况下得出结论

资料来源：参考文献 [21]。

1. 启动

在案例研究开始前，本研究把问题焦点集中于服务企业的内部品牌建设和品牌内化。没有一个研究焦点，很容易被大量的信息所包围。[21] Mintzberg 也指出，"我们经常带着一个定义好的研究焦点来进入组织，从而系统地收集确切的信息"。[22]

2. 选取案例

本文参考了 Parasuraman 等学者提出服务质量概念模型时的方法，他们根据研究目的选择了四种类型的服务：小额银行业务、信用卡、证券经纪人业务和产品维修，同时从每个行业里选择一个全国性的公司进行研究。[23]

本文的研究焦点是探索成功服务品牌的建设，选择案例时基于以下原则：第一，选取国内知名的服务企业，其品牌具有一定社会知名度和美誉度，这样保证选取的服务品牌都属于强势品牌。由于研究人员在天津，可以方便地在天津和北京两地接触案例企业并收集数据，也可以保证接触到企业的总部或集团的总公司。第二，在不同的服务行业里选择案例企业，这样可以有效控制行业环境变化的影响。由于服务品牌与产品品牌主要的不同在于服务品牌的顾客参与性和顾客与企业的接触性，因此考虑顾客与企业的接触程度是必要的。按 Chase 的分类方法，即根据顾客在服务中的参与程度把服务型企业分为三大类，即高接触服务、中接触服务和低接触服务。[24] 本研究选择了保险（高接触服务）、酒店和银行（中接触服务）、通信（低接触服务），共四个行业并涵盖了三大类服务。第三，选取不同规模的企业，消除企业大小给研究带来的影响。因此在案例中既有资产总额超过 5000亿元、年营业收入超过 2000 亿元的大型企业，也有投资 3 亿元的较小规模企业。第四，选取一定数量的案例，保证跨案例研究的可靠性。Sanders 提出，跨案例研究中最佳的案例数目是 3~6 个。[25] 综合考虑研究需要和投入，确定本研究的案例数为五个。

遵循以上案例选取原则，本研究选取了国内五个著名的服务企业，包括保险企业两个，信息通信企业、银行和酒店各一个，样本企业具有代表性和普遍性。对以上五个企业（见表 2）进行案例研究，获取相关信息和数据。

表 2　案例的样本情况

企业代码	成立年份	总资产（亿元）	所在行业
A	1949	5017.83	保险
B	1997	4590	信息通讯
C	1996	556	保险
D	1987	2428	银行
E	2001	3	酒店

为保证研究的效度，案例研究包括对相同现象的一个实时纵深案例（Real-time Longitudinal Case Study）和几个回顾式案例（Retrospective Case Studies）。[26] 回顾式截面案例研究可能会漏掉一些重要信息，有些重要的事件或细节在发生后可能没有被回忆起来。纵向的实时研究能跟踪原因和结果，从而增加研究的内部效度。本文对国内一个《财富》（Fortune）500 强保险企业（A 企业）进行了实时纵深案例研究，得到了较丰富全面的企业品牌内部建设信息和数据。然后对 B、C、D、E 四个企业实施了回顾式截面案例研究。

3. 建立工具和语言

理论构建的研究者们通常采用多种资料收集方法。

Robert 认为，案例研究常用的数据源包括六种：文件、档案记录、访谈、直接观察、参与性观察和实物证据。他也建议案例研究中可采用的一个原则是多重数据源，以多种管道进行数据收集以形成三角检定（Triangualtion），从而增强证据之间的相互印证。[27] 因此本文采用文件、档案记录、深度访谈、焦点小组访谈、现场观察和实物证据等多种资料收集方法。

为规避研究者偏见，调研团队中包括一名教授、两名博士生和三名硕士生，团队成员的不同视角和知识背景有利于收集丰富的资料并发现不同的问题。每次访谈、现场观察和资料分析都由两人以上参加。在访谈过程中，进行了笔录并在受访者允许下进行了录音。

在案例资料收集中，根据情况需要将研究人员分 2~3 个组，每个人承担不同的角色，例如在访谈中一个人主要提问，其余人记录。各组在收集资料后交叉讨论，阐述各自的新发现并提出自己的观点和看法。研究团队中每位成员均参与数据的分析与讨论；各自收集的资料要带回团队共同分析，然后筛选、甄别出客观、有用的信息，建立研究数据库供下一步数据研究。

4. 进入现场收集资料

经协商 A 企业同意配合实施关于企业品牌内部建设的深度案例研究，因此有机会对企业进行了为期一年多的案例研究。我们对来自总部和分公司不同部门的高层管理者、部门经理和员工实施深度访谈（共访谈四位高层管理者、11 位部门经理和 19 位员工），并进行了多次小组座谈，获取了企业品牌管理的相关文件和数据，得到了比较充分的企业品牌内部管理信息。访谈是本研究比较重要的资料收集方法（包括其余四个案例的数据收集），采取半结构化方式，与不同访谈对象有侧重地交流，访谈内容包括公司的品牌定位和形象、品牌的组织管理、品牌相关的培训、公司高层对品牌的重视、自身工作与企业品牌的关系、对公司品牌管理的建议等若干方面；每次资料收集都根据以前的分析做出新的调整，并产生新的重点，使我们得到的数据更接近研究的问题。

通过案例 A 的研究，发现企业主要通过培训、内部网络和印发宣传数据等方式传播品牌知识，沟通品牌信息，让员工了解公司品牌、认同品牌内涵，提高员工的品牌建设意识；企业大多数员工很了解企业的品牌内涵和品牌承诺，在意识和行为上都比较注重企业的形象；他们把自己的工作与企业品牌紧密联系，并且自发地维护企业品牌。我们把这种现象称为"服务品牌内化"。

基于案例 A 的初步研究结论，本研究对其余四个案例的研究焦点更加集中在服务品牌建设以及"服务品牌内化"现象上。对公司 B、C、D、E 的品牌经理或分管品牌工作的副总经理进行了个人深度访谈，并对各公司的员工实施焦点小组访谈，参观了各企业的营业场所并获取了宣传材料。利用多重证据来源收集资料，增强研究的构建效度。[27] 在一年多调研期间，调研团队围绕研究的信息需求对五个案例企业进行了七次焦点小组访谈、七次实地观察、八次个人深度访谈（包括开放和半结构化两种形式）、六次座谈讨论。

本研究在四个案例中发现了相似的品牌内化现象，实现了"原样复现"（A Literal Replication，指每个个案的目的是要预测类似的结果，在本研究中，多案例的选择是为发现共同的品牌内化现象并找出其构成因素）。Robert 提出，如果在多重案例中得到完全相同的结果，就完成了单一案例的原样复现，可以更肯定地提出跨个案的结果。[27] 这些要素构成了服务品牌内化的内生因素。

5. 分析资料

本文利用内容分析法从访谈等数据中得到重复出现的重要因素，[28] 从而找出服务品牌内化的关键内生因素，构建概念模型。

本研究的内容分析过程如下：

（1）单位化。

本研究以获得的各案例企业每份文件数据、现场观察记录和访谈记录为一个分析单位。我们将访谈的数据整理成文字稿后，在文字稿右边，预留约 1/3 的地方作为整理栏，以进行分析与重点提示。并在文字稿上方注明访谈者的名称、访谈时间与地点。对所有数据的编号采用"企业代号—数据编号—页码（当多于一页时按开始页码标注）"的格式进行编号。

把从 A 企业获得的高管、不同部门经理、各级代理人和不同部门员工访谈记录、实地观察记录、不同部分座谈记录、企业提供的文本和光盘等 21 份数据编号为 A–01 到 A–21，将 B、D、E 企业获得的四份资料和 C 企业获得的三份数据分别以上述方法编号。

（2）抽样。

将所有收集到的数据作有效性甄别后，作全面的分析。

（3）类目的建构。

本研究在对 A 企业进行纵向跟踪式观察调研的基础上，结合多案例调研信息，对服务品牌内化的内生构成因素进行归纳，由研究者提出本研究类目与变量的定义，如表 3 所示。

表 3 服务品牌内化构成要素类目表

类目	含义	具体表现
1. 品牌识别	服务品牌的理念内涵和品牌承诺	
①品牌理念内涵	指企业品牌代表或宣扬的精神内涵和价值内涵	企业品牌有明确的内涵和倡导的价值观
②品牌承诺	服务企业对顾客服务内容、时间、态度等方面许诺	企业对顾客的服务承诺有明确规定
2. 品牌培训	通过各种教育和培训手段让员工理解并接受品牌	企业的入司培训、日常培训中有专门针对品牌的内容
3. 品牌沟通	组织成员之间进行的品牌相关信息的传播、交流和分享	网站、内刊有专门关于品牌的信息，创造机会并引导员工交流品牌信息
4. 品牌贡献激励	以各种方式鼓励员工参与企业品牌建设、对为企业品牌做出贡献的行为给予奖励	对在维护企业形象方面工作和表现优秀的员工给予奖励
5. 品牌内化的员工参与	员工在意识和行为上参与品牌建设的程度	
①员工参与意识	员工对服务品牌识别的认识，对品牌建设参与的认识	知晓企业品牌的内涵、认为服务品牌很重要、企业需要内部的品牌建设等
②员工参与行为	员工在行为上对服务品牌识别的实践，对品牌建设的参与行动	在具体工作中注意企业形象的展示、主动为企业的品牌建设出力

品牌识别是企业对自己品牌内涵和品牌承诺的界定，品牌培训、品牌沟通和品牌贡献激励属于品牌内部营销的手段和方式，这些手段可以独立地对品牌的建设产生作用，品牌内化的员工参与包括员工在意识和行为上对品牌建设的参与。

（4）编码。

编码是将分析单元分配到类目系统中的过程。依据所建构的类目，设计编码表（如表 5 所示），由一位博士生与两位硕士生担任编码员，进行编码工作。同一份数据均由三位编码员进行归类，以求出相互判断同意度（Interjudge Agreement）。在进行编码工作之前，让编码员了解研究目的、研究主题等，同时先向编码员介绍内容分析法的基本概念，以及编码应注意的事项，并由研究者与编码员对各项类目的意义进行沟通，确定编码员熟悉之后，再开始编码的工作。

表 4　三位编码员归类的相互判断同意度

	编码员一	编码员二	编码员三
编码员一	1	0.778	0.914
编码员二		1	0.889
编码员三			1

表 5　编码表

类目	数据来源	出现频次
品牌识别	A–01–01，A–03–01，A–04–01，A–05–01，A–06–01，A–08–01，A–09–02，A–10–11，A–11–05，A–12–01，A–14–01，A–15–01，A–16–01，A–17–01，A–18–01，A–19–01，B–01–01，B–02–11，B–03–02，C–01–01，C–02–01，D–01–01，D–02–01，D–04–01，E–01–01，E–02–01，E–03–01	27（27.6%）
品牌培训	A–01–01，A–04–02，A–05–01，A–06–02，A–11–15，A–12–03，A–15–02，A–16–03，A–17–01，A–18–02，A–19–03，A–20–01，B–01–02，B–02–03，C–01–03，C–02–07，D–01–02，D–04–02，E–01–01，E–03–02	20（20.4%）
内部品牌沟通	A–01–03，A–03–02，A–04–02，A–06–02，A–11–23，A–12–03，A–15–02，A–17–01，A–20–02，B–01–02，B–02–19，C–01–02，C–02–05，D–01–02，D–02–03，D–04–01，E–01–02	17（17.3%）
品牌贡献激励	A–01–04，A–04–01，A–05–02，A–11–02，A–11–31，A–16–02，B–01–02，B–02–09，C–01–03，D–01–03	10（10.2%）
品牌内化的员工参与	A–01–02，A–02–01，A–03–01，A–05–01，A–06–01，A–09–11，A–11–21，A–12–02，A–13–01，A–14–01，A–15–02，A–17–01，A–18–01，A–19–02，B–01–02，B–02–17，B–04–01，C–01–01，C–02–04，D–01–02，E–01–02，E–02，E–03–02，E–04–01	24（24.5%）

本研究请研究团队外的一位营销教授、两位营销博士，评价编码设计、变量的定义与抽样方法等研究过程，适时提出意见，改进研究过程的质量，以提高整体内容分析的效度。最后将编码和数据分析结果列表整理，得到类目的数据源位置以及频次。

（5）前测信度检验。

研究样本、类目与分析单元确定后，接着对数据进行分析，在数据分析前需要建立信度，内容分析的信度是指编码员能利用类目与分析单元，将内容归入相同类目中，所得结果一致的程度。一致性越高，内容分析的信度越高，分析越精确客观。为提高内容分析的信度，在对数据进行编码分析以前，须先在样本中选取部分数据作前测信度的检验。

作者从所有数据中随机抽取五份数据作为前测样本，由三位编码员按照编码说明，依次进行编码。将三位编码员所得的前测编码结果，依据 Holsti 提出的内容分析法相互同意度及信度公式进行计算，[29] 公式如下所示：

$$R = \frac{n \times \bar{K}}{1 + (n-1) \times \bar{K}}, \quad \bar{K} = \frac{2 \sum\limits_{i=1}^{n} \sum\limits_{j=1}^{n} K_{ij}}{n \times (n-1)} (i \neq j), \quad K_{ij} = \frac{2M}{N_i + N_j}$$

其中，R 为分析者信度（analyst reliability）；

n 为参与分析人员的数量；

$\bar{K}$ 为分析人员平均相互同意度；

K_{ij} 为分析人员 i 与分析人员 j 相互同意度；

M 为分析人员 i 与分析人员 j 意见一致的项数；

N_i 为分析人员 i 做出分析的总项数；

N_j 为分析人员 j 做出分析的总项数。

内容分析平均相互同意度为 $\bar{K} = \frac{0.778 + 0.889 + 0.914}{3} = 0.86$，分析者信度为 R = $\frac{3 \times 0.86}{1 + 2 \times 0.86} = 0.949$，信度的计算结果比一般要求的 0.8 高，[30] 显示三位编码员归类的一致性较高，本研究信度已达到要求水平，可正式进行编码工作。依照研究者拟定的编码规则、类目定义、编码方式与程序，编码者针对每一份数据进行分析，在编码表上对应类目字段进行标记。本研究的后续研究结果分析以三名编码者的共同编码结果作为分析数据源，当编码员意见有歧义时，必须进行讨论，以三人共同意见为编码结果。三位编码员都是营销专业的博士和硕士，对本研究比较了解，同时作者请研究团队外的教授和博士生对类目构建和编码过程进行了评审和改进，具有比较合理的表面效度和内容效度。

（6）内容分析结果讨论。

通过调研资料的内容分析，作者对提出的五个服务品牌内化的组成要素进行了出现频次的统计，从资料中归纳整理了 98 个信息卷标，按各个要素出现的频次与信息卷标的总数做比较，得到百分比。可以看出"品牌识别"、"品牌培训"、"品牌内化的员工参与"三个要素出现频次较高，比例均超过 20%，而"品牌沟通"和"品牌贡献激励"两个要素的出现频次相对较低，比例分别为 17.3% 和 10.2%。这说明，企业对这两个要素还没有足够重视。首先，可能是由于多数企业认为品牌沟通对品牌建设的作用不够大，把品牌内部营销的重点放在了培训上，主要通过宣讲本企业的品牌历史和讲授相关品牌知识的方式让员工认识和接受企业品牌；其次，对品牌贡献激励的忽略一方面可能在于品牌贡献难以量化衡量，另一方面在于多数企业认为激励对员工品牌建设的作用不够有力。

6. 建立假设

通过跨案例分析以及对收集到的数据进行内容分析后，作者提出了以下服务品牌内化概念的假设：服务品牌内化是成功服务品牌普遍具有的现象，它是一个过程，企业先建立品牌建设的目标，然后通过内部营销的手段让员工的意识和行为发生转变，形成重视品牌建设的工作意识和行为，最后将品牌价值成功传递给顾客。

同时，经内容分析后提出如下假设：服务品牌内化由品牌识别、品牌培训、品牌沟通、品牌贡献激励和品牌内化的员工参与五个要素构成。

7. 文献比较

对于服务品牌内化的概念假设，本研究对比了以下研究：Berry 等提出的内化品牌概念比较重视员工，是围绕员工所展开的一系列品牌建设活动。[7] Berry 阐释过品牌内化的概念，他提出服务传递过程需要一线员工的积极参与，因此企业必须重视员工，让品牌的价值内涵体现在员工的行为上，并且认为品牌内化一定是一个持续的过程。[2] 这个过程的观点与本文作者在案例研究过程中得出的结论是一致的，但他提出的概念重点在一线员工上，本研究认为服务品牌价值的传递应该是企业各部门和各服务环节共同联合完成的。

Bergstrom 等认为内部品牌化包括三个部分：将品牌有效传播给员工、使员工相信品牌及其价值、成功地把组织的每项工作与品牌价值的传递联系起来。[12] 这个概念把品牌化理解为最终的结果，这与本研究认为服务品牌内化是一个过程的结论有一定差异，但概念的核心内涵与本研究的分析比较一致，品牌内化也是通过将品牌传播给员工，让员工理解品牌价值，最终传递品牌价值。

从本研究得到的企业资料来分析，国内成功的服务品牌比较关注员工，但员工的行为和表现是最终的结果，品牌内化需要企业组织，即品牌管理部门和其他各部门的配合来共同推进，形成全员一致的行为。

对服务品牌内化的概念模型，本研究比较了以下文献的结论：

Dobree 和 Page 提出了五个步骤有效进行服务品牌化。[14] 五个步骤是企业进行品牌建设需要重点关注并提升的五个方面，对品牌内化有重要的借鉴作用。品牌内化是从建立品牌承诺开始，也是一种品牌观点的建立，然后是一系列把这种观点内化到企业的各个层次的过程：承诺传播、员工的培训、信息的传递与回馈、员工的激励等，最后体现在员工的意识和行为上。

Tansuhaj 等提出，认识到员工在服务营销中的核心角色使得内部营销要以员工开发为导向。[31] 基于此，作者提出了一个连接内部营销活动和外部营销的模型，认为内部营销是一种管理哲学，这种管理哲学能对员工的意识和行为产生很大影响。有效的内部营销管理实施能改善员工的工作态度，提高工作满意度和工作认同。他们以内部营销的理论，把工作当作产品营销给员工，提高员工的绩效进而创造高质量的产品，然后通过外部营销把产品营销给顾客。对于企业品牌来讲，同样需要先营销给员工，让员工接受和认同，然后再营销给顾客，让顾客喜欢上企业的品牌。Tansuhaj 等提出的模型中内部营销是一个员工开发的全面过程，包括了招聘、培训、激励、沟通和保持。本研究认为，品牌的内部营销主要涉及其中的培训、沟通和激励几个方面。

Chernatony 等学者回顾了服务管理和服务品牌的相关文献并提出了一个服务品牌化的模型，如图 1 所示。[32] 他们通过深度访谈 28 位从事品牌、广告设计、营销等方面的专家和学者，结合服务品牌化模型，提出了影响服务品牌成功最主要的三个要素：明确的定位、一致性、价值。服务企业需要密切沟通，使员工和顾客理解品牌定位，明确的定位是

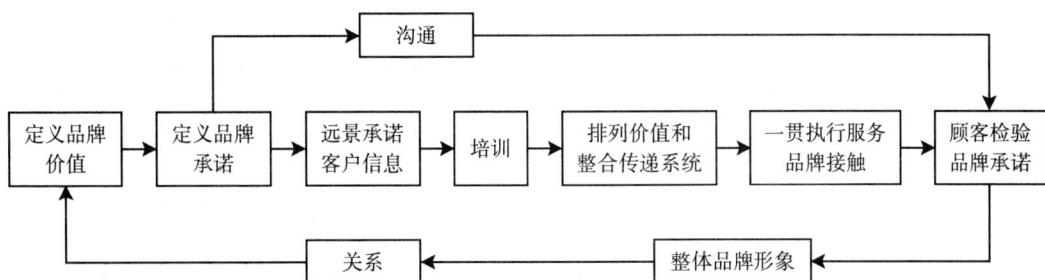

图1 服务品牌化模型

资料来源：参考文献［32］，有一定改动。

与竞争者品牌争夺顾客的关键竞争性工具；员工是最重要的品牌价值传递者，成功的服务品牌更重视保持品牌价值和员工行为的一致性；经理们的行为中应反映出企业的核心价值，并且影响员工的行为。

这个模型起始于组织价值和行为的定义以及品牌承诺的定义，通过沟通、培训、信息传递等过程将品牌承诺传递给顾客，然后形成整体品牌形象和品牌与顾客的关系，品牌关系又对组织的文化和价值观产生影响。此模型描述了服务品牌形成的整个过程，整体思路对服务品牌内化的研究有启示，但不同的是，服务品牌内化以员工的意识和行为变化为主线提出了针对品牌内部建设的概念模型。

以上几个模型为服务品牌内化的概念模型提供了佐证，在内部营销的理论应用上也值得借鉴。不同于产品品牌，服务品牌更依赖企业内部员工力量，需要内部营销的理论和策略来实现品牌的建设。

8. 得出结论

本文在跨案例研究的基础上，借鉴已有的文献，给出了服务品牌内化的概念（Service brand Internalization）：服务企业致力于将品牌理念和品牌承诺植入员工的意识里，让员工分享品牌理念、参与品牌培育，将企业的品牌承诺体现在每一个员工的工作上，最终在员工的意识和行为上表现出来的过程。这个概念是从企业角度出发，将品牌内化定义为一个过程。

需要注意的是，服务品牌内化是一个企业战略层面的概念，服务企业需要在战略层面上理解和实施品牌内化，才能够完成整个内化的过程。这个过程包括了从品牌识别开始，通过各种方式让员工理解品牌理念和品牌承诺，最后到员工参与品牌内化的表现，每个阶段都需要企业层面的管理推动和执行，甚至需要企业制度上的保证和组织的配合，例如制订品牌培训计划和实施方案、建立品牌激励机制和制度、设立专门的品牌管理组织等。只有在全企业范围内发起品牌内化的号召，才能够实现最终的目标。

这个过程也涉及多个部门的协调和配合，例如战略规划部门要负责内化的策划和启动，品牌管理部门进行品牌识别的调研和制定，人力资源部门负责品牌方面的培训、出台激励政策等。因此，部门之间的工作配合与协调就十分重要。为完成一个共同的目标，企业需要有专门的跨部门合作的机制或高于部门的高层领导和机构来保证品牌内化的顺利进行。

服务品牌内化过程的核心是员工。企业品牌识别的确定需要调研员工对品牌的认识，最终要得到员工的认同；品牌培训、品牌沟通和品牌贡献激励是针对员工展开实施的，品牌内化的员工参与更是以员工为主体。由于服务品牌形象的塑造和品牌价值的传递主要通过员工来实现，因此服务品牌内化必然要以员工为核心，激发员工的积极性，让员工参与到整个过程中，最后才能在员工的意识和行为上有所体现。

通过以上对模型各要素的文献比较以及对整体模型构建的文献比较，得出以下结论：强势服务企业重视企业内部的品牌建设，服务品牌内化在强势服务品牌的建设过程中有程度不同的体现。服务品牌内化由品牌识别、品牌培训、品牌沟通、品牌贡献激励和品牌内化的员工参与五个要素构成。如图 2 所示：

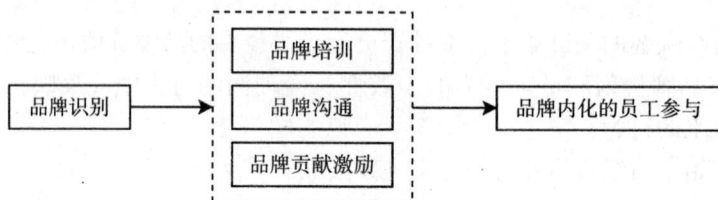

图 2　服务品牌内化概念模型

其中，品牌识别是服务品牌内化的基础和开端。品牌识别从企业自身角度界定了服务品牌最重要的属性：品牌理念内涵和服务承诺。面对一个服务品牌，顾客最先需要了解的就是它的服务承诺是什么，这是服务品牌的功能性属性。因此许多学者认为，服务品牌就是一种承诺。[2,5,6] 其次，顾客会关注服务品牌的理念是否符合顾客的精神需求和情感需求。科学、合理的品牌识别是品牌内化最初始的工作。

企业明确了品牌识别之后，需要做的工作就是让企业的全体员工认识品牌、理解品牌内涵和品牌承诺，让员工学习品牌知识，使品牌"内化"为员工的自有知识并融入员工的工作中。这个内化的过程就包括品牌的内部营销过程。品牌的内部营销具体包括品牌沟通、品牌培训和品牌贡献激励。

品牌内化的员工参与是服务品牌内化过程的最终产出，是整个过程的结果体现。员工意识和行为的转变是品牌内化的最终目的，即员工对品牌建设的意识转化为积极的、融入日常工作的、自发的员工建设企业品牌的行为。Thomson 等认为，员工是内部品牌建设过程的核心组成部分，因为他们是理解并传递品牌价值的主体。[19] 员工通过一致的品牌建设行为扮演了"品牌建设者"的角色，与产品品牌相比，服务品牌更依赖员工。

三、讨论与未来研究展望

本文通过跨案例研究，发现了强势服务品牌企业里存在着服务品牌内化的现象，然后提出服务品牌内化的概念，发展出概念模型，对概念进行了具体化和操作化。将概念模型定义为由品牌识别、品牌内部营销和品牌内化的员工参与三个要素组成的过程。其中品牌识别包括品牌理念内涵和品牌承诺两个子维度，品牌内部营销包括品牌培训、品牌沟通和品牌贡献激励三个子维度，品牌内化的员工参与包括员工参与意识和员工参与行为两个子维度。本研究认为，这些服务品牌内化模型的要素构成了品牌内化的主要因素，是成功的服务品牌在内部管理中注重的因素，也是这些企业做得比较好的方面。识别出这些因素，对于服务企业建设强势品牌有重要的参考价值。

本研究促进了服务品牌的研究并且系统地提出了一个服务品牌内化的概念模型。这个模型提供了一个未来研究的平台，未来可以在此模型基础上进一步深入和拓展。为在更大范围验证研究结论的普适性，未来可以扩大研究的行业类型并增加研究样本。同时，可以针对不同类型的服务业进行分类比较研究，对比不同行业的品牌内化特征存在哪些相同点和差异。例如高接触型服务业与低接触型服务业以及竞争强度高的行业与竞争强度低的行业在服务品牌内化上是否存在差异，等等。

国外已有的品牌内化的相关理论是基于西方服务企业发展状况提出的，是否适用于我国的服务企业品牌内部建设还需要验证。本研究基于中国本土的环境和中国本土服务企业的发展现状提出服务品牌内化的概念和概念模型，是对本土管理实践和管理理论的探索，未来需要更进一步的研究以夯实这一研究主题的理论基础和理论体系，推进本土化管理理论的研究。同时可以深入开发具有实践指导意义的服务品牌内化管理工具，为我国服务企业管理品牌提供理论支持。

此外，服务品牌内化的影响因素也值得进一步研究，找出影响服务品牌内化的因素并探讨其影响路径和机理，对这些影响因素的管理和控制将说明服务企业提高品牌的内化水平，最终提升企业的品牌管理能力。

参考文献

[1] Aron O'Cass, Debra Grace. An Exploratory Perspective of Service Brand Associations [J]. Journal of Services Marketing, 2003, 17 (5): 452–475.

[2] Berry L. L. Cultivating Service Brand Equity [J]. Journal of the Academy of Marketing Science, 2000, 28 (1): 128–138.

[3] De Chernatony L., Segal-Horn, S. Building on Services' Characteristics to Develop Successful Services Brands [J]. Journal of Marketing Management, 2001, 17 (7–8): 645–669.

[4] Blankson C., Kalafatis S. P. Issues and Challenges in the Positioning of Service Brands: a Review [J]. The Journal of Product & Brand Management, 1999, 8 (2): 106–118.

[5] Ambler Tim, Styles Chris. Brand Development Versus New Product Development: Towards a Process Model of Extension Decisions [J]. Marketing Intelligence & Planning, 1996, 14 (7): 10–19.

[6] Ward S., L. Light J. Goldstein. What High-tech Managers Need to Know about Brands [J]. Harvard Business Review, 1999, 77 (4): 85–95.

[7] Berry Leonard L., A. Parasuraman. Marketing Services: Competing Through Quality [J]. New York: Free Press, 1991.

[8] Christine Vallaster, Leslie De Chernatony L. How Much do Leaders Matter in Internal Brand Building? An International Perspective [R]. Paper for School Working Paper Series, 2003.

[9] Jo Causon. The Internal Brand: Successful Culture Change and Employee Empowerment [J]. Journal of Change Management, 2004, 4 (4): 297-307.

[10] Berry L. L., Sandra Lampo. Branding Labour-Intensive Services [J]. Business Strategy Review, 2004, 15 (1): 8-25.

[11] Zucker Richard. More Than a Name Change-Internal Branding at Pearl [J]. Strategic Communication Management, 2002, 6 (4): 24-27.

[12] Bergstrom A., Blumenthal D., Crothers S. Why Internal Branding Matters: The Case of Saab [J]. Corporate Reputation Review, 2002, 5 (2-3): 133-142.

[13] Dobree J., A. S. Page. Unleashing the Power of Service Brands in the 1990s' [J]. Management Decision, 1990, 28: 14-28.

[14] Steinmetz Allan. Internal Branding Blueprint [J]. B to B., 2004, 89 (10): 9.

[15] Kotter J., Heskett J. Corporate Culture and Performance [M]. New York: The Free Press, 1992.

[16] De Chernatony L., Susan Drury. Internal Brand Factors Driving Successful Financial Services Brand [J]. School Working Paper Series, 2005 (2), 1-37.

[17] Lisa S. Howard. Insurers Must Build Brand Awareness: Axa [J]. Life & Health Financial Services, 2000, 104 (3): 24.

[18] Vallaster Christine, De Chernatony, Leslie. Internationalisation of Services Brands: The Role of Leadership During the Internal Brand Building Process [J]. Journal of Marketing Management, 2005, 21 (1/2): 181-203.

[19] Thomson Kevin, de Chernatony, Leslie. The Buy-in Benchmark: How Staff Understanding and Commitment Impact Brand and Business Performance [J]. Journal of Marketing Management, 1999, 15 (8): 819-835.

[20] Yin Robert K. Case Study Research, Applied Social Research Methods Series [M]. Beverly Hills, CA: Sage Publications, 1984.

[21] Eisenhardt K. Building Theories from Case Study Research [J]. Academy of Management Review, 1989, 14 (4): 532-550.

[22] Mintzberg H. An Emerging Strategy of "Direct" Research [J]. Administrative Science Quarterly, 1979, 24 (4): 582-589.

[23] Parasuraman A., Valarie A. Zeithaml, Leonard L. Berry. A Conceptual Model of Service Quality and its Implications for Future Research [J]. Journal of Marketing, 1985 (Fall): 41-50.

[24] Chase B. R. Where does the Customer Fit in a Service Operation [J]. Harvard Business Review, 1978, 56(6): 139-142.

[25] Sanders P. Phenomenology: A New Way of Viewing Organizational Research [J]. Academy of Management Review, 1982, 7 (3): 353-360.

[26] Leonard-Barton D. A. A Dual Methodology for Case Studies: Synergistic Use of a Longitudinal Single Site with Replicated Multiple Sites [J]. Organization Science, 1990, 8 (3): 1-19.

[27] Yin Robert K. Case Study Research: Design and Methods [M]. Thousand Oaks: Sage, 1994.

[28] Spiggle S. Analysis and Interpretation of Qualitative Data in Consumer Research [J]. Journal of Con-

sumer Research, 1994, 21 (Dec.): 491–503.

　　[29] Holsti O. R. Content Analysis for the Social Sciences and Humanities [M]. MA: Addison-Wesley, 1969.

　　[30] Woodruff R. B., Gardial S. F. Know Your Customer: New Approaches to Customer Value and Satisfaction [M]. Cambridge, MA: Blackwell, 1996.

　　[31] Tansuhaj Randall, McCullough. A Service Marketing Management Model: Integrating Internal and External Marketing Functions [J]. The Journal of Service Marketing, 1988, 2 (1): 31–38.

　　[32] De Chernatony L., Segal-Horn S., Keynes M. The Criteria for Successful Services Brands [J]. European Journal of Marketing, 2003, 37 (7/8): 1095–1118.

A Concept and Conceptual Model of Service Brand Internalization: Conclusion Based on Cross-case Study

Chen Ye　　Bai Changhong　　Wu Xiaoling

(College of Tourism and Service Management　Tianjin　300000)

Abstract: Value of service brands largely depends on the interaction between customers and cooperation. Based on the internal construction of service brand, some scholars propose the concept of internalization brand and study the success of powerful brands. However, this concept is a far cry from a systematic and fully-fledged theoretical framework. This paper first makes an analysis on the theoretical origin of brand internalization, compares and contrasts the research on brand internalization in various disciplines, and in light of the features of service industry, describes the service brand internalization after studying 5 typical cases in a systematic manner. Based on the steps of case study proposed by Eisenhardt (1989), the authors conduct the research on a well-known insurance corporation, and find the phenomena of service brand internalization. To find out more valuable information and to confirm the conclusion of the above case study, another 4 case studies are conducted on 4 representative service corporations respectively, namely, corporations from the fields of information communication, banking, hospitality, and insurance. The brand construction of these service corporations is thus explored. The authors adopt content analysis to the data from case studies and propose the concept of service brand internalization: a process of entrenching brand ideas and brand commitment into employees' awareness so as to share brand ideas, participate in brand nurturing, and make the brand commitment embodied in every employee's job and ultimately manifested in employees' awareness and behaviors. On the basis of the concept of service brand internalization and in accordance with the methods and steps of case study, the endogenous factors of service brand internalization are analyzed and a conceptual model is constructed to make the concept of service brand internalization specific and feasible. The model is composed of 5 dimensions—brand recognition, brand training, brand communication, brand contribution incentive, and employees' participation in brand internalization.

Key Words: Service Corporation; Service Brand; Internalization

顾客累积满意度的测量*
——基于动态顾客期望的解析模型

寿志钢　王峰　贾建民

（武汉大学经济与管理学院　武汉　430070）

【摘　要】 顾客的累积满意度是反映持续型服务产品绩效的重要指标。由于累积顾客满意是顾客各期感知的叠加，会涉及不同时段的顾客期望，因此，充分考虑期望的动态性是对它进行有效测量的关键。本研究以动态的顾客期望为基础，建立了一个测量累积满意度的解析模型。该模型将"期望差距范式"和"后悔/得意结构"相结合，并充分考虑了"适应性"和"社会比较"对顾客期望的动态性所造成的影响。本研究还将该模型运用于企业促销资源的优化分配。优化结果表明，整体符合脉冲式递增分布，并增大首期投入的资源配置方案可以使顾客在一定时期内的累积满意度达到最大。该结论与行为经济理论的一致性证明了本模型的良好效度。

【关键词】 累积满意度；顾客期望；动态性

在日常运营中，很多企业会在一段时期内连续地为顾客提供服务，例如电信、金融、保险、保健、专业咨询等。在此类行业中，顾客满意是"顾客对一段时间内所有消费体验的整体评价"，[1,2] 它不是顾客对特定服务的单次体验，而是一种累积的感知。"累积的满意度是能够反映企业过去、现在和将来绩效的更为基础的指标，相对于某次特定服务接触的满意度而言，对累积满意度的测量会更有意义"，[3] 事实上，当前各国研究顾客满意度指数的学者[1,4-8] 所使用的也是累积满意度这一概念。

由于累积的顾客满意度是各期感知的叠加，"会涉及不同时段的期望"，[3] 对它的测量就应当充分考虑期望的变化以及前期因素对当期期望的影响。然而，当前测量顾客满意

* 本文选自《南开管理评论》2011 年第 14 卷第 3 期。

基金项目：国家自然科学基金项目（70802046），教育部人文社科基金项目（07JC630030）。

作者简介：寿志钢，武汉大学经济与管理学院副教授、博士，研究方向为服务营销、营销调研；王峰，武汉大学经济与管理学院博士研究生，研究方向为决策理论；贾建民，香港中文大学工商管理学院教授、西南交通大学管理学院院长、教授、博士生导师，研究方向为消费者选择模型、决策理论。

度的模型在分析期望的动态性方面仍然存在可进一步改善之处。Anderson[3] 曾认为，先前的消费经验会通过一个适应性机制（Adaptation Mechanism）来调整以前的期望，从而形成当前的期望；Zeithaml[9] 以及 Boulding[10] 等学者则指出，"社会比较"（Social Comparison）也是影响期望的关键因素，即影响期望的信息不仅来源于已选择服务的先期绩效，还来源于竞争服务的先期绩效。因此，在考虑期望的动态性时，消费者的"适应性"和"社会比较"是两个不可忽视的变量，而当前的顾客满意度测量模型并没有去深入探讨它们在期望变化中所扮演的角色。

本研究通过分析顾客期望的变化机理，在动态购后评价的基础上，发展了一个测量顾客累积满意度的解析模型（Cumulative Satisfaction Measurement Model，CSM）。该模型着重考虑了"适应性"与"社会比较"对顾客期望的影响，从而使得对顾客满意度的测量更贴近于现实。此外，本研究还运用了 CSM 来优化服务企业促销资源的分配方案。大量的研究都已证实，顾客满意不仅与企业对顾客投入的资源总量相关，而且与企业资源配置方式也有紧密的联系，不恰当的资源配置可能会导致事倍功半的后果。因此，如何能够在固定的可用资源下获得最大的顾客满意就成为了顾客关系管理中的一个难题。而本研究中的仿真运算表明，基于 CSM 所优化的资源配置方案与行为经济学中的理论相一致，与日常生活中所观察到的促销现象也相吻合，从而证实了 CSM 在实际运用中具有良好的效度。

一、文献回顾：顾客累积满意度的测量

1. 影响顾客满意度的因素

随着全球服务业的不断增长，顾客满意度的测量模型逐渐得到丰富。在现有研究中，被学者们认为会影响顾客满意度的因素非常多，常被提及的有：顾客的期望、顾客感知的质量、价格、顾客感知的价值（或绩效）、顾客购买产品或服务之后所产生的情感因素、企业形象等。

（1）顾客的期望与体验。

Oliver 是率先将顾客期望引入满意度分析的学者。[11] 他以 Helson 提出的适应性理论[12] 为基础，将顾客对服务质量的期望作为购后评价的参考点，并据此提出，顾客满意是顾客期望与"期望差距"（Expectation Disconfirmation）的函数。[13,14] Oliver 提出的"期望差距"是指顾客感知质量与期望质量之间的差异，当顾客感知的服务质量小于其期望时，他们往往会感到失望（Disappointment），反之则会有欣喜感（Rejoicing）。

虽然"期望差距范式"（Expectation Disconfirmation Paradigm）成为了日后研究顾客满意度的重要基础，[11] 但是，LaTour 和 Peat[15] 认为，在某些条件下，这一范式并不能完全解释顾客的满意或不满意的形成。例如，如果顾客原本就是要购买一个质量不太好的产品，尽管他们在使用产品后并不会感到失望，但是仍然有可能会因为产品低劣的质量表现而感到不满。Tse 和 Wilton[16] 的实证研究则明确指出，顾客的实际体验也许会比期望对满意度产生更为强烈的直接作用。因此，在 Anderson 和 Sullivan[17] 建立的顾客满意度模型中，与"期望差距"共同对顾客满意度产生直接影响的另一个变量是顾客实际感知到的服务质量而不是他们的期望，即：

$$S_{ijt} = f_1(U_{ijt}^p) + f_2(U_{ijt}^p - \mu_{ijt}^e)$$

其中，S_{ijt} 表示在 t 时期顾客 i 对品牌 j 的满意度，U_{ijt}^p 是在 t 时期顾客 i 对品牌 j 的感知质量，μ_{ijt}^e 是在 t 时期顾客 i 对品牌 j 的期望。

在本论文的模型构建中，我们采纳 Anderson 等学者[17] 的建议，认为对顾客的累计满意度产生直接影响的是顾客的实际体验，顾客期望则通过与顾客体验的对比来影响满意度。

（2）感知质量、价格和感知绩效（价值）。

顾客感知质量对满意度的作用往往还会受到价格因素的影响。在不同价格条件下，有着相同质量体验的顾客所产生的满意度显然会存在差异。因此，不少学者在开展相关研究时，并不使用单纯的感知质量来分析顾客体验对满意度的作用，而是同时考虑价格因素，例如：Anderson 等[3] 在对累积满意度进行专门研究时，建立了以下模型：

$$\begin{cases} 期望_t = f_1(期望_{t-1}, 感知质量_{t-1}, \xi_{11}) \\ 满意_t = f_2(感知质量_t, 价格_t, 期望_t, \xi_{12}) \end{cases}$$

其中，ξ 是除感知质量、期望与价格之外的外部环境因素，f_1 和 f_2 为期望和满意度的测量函数。

Oliver 和 Swan[18,19] 在研究"公平感"对顾客满意度的影响时也考虑了价格因素，他们使用实验和现场调查两种方法，证实了顾客对产出和投入（如支付的价格）的比较，会通过"公平感"这个中介变量影响顾客的满意度。刘新燕等[6] 在构建一个新的顾客满意度指数模型时，也建议将感知质量和感知价格同时作为满意度的前置变量。

另一些学者则直接使用感知质量与价格的比值，即感知价值（Perceived Value）或感知绩效（Perceived Performance）来分析顾客体验对满意度的影响。例如，Fornell 在主持开发瑞典顾客满意度晴雨表（SCSB）[1] 时，在给定价格的情况下测量感知质量，并将其称为感知绩效；而由他主持开发的美国顾客满意度指数（ACSI）[4] 则直接将顾客感知价值当作影响满意度的重要变量。此外，欧洲学者开发的欧洲顾客满意度指数模型（ECSI）、[5] 我国学者构建的中国用户满意度指数模型（CSI）[7,8] 也均将顾客感知价值作为影响满意度的前置变量。

由于顾客感知绩效（价值）包含了感知质量与价格两个因素，更为简捷，因此本研究在构建模型时，也使用感知绩效这一变量来分析顾客的实际体验对满意度的影响。[①]

（3）影响顾客满意度的情感因素。

就本质而言，"期望差距范式"中的"失望"或"欣喜"均为实际体验与期望对比后所产生的购后情感。在该范式被广为接受的同时，学者们还进一步挖掘出更多可能会影响到顾客满意度的购后情感因素。例如，Oliver 和 Swan[18,19] 指出，顾客对投入和产出的比较会通过两个维度的公平感（Fairness 和 Preference）影响到满意度；Bolton 和 Lemon[20] 的研究发现，在提供连续性服务的产业中，顾客的期望与使用体验会通过"付款公平感"（Payment Equity）这一中介变量影响顾客的总体满意度；Westbrook[21] 和 Oliver[22] 研究了顾客购后的正负面情绪对满意度的影响；Inman、Dyer 和 Jia[23] 则从顾客的横向社会比较出发，考虑了顾客所放弃的备选产品对购后情感可能造成的影响。"当顾客感知到已选择产品的绩效小于未选产品的绩效时，他们往往会感觉到后悔（Regret），反之则可能会感到得意（Elation）"。[23,24] 而这种后悔或得意的情绪又会进一步影响到顾客的累积满意度。据此，Inman 等学者[23] 整合了顾客期望、失望和后悔这三个变量，构建了一个反映顾客满意度的扩展的购后评价模型：

$$U(\bar{X}, \ D, \ R) = u_1(\bar{X}) + u_2(D) + u_3(R) \tag{1}$$

其中，$\bar{X}$ 表示顾客期望；D 表示失望，$D = X_r - \bar{X}$，X_r 是已选服务的实际绩效；R 表示后悔，$R = X_r - Y_r$，Y_r 是备选服务的实际绩效（主要指服务质量）；u_1、u_2 和 u_3 分别表示期望、失望和后悔的效用。

进一步比较以上各类研究顾客购后情感的文献后可以发现，他们所研究的顾客情感多少有些重叠之处，只是看问题的视角有所不同。例如，Oliver 等学者[18,19] 笔下的公平感就包括了顾客在比较了企业的竞争对手提供的产品后所产生的情感；Bolton 和 Lemon[20] 研究中的"付款公平感"强调的是顾客的体验与预先的"规范期望"（Normative Expectation[②]）比较后所产生的情感；Westbrook 等[21,22] 的研究则更为笼统，他们并没有明确分析哪类具体的购后情感，只是从正面和负面情感这两个视角来分析购后情感对满意度的影响。由于本文侧重于研究顾客期望的动态变化，而"备择产品的绩效，不仅会影响满意度，而且会影响到顾客期望的变化"。[9,10] 因此，本研究在模型构建时会充分借鉴 Inman 等学者[23] 的观点。

此外，欧洲顾客满意度指数模型（ECSI）[5] 和我国学者开发的中国顾客的满意度指数模型（CSI）[7,8] 均强调了企业形象会影响到顾客的满意度。很多学者还指出"外部环

---

① ECSI 和 CSI 均借鉴 Fornell 等学者开发的 ACSI，在考虑顾客感知价值的同时，也考虑了顾客感知质量对顾客满意度的影响。Fornell 的初衷是为了识别顾客满意是质量驱动型还是价格驱动型。但是，刘新燕等[6] 认为，由于感知价值在定义上包含了感知质量，两者不宜同时使用。他们建议应当删除感知价值，而同时使用感知质量和价格作为满意度的前置变量来构建满意度的指数模型。由于本研究并不是为了构建指数模型，也并不关心顾客满意是质量驱动还是价格驱动，因此，为简化模型，我们使用感知质量与价格的综合体——感知绩效，来分析顾客的实际体验对满意度的影响。

② Normative Expectation 指的是顾客认为应当体验到的服务绩效，在下文中将对此概念进行介绍。

境的特征及其变化趋势、顾客的个人特征等因素也会影响到顾客的累积满意度",[3,10,20]参考建立解析模型的常用做法,[3,10,17] 我们将这些与顾客期望没有直接关联的影响因素作为模型中的误差项处理,为简化起见,在模型建构时将这些因素忽略。

2. 对顾客期望的研究

尽管"顾客在购后评价时会涉及到多种类型的期望",[16,25] 但是"在研究顾客满意的文献中,主要考虑是预测期望(Predictive Expectation)和"规范期望(Normative Expectation)两种类型"。[26]"预测期望指的是顾客对即将发生的交易中所涉及服务绩效的预期"。[9,27,28]"规范期望则被定义为顾客认为在即将发生的交易中,所涉及的服务应当提供的绩效水平"。[27,28]

尽管"在大多数研究顾客满意度的文献中,往往使用预测期望这一概念",[9] 但是"在分析顾客满意度时,仅涉及预测期望是不合理的。因为在很多情况下,顾客会将该服务应当达到的绩效作为参照物,来评价自己的服务体验,并由此影响到他们的满意度"。[25] 例如,当顾客进入一家新的餐馆接受服务时,他们也许无法预测新餐馆的服务绩效,但是却往往会设定一个应当达到的绩效标准,并以此标准来评价自己的用餐体验。这种规范的期望可能会受到口碑、广告等外部信息的影响,也可能来自于顾客在其他餐馆的用餐体验。

Boulding 等学者[10] 在构建一个动态的服务质量模型时,进一步对这两类顾客期望进行剖析。他们将预测期望称为"将会的期望"(Will Expectation),将规范期望称为"应当的期望"(Should Expectation)。由于两类期望都可能会随着时间的推移,受到外部信息和顾客自身体验的影响而不断变化,因此 Boulding 等学者[10] 分别为它们构建了以下两个动态模型:

$$WE_{ijt} = f_t(WE_{ijt-1},\ X_{it},\ DS^*_{ijt}) \tag{2}$$

其中,WE_{ijt} 表示顾客 i 在 t 时段刚接受服务体验后,在服务的 j 维度上产生的"将会的期望";X_{it} 表示顾客 i 在时段 t 与 t－1 之间接收到的信息;DS^*_{ijt} 表示在 t 时段企业在 j^{th} 维度上传递给顾客 i 的服务质量。

$$SE_{ijt} = f(SE_{ijt-1},\ Z_{ijt},\ K_{ijt} \cdot DS^*_{ijt}) \tag{3}$$

其中,SE_{ijt} 表示顾客 i 在 t 时段刚接受服务体验后,在服务的 j 维度上的"应当的期望";Z_{it} 表示在时段 t 与 t－1 之间顾客接收到的各种新信息,例如,价格变化、竞争对手的服务质量等;DS^*_{ijt} 表示 t 时段企业在 j^{th} 维度上传递给顾客 i 的服务质量,另外,当 $DS^*_{ijt} > SE_{ijt-1}$ 时,实际体验会对"应当的期望"产生影响,因而此时的 K_{ijt} 为 1;而 $DS^*_{ijt} \leqslant SE_{ijt-1}$ 时,"应当的期望"并不会受到实际体验的影响,因此 K_{ijt} 为 0。

由于规范期望(或"应当的期望")同样会被当作比较服务绩效的参照物,因此,本文在模型构建时,采纳文献[9,10,25] 中的观点,即顾客期望既包含预测期望也包含规范期望。

对顾客期望的动态性进行细致研究的另一批重要学者是以 Rust[29] 为首的研究小组,

他们认为，顾客在某一时期的期望往往并不是确定的数值，应当将期望看作是一种连续型的概率分布，即假设顾客对平均质量（Q）有一个先验分布 $\pi(Q)$（均值为 μ、方差为 τ^2 的正态分布）。对于一个具体的交易来说，顾客的感知质量 X 符合均值为 Q、方差为 τ^2 的正态分布。通过标准贝叶斯分析，期望的后验分布（Posterior Distribution）则可表达为：

$$\pi(Q|x_t) = h(x_t, Q)/p(x_t)$$
$$= (\rho/2\pi)^{1/2}\exp\{-(\rho/2)[Q - (1/\rho)((\mu/\tau^2) + (x_t/\sigma^2))]^2\} \tag{4}$$

其中，$\rho = (\sigma^2 + \tau^2)/(\sigma^2\tau^2)$，$x_t$ 为 t 时期感知的服务质量。

随后，陈荣和贾建民[30] 进一步将后悔的影响引入了 Rust 等[29] 提出的期望模型，研究了后悔和不确定性在消费选择中的动态机制，并进行了实证分析。

尽管 Rust 等学者[29] 对顾客期望的假设更为合理，但是在现实中，很难获得顾客期望的分布函数，因此，本研究仍然假设顾客在某时点的期望为一确定值，并使用较简单的线性函数来构建模型。

纵观以上介绍的顾客满意和顾客期望的模型，Anderson 等学者[3] 指出了累积满意度比特定交易满意对企业更有实质意义，同时也指出了先前的消费体验会通过一个适应性机制（Adaptation Mechanism）来形成当前的期望。但是，他们并没有为累积满意度的测量以及期望的测量建立一个明确的函数关系。Inman 等学者[23] 率先在购后评价模型中引入了"社会比较（后悔）"的影响，但是他们并没有深入探讨顾客期望的动态性。Boulding 等、[10] Rust 等[29] 以及陈荣和贾建民[30] 虽然研究了顾客期望的动态特性，但是在他们的期望模型中，并没有考虑顾客的"适应性"和"社会比较"这两个关键因素对期望的影响。在以下内容中，我们将着重考虑这两个因素对顾客期望的影响，并将动态的顾客期望整合到顾客满意度的测量模型中，以期构建一个更为贴近现实的测量顾客满意度的解析模型。

二、累积满意度测量模型

1. 模型构建

如前文所述，对于持续型服务的满意度是购后评价的累积感知，在此，假定（p_1, p_2, …, p_T）为购后评价流，其中 p_t 是顾客对第 t 时段的服务绩效（即感知质量与价格之比）的评价，根据 Parasuraman 等[31] 和 Cronin 等[32] 学者的观点，顾客满意度是服务质量的函数，两者是正相关的。如果我们站在最初时点来看待顾客的总体满意度，利用贴现效用模型（Discounted Utility Model，以下简称 DU 模型），则可以将顾客对服务的整体满意度表示为：

$$S(p_1, p_2, \cdots, p_T) = \sum_{t=1}^{T} \delta^{t-1}p_t \tag{5}$$

其中，δ^t 是与时段 t 有关的效用贴现系数。

前文已表明，我们采纳了 Anderson 等学者[17] 的建议，认为另一个直接影响满意度的变量是顾客感知的服务绩效而不是他们的期望，即把顾客感知的服务绩效与"期望差距"作为影响顾客满意的直接因素。同时，吸收 Inman 等[23] 的研究结果，将"后悔"作为影响顾客满意的第三个变量。据此，可将 p_t 描述为：①

$$p_t = U_t(X, D, R) = u_1(x_t) + u_2(d_t) + u_3(r_t) \tag{6}$$

其中，x_t 表示顾客在第 t 时段对已选服务 X 的感知绩效，d_t 和 r_t 分别表示顾客在该时段的失望和后悔；$d_t = x_t - \bar{x}_t$，$\bar{x}_t$ 是顾客在第 t 时段对已选服务 X 的绩效的期望；$r_t = x_t - y_t$，y_t 是顾客在第 t 时段对备选服务 Y 的感知绩效；u_1、u_2 和 u_3 分别是对感知绩效、失望和后悔的效用度量；U_t 是对第 t 时段的购后评价的效用度量。

由于顾客期望是影响满意度的一个关键参考点，而且学者们普遍认为"顾客对当前服务的期望与前期因素有关"，[3,9,10] 因此，有必要在顾客满意模型中考虑期望的变化。

尽管可能有很多因素会对当期期望造成影响，但与其他研究一样，我们摒弃一些不重要的环境因素，只考虑三个关键变量，即前期的期望、前期感知的服务绩效与前期的社会比较。值得强调的是，我们还认为，前期期望与前期感知的服务绩效对当期期望的影响是通过"适应性"这个中介变量来发挥作用的。

"Helson 提出的适应水平理论（Adaptation Level Theory）[12] 为解释服务满意的变化提供了一个有效的框架"。[14] 在 Helson 的适应水平理论[12] 中，消费者的当前期望是对以往经历的一种适应之后的结果。Anderson 等[3] 也指出先期的服务体验是通过一种适应性机制来影响当期期望的。此外，还有充分的证据表明，消费所产生效用的高低主要是通过顾客对先期消费水平的不断适应来形成。[33-35] Baucells 和 Sarin[36] 在研究影响幸福感的参照点时，则更为明确地指出，适应性是直接影响参考点的一个重要变量。满意与幸福感都是人类在消费之后可能产生的一种情感，而期望是影响满意的一个重要参照点，因此，我们认为可以将适应性作为一个中介变量，前期的期望和前期的体验会通过适应性这个中介变量来影响当前期望。由于适应是需要时间的，这使得前期因素对当期期望的影响具有滞后性，因此，可以假定顾客在第 t – 2 时段的期望和消费体验影响了第 t – 1 时段的适应性，并进而影响了第 t 时段的期望。

在本研究的模型中之所以考虑社会比较对期望的影响，是因为参照了文献[9,10,25] 的观点，即顾客期望应当包含规范期望（或应当的期望）。而顾客在选择某类服务之前的规范期望很可能会受到备择产品前期绩效的影响。[9,10,25] 例如，你在选择中国电信的移动电话服务之前，中国移动的服务绩效就很可能会影响到你对中国电信的服务期望。

综上所述，我们将顾客期望的动态变化融合到累积满意模型中，表示如下：

---

① 在 Inman 等学者[23] 的购后评价模型中，购后的总效用由期望、失望与后悔三个变量的效用构成，我们采纳 Anderson 等[17] 的研究成果，认为购后的总效用并不受到期望的直接影响，而是由感知质量（X）、失望（D）与后悔（R）三个变量的效用构成。

$$S(p_1, \ p_2, \ \cdots, \ p_T) = \sum_{t=1}^{T} \delta^{t-1} U_t(X_r, \ D, \ R)$$

$$= \sum_{t=1}^{T} \delta^{t-1} \{ u_1(x_{r_t}) + u_2(x_{r_t} - \bar{x}_t) + u_3(x_{r_t} - y_{r_t}) \} \tag{7}$$

$$\bar{x}_t = \beta y_{r_{t-1}} + (1 - \beta) a_{t-1}, \ t = 2, \ \cdots, \ T, \ 0 \leqslant \beta \leqslant 1 \tag{8}$$

$$a_{t-1} = \gamma x_{r_{t-2}} + (1 - \gamma) \bar{x}_{t-2}, \ t = 3, \ \cdots, \ T, \ 0 \leqslant \gamma \leqslant 1 \tag{9}$$

其中，a_{t-1} 为 $t-1$ 时期消费者的适应性水平。β 是 $t-1$ 期的"社会比较"对 t 期期望的影响系数，γ 则是消费者在 $t-2$ 期感知的服务质量对消费者 $t-1$ 期适应性水平的影响系数。其他参数的标识与函数（3）中的一致。

2. 模型的测量

在本节中，我们进一步讨论上述模型中效用函数的测量方法。在购后评价模型的研究领域中，线性函数因其简洁明了的特性而受到了众多学者[10,23,24]的青睐。因此，在本模型的效用测量中也使用连续的或分段的线性函数。

函数 u_1 是一个定义域和值域都大于零的凹函数，[17] 忽略边际效用递减的作用，我们可用下述线性函数来测量第 t 时段感知服务质量的效用：

$$u_1(x_t) = c_0 x_t, \ c_0 > 0, \ t = 1, \ \cdots, \ T \tag{10}$$

函数 u_2 反映的是消费者所感知的已选服务的绩效与其期望的比较，是一个"失望/欣喜"结构（Disappointment/Rejoicing Construct）。"失望"往往会被消费者当作一种损失，"欣喜"则会被当作一种收益，根据行为经济学的理论，前者对消费者产生的影响会大于后者。[17,23,24] 因此，为了充分反映这种不对称性，我们采用 Inman 等[23]的建议，用下述分段线性函数来测量第 t 时段的 u_2，其中 $c_2 > c_1 > 0$：

$$u_2(d_t) = \begin{cases} c_1 d_t & \text{当 } d_t \geqslant 0 \text{ 时} \\ c_2 d_t & \text{当 } d_t < 0 \text{ 时} \end{cases} \quad t = 1, \ \cdots, \ T \tag{11}$$

函数 u_3 反映的是消费者比较已选服务的绩效与备选服务的绩效之后的感受，是一个"后悔/得意"结构（Regret/Elation Construct）。"后悔"会被消费者当作一种损失，"得意"则被当作一种收益，前者对消费者产生的影响也就会大于后者，它也是一个非对称的函数。[23,37,38] 同样采用 Inman 等[23]的建议，用下述分段线性函数来测量第 t 时段 u_3，其中 $c_4 > c_3 > 0$：

$$u_3(r_t) = \begin{cases} c_3 r_t & \text{当 } r_t \geqslant 0 \text{ 时} \\ c_4 r_t & \text{当 } r_t < 0 \text{ 时} \end{cases} \quad t = 1, \ \cdots, \ T \tag{12}$$

结合以上测量方法，CSM 模型可以用方程（9）来表达：

$$S(p_1, \ p_2, \ \cdots, \ p_T) = \sum_{t=1}^{T} \delta^{t-1} U_t(X, \ D, \ R)$$

$$= \sum_{t=1}^{T} \delta^{t-1} \{ u_1(x_t) + u_2(x_t - \bar{x}_t) + u_3(x_t - y_t) \}$$

$$= \sum_{t=1}^{T} \delta^{t-1} \{ c_0 x_t + b_t(x_t - \bar{x}_t) + b_2(x_t - y_t) \}$$

$$= \sum_{t=1}^{T} \delta^{t-1} \{ (c_0 + b_1 + b_2)x_t - b_1\bar{x}_t - b_2 y_t \} \tag{13}$$

其中，$\bar{x}_t$ 满足递推关系式（4），$\bar{x}_t$ 为已知常数，b_1 和 b_2 分别由下述分段函数给出：

$$b_1 = \begin{cases} c_1 & \text{当 } d_t \geq 0 \text{ 时} \\ c_2 & \text{当 } d_t < 0 \text{ 时} \end{cases} \quad t = 1, \cdots, T \tag{14}$$

$$b_2 = \begin{cases} c_3 & \text{当 } r_t \geq 0 \text{ 时} \\ c_4 & \text{当 } r_t < 0 \text{ 时} \end{cases} \quad t = 1, \cdots, T \tag{15}$$

观察本研究提出的累积满意度测量模型（CSM），我们可以发现它具有以下特点：首先，CSM 是累积的评价，对提供持续性服务的市场决策具有较大的意义。其次，该模型集"感知的服务绩效"、"期望差距"和"社会比较"于一体，这三个变量是现有研究[3,14,17,23,25,37,38]都非常关注的影响顾客满意的核心要素。再次，CSM 将顾客期望的变化整合到了顾客满意的测量中，是一个动态的购后评价。最后，CSM 所刻画的顾客期望包含了预测期望和规范期望两种类型，并充分考虑了适应性和社会比较对期望的影响，这使得模型更贴近于现实。在以下部分，将 CSM 运用于服务企业促销资源分配方案的优化设计中，以验证 CSM 在实际运用中的有效性。

三、CSM 模型的应用：促销资源的优化配置

提供连续型服务产品的企业往往会在一个时间段内（如一年）开展一系列的促销优惠活动。消费者在这一时段内的累积满意度显然会与促销资源的总量相关。但是，当资源总量固定时，有效的资源配置方案往往可达到事半功倍的效果，而 CSM 模型则是一个设计最优资源配置方案的工具。

尽管企业提供的服务绩效与顾客感知的服务绩效之间会有差距，[31]但在一般情况下，两者显然是正相关的。同时，它们与企业所花费的促销资源也是正相关的，因此，我们可以假设：$x_t = \theta x'_t = \lambda z_t$，其中，$x'_t$ 为企业在第 t 期提供的实际服务绩效；z_t 为企业在第 t 期投入的促销资源；θ 为企业提供的实际服务绩效对顾客感知的服务绩效的影响系数；λ 为企业的促销资源对实际服务绩效的标准化影响系数。进一步简化问题，我们可以假设 $\theta = \lambda = 1$。为了与现实情况更为贴近，我们假设一个服务周期为 12 个月，同时假设年贴现率为 0.06，即每期（每个月）的贴现系数 δ 为 0.995。

1. 优化模型及最优方案

假定服务供应商在一个服务周期内所准备投入的促销资源的总量为 I，由于 $\theta = \lambda = 1$，每

期投入的促销资源则为 x_t，（即 $\sum_{t=1}^{T} x_t = I$）。我们考虑如何分配各时段的促销资源（x_1，x_2，$\cdots$，x_T）才能使得顾客的总体满意 $S(p_1, p_2, \cdots, p_T)$ 达到最大值。这一资源配置问题可以表示成如下优化规划模型：

$$\text{Max} \quad \sum_{t=1}^{T} \delta^{t-1} U_t(X, D, R) = \sum_{t=1}^{T} \delta^{t-1} \{(c_0 + b_1 + b_2)x_t - b_1 \bar{x}_t - b_2 y_t\} \tag{16}$$

$$\text{S.T.} \begin{cases} \sum_{t=1}^{T} x_t \leq I, \ x_t \geq 0, \ t = 1, \cdots, T \\ \bar{x}_t = \beta y_{r_{t-1}} + (1-\beta)a_{t-1}, \ t = 2, \cdots, T, \ 0 \leq \beta \leq 1 \\ a_{t-1} = \gamma x_{r_{t-2}} + (1-\gamma)\bar{x}_{t-2}, \ t = 3, \cdots, T, \ 0 \leq \gamma \leq 1 \\ b_1 = \begin{cases} c_1 & \text{当 } d_t \geq 0 \text{ 时} \\ c_2 & \text{当 } d_t < 0 \text{ 时} \end{cases} \quad t = 1, \cdots, T \\ b_2 = \begin{cases} c_3 & \text{当 } r_t \geq 0 \text{ 时} \\ c_4 & \text{当 } r_t < 0 \text{ 时} \end{cases} \quad t = 1, \cdots, T \\ \bar{x}_1 \text{ 和 } y_t (t = 1, \cdots, T) \text{ 均已知} \end{cases} \tag{17}$$

该优化规划模型（（12）和（13））可以使用优化理论中的线性约束方法和 Matlab 7.0 求出最优解。在优化运算中，我们参考 Inman 等[23] 的研究结果，将初始参数设定为：$c_0 = 0.0037$，$c_1 = 0.0007$，$c_2 = 0.0091$，$c_3 = 0.0036$，$c_4 = 0.0102$，并且假定 $\gamma = 0.5$，$\bar{x}_1 = 5$，$a_1 = 0$，$T = 12$，$I = 120$。本研究给出了两种市场环境下的优化结果。一种是假设市场上竞争对手的每期平均促销资源小于本企业，即 $y_{r_t} \equiv 5$（图 1），另一种是假设竞争者的促销资料与本企业相当，即 $y_{r_t} \equiv 10$（图 2）。β 值代表前期的社会比较对当期期望的影响权重，在图 1 中，我们分别画出了 β 为 1.0、0.77、0.1 和 0 这四种情况下的最优资源配置方案。选择展示 $\beta = 0.77$ 时的优化方案是因为当 β 超过这一个值后，最优方案的图形开始非常接近直线；选择展示 $\beta = 0.1$ 时的优化方案是因为当 β 超过这一个值后，最优方案中各期资源分布的波动性逐渐降低。同理，我们在图 2 中画出了 β 为 1.0、0.31、0.05 和 0 这四种情况下的最优资源配置方案。

2. 优化方案的讨论

首先观察图 1 和图 2 中，"适应性"发挥作用时（即 $\beta \neq 1$）的最优资源配置方案，我们可以发现它们有以下几个共同特点：

（1）在最优资源配置方案中，资源投入的总体趋势是递增的。我们可以用 Loewenstein 提出的"偏好改进理论"（Preference for Improvement Theory）[39] 来解释这一现象。该理论认为，在跨期选择中，当收益总量固定时，大部分人更愿意选择以递增而不是以递减或平均分配的方式获得收益。导致消费者偏好递增趋势的主要原因是人类在做出行为决策时往往具有损失规避（Loss Aversion）的倾向。Kahnemean 和 Tversky[40] 提出的损失规避是指对于同等数量的损失与收益而言，人们对损失会更为敏感。人们对失去物品

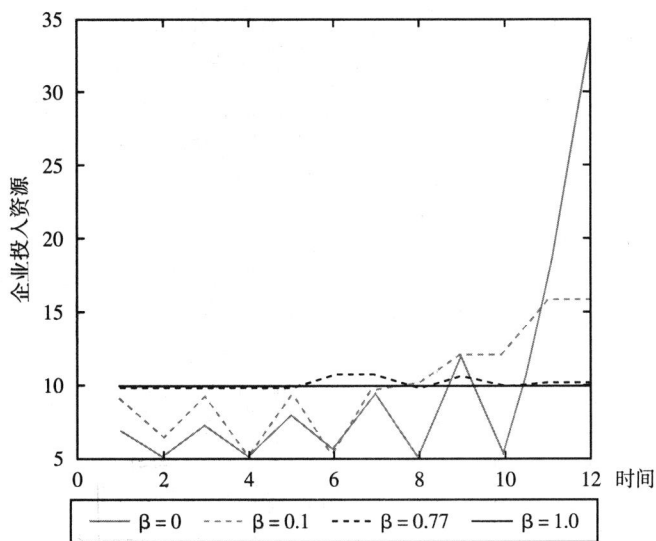

图 1　与竞争对手实力相当时的资源优化配置

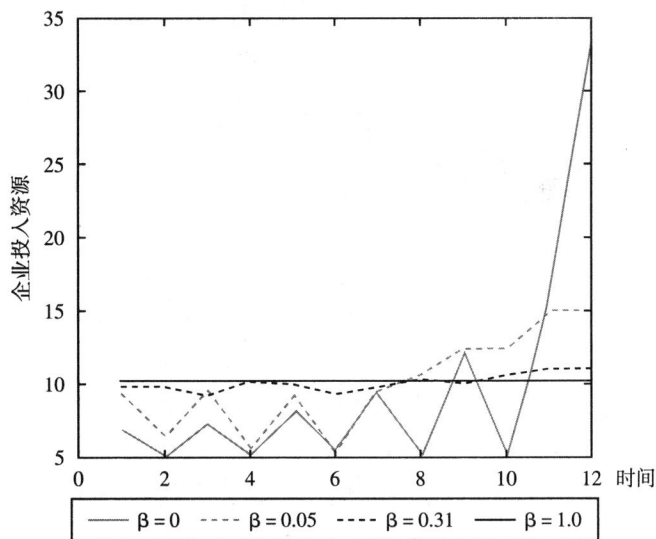

图 2　竞争对手实力更强时的资源优化配置

的价值感知往往会大于对得到同样一个物品的价值感知。因此，对于总量及级差都相等的递增收益和递减收益而言，当人们将上一期的收益作为参照点时，递增分布意味着不断获得，而递减分布则意味着在不断损失，显然前者会更受青睐。如果以递增的方式来分配企业的促销资源，恰恰能够满足消费者对改进的偏好，从而使得消费者的累积满意度达到最大。

（2）尽管从战略上看，资源分配的总体趋势是递增的，但各期分布并不是单调递增，而是按照高低间隔的脉冲方式递增。这一现象也可以通过行为经济学中的适应效用（Adaptation Effect）来解释。在跨期选择时，"人们往往会适应他们所获得的刺激物，并且以此为参照点来评价新的刺激物"。[12] 如果企业以一种单调递增的方式来分配促销资源，一方面，在适应效用的影响下，消费者的期望会越来越高；另一方面，在总量固定的情况下，每期的增量会变得较为有限。消费者如果适应了以前的促销优惠，当前促销优惠只能够通过增量来影响消费者的满意度，而有限的增量所导致的满意度也必然是有限的。但是如果企业以脉冲式的递增来分配资源，一方面，消费者期望不会因为适应效用而逐步递增或是增加得太快，而稳定的期望对满意度的提升是有效的；另一方面，脉冲分布在一些时期会导致较大的增量，这种较强的刺激更容易提升消费者的满意感。

奚恺元（Christopher Hsee）[41] 在讨论幸福经济学（Hedonimics）时也曾指出："幸福的另外一个来源是脉冲式的变化所带来的。如果一个人一直过着优越的生活而没有什么变化，他是不会比一般人幸福的。也就是说，舒适并不是幸福的重要因素。但是如果一个人本身生活水平不是特别高，却时不时地会有一些变化，比如旅游、探险等这些脉冲式的快乐，则能使人感觉到更加幸福。"我们认为，幸福与满意都是人类的主观感知，如果将对幸福的讨论移植到顾客满意上来，将得到与本优化模型一致的结论。

（3）资源配置的脉冲分布随着"社会比较"的影响系数的增加而逐步减弱。例如，在图 1 中，$\beta = 0.1$ 时的脉冲效应就比 $\beta = 0$ 时有明显减弱，在图 2 中，$\beta = 0.05$ 时，脉冲效应就开始有明显减弱。在这两个图中，β 值分别在 0.77 和 0.31 时，最优资源配置开始与平均资源配置方案趋向一致。

社会比较主要源于竞争对手提供的服务。在一个垄断市场中，由于没有竞争对手而不会产生社会比较，消费者的期望完全由适应性来决定。如上文所述，如果企业提供单调递增的资源分配方案，消费者很可能会因为适应性而导致期望不断地增加。为了避免这种情况出现，企业可以利用较为剧烈的脉冲分布来消除适应性的影响，从而使得消费者的期望维持在一个相对较低的水平。但是一旦市场出现竞争，消费者的期望还会受到竞争对手的影响。资源的脉冲式配置对消费者期望的抑制作用将变得有限，而且当企业投入一个比竞争对手低的促销资源时，可能会低于消费者的期望，由此导致的局部不满意可能会使消费者的累积满意度不能达到最优。因此，一旦市场上存在竞争，企业应当根据竞争对手的状况，减少资源投入的波动。但是仍然需要在总体上保持增长趋势。

（4）虽然资源投入在整体上遵循一个增长的趋势，但是第一个时点的促销资源投入并不是这个增长趋势中的初始点，即它不能够是各个时段中最低的资源投入。这与我们在现实生活中观察到的情况也是相吻合的。大多数提供持续型服务产品的服务企业无论在未来如何分配促销资源，但是在吸引顾客进入时，往往都会提供一个较大的、更具诱惑力的促销资源。可以用行为经济学中的禀赋效应（Endowment Effect）或现状偏好（Status Quo）来解释这种现象。

以上内容主要讨论了"适应性"发挥作用的情况，我们再来看另一种极端的情况，即顾客期望完全由"社会比较"主宰时（即 $\beta = 1$）的最优资源分配方案。当市场出现充分的自由竞争时，消费者在大量促销广告的轰炸下可能会让"社会比较"主宰自己的期望。此时消费者的期望完全不受企业资源分布的控制，试图影响期望的任何措施（如脉冲分布、递增分布）都可能是徒劳无功的。另外，由于各厂商在促销方式上的充分竞争，行业内促销投入的资源在一段时间后会很容易达到一个均衡点，而以市场上的促销水平为导向的消费者期望就很可能维持在一个稳定点。在这种情况下，企业的最好选择也许就是以不变应万变，即在各个时期平均分配促销资源（如图1、图2中，当 $\beta = 1$ 时，最优资源的分配方案均为一条直线）。

四、结论及进一步研究方向

本研究建立了一个适用于连续型服务产品的累积满意度测量（CSM）模型，并将这一模型运用于促销资源分配的优化计算。根据 CSM 模型所计算出来的优化方案表明，在一个竞争不是特别激烈的市场中，使用脉冲、递增的方式分配促销资源可以使顾客的整体满意度达到最大。这一结论与行为经济学中的"损失规避"、"偏好改进"、"适应效应"等理论是相一致的。因此，我们的优化方案对企业促销资源的分配具有较大的指导意义，同时也表明了 CSM 模型具有良好的效度。

但是，本研究在进行资源配置的优化计算时，所使用的参数都来源于二手数据，在进一步的研究中，我们将使用实验法去估计一个更为合适的参数，以便对模型的效度进行进一步的检验。另外，本模型所关注的应变量是顾客的累积满意度，尽管现有研究已证实它与顾客忠诚以及企业的收入及利润都有正向的相关关系，但是如果以累积满意度为中介变量，以企业的销售收入或利润为最终的因变量，建立企业财务绩效与营销努力之间的函数关系则会是一个更具有实践意义的工作，因此，这也将是我们进一步的研究方向。

参考文献

[1] Fornell Claes. A National Customer Satisfaction Barometer: The Swedish Experience [J]. Journal of Marketing, 1992, 55 (1): 1–21.

[2] Johnson Michael D., Claes Fornell. A Framework for Comparing Customer Satisfaction across Individuals and Product Categories [J]. Journal of Economic Psychology, 1991, 12 (2): 267–286.

[3] Anderson E. W., C. Fornell, D. R. Lehmann. Customer Satisfaction, Market Share, ard Profitability: Findings from Sweden [J]. Journal of Marketing, 1994, 58 (3): 53–66.

[4] Fornell C., M. D. Johnson, E. W. Anderson, J. Cha, B. E. Bryant. The American Customer Satisfaction Index: Nature, Purpose, and Findings [J]. Journal of Marketing, 1996, 60 (4): 7–18.

[5] Grønholdt L., A. Martensen, K. Kristensen. The Relationship between Customer Satisfaction and Loyalty: CrossIndustry Differences [J]. Total Quality Management, 2000, 11 (4–6): 506–514.

［6］刘新燕，刘雁妮，杨智，万后芬. 构建新型顾客满意度指数模型［J］. 南开管理评论，2003（6）：52-56.

［7］中国质检总局质量管理司，清华大学中国企业研究中心. 中国顾客满意指数指南［M］. 北京：中国标准出版社，2003.

［8］梁燕. 关于顾客满意度指数的若干问题研究［J］. 统计研究，2003，11（11）：52-56.

［9］Zeithaml V. A., L. L. Berry. A. Parasuraman. The Nature and Determinants of Customer Expectations of Service［J］. Journal of the Academy of Marketing Science, 1993, 21（Winter）：1-12.

［10］Boulding W., A. Kalra, R. Staelin, V. Zeithaml. A Dynamic Process Model of Service Quality：From Expectations to Behavioral Intentions［J］. Journal of Marketing Research, 1993, 30（1）：7-27.

［11］Yi Y. A Critical Review of Consumer Satisfaction. In Review of Marketing 1989, V. A. Zeithaml, (ed.)［M］. Chicago, IL：American Marketing Association, 1991：68-123.

［12］Helson H. Adaptation-Level Theory［M］. New York：Harper & Row Publishers, Inc., 1964.

［13］Oliver Richard. Effect of Expectation and Disconfirmation on Postexposure Product Evaluations：An Alternative Interpretation［J］. Journal of Applied Psychology, 62（August）：480-486.

［14］Oliver Richard. A Cognitive Model of Antecedents and Consequences of Satisfaction Decisions［J］. Journal of Marketing Research, 1980, 17（4）：460-469.

［15］LaTour S. A., N. C. Peat. Conceptual and Methodological Issues in Consumer Satisfaction Research［J］. MI：Association for Consumer Research, 1979（6）：431-437.

［16］Tse David K., Peter C. Wilton. Models of Consumer Satisfaction Formation：An Extension［J］. Journal of Marketing Research, 1988, 25（2）：204-212.

［17］Anderson E. W., M. W. Sullivan. The Antecedents and Consequences of Customer Satisfaction for Firms［J］. Marketing Science, 1993, 12（2）：125-143.

［18］Oliver R., J. E. Swan. Consumer Perceptions of Interpersonal Equity and Satisfaction in Transactions：A Field Survey Approach［J］. Journal of Marketing, 1989, 53（2）：21-35.

［19］Oliver R., J. E. Swan. Equity and Disconfirmation Perceptions as Influences on Merchant and Product Satisfaction［J］. Journal of Consumer Research, 1989, 16（4）：372-383.

［20］Bolton R. N., K. N. Lemon. A Dynamic Model of Customers Usage of Services：Usage as an Antecedent and Consequence of Satisfaction［J］. Journal of Marketing Research, 1999, 36（2）：171-186.

［21］Westbrook R. A.. Product/Consumption-based Affective Responses and Postpurchase Processes［J］. Journal of Marketing Research, 1987, 24（3）：258-270.

［22］Westbrook R. A., R. L. Oliver. The Dimensions of Consumption Emotion Patterns and Consumer Satisfaction［J］. Journal of Consumer Research, 1991, 18（1）：84-92.

［23］Inman J. J., J. S. Dyer, J. M. Jia. A Generalized Utility Model of Disappointment and Regret Effects on Post-choice Valuation［J］. Marketing Science, 1997, 16（2）：97-111.

［24］Bell D. E. Regret in Decision Making under Uncertainty［J］. Operations Research, 1982, 30（September/October）：961-981.

［25］Cadotte E. R., R. B. Woodrudff, R. L. Jenkins. Expectations and Norms in Models of Consumer Satisfaction［J］. Journal of Marketing Research, 1987, 24（3）：305-314.

［26］Tam Jackie L. M.. Examining the Dynamics of Consumer Expectations in a Chinese Context［J］. Journal of Business Research, 2005, 58：777-786.

[27] Swan, John E., I. F. Trawik. Satisfaction Related to Predictive vs. Desired Expectation [M]. Bloomington: School of Business, Indiana University, 1980: 7–12.

[28] Prakash Ved. Validity and Reliability of the Confirmation of Expectations Paradigm as Determinant of Consumer Satisfaction [J]. Journal of the Academy of Marketing Science, 1984, 12 (Fall): 63–76.

[29] Rust R. T., J. J. Inman, J. J. Jia, A. Zahorik. What You don't Know about Customer-Perceived Quality: The Role of Customer Expectation Distribution [J]. Marketing Science, 1999, 18 (1): 77–92.

[30] 陈荣, 贾建民. 消费者选择中后悔和不确定性的作用研究 [J]. 管理科学学报, 2005, 8 (6): 19–26.

[31] Parasuraman A., V. A. Zeithaml, L. L. Berry. A Conceptual Model of Service Quality and Its Implications for Future Research [J]. Journal of Marketing, 1985, 49 (4): 41–50.

[32] Cronin J. J. Jr, S. A. Taylor. Measuring Service Quality: A Reexamination and Extension [J]. Journal of Marketing, 1992, 56 (3): 55–68.

[33] Layard R. Happiness: Lessons from a New Science [J]. London: The Penguin Press, 2005.

[34] Frederick S., G. Loewenstein. Hedonic Adaptation. in Well Being: The Foundation of Hedonic Psychology [M]. Russell Sage, New York, 1999: 302–329.

[35] R. Frank. Luxury Fever: Why Money Fails to Satisfy in an Era of Excess [M]. New York: Free Press, 1999.

[36] Baucells M., R. Sarin. Predicting Utility under Satiation and Habituation [R]. Working paper. IESE Business School, 2006, 684.

[37] Tsiros M., V. Mittal. Regret: A Model of Its Antecedents and Consequences in Consumer Decision Making [J]. Journal of Consumer Research, 2000, 26 (2): 401–417.

[38] Inman J. J., M. Zeelenberg. Regret in Repeat Purchase Versus Switching Decisions: The Attenuating Role of Decision Justifiability [J]. Journal of Consumer Research, 2002, 29 (June): 116–128.

[39] Loewenstein George F., Prelec Drazen. Preferences for Sequences of Outcomes [J]. Psychological Review, 1993, 100 (1): 91–108.

[40] Kahnemean D., A. Tversky Prospect Theory: An Analysis of Decision under Risk [J]. Economitrica, 1979, 47 (2): 313–327.

[41] 奚恺元. 经济学发展的新方向 [Z]. 中欧管理论坛演讲稿, http://www.ceibs.edu/forum/, 2002.

The Measurement of Cumulative Satisfaction: An Analytical Model Based on Dynamic Customer Expectation

Shou Zhigang   Wang Feng   Jia Jianmin

(Economics and Management School of Wuhan University   Wuhan   430070)

Abstract: Customer cumulative satisfaction is a crucial indicator of performance in the industry of continuously provided service. Since this kind of satisfaction is an overall evaluation based on the total experience from service purchase and consumption over time, that involves expectations in different period, the measurement of satisfaction should take into account the changes of expectation and the impact of prior factors. However, extant measurement model rarely considers dynamic development of customer satisfaction. So this research establishes an analytical model based on dynamic customer expectation through integrating "Expectation Disconfirmation Paradigm" and "Regret/Elation Construct". This model can measure more effectively the cumulative satisfaction of customers.

Extant studies indicate that consumption experience would modify prior expectation to new level by an adaptation mechanism. In addition, some scholars emphasized that social comparison between focal service company and competitors has important influence to the formation of the customers' current expectation. Consequently, the cumulative satisfaction measurement model in this study both considers the influence of customer adaptation and social comparison on the dynamicity of customer expectation. In particular, this model measures customer satisfaction through three types of utilities, that is, perceived current performance, disappointment, and regret, respectively. The utility of disappointment reflects the difference between perceived performance of focal service firm and current expectation, whereas the utility of regret refers to the difference of perceived performance between focal service firm's and forgone alternative firm's. Furthermore, This model specifies current expectation by considering the influence of prior exposure to competitive service and customer's adaptation level, and the latter dependents on prior expectation and prior experience.

At the final section of this paper, we further discuss an application of this model through optimizing the distribution of promotional resource. The result indicates that the projects, which accord with incremental and pulsed distribution, can maximize customer cumulative satisfaction in a given period. The consistency between optimal projects and the theory of behavioral economics demonstrates the validity of this model.

Key Words: Cumulative Satisfaction; Customer Expectation; Dynamicity

可辩解型产品伤害危机应对策略对品牌资产的影响研究：调节变量和中介变量的作用*

方正　杨洋　江明华　李蔚　李珊

（四川大学工商管理学院，成都　201205）

【摘　要】 企业创建品牌资产需要多年努力，但毁掉它可能仅需一场危机。在可辩解型产品伤害危机发生后，不同的企业采取了不同的应对策略。这说明，对哪种应对策略能有效保护品牌资产这一问题，企业之间没有共识。为解答上述问题，本文用实验法展开研究，结果表明：①对企业自身而言，最优的是辩解策略，其次是攻击策略和缄默策略，最差的是和解策略；②外界澄清的说服力更强，会淡化企业应对策略间的差异，更有利于保护品牌资产；③在无外界应对、采取辩解策略时，企业声誉会正向调节企业应对策略对品牌资产的影响；④在各种自变量影响品牌资产的过程中，心理风险充当了中介作用。以上发现为正确应对可辩解型产品伤害危机、有效保护品牌资产提供了启示。

【关键词】 可辩解型产品伤害危机；应对策略；品牌资产

产品伤害危机（Product Barm Crisis）是指偶尔出现并被广泛宣传的关于某个产品是有缺陷或是对消费者有危险的事件。[1] 依据"产品缺陷或伤害是否违反相关产品法规或安全标准"，可以将产品伤害危机分为可辩解型（Defensible）和不可辩解型（Indefensible）两类。[2] 典型的可辩解型产品伤害危机类似于"统一和农夫山泉砒霜门危机"、"高露洁涉嫌致癌危机"。由于消费者、媒体变得更加敏感，产品伤害危机（包括可辩解型和不可

---

* 本文选自《南开管理评论》2011 年第 4 期。

基金项目：中国博士后科学基金（20090460139）、国家自然科学基金项目（70872006）。

作者简介：方正，四川大学工商管理学院讲师，北京大学光华管理学院博士后，研究方向为产品伤害危机、品牌资产、营销模型；杨洋，四川大学工商管理学院博士研究生，研究方向为产品伤害危机品牌资产；江明华，北京大学光华管理学院教授、博士生导师，研究方向为消费者行为、品牌资产管理、广告与品牌战略；李蔚，四川大学工商管理学院教授、博士生导师，研究方向为营销安全、危机管理；李珊，四川大学工商管理学院讲师，研究方向为产品伤害危机、顾客抱怨。

辩解型）的发生越来越频繁。[3] 而一旦产品伤害危机发生，就会对销售业绩、市场份额、股票价格和品牌资产造成负面影响。[4]

在可辩解型产品伤害危机中，企业的应对策略可能会影响一系列因素，如感知质量、购买意愿、品牌态度等，能在最大限度上涵盖这些因素的变量是品牌资产。因此，以品牌资产来评判应对策略的好坏具有较好的代表性。品牌资产是沉淀企业信誉、累积企业无形资产的重要载体，它构建于消费者的信念和品牌知识之上，是一种重要但却脆弱的无形资产。[5] 创建品牌资产需要多年的努力，但毁掉它却只需经历一场可辩解型产品伤害危机，巨能钙、三株口服液就是典型的案例。因此，探讨哪种应对策略能在更大程度上保护品牌资产具有重要意义。本文以"企业声誉"和"外界澄清"为调节变量、"心理风险"为中介变量，探讨了自变量"应对策略"对因变量"品牌资产"的影响，丰富了产品伤害危机领域的理论内容。

一、理论和现实背景

1. 产品伤害危机及其负面影响

学者们从八个方面对产品伤害危机及其负面影响展开了研究：①产品伤害危机的分类。依据"产品缺陷或伤害是否违反相关产品法规或安全标准"，可以将产品伤害危机分为可辩解型（Defensible）和不可辩解型（Indefensible）[2] 或有过失（Commission）和无过失（Non-commission）两种类型。[6] 因本质不同，两类产品伤害危机的应对策略也存在差异，例如，在可辩解型产品伤害危机中，由于产品缺陷和伤害没有违规，所以企业可以邀请外界机构协助澄清；但是在不可辩解型产品伤害危机中，外界机构就无法帮助澄清产品的无害性。②感知危险和感知风险。社会责任水平、[7] 产品召回举措[1] 和外界澄清[8] 能减低感知风险；消费者忠诚度、[9] 消费者产品使用量[10] 与感知风险负相关，老年（60 岁以上）消费者的感知危险强于 60 岁以下的消费者。[11] ③消费者抱怨行为。处于个人主义文化社会中的消费者抱怨企业更多，而处于集体主义文化社会中的消费者抱怨企业较少。[12] 当责任不明时，女性消费者对企业的抱怨要比男性消费者更多。[13] ④消费者忠诚度。消费者的品牌忠诚度越高，越能维持对产品的认知价值判断。[14] 危机前的品牌忠诚度和熟悉度对产品伤害危机有重要的缓冲作用，但是该作用随时间而减弱。[10] ⑤消费者考虑集。产品伤害危机会让消费者感知到危险，会对产品进入消费者的考虑集产生负面影响。[15] ⑥消费者购买意愿。企业声誉越高、社会责任感水平越高，则消费者的购买意愿维持力度更强。[1,7] 产品伤害危机后，重度消费者的购买意愿恢复更快。[10] 此外，老年消费者（60 岁及以上）的购买意愿受损程度显著高于 60 岁以下的消费者。[16] ⑦消费者态度。口碑方向对消费者的态度有显著影响，而负向口碑比正向口碑的影响力更大，即存在明显的"负向消息效应"；且企业应对危机时所表现的努力程度越低，"负向信息效应"越大。[17] ⑧品牌资产。早期的研究发现,产品召回不仅仅会造成有形的产品损失,还会造成类似于品牌感知的无形资产损失。[18] 这是因为,产品伤害危机及其应对策略是一种信号机制,会影响构成品牌资产的品牌信念、品牌态度等心理因素。[19] 消费者对企业品牌的期望越高,无论企业采用哪种应对策略,企业品牌资产的损失程度都相对较小。[20] 在可辩解型产品伤害危机中,与轻度消费者相比,重度消费者的品牌资产更容易得到保持。[14]

综合上述研究可以发现,对于本文要研究的问题,现有的研究还不能提供确切答案。一是部分研究没有对产品伤害危机进行分类,[1,10,12,19] 研究时将产品伤害危机视为同质,因此研究结论的准确性有限;二是对于可辩解型产品伤害危机的企业应对策略,仅探讨了其对公司形象、[6] 消费者考虑集[21] 和购买意愿[22] 等变量的影响;三是对于可辩解型产品伤害危机中的品牌资产,仅探讨了消费者个体差异对品牌资产造成的感知差异,[23] 且没有考虑调节变量和中介变量。因此,企业应对策略对品牌资产的影响机制,仍需进一步展开探索。

2. 产品伤害危机的应对策略

首先是企业应对策略的分类。有多位学者对危机(指广义的危机,包含但不局限于产品伤害危机)的应对策略分类展开了研究。有学者以"平息—恶化"(Mitigation-aggravation)标准来分类应对策略,平息策略表达对受害者的关心并承认企业有过失,而恶化策略主要是保护企业形象并否认企业存在过失。[24] 有学者以"和解—辩解"(Accommodative Defensive)标准对应对策略进行了分类,和解策略意味着承担责任、采取修复行动,而辩解策略否认存在问题、说明没有过错。[25] 借鉴"和解—辩解"分类标准,有学者又以"否认—纠正"(Denial-corrective)为标准,对应对策略进行了划分。[26] 通过对比可以发现,这三种分类标准没有实质区别,说明现实中的应对策略可以被统一到一个分类尺度。以此为基础,有学者将现实中的七种应对策略全面与以上标准进行对接,形成了完整的应对策略分类图,[27] 具体如图1所示。与以上分类标准不同的是,有学者以"否认—道歉"标准,将应对策略分为否认(Denial)、缄默(Reticence)、道歉(Apology)三类;增加考虑了缄默策略,即对危机没有反应或者声称"无可奉告"、"暂时无法评论"的情形。[28] 综上所述,可以得知危机的应对策略共有八种,即Coombs的七种策略,[27] 外加Griffin等补充的缄默策略。[28] 需要补充的是,在表1的36个国内案例中,没有观察到采用迎合策略(Ingratiation)和借口策略(Excuse)的情形。

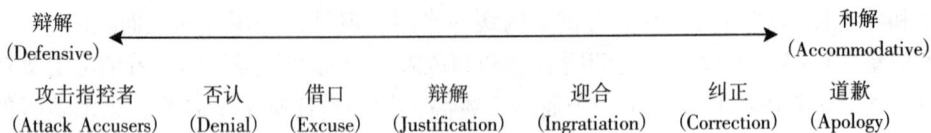

图1 危机的应对策略分类

为了在完整涵盖企业行为的同时精简企业应对策略的分类,根据企业应对策略的相似性,本文在实证研究时将八种应对策略划分为四类:和解策略(包含Ingratiation、Correc-

tion、Apology)、缄默策略 （Reticence)、辩解策略 （包含 Denial、Excuse、Justification)
和攻击策略 （Attack Accusers)，具体如表 1 所示。

表 1 现实中的可辩解型产品伤害危机应对策略

编号	危机名称	企业的应对策略				外界澄清	
		和解	辩解	缄默	攻击	无	有
1	巨能钙含致癌双氧水危机	√	√		√		√
2	高露洁涉嫌致癌危机		√				√
3	SK-Ⅱ含重金属危机	√			√		√
4	完美保健品涉嫌致病危机				√	√	
5	依云矿泉水菌落涉嫌超标危机		√			√	
6	养乐多酸奶疑似致命危机		√				
7	白加黑等感冒药涉嫌致命危机			√		√	
8	佳能相机被传跑焦危机			√		√	
9	统一和农夫山泉砒霜门危机（统一）		√				√
10	肯德基、麦当劳涉嫌致癌危机		√			√	

其次是外界澄清的类型。王晓玉等的研究首次考虑了外界澄清——专家协助澄清的情形，是指专家出面证实产品无害性或合法性。[21] 方正进一步将外界澄清的主体分为行业组织、专家团体和政府机构三大类，并且发现不管选择哪类外界澄清主体，外界澄清对感知危险的缓解效果都显著优于企业独自应对。[22] 鉴于各种外界力量没有本质差别，为简化实验设计，本研究只考虑"有、无"外界澄清的情形。在表 1 中，也列出了十个可辩解型产品伤害危机的外界澄清情况。

最后，从表 1 中还可以看出，对最优企业应对策略、外界澄清效果的理解，企业在现实中还存在较大的分歧，因此采取了截然不同的选择。这进一步说明，研究如何有效应对可辩解型产品伤害危机对现实的借鉴意义较大。

二、研究假设

本研究以品牌资产为因变量来评判企业应对策略的好坏差异。就品牌资产而言，先前的研究通常从财务、购买行为和消费者心理三个角度来定义品牌资产。[5,29] 从消费者心理的角度来看，品牌资产是指"由于品牌知识而引起的对该品牌营销的不同反应";[5] 具体到产品伤害危机中，有学者将品牌资产看作是与品牌相关信念的综合。[20]

1. 企业应对策略的影响

可辩解型危机的企业应对策略分为四个大类：和解、辩解、缄默和攻击。这四种应对策略可能会在不同程度上影响顾客的品牌信念，进而影响品牌资产，具体分析如下：

（1）分析对比和解、辩解两种策略。就和解、辩解两种策略的优劣而言，在心理学领域虽有较多的研究，但存在非常冲突的观点。一方面，有的研究指出和解策略更好，因为它表现出施害方的懊悔心态，有利于受害方积极判断施害方的动机和意图。[30,31] 因此，在负面事件发生后，就修复合作意愿而言，和解策略比辩解策略更有效。[32] 另一方面，有的学者指出辩解策略更优。他们发现，和解策略意味着承认过错、确认有伤害发生，这将不利于修复受害方对危机的负面认知。[33,34] 对于以上两类冲突的结论，可以用 Kim 等的"双刃剑效应"[35] 给予解释：和解策略的优点是通过承认过失传递出不再犯错的诚意，缺点是让受害方确认了施害方的过失；辩解策略的优点是让受害方无法确认、只能怀疑施害方的过失，缺点是无法传递不再犯错的诚意。因此，究竟是和解策略好，还是辩解策略好，需要结合产品伤害危机的具体类型进行分析。

在可辩解型产品伤害危机中，产品缺陷没有违法违规，不存在犯错的问题。此时的关键是避免消费者形成产品有害的负面信念，因此，辩解策略可能比和解策略更有效。首先，辩解策略传递出产品无害的正面信息，让消费者接触到正、负两面信息，而不是只接触到负面信息，进而阻止负面信念的形成。其次，和解策略存在两大问题：一是和解策略虽然能够表达不再犯错的诚意，但在高感知风险下，消费者更重视的是能降低感知风险的信息，[36] 所以和解策略并不是必然比辩解策略更有效；二是和解策略包含了道歉、召回等行为，这可能会让消费者更加相信产品有害、企业负有责任，进而强化了负面的品牌信念。由此，提出假设 1a：

H1a：在可辩解型产品伤害危机中，就保护品牌资产的效果而言，最优的是辩解策略，最差的是和解策略。

（2）分析缄默策略和攻击策略。与辩解策略相比，这两种策略都没有提供产品无害的信息，不能消除产品有害的负面信念，所以对品牌资产的维护作用更弱；与和解策略相比，都没有承认产品存在伤害，没有强化产品有害的负面信念，所以对品牌资产的维护作用更强。因此，这两种策略对品牌资产的保护效果，介于和解策略和辩解策略之间。由此，提出假设 1b：

H1b：在可辩解型产品伤害危机中，就保护品牌资产的效果而言，缄默策略和攻击策略的效果，居于和解策略和辩解策略之间。

（3）缄默策略和攻击策略之间仍然存在差异。以前的研究表明，在危机中采取类似于沉默的"缄默策略"，就代表了企业的疑虑与消极。[27] 若企业既不确认也不否认危机，公众就会认为企业是在隐瞒真相，反而会扩大危机的杀伤力。[37] 因此，可辩解型产品伤害危机一旦发生，企业应该主动站出来应对，减少公众对产品安全的疑虑，降低危机对品牌信念造成的负面冲击；所以本文推测，攻击策略优于缄默策略。由此，本研究提出假设 1c：

H1c：在可辩解型产品伤害危机中，与缄默策略相比，攻击策略更有利于保护品牌资产。

（4）综合 H1a、H1b、H1c 的分析，我们提出假设 1：

H1：在可辩解型产品伤害危机中，就保护品牌资产而言，最优的是辩解策略，接着是攻击策略，然后是缄默策略，最差的是和解策略。

2. 外界澄清的影响和调节作用

根据社会心理学的研究结果，信息对人产生影响力通常决定于信息的四个因素：沟通者、信息内容、传播渠道和听众。[38] 从沟通者这一因素来看，沟通者的可知觉专家性[39]和可知觉信赖性[40] 将会影响到信息的说服力和影响力。在知觉专家性方面，政府管制机构（如质监部门、卫生部和农业部）、相关领域专家和行业组织是最常见的外界澄清主体，他们都具有相关领域的专业知识和专业能力，因此他们对消费者而言都具有较高的可知觉专家性。在可知觉信赖性方面，我们通常认为那些并不是为自身的某些利益而说话的人是真诚的，它们的可知觉信赖性更高。[41] 根据以上分析，无论从可知觉专家性，还是从可知觉信赖性来看，有外界澄清都优于企业独自应对，更有利于说服消费者，保持较好的品牌信念。由此，本文提出假设2：

H2：在可辩解型产品伤害危机中，与无外界澄清相比，有外界澄清更有利于保持品牌。

资产鉴于外界澄清的可知觉专家性、可知觉信赖性更高，其说服力更强。因此，在企业应对策略和外界澄清同时出现时，外界澄清的影响较大，因此，企业说什么就可能变得没有那么重要，这就可能淡化不同企业应对策略对品牌资产造成的影响效果差异，特别是最优企业应对策略（辩解策略）与其他企业应对策略的差异。由此，本文提出假设3：

H3：在可辩解型产品伤害危机中，外界澄清会负向调节企业应对策略对品牌资产的影响。

3. 企业声誉的影响和调节作用

企业声誉会产生晕轮效应（halo effect），因而会正向影响品牌资产。一旦人们对某人、某个组织形成了正面印象，人们就容易忽略与这一良好印象相对立的负面信息。[42,43] 实际上，过去的研究也已证实，良好企业声誉产生的晕轮效应可以带来一系列的好处：增加顾客忠诚、易化产品引入、强化广告效果、提升招聘效果等。[44-49] 因此我们推测，在可辩解型产品伤害危机中，企业声誉也会带来类似的好处。由此，提出假设4：

H4：在产品伤害危机中，企业声誉越好，则品牌资产受到负面影响越低。

企业声誉还可能导致有偏向的信息处理（Biased-processing）。良好的企业声誉，意味着消费者对企业持有积极的态度；而负面的企业声誉则反之。态度一旦形成，就会引导个体的信息处理过程，[50] 与先前态度一致的信息会被赋予更多权重。[51] 基于此，本研究推测，如果企业声誉好，消费者就会更关注企业应对策略中隐含的、对企业有利的信息；如果企业声誉坏则反之。在上述过程中，就可能产生正向调节作用。由此，提出假设5：

H5：在可辩解型产品伤害危机中，企业声誉会正向调节企业应对策略对品牌资产的影响。

4. 心理风险的中介作用

先前的研究发现，产品伤害危机会形成感知风险，[17] 而感知风险又是影响品牌资产的重要因素。[52,53] 在此基础上，Erdem 和 Swait 进一步证实感知风险是品牌资产的中介变量。[52] 感知风险通常包括六种不同类型，即财务风险、绩效风险、身体风险、社会风险、心理风险和时间风险等。[54-56] 然而，Fombrun 进一步发现心理风险是一个重要的中间变量，在其他风险类型与总风险水平之间起到了桥梁作用。[57] 因此，本文进一步推测，心理风险可能是自变量影响品牌资产的中介变量。由此，提出假设 6：

H6：在可辩解型产品伤害危机中，在企业应对策略、外界澄清、企业声誉影响品牌资产的过程中，心理风险充当了中介变量。

三、实证研究

本研究采用 2（企业声誉：好、坏）×2（外界澄清：有、无）×4（应对策略：辩解、攻击、缄默、和解）的组间设计（Between-group Design）。

1. 刺激物设计

共设计四种刺激物，并使用学生样本进行了前测，以提高在正式实验中的刺激稳定性和成功可能性。具体情况如下：

（1）企业声誉。

在网络上搜索五个牙膏生产企业的介绍，参照 Fombrun[57] 设计的刺激物进行调整。为排除已有消费经历的影响，我们将背景事件的企业，命名为"A 企业"。企业声誉好的刺激物描述如下："A 企业是全球领先的日用消费品公司，在 200 多个国家雇用 40000 多名员工……近八年来 A 企业的标准普尔信誉评级都在 A+ 以上，过去三年入选绩效最好、风险最低的全球 100 强企业……"企业声誉坏的刺激物描述如下："A 企业前身是成立于 1968 年的地方国营五七化工厂……近年来，A 企业麻烦不断。为不断降低成本以增加出口产品的竞争力，一直没有实施生产线改造，生产污水直排造成闽江水系污染，并多次与闽江下游的农民发生纠纷……2009 年 9 月，某生产基地又因克扣怀孕员工薪酬而被劳动起诉……"

（2）可辩解型产品伤害危机。

基于多个现实发生的产品伤害危机，着重考虑到产品的普适性、熟悉度、介入度，选择牙膏作为刺激物品类。分别以 2005 年"高露洁涉嫌致癌危机"和 2007 年"二甘醇牙膏危机"为原型，组合多家网站的报道，精练修改文字，形成刺激物。刺激物中声称：牙膏中含有有害物质"二甘醇"，但含量较小，在法规允许范围内；但媒体报道说长期使用仍然有害，甚至会致癌。

（3）企业应对策略。

从多个典型采用"辩解策略"、"和解策略"和"攻击策略"的产品伤害危机中（比如高露洁涉嫌致癌危机、巨能钙涉嫌致癌危机、农夫山泉砷超标危机等），摘录应对策略的报道原文，进行整合调整，以便与牙膏品类对接。对于辩解策略，侧重提供否认（Denial）、辩护（Justification）的信息；对于和解策略，主要提供纠正（Correction）、道歉

（Apology）的信息。对于"缄默策略"，则告诉被试："A 企业至今没有对该事件发表任何观点"；对于攻击策略，则告诉被试，企业声称整个危机是媒体误报新闻，是竞争对手煽风点火、有意中伤。

（4）外界澄清。

以 2007 年的"二甘醇牙膏危机"为背景，有外界澄清的刺激物描述如下："×× 口腔医学会提供的报告称，长期使用二甘醇含量低于 15.6% 的牙膏不会对人体健康产生不良影响。目前，没有资料显示因使用二甘醇牙膏而直接导致人体中毒的案例。"在无外界澄清时，则不提供与之相关的文字。

2. 实验程序

采用现场实验法（Field Experiment），以街头拦截、上门访问等方式，寻找相对空闲的访问对象。实验及答题程序如下：首先，请被试阅读 A 企业的文字介绍，并请被试为 A 企业的声誉评分（这些打分用于操纵检验）；然后阅读可辩解型产品伤害危机、企业应对策略和外界澄清的刺激物，并评价心理风险和品牌资产（这些打分用于假设检验）；其次，请被试从"应对策略、危机类型、危机真实性、消费者介入度"等方面回答刺激物中包含的信息（这些打分用于操纵检验）；最后，是与被试人口统计特征相关的问题（这些打分用于样本描述）。在操纵检验的题项中，之所以要将企业声誉的测量放在最前，是由于两个原因：一是避免产品伤害危机与企业声誉的交互影响，导致被试对企业声誉的打分不准确；[20] 二是打分行为是一种行为承诺（Behavioral Commitment），而行为承诺有助于强化态度，[58] 即有助于强化被试对企业声誉的评价。为减少现场实验的不可控性，安排访问员陪同被试答题，并在实验完成后说明研究意图。

3. 变量测量

本研究的中介变量是心理风险，因变量是品牌资产。对于是心理风险的测量，参考 Stone 等[55] 的研究，使用三个题项："使用 A 品牌牙膏让我产生焦虑感"、"使用 A 品牌牙膏让我觉得紧张"、"我在使用 A 品牌牙膏时会产生很多担心"（Cronbach's Alpha 值为 0.89）。关于品牌资产，考虑产品伤害危机的负面性，综合参考 Aaker、[29] Keller、[5] Dawar 等、[20] Agarwal 等、[59] 江明华等[60] 的研究，从四个维度进行测量：品牌态度、品牌信任、感知质量和购买意愿。量表也参考以上研究：品牌态度的测量包含三个题项（坏的—好的、消极的—积极的、不利的—有利的）；品牌信任的测量包含三个题项（不值得信任—值得信任、不可信赖—可信赖、不可靠—可靠）；感知质量的测量包含两个题项，分别从企业品牌、危机产品层面测量（低质量—高质量）；对于购买意愿，使用两个题项（肯定不会购买—肯定购买、不希望使用—希望使用）（以上十个题项的 Cronbach's Alpha 值为 0.91）。

在完成对中介变量和因变量的测量后，被试需要通过实验操纵的有效性、真实性检验。第一是企业声誉的测量。参考 Fombrun[57] 的研究，使用三个题项："A 企业是一家正直诚实的企业"、"A 企业是一家关注消费者利益的企业"、"A 企业是一家声誉很好的企业"（Cronbach's Alpha 值为 0.94）。第二是危机的同质性判断。参考 Dawar 等[20] 的研究，以对问题严重性（Seriousness of Problem）的打分来判断："A 品牌牙膏含有二甘醇是个严重问题"；此外，还设置了一个题项"A 品牌牙膏的二甘醇含量是否超过中国现有的法规标准"，既为确认被试对危机类型的判断，也为鉴别被试是否仔细阅读、认真答题。第三是企业应对策略的测量。要求被试判断企业应对策略属于以下哪一类：①澄清牙膏没有危险；②对危机表现出沉默；③承认过失，承担责任；④批评攻击指控者；⑤其他。第四是刺激物真实性的测量。使用三个题项："问卷中关于 A 企业的报道是真实的"、"问卷中关于 A 企业的报道是可信的"、"问卷中关于 A 企业的报道是源于现实的"（Cronbach's Alpha 值为 0.83）。第五是消费者介入度的测量。参照 Laurent 等[61]的研究，使用两个题项："买错牙膏对我来说是个大问题"、"牙膏对我来说非常重要"（Cronbach's Alpha 值为 0.75）。

上述所有变量，除危机类型、应对策略的两个鉴别题项外，都使用 11 分 Likert 量表。对于英文题项，采用了"双盲"翻译方法，以确保表述准确。

4. 分析和结果

（1）样本概况。

实验在成都实施。共发放问卷 400 份，16 个实验组，每组 25 份；因危机类型、应对策略判断错误等原因剔除 73 个样本，获得有效样本 327 个。从整体来看，由于选择了现场实验方法，且提醒访问员注意被试的性别、年龄均衡，样本的人口统计特征分布比较分散，具有较好的代表性，具体如表 2 所示。以品牌资产为因变量，以性别、年龄、教育程度、收入为自变量，构建回归模型，结果显示，回归模型不显著（$F(10, 316) = 1.41$，$p = 0.173$），排除了人口统计特征变化可能给因变量带来的影响。

表 2　样本概况

人口统计特征		样本数	百分比（%）	累计百分比（%）
性别	男	162	49.5	49.5
	女	165	515	100.0
年龄	16~29 岁	163	49.9	49.9
	30~44 岁	55	16.8	66.7
	45~59 岁	54	16.5	83.2
	60 岁及以上	55	16.8	100.0
教育程度	高中/中专	117	35.8	35.8
	大专	72	22.0	57.8
	本科	70	21.4	80.2
	研究生	68	20.8	100.0
收入	1000 元及以下	25	7.7	7.7
	1001~2000 元	118	36.1	43.8
	2001~4000 元	177	54.1	97.9
	4001~7000 元	7	2.1	100.0

（2）操控检验。

第一是企业声誉。通过因子分析，从三个题项中提取出一个因子，解释方差的90.3%，作为企业声誉的取值。对于接受好、坏企业声誉刺激物的被试，他们对企业声誉的判断存在显著差异（$M_{企业声誉坏} = -0.96$ 和 $M_{企业声誉好} = 0.98$；$F(1, 325) = 6194.89$，$p < 0.001$）。对于接受好企业声誉刺激的八个实验组，他们对企业声誉的评价无显著差异（均值从 0.93 到 1.03，$F(7, 157) = 0.44$，$p = 0.878$）；对于接受坏企业声誉刺激的八个实验组，他们的评价也无显著差异（均值从 -1.03 到 -0.95，$F(7, 154) = 0.73$，$p = 0.650$）。以上方差分析说明，企业声誉的组间差异性、组内同质性被成功操控。第二是危机同质性。方差分析发现，各组对问题严重性判断无显著差异（均值从 7.44 到 8.28，$F(15, 311) = 0.93$，$p = 0.536$），说明不可辩解型产品伤害危机的同质性被成功操控。第三是企业应对策略。共发放问卷 400份；对于辩解、攻击、缄默、和解四种应对策略，每种策略对应 100 个原始样本；剔除误判企业类型、应对策略类型的 73 个样本，剩余有效样本数为 80、80、85 和 82。第四是刺激物的真实性。从三个题项中提取一个因子，解释方差的 74.7%，作为真实性得分；方差分析显示各组的真实性评价无差异（均值从 -0.37 到 0.57，$F(15, 311) = 1.11$，$p = 0.343$）。第五是消费者介入度。以两个题项的均值作为介入度得分，方差分析显示被试对牙膏的介入度无显著差异（均值从 5.97 到 6.91，$F(15, 311) = 0.75$，$p = 0.730$）。综上所述，数据通过了所有的操控检验，可以进一步开展假设检验。

（3）因变量。

对品牌资产十个题项进行探索性因子分析，提出了一个因子，解释的方差变动量为78.3%，即为品牌资产。十个题项的 Cronbach's Alpha 值为 0.97，说明测量信度较好。由于采用的是多次使用的成熟量表，内容效度比较可靠。验证性因子分析显示测量模型拟合优度指标为（$\chi^2 = 82.48$（$df = 35$），$CFI = 0.99$，$NFI = 0.99$，$RFI = 0.98$，$RMSEA = 0.074$），说明聚合效度较好。表 3 显示了各实验组对应的品牌资产测量结果。

表 3　各组的品牌资产

		企业声誉好		企业声誉坏	
		有外界澄清	无外界澄清	有外界澄清	无外界澄清
辩解策略	样本量	18	23	22	17
	均值	1.44	0.83	0.28	-0.33
	标准差	0.58	0.68	0.63	0.47
攻击策略	样本量	21	18	17	24
	均值	1.17	-0.07	-0.03	-0.85
	标准差	0.50	0.71	0.73	0.59
缄默策略	样本量	24	20	23	18
	均值	1.32	-0.62	0.19	-1.17
	标准差	0.55	0.31	0.61	0.31
和解策略	样本量	24	17	22	19
	均值	0.19	-0.74	-0.81	-1.34
	标准差	0.36	0.25	0.53	0.33

（4）假设检验。

首先，讨论 H1 及其相关假设。H1 推测，就保护品牌资产而言，最优的是辩解策略，其次是攻击策略，然后是缄默策略，最差的是和解策略。方差分析显示，辩解策略显著优于攻击策略（$M_{攻击} = 0.04$ 和 $M_{辩解} = 0.57$；$F(1, 158) = 12.98$，$p < 0.001$），攻击策略并不显著优于缄默策略（$M_{缄默} = 0.03$ 和 $M_{攻击} = 0.04$；$F(1, 163) = 0.93$，$p = 0.929$），而缄默策略又优于和解策略（$M_{缄默} = 0.03$ 和 $M_{和解} = -0.63$；$F(1, 165) = 22.44$，$p < 0.001$）。因此，H1a、H1b 得到验证，但 H1c 没有得到验证；H1 仅得到部分支持。

其次，检验 H2。H2 推测，与无外界澄清相比，有外界澄清更有利于保持品牌资产；方差分析显示，有外界澄清时，品牌资产确实更高（$M_{无外界澄清} = -0.51$ 和 $M_{有外界澄清} = 0.47$；$F(1, 325) = 103.34$，$p < 0.001$）。因此，H2 得到完全支持。

再次，检验 H3。H3 推测，外界澄清会负向调节企业应对策略对品牌资产的影响。通过建立饱和回归模型，发现"无外界澄清"对企业应对策略的调节作用显著为正（$\beta_{无外界澄清 \times 和解} = 0.84$，$p = 0.001$；$\beta_{无外界澄清 \times 攻击} = 0.48$，$p = 0.043$；$\beta_{无外界澄清 \times 辩解} = 0.76$，$p = 0.002$；其余系数被回归模型默认为基准对照水平；回归模型 R^2 为 0.662），这说明外界澄清起到的是负向调节作用。因此，H3 得到完全支持。

为了进一步了解这种负向调节作用的效果，我们进一步分析：在有外界澄清的情况下，企业应对策略之间的优劣排序会有什么变化。在有外界澄清时，通过方差分析得知：辩解策略与攻击策略无显著差异（$M_{攻击} = 0.66$ 和 $M_{辩解} = 0.80$；$F(1, 76) = 0.54$，$p = 0.463$），攻击策略与缄默策略无显著差异（$M_{攻击} = 0.66$ 和 $M_{缄默} = 0.77$；$F(1, 83) = 0.34$，$p = 0.564$），缄默策略与辩解策略也无显著差异（$M_{缄默} = 0.77$ 和 $M_{辩解} = 0.80$；$F(1, 83) = 0.04$，$p = 0.840$）；而三者中均值最小的攻击策略则仍然显著优于和解策略（$M_{和解} = -0.29$ 和 $M_{攻击} = 0.66$；$F(1, 82) = 33.82$，$p < 0.001$）。将以上分析与 H1 的检验结果相比，可以发现差异在于外界澄清的存在，使辩解策略的优势变得不再显著，淡化了它与攻击策略、缄默策略之间的差异。

最后，检验 H4。H4 推测：企业声誉越高，则品牌资产越高。方差分析显示，企业声誉好时，品牌资产确实更高（$M_{企业声誉坏} = -0.49$ 和 $M_{企业声誉好} = 0.48$；$F(1, 325) = 100.68$，$p < 0.001$）。因此，H4 得到完全支持。

复次，检验 H5。H5 推测在可辩解型产品伤害危机中，企业声誉会正向调节应对策略对品牌资产的保护效果。但在方差分析却显示，这一调节作用不显著（$F_{企业声誉 \times 企业应对策略} = 1.44$，$p = 0.230$），这与 H5 的推测完全不一致。虽然 H5 没有得到支持，但在验证 H3 时我们已发现，外界澄清对企业应对具有显著的负向调节作用；因此，企业声誉的调节作用不显著，很可能是由于外界澄清的调节作用过于强烈，而抑制了企业声誉的调节作用。为验证这一推测，以有、无外界澄清为标准，将总体数据分为两个子数据集，分别检验企业声誉的调节作用。由于方差分析无法判别调节作用的大小，所以在调节作用显著时，应用一般线性模型（GLM）做进一步分析。在有外界澄清的情形下，企业声誉的调节作用完全不显著（$F_{企业声誉 \times 企业应对策略} = 0.18$，$p = 0.911$）；但是在无外界澄清、企业采取辩解策略时，企

表4 基于饱和回归模型的 Sobel 检验

	回归 a: 心理风险			回归 b: 品牌资产			回归 c: 品牌资产			Sobel 检验	
	系数	标准差	显著性	系数	标准差	显著性	系数	标准差	显著性	Z值	显著性
截距	0.24	0.11	0.034	0.00	0.02	1.000	0.19	0.11	0.082		
企业应对（和解）	-1.05	0.16	<0.001				-1.01	0.16	<0.001	6.50	<0.001
企业应对（攻击）	-0.18	0.17	0.286				-0.16	0.17	0.350		
企业应对（辩解）	-0.01	0.16	0.930				0.09	0.16	0.583		
外界澄清（无）	-1.50	0.17	<0.001				-1.37	0.17	<0.001	8.67	<0.001
企业声誉（好）	1.02	0.16	<0.001				1.12	0.16	<0.001	6.32	<0.001
企业声誉×企业应对（好×和解）	-0.07	0.22	0.746				-0.12	0.22	0.580		
企业声誉×企业应对（好×攻击）	0.13	0.24	0.579				0.02	0.23	0.945		
企业声誉×企业应对（好×辩解）	0.22	0.23	0.354				0.04	0.23	0.874		
外界澄清×企业应对（无×和解）	1.04	0.24	<0.001				0.84	0.24	0.001	4.31	<0.001
外界澄清×企业应对（无×攻击）	0.61	0.24	0.012				0.48	0.24	0.043	2.53	0.011
外界澄清×企业应对（无×辩解）	1.03	0.24	<0.001				0.76	0.24	0.002	4.27	<0.001
企业声誉×外界澄清（好×无）	-0.46	0.24	0.053				-0.37	0.23	0.093		
企业声誉×外界澄清×企业应对（好×无×和解）	0.08	0.34	0.807				0.17	0.33	0.615		
企业声誉×外界澄清×企业应对（好×无×攻击）	0.14	0.34	0.687				0.21	0.33	0.530		
企业声誉×外界澄清×企业应对（好×无×否认）	0.28	0.34	0.410				0.57	0.33	0.090		
心理风险				0.96	0.02	<0.001					
F值	48.78			3683.60			51.35				
显著水平	<0.001			<0.001			<0.001				
R^2	0.651			0.919			0.662				

注：（1）心理风险的三个题项，提取一个因子解释方差81.9%，即为心理风险；（2）在三个回归中，部分变量系数缺失，如企业应对（坏）、外界澄清（有）、企业声誉×企业应对（坏），是由于回归模型将其默认为基准对照水平（系数为0、标准差缺失），因此在表中就没有列出。

业声誉的调节作用显著为正（$\beta_{\text{企业声誉好×辩解}} = 0.61$，$p = 0.008$；$\beta_{\text{企业声誉好×攻击}} = 0.23$，$p = 0.314$；$\beta_{\text{企业声誉好×和解}} = 0.04$，$p = 0.847$；其余系数被回归模型默认为基准对照水平；回归模型 R^2 为 0.657）。综合以上分析可以得知，企业声誉的正向调节作用，仅发生在无外界澄清、企业采取辩解策略的条件下。因此，H5 仅得到部分支持。

最后，检验 H6。H6 推测在可辩解型产品伤害危机中，心理风险是品牌资产的中介变量。为分析中介效应，构建了三个回归模型：回归 a 以企业应对策略、外界澄清、企业声誉及其交互项为自变量，以心理风险为因变量；回归 b 以心理风险为自变量，品牌资产为因变量；回归 c 以企业应对策略、外界澄清、企业声誉及其交互项为自变量，品牌资产为因变量；具体情况如表 4 所示。为计算中介效应，我们采用 Sobel Test，[62] 以 $Z = \hat{a}\hat{b}/\sqrt{\hat{a}^2 S_b^2 + \hat{b}^2 S_a^2}$ 作为统计量，其中 $\hat{a}$、$\hat{b}$ 分别是回归 a、回归 b 的系数估计量，S_a^2、S_b^2 分别是 $\hat{a}$、$\hat{b}$ 的标准差。计算中介作用的前提条件是：回归 b 显著，且自变量在回归 a 和 c 中同时显著。[63] 从表 4 的分析结果来看，对于满足这一前提条件的所有自变量（包括自变量的交互项），心理风险的中介作用都非常显著。因此，H6 得到有力支持。

四、讨　论

在可辩解型产品伤害危机中，虽然从法规上讲企业没有过失，但如果处理不好，仍然会对品牌造成非常负面的影响，三株口服液和巨能钙都是典型的例子。因此，正确理解可辩解型产品伤害危机对品牌资产的影响具有重要意义。可辩解型产品伤害危机发生后，企业最关注的问题就是应对策略的选择；但在营销实践中，营销主管通常都是依靠经验和感觉来回答这些问题。[1] 而且他们的直觉判断也不统一，有的采取辩解策略，有的采取和解策略，有的干脆采取缄默策略或攻击策略；有的邀请外界机构协助澄清，有的却选择独自应对……不管营销主管如何看待上述问题，依靠经验和直觉得出的观点都有待于通过实证研究来验证。

为实现这一目的，本文运用实验法展开研究，得到四方面的研究结论。第一是关于企业应对策略：最优的是辩解策略，最差的是和解策略，缄默策略和攻击策略的效果居中。第二是关于外界澄清：有外界澄清的效果远远优于企业单独应对，而且还会负向调节企业应对策略对品牌资产的影响，淡化企业应对策略之间的差异，给企业更大的操作空间。第三是关于企业声誉：在"无外界澄清、采取辩解策略"的条件下，企业声誉将正向调节企业应对策略对品牌资产的影响作用。第四是关于心理风险，本研究证实，心理风险是各种自变量影响品牌资产的中介变量。

在理论上，本研究有四点贡献。一是从应对策略来看，通过两两对比的方式，验证了可辩解型产品伤害危机的最优应对策略是辩解策略。"双刃剑效应"[35] 指出，辩解策略与和解策略各有优劣。但具体到可辩解型产品伤害危机中,辩解策略具有更多的积极作用,具体原因是:①辩解策略传递出产品无害的正面信息,让消费者接触到正、反两面信息,而不是只接触到负面信息,进而阻止负面信念的形成;②和解策略虽然能够表达不再犯错的诚意,但在高感知风险下,消费者更重视的是能降低感知风险的信息,[36] 所以和解策略的效果不如辩解策略;③和解策略包含了道歉和召回等行为,这可能会让消费者更加相信产品有害,认为企业负有责任,进而强化了负面的品牌信念。二是从品牌资产来看,在可辩解型产品伤害危机中,探讨了企业声誉、外界澄清、企业应对策略、心理风险等变量对品牌资产的影响机制。三是从调节变量来看,发现了外界澄清的负向调节作用和企业声誉的正向调节作用。这将有助于解释为什么经历类似的危机、采取类似的应对策略,但各个企业遭受的损失却不一样。四是从中介变量来看,在可辩解型产品伤害危机中,证实了心理风险对品牌资产的强烈中介作用。以上四点,大多是可辩解型产品伤害危机领域的首次探索,也有部分与已有的研究发现契合;在探讨最优应对策略时,已有的研究发现澄清策略(即本文的辩解策略)有利于将产品保持在消费者考虑集内,[21] 外界澄清有利于降低消费者的感知危险。[8]

在实践上,本研究为有效应对可辩解型产品伤害危机提供了参考依据。企业在应对可辩解型产品伤害危机上往往缺乏理论指导,实践环节上存在大量的问题;企业是人运作的,所以很多企业在应对危机的时候,会呈现出人应对危机的弱点——对危机的处理反应太过直接,缺乏整体性和系统性。[64] 要解决这一问题,可以从四个方面着手:一是在产品伤害危机发生后,尽快确认危机类型。如果企业自身不能确认产品是否违规,可以采取向质检部门送检的方式予以确认;在"亨氏奶粉转基因危机"、"高露洁涉嫌致癌危机"中,两家企业通过向质检部门主动送检产品,确认了自身是否负有责任。二是选择正确的企业应对策略。和解策略能让企业显得更积极、更负责,但却无助于降低消费者的心理风险,并不利于保护品牌资产;坚持运用辩解策略才是最优选择。三是争取外界机构协助澄清。外界机构的可知觉专家性和可知觉信耐性更高,更有利于消除心理风险、保护品牌资产,应该积极争取。四是注重企业声誉的经营和累积。先前的研究已经发现,企业声誉能正向影响从股票价格到员工道德的一系列因素,[65] 但是它的积极意义不仅于此。在可辩解型产品伤害危机中,在没有外界澄清条件下,如果选择了最优的企业应对策略(即辩解策略),企业声誉还能正向调节应对策略对品牌资产的影响。所以,为有效应对可能出现的可辩解型产品伤害危机,还可以通过公益事业营销、社会责任活动等手段,塑造正面的企业声誉。

本研究存在三个局限:一是实验中使用的是虚拟品牌,跟现实有差异。对于被试而言,阅读一段文字而形成的品牌联想,与现实中多次接触到品牌相比,不管是在强度、独特性等方面都存在差异。二是研究结论的普适性有待验证。牙膏对快速消费品具有较好的代表性,其结论对于其他类型产品是否适用,有待通过跨产品类型的比较研究来进一步验证。三是在研究中没有考虑时间滞后因素。实验中所有的刺激物都是同时提供给被试。但是在现实中,可辩解型产品伤害危机、企业应对策略、外界澄清往往不是同时发生的,以

2006 年发生的"SK-Ⅱ涉嫌含重金属危机"为例，这场危机从爆发到彻底平息总共持续了约 90 天，同年发生的"芬达美年达涉嫌致癌危机"仅持续了 6 天；而先前的研究发现，时间因素可能会影响消费者在产品伤害危机中的认知，[10] 因此，可能也会影响到品牌资产。深入讨论第三个问题，对企业的借鉴意义较大，值得继续展开研究。

参考文献

［1］Siomkos G. J., Kurzbard G. The Hidden Crisis in Productharm Crisis Management［J］. European Journal of Marketing, 1994, 28（2）: 30-41.

［2］Smith L. Media Strategies in Product Liability Crises［J］. Of Counsel, 2003, 22（9）: 6-11.

［3］Birch J. New Factors in Crisis Planning and Response［J］. Public Relations Quarterly, 1994, 39（1）: 31-34.

［4］Pruitt S. W., Peterson D. R. Security Price Reactions around Product Recall Announcements［J］. Journal of Financial Review, 1986, 9（2）: 113-122.

［5］Keller K. L. Conceptualizing, Measuring, and Managing Customer-based Brand Equity［J］. The Journal of Marketing, 1993, 57（1）: 1-22.

［6］Bradford J. L., Garrett D. E. The Effectiveness of Corporate Communicative Responses to Accusations of Unethical Behavior［J］. Journal of Business Ethics, 1995, 14（11）: 875-892.

［7］Vassilikopoulou A., Siomkos G., Chatzipanagiotou K. Productharm Crisis Management: Time Heals All Wounds?［J］. Journal of Retailing and Consumer Services, 2009, 16（3）: 174-180.

［8］方正. 产品伤害危机应对方式对顾客感知危险的影响——基于中国消费者的实证研究［J］. 经济体制改革, 2007（3）: 173-176.

［9］曾旺明, 李蔚. 产品伤害事件对消费者品牌忠诚度的影响机制研究［J］. 中国流通经济, 2008（7）: 63-66.

［10］Cleeren K., Dekimpe M. G., Helsen K. Weathering Productharm Crises［J］. Journal of the Academy of Marketing Science, 2008, 36（2）: 262-270.

［11］方正. 论不同消费群体对产品伤害危机的感知危险差异——基于中国消费者的实证研究［J］. 社会科学家, 2006（5）: 159-162.

［12］Laufer D. Product Crisis and Consumers Assessment of Blame: Is there an Impact of Country of Origin?［Z］. University of Texas, 2002.

［13］Laufer D., Gillespie K. Differences in Consumer Attributions of Blame between Men and Women: The Role of Perceived Vulnerability and Empathic Concern［J］. Psychology and Marketing, 2004, 21（2）: 141-157.

［14］吴峰. 顾客忠诚在产品伤害及补救条件下对认知价值的影响［J］. 统计与决策, 2008（7）: 81-83.

［15］Erdem T., Swait J., Iacobucci D. Brand Credibility, Brand Consideration, and Choice［J］. Journal of Consumer Research, 2004, 31（1）: 191-198.

［16］方正, 李蔚, 李珊. 产品伤害危机中顾客年龄与其购买意愿的差异性研究［J］. 生产力研究, 2007（16）: 64-66.

［17］王晓玉, 晁钢令. 产品危机中口碑方向对消费者态度的影响［J］. 营销科学学报, 2008, 4（4）: 1-12.

　　[18] Davidson III W. N., Worrell D. L. Research Notes and Communications: The Effect of Product Recall Announcements on Shareholder Wealth [J]. Strategic Management Journal, 1992, 13 (6): 467-473.

　　[19] Dawar N. Product-harm Crises and the Signaling Ability of Brands [J]. International Studies of Management & Organization, 1998, 28 (3): 109-110.

　　[20] Dawar N., Pillutla M. M. Impact of Product-harm Crises on Brand Equity: The Moderating Role of Consumer Expectations [J]. Journal of Marketing Research, 2000, 37 (2): 215-226.

　　[21] 王晓玉，晁钢令，吴纪元. 产品伤害危机及其处理过程对消费者考虑集的影响 [J]. 管理世界，2006 (5): 86-95.

　　[22] 方正. 可辩解型产品伤害危机对顾客购买意愿的影响研究 [D]. 四川大学博士学位论文，2007.

　　[23] 吴旭明. 消费者个体差异对品牌资产的影响研究——基于可辩解型产品伤害危机 [J]. 中国流通经济，2008 (10): 55-58.

　　[24] McLaughun M. L., Cody M. J., O'hair H. The Management of Failure Events: Some Contextual Determinants of Accounting Behavior [J]. Human Communication Research, 1983, 9 (3): 208-224.

　　[25] Marcus A. A., Goodman R. S. Victims and Shareholders: The Dilemmas of Presenting Corporate Policy during a Crisis [J]. Academy of Management Journal, 1991, 34 (2): 281-305.

　　[26] Siomkos G., Shrivastava P. Responding to Product Liability Crises [J]. Long Range Planning, 1993, 26(5): 72-79.

　　[27] Coombs W. T. An Analytic Framework for Crisis Situations: Better Responses from a Better Understanding of the Situation [J]. Journal of Public Relations Research, 1998, 10 (3): 177-191.

　　[28] Griffin M., Babin B. J., Attaway J. S. An Empirical Investigation of the Impact of Negative Public Publicity on Consumer Attitudes and Intentions [J]. Advances in Consumer Research, 1991, 18 (1): 334-341.

　　[29] Aaker D. A. Managing Brand Equity: Capitalizing on the Value of a Brand Name [M]. New York: Free Press, 1991.

　　[30] Lewck R., Bunker B. B. Developing and Maintaining Trust in Work Relationships [M]. Thousand Oaks, CA: Sage, 1996.

　　[31] Ohbuchi K., Kameda M., Agarie N. Apology as Aggression Control: Its Role in Mediating Appraisal of and Response to Harm [J]. Journal of Personality and Social Psychology, 1989, 56 (2): 219-227.

　　[32] Bottom W. P., Gibson K., Daniels S. E. When Talk is not Cheap: Substantive Penance and Expressions of Intent in Rebuilding Cooperation [J]. Organization Science, 2002, 13 (5): 497-513.

　　[33] Riordan C. A., Marlin N. A., Kellogg R. T. The Effectiveness of Accounts Following Transgression [J]. Social Psychology Quarterly, 1983, 46 (3): 213-219.

　　[34] Darby B. W., Schlenker B. R. The Use of Apologies in Social Predicaments [J]. Social Psychology Quarterly, 1980, 44 (3): 271-278.

　　[35] Kim P. H., Ferrin D. L., Cooper C. D. Removing the Shadow of Suspicion: The Effects of Apology Versus Denial for Repairing Competence-versus Integrity-based Trust Violations [J]. Journal of Applied Psychology, 2004, 89 (1): 104-118.

　　[36] Gürhan-Canli Z., Batra R. When Corporate Image Affects Product Evaluations: The Moderating Role of Perceived Risk [J]. Journal of Marketing Research, 2004, 41 (2): 197-205.

　　[37] Pearson C. M., Clair J. A. Reframing Crisis Management [J]. Academy of Management Review, 1998, 23(1): 59-76.

[38] Hovland C. I., Lumsdaine A. A., Sheffield F. D. Experiments on Mass Communication: Studies in Social Psychology in World War II [M]. NJ: Princeton University Press, 1949.

[39] Olson J. M., Cal A. V. Source Credibility, Attitudes, and the Recall of Past Behaviours [J]. European Journal of Social Psychology, 1984, 14 (2): 203-210.

[40] Hemsley G. D., Doob A. N. The Effect of Looking Behavior on Perceptions of a Communicator's Credibility [J]. Journal of Applied Social Psychology, 1978, 8 (2): 136-142.

[41] Eagly A. H., Wood W., Chaiken S. Causal Inferences about Communicators and Their Effect on Opinion Change [J]. Journal of Personality and Social Psychology, 1978, 36 (4): 424-435.

[42] Balzer W. K., Sulsky L. M. Halo and Performance Appraisal Research: A Critical Examination [J]. Journal of Applied Psychology, 1992, 77 (6): 975-985.

[43] Nisbett R. E., Wilson T. D. The Halo Effect: Evidence for Unconscious Alteration of Judgments [J]. Journal of Feisonality and Social Psychology, 1977, 35 (4): 250-256.

[44] Allen M. W., Caillouet R. H. Legitimation Endeavors: Impression Management Strategies Used by an Organization in Crisis [J]. Communication Monographs, 1994, 61 (1): 44-62.

[45] Druckenmiller B. Crises Provide Insights on Image [J]. Advertising Age's Business Marketing, 1993, 78 (8): 40.

[46] Gaines-Ross L. Part III: Measuring and Valuing Reputations: Leveraging Corporate Equity [J]. Corporate Reputation Review, 1997, 1 (1): 51-56.

[47] Goldberg M. E., Hartwick J. The Effects of Advertiser Reputation and Extremity of Advertising Claim on Advertising Effectiveness [J]. Journal of Consumer Research, 1990, 17 (2): 172-179.

[48] Morley M. How to Manage Your Global Reputation: A Guide to the Dynamics of International Public Relations [M]. Basingstoke: Palgrave, 2002.

[49] Patterson B. Crisis Impact on Reputation Management [J]. Public Relations Journal, 1993, 49 (11): 46-47.

[50] Petty R. E., Cacioppo J. T. Forewarning, Cognitive Responding, and Resistance to Persuasion [J]. Journal of Personality and Social Psychology, 1977, 35 (9): 645-655.

[51] Kunda Z. The Case for Motivated Reasoning [J]. Psychological Bulletin, 1990, 108 (3): 480-498.

[52] Erdem T., Swait J. Brand Equity as a Signaling Phenomenon [J]. Journal of Consumer Psychology, 1998, 7 (2): 131-157.

[53] Landor Associates. Summary Presentation [Z]. The Landor Image Power Survey, 1990.

[54] Chaudhuri A. A Macro Analysis of the Relationship of Product Involvement and Information Search: The Role of Risk [J]. Journal of Marketing Theory and Practice, 2000, 8 (1): 1-15.

[55] Stone R. N., Granhaug K. Perceived Risk: Further Considerations for the Marketing Discipline [J]. European Journal of Marketing, 1993, 27 (3): 39-50.

[56] Mitchell V. W. Consumer Perceived Risk: Conceptualisations and Models [J]. European Journal of Marketing, 1999, 33 (1/2): 163-195.

[57] Fombrun C. J., Van Riel C. B. M. The Reputational Landscape [J]. Corporate Reputation Review, 1997, 1 (2): 5-13.

[58] Blanton H., Pelham B. W., DeHart T. Overconfidence as Dissonance Reduction [J]. Journal of Experimental Social Psychology, 2001, 37 (5): 373-385.

[59] Agarwal M. K., Rao V. R. An Empirical Comparison of Consumer-based Measures of Brand Equity [J]. Marketing Letters, 1996, 7 (3): 237-247.

[60] 江明华，董伟民. 价格促销的折扣量影响品牌资产的实证研究. 北京大学学报 (哲学社会科学版) 2003, 40 (5): 48-56.

[61] Laurent G., Kapferer J. N. Measuring Consumer Involvement Profiles [J]. Journal of Marketing Research, 1985, 22 (1): 41-53.

[62] Sobel M. E. Asymptotic Confidence Intervals for Indirect Effects in Structural Equation Models [Z]. Sociological Methodology, 1982: 290-312.

[63] Baron R. M., Kenny D. A. The Moderator-mediator Variable Distinction in Social Psychological Research: Conceptual, Strategic, and Statistical Considerations [J]. Journal of Personality and social Psychology, 1986, 51 (6): 1173-1182.

[64] Mitroff I. I., Pauchant T. C. We're so Big and Powerful Nothing Bad can Happen to Us: An Investigation of America's Crisis Prone Corporations [M]. New York: Carol, 1990.

[65] Hearit K. M. Corporate Apologia: When an Organization Speaks in Defense of Itself [M]. Handbook of Public Relations, 2001: 501-511.

Research on the Influence of Protecting Brand Equity in the Event of Defensible Product Harm Crisis by Appropriate Remedial Response: Moderating and Mediating Effects

Fang Zheng Yang Yang Jiang Minghua Li Wei Li Shan

(Business School of Sichuan University Chengdu 201205)

Abstract: Product harm crises are among a firm's worst nightmares. Brand equity is an important but fragile asset, which is easy to suffer loss in product harm crises. The mounting frequency of product harm crises and ill-prepared corporate response to such crises can have profound consequences for brand equity. Based on whether the product defects is a violation of regulation or safety standards, the product harm crises can be divided into two categories: defensible and indefensible product harm crises. This article discusses how to respond defensible product harm crises appropriately. By analyzing real defensible product harm crises in China, we found that companies responded to these crises differently, implying that they didn't reach consensus on which response was the best to protect brand equity in defensible product harm crises. To resolve the question that which response strategy is the most effective to protect brand equity in defensible product harm crises, this paper explores the impacts of response strategy, 3rd part clarification, company reputation and psychological risk on brand equity. We implemented a4 (response strategy: defensive, attack, justification & accommodative) × 2 (company reputation: good & bad) × 2 (3rd part clarification: with & without) between-group design, and empirical results are: ①defensive response is the best, accommodative response is the worst, with other responses in the middle; ②a 3rd part's clarification is more persuasive than that of companies and would narrow differences of company responses; ③company reputation plays a positive moderating role, but only when the company implement defensive response and a 3rd part's clarification is available; ④psychological risk is identified as a key mediator of brand equity in product harm crisis context, which indicates that response strategy, company reputation and 3rd part clarification impact on brand equity through psychological risk. These findings would help companies to better understand and protect their brand equities in defensible product harm crises.

Key Words: Defensible Product Harm Crisis; Crisis Response; Brand Equity

错过购买情境下消费者后悔对购买意向的影响研究 *

李东进　马云飞　杜立婷

（南开大学商学院　天津　300000）

【摘　要】错过购买是一个常见的现象，如何引导错过购买的消费者在将来采取购买行为，具有重要的意义。本文的研究目的是要考察消费者错过购买后，营销者能否通过激发和利用消费者的后悔，促使其在下一次购买。三个实验的结果表明，消费者错过购买后，后悔会促使消费者提高未来的购买意向；如果得到关于购买结果的积极信息，后悔会增强，进而提高购买意向；而且后悔对未来购买意向的影响受到消费者感知的下一次购买机会易达性的调节。

【关键词】错过购买；后悔；调节后悔；购买意向

一、引　言

很多人在选购产品时都有过类似的经历：逛街时看见一件产品比较符合自己的需要，而且达到了可以接受的水平，但想再看看其他品牌，或想征求其他人的意见，所以当时没有购买。错过购买是一个普遍的现象，很多学者考察了错过购买的原因，但错过购买后人们的行为有待于进一步研究。[1] 如果人们上一次错过了购买，再面对相似的机会时是否会购买，如何促使人们购买，对企业而言具有重要的意义，也是近年来许多学者关注的热点问题。[1-4]

---

* 本文选自《南开管理评论》2011 年第 53 期。

基金项目：国家自然科学基金项目（71072101、70832001）。

作者简介：李东进，南开大学商学院市场营销系教授、博士生导师，研究方向为消费者行为学、广告学；马云飞，南开大学商学院博士研究生，研究方向为市场营销、消费者行为学；杜立婷，南开大学商学院博士研究生，研究方向为市场营销、消费者行为学。

一些研究显示，人们错过购买后，倾向于以后继续不购买。比如，如果人们上一次错过了折扣幅度较大的促销活动，再面对折扣幅度较小的促销活动或产品正常销售时，会选择继续不购买，即出现不行动惯性。[3] 也可能在错过购买后，从心理上贬低错过的购买机会的价值，导致未来的购买意向下降。[4] 人们继续不购买的一个重要原因是由于人们想要避免或减轻为错过购买而产生的后悔。但在某些情况下，消费者错过购买后可能会提高购买意向。比如，很多人都有这样的体会，错过购买后如果得知产品质量优良、价格合理，或者听说已经购买的人对产品评价非常好，往往会后悔没有购买，购买愿望增强。再比如，Patrick、Lancellotti 和 Demello 发现，当错过购买的产品与目标相关时，后悔产生的压力更强，为了应对压力，人们会采取积极的应对措施，即增强购买意向。[2]

消费者错过购买后，后悔会如何影响随后的行为，是一个值得研究的问题。后悔是一种常见的负面情感，它使人们关注没有得到的东西，更是激发人们进行改进的力量。[5-7] 本文从后悔的角度，通过系统考察后悔对随后行为的影响，探究人们错过购买后，后悔对未来购买意向的影响。而且，很多后悔领域的研究重点考察后悔的负面作用（如降低满意度、导致转换行为等）和如何避免后悔，[8] 却忽略了后悔对行为有力的激发和推动作用，对于如何利用后悔来引导人们行为的研究还不够。因此，本文考察了人们错过购买后，如何激发和利用后悔来引导人们购买。

后悔之所以能够对随后的行为产生影响，一个重要的原因是当人们感到后悔时，有调节后悔的动机，后悔会产生怎样的影响很大程度上取决于人们采取什么措施来减少后悔。但是人们如何调节后悔是一个亟待研究的问题，现在非常需要关于消费者如何调节后悔的实证研究。[6] 已有学者提出了一系列调节后悔的措施，人们既可能采取行动来改善结果，也可能仅仅从心理上自我调节。[6,7] 目前还不清楚人们在什么情况下，会采用什么措施来调节后悔，[6] 这需要进一步通过实证研究来进行考察和验证。因此，本文进一步考察了当消费者为错过购买而后悔时，面对未来的购买机会，感知的机会易达性对选择后悔调节策略的影响。

二、相关研究回顾及研究设计

消费者购买产品时，即使一件产品达到了人们可以接受的水平，很多原因还是会导致错过购买，比如想要搜索更多信息和备选方案、期待价格下降、想要征求别人的建议，或者一个以上的备选方案有足够的吸引力，在备选方案之间做权衡很困难等。[9-11] 除了以上主观因素，没有及时得到销售信息等客观因素也会导致消费者错过购买。以上研究考察了错过购买的原因，目前，我们对于错过购买后会如何行为了解得还较少。[1] 心理学领域的许多研究考察了采取某一行动对随后行为的影响，[13] 但是较少学者考察不行动对随后行为的影响。

在考察错过购买对未来行为的影响时，已有学者发现，如果人们上一次没有购买，不行动倾向于延续到将来，即在未来继续不购买。比如，如果人们错过了一次促销活动，在未来购买时，如果产品的打折幅度小于上一次，人们有继续推迟购买的倾向，这种倾向被称为"不行动惯性"（Inaction Inertia）。[3,12] 不行动惯性之所以出现，主要由于两个原因，一是由于人们预期，如果在产品正常销售或打折幅度较小时购买该产品，会后悔没有利用更早的、幅度更大的促销活动，由于人们想要避免后悔，所以会继续不购买该产品，[3,4,13] 后悔是错过购买和不行动惯性之间的中介变量之一。[4] 出现不行动惯性的第二个原因是该打折产品在人们心中的贬值。[4,14] 因为打折后，消费者会使用折扣价格作为锚点（anchor）来判断产品的价值。[15] 所以消费者错过折扣幅度较大的促销活动后，在产品正常销售或打折幅度较小时，倾向于继续不购买。而另一个常见的但研究得较少的情境是，消费者错过购买后，未来面对同样的购买机会时会采取怎样的行为。本文主要对这一情境进行研究。

导致消费者继续不购买的原因还有，消费者错过购买后，会试图从认知上贬低该购买机会的价值，这是为了减少不协调感（Dissonance）。[4] Brehm 关于不协调感的研究发现，当家庭主妇进行购买决策后，更喜欢已选选项。[16] 当消费者放弃了某个购买机会，"我没能利用这次机会"或"这次机会很好"等想法会激发人们的不协调感，使人们为没有采取行动而后悔。为了减少后悔，人们会努力使自己相信，错过的机会并不好，没有采取行动才是最好的选择，这些想法会使错过购买合理化，并使消费者感觉好一些。所以消费者错过购买后，会从认知上贬低该购买机会的价值。以上两种结果——不行动惯性和减少不协调感（Dissonance Reduction），都会减少未来购买的可能性，并在认知上贬低被错过的机会的价值。

可以看出，在考察错过购买对未来行为的影响时，后悔是重要的影响因素。后悔是一种负面的情感，人们有动机调节后悔。正因为人们想要减轻或避免后悔，所以才会贬低错过的机会的价值和出现不行动惯性，导致未来的购买意向下降。但是，当人们试图减轻后悔时，贬低已放弃方案的价值和避免做决策仅是人们调节后悔的策略中的一部分，更重要的是，人们在后悔的推动下会有动力采取行动弥补以前的错误，争取更好的结果。[7] 因此，人们错过购买后，后悔可能会导致购买意向上升。比如，Patrick、Lancellotti 和 Demello 的研究发现，如果错过购买的产品与消费者的目标相关，并且人们得知将来不会再有相同的购买机会时，后悔产生的压力更强，这会促使人们在下次面对类似的购买机会时，购买意向显著增加。[2]

由此可见，人们错过购买后，后悔会对随后的行为产生怎样的影响，前人的研究得出了不一致的结论。对这个问题的研究很少从后悔的角度，通过系统研究后悔对未来行为的影响来探索人们错过购买后，后悔会引发怎样的行为。比如，Patrick 等的研究角度是不同的压力会导致人们不同的情感反应和处理方式。因此，本文接下来将在后悔研究的框架下，通过系统研究后悔对未来行为的影响，探讨消费者错过购买后，后悔对购买意向的影响，以及企业如何利用消费者的后悔，促使消费者在未来购买。同时，后悔之所以对随后的行为产生影响，主要是由于人们想要调节后悔，后悔产生怎样的影响很大程度上取决于采取哪种调节策略，但人们有多种调节策略，在什么情况下会采取哪种策略还需要进一步研究。因此，本文进一步考察了当消费者为错过购买而后悔时，在不同的情境下会采用哪种方式调节后悔。

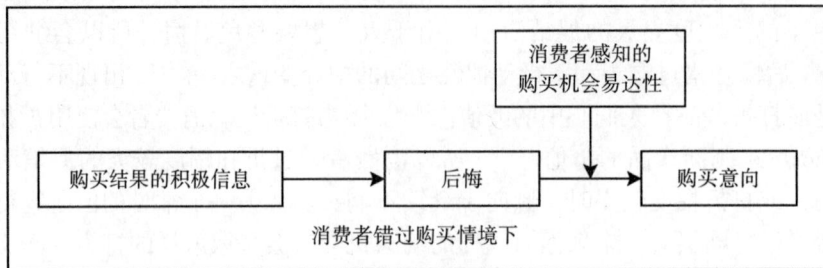

图 1　研究框架

因此，本文的研究一将考察错过购买后，后悔对未来购买意的影响；研究二将考察营销者如何激起和利用消费者的后悔，来提高未来的购买意向；研究三将考察消费者面对下一次购买机会时，感知的机会易达性对后悔调节策略的影响，即感知的机会易达性如何调节后悔对购买意向的影响（研究框架见图 1）。同时，需要指出的是，本研究的对象是对产品有需求的消费者，考察对产品有需求的客户错过购买后，如何促使他们在未来采取购买行为。

三、研究 1：后悔对未来购买意向的影响

1. 研究假设

后悔是当人们意识到或想象到，如果当初做了不同的决策，当前的情境会更好时体验到的一种负面的、基于认知的情感。在消费者行为领域，后悔与人们收益最大化的愿望紧密相关，会对决策制定和未来的行为产生重要影响。

错过购买后，如果人们为自己没有采取行为而后悔，后悔会激发修正性行为。因为后悔时人们总是去想自己犯的错误和失去的机会，有想踢自己一脚的冲动，并且希望再得到一次机会来改正错误。[17,18] 所以后悔首先会促使人们改进决策和行为，寻求可能的机会采取补救措施。[19] 比如，有研究发现，如果消费者在某一次消费过程中有负面的体验，后悔会预示随后的转换行为。[20] 人们玩电子游戏时，如果由于一个错误游戏结束，会立刻意识到自己哪里做错了，然后不会只坐在那里懊恼，而是把游戏再玩一遍来改正这个错误。[21] 后悔会鼓励人们采取行动来解除让他们觉得后悔的结果。而且，后悔会促使人们学习经验，避免将来犯同样的错误。[6] 因此，如果人们为上一次错过购买而后悔，后悔

会促使人们在下一次面对同样的机会时，修正以前的错误，采取购买行为。

不行动后悔使人们更渴望拥有已错过的产品或机会。消费者采取行动（如购买产品）导致损失时引起的后悔（Action Regrets），不同于消费者不采取行动（如没有购买）导致损失时引起的后悔（Inaction Regrets）。在消费者行为领域，不行动后悔（Inaction Regret）是指如果已选的方案（没有购买）比起放弃的方案（采取购买行为）是一个更坏的选择时人们所感受到的负面情感。[22] Gilovich、Medvec 和 Kahneman 研究发现，行动引起的后悔会引发"热"的感情（如生气），不行动引起的后悔会产生留恋（Wistful）的情感（沉思、怀念、留恋、感伤）和失望（Despair）的情感（空虚感、无助感、渴望、没有成就感），不行动引发的后悔会让人对已经放弃的事物充满渴望。[23] Bübül 和 Meyvis 也对这两种后悔进行了区分，分为热后悔（Hot Regret）和冷后悔（Cold Regret）。热后悔充满了愤怒和挫折感，有想踢自己一脚的感觉，为所做的错误决策责备自己；冷后悔也是负面的情感，但包含的更多的是悲伤、空虚，感到错过了某个机会，而且痛苦地渴望已错过的机会。[24]由此可见，如果为错过购买某产品而后悔，人们会十分留恋、渴望拥有该产品。同时，采取行动引起的后悔和不采取行动引起的后悔，会引发不同的动机。根据 Higgins 的研究，行动引起的后悔使人们倾向于避免（Avoidance）；不行动引起后悔使人们倾向于行动（Approach）。[25] 所以，可以得出这样的结论：如果消费者因为错过购买某产品（不行动）而感到后悔，下次再遇到该产品时，更有动力购买。

最后，后悔的强度也会对随后的行为产生影响。Zeelenberg 和 Beattie 通过议价实验测量了后悔的强度对随后行为的影响。在该议价游戏中，每个参与者被给一定数额的钱，比如 100 元，参与者将钱中的一部分分给别人，比如 25 元给对方，75 元留给自己。如果应答者拒绝该方案，双方都得不到钱。实验结果显示，如果被试得知上一轮可以少分给别人10 元，比起得知可以少分给对方 2 元的人，后悔程度更高，而且在第二轮游戏中更明显地降低了分给对方的数额。后悔的强度越强，人们越可能采取行动修正之前的错误。[26]由此可见，人们错过购买后，如果为错过购买而后悔，后悔会促使人们在面对下一次购买机会时，提高购买意向，后悔程度越高，未来的购买意向越强。因此，提出假设 1：

假设 1：人们错过购买后，后悔程度越高，下次遇到相同机会时购买意向越强。

2. 实验一

（1）实验设计。

实验中将错过的购买机会设计为一次超市促销活动。即实验组织者告知所有被试，"学校附近的华润万家超市于上周末举行了一次大规模的促销活动，现在活动组织者要调查一下大家对这次活动的意见回馈"。同时，告知被试，"促销活动举办之前，已经采用多种方式，如传单、广播、群发短信等，进行了广泛的宣传"。选择错过超市促销活动作为实验背景，是因为本文主要研究，对产品有需求的消费者错过购买后，如何促使他们在未来采取购买行为。一方面超市中出售许多学生需要的产品，另一方面省钱也是学生追求的目标之一，所以选择超市的促销活动作为实验背景。

天津某高校 66 名大学生（45% 男生、55% 女生）参与了实验。在实验中，实验组织者先告知被试错过的这次超市促销活动，在第一张问卷上测量被试的后悔程度。然后告知被试本周末还将举行一次相同的促销活动，在第二张问卷上测量被试参加促销活动的意愿。

实际上，实验中提及的两次促销活动都是虚构的，但超市是真实存在的，提供活动的相关细节是为了激起被试真实的情感。实验结束后，实验组织者向被试简要地解释试验的真实目的。

（2）变数测量。

实验组织者询问被试，是否参加了该次促销活动。为了表现真实性，试验组织者向被试说明，问卷分为两部分，没有参加的被试回答问卷的第一部分，参加了的被试回答问卷的第二部分。结果显示，所有被试都回答的问卷的第一部分。

对于后悔的测量，研究中借鉴了 Patrick、Lancellotti 和 Demello 研究中使用的量表，具体的问项包括："对于没有参加此次促销活动是否感到后悔（1=完全不后悔，7=非常后悔）"，"是否希望自己上周末去参加了该次促销活动（1=完全不希望，7=非常希望）"，"对于错过了这次促销活动有什么感觉（1=非常不高兴，7=非常高兴）"。[2] 对于后悔量表的信度分析，采用 Cronbach's alpha 系数衡量，结果显示量表具有较高的信度（$\alpha=0.822$）。将此三项的得分进行平均，用来衡量消费者后悔的程度。[2]

划分被试的后悔程度时，借鉴 Hagtvedt 等实验中使用的步骤。[27] 即将所有被试的后悔得分进行汇总，以得分的中位数为分界点，将被试分为后悔程度较低组和后悔程度较高组。后悔程度较低组（33 人）和后悔程度较高组（33 人）的得分差异显著（2.12 vs 3.73，$p < 0.001$）。

测量后悔程度后，为了测量未来的购买意向，实验组织者告知被试，这周末还将举行一次相同的促销活动，请被试在七分量表中标出，"您在多大程度上愿意参加此次促销活动（1=完全不愿意，7=非常愿意）"，"是否热切地希望参加此次促销活动（1=完全不希望，7=非常热切地希望参加）"。[2] 量表具有较高的信度（$\alpha=0.852$），将此两项的得分进行平均，作为衡量被试购买意向的指标。

调查问卷最后请被试回答，他们认为实验的目的是什么。结果显示，没有被试猜到实验的真实目的，被试都认为促销活动是真实的。

（3）分析与结果。

假设 1 阐述了，人们错过购买后，后悔会促使人们提高购买意向，后悔程度越高，下次遇到相同机会时购买意向越强。方差分析结果显示（见表 1），后悔对未来购买意向的主效应显著（$F(1, 65) = 28.80$，$p < 0.001$）。面对下一次相同的购买机会时，后悔程度较高的被试的购买意向（M = 4.27，SD = 1.26）显著高于后悔程度较低的被试（M = 2.64，SD = 1.22）。假设 1 得到验证。

由此可见，人们错过购买后，后悔确实能够成为一种动力，促使人们在未来购买。因此，营销者可以通过激起消费者的后悔和提高后悔水平，来促使消费者提高购买意向。本文接下来将考察，营销者如何通过激发和增强消费者的后悔来促使其购买。

表 1   方差分析（ANOVA）结果

	Mean	N	Df	Mean Square	F-value
后悔程度					
后悔程度低	2.64（1.22）	33	1	44.182	28.8***
后悔程度高	4.27（1.26）	33			

注：（1）*** 表示 p<0.001；（2）括号内数值为标准差。

四、研究 2：关于购买结果的积极信息对后悔的影响及后悔的中介效应

1. 研究假设

（1）关于购买结果的积极信息对后悔的影响。

既然错过购买后，后悔能提高人们的购买意向，如何激发后悔、利用后悔，对营销者而言具有重要的价值。要解决这一问题，需要考虑后悔产生的原因和过程。后悔是一种基于比较的、自我责备的情感。[6] 人们决策后，会将已选方案产生的结果，和放弃方案产生的结果进行比较，如果放弃的方案会产生更好的结果，人们会觉得后悔。[28] 但是，已放弃的方案会产生怎样的结果，并不一定是人们已知的。

已有研究显示，即使并不确切地知道放弃方案产生的结果，也不妨碍人们对已选的和放弃的结果进行对比。因为在某些情况下，人们会进行反事实思考（Counterfactual Thinking）。[29,30] 即想象如果做了其他选择，会是怎样的结果，并将现实的结果和其他方案可能产生的结果进行比较。人们进行反事实思考，是为了提供一个与现实比较的标准。如果想象已放弃的方案会产生更坏的结果（方向向下）会使人感觉很安慰（Solace）；如果人们想象已放弃的方案会产生更好的结果（方向向上），会产生后悔。[31-33] 消费者越容易想象一个更好的替代结果，越容易将实际结果和想象中的替代结果进行比较，后悔程度越高。[9] 但并不是在所有情况下都会出现反事实思考，如果有关于放弃方案更好结果的信息，比起没有这些信息，人们更容易进行反事实思考，想象如果当初选择了该方案会是怎样的结果，导致更后悔。[28]

因此，人们错过购买后，如果提供给其一些关于购买结果的积极信息，人们更容易想象，如果当初购买了该产品，会得到更好的结果，所以比起没有该信息，会更后悔。因此，提出假设 2：

假设 2：人们错过购买后，当有关于购买结果的积极信息时，比起没有该信息，人们感知的后悔程度更高。

（2）后悔的中介效应。

人们错过购买后，如果有关于购买结果的积极信息，更容易想象如果当初没有错过购

买，会得到的更好的结果，因此，比起没有该信息时，更加感到后悔。同时，由研究 1 可知，后悔一方面使得消费者更加留恋、珍视已经错过的机会，为没有购买而懊恼，对已错过的机会产生更强烈的渴望；另一方面会使得人们意识到之前错过购买是个错误，后悔会成为一种动力，促使人们热切地盼望再有一次购买机会，来弥补之前的错误和得到更好的结果，这会激发未来购买的动机。后悔程度越高，人们面对下一次购买机会时的购买意向越强。因此，人们上一次错过购买后，当有关于购买结果的积极信息时，能够激起更强烈的后悔，后悔会促使消费者下一次面对同样的购买机会时增强购买意向，后悔在其中起到中介作用。因此，提出假设 3：

假设 3：后悔在关于购买结果的积极信息和购买意向之间起中介作用。

2. 实验二

（1）实验设计。

在研究二中还是将错过的购买机会设计为一次超市促销活动。对是否提供关于购买结果的积极信息的操控，参照 Tsiros 和 Mittal 实验中使用的方法。即被试被随机分为两组，向其中一组提供关于参加此次促销活动的结果的积极信息（n = 31），即告知该组被试，"许多人参加了这次活动，并选购了很多商品，大家都觉得产品质量很好，价格很便宜，对这次购买非常满意"。另一组被试不被提供这些积极信息（n = 33）。[28] 预测试显示（n = 25），该信息被认为是关于参加促销活动的结果的积极信息（M = 5.81，1=没有得到关于结果的积极信息，7=得到了关于结果的非常积极的信息）。

天津某高校 64 名大学生（41%男生、59%女生）参与了实验。与研究一相似，实验组织者告知所有被试："学校附近的华润万家超市于上周末举行了一次大规模的促销活动。活动组织者现在想调查消费者的意见回馈"、"促销活动举办之前，已经采用多种方式，如传单、广播、群发短信等，进行了宣传"。对其中一组提供关于该次促销活动结果的积极信息，另外一组不提供，并在第一张问卷上测量被试的后悔程度。然后告知被试本周末还将举行一次相同的促销活动，在第二张问卷上测量被试参加促销活动的意愿。

与实验一类似，实验中提及的两次促销活动都是虚构的，但超市是真实存在的，目的是为了激起被试真实的情感。实验结束后，实验组织者向被试简要地解释试验的真实目的。

（2）变数测量。

首先，实验组织者询问被试是否参加了该次促销活动。指示被试，如果没有参加该次促销，回答问卷的第一部分；参加了该次促销，回答问卷的第二部分。结果表明，没有被试回答问卷的第二部分。

为了检验自变量操纵是否成功，在问卷中询问被试"您是否得到了关于参加此次促销活动的结果的积极信息（1=完全没有得到关于结果的积极信息，7=得到了非常充分的关于结果的积极的信息）"，t 检验显示，对自变量的操纵成功（被提供了积极信息的被试：M = 5.7，没有被提供积极信息的被试：M = 3.2，$p < 0.01$）。

其次，对被试的后悔程度进行测量。具体问项与实验一相同。信度分析结果显示，量表具有较高的信度（α = 0.853）。将此三项的得分进行平均，用来衡量后悔的程度。[2] 被试回答完后，为了测量未来的购买意向，实验组织者告知被试，这周末还将举行一次相同的促销活动，并测量被试的购买意向，问项与实验一相同。量表具有较高的信度（α = 0.906），将此两项的得分进行平均，作为衡量购买意向的指标。

最后，请被试回答，他们认为实验的目的是什么。结果显示，没有被试猜到实验的真实目的。

（3）分析与结果。

首先，假设 2 阐述了如果提供给被试关于购买结果的积极信息，比起不提供这些信息，其后悔的程度更高。方差分析的结果显示，提供购买结果的积极信息对后悔有显著影响 $[F_{(1, 62)} = 28.821，p < 0.001]$。如果提供给被试关于购买结果的积极信息，被试的后悔程度更高（M = 4.87，SD = 1.38），比起没有被提供积极信息的被试（M = 3.17，SD = 1.15），验证了假设 2。

其次，检验了后悔的中介效应。对后悔中介效应的检测，按照 Baron 和 Kenny（1986）的验证程序。即后悔的完全中介效应需要满足四个条件，第一个条件是自变量（提供关于购买结果的积极信息）必须影响中介变量（后悔）；第二个条件是中介变量（后悔）必须影响因变量（购买意向）；第三个条件是当中介变量（后悔）没有被包括到模型中时，自变量（提供关于购买结果的积极信息）必须显著影响因变量（购买意向）；第四个条件是当中介变量（后悔）被包括到模型中时，自变量（提供关于购买结果的积极信息）对因变量（购买意向）的影响不再显著。

根据上述四个条件，本研究构建四组回归。回归分析结果见表 2。首先，提供关于购买结果的积极信息对后悔具有显著影响 $[\beta = 1.699，F_{(1, 62)} = 28.821，p < 0.001]$（条件一）。其次，提供关于购买结果的积极信息对购买意向具有显著影响 $[\beta = 1.743，F_{(1, 62)} = 21.476，p < 0.001]$（条件三）。再次，后悔对购买意向具有显著影响 $[\beta = 0.931，F_{(1, 62)} = 124.971，p < 0.001]$（条件二）。最后，当后悔和提供积极信息都作为自变量，购买意向作为因变量时，提供积极信息对购买意向的影响不显著 $[\beta = 0.235，p = 0.444 > 0.05]$，但后悔对购买意向的影响仍然显著 $[\beta = 0.887，F_{(2, 61)} = 62.371，p < 0.001]$（条件四）。由此可见，后悔能够完全中介关于结果的积极信息和购买意向之间的关系。因此验证了假设 3。

表 2　回归分析结果

	后悔	购买意向	购买意向	购买意向
提供积极信息	1.699***	1.743***		0.235
后悔			0.931***	0.887***
R^2（adj.R^2）	0.317（0.306）	0.257（0.245）	0.668（0.663）	0.672（0.661）
F	28.821***	21.476***	124.971	62.371***

注：*** 表示 P<0.001。

（4）讨论。

本研究的结果显示，消费者错过购买后，提供关于购买结果的积极信息会激发和增强消费者的后悔，后悔会促使消费者提高购买意向，后悔完全中介积极信息和购买意向之间的关系。也就是说，关于购买结果的积极信息作为一种外在刺激，通过激起人们的后悔，能够有效地促使消费者在面对下一次机会时提高购买意向。这个结论对于营销者具有重要的指导意义。当消费者错过一次购买后，如果营销者能够通过各种途径将购买产生的积极结果传递给消费者，有效地激起消费者的后悔，对于促使顾客在未来采取购买行为具有重要的作用。

但是，也有研究显示，消费者错过购买后感到后悔时，不一定会采取购买行为，也可能会从认知上贬低已放弃的购买机会的价值。[4] 后悔之所以能够对人们的行为产生影响，主要是由于人们想要减轻后悔，后悔会产生怎样的影响很大程度上取决于减轻后悔的策略。关于后悔的研究显示，即使顾客感到较强的后悔，也不一定就会采取行为来减轻后悔，消费者也可能仅仅从心理上调节后悔，[6] 需要具体研究消费者在什么情况下，会采取哪种策略来调节后悔。下面本文将进一步讨论当消费者面对下一次购买机会时，感知的机会易达性对后悔调节策略的影响。

五、研究 3：消费者感知的购买机会易达性的调节作用

1. 研究假设

前文研究结论表明，如果人们为错过购买而后悔，后悔会促使人们在面对下一次购买机会时提高购买意向。人们之所以会产生这样的反应，主要因为后悔是一种负面的情感，会成为一种动力促使人们采取行为来减轻后悔。[7] 但人们有多种调节后悔的方式，不一定通过行为来减轻后悔，也可能仅仅从认知上减轻后悔。Roese、Summerville 和 Fessel 认为当人们感到后悔时，有两种调节方式，一种是行为调节，即采取行动纠正以前的错误、改善结果，以此减轻后悔；另一种是认知调节，在头脑中重新构建环境，来使它看起来更好（如贬低已放弃的选项等）。[7] 在 Zeelenberg 和 Pieters 提出的调节后悔的策略中，用行为调节后悔的策略包括"不做决策、扭转决策（转换到另一选项）"，从认知上调节后悔的策略包括"否认决策责任、重新评估备选方案的质量（贬低已放弃的备选方案）、进行心理修复工作（如认为从这次经历中学习到了很多经验，或使自己相信已选方案的结果是最好的），或者否认和压制后悔等"。[6] 在 Patrick、Lancellotti 和 Demello 的研究中，调节不行动后悔的方式也可被归结为两大类：积极的应对方式即采取行为；避免的应对方式，主要表现为寻求心理上的支持。[2] 由此可见，当人们为错过购买而后悔时，既可能采取行动争取更好的结果，也可能仅仅从心理上进行调节。在什么情况下，人们采取哪种调节策略是一个值得研究的问题。[6]

人们对调节策略的选择，很大程度上取决于将来是否存在改进的机会。因为当次优结果出现时，人们首先是想要避免坏的产品和服务、得到更好的结果，这是人们的第一反应和基本需要。[7] 因此，人们感到后悔时，如果有改进的机会，后悔会促使人们采取行动以争取更好的结果。但是，如果次优结果难以改变或避免，人们会积极地改变自己的主观感受。社会心理学领域的研究认为，人们有能力在心理上重构（Restructuring）面临的结果或环境，使之看起来更加积极。[34,35] 比如，如果一所学校拒绝了一个学生的申请，这个学生会比以往更加强烈地意识到该学校的弱点；[36] 人们说谎之后，更倾向于相信该谎言是可以被宽恕的；[37] 做出选择后，能够更好地记得已选选项的优点而非缺点。[38] 人们非常擅长搜寻、注意、听取、理解和记得能够使他们感到满意的信息。社会心理学家将人们的这一倾向概括为不协调减少（Dissonance Reduction），属于一种心理免疫系统（Psychological Immune System），[39] 它会使人们从主观上优化结果，保护人们减少负面情感。因此，当人们感到后悔时，如果有问题的情境是不可避免的，人们会从心理上减少不协调感，即从认知上调节后悔。

机会原则（Opportunity Principle）支持这一观点，它认为，当有机会修正当前的问题时，后悔会持续；当没有改进的机会时，会激发人们从认知上减少不协调感，将决策结果进行合理化和重构，来终止或减轻后悔。[7,40] 比如，Gilbert 和 Ebert 在实验中，让被试挑选并保留喜欢的照片，对于一部分人，决策是可逆的（比如可以改变主意，换另一张照片），对另一部分人，决策是不可逆的。研究结果说明，当决策不可逆时，即将来没有机会修正决策时，会产生更多的减少不协调感的行为，因此满意水平更高；而当决策可逆时，即有机会修正决策时，后悔会持续。[41] 而且，机会原则还认为，未来是否存在改进的机会，会影响后悔能否激发纠正行为（Corrective Action）。因为尽管后悔会激发纠正措施，[19,20] 但是很显然，只有当人们认为有机会采取纠正行为，而且其可行、有效的情况下，才会采取该行为。[40] 比如，Markman 等的研究表明，玩电子游戏时，预期还将再玩一遍的被试，比起预期不会再玩的被试，会产生更多的能改进行为的反事实思考，[42] 可见当被试认为不存在改进的机会时，不会考虑采取纠正行为。因此，当人们感到后悔时，如果存在改进的机会，后悔会持续，并激发纠正行为；但如果不存在改进的机会，人们会从认知上调节后悔，后悔不会激发纠正措施。

如果人们为错过购买而后悔，面对下一次购买机会，人们感知的到达该购买机会的容易程度会影响判断未来是否存在改进机会，即感知的购买机会易达性（Perceived Accessibility）会产生影响。关于感知的易达性，目前还没有统一的定义和测量方法，学者们针对不同的对象进行了研究。Doubeni 等将感知的产品易达性定义为人们获得产品的信心和对整体可获得性的衡量。[43,44] Quah 将其定义为人们感知的获得产品的可能性和容易程度。[45] Morrison 和 Vancouver 将感知的易达性定义为人们预期的到达目标物体或地点的容易程度。[46] 根据 Li、Kuo 和 Russell 的研究，到达需要花费多少时间和多大程度的努力会直接影响感知的易达性，其他因素比如到达是否困难、是否有便捷的方式会间接影响感知易达性。[47] 在本文中，面对下一次购买机会，如果人们感知的机会易达性高，会认为该购买机会容易到达，可以利用；但如果人们感知的机会易达性低，会认为该购买机会很难到达，难以利用。

如果人们认为下一次购买机会容易到达，比如距离较近、到达需要花费的时间和努力较少，会认为有机会采取行为改善结果和修正以前的错误，后悔会成为一种动力，促使人们用行为调节后悔，即提高购买意向，后悔程度越高，购买意向越强；但如果认为下一次购买机会很难到达，比如距离较远，到达需要花费很多时间和努力，人们会认为很难利用该购买机会，或者行动付出的成本大于得到的收益，次优结果是不可避免的，人们更倾向于从认知上调节后悔，比如贬低该购买机会的价值，而不是提高购买意向。因此，当人们认为未来的购买机会很难到达时，后悔不能促使人们提高购买意向，即使后悔程度较高，购买意向不会显著增强。虽然研究 1 假设，后悔会促使人们提高未来的购买意向，但此影响受到人们感知的未来购买机会易达性的调节。提出假设 4：

假设 4：人们错过购买后，后悔对面对下一次相同机会时的购买意向的影响，受到感知的购买机会易达性的调节。

2. 实验三

（1）实验设计。

在实验三中还是将错过的购买机会设计为一次超市促销活动。天津某高校 103 名被试（42% 男生、58% 女生）参与了测试，被试被随机分为两组，针对人们感知的未来购买机会的易达性，一组设计为感知易达性高的情境（n=48），另一组设计为感知易达性低的情境（n=55）。实验组织者告知所有被试："学校附近的华润万家超市于上周末举行了一次大规模的促销活动。促销活动举办之前，已经采用多种方式，如传单、广播、群发短信等，进行了宣传。"同时提供关于参加此次促销活动的结果的积极信息："许多人参加了这次活动，并选购了很多商品，大家都觉得产品质量很好，价格很便宜，对这次购买非常满意"。并在第一张问卷上测量被试的后悔程度。

为了操纵人们感知的未来购买机会的易达性，参照 Li、Kuo 和 Russell 的研究，对感知易达性高组，实验组织者告知被试，"学校附近的华润万家超市本周末还将举行一次相同的促销活动，活动当天每小时有一辆购物车往返于学校和超市之间，十分钟车程"；对于感知易达性低组，实验组织者告知被试，"华润万家超市位于河东区的分店本周末还将举行一次相同的促销活动，该分店距离学校 100 分钟车程，大家乘坐 963 到体北站，转乘 857 到新村大楼站下车，再步行十分钟即可到达"。这两家分店都是真实存在的。为了保证使用这两种情境能够操纵人们感知的购买机会易达性，进行了预测试（n=30）。在预测试中请两组被试分别阅读两种情境，并回答"你是否同意下列陈述：对于我而言到达那里是容易的（1="强烈不同意"，7="强烈同意"）"。[43,45] 预测试结果显示，当促销活动在学校附近的超市举行时，比起在另一个区举行，感知的机会易达性更高（5.7 vs 2.6，p < 0.01）。

最后，测量被试参加促销活动的意愿。并询问他们认为实验的目的是什么。结果显示，没有被试猜到实验的真实目的。

（2）变数测量。

首先，实验组织者询问被试是否参加了该次活动。与实验一相同，请没有参加活动的被试完成问卷的第一部分，请参加活动的被试完成问卷的第二部分。结果表明，没有被试表示他们参加了该次促销活动。

其次，对被试的后悔程度进行测量。具体的问项与实验一相同，信度分析结果显示，量表具有较高的信度（α=0.848）。将此三项的得分进行平均，用来衡量消费者后悔的程度。划分被试的后悔水平时，与实验一中的步骤相同，即将所有被试的后悔得分进行汇总，以得分的中位数为分界点，将被试分为后悔水平较低组和后悔水平较高组。后悔水平较低组（52人）和后悔水平较高组（51人）的得分差异显著（3.88 vs 5.30，p < 0.001）。区分后，感知易达性高组中，后悔水平较低的21人，后悔水平较高的27人；感知易达性低组中，后悔水平较低的31人，后悔水平较高的24人。感知易达性高组和感知易达性低组的后悔得分无显著差别（p > 0.05）。

被试回答完后，实验组织者告知被试，本周末还将举行一次类似的促销活动，并对感知的机会易达性进行操纵。为了检验对感知的购买机会易达性的操纵是否成功，在问卷中请被试回答，"你是否同意下列陈述：对于我而言到达那里是容易的"，被试在7分量表（1="强烈不同意"，7="强烈同意"）。t检验显示，操纵是成功的（感知易达性高组：M = 5.42，感知易达性低组：M = 2.27，p < 0.001）。

测量未来的购买意向时，使用的问项与实验一相同，量表具有较高的信度（α= 0.831），将此两项的得分进行平均，作为衡量被试购买意向的指标。

表3　方差分析（ANOVA）结果

	Mean	N	df	Mean Square	F-value
感知的机会易达性					
感知的机会易达性低	3.1 (1.29)	55	1	121.73	106.67***
感知的机会易达性高	5.43 (1.11)	48			
后悔程度					
后悔程度低	3.56 (1.27)	52	1	27.7	24.28***
后悔程度高	4.84 (1.79)	51			
感知的机会易达性，后悔程度					
感知的机会易达性低，后悔程度低	2.9 (1.19)	31	1	8.38	7.34**
感知的机会易达性低，后悔程度高	3.37 (1.38)	24			
感知的机会易达性高，后悔程度低	4.52 (0.60)	21			
感知的机会易达性高，后悔程度高	6.15 (0.86)	27			
Error	991.14				

注：（1）*** 表示 P<0.001；（2）括号内数值为标准差。

（3）分析与结果。

方差分析结果如表3所示，被试错过购买后，后悔对面对下一次购买机会时的购买意向的主效应是显著的（$F_{(1, 103)} = 24.28$，$p < 0.001$）。当被试后悔程度较高时，被试的购买意向（$M = 4.84$，$SD = 1.79$）显著高于后悔程度较低的被试的购买意向（$M = 3.56$，$SD = 1.27$）。

后悔与感知的机会易达性的交互效应显著（$F_{(1, 103)} = 7.34$，$p = 0.008 < 0.01$）。面对下一次购买机会，当感知的机会易达性较高时，后悔程度较高的被试的购买意向（$M = 6.15$，$SD = 0.86$）显著高于后悔程度较低的被试的购买意向（$M = 4.52$，$SD = 0.6$）。但是，如果感知的机会易达性较低，后悔程度较高的被试的购买意向（$M = 3.37$，$SD = 1.38$）与后悔程度较低的被试的购买意向（$M = 2.9$，$SD = 1.19$）相比无显著差别（$p > 0.05$）（如图 2所示）。

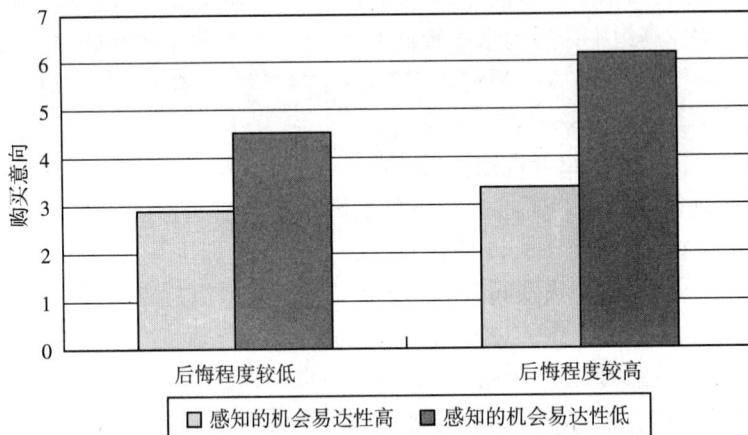

图 2　感知的未来购买机会易达性的调节作用

由此可见，后悔对购买意向的影响受到感知的机会易达性的调节。如果人们认为下一次购买机会是容易到达的，那么后悔程度高的被试比后悔程度低的被试的购买意向更高。但是如果人们认为下一次购买机会很难到达，后悔程度高的被试和后悔程度低的被试的购买意向都较低，且没有显著区别。因此假设 4 得到验证。

六、研究结论与讨论

1. 研究结论及理论贡献

本文的研究目的是考察，当消费者错过购买后，能否通过激发人们的后悔，促使消费者在面对下一次购买机会时采取购买行为。人们错过一次购买后，面对下一次购买机会，是继续不购买，还是选择购买，已有一些学者对此问题进行了研究，并得出了不一致的结论。有的研究发现，当消费者错过购买后，倾向于继续不购买。[4] 但是，Patrick、Lancellotti 和 Demello 发现，当错过的产品与目标相关，且很难再有类似的购买机会时，后悔会产生更大的压力，人们更有动力采取积极的应对方式，即提高购买意向。[2]

本文对这一问题的研究，是在后悔研究的框架下，通过考察后悔的影响因素和对未来行为的影响，研究如何利用后悔，增强人们未来的购买意向。研究一的结果表明，人们错过购买后，如果为错过购买而后悔，后悔会激发人们的修正性行为和对错过的机会的渴望，因而能够促使人们提高未来的购买意向。研究二的结果表明，人们错过购买后，如果提供关于购买结果的积极信息，会激发和增强人们的后悔，后悔会成为一种动力，促使人们在面对下一次购买机会时增强购买意向。

后悔之所以能够促使人们提高购买意向，主要是由于人们想要减轻后悔。但是，人们有多种调节后悔的策略，不一定会通过行为来减轻后悔，人们还可以从认知上调节后悔。在不同的情境下会采取哪种策略来减轻后悔，是一个亟待研究的问题。[6] 因此，本文在研究三中拓展了对这一问题的认识，考察了当人们为错过购买而后悔时，面对下一次购买机会，人们感知的机会易达性对后悔调节策略的影响。

由于当人们感到后悔时，第一线防御反应是改变这个令人后悔的结果，因此如果有机会通过行为来修正错误，改善结果，人们倾向于用行为来减轻后悔；但是如果人们认为改进的机会难以获得，即使通过努力也很难改善结果，则倾向于从认知上调节后悔。当消费者为错过购买而后悔时，面对下一次购买机会，如果认为该机会是容易到达的，也就是说情境因素有助于他们通过行为（即购买产品）来减轻后悔，人们倾向于采取行为，因此后悔会提高购买意向；但是，如果消费者认为未来的购买机会很难到达，比如需要花费很多时间和努力，或即使努力也很难得到令人满意的结果，则倾向于从认知上调节后悔（如贬低该购买机会的价值），采取购买行为的意向较低，因此即使后悔增强，人们的购买意向不会有显著提高。后悔对购买意向的影响受到人们感知的未来购买机会易达性的正向调节。

这一结论似乎与 Patrick 等的研究结论不一致，他们的研究认为，"错过的购买机会与目标相关的情况下，如果认为机会很难再有，比起机会常见时，后悔的压力更强，面对下一次购买机会时，购买意向更高"。[2] Patrick 等的研究结论与本研究不一致的原因在于，在他们的研究中，"机会很难再有"是作为影响后悔的因素（使后悔增强），但在后悔影响随后行为的过程中，研究情境从"机会很难再有"变成了"再有一次购买机会"。具体从实验过程来看，虽然实验组织者在描述错过的购买机会时，告知被试"未来可能不会再有类似的购买机会"，但目的是强调机会的稀缺性和增强被试的后悔，并没有让被试明确地知道"未来不会再有类似的购买机会"。因为接下来很快又告知被试"如果再有一次这样的购买机会"，并询问其参加的愿望。可见，人们的后悔被激发后，面临的情境不是"再没有购买机会"，而是"再有一次购买机会"。由于人们获得了改进的机会，后悔会促使他们提高购买意向，用行为调节后悔，并没有因为"没有改进的机会"而启动心理调节过程。因此得出结论：当机会很难再有时，未来的购买机会更高。

而在本研究中，激起被试的后悔后，被试面对的情境是下一次购买机会很难到达，人们明确地预知未来不会再有改进的机会，因而启动了心理调节过程，从认知上减轻后悔，没有激发修正性行为。所以，当人们认为机会很难到达时，购买意向较低。由此可见，激起后悔后，人们对"未来是否有机会修正错误"的判断，以及是否启动心理调节过程，对随后的行为会产生重要影响。

2. 实践意义

本研究具有较强的实践意义。首先，有助于营销者促使上一次错过购买的消费者在未来采取购买行为。现实生活中，即使某件产品是人们需要的，而且达到令人满意的水平，消费者也经常因为某些原因错过购买。如何促使这部分消费者在未来采取购买行为具有重要的价值。尽管 Patrick 等的研究发现，当错过购买的产品与消费者目标相关时，人们更有动力在未来采取购买行为。[2] 但是，营销者很难控制或改变产品与消费者目标的相关性。而本研究提出的促使消费者购买的力量是营销者能够控制的，即通过提供关于购买结果的积极信息，来激发消费者的后悔，从而促使他们在未来提高购买意向。

其次，如何向错过购买的消费者提供关于购买结果的积极信息呢？营销者可以通过广播、互联网等管道，宣传购买产品的消费者回馈的积极信息。另一个有效的途径是通过消费者的口碑传播。如果消费者通过人际间的口耳相传或熟人间的信息交流，得知错过了一次有价值的购买，后悔能够被更有效地激发出来，并促使人们在下次购买。因为人们认为口碑传播可信度高，[48] 而且口碑传播的信息具有相当大的影响力和说服力。[49] 消费者是否会进行正面的口碑传播，主要取决于人们感知的产品或服务的质量、[50] 对产品和服务是否满意，[51] 以及与员工是否有良好的关系和友谊。[52] 因此，为了有效地唤回错过购买的消费者，企业应该重视提高消费者的满意度、构建与消费者的良好的关系。

再次，本研究为营销者如何利用消费者的情感提供了参考。以前关于后悔的研究重点在于后悔带来的负面影响，如降低再购意愿、降低满意、预示转换行为等，[8,28] 营销者主要关注如何减少、避免后悔。但是，后悔是一种不可避免的负面情感，在负面情感中强烈程度排第一，发生频率排第二，[53] 只要有选择，选择会带来即刻的后悔，并使人们感觉到放弃方案的吸引力。[5] 而且后悔在促进和指导行为方面是一个强有力的因素。[6] 因此，如何利用后悔，也是一个值得研究的角度。营销者应该结合具体的情境，考虑如何使后悔成为行为的动力，通过激发后悔来引导消费者的行为。消费者在很多情况下是非理性的，当外在刺激能够有效地激起消费者内在的情感反应时，情感会对行为起到重要的促进作用。本研究为营销者如何激发和利用消费者的后悔提供了参考。

最后，本研究强调了消费者感知的产品易达性的重要性。如果消费者认为未来的购买机会很难到达，即使感到后悔，购买意向还是较低；如果消费者认为购买机会容易到达，购买意向有明显上升。因此，营销者应采取措施增强消费者感知的产品易达性，如提供送货上门服务，或让消费者免费乘坐购物车等，有助于消费者增强购买意向。

3. 研究局限及未来的研究方向

首先，本研究没有对消费者错过的购买机会进行具体细分，在实验中将其设计为一次错过的超市促销活动。一方面，许多被试认为超市中产品价值较低，即使打折，能够节省的钱比较少；另一方面，打折活动比较常见，对被试而言没有十分重要的意义。因此激发被试的后悔强度较低。由于价值不同的产品引发的情感强度不同，在未来的研究中应该根据错过购买产品的价值进行细分。而且人们对不同的产品敏感度不同，比如在实验中，通过与个别被试访谈发现，女性消费者对化妆品、衣服等产品敏感度很高，如果错过了这类产品的购买，后悔程度更高。所以可以根据产品的价值和类别进一步具体考察。同时，消费者的个体差异对后悔倾向和选择调节后悔的策略有很大影响，在关于后悔的研究中，应充分考虑消费者的个体特征。

其次，对于后悔的影响因素，本文着重研究购买结果的积极信息对后悔的影响，其他因素（如责任）也会对后悔产生影响，可继续考察其他因素对购买意向的影响。而且，本文仅考察了感知的产品易达性对后悔调节策略的影响，在未来的研究中，应进一步发掘其他影响因素，并进行实证研究。这些相关问题的研究不仅有助于我们更好地了解消费者后悔的产生和调节，而且有助于促使错过购买的消费者在未来采取购买行为。

参考文献

［1］Tsiros M. Releasing the Regret Lock：Consumer Response to New Alternatives after a Sale［J］. Journal of Consumer Research，2009，35（6）：1039-1059.

［2］Patrick V. M.，Lancellotti M. P.，Demello G. Coping with Nonpurchase：Managing the Stress of Inaction Regret［J］. Journal of Consumer Psychology，2009，19（3）：463-472.

［3］Tykocinski O. E.，Pittman T. S. Product Aversion Following a Missed Opportunity：Price Contrast or Avoidance of Anticipated Regret?［J］. Basic and Applied Social Psychology，2001，23（3）：149-156.

［4］Arkes H.，Kung Y. H.，Hutzel L. Regret，Valuation，Inaction Inertia［J］. Organizational Behavior and Human Decision Processes，2002，87（2）：371-385.

［5］Carmon Z.，Wertenbroch K.，Zeelenberg M. Option Attachment：When Deliberating Makes Choosing Feel Like Losing［J］. Journal of Consumer Research，2003，30（1）：15-29.

［6］Zeelenberg M.，Pieters R. A Theory of Regret Regulation 1.0［J］. Journal of Consumer Psychology，2007，17（1）：3-18.

［7］Roese N. J.，Summerville A.，Fessel F. Regret and Behavior：Comment on Zeelenberg and Pieters［J］. Journal of Consumer Psychology，2007，17（1）：25-28.

［8］Zeelenberg M.，Pieters R. Beyond Valence in Customer Dissatisfaction：A Review and New Findings on Behavioral Responses to Regret and Disappointment in Failed Services［J］. Journal of Business Research，2004，57（4）：445-455.

［9］Corbin，R. M. Decisions that Might not Get Made，in Cognitive Processes in Choice and Decision Behavior［M］. Wallsten，Hillsdale，NJ：Erlbaum，1980.

［10］Greenleaf E. A.，Donald R. L. Reasons for Substantial Delay in Consumer Decision Making［J］. Journal of Consumer Research，1995，22（2）：186-199.

［11］White C. M.，Hoffrage U. Testing the Tyranny of too Much Choice Against the Allure of More Choice［J］. Psychology and Marketing，2009，26（3）：280-298.

［12］Tykocinski O. E.，Pittman T. S.，Tuttle E. E. Inaction Inertia：Foregoing Future Benefits as a Result of an Initial Failure to Act［J］. Journal of Personality and Social Psychology，1995，68（5）：793-803.

［13］Butler A.，Highhouse S. Deciding to Sell：The Effect of Prior Inaction and Offer Source［J］. Journal of Economic Psychology, 2000, 21 (3): 223–232.

[14] Zeelenberg M., Nijstad B. A., Van Putten M., Van Dijk E. Inaction Inertia, Regret, and Valuation: A Closer Look [J]. Organizational Behavior and Human Decision Processes, 2006, 101 (1): 89–104.

[15] Tybout A. M. Relative Effectiveness of Three Behavioral Influence Strategies as Supplements to Persuasion in a Marketing Context [J]. Journal of Marketing Research, 1978, 15 (2): 229–242.

[16] Brehm J. W. Post Decision Changes in the Desirability of Alternatives [J]. Journal of Abnormal and Social Psychology, 1956, 52 (3): 384–389.

[17] Roseman I. J., Wiest C., Swartz T. S. Phenomenology, Behaviors, and Goals Differentiate Discrete Emotions [J]. Journal of Personality and Social Psychology, 1994, 67 (2): 206–221.

[18] Zeelenberg M., Van Dijk W. W., Manstead A. S. R., Van Der Pligt J. The Experience of Regret and Disappointment [J]. Cognition and Emotion, 1998, 12 (2): 221–230.

[19] Zeelenberg, M. Anticipated Regret, Expected Feedback and Behavioral Decision–making [J]. Journal of Behavioral Decision Making, 1999, 12 (2): 93–106.

[20] Zeelenberg M., Pieters R. Comparing Service Delivery to What Might have been: Behavioral Responses to Disappointment and Regret [J]. Journal of Service Research, 1999, 2 (1): 86–97.

[21] Zeelenberg M., Inman J. J., Pieters R. G. M. What We do when Decisions Go Awry: Behavioral Consequences of Experienced Regret [M]. Cambridge (MA): Cambridge Univ. Press, 2001: 136–155.

[22] Zeelenberg M., Dijk W. W., Manstead A. S. R., Vanr de Pligt J. On Bad Decisions and Disconfirmed Expectancies: The Psychology of Regret and Disappointment [J]. Cognition and Emotion, 2000, 14(4): 521–541.

[23] Gilovich T., Medvec V. H., Kahneman D. Varieties of Regret: A Debate and Partial Resolution [J]. Psychological Review, 1998, 105 (3): 602–605.

[24] Bülbül C., Meyvis T. When Consumers Choose to Restrict Their Options: Anticipated Regret and Choice Set Size Preference [M]. Unpublished Manuscript, 2006.

[25] Higgins E. T. Promotion and Prevention: Regulatory Focus as a Motivational Principle [J]. Advances in Experimental Social Psychology, 1998 (30): 1–46.

[26] Zeelenberg M., Beattie J. Consequences of Regret Aversion2: Additional Evidence for Effects of Feed Back on Decision Making [J]. Organizational Behavior and Human Decision Processes, 1997, 72 (1): 63–78.

[27] Hagtvedt H., Lancellotti M., Patrick V. I'm Glad I Did or I Wish I Had: The Comparative Effects of Satisfaction and Non–Purchase Regret on Future Purchase Intentions [J]. Advances in Consumer Research, 2007 (34): 358–360.

[28] Tsiros M., Mittal V. Regret: a Model of Its Antecedents and Consequences in Consumer Decision Making [J]. Journal of Consumer Research, 2000, 26 (4): 401–417.

[29] Gleicher F., Kost K. A., Baker S. M., Strathman A. J., Richman S. A., Sherman S. J. The Role of Counierlactual Thinking in Judgment of Affect [J]. Personality and Social Psychology Bulletin, 1990, 16 (June): 284–295.

[30] Kahneman D., Miller D. T. Norm Theory: Comparing Reality to Us Alternatives [J]. Psychological Review, 1986, 92 (2): 136–153.

[31] Roese N. J. The Functional Basis of Counterfactual Thinking [J]. Journal of Personality and Social

Psychology, 1994, 66（5）：805-818.

［32］Schwarz N., Bless H. Constructing Reality and Its Alternatives：Assimilation and Contrast Effects in Social Judgment ［M］. Lawrence Erlbaum Associates, Inc., 1992：217-245.

［33］McConnell A. R., Niedermeier K. E., Leibold J. M., El-Alayli A. G., Chin P. P., Kuiper N. M. What if I Find it Cheaper Someplace Else?. Role of Prefactual Thinking and Anticipated Regret in Consumer Behavior ［J］. Psychology and Marketing, 2000, 17（4）：281-298.

［34］Affleck G., Tennen H. Construing Benefits from Adversity：Adaptational Significance and Dispositional Underpinnings ［J］. Journal of Personality, 1996, 64（4）：899-922.

［35］Tesser A. On the Confluence of Self-esteem Maintenance Mechanisms ［J］. Personality and Social Psychology Review, 2000, 4（4）：290-299.

［36］Lyubomirsky S., Ross L. Changes in Attractiveness of Elected, Rejected and Precluded Alternatives：A Comparison of Happy and Unhappy Individuals ［J］. Journal of Personality and Social Psychology, 1999, 76（6）：988-1007.

［37］Simon L., Greenberg J., Brehm J. Trivialization：The Forgotten Mode of Dissonance Reduction ［J］. Journal of Personality and Social Psychology, 1995, 68（2）：247-260.

［38］Mather M., Shafir E., Johnson M. K. Misrememberance of Options Past：Source Monitoring and Choice ［J］. Psychological Science, 2000, 11（2）：132-138.

［39］Gilbert D. T., Pinel E. C., Wilson T. D., Blumberg S. J., Wheatley T. P. Immune Neglect：A Source of Durability Bias in Affective Forecasting ［J］. Journal of Personality and Social Psychology, 1998, 75（3）：617-638.

［40］Roese N. J, Summerville A. What We Regret Most and Why ［J］. Personality and Social Psychology Bulletin, 2005, 31（9）：1273-1285.

［41］Gilbert D. T., Ebert J. E. J. Decisions and Revisions：The Affective Forecasting of Changeable Outcomes ［J］. Journal of Personality and Social Psychology, 2002, 82（4）：503-514.

［42］Markman K. D., Gavanski I., Sherman S. J., McMullen M. N. The Mental Simulation of Better and Worse Possible Worlds ［J］. Journal of Experimental Social Psychology, 1993, 29（1）：87-109.

［43］Doubeni C. A., Li W., Fouayzi H., DiFranza J. R. Perceived Accessibility as a Predictor of Youth Smoking ［J］. Annals of Family Medicine, 2008, 6（4）：323-330.

［44］Doubeni C. A., Li W., Fouayzi H., DiFranza J. R. Perceived Accessibility of Cigarettes Among Youth：A Prospective Cohort Study ［J］. American Journal of Preventive Medicine, 2009, 36（3）：239-242.

［45］Quah S. R. Accessibility of Modern and Traditional Health Services in Singapore ［J］. Social Science and Medicine, 1977, 11：333-340.

［46］Morrison E. W., Vancouver J. B. Within-person Analysis of Information Seeking：The Effects of Perceived Costs and Benefits ［J］. Journal of Management, 2000, 26（1）：119-137.

［47］Li H., Kuo C., Russell M.G. The Impact of Perceived Channel Utilities, Shopping Orientations and Demographics on the Consumer's online Buying Behavior ［J］. Journal of Computer Mediated Communication, Available at：www.ascusc.org/jcmc/vol5/issue2, 1999（December）.

［48］郭国庆，杨学成，张扬. 口碑传播对消费者态度的影响：一个理论模型 ［J］. 管理评论, 2007, 19（3）：20-26.

［49］Bristor J. M. Enhanced Explanations of Word of Mouth Communications：The Power of Relationships

[J]. Research in Consumer Behavior, 1990, 4: 51–83.

[50] Hartline M. D., Jones C. Employee Performance Cues in a Hotel Service Environment: Influence on Perceived Service Quality, Value, and Word-of-Mouth Intentions [J]. Journal of Business Research, 1996, 35 (3): 207–215.

[51] Sundaram D. S., Mitra K., Webster C. Word-of-Mouth Communications: A Motivational Analysis [J]. Advances in Consumer Research, 1998, 25 (1): 527–531.

[52] Gremler D. D., Gwinner K.P. Customer-Employee Rapport in Service Relationships [J]. Journal of Service Research, 2000, 3 (1): 82–104.

[53] Saffrey C., Roese N. J. Praise for Regret: Positive Evaluative Metaperceptions of Negative Affective Experience [Z]. Unpublished Manuscript, 2006.

After Missing a Purchase the Influence of Regret on Purchase Intention

Li Dongjin　Ma Yunfei　Du Liting

(Business School of Nankai University　Tianjin　300000)

Abstract: People often miss out on a purchase. How to promote consumers who missed a purchase to buy at next time is of great significance. This study aims to investigate when consumers have missed a purchase, the effect of regret on future purchase intention, and whether we can make use of regret to improve consumers to purchase next time. Three experiments were conducted. The first experiment aims to study the influence of regret on future purchase intention. The second experiment explores the effects of positive information about the missed purchase outcomes on purchase intention and the mediation of regret. And the third experiment examines the moderating effect of perceived accessibility of future purchase opportunity on the relation between regret and purchase intention. The results show that regret can motivate stronger desire for the missed purchase and promote people to increase purchase intention. Regret can act as a power to motivate purchase behavior. And if consumers are offered positive information about the missed purchase outcome, the information can strengthen regret, which will promote them to buy at next opportunity. The regret mediates the influence of positive information on purchase intention. What's more, when consumers face next purchase opportunity, the perceived accessibility of the opportunity will moderate the effect of regret on purchase intention. That is if the opportunity is perceived to be easy to achieve, the regret will increase purchase intention, while if the opportunity is perceived to be hard to achieve, the regret will be regulated cognitively instead of increasing purchase intention.This study can help marketers to call back con-sumers and promote them to buy next time. What's more, previous studies on regret mainly fo-cused on its negative effects and how to regulate it. In fact, regret is powerful in motivating and influencing behaviors. So how to make use of regret is worth studying. This study offers an exam-ple to make use of regret to guide consumers' behaviors.

Key Words: Missing a Purchase; Regret; Regret Regulation; Purchasing Intent

跨国营销模式选择的权变影响：
基于顾客视角的研究 *

张峰　吴晓云

（南开大学国际商务研究所　南开大学商学院　天津　300000）

【摘　要】本研究结合对华为、普华永道以及顶新国际集团等跨国公司的实地访谈选定"母国—东道国"和"东道国—东道国"两类研究视角，以普通消费者非常熟悉的牛仔裤、运动鞋和笔记本电脑等产品类别中的相关品牌作为测试对象，选择来自于中国、加拿大、日本和韩国等具有跨国界经历的顾客作为调研样本，分别检验了以品牌母国和品牌东道国为基准衍生出的营销标准化程度对东道国顾客心理的影响关系模型。模型中加入了市场情境因素作为调节变量。最后，结合具体事例针对中国企业做了引申讨论。

【关键词】营销标准化；顾客；市场相似性；母国—东道国；东道国—东道国

2009 年初，杨元庆接替威廉·阿梅里奥出任联想 CEO，并做出战略调整：将早先在中国市场取得成功的低价策略以及"交易"型渠道等营销模式快速复制到东南亚、印度、波兰和土耳其等新兴发展中市场，以期通过对这些市场的全面覆盖实现在 PC 市场的新增长。对此，联想将亚太区和大中华区业务合并，由大中华区主管该地区业务，此调整表明了联想会以更加坚决的态度在海外市场复制在中国的营销模式。与之不同的是，海尔在海外市场则采取了完全不同于中国市场的本土化营销模式：在"融资、融智、融文化"的导向下，在当地设计、生产和营销，以提供更加符合当地需求特征的产品及服务，如海尔（家电）在美国、欧洲和印度市场。上述两个事例给出了企业跨国营销模式的两种选择：①寻求不同国家顾客价值的一致性，追求规模经济和形象一致性的标准化营销；②最大限度关注和满足国家差异的适应性营销。近些年，在"走出去"政策的刺激和支持下，已经有更多的诸如海尔、TCL、华为、中兴、联想、吉利等中国企业"走出去"，并逐步创建了自己

* 本文选自《南开管理评论》2011 年第 6 期。

基金项目：国家自然科学基金重点项目（71172069、70872054）、中央高校基本科研业务基金项资金（NK2XB10111）。

作者简介：张峰，南开大学国际商务研究所讲师、博士，研究方向为营销战略、国际商务；吴晓云，南开大学商学院教授、博士生导师，研究方向为全球营销。

的国际品牌。商务部发布的数据显示，2010 年底，中国 5000 多家境内投资主体设立对外直接投资企业达 1.2 万多家，遍布全球 172 个国家和地区。那么，对诸多正在以及试图国际化的企业来讲，应该选择哪种模式呢？作为国际化过程中首要面临的一项战略决策，该问题直接关系到企业在国际市场的战略导向和资源配置。

尽管围绕跨国营销模式的选择已经产生了较多的研究成果，[1-9] 但通过梳理文献我们发现这样两个问题：第一，现有研究结论缺乏一致性甚至相互矛盾。譬如，Gerpott 和 Jakopin 等研究发现，营销标准化对绩效存在显著的正向影响，[4] Cavusgil 和 Zou 等则得出了营销标准化对绩效存在负向影响的研究结论。[5] 进一步分析我们认为，对特定情境因素的忽视、以公司整体为研究单位（不同产品、不同市场的环境、战略和绩效通常存在显著差异）是导致结论不一致的重要原因。第二，以往研究更多关注营销模式选择所带来的销售增长、成本节约以及利润增长等经济利益，忽视了这些利益产生的根本基础——顾客反应（认知、情感、行为）。

综上，无论从实践指导还是理论发展的角度，有必要对跨国营销模式选择与绩效关系做进一步研究。本文根据营销标准化行为产生机制的不同，选择"母国—东道国"（以品牌母国市场为基准衍生出的营销标准化行为）和"东道国—东道国"（以品牌东道国市场为基准衍生出的营销标准化行为）两类视角，通过引入"基于顾客的品牌资产"（CBBE：Customer-based Brand Equity），分析和检验在不同市场情境下营销标准化程度会对东道国顾客产生怎样的差异影响。研究思路如下：①通过梳理文献以及对华为、普华永道、顶新国际集团等企业高管的实地访谈，提炼出营销标准化产生的三种行为机制以及由此衍生的两类研究视角，即"母国—东道国"和"东道国—东道国"；②借助态度形成和改变理论、信号传递理论以及战略权变理论，通过纳入"市场相似性"这一情境变量，构建营销标准化程度对顾客认知、情感以及行为的权变影响模型；③以单一的产品品牌—市场为研究层面，选择普通消费者非常熟悉的牛仔裤、运动鞋、笔记本电脑等产品类别中的若干品牌作为测试对象，针对来自于中国（包括台湾地区）、加拿大、日本和韩国等品牌东道国/地区的具有跨国界经历的顾客样本进行规模性问卷调研；④采用结构方程模型、多因素方差分析，分别检验和分析以品牌母国为基准和品牌东道国为基准衍生出的营销标准化程度对东道国顾客心理的权变影响。

一、文献述评与研究假设

本文构建的概念模型如图 1 所示。需要注明的是，本文的营销标准化概念代表着一种倾向/程度的高低。程度高说明企业偏向于标准化的营销战略，程度低则说明企业偏向于适应性的营销战略。

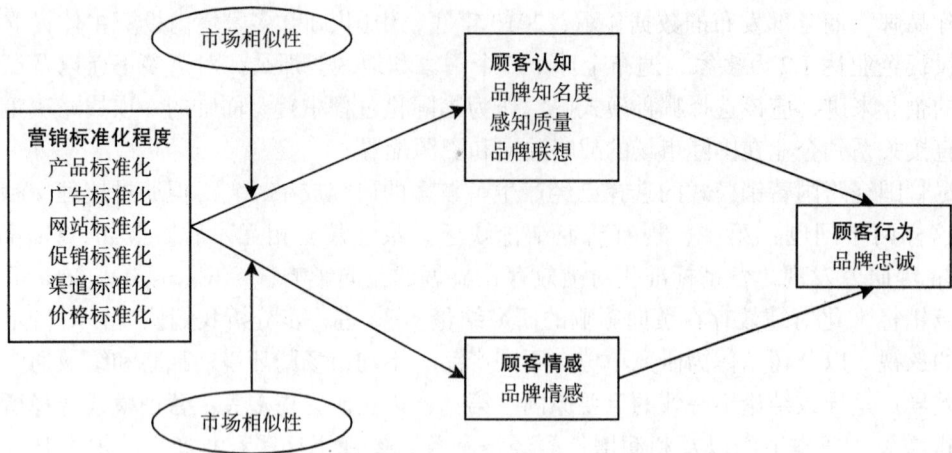

图1 营销标准化程度、市场相似性与CBBE

1. 营销标准化的两类研究视角

根据企业的跨国实践活动，我们可以将营销标准化行为的产生机制分为三类：①将母国成熟的营销模式直接或者经过调整，应用到其他东道国市场；②将发展较为成功的东道国营销模式直接或者经过调整，应用到其他东道国市场；③将某一地区或者全球市场看作一个整体，实施一致性的营销模式。

事实上，这三类活动在跨国公司的实践中都是普遍存在的，即使在同一个跨国公司也往往会同时存在上述三种行为。课题组在与普华永道、华为以及顶新集团等若干家跨国公司在华机构高管的实地访谈中，也印证了这一观点。进一步地分析可以看出，上述三种产生机制也相应催生了两类研究视角，[10] 如图2a-2c所示。

首先，针对第一类行为，产生了"母国—东道国"的研究视角，这也是以往大多数研究主要采纳的。[5,11-14] 其次，针对第二类行为，产生了"东道国—东道国"的研究视角，这类研究非常少。譬如，Chung以澳大利亚和新西兰跨国公司在大中华区的跨国营销活动为研究对象，分别从母国—东道国和东道国—东道国两个视角，分析了澳大利亚和新西兰的跨国公司的营销标准化现象；[10] Okazaki等从东道国—东道国的研究视角，探讨了美/日跨国公司在欧盟各国分支机构之间的广告标准化现象。[15] 最后，第三类行为尽管产生的机制和路径模式不同于第一、第二类行为，它淡化了母国、东道国的概念，但是都可以归在"母国—东道国"或者"东道国—东道国"的视角下进行研究。[16-19]

基于以下三点认识，我们认为有必要选择"母国—东道国"和"东道国—东道国"两类视角同时进行研究。①当前研究主要围绕第一类视角展开，但作为两种不同的产生机制，基于"母国—东道国"视角的研究结论是否适用于"东道国—东道国"，还有待于进一步的检验和分析。[10] 基于两种视角的研究，不仅可以弥补有关"东道国—东道国"现象研究较少的不足，为跨国公司的东道国营销模式的可转移性提供理论依据，而且也可以更全面地检验本文模型的合理性。②对不同视角的探讨，可以帮助我们更清楚地认识营销

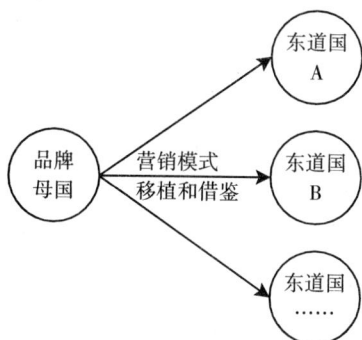

图 2a　营销标准化行为的产生机制 1
母国—东道国的研究视角

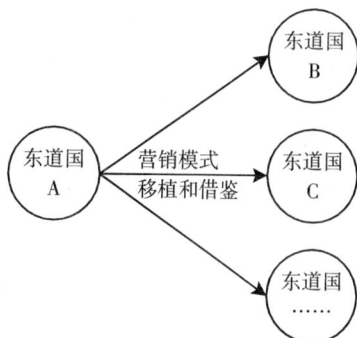

图 2b　营销标准化行为的产生机制 2
东道国—东道国的研究视角

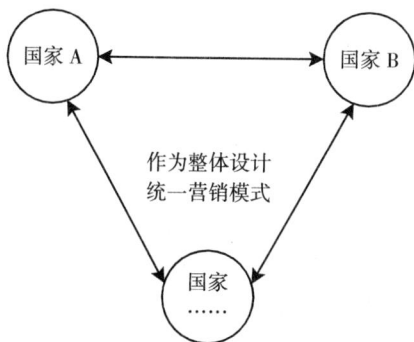

图 2c　营销标准化行为的产生机制 3
母国—东道国的研究视角；东道国—东道国的研究视角

标准化的产生机制及其规律，为中国企业提供更多的路径选择。③随着跨国公司在全球市场的扩张，母国、东道国的界限已经不再像以前那么清晰。跨国公司往往将不同国家市场看作一个整体等同对待，不同国家的营销模式及经验会得到相互借鉴，即采取"全球等距"的视角，在区域市场或者全球市场推行一致性的营销战略、统一协调配置不同国家市场的资源，以实现区域或者全球市场整体最大利益。[17,20,21] 基于东道国—东道国市场间的分析，而不仅仅局限于以母国市场为基准的分析，也体现了跨国公司的这种全球化视角。

2. 营销标准化的构成维度

产品、价格、促销和渠道是以往文献中探讨最多的四项营销要素。[12,13,17,22] 需要指出的是：①广告作为营销标准化现象研究的最早起源，也是探讨比较多的营销要素之一，它同一般的促销行为和工具有着本质上的不同。吴晓云和张峰基于 220 家服务企业数据的因子分析也发现，广告要素标准化和一般促销要素标准化被萃取划分为两个不同的因子。[23] ②随着个人电脑和互联网技术的普及，企业的营销活动从现实世界扩展到虚拟世界，消费者网上购物也逐渐发展成为一种流行的趋势。由此，企业的宣传网站已经成了向消费者提供相关产品信息和各种购买服务、与消费者沟通互动的主要营销途径。因而，在这种现实情形下，有必要将网站要素作为一种独立的营销要素进行分析。[24]

综上，本文提出由产品标准化、价格标准化、广告标准化、网站标准化、促销标准化、渠道标准化六维度组成的营销标准化建构。

3. CBBE 的构成维度及内在关系

本文之所以选择 CBBE 作为顾客绩效的评价变量，主要基于以下三点理由：①在愈发重视品牌建设的当今，品牌资产是"企业以往在品牌方面的营销努力产生的赋予产品或者服务的附加价值"，[25]它提供了解释营销战略和评估品牌价值的共同语言；②CBBE 涵盖了消费者认知、态度、购买行为意向等多项维度，相比较顾客满意、顾客忠诚等其他单一维度的绩效测量指标，CBBE 不仅能够衡量出营销行为产生的顾客忠诚等最终绩效变量，而且能够揭示出营销行为对顾客认知、情感反应等中间过程变量的影响；③品牌资产的研究比较成熟，采用该变量衡量顾客绩效以及由此得出的研究结论也会具有比较高的说服力。

Aaker 最早提出的品牌知名度、品牌联想、感知质量和品牌忠诚是以往研究采纳最多的 CBBE 维度。[26]在保留上述四项维度的基础上，本文根据 TRA（理性行动理论）、TPB（计划行为理论）以及自我调节态度模型[27]提出"认知—情感—行为"逻辑主线，并借鉴 Keller、[28] Chaudhuri 和 Holbrook、[29] 范秀成[25]等的研究，纳入"品牌情感"变量，提出"顾客认知（品牌知名度、品牌联想、感知质量）— 情感态度（品牌情感）— 购买承诺和行为意向（品牌忠诚：态度忠诚和行为忠诚）"的逻辑体系。

顾客对品牌的熟悉程度即品牌知名度是建立品牌资产的起点和重要基础性工作。[30]通常，人们在认知和评价某种事物时会受到其名气的影响，较高的品牌知名度往往会给顾客形成一种强有力的心理暗示：该品牌是大家所公认并信赖的，具有优质的功能、质量以及良好的形象。

H1a：品牌知名度对感知质量有显著的正向影响。

H1b：品牌知名度对品牌联想有显著的正向影响。

感知质量是顾客对某种品牌产品或服务整体优越性的主观判断。顾客对品牌的感知质量越高，越可能会对该品牌产生喜爱、愉悦的正向情感反应，并引发对该品牌的信任、购买承诺以及重复的购买行为。[28]此外，品牌联想即指存在于顾客记忆中的某品牌的相关属性和利益的基本认知。顾客对品牌的有关情感及行为反应通常是建立在这种认知基础上的。[31]进一步来讲，顾客越清楚该品牌代表和展现出来的功能价值、个人利益及鲜明的形象，越有可能对该品牌产生正向的情感反应。

H2：感知质量对品牌情感有显著的正向影响。

H3：品牌联想对品牌情感有显著的正向影响。

TRA 和 TPB 理论认为，以情感为主要元素的态度是直接影响个体行为意向的主要关键要素。Chaudhuri 和 Holbrook 在研究中提到，在更加正向的情感作用下，顾客对品牌的忠诚感会显著增强。[29]如果品牌能够使顾客感到幸福、快乐和愉悦，那么顾客就会更加信任该品牌并做出购买承诺，从而更加频繁地购买。

H4a：品牌情感对态度忠诚有显著的正向影响。

H4b：品牌情感对行为忠诚有显著的正向影响。

H5：态度忠诚对行为忠诚有显著的正向影响。

4. 营销标准化程度对东道国顾客影响关系的多理论视角分析

随着互联网以及各种通信技术的广泛应用，不同国家顾客之间的交融愈发紧密，居住在世界各国的顾客能够更多地接触和吸取异国文化。在此背景下，不同国家顾客需求特征呈现出更高的同质化倾向，对标准化营销内容的认同度以及对全球一致性产品或服务的需求逐步提高。[13] 此外，产品提供和营销内容的标准化，不仅可以帮助企业实现资源配置的集中化，[32,33] 使企业能够将有限的资源集中在较少的产品和项目上，从而提升产品和服务质量；[34] 而且能够通过全球产品提供以及营销信息的一致性，对顾客心理产生诸多附加利益。

接下来，我们借助有关心理学理论和信号传递理论，对营销标准化程度可能产生的顾客认知及情感反应做进一步分析。

（1）认知论观点。

认知失调理论认为，当个体在心理上出现新认知（新的理解）与旧认知（旧的信念）相互冲突的状况，将会产生否定性的评价及情感态度（如不安、恐惧、不愉快、不公平等心理紧张感）。[35] 依据该理论，目标顾客通过在某个国家与某品牌的长期接触会形成某种既定性认知，他一旦感受或者接触到该品牌在其他国家市场展示出的具有明显差异的营销活动及其品牌形象，就可能会对其已经形成的品牌认知产生一定程度的否定，继而产生一种困惑、不愉快或者不公平的心理紧张感。Ruth 和 Matthew 的研究表明，针对地区或者全球的目标市场，服务提供者应该尽可能地实施包括价格在内的标准化策略；价格标准化与产品等的标准化相结合能够给顾客带来"服务品质标准化"的心理体验，能够使顾客感觉在任何国家、任何时间都可以通过相同的支付来获取稳定如一的服务，从而产生一种公平、愉悦的感觉。[36] 近些年来，也有越来越多的中国消费者开始抱怨购买的某些电子类产品享受不到与美国等其他发达国家同等的售后服务，认为其存在差异歧视，由此产生了不公平感。

此外，根据归因理论，当顾客认为某种品牌产品具有高区别性（对其他品牌产品是否做出同类反应）、高一致性（是否在任何情境和任何时候对同一品牌产品做相同的反应）、高同感性（其他人对该品牌产品是否也做出相同的行为反应）时，就会形成产品归因，即认为该品牌产品具有非常不一般的地方。[37] 如果跨国公司借助一系列标准化的营销活动向不同国家的顾客传播一致性的品牌属性、特征和形象，那么就会促使顾客产生这样的联想：该品牌在产品功能、质量、形象等方面确实具有不同于其他品牌的特性（高区别性），该品牌在多个国家（高一致性）被众多的同类群体所接触、购买和使用（高同感性）。由此，顾客会形成产品归因，即认为自己或其他顾客购买该品牌是因为它是一种非常不一般的可以信赖的全球品牌，继而产生对该品牌的正向认知和情感反应。

（2）强化论观点。

条件反射学习理论认为，在相关的营销刺激或者反应被多次重复和强化时，就越有可能引发消费者对该刺激的某种相关联想或反应，在未来不断重复某种行为。[38] 当跨国公司实施标准化的营销战略，意味着顾客无论何时、何地都可以感受到相似性的营销刺激以及由此展示的一致性品牌形象。由于互联网通信技术的快速发展以及由此推动的各国沟通交流的广泛性，即使没有跨国经历的目标顾客也会借由各种渠道（互联网、口碑等）间接感受到这种刺激活动和形象的一致性。这种刺激的一致性，本身就是对顾客认知和体验的一种不断强化和重复。根据条件反射学习理论的观点，它会促使顾客产生一种正向的强化作用，使顾客始终将该品牌与质量高、功能强、服务水平优越、形象鲜明等特点紧密地联系在一起。

（3）信号传递理论。

该理论认为，企业和顾客间的信息不对称会引发逆向选择问题。因此，企业应积极地向消费者传递有关产品信号，使消费者对产品产生更加清晰全面的认知，有效地降低他们的感知风险和信息收集成本，形成对该产品的态度偏好及不断地重复购买行为。[39] 按照该理论，如果跨国公司实施一致性的营销战略，意味着顾客无论何时何地接触到的品牌信息都是相似的：一方面，信息的一致性会无形中增加品牌信号在顾客心目中的可信程度，因为该品牌不仅仅在顾客来源国做出相应的营销承诺，也在其他国家做出了与之相似的营销承诺；另一方面，跨国公司赋予品牌的一致性信息，增加了顾客对品牌信号认识的清晰程度。因而，从信号传递的角度来讲，一致性的营销战略能够有效地降低目标顾客的感知风险和信息收集成本，继而刺激顾客对该品牌的态度偏好和购买行为。

综上，本文提出如下假设：

H6：营销标准化程度对品牌知名度有显著正向影响。

H7：营销标准化程度对感知质量有显著正向影响。

H8：营销标准化程度对品牌联想有显著正向影响。

H9：营销标准化程度对品牌情感有显著正向影响。

5. 市场相似性的调节效应分析

战略权变理论指出，只有战略与环境相互匹配时，该战略才能够帮助组织获取高绩效。[40] 影响跨国营销模式选择的情境因素有很多，但是归根结底，最关键因素在于顾客需求是否同质化。结合对以往研究的梳理和归纳，可以看出，经济发展水平、文化价值观、风俗传统、营销基础设施、教育程度、顾客偏好及购买行为特征等市场要素是决定一个国家顾客的需求特征以及营销行为偏好倾向的基础性要素。因而，当不同目标国市场在上述要素表现出较高程度的一致性时，这些国家顾客的需求特征以及营销行为偏好倾向也会具有较高的一致性。[1,9] 显然，企业在这些市场实施标准化的营销模式，就会获得更高的顾客认同度。据此，本文提炼出"市场相似性"这一情境变量，拟检验在不同的市场情境条件下，战略与顾客绩效之间的关系效应是否存在显著差异。

H10：市场相似性对营销标准化程度与 CBBE 各维度之间的关系具有显著的调节作用：相比较低市场相似性情境，在高市场相似性情境下，营销标准化对品牌知名度、感知质量、品牌联想、品牌情感以及品牌忠诚等会产生更高程度的正向影响。

二、研究设计

1. 测试产品类别和测试品牌

跨国公司往往拥有若干个产品线并在多个国家经营，而不同产品—市场的环境、战略和绩效通常存在着较大差异。因此，本文聚焦于跨国公司特定品牌在特定目标国市场的营销行为。

遵循以下四项原则，本文拟选择牛仔裤、运动鞋和笔记本电脑三类产品作为测试对象。①上述三类产品均属于各国家市场的一般消费者非常熟悉的消费品，能够保证样本数据的可获取性及其可靠性。②品牌资产并不是对所有的行业都至关重要，当某类行业或产品类别符合下述四项条件时，品牌资产的建设和评估才更具价值：购买过程需要较低的顾客卷入，购买决策过程比较简单；产品或者服务对顾客来讲是可视的；与该产品或者服务相关的经验可以在不同顾客之间以及不同代际之间进行传递；在消费之前，很难对产品或者服务质量进行评估。[41] 可以看出，这三种产品类别符合了上述四项条件。此外，以往学者对品牌资产的研究中，也多是涉及了上述三种产品类别。[30,42] ③三种产品类别体现了一定的差异化特征。选择多种不同的产品类别采集数据、对概念模型进行实证检验，可以一定程度上保证结论的可推广性，即具有一定的外部效度。

在选定产品类别之后，遵循以下两项标准，在每类产品类别中选定了两个品牌作为测试对象：牛仔裤（李维斯"Levi's"，李"LEE"）、运动鞋（耐克"Nike"、匡威"Converse"）和笔记本电脑（惠普"HP"、戴尔"Dell"）。①具有代表性的国际化品牌，可以保证获取跨文化样本，并且持有这些品牌的企业普遍具有非常高的国际化经营经验，这也在一定程度上提高了本文结论的可推广性。[10] ②所选择同一产品类别中的两个不同品牌，在品牌知名度等方面存在一定的差异，以保证所选品牌在各产品类别内的代表性及其结果的显著系统性差异。③六个品牌均来自于美国。首先，选取来自同一国家的品牌，可以排除品牌来源国这一外生变量对营销标准化程度、品牌资产等变量可能产生的外在影响。[43,44] 其次，美国作为拥有较高全球化诉求的开放文化的国家，相比较其他国家的企业，美国企业会更倾向于采取基于全球化视角的标准化营销战略及策略。[43] 最后，美国是开展跨国经营活动较早和当前拥有国际化品牌最多的国家（在 2008 年世界财富 500 强中，美国企业就有 153 家，占了其中接近 1/3 的比例）。选择拥有较为丰富的国际化经验的美国企业，对其跨国营销活动展开研究，具有较高的推广价值。

2. 被访者选择

本文的调研对象要满足这样两个基本条件：①有跨国界的经历。调研对象曾经或者目前在一个或者一个以上的品牌目标国市场有较长的居住时间，或者由于商务、旅游等原因经常去往其他国家。该条件可以保证该调研对象能够有机会实地接触到测试品牌在不同国家的营销策略。②对测试品牌比较熟悉。本研究将主要选定那些对测试品牌具有购买和使用经历的目标顾客作为调研对象，具有购买和使用经历通常会比那些没有相关经历的顾客更关注、熟悉不同国家市场的品牌营销活动及其属性特征，更清楚该品牌的营销行为对自身利益的契合性。

基于以下四个方面的考虑，我们主要选取了国际学生作为调研样本，其原因在于：①国际学生符合上述两项基本条件；②国际学生样本具有较高的同质性，有较高的内部效度；③考虑到本研究所需调研对象的特殊性以及跨文化群体研究的困难，国际学生样本的可获取成本较低，具有较强的可实施性；④一些涉及跨文化群体的相关研究[42,45]也采用了以学生为主体的样本调研。当然，选择国际学生样本也会使得研究的概括性不强，对其母国目标消费群体的代表性存在一定的偏颇，使研究结论的外部效度受到影响。因此，需要在后续研究中针对更为广泛的样本对研究结果加以验证。

3. 国家选择

（1）"母国—东道国"视角下的比较基准国和被比较国选择。

测试品牌均来自于美国。因而，在"母国—东道国"视角下，我们选择测试品牌在美国市场的营销活动作为比较基准，选择该品牌在中国大陆、中国台湾地区、加拿大等国家/地区的营销活动与其进行相似性比较，探讨该品牌基于美国市场产生的营销标准化程度对这些国家/地区顾客的心理影响。理由如下：①作为测试品牌的重点市场区域，研究这些国家/地区的顾客对营销标准化行为的认识、反应和接受程度，具有代表意义。②由于不同国家/地区文化的差异，可能会导致不同国家/地区消费者群体对营销标准化行为和品牌资产认识的差异，调研对象来源国家或地区选择的相对集中，可以帮助我们尽量规避跨文化因素对研究结论产生的外在影响。③这些国家和地区是与美国交流最为频繁、向美国输入国际学生最多的，比较容易获取足够的样本数量。④以往的研究主要集中在跨国公司在欧洲地区的营销标准化研究，对亚洲和美洲地区的国家则很少涉及。

（2）"东道国—东道国"视角下的比较基准国及被比较国选择。

在"东道国—东道国"的研究视角下，基于以下两点理由，我们拟选择测试品牌在中国市场的营销活动作为比较基准：①近年来，中国作为测试品牌的最主要销售大国和主要生产基地，其在亚洲市场以及全球市场的营销战略中扮演着愈发重要的影响角色，越来越多的跨国公司也开始将亚太区总部以及研发设计中心设在了中国市场。②随着中国改革开放步伐的加快，以及其在全球市场愈发重要的经济地位，也逐渐吸引了更多的国际学生来中国留学。

我们选择测试品牌在日本、韩国等国家的营销活动与中国市场进行相似性比较，探讨该品牌营销标准化程度对这些东道国顾客的心理影响：①跨国公司往往会在亚洲地区设立单独的地区事业部，专门对该区域内国家统一管理，因而，这些国家之间的营销模式通常会存在相互之间的借鉴和移植。②这些国家和地区是与中国交流最为频繁、向中国输入国际学生最多的，比较容易获取足够的样本数量。③调研对象来源国家或地区选择的相对集中，可以帮助我们尽量规避跨文化因素对研究结论产生的外在影响。

4. 测量量表的开发及预测试

概括来讲，本研究测量量表的开发主要有以下流程：归纳以往文献中的量表，建立题项库；通过倒译、专家访谈、被调查者访谈、预测试等一系列步骤，对题项库进行翻译、筛选和补充，并润色和修正量表的措辞、设计风格等，形成最终的测量量表（见表 2 和表 4），共分为中文、英文、日文和韩文四个版本。除被访者的个人背景信息之外，均采用七级 Likert 测量模式。

为进一步保证测量量表的合理性，我们针对在中国的国际学生进行了小范围的预调研测试，共回收 202 份有效问卷：牛仔裤样本（33.7%）、运动鞋（34.2%）、笔记本电脑（32.2%）；日本样本（35.1%）、韩国（14.4）以及欧美（50.5%）。我们使用 SPSS15.0 软件进行了 Cronbach α 系数检验，并根据复相关平方系数（SMC）的大小以及删除该问项后 Cronbach α 增加的显著性删减了以下问项：广告要素标准化的测量问项"广告使用的媒介类型（电视、传单、互联网等）"；品牌知名度的测量问项"我能够很快地回忆 X 的品牌标识"；品牌联想的测量问项"X 品牌物有所值"和"我认为生产 X 品牌的企业是值得信赖的"；品牌情感的测量问项"X 品牌使我高兴"；品牌态度忠诚的测量问项"我信任 X 品牌"以及行为忠诚的测量问项"如果零售店内没有 X 品牌，我将不会购买其他品牌产品"等。经过上述删减步骤之后的各变量的 Cronbach α 均在 0.8 以上，高于建议的一般标准。

5. 问卷的正式发放与回收

为了保证足够数量的问卷回收和较高的填写质量，本文采用了实地集中招募和网络滚雪球传递的综合调研方式。被访者自主选择最熟悉的一到两个品牌进行问卷填写，数据采集的地点涉及美国、中国（包括台湾地区）、加拿大等国家或地区。

第一，实地集中招募。①通过与在美国弗吉尼亚州、纽约州等有关高校留学的朋友进行多次沟通交流，由他们募集符合条件的国际学生进行集中式问卷填写。每位参与人员给予两美元的奖励，以激励更多的国际学生参与本次调查。②通过与天津主要高校的相关学院老师（以国际学生较为集中的各高校汉语言文化学院为主）的沟通，在征得其同意并答应协助本次调查之后，在每次课堂休息时间向符合条件的国际学生集中发放问卷。每份问卷给予五元的奖励。第二，网络滚雪球传递。将问卷通过 E-Mail、QQ、MSN、Skype 等网络沟通工具发放给在中国（包括台湾地区）、美国、加拿大等国内外的同学、朋友和亲戚等，再请其帮助传送给可能接触到的符合调研条件的对象，形成滚雪球式的问卷传递。

正式的数据收集工作历时四个月。我们剔除了存在较多缺失项目或者不认真作答等质量较低的问卷。经过初步统计，以美国市场为比较基准的调研问卷共计发放 600 份，回收有效问卷 487 份，有效回收率为 81.2%；以中国市场为比较基准的调研问卷共计发放 630 份，回收有效问卷 431 份，有效回收率为 68.4%。

三、模型检验与分析:"母国—东道国"视角

1. 样本分布与正态性检验

在 487 份有效问卷中,对测试品牌有过购买经历的占 65.3%;在美国市场和自身来源国市场均对测试品牌有实地感受经历的占 96.4%;在美国市场有六个月以上居住经历的占 60.2%。样本基本分布如表 1 所示。此外,正态性检验结果显示,各观测变量的偏度和峰度系数均在 0 附近,并未表现出过高的统计值,可以认为是近似正态分布。

表 1 样本分布概况

统计变量	变量类别	牛仔裤		运动鞋		笔记本电脑	
		样本数	百分比	样本数	百分比	样本数	百分比
性别	男	77	56.2%	88	58.3%	109	54.8%
	女	54	39.4%	59	39.1%	85	42.7%
	未回答	6	4.3%	4	2.6%	5	2.5%
	总计	137	100%	151	100%	199	100%
年龄	18~25 岁	19	13.9%	23	15.2%	25	12.6%
	26~30 岁	65	47.4%	68	45.0%	94	47.2%
	31~40 岁	41	29.9%	47	31.1%	74	37.2%
	40 岁以上	9	6.6%	9	6.0%	5	2.5%
	未回答	3	2.2%	4	2.6%	1	0.5%
	总计	137	100%	151	100%	199	100%
样本来源	中国大陆	60	43.8%	79	52.3%	85	42.7%
	加拿大	47	34.3%	47	31.1%	95	47.7%
	中国台湾地区	11	8.0%	7	4.6%	3	1.5%
	其他	19	13.9%	18	11.9%	16	8.0%
	总计	137	100%	151	100%	199	100%

注:上述的样本分布数据均是以总共获取的问卷数来统计的,对回答两份品牌问卷的调研对象的相关分布特征存在重复统计。

2. 信度、效度检验

(1)营销标准化程度二阶因子。

本着模型简约的原则,仿效 Katsikeas 等、[13] Zou 和 Cavusgil [17] 以及 Ozsomer 和 Simonin [12] 等研究,本文将六项要素聚合为"营销标准化程度"二阶因子。根据修正指数(MI)、复相关系数平方(SMC)的计算结果进行了修正:PRO4 品牌标识(0.45)、PRO6 产品担保(0.44)、PRO9 售后服务(0.31)、PLA3 渠道类型(0.32)等的 SMC 均低于 0.5,予以剔除。

表 2　营销标准化测量模型的信度和效度

因子名称	载荷	t 值	SMC	CR	AVE	α
产品标准化 pro				0.91	0.62	0.90
PRO1 产品设计	0.87		0.75			
PRO2 产品种类	0.87	25.35	0.76			
PRO3 包装	0.84	23.53	0.7			
PRO5 产品的主要特征	0.70	17.73	0.49			
PRO7 产品定位	0.71	16.48	0.5			
PRO8 产品质量	0.71	18.08	0.5			
价格标准化 pri				0.95	0.80	0.95
PRI1 零售价格	0.88		0.78			
PRI2 价格折扣	0.89	29.03	0.8			
PRI3 信用条款	0.89	28.61	0.79			
PRI4 价格调整的频率	0.91	30.10	0.82			
PRI5 价格调整的幅度	0.89	28.87	0.79			
广告标准化 adv				0.89	0.74	0.89
ADV1 广告主题	0.90		0.82			
ADV2 基本信息	0.94	33.45	0.88			
ADV3 创意性	0.72	19.84	0.51			
网站标准化 web				0.96	0.85	0.96
WEB1 网站内容	0.93		0.86			
WEB2 网站设计风格	0.94	39.06	0.89			
WEB3 网站功能	0.88	31.92	0.78			
WEB4 网站互动性	0.92	36.04	0.85			
促销标准化 prom				0.91	0.77	0.91
PROM1 促销手段	0.88		0.77			
PROM2 推销手段	0.84	24.09	0.7			
PROM3 公共活动	0.92	27.69	0.84			
渠道标准化 pla				0.89	0.67	0.89
PLA1 销售人员着装	0.74		0.55			
PLA2 销售人员素质	0.82	17.87	0.67			
PLA4 产品陈列	0.87	18.86	0.75			
PLA5 设计/装饰风格	0.83	18.14	0.69			
二阶因子：营销标准化 mktsta				0.85	0.50	
pro	0.60	12.32	0.36			
pri	0.71	15.12	0.50			
adv	0.69	14.70	0.48			
web	0.63	13.5	0.4			
prom	0.79	16.67	0.62			
pla	0.78	14.32	0.61			

信度检验（表2）：①各变量的内部一致性信度 α 介于 0.89 与 0.95 之间，高于 Nunnally[46] 建议的 0.5 的信度标准。②几乎所有观测变量的 SMC 都要高于 0.5，达到了 Bagozzi 和 Yi[47] 的建议标准。③各一阶、二阶变量的综合信度指数 CR 介于 0.85~0.95，高于 Bagozzi 和 Yi[47] 建议的 0.6 的标准。④各一阶、二阶变量的平均方差抽取量（AVE）最低为 0.50，表明各观测变量对一阶因子以及一阶因子对二阶因子具有较高的方差解释力。

效度检验：①如表 2 所示，各一阶因子和二阶因子的 AVE 值介于 0.50~0.85；各观测变量以及一阶因子的标准化载荷均高于 0.7，并且具有统计显著性，显示了良好的收敛效度。②如表 3 所示，所有变量的 AVE 平方根均大于变量之间的相关系数，显示了足够的区别效度。

表 3　营销标准化测量模型的判别效度

	pro	pri	adv	web	prom	pla
pro	0.79					
pri	0.43	0.89				
adv	0.42	0.49	0.86			
web	0.38	0.44	0.43	0.92		
prom	0.47	0.56	0.54	0.50	0.88	
pla	0.47	0.55	0.54	0.49	0.62	0.82

注：表格对角线为 AVE 平方根，对角线左下方为相关系数矩阵。

（2）CBBE。

修正如下：①根据 MI 指数，将 AL4 "我会向其他人推荐 X 品牌" 归属于行为忠诚变量。将推荐看作一种行为表现，在逻辑上也是比较合理的。②根据 SMC 大于 0.5 的标准，剔除了 AW1 "在该产品类别中，X 是我第一个想起的品牌"（0.34）、AS1 "我有很多理由购买 X 而不是其他的品牌产品"（0.39）、QL4 "X 品牌的产品质量非常差（R）"（0.08）。

信度检验（表4）：① 各变量的内部一致性信度 α 介于 0.84~0.89 之间。②所有观测变量的 SMC 介于 0.58~0.84 之间。③各变量的 CR 值介于 0.85~0.90 之间。④各变量的 AVE 值介于 0.65~0.76 之间。各项指标均高于建议的标准。

效度检验：①如表 4 所示，各变量的 AVE 值介于 0.65~0.76 之间，各观测变量的标准化载荷介于 0.76~0.92 之间，并且具有统计显著性，显示了良好的收敛效度。②如表 5 所示，所有变量的 AVE 平方根均大于变量之间的相关系数，显示了足够的区别效度。

我们分别对不同产品类别以及主要国家（中国、加拿大）的样本数据做了检验（限于篇幅，不再列出检验数据），可以看出：①测量模型无论对总体样本、不同产品类别还是不同国家顾客的样本都拟合良好，具有较高的合理性和普适性；②测量模型无论在总体样本、不同产品类别还是不同国家顾客的样本数据中，都具有良好的信度和效度。

表 4　CBBE 测量模型的信度和效度

因子	载荷	t 值	SMC	CR	α	AVE
品牌知名度 aw				0.86	0.85	0.75
AW2 我知道 X 这个品牌	0.81	19.64	0.66			
AW3 在众多的同类品牌中，我能够很容易地识别出 X 品牌	0.92	22.75	0.84			
感知质量 ql				0.89	0.89	0.73
QL1X 品牌的产品质量很高	0.82	21.49	0.67			
QL2X 品牌的产品具有很优越的功能特色	0.88	23.84	0.77			
QL3X 品牌是非常可靠的	0.87	23.54	0.76			
品牌联想 as				0.88	0.88	0.65
AS2 我能够很快地联想起 X 品牌的一些特征	0.76	19.11	0.58			
AS3X 品牌具有很突出的个性	0.83	21.60	0.69			
AS4 我非常清楚哪些类型的顾客会使用 X 品牌	0.80	20.44	0.64			
AS5X 品牌具有显著区别于其他竞争品牌的鲜明形象	0.82	21.14	0.67			
品牌情感 af				0.86	0.84	0.67
AF1 当我使用 X 品牌时，我感觉非常好	0.79	20.24	0.63			
AF2X 品牌可以给我愉悦的感觉	0.77	19.44	0.59			
AF3 我非常喜欢 X 品牌	0.88	23.87	0.78			
态度忠诚 al				0.85	0.85	0.65
AL1 相比较其他品牌，我愿意为 X 品牌支付较高的价格	0.84	21.71	0.7			
AL2 我认为自己对 X 品牌是忠诚的	0.78	19.71	0.61			
AL3X 品牌是我的第一购买选择	0.81	20.60	0.65			
行为忠诚 bl				0.90	0.89	0.76
AL4 我会向其他人推荐 X 品牌	0.85	22.77	0.8			
BL1 我会在将来购买 X 品牌的产品	0.81	21.08	0.65			
BL2 我会持续购买 X 品牌的产品	0.91	25.52	0.83			

注：实际调研中，将"X"替换成相应的品牌名称，比如"Levi's"。

表 5　CBBE 测量模型的判别效度

	aw	ql	as	af	al	bl
aw	0.87					
ql	0.65	0.85				
as	0.61	0.74	0.81			
af	0.39	0.74	0.66	0.82		
al	0.28	0.63	0.50	0.79	0.81	
bl	0.38	0.68	0.56	0.80	0.79	0.87

注：表格对角线为 AVE 平方根，对角线左下方为变量相关系数矩阵。

表 6 结构方程模型检验：总体样本

假设	路径关系	标准化路径系数	t 值	数据结果
H1a	aw→ql	0.66	12.8	支持
H1b	aw→as	0.62	12.0	支持
H2	ql→af	0.60	11.4	支持
H3	as→af	0.31	6.15	支持
H4a	af→al	0.79	15.1	支持
H4b	af→al	0.53	7.67	支持
H5	al→bl	0.36	5.31	支持
H6	mktsta→aw	0.15	2.84	支持
H7	mktsta→ql	0.17	3.92	支持
H8	mktsta→as	0.28	6.39	支持
H9	mktsta→af	−0.16	−3.75	不支持

拟合指标：RMSEA 为 0.08，χ^2/df 为 3.9，NFI、NNFI、CFI 均大于 0.9，PGFI 大于 0.5

3. 假设检验

运用总体样本数据运行 Lisrel 8.70 软件，结果如表 6 所示：各项拟合指标均在可以接受的范围之内；[48-51] 除假设 9 之外，其余假设均得到数据支持。我们通过进一步的直接效应和间接效应分解，发现尽管营销标准化对品牌情感会产生直接的负向影响，但是营销标准化通过对品牌知名度、品牌联想以及感知质量的正向影响，也会间接提升目标顾客的正向情感反应［间接效应和总效应分别为 0.28（t：6.21）和 0.11（t：2.19）］，这也在一定程度上间接支持了假设 9。

表 7 结构方程模型检验：分组样本

假设	路径关系	高市场相似性样本模型		低市场相似性样本模型	
		标准化路径系数	t 值	标准化路径系数	t 值
H6	营销标准化程度→品牌知名度	0.53	4.69	0.33	4.81
H7	营销标准化程度→感知质量	0.29	2.74	0.09	1.60
H8	营销标准化程度→品牌联想	0.32	3.06	0.10	1.74
H9	营销标准化程度→品牌情感	−0.05	−0.51	−0.17	−3.23
H1a	品牌知名度→感知质量	0.47	3.53	0.65	10.8
H1b	品牌知名度→品牌联想	0.62	4.16	0.62	9.54
H2	感知质量→品牌情感	0.66	5.24	0.55	9.61
H3	品牌联想→品牌情感	0.13	1.18	0.39	6.94
H4a	品牌情感→态度忠诚	0.78	7.28	0.73	11.9
H4b	品牌情感→行为忠诚	0.56	3.45	0.58	8.82
H5	态度忠诚→行为忠诚	0.29	1.97	0.31	4.96

表8 结构方程路径系数恒定性检验表

模型	χ^2	自由度	RMSEA	NFI	NNFI	CFI	$\Delta\chi^2$
基准模型	5343.96	1674	0.09	0.88	0.91	0.91	
营销标准化程度→品牌知名度限定	6165.54	1675	0.1	0.77	0.78	0.80	821.58***
营销标准化程度→感知质量限定	5357.31	1675	0.09	0.88	0.91	0.91	13.35***
营销标准化程度→品牌联想限定	5356.42	1675	0.09	0.88	0.91	0.91	12.46***
营销标准化程度→品牌情感限定	5346.96	1675	0.09	0.88	0.91	0.91	3*

注：*** 表示显著性水平为 0.01，** 表示显著性水平为 0.05，* 表示显著性水平为 0.1。

正如前文所阐释的，市场相似性即指"影响一个国家的顾客需求以及营销行为偏好的基础性要素（经济发展水平、文化价值观、风俗传统、营销基础设施、教育程度、顾客偏好及购买行为特征）"的相似性。在全面梳理以往文献的基础上，我们本着概念相关性和顾客可感知性两项原则提出了包含九项指标的"市场相似性"测量，即"MKT1 购买能力"、[3,10]"MKT2 受教育程度"、[3,10]"MKT3 文化价值观"、[3,5]"MKT4 风俗传统"、[10,52]"MKT5 购买习惯"、[3,10,17,52]"MKT6 审美偏好"、[3,10,52]"MKT7 产品评估标准"、[3]"MKT8 价格敏感性"、[3]"MKT9 产品使用条件"。[2,10,52]针对上述各题项，由被访者根据对不同国家市场的实际感知给出相应评价（1 代表"完全不同"，7 代表"完全相同"）。仿效 Samiee 和 Roth 的分组方法，[53]取临界值为 36[(9 + 63)/2]：大于或等于 36 的样本为"市场相似性高组"，样本数量为 210；小于 36 的样本为"市场相似性低组"，样本数量为 277。Boomsma 以及侯杰泰等认为，结构方程模型至少需要 100~200 个样本；如果样本数量不够大时，应该尝试以更多题目测量每个变量，以保证变量的稳定性，一般而言，每个变量至少三个题项。[49,54]本研究分组后的样本个数均在 200 以上，每项变量的测量题目一般都在三个以上，满足了结构方程模型检验的条件。

分别运行 Lisrel 程序，结构模型在高、低市场相似性样本模型中均有可以接受的拟合优度：RMSEA 分别为 0.08 和 0.08；NFI、NNFI、CFI 均高于 0.9；PGFI 分别为 0.54 和 0.63；χ^2/df 分别为 3.4 和 2.8。结果如表 7 所示，可以看出高市场相似性样本相比较低市场相似性样本，营销标准化对 CBBE 各维度的正向影响效应明显更强。

表9 基于营销标准化 * 市场相似性交互的多因素方差分析表

变异来源	因变量	平方和	自由度	均方	F	显著性
营销标准化	品牌知名度	60.665	1	60.665	69.055	***
	品牌联想	88.439	1	88.439	108.046	***
	感知质量	51.525	1	51.525	57.439	***
	品牌情感	19.123	1	19.123	19.916	***

续表

变异来源	因变量	平方和	自由度	均方	F	显著性
营销标准化	态度忠诚	10.973	1	10.973	11.253	***
	行为忠诚	17.516	1	17.516	18.218	***
市场相似性	品牌知名度	7.644	1	7.644	8.701	***
	品牌联想	2.319	1	2.319	2.833	*
	感知质量	8.732	1	8.732	9.734	***
	品牌情感	3.86E−005	1	3.86E−005	0.000	
	态度忠诚	0.976	1	0.976	1.001	
	行为忠诚	17.318	1	17.318	18.012	***
营销标准化 X 市场相似性	品牌知名度	0.877	1	0.877	0.999	
	品牌联想	5.642	1	5.642	6.892	**
	感知质量	2.052	1	2.052	2.288	*
	品牌情感	4.147	1	4.147	4.319	**
	态度忠诚	4.743	1	4.743	4.863	**
	行为忠诚	5.370	1	5.370	5.585	**
误差	品牌知名度	424.318	483	0.879		
	品牌联想	395.350	483	0.819		
	感知质量	433.267	483	0.897		

注：*** 表示显著性水平为 0.01，** 表示显著性水平为 0.05，* 表示显著性水平为 0.1。

为进一步检验两组样本的路径系数差异是否显著，我们做了恒定性检验，程序如下：①允许两组样本模型的所有结构路径系数进行自由估计，建立基准模型。②依次进行各路径系数等同限制，重新估计模型获取新的 χ^2 值和自由度，减去基准模型的 χ^2 值和自由度，产生 $\Delta\chi^2$ 和 Δ 自由度。$\Delta\chi^2$ 在 Δ 自由度下显著，说明该路径系数在两组样本中存在显著差异。[30,49] 检验结果如表 8 所示，可以看出：在对各路径关系逐一限定的条件下，各限定模型与基准模型的 $\Delta\chi^2$ 均是显著的（P < 0.1）。由此表明，在不同程度的市场相似性情境下，营销标准化对 CBBE 各维度的影响效应存在显著差异。H10 得到数据支持。

以上我们通过分组结构方程证实了在不同市场情境下营销标准化对品牌知名度等过程变量的影响效应存在显著差异，即市场相似性显著调节营销标准化与品牌知名度等之间的关系。但鉴于品牌知名度等与态度忠诚、行为忠诚等结果变量之间的密切相关关系（表 7），我们认为：在不同市场情境下，营销标准化程度对品牌忠诚的最终影响效应也会存在显著差异，即市场相似性显著调节营销标准化程度与品牌忠诚之间的关系。对此，我们做了多因素方差分析，如表 9 所示：交互项"市场相似性×营销标准化程度"与品牌忠诚显著相关。由此印证了我们的猜想，H10 进一步得到数据支持。为更直观地展示这一结论，我们根据表 9 的结果绘制了 SPSS 均值比较图（图 3）：两条直线明显不平行，代表"高市场相似性"的直线斜率（实线所示）显著大于代表"低市场相似性"的直线斜率（虚线所示）；进一步来讲，相比较低市场相似性情境，在高市场相似性情境下，营销标准化对顾客的品牌忠诚度会产生更强的积极效应。

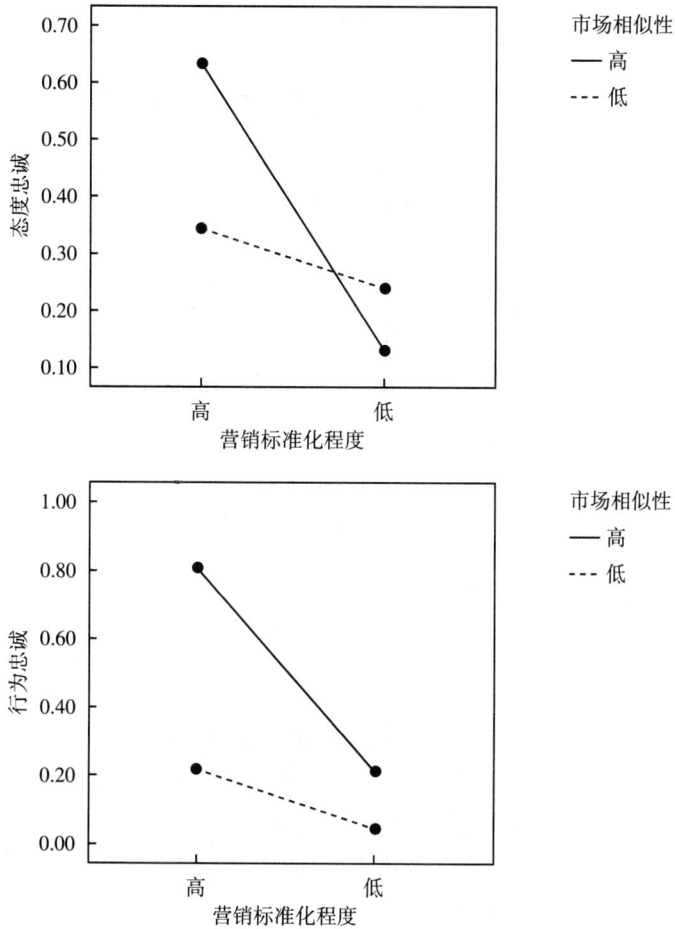

图 3 SPSS 均值比较图

四、模型检验与分析："东道国—东道国"视角

基于东道国—东道国视角的研究，采用了与前一视角相同的分析方法，关于数据分析的详细过程不再赘述，这里只列出一些必要的结果和分析。

在 431 份有效问卷中，对测试品牌具有购买经历的占 72.4%；在中国市场和自身来源国市场对测试品牌均具有实地感受经历的占 81.6%；在中国市场有六个月以上居住经历的占 51.6%。问卷的基本分布如表 10 所示。

表 10 样本分布概况

统计变量	变量类别	牛仔裤		运动鞋		笔记本电脑	
		样本数	百分比	样本数	百分比	样本数	百分比
性别	男	57	39.9%	69	43.1%	48	37.5%
	女	74	51.7%	77	48.1%	65	50.8%
	未回答	12	8.4%	14	8.8%	15	11.7%
	总计	143	100%	160	100%	128	100%
年龄	18~25 岁	108	75.5%	115	71.9%	96	75%
	26~30 岁	22	15.4%	32	20.0%	18	14.1%
	31~40 岁	5	3.5%	4	2.5%	4	3.1%
	40 岁以上	3	2.1%	2	1.3%	2	1.6%
	未回答	5	3.5%	7	4.4%	8	6.2%
	总计	143	100%	160	100%	128	100%
来源国	韩国	61	42.7%	72	45%	50	39.1%
	日本	48	33.6%	54	33.8%	44	34.4%
	亚洲其他国家	34	23.8%	34	21.3%	34	26.6%
	总计	143	100%	160	100%	128	100%

1. 信度、效度检验

①营销标准化各变量的内部一致性信度指数 α 介于 0.90~0.95；所有观测变量的 SMC 都要高于 0.5；各变量的综合信度 CR 值介于 0.90~0.95；各变量的 AVE 值介于 0.65~0.82；所有变量的 AVE 平方根均大于变量之间的相关系数。②CBBE 各变量的内部一致性信度指数 α 介于 0.90~0.95；基本所有观测变量的 SMC 均在 0.5 以上；各变量的 CR 值介于 0.91~0.95；各变量的 AVE 值介于 0.58~0.82；除了品牌知名度/品牌联想的 AVE 平方根略小于该变量与其他变量之间的相关系数之外，其余所有变量的 AVE 平方根均大于变量之间的相关系数。

关于 CBBE 测量模型需要提及的一个重要调整是：在东道国—东道国视角下，我们根据 MI 和 SMC 指数将品牌知名度与品牌联想合为一项潜变量，这与学者 Yoo 和 Donthu、[55] Yasin 等、[56] Jung 和 Sung [57] 等的研究结论也是相一致的。因而，从某种程度上讲，将品牌知名度、品牌联想独立考虑还是合并考虑都是可取的，同时这并不会实质影响到有关整体结构模型的检验。

2. 假设检验

首先检验总体样本的结构模型，结果显示拟合良好，如表 11 所示。得出了与母国—东道国视角基本一致的研究结论。

我们将总体样本分为市场相似性高（157）、低（274）两组，分别进行了结构方程模型检验，并做了恒定性检验。对样本数量的解释同前。结构模型在高、低市场相似性样本模型中均有比较合理的拟合优度：RMSEA 分别为 0.08 和 0.07；NFI、NNFI、CFI 均高于 0.9；PGFI 分别为 0.57 和 0.64；χ²/df 分别为 2.1 和 2.5。如表 11 和表 12 所示，在高市场相似性情境下，营销标准化对 CBBE 各维度的正向影响效应显著更强（P < 0.05），H10 得到数据支持。

表 11 结构方程模型检验：总体样本

假设	路径关系	标准化路径系数	t 值	数据结果
H2	ql→af	0.19	5.46	支持
H3	awas→af	0.77	13.6	支持
H4a	af→al	0.81	15.6	支持
H4b	af→al	0.47	7.58	支持
H5	al→bl	0.46	7.44	支持
H6；H8	mktsta→awas	0.38	7.02	支持
H7	mktsta→ql	0.20	3.81	支持
H9	mktsta→af	0.07	1.45	不支持

拟合指标：RMSEA 为 0.06，χ^2/df 为 3.0，NFI、NNFI、CFI 均大于 0.9，PGFI 大于 0.5

注：由于 CBBE 结构的变化，将原假设 6 和假设 8 合并为一项假设，即由分别单独检验营销标准化与品牌知名度、品牌联想之间的关系，转为检验营销标准化与品牌知名度/品牌联想之间的关系。

表 12 结构方程模型检验：分组样本

假设	路径关系	高市场相似样本模型		低市场相似性样本模型	
		标准化路径系数	t 值	标准化路径系数	t 值
H6；H8	营销标准化程度→品牌知名度/联想	0.54	6.06	0.23	3.45
H7	营销标准化程度→感知质量	0.32	3.74	0.05	0.76
H9	营销标准化程度→品牌情感	0.02	0.51	0.07	1.48
H2	感知质量→品牌情感	0.11	2.22	0.22	4.74
H3	品牌知名度/联想→品牌情感	0.86	8.62	0.73	10.5
H4a	品牌情感→态度忠诚	0.85	10.0	0.78	11.6
H4b	品牌情感→行为忠诚	0.64	5.43	0.39	5.32
H5	态度忠诚→行为忠诚	0.29	2.68	0.53	6.90

同样地，多因素方差分析结果如表 13 所示，据此绘制的 SPSS 均值比较图（图 4）显示：两条直线明显不平行，代表"高市场相似性"的直线斜率（实线所示）显著大于代表"低市场相似性"的直线斜率（虚线所示）；进一步来讲，相比较低市场相似性情境，在高市场相似性情境中，营销标准化对顾客的品牌忠诚度会产生更强的积极效应。结论与"母国—东道国"视角一致。

表 13　结构方程路径系数恒定性检验

模型	χ^2	自由度	RMSEA	NFI	NNFI	CFI	$\Delta\chi^2$
基准模型	4849.04	2121	0.07	0.94	0.96	0.96	
营销标准化程度→品牌知名度/联想限定	4858.13	2122	0.07	0.94	0.96	0.96	8.99***
营销标准化程度→感知质量限定	4854.12	2122	0.07	0.94	0.96	0.96	5.08**
营销标准化程度→品牌情感限定	4849.76	1675	0.09	0.88	0.91	0.91	0.72

注：*** 表示显著性水平为 0.01，** 表示显著性水平为 0.05，* 表示显著性水平为 0.1。

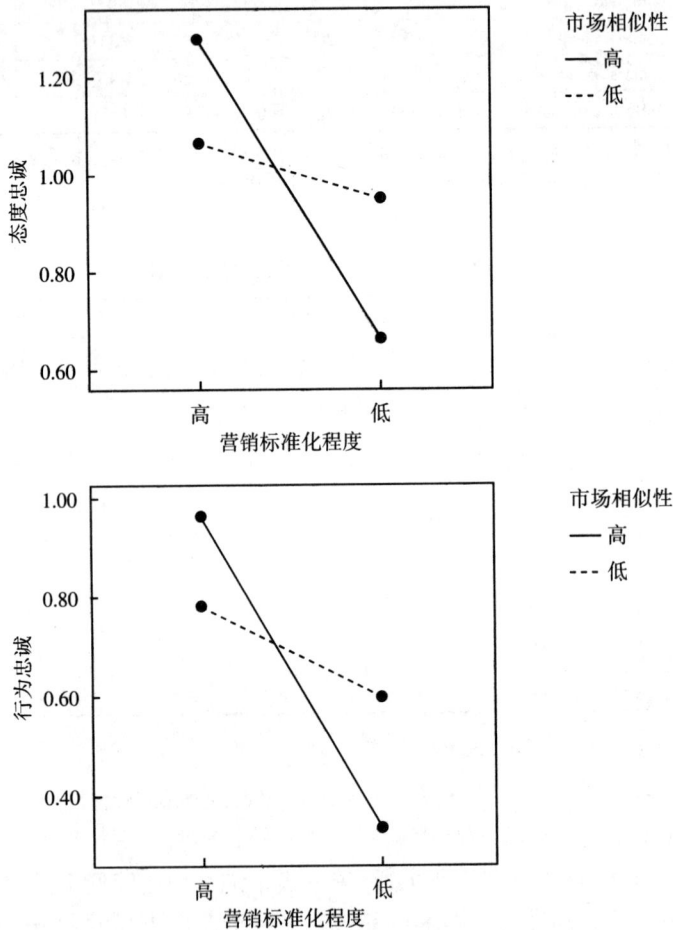

图 4　SPSS 均值比较图

表14　基于营销标准化＊市场相似性交互的多因素方差分析表

变异来源	因变量	平方和	自由度	均方	F	显著性
营销标准化	品牌知名度/品牌联想	31.560	1	31.560	33.917	***
	感知质量	6.646	1	6.646	6.969	***
	品牌情感	27.245	1	27.245	29.009	***
	态度忠诚	13.113	1	13.113	13.544	***
	行为忠诚	16.152	1	16.152	16.761	***
市场相似性	品牌知名度/品牌联想	4.898	1	4.898	5.264	**
	感知质量	4.832	1	4.832	5.067	**
	品牌情感	7.233	1	7.233	7.701	***
	态度忠诚	0.137	1	0.137	0.142	
	行为忠诚	0.161	1	0.161	0.167	
营销标准化×市场相似性	品牌知名度/品牌联想	3.340	1	3.340	3.590	*
	感知质量	19.650	1	19.650	20.603	***
	品牌情感	4.899	1	4.899	5.217	**
	态度忠诚	6.154	1	6.154	6.357	**
	行为忠诚	4.789	1	4.789	4.970	**
误差	品牌知名度/品牌联想	397.323	427	0.930		
	感知质量	407.253	427	0.954		
	品牌情感	401.029	427	0.939		
	态度忠诚	413.416	427	0.968		
	行为忠诚	411.506	427	0.964		

注：*** 表示显著性水平为0.01，** 表示显著性水平为0.05，* 表示显著性水平为0.1。

五、结论及管理启示

以往关于跨国营销模式选择的绩效研究缺乏明确的定论，并且鲜有针对顾客心理的研究。鉴于此，本文在总结以往文献和实地访谈的基础上选定"母国—东道国"和"东道国—东道国"两类研究视角，分别检验了以品牌母国和品牌东道国为基准衍生出的营销标准化程度对东道国顾客心理的影响关系。此外，主模型加入了市场情境因素作为调节变量，这些都是本文的创新体现。本文在研究思路方面，也为国际营销战略相关研究如何从企业视角切入和转换为顾客视角并进行相关的实证设计，提供了借鉴和启示。

1. 基本结论

两类视角下得到的研究结论基本一致，这也在一定程度上印证了本文结论的稳定性和可靠性。概括起来，主要有以下四点发现：

第一，营销标准化程度会显著影响东道国顾客的心理认知。一项营销战略的成败关键取决于顾客的认同，本文再次印证了这一观点：企业选择怎样的营销模式会对东道国顾客的品牌记忆、认知和情感反应产生直接或间接的影响关系，进而影响顾客对该品牌的购买意愿和行为。该结论同时也表明了在营销模式选择研究中探讨顾客绩效的理论重要性。

第二，分组结构方程模型检验显示，母国与东道国或者东道国与东道国之间的市场相似性对营销标准化程度与品牌知名度、品牌联想、感知质量和品牌情感之间的直接路径关系存在显著的调节效应；多因素方差分析显示，市场相似性对营销标准化程度与品牌忠诚（态度和行为忠诚）之间的总效应关系也存在显著的调节效应。

第三，在高市场相似性情境中，营销标准化对顾客心理会产生积极的影响效应。营销标准化除了对品牌知名度、品牌联想、感知质量有着显著的直接正向影响之外，还会间接地提升顾客的品牌情感和品牌忠诚。由此表明，跨国公司在购买能力、文化价值观、风俗传统、审美偏好、产品评估标准等方面比较相似的市场实施一致性的营销模式，由于与东道国市场顾客价值的契合，能够获得东道国顾客更多的认同，并会带来一致性的产品提供所产生的全球可获得性、认知强化、高质量感知、公平感和信任感等各种附加利益，有利于东道国顾客品牌忠诚的培养和品牌资产的提升。

第四，在低市场相似性情境中，营销标准化对顾客心理的影响效应显著弱于高市场相似性情境下的表现：除了对品牌知名度有显著的提升之外，对品牌联想、感知质量和品牌情感的影响效应非常弱并且不显著，甚至存在显著的负向影响。由此表明，跨国公司在购买能力、文化价值观、风俗传统、审美偏好、产品评估标准等方面差异较大的市场之间实施一致性的营销模式，尽管会提升品牌的知名度，但由于与顾客自身价值的不符，会受到东道国顾客一定程度的心理抵触，并明显弱化一致性的产品提供所产生的可获得性、高质量感知、公平感等各种附加利益，无益于东道国顾客品牌忠诚的形成和品牌资产的提升。

2. 对中国企业的引申启示

在结合一些具体事例的基础上，本研究对致力于开拓国际市场的中国企业提出如下管理启示：

（1）顾客的认知是评判企业营销模式选择合理与否的重要标准。

本文的结论揭示，企业在跨国经营中选择何种营销模式，并不仅仅要关注该模式可能产生的经济和管理利益，更要关注该模式能否获得东道国顾客的心理认同，这是企业获取其他利益的根本基础。因而，企业应该建立品牌资产或者其他的顾客绩效评估工具，能够对顾客的心理反应进行跟踪和了解，进而在此基础上制定和调整自身的营销策略。

（2）营销标准化：一种特定情境条件下可供选择的跨国营销模式。

本文结论显示，营销标准化是一种在特定情境条件下可以选择的跨国营销模式。相比较适应性的战略模式来讲，营销标准化无疑是一种更加快速、更具效率的扩张战略选择，可以帮助跨国公司统一配置和协调在国际市场的生产及营销活动，帮助其更加充分有效地利用全球化的媒介或渠道，减少由于在不同国家市场重新规划和布局营销活动所产生的重复性资源浪费，提升跨国管理的效率和产生规模经济。同时，营销标准化战略所带来的资源集中化可以帮助企业在全球市场全面快速地导入和推广新产品，从而更加迅速地凭借高品牌知名度进入和抢占国际市场。因而，也已经开始有越来越多的企业将标准化的营销管理思想渗透在企业的跨国经营中。譬如，2008 年初，作为北京奥运 TOP 赞助商的联想集团，联想宣布在全球市场统一推出 Idea 新品牌及其所属的六款新产品，以 Idea 命名的联想消费电脑产品，将试图集合全球优势资源，改变以往联想在全球消费市场的分散营销状态，通过吸纳原有消费产品成熟的研发、设计和制造等优势，以标准化的产品设计和宣传形象为全球用户所分享。

（3）营销战略可标准化程度的基本判断标准：市场相似性。

本文关于市场相似性调节效应的结论提示跨国营销管理者：应该对目标国家市场进行系统、科学的调研评估，获取不同国家市场在购买能力、受教育程度、文化价值观、风俗传统、购买习惯、审美偏好、产品评估标准、价格敏感性以及产品使用条件等方面的基本特征数据；然后进行相互之间的比较评判，划分出相似性较高和相似性较低的市场区域，进而决定在母国和东道国市场之间或者不同东道国市场之间采取相同营销策略的程度。该结论启示，对于大多数中国企业来讲，首先选择"心理距离"较近的东南亚、非洲、拉美等发展中国家作为突破口，可以更充分地利用其在中国市场的营销模式经验、挖掘这些国家市场存在的一致性诉求、逐步实现不同区域市场内的相互借鉴和统一规划，这样会更容易获得成功。本文结论同时显示，在市场相似性较低的情境中推行标准化的营销策略，也能够在一定程度上扩大品牌在顾客心目中的知名度，由此，也在一定程度上启示跨国营销管理者对于差异较大的市场区域，可以尝试利用其已有的品牌知名度，在该市场采用与其他市场一致的产品/服务和营销模式进行迅速推广，在打开该市场之后，逐渐根据当地市场情况做出策略调整，实现与当地顾客的价值利益的有效契合，培养和建立顾客对该品牌的情感偏好和购买忠诚。譬如，尽可能保持核心产品、品牌标识、广告主题等一些核心要素的标准化，对促销、价格等其他一些要素做出相应的调整，这也是麦当劳、可口可乐和摩托罗拉等众多知名跨国公司进入中国市场经常采用的策略手段。

（4）营销标准化的实施路径选择。

本文在对以往研究总结和实地访谈的基础上，总结出了三种营销标准化的产生机制，由此，也为企业实施该战略模式提供了相应的路径选择。根据企业的国际化发展阶段，可以采用相应的实施路径：①在跨国经营的早期阶段，企业可以选择第一种路径模式，即将在本国发展比较成熟的营销模式移植到相应的东道国市场。譬如，随着国内彩电市场的日益饱和与自身生产能力快速增强的矛盾，TCL 开始将目标瞄准需求潜力旺盛、文化背景比较相似的东南亚市场。通过移植在中国市场积累的产品设计和生产技术、广告、促销和渠道模式，TCL 经过几年的努力，2007 年彩电品牌已在越南市场占有 20% 的份额，仅略低于韩国三星的份额，并建立了良好的品牌形象。②随着企业在国际市场的不断拓展，不仅仅可以借鉴和采纳其在母国市场的营销模式，同时也可以将其在某一东道国发展比较成熟的模式应用到其他国家市场。譬如，TCL 采用与越南市场具有一致性的营销模式，开始在菲律宾、印尼、新加坡等东南亚市场进行全面推广，并初见成效。③随着企业进入更多的海外市场，可以尝试对不同国家市场的营销活动进行统一规划，采取具有一致性倾向的营销模式，这也开始体现真正意义上的"全球化"理念。譬如，随着 TCL 在东南亚市场的逐步拓展，TCL 开始在新加坡设立东南亚市场区域总部，以便统一规划管理其在东南亚各国市场的投资及营销活动。当然，在企业跨国经营的具体实践中，这三种路径模式往往并不是截然分开的，通常是混合进行的，以实现不同国家营销策略模式的相互借鉴及统一规划。同时，随着互联网技术的快速发展以及创业者国际经验的积累，出现了越来越多的天生全球化企业（Born-global）现象，这些企业创立伊始便以区域市场乃至全球市场为目标开展具有一致性倾向的营销活动，这点在 IT 行业的体现尤为明显。对于大多数中国企业来讲，由于国际经验的欠缺、较少的进入国家数目以及较低的品牌知名度，尚不具备在大范围市场内统一规划营销活动的能力，即第三种实施路径，更适合采取第一种和第二种扩张路径。

3. 未来研究方向

在今后研究中，本文还需要做出以下几方面的改进：①扩大测试产品类别的范围。譬如，将其进一步扩展到非耐用消费品以及服务行业；扩大测试品牌的来源国及数量；扩大测试样本的范围和数量，收集更多的普通消费者数据，并对跨文化变量可能产生的影响进行更精准的控制。②对基于东道国—东道国视角的研究设计进行相应调整。譬如，增加多个比较基准点，以使研究更符合现实情况。③进一步分解和完善市场相似性各构成要素的测量量表，尝试针对不同的要素进行调节效应的单独检验，找出最关键的情境要素。④针对单一营销要素标准化程度对顾客心理的影响展开进一步研究，以求得出更为精准的研究结论和指导建议。此外，在今后的研究中，可以考虑采取实验设计的方式，以弥补由于采取问卷调查方式带来的样本代表性不够高、干扰变量不容易控制等问题。

参考文献

[1] Viswanathan N. K., Dickson P. R. The Fundamentals of Standardizing Global Marketing Strategy [J]. International Marketing Review, 2007, 24 (1): 46-63.

[2] Ozsomer A., Simonin B. L. Marketing Program Standardization: A Cross-country Exploration [J]. International Journal of Research in Marketing, 2004, 21 (4): 397-419.

[3] Katsikeas C. S., Samiee S., Theodosiou M. Strategy Fit and Performance Consequences of International Marketing Standardization [J]. Strategic Management Journal, February 2006, 27 (9): 867-890.

[4] Gerpott T. J., Jakopin N. M. International Marketing Standardization and Financial Performance of Mobile Network Operators-An Empirical Analysis [J]. Schmalenbach Business Review, July 2005, 57 (3): 198-228.

[5] Cavusgil, S. T., Zou S. M. Marketing Strategy-Performance Relationship: An Investigation of the Empirical Link in Export Market Ventures [J]. Journal of Marketing, 1994, 58 (1): 1-21.

[6] Albaum G., Tse D. K. Adaptation of International Marketing Strategy Components, Competitive Advantage, and Firm Performance: A Study of Hong Kong Exporters [J]. Journal of International Marketing, 2001, 9 (4): 59-81.

[7] 吴晓云，张峰. 营销标准化战略的影响因素模型及其实证研究：以中国制造型跨国企业为样本

[J].管理科学，2007，20（3）：30-37.

[8] 吴晓云，张峰，陈怀超.基于战略执行的营销标准化战略对服务性跨国公司的影响 [J].管理世界，2010（6）：98-108.

[9] 胡左浩.国际营销的两个流派：标准化观点与适应性观点 [J].南开管理评论，2002，5（5）：29-35.

[10] Chung H. F. L. International Standardization Strategies：The Experiences of Aus tralian and New Zealand Firms Operating in the Greater China Markets [J]. Journal of International Marketing，2003，11（3）：48-82.

[11] Solberg C. A. The Perennial Issue of Adaptation or Standardization of International Marketing Communication：Organizational Contingencies and Performance [J]. Journal of International Marketing，2002，10（3）：1-21.

[12] Ozsomer A.，Simonin B. L. Marketing Program Standardization：A Cross-country Exploration [J]. International Journal of Research in Marketing，2004，21（4）：397-419.

[13] Katsikeas C. S.，Samiee S.，Theodosiou M. Strategy Fit and Performance Consequences of International Marketing Standardization [J]. Strategic Management Journal，February 2006，27（9）：867-890.

[14] Shoham A.，Brencic M. M.，Virant V.，et al. International Standardization of Channel Management and Its Behavioral and Performance Outcomes [J]. Journal of International Marketing，2008，16（2）：120-151.

[15] Okazaki S.，Taylor C. R.，Zou S. M. Advertising Standardization's Positive Impact on the Bottom Line [J]. Journal of Advertising，2006，35（3）：17-33.

[16] Chang T. L. Formulating Adaptive Marketing Strategies in a Global Industry [J]. International Marketing Review，1995，12（6）：5-18.

[17] Zou S. M.，Cavusgil S. T. The GMS：A Broad Conceptualization of Global Marketing Strategy and Its Effect on Firm Performance [J]. Journal of Marketing，2002，66（4）：40-56.

[18] Xu S. C.，Cavusgil S. T.，White J. C. The Impact of Strategic Fit among Strategy，Structure，and Performance on Multinational Corporation Performance：A Multimethod Assessment [J]. Journal of International Marketing，2006，14（2）：1-31.

[19] Hult G. T. M.，Cavusgil S. T.，Deligonul S.，et al. What Drives Performance in Globally Focused Marketing Organizations? A Threecountry Study [J]. Journal of International Marketing，2007，15（2）：58-85.

[20] Porter M. E. Competition in Global Industries [M]. Boston：Harvard Business School Press，1986.

[21] Ohmae K. Managing in a Borderless World [J]. Harvard Business Review，1989，67（3）：152-161.

[22] Cavusgil S. T.，Zou S. M. Marketing Strategy-performance Relationship：An Investigation of the Empirical Link in Export Market Ventures [J]. Journal of Marketing，January 1994，58（1）：1-21.

[23] 吴晓云，张峰.全球服务营销战略维度与前置因素关系模型——基于 220 家服务企业的实证研究 [J].科研管理，2009，30（6）：120-127.

[24] Birnik A.，Bowman C. Marketing Mix Standardization in Multinational Corporations：A Review of the Evidence [J]. International Journal of Management Reviews，2007，9（4）：303-324.

[25] 范秀成.品牌权益及其测评体系分析 [J].南开管理评论，2000，3（1）：9-15.

[26] 赵占波.品牌资产维度的探索性研究 [J].管理科学，2005，18（5）：10-16.

[27] Bagozzi R. P. The Self-regulation of Attitudes，Intentions，and Behavior [J]. Social Psychology Quarterly，1992，55（2）：178-204.

[28] Keller K. L. Building Customer-based Brand Equity [J]. Marketing Management, August 2001, 10 (2): 15-19.

[29] Chaudhuri A., Holbrook M. B. The Chain of Effects from Brand Trust and Brand Affect to Brand Performance: The Role of Brand Loyalty [J]. Journal of Marketing, April 2001, 65 (2): 81-93.

[30] 于春玲, 赵平, 王海忠. 基于顾客的品牌资产模型实证分析及其营销借鉴 [J]. 营销科学学报, 2007 (2): 31-42.

[31] Keller K. L. Conceptualizing, Measuring and Managing Customerbased Brand Equity [J]. Journal of Marketing, January 1993, 57 (1): 1-22.

[32] Shanklin W. L., Griffith D. A. Crafting Strategies for Global Marketing in the New Millennium [J]. Business Horizons, September-October 1996, 39 (5): 11-16.

[33] Douglas S. P., Craig S. C. Global Marketing Myopia [J]. Journal of Marketing Management, 1986, 2 (2): 155-169.

[34] Yip G. S. 全球战略 [M]. (第2版). 程卫平译. 北京: 中国人民大学出版社, 2005.

[35] 全国13所高等院校 《社会心理学》编写组. 社会心理学 [M]. (第3版). 天津: 南开大学出版社, 2003.

[36] Ruth N. B., Matthew B. M. Price-Based Global Segmentation for Services [M]. Journal of Marketing, 2003, 67 (3): 108-129.

[37] Orvis B. R., Cuningham J. D., Kelley H. H. A Closer Examination of Causal Inference: The Roles of Consensus, Distinctiveness and Consistency Information [M]. Journal of Personality and Social Psychology, 1975, 32 (2): 601-616.

[38] 德尔·I. 霍金斯, 罗格·J. 贝斯特, 肯尼思·A. 科尼. 消费者行为学 (第8版) [M]. 符国群译. 北京: 机械工业出版社, 2003.

[39] 卫海英, 祁湘涵. 基于信息经济学视角的品牌资产生成研究 [M]. 中国工业经济, 2005 (10): 113-120.

[40] Venkatraman N. Performance Implications of Strategic Coalignment: A Methodological Perspective [M]. Journal of Management Studies, 1990, 27 (1): 19-41.

[41] Berry L. L. Cultivating Service Brand Equity [M]. Journal of the Academy of Marketing Science, 2000, 28 (1): 128-137.

[42] Yoo B., Donthu N. Testing Cross-cultural Invariance of the Brand Equity Creation Process [J]. Journal of Product & Brand Management, 2002, 11 (6): 380-398.

[43] Yip G. S. Patterns and Determinants of Global Marketing [J]. Journal of Marketing Management, 1997, 13 (4): 153-164.

[44] Pappu R., Quester P. G., Cooksey R. W. Consumer-based Brand Equity and Country-of-origin Relationships: Some Empirical Evidence [J]. European Journal of Marketing, 2006, 40 (5/6): 696-717.

[45] Kustin R. A. Marketing Mix Standardization: A Cross Cultural Study of Four Countries [J]. International Business Review, 2004, 13 (5): 637-649.

[46] Nunnally J. Psychometric Theory [J]. New York: McGraw-Hill, 1978.

[47] Bagozzi R. P., Yi Y. On the Evaluation of Structural Equation Models [J]. Journal of the Academy of Marketing Science, 1988, 16 (1): 74-94.

[48] Steiger J. Structural Model Evaluation and Modification: An Interval Estimation Approach [J]. Multi-

variate Behavioral Research, 1990, 25 (2): 173–180.

[49] 侯杰泰, 温忠麟, 成子娟. 结构方程模型及其应用 [M]. 北京: 教育科学出版社, 2004.

[50] Bentler P. M., Bonett D. G. Significance Tests and Goodnessoffit in the Analysis of Covariance Structures [J]. Psychological Bulletin, 1980, 88 (3): 588–606.

[51] Mulaik S. A., James L. R., Alstine J. V., et al. Evaluation of Goodness-of-fit Indices of Structural Equation Models [J]. Psychological Bulletin, 1989, 105 (3): 430–445.

[52] Powers T. L., Loyka J. J. Market, Industry, and Company Influences on Global Product Standardization [J]. International Marketing Review, 2007, 24 (6): 678–694.

[53] Samiee S., Roth K. The Influence of Global Marketing Standardization on Performance [J]. Journal of Marketing, 1992, 56 (2): 1–17.

[54] Boomsma A. Nonconvergence, Improper Solutions and Starting Values in LISREL Maximum Likelihood Estimation [J]. Psychometrika, 1982, 50 (2): 229–242.

[55] Yoo B., Donthu N. Developing and Validating a Multidimensional Consumer–based Brand Equity Scale [J]. Journal of Business Research, 2001, 52 (1): 1–14.

[56] Yasin N. M., Noor M. N., Mohamad O. Does Image of Country–of–origin Matter to Brand Equity? [J]. Journal of Product & Brand Management, 2007, 16 (1): 38–48.

[57] Jung J., Sung E. Y. Consumer–based Brand Equity: Comparisons Among American and South Koreans in the USA and South Koreans in Korea [J]. Journal of Fashion Marketing and Management, 2008, 12 (1): 24–35.

Contingent Effects of Multinational Marketing Mode: A Customers' Perspective

Zhang Feng　Wu Xiaoyun

(Institute of International Business, Nankai University,

Business School of Nankai University　Tianjin　300000)

Abstract: Could customers in host countries accept standardized marketing? The empirical results of prior literature were ambiguous. Thus, the purpose of this study is to address the two questions of whether and when standardized marketing could positively affect customers' mindset (cognition, emotional response, and loyalty). Such works are arranged as follows: firstly, two scenarios for studying marketing standardization (i.e., home –host country and host–host country scenarios) are differentiated based on the literature review and field studies of Hua Wei, Pricewaterhouse, and Ting Hsin. Secondly, from multi theoretical perspectives, the authors analyze the effect of marketing standardization on customers' mindset and the moderating effect of market similarity between them. Thirdly, considering the difficulties and complexities of a cross-cultural study, the authors explain the measurement design, the choosing of product categories and samples, and data collection in details, e.g., international students with cross-national experience are chosen as samples. Finally, the empirical results of SEM under two scenarios indicate that: (1) the degree of marketing standardization significantly affects customers' cognition, emotions and behaviors; (2) the market similarity between home and host countries or between host and host countries positively moderates the effects of marketing standardization on customers' mindset; (3) in more similar markets, marketing standardization makes greater effects on customers' mindset, i.e., if MNCs adopt consistent marketing modes among countries which are similar in social culture, customs, customers' preference, they will more easily be accepted by customers and enjoy the benefits from the standardization; (4) in less similar markets, marketing standardization makes nearly no significant or even negative effects on customers' mindset, i.e., if MNCs adopt consistent marketing modes among countries which are different in social culture, customs, customers' preference, they will be resisted by customers. In the last section, managerial implications are discussed for Chinese firms via analysis of some detailed cases. Firstly, customers' acceptance should be recognized as an important criteria of evaluating firms' marketing modes; secondly, marketing standardization could be an option for MNCs under some certain contexts; thirdly, when MNCs plan a marketing standardization strategy in different countries, they should firstly consider the degrees of market similarities among them; finally, if MNCs implement a standardization strategy, three paths could be adopted.

Key Words: Marketing Standardization; Customers; Market Similarity; Home-Host Scenario; Host-Host Scenario

网络口碑动机与口碑行为的关系研究 *

阎俊　蒋音波　常亚平

（华中科技大学管理学院　武汉　430074）

【摘　要】了解消费者网络口碑传播的动机与行为规律是企业制定针对性网络口碑营销策略的重要前提。本文在深入访谈和问卷调查的基础上，通过因子分析发现了消费者口碑传播的九种动机，并采用回归分析研究了动机与口碑传播行为的关系，发现社区兴盛、信息回报、情感分享、支持惩罚商家、改进服务、提升形象和获得奖励这七种动机对口碑传播行为具有显著影响。

【关键词】网络口碑；动机；在线消费者

一、引言

随着互联网的发展和虚拟社区的出现，越来越多的消费者倾向于借助互联网了解产品或服务的信息，并在网上分享各自的消费体验以及对产品、服务或品牌的看法。康盛创想（Comsenz）和艾瑞咨询（iResearch）联合发布的 2007 年《第三届中国网络社区研究报告》披露，有 61.7% 的社区网友在购买商品时会首先考虑网友的意见，虚拟社区中（如 BBS、Blog）网友的意见在所有影响购买行为的信息来源中位居第一，这个比例已超过传统的亲人朋友（57.9%）和电视广告（57.9%），成为打动网民购买的第一因素[1]。从这些数据可以看出，网上社区网友的口碑意见在消费者的购买决策和消费过程中发挥着越来越重要的影响作用。

与此同时，网络平台的出现大大降低了消费者的抱怨门槛，网络口碑的广泛性、自由

---

* 本文选自《管理评论》2011 年第 1 期。

基金项目：国家自然科学基金项目（70872037；71072032）。

作者简介：阎俊，华中科技大学管理学院副教授，硕士生导师，副博士生导师，博士后；蒋音波，华中科技大学管理学院硕士研究生；常亚平，华中科技大学管理学院教授，博士生导师。

性和易存性也增大了企业和产品缺陷的曝光率，网络口碑营销也因此受到越来越多企业的关注和重视。如何利用网络优势、促进正面口碑传播，采取措施来控制负面口碑散布，不仅成为企业亟须解决的现实问题，也是学术界需要进一步深入探讨和研究的热点课题。

本研究旨在提炼中国消费者网络口碑传播的动机，揭示不同动机对网络口碑传播行为的影响程度，为社区平台管理者及企业深入了解消费者心理和行为，针对性地为制定网络口碑营销策略提供依据。

二、文献回顾

网络口碑的出现打破了传统口碑的传播模式和范畴，引起了学者们对口碑的重新关注[2]，但目前关于网络口碑的理论研究还不够充分，对于网络口碑传播影响机制的实证研究还比较少。国外仅有 Thorsten 等[3] 发现德国消费者有八种网络口碑传播动机。这些研究结论是否适合中国消费者还需要检验。

1. 口碑与网络口碑的概念

Arndt[4] 最早提出口碑（word-of-mouth）概念，定义为发送者和接收者之间关于某个品牌、产品或服务的非商业性交流。Arndt 强调口碑是口头的、人对人的传播，不含有商业目的，"纯粹化"了口碑的传播动机和目的，限制了口碑的传播方式。其后，Westbrook[5] 将口碑传播界定为个体之间关于产品和服务看法的非正式传播，包括正面和负面的看法。这一定义在传播内涵、方式、对象、结果四个方面都进行了扩展或清晰的界定，因此获得了以后大多数营销学者的认同和支持。网络口碑是口碑的新形式，是消费者借助于网络媒体展开的关于商家、产品、品牌或服务等信息的交流和讨论。与线下口碑多在熟人之间发生不同，网络口碑具有匿名性、非指向性的特点，它改变了传统口碑传播的方式和特点，极大地拓展了口碑的影响力和影响范围。网络口碑的形式主要有两种：一种是消费者在网上对某种产品或者服务的打分；另一种是消费者在网络上发表的文字评价。本文主要研究后一种。

2. 口碑传播的动机

动机是促使人们为实现愿望或达到目标的行为驱动力[6]，动机在很大程度上决定了人们的行为。现有的研究大部分是针对网下口碑传播动机的，主要研究成果如下：Dichter[7] 归纳出正面口碑传播的四个动机是：缓和紧张、情感释放、信息分享、兴趣。Engel 等[8] 修正了 Dichter 的模型，添加了一个负面口碑传播的动机——减少失调。Sundaram 等[9] 进行了 390 次访谈研究，发现消极口碑和积极口碑的动机存在差异，正面口碑传播的动机主要是利他主义、产品卷入度、自我提升和帮助公司；负面口碑传播的动机主要是利他主义、减轻忧虑、报复公司和寻求建议。

关于网络口碑传播动机的研究还处于探索阶段，仅发现一项针对德国消费者的实证研究。Thorsten[3] 对互联网环境中消费者参与产品评论的调查，发现网络口碑的八个动机，即帮助网络平台、发泄负面情绪、关心其他消费者、自我提升、获得社交利益、经济刺激、帮助商家、寻求信息。

3. 口碑传播动机的文化差异

已有研究发现，不同文化背景下消费者口碑传播的动机会存在差异。传统环境下的研究发现，个人主义文化背景的消费者口碑传播可能出于获得肯定或自我实现的动机，而集体主义文化背景的消费者往往是出于维护关系或情感交流等动机[10,11]。网络环境下的研究也发现，在网络口碑传播数量上，通常被认为个人主义倾向高的美国消费者却显著高于集体主义倾向高的中国消费者，对其原因尚缺乏可信的解释[12]。

相对于个人主义文化，集体主义文化更倾向于鼓励信息分享和维持人际关系，强调低调、隐忍、和谐的价值观。中国人受传统儒家学说、道教和佛教的影响，具有深厚的集体主义文化底蕴，利他性更强。因此中国消费者网络口碑传播的动机与西方消费者很可能存在差异。

三、研究设计

为实现本研究的两大目标（识别动机、分析动机与行为的关系），采取三个步骤：首先通过探索性因子分析，找出中国消费者网络口碑传播的动机，初步确定动机测量量表；然后通过另一套样本检验该量表的可靠性，并采用方差分析考察不同人群的动机差异；最后通过回归分析，揭示动机与网络口碑行为之间的关系。

1. 网络口碑传播动机的测量

本研究中，网络口碑动机是指"消费者进行口碑传播的内在动力和原因"。通过以下几个步骤来确定测项：首先，参考了以往学者的研究结论，包括传统环境下和网络环境下消费者口碑传播动机的研究结论，对消费者网络口碑传播动机的维度进行了初步界定和归纳。

其次，在网上选取了 20 名产品讨论社区的成员，并在大学校园随机邀请了 20 名发表过网上评论的普通消费者，对他们进行了 20~40 分钟的个别访谈，被访谈者最近半年内在网上发帖评论产品的次数从 1 次到 50 次不等。访谈过程中，首先向他们解释什么是网络口碑，然后让他们谈谈自己在网上口碑传播的原因，进行编码、合并、剔除，得到 42 个题项，见表 1。

最后，将得到的 42 个题项提交给社会学、心理学、管理学的 3 位教授，请他们筛选合适的题项，并给出理由。结果是 10 个测项被删除或是合并了，原因包括：出现频数太低（小于 10 次）、不属于普遍现象、问题过于抽象等。最后得到 32 个题项，编制成问卷（具体测量语句见表 3）。测项采用李克特量表形式，1 表示"完全不同意"，5 表示"完全同意"。

表1 个别访谈结果

网络口碑传播原因	频数	网络口碑传播原因	频数	网络口碑传播原因	频数
质量改进	29	告知实情	22	消磨时间	16
督促商家	28	回报商家	22	引起关注	16
回馈信息	28	表达情感	21	增强影响力	13
信息共享	28	提醒	20	和商家建立关系	12
支持/抵制好/差商品	26	促进社区兴盛	20	展现明智决策	9
让商家了解意见	26	分享体验	20	节省抱怨成本	8
获得社区帮助	25	放松心情	20	遵守规则	8
通过社区争取利益	24	维护社区利益	19	责任感	8
获得信息	24	获得认同	19	匿名代替	6
获得社区精神嘉奖	24	打发无聊	18	与众不同	6
利益对等	24	乐意分享	18	人云亦云	5
多人投诉	23	提升专业形象	18	提升地位	4
提升会员级别	23	获得社区物质奖励	18	交友	4
给予帮助	22	给予社区建议	18	获得商家赔偿	3

2. 网络口碑行为的测量

采用文献 [3] 的测量方法，用最近 1 个月在网上发表评论的次数衡量（近期网上评论通常被保留在网站上，易于复查）。根据问卷调查的结果，受访者评论次数最小值为 1 次，最大值为 122 次，均值 29.8 次，标准差 53，表明因变量的差异性得到反映，测量有效。

3. 数据收集与样本概况

采用三种方式收集数据。一是针对网上人气较旺盛的几个讨论区的电子调查，包括华中科技大学白云黄鹤 BBS 的 Shopping 版讨论区、淘宝网经验畅谈居、瑞丽论坛之美容护肤版，委托这些讨论区的版主或站长向社区的成员发放电子版问卷，同时也随机向这些讨论区中发帖、转帖、回帖活跃的会员寄送电子版本问卷。二是针对在校大学生和 MBA 学生的线下调查。考虑到采样方便，选取华中地区华中科技大学、武汉大学、华中师范大学、武汉理工大学、湖南大学、中南大学等学校为采样地点，在学校自习室/课间发放并收集问卷。三是针对已参加工作的校友，以滚雪球的方式在公司内部用 Email 发放电子版调查问卷。

通过以上三种方式，一共发出了 680 份问卷，收回 464 份，得到 405 份有效问卷。有效样本构成如表 2 所示。将该样本随机分为两组，第一组 205 份，用于探索性因子分析（提炼动机），第二组 200 份，用于验证性因子分析（检验量表跨样本可靠性）。两组样本都超过了 32 个题项的 5 倍，满足因子分析的样本量要求[13]。

表2　有效样本信息统计表

指标	选项	人数	占样本比例 (%)	指标	选项	人数	占样本比例 (%)
性别	男	210	51.8	学历	高中及以下	22	5.5
	女	195	48.2		大专、本科	252	62.2
					硕士及以上	131	32.3
年龄	18岁以下	22	5.5	收入	1000元以下	162	40.0
	18~25岁	135	33.3		1001~2000元	128	31.6
	26~30岁	152	37.5		2001~3000元	52	12.8
	31~40岁	55	13.6		3001~4000元	40	9.9
	40岁以上	41	10.1		4000元以上	23	5.7

四、数据分析及结果

1. 探索性因子分析

采用SPSS17.0软件对第一组样本进行KMO测度和Bartlett's球状检验，得到KMO值为0.800，Bartlett's球状检验的显著性水平为0.000，说明这些数据适合做因子分析。采用正交旋转法，以特征值大于1为评估标准，确定因子个数，删除因子负荷低于0.5的2个测项（其他消费者需要忠告和帮助、我想告诉他们我觉得和趣味相投的人交流是件不错的事情），共保留了30项。因子分析共提取到9个成分因子，结果见表3。

表3　探索性因子分析果

因子	测量题项	因子负载	解释率	α值
1 情感分享	我想表达自己的消费情感（愉快的/不愉快的）	0.785	9.683	0.825
	我想和别人分享自己的消费体验（愉快的/不愉快的）	0.774		
	和别人分享自己的消费体验让我感觉很好	0.725		
	我想提醒消费者避免重复我消费时的不愉快经历	0.643		
	我想让其他消费者和我有相同的愉快消费体验	0.582		
	我想把产品的真实情况告诉其他消费者	0.584		
2 获得奖励	我希望获得社区平台给予的好处（如将自己的评论收为精华帖）	0.881	9.185	0.906
	我希望能提升在虚拟社区的会员级别	0.875		
	我希望获得社区平台赠予的奖励（如积分、折扣券）	0.871		
3 个人娱乐	我只是为了消磨时间	0.926	8.584	0.851
	我只是为了打发无聊	0.918		
	我只是为了娱乐或放松心情	0.827		

因子	测量题项	因子负载	解释率	α值
4 社区兴盛	我想支持社区平台的发展	0.856	8.481	0.842
	我希望社区平台发展得更好	0.824		
	我想给予社区平台建议	0.779		
5 改进服务	发表评论后商家的产品和服务会更好	0.818	8.167	0.783
	发表评论能促使商家进一步改进产品或服务	0.807		
	多数人的建议比一个人更有力	0.748		
6 社区力量	社区平台能帮助消费者争取利益	0.785	7.737	0.746
	社区平台能代表消费者的利益	0.759		
	社区平台能让商家更好地了解消费者的意见	0.663		
7 信息回报	我希望能够提供有价值的信息回报社区和其他成员	0.814	7.603	0.776
	我希望能获得信息，帮我解决问题	0.748		
	我希望能和其他的消费者交流信息或经验	0.724		
8 惩罚/支持商家	我对商家很满意（或不满意），因此我希望支持（或惩罚）商家	0.822	7.576	0.717
	好商家应该得到支持/不好的商家应该受到惩罚	0.770		
	商家满足（或损害）了我的利益，因此我希望能满足（或损害）商家的利益	0.620		
9 提升自我形象	我希望能引起其他消费者的关注	0.808	6.241	0.706
	在社区发表产品评论能够提升我在此类产品领域的专业形象	0.640		
	我希望自己的评论能得到其他消费者的肯定或认同	0.583		
整个问卷的一致性 α=0.852；9 个成分因子的累积解释率 73.257%				

2. 信度分析

9 个因子的 Cronbach's α 系数都在 0.706~0.906 之间，整个量表的 Cronbach's α 系数为 0.852，均超过了可接受水平 0.70，每个题项在对应维度上的相关系数均超过了最低标准 0.50，说明量表具有较好的内部一致性信度。9 个因子的累计解释度达到 73.257%，超过了 65%，说明 30 个测项很好的归属于 9 个成分因子，且每个测项的因子负荷值大于 0.5，没有跨因子负荷现象，这些数据表明因子分析的结果较好，提取到主要成分。

3. 因子命名

根据各因子覆盖测项的内容，将 1~9 个因子分别命名为：情感分享、获得奖励、个人娱乐、社区兴盛、改进服务、社区力量、信息回报、惩罚/支持商家和提升自我形象。

情感分享：指消费者希望通过网络口碑传播和其他消费者分享消费体验及经验的动机。在口碑传播过程中，消费者往往通过正面口碑传播来缓解使用或拥有产品带来的愉快、兴奋和满意感，通过负面口碑传播发泄不愉快消费体验带来的气愤、忧虑和沮丧感。

获得奖励：指消费者希望通过网络口碑传播获得社区平台给予的有形或无形的奖励的动机。消费者在社区或论坛内发帖评论产品可以获得该社区平台给予的奖励，包括物质奖励和精神奖励，如赠品、折扣券和提升会员级别等。

个人娱乐：指消费者为了获得娱乐性体验，如打发无聊、放松心情而进行网络口碑传播的动机。

社区兴盛：指消费者希望通过网络口碑传播来支持网络社区平台发展得更好。

改进服务：指消费者希望通过网络口碑传播给商家施加压力，促使商家改进产品或服务的动机。

社区力量：指消费者希望社区平台作为第三方，为消费者问题的解决提供方便并给予积极支持的动机。区别于传统的网下口碑，网上消费者期望社区平台管理者能代表消费者利益和商家进行沟通，帮助消费者解决问题。

信息回报：指消费者希望获得相关产品和服务的信息或建议，通过提供信息而回报他人的动机。

惩罚/支持商家：指消费者希望通过网络口碑传播来支持"好"公司或对"坏"公司进行报复的动机。

提升自我形象：指消费者希望获得他人关注、提升自己在该领域的专业形象以及赢得他人赞誉或认同的动机。

4. 验证性因子分析

采用 Liserl 8.8 软件，用第二组样本进行验证性因子分析（不包括已剔除的 2 个测项）。模型的主要拟合指标都达到了相应的标准[14]（见表 4），验证了探索性因子分析的结果，说明提炼出的因子结构具有跨样本的稳定性。

表 4　验证性因子分析结果

因子	观测变量	负荷量	T 值	因子	观测变量	负荷量	T 值
因子 1	DJ1	0.74	9.78	因子 5	DJ16	0.92	10.57
	DJ2	0.78	10.41		DJ17	0.95	8.12
	DJ3	0.77	10.39		DJ18	0.75	10.97
	DJ4	0.80	10.62	因子 6	DJ19	0.64	9.23
	DJ5	0.64	8.09		DJ20	0.82	6.09
	DJ6	0.71	9.25		DJ21	0.72	6.88
因子 2	DJ7	0.86	5.68	因子 7	DJ22	0.62	8.13
	DJ8	0.78	9.25		DJ23	0.71	6.75
	DJ9	0.74	6.74		DJ24	0.73	8.88
因子 3	DJ10	0.69	9.05	因子 8	DJ25	0.61	9.62
	DJ11	0.87	13.31		DJ26	0.72	6.53
	DJ12	0.84	14.20		DJ27	0.78	7.24
因子 4	DJ13	0.80	13.29	因子 9	DJ28	0.55	10.17
	DJ14	0.75	14.24		DJ29	0.60	8.44
	DJ15	0.78	15.13		DJ30	0.80	10.26
拟合指标	$\chi^2/df = 2.34$		RMSEA = 0.044		CFI = 0.92	NNFI = 0.91	NFI = 0.93
评价标准	> 2		越小越好		> 0.9	> 0.9	> 0.9

5. 方差分析

为进一步观察不同人群是否在动机上存在差异，以性别、年龄、教育为自变量，对 9 种动机分别进行方差检验（取全部 405 份有效样本，因变量取各因子对应测项的均值）。结果如下：

（1）性别与动机的关系。男性和女性仅在"情感分享"动机上有显著差异，女性（M = 3.90）显著高于男性（M = 3.67）[$F_{(1, 405)} = 5.459$，$p < 0.05$]。

（2）年龄与动机的关系。不同年龄的人仅在"个人娱乐"动机上有显著的差异，18~25 岁人群的"个人娱乐"动机显著高于其他年龄组 [$F_{(4, 405)} = 4.990$，$p < 0.05$）]。

（3）教育程度与动机的关系。不同教育程度的人仅在"情感分享"动机上有显著差异，硕士及以上人群显著高于其他人群 [$F_{(2, 405)} = 3.356$，$p < 0.05$）]。

6. 回归分析

回归分析用于考察所提炼的 9 种动机对口碑行为的影响程度。具体分为两步。

第一步考察人口统计变量对口碑行为的影响。方差分析的结果为性别 [$F_{(1, 405)} = 1.21$，$p > 0.10$]、年龄 [$F_{(4, 405)} = 1.66$，$p > 0.10$]、教育 [$F_{(2, 405)} = 0.85$，$p > 0.10$]、收入 [$F_{(4, 405)} = 0.92$，$p > 0.10$] 对因变量都没有显著的影响。因此在回归分析时，可以忽略这几个人口变量。

第二步考察动机对行为的影响。以网络口碑次数为因变量，9 个动机因子为自变量（取测项均值），用 SPSS 17.0 软件，采用全部进入（Enter）的回归分析方法，结果发现自变量中有 7 个因子显著影响因变量（取 $p < 0.05$）。删除回归系数不显著的两个自变量"个人娱乐"、"社区力量"以后（为节省篇幅，数据略），再次进行回归分析，结果见表 5。

表 5 回归分析结果（删除不显著的 2 个变量后）

自变量	非标准化回归系数		标准化回归系数	T	Sig	VIF
	B	Std. Error	Beta			
(Constant)	0.004	0.322		0.072	0.229	
情感分享	0.223	0.066	0.235**	4.320	0.000	1.370
获得奖励	0.099	0.045	0.094*	1.908	0.022	1.440
社区兴盛	0.249	0.073	0.254**	4.811	0.000	1.418
改进服务	0.116	0.059	0.125*	2.251	0.020	1.330
信息回报	0.221	0.063	0.231**	4.275	0.001	1.204
支持/惩罚商家	0.164	0.060	0.169**	3.175	0.002	1.227
提升形象	0.089	0.061	0.090*	1.714	0.021	1.244

$R = 0.465$，$R^2 = 0.216$，Durbin-w = 1.930，F 具有显著统计水平

注：*：$p < 0.05$，**：$p < 0.01$。

根据表 5 的结果，按照因子敏感性排序从高到低分别是：社区兴盛、情感分享、信息回报、支持/惩罚商家、改进服务、获得奖励和提升形象。VIF 值均小于 10，表明自变量

之间不存在明显的共线性关系。因此，可以得到以下回归模型表示网络口碑传播动机与行为之间的关系：

$$Y = 0.254 \text{ 社区兴盛} + 0.235 \text{ 情感分享} + 0.231 \text{ 信息回报} + 0.169 \text{ 支持/惩罚商家} + 0.125 \text{ 改进服务} + 0.094 \text{ 获得奖励} + 0.090 \text{ 提升形象}$$

五、结论与讨论

1. 研究结论

本研究发现中国消费者网络口碑传播动机有九种，其中社区兴盛、情感分享、信息回报、支持/惩罚商家、改进服务、获得奖励和提升形象是导致传播行为的主要动机。上述结果佐证了其他关于虚拟社区的研究发现。如文献［15］、［16］发现，人们参与虚拟社区的一个重要原因是赢得他人赞誉或认同，以提升自己在社区中的地位。文献［17］在研究网络口碑再传播意愿时发现，口碑接受者利他动机和自我提升动机是关键因素。文献［18］针对女大学生的调查发现，负面口碑的动机主要是为了满足信息接受者的信息需求和与对方进行信息分享，正面口碑的主要动机是获得认同。

本文还发现，人口统计变量对网络口碑传播动机影响不大，性别、年龄、教育程度仅在 2 个动机上有差异。在"情感分享"动机上，女性强于男性，硕士及以上人群强于其他人群；在"个人娱乐"动机上，18~25 岁人群强于其他人群。这些结果很容易理解，女性比男性更感性、更喜欢抱怨，已经得到很多研究的证实[19]，硕士及以上人群通常面临较大的工作压力，对情感分享的需求也较高。18~25 岁人群是娱乐消费的主力军，他们把发表网络评论当作娱乐消遣的一种方式。

我们根据利己/利他导向将 9 个动机分为 2 个大类，并与 Thorsten[3] 的研究结果进行比较（见表 6），可以发现：

表 6　网络口碑动机的中德对比

	中德共有	仅中国有	仅德国有
利己导向	获得奖励（经济刺激）、自我提升、情感分享（获得社交利益）	个人娱乐、社区力量、支持/惩罚商家	发泄负面情绪
利他导向	社区兴盛（帮助网络平台）、改进服务（帮助商家）、信息回报		关心其他消费者

有 6 个动机是共同的，佐证了许多学者关于网民在线行为（电子商务、信息搜寻、沟通和娱乐等）具有较大跨文化趋同性的发现[20-23]。仅中国样本有的动机有 3 个：个人娱乐、社区力量和支持/惩罚商家。个人娱乐动机与中国网民偏年轻化的特征吻合。后两个动机突出的原因可能在于中国消费者缺乏有效回应企业的网下渠道，所以更希望网络平台

发挥舆论作用，也借此表达对好企业的支持，对坏企业的报复，是现实中"在投诉无门的情况下，出口气也好"的心态的一种写照。从这个意义上说，德国样本有的"发泄负面情绪"动机实际上被包括在中国样本的支持/惩罚商家动机中。此外，仅德国样本有的"关心其他消费者"动机，从具体内容上看，也被包括在本文提取的情感分享、社区兴盛、信息回报三个动机中。因此，中德样本的差异仅在于"个人娱乐"和"社区力量"两个动机上，这两个动机具有明显的利己性。

9 个动机中的 7 个对口碑行为有显著影响。从整体回归结果来看，模型的 R 值是 0.465，Durbin-w 为 1.930（约等于 2），说明回归模型中误差项与自变量互相独立，对模型的估计可靠，得出的结论具有较强的稳定性。回归方程的 $R^2 = 21.6\%$，既表明网络口碑动机是影响行为的重要因素，也表明还有其他因素也影响口碑行为的发生。从动机与行为的关系看，心理学研究已经证明动机是行为的预测变量，同时也指出，行为的发生还受到情境因素的刺激和制约[6]。网上口碑传播与网下口碑传播相比，主动性（而非诱致性）更强，由此涉及的情境因素更多，比如上网方便性、网速快慢、经验多少、打字速度、时间紧迫、注册程序、隐私担忧等多种因素都可能导致行为受阻。

2. 贡献与不足

本文识别了中国消费者进行网络口碑传播的 9 个动机，并提供了测量量表。对动机与行为的关系进行了初步探索，识别出 7 个对口碑传播行为产生较大影响的动机，对描述和预测消费者在线行为提供了经验依据。同时为下一步进行消费者线上线下行为比较、中外消费者行为比较也有一定贡献。本研究的局限性在于，仅考察了人口统计特征与口碑传播动机的关系，还不能很好地预测口碑行为，未来的研究应当更关注个性特征。比如过去的研究发现，集体主义倾向高、性格外向度高的人比个人主义倾向高、内在度高的人具有更高的口碑传播意愿。说明个性特征可能比人口统计特征更能解释动机差异和预测行为。未来的研究还可以根据不同的动机组合将在线口碑传播者进行聚类，识别不同细分市场的特征。

六、营销启示

对商家而言，在网络平台很发达的今天，如何管理消费者口碑、开展口碑营销已经成为一个不能忽视的问题。以往（线下）研究表明，顾客满意度是影响消费者口碑传播的重要因素，满意的顾客倾向于加入正面口碑传播，不满意则容易导致负面口碑的发生。因此，企业应该从产品或服务的质量下手，为消费者提供满意的产品或服务，让顾客获得大于其正常期望的价值，从而激励消费者进行更多的正面口碑传播。同时，采取及时有效的服务补救措施也能帮助重塑消费者满意度，增强消费者正面口碑传播。如明确有关商品或服务问题赔偿的承诺，并为消费者抱怨提供方便的渠道，引导消费者在消费过程中遇到问题的时候首先考虑的是直接向商家投诉，当消费者对商家的服务补救结果满意的时候，不但不会进行负面口碑传播，反而有可能进行正面口碑宣传来支持商家。

对虚拟社区营销者而言，由于口碑行为受社会利益（如情感分享、自我提升）的驱动，仅仅提供一个评分系统是不够的，应当提供一些特别的服务以增强社区的凝聚力。具体措施可包括：在平台上开辟相关产品的网上对话区、讨论版和谈论组，既满足消费者发表意见和看法的愿望，又便于企业及时了解并解决消费者消费过程中遇到的问题，发挥中介作用；营造社区平台交流氛围，如设立独立的网上俱乐部，在俱乐部里，参与者可以自己设计各类感兴趣的话题，吸引志同道合的消费者聚合在一起，增加他们互动交流的机会，并通过定期举办活动，营造社区集体意识和功能意识，增进社区归属感。另外，应当完善社区平台信息共享模式，方便消费者发布和搜寻口碑。具体措施可包括：根据内容和主题将社区进行类别划分，使消费者能够有针对性地找到所需信息，节省信息搜索时间，避免由于各种不同信息混合在一起而降低信息品质；设计清晰美观的浏览界面，建立畅通的沟通渠道，帮助消费者更快地熟悉社区平台的操作和功能。

参考文献

［1］忘川. 网络口碑传播作用不断上升主导消费行为［EB/OL］. http：//www.ccmedu.com/bbs20_55954. html，2007-12-15.

［2］Bickart B. Expanding the Scope of Word of Mouth：Consumer-to-Consumer Information on the Internet［J］. Advances in Consumer Research，2002，29（1）：428-431.

［3］Thorsten Hennig-Thurau F.，Gwinner K. P.，Walsh G.，et al. Electronic Word-of-Mouth via Consumer-Opinion Platforms：What Motivates Consumers to Articulate Themselves on the Internet？［J］. Journal of Interactive Marketing，2004，18（1）：38-52.

［4］Arndt J. Role of Product-Related Conversations in the Diffusion of a New Product［J］. Journal of Marketing Research，1967，4（3）：291-296.

［5］Westbrook R. A. Product/Consumption-Based Affective Responses and Post Purchase Processes［J］. Journal of Marketing Research，1987，24（3）：258-270.

［6］赫伯特·皮特里，约翰·葛文恩. 动机心理学（第五版）［M］. 郭本禹等译. 西安：陕西师范大学出版社，2005.

［7］Dichter E. How Word-of-mouth Advertising Works［J］. Harvard Business Review，1966，144（6）：147-166.

［8］Engel J. F.，Blackwell R. D.，Miniard P. W. Consumer Behavior［M］. 8th ed. Fort Worth：Dryden Press，1993.

［9］Sundaram D. S.，Mitra K.，Webster C. Word-of-Mouth Communications：A Motivational Analysis［J］. Advances in Consumer Research，1998，25（1）：527-531.

［10］Lam D.，Mizerski D.，Lee A. Cultural Influence on Word-of-Mouth Communication［C］. Chicago：American Marketing Association Conference Proceedings，2005.

［11］Cheung Mee-Shew C.，Anitsal M. M.，Anitsal I.，et al. Revisiting Word-of-Mouth Communications：A Cross-National Exploration［J］. Journal of Marketing Theory and Practice，2007，15（3）：235-250.

［12］Laroche M.，Kalamas M.，Cleveland M. 'I' versus 'We'：How Individualists and Collectivists Use

Information Sources to Formulate Their Service Expectations [J]. International Marketing Review, 2005, 22 (3): 279-308.

[13] Nunnally J. C., Berstein I. H. Psychometric Theory [M]. New York: McGraw-Hall, 1994.

[14] 侯杰泰, 温忠麟, 成子娟. 结构方程模型及其应用 [M]. 北京: 教育科学出版社, 2004.

[15] Dholakia U. M., Bagozzi R. P., Pearo L. K. Asocial Influence Model of Consumer Participation in Network and Small Group Based Virtual Communities [J]. International Journal of Research in Marketing, 2004, 21 (3): 241-263.

[16] Wang Y., Fesenmaier D. R. Towards Understanding Members' General Participation in and Active Contribution to an Online Travel Community [J]. Tourism Management, 2004, 25 (2): 709-722.

[17] 陈明亮, 章晶晶. 网络口碑再传播意愿影响因素的实证研究 [J]. 浙江大学学报 (人文社会科学版), 2005, 38 (5): 127-135.

[18] 任锡源, 王迎桃. 女性消费者口碑传播意愿的实证研究 [J]. 中华女子学院学报, 2008, 20 (5): 116-120.

[19] 韦福样, 姚亚男. 顾客性别与口碑传播相关关系研究 [J]. 天津工业大学学报, 2007, 26 (1): 173-177.

[20] Kim K. J., Bonk C. J. Cross-Cultural Comparisons of Online Collaboration [J]. Journal of Compute-Mediated Communication, published online at webstie: http://onlinelibrary.wiley.com/doi/10.1111/j.1083-6101. 2002.tb00163.x/full?globalMessage=0&systemMessage=Wiley+Online+Library+will+be+disrupte, 2002, 8 (1).

[21] Morahan-Martin J. M. How Internet Users Find, Evaluate, and Use Online Health Information: A Cross-Cultural Review [J]. Cyber Psychology & Behavior, 2004, 7 (5): 497-510.

[22] Patwardhan P., Exposure, Involvement and Satisfaction with Online Activities: A Cross-National Comparison of American and Indian Internet Users [J]. International Journal for Communication Studies, 2004, 66 (5): 411-436.

[23] Blake B. F., Valdiserri C. M., Neuendorf K. A., et al. The Online Shopping Profile in the Cross-National Context: The Roles of Innovativeness and Perceived Innovation Newness [J]. Journal of International Consumer Marketing, 2007, 19 (3): 23-51.

Relationship between Motives and Behavior of eWord-of-Mouth

Yan Jun   Jiang Yingbo   Chang Yaping

(School of Management   Huazhong University of Science & Technology

Wuhan   430074)

Abstract: Understanding the motivations of and their relationships with eWord-of-mouth of consumer is an important premise for companies to formulate their Internet marketing strategies. By deep interviews and survey to an online sample of some 500, this research identifies 9 motivations of eWord-of-mouth of Chinese online consumers. Regression analysis shows that consumer's desire for a prosperous virtual community, return others in information of products, motion sharing with others, supporting or punishing the suppliers, service improvement, self-enhancement and economic reward have a significant effect on eWord-of-mouth behavior of Chinese online consumers.

Key Words: eWord-of-mouth; Motivations; Online Consumer

基于事先信任和后续信任的顾客忠诚
形成机理研究 *

易牧农　　楚天舒　　乔时　　张初兵

（天津大学商学院　天津　300192）

【摘　要】顾客满意是顾客忠诚的必要非充分条件。根据"承诺—信任理论"，顾客从满意到忠诚是一个复杂的心理认知过程，需要中间因素的催化，并认为它们之间有信任和承诺的催化作用。为此，本文在借鉴前人研究成果的基础上，将顾客信任划分为事先信任和后续信任，以事先信任为源头，以顾客满意、后续信任和顾客承诺为中介变量，建立顾客忠诚的形成机理模型，并用寿险公司的调查数据进行了验证分析。我们发现事先信任是一个重要的影响因素，它对顾客满意有着显著的正向影响，通过后续信任和承诺间接影响顾客忠诚度等。

【关键词】顾客信任；顾客满意；顾客承诺；顾客忠诚

一、引　言

营销的焦点已由业务交易转向在交易双方之间建立确定且持久的关系。在激烈的市场竞争中，顾客满意和顾客忠诚不仅成为企业实施关系营销的着力点，而且成为决定企业盈利的关键因素。对于顾客满意和顾客忠诚的关系，学者们进行了大量的研究，也得出了基本的结论，即顾客满意是顾客忠诚的必要条件。综观学者们的研究，我们发现，前人大多从顾客满意和顾客忠诚的维度和驱动因素出发来研究两者的关系，但是有关两者传导机制研究的文献不多。满意的顾客不一定是忠诚的。那么满意的顾客有了哪些态度和行为反应

* 本文选自《管理评论》2011 年第 12 期。

作者简介：易牧农，天津财经大学商学院教授，博士；楚天舒，天津财经大学 MBA 教育中心科员，硕士；乔时，天津财经大学商学院讲师，博士；张初兵，天津财经大学商学院助教，博士。

之后我们可以认定其为忠诚的呢？即满意与忠诚之间加什么变量之后，才能使路径趋于完善呢？"承诺—信任理论"的出现回答了这个问题。Morgan 和 Hunt 提出的"承诺—信任理论"阐释了关系营销中需要信任和承诺，并且指出信任和承诺是关系营销的两个关键的变量[1]。此后学者在研究顾客满意到顾客忠诚的路径时基本上都加上了信任和承诺这两个变量。本研究也将在两者的路径之间加上这两个变量。

有关顾客满意与顾客信任的关系，学者们说法各异。部分学者提出顾客满意导致顾客信任；也有学者指出，信任的顾客更容易产生满意感。国内学者汪纯孝等也提出了学者们对满意和信任看法不一致这个问题，但是他在后文的研究中将顾客信任作为顾客满意的前置变量[2]。而范秀成等指出，基于 Robinson 和 Mattila 等的发现，认为服务关系注入了一种对服务提供者的事先信任感，然后，再影响后续信任和重购意愿。但是他提到基于公平理论，是信任感而不是过程质量本身与结果质量相互作用来影响顾客的购后行为[3]。Singh 和 Sirdeshmukh 谈到，基于过程感知和公平理论，购买前的顾客信任对顾客满意、顾客购买后的信任感和顾客忠诚都有显著的影响，并提出了概念模型，指出购买前的信任和购买后的信任对模型既有直接作用也有调节作用，但是他没有对模型进行实证检验[4]。Shen 等在他们论文的讨论部分提出，购买前的信任和购后信任是未来的一个研究方向[5]。基于过程感知和公平理论，信任在关系营销中发挥着重要作用。

本研究提出，事先信任影响着顾客满意和后续信任，从而引致顾客承诺，顾客忠诚。因此，本文在借鉴前人研究成果的基础上，将顾客信任划分为事先信任和后续信任，以事先信任为源头，以顾客满意、后续信任和顾客承诺为中介变量，建立顾客忠诚的形成机理模型，并用寿险公司的调查数据进行验证分析。

二、文献回顾

1. 顾客满意和顾客忠诚

（1）顾客满意（Customer Satisfaction）。

Cardozo 首次将顾客满意（Customer Satisfaction）引入营销学领域[6]。到现在为止，顾客满意的研究已进行了几十年。Oliver 提出的"期望不一致"理论为满意度研究奠定了坚实的基础[7]。Oliver 认为：顾客满意是一种针对特定交易的暂时性的、情绪性的反映。它取决于顾客所预期的产品或服务利益的实现程度以及反映预期与实际结果的一致性程度[8]。后来又有学者研究了情感对满意影响，指出满意不仅是一个认知过程，同时也包含着情感因素。本文中的顾客满意是基于认知满意和情感满意的总体评价，是一种累积性的满意。

（2）顾客忠诚（Customer Loyalty）。

Dick 和 Basu 首先提出顾客忠诚（Customer Loyalty）的概念，将其界定为对一个品牌的态度和重复购买行为之间的关系的强度[9]。后来，很多营销专家对顾客忠诚的定义加以补充。从营销文献看，忠诚研究可以分为行为观点、态度观点和复合观点三大学派。Oliver认为，顾客忠诚就是对偏爱产品或服务的深度承诺，在未来一贯的重复购买并因此而产生对同一品牌或同一品牌系列产品或服务的重复购买行为，并不会因市场情境的变化和竞争性营销力量的影响产生转移行为[10]。Oliver的定义折射了顾客忠诚的行为与态度的双重特征，得到目前多数学者的认可。本文采用行为忠诚与态度忠诚的复合观点来理解顾客忠诚。

关于顾客满意和顾客忠诚的关系，Jones和Sasser的研究发现，两者的关系是非线性的，并且在不同产业之间差异很大[11]。Finkelman和Daniel的研究发现存在一个顾客忠诚度不变的满意区域——"无关紧要区域"[12]。即顾客满意不是顾客忠诚的充分条件，而是顾客忠诚的必要条件。这一点也在学术界基本形成了共识。

2. 顾客信任（Customer Trust）

信任（Trust）是关系交易的必要条件，也是成功关系营销的核心，是人与人之间、人与社会之间沟通的最基本要素[1]。

（1）事先信任（Pre-trust）。

从心理学角度我们认识到，顾客在消费过程中选择的是自己信任的产品或服务提供商。而建立对产品或服务提供商的事先信任与企业形象、顾客期望相关。拥有较好的企业形象的厂商不一定都能使顾客产生事先信任，但是顾客信任的一定是心目中认为形象好的企业。信任包括依赖这个属性，因而消费者产生的事先信任感还包括期望成分。

Singh等提出的概念模型中以基于过程的观点将信任区分为购买前信任（Pre-trust）和购买后信任（Post-trust）[4]。基于Robinson和Mattila等的发现，我们认为服务关系注入了一种对服务提供者的事先信任感，然后，再影响后续信任和重购意愿[13,14]。我国学者范秀成也提到了这点。本文认定的事先信任是顾客在购买产品或服务前综合各方面知识建立起来的信任感。

（2）后续信任（Post-trust）。

后续信任（Post-trust）是建立在顾客满意的感知之上。Morgan和Hunt认为，当一方对交换伙伴的可靠性和诚实性具有信心时，就存在了信任[1]。Garbarino等则认为，顾客信任就是顾客对于组织所提供服务的质量与可靠度的信心[15]；Sirdeshmukh等认为顾客信任是指顾客可以依赖服务提供者传递他们承诺的期望[16]。

基于过程的观点，事先信任对后续信任有着明显的影响。后续信任建立在顾客对产品或服务提供者产生的事先信任感和顾客满意的感知基础之上。本文认定的后续信任是服务提供者有效传递服务使得顾客感知满意从而对服务提供者产生的信心。

3. 顾客承诺（Customer Commitment）

关系承诺（Commitment）是社会交换领域和关系营销领域的核心概念。Anderson和Weitz把关系承诺定义为：一种发展稳定关系的渴望，并且为保持这种关系愿意牺牲短期的利益，同时对关系的稳定有信心[17]。Morgan和Hunt在他们提出的"承诺—信任理论"中指出，关系承诺是关系营销的关键中介变量之一。他们将关系承诺定义为"交换伙伴相信与另一方的持久关系非常重要，以致做出最大努力来维持这种关系。也就是说，承诺方相信这种关系值得努力以确保其无限延续"[1]。Macintosh 和 Lockshin 认为承诺是交易伙伴间希望维持关系，而且愿意为了加强关系程度而投入精力[18]。本文借鉴罗海成和范秀成的观点认为顾客承诺是"消费者对延续与服务企业之间交换关系的积极态度倾向"[19]。

Sirdeshmukh 等指出信任是长期关系的基础，是关系承诺的关键要素[16]。信任有助于建立稳固的顾客关系、维持市场占有率以及取得顾客忠诚。Singh 等构建的概念模型中提到事先信任对顾客满意和顾客忠诚的影响[4]。Morgan 和 Hunt 提出的"承诺—信任理论"认为，顾客信任会促使顾客对企业从认知态度到消费行为的积极转化，最终产生对值得信任企业的价值认同和行为依赖，成为企业忠诚的顾客[1]。在顾客满意之外顾客全面信任是保证顾客真实忠诚的条件，顾客信任的存在比顾客满意反映出更强的关系承诺。

三、概念模型和研究假设

基于过去的消费经验，如果消费者不相信产品或服务的提供商，他将不满意这个产品或服务提供商。Singh 和 Sirdeshmukh 提出顾客交易前的信任感（Pre-exchange Trust）即事先信任（Pre-trust）对顾客购买后的满意感有直接影响。他们同时也提出了将事先信任（Pre-trust）作为外生变量，讨论它与后续信任（Post-trust）和顾客忠诚的关系。我国学者范秀成提到服务关系注入了对服务提供者的事先信任感，然后再影响后续信任和重购意愿。信任是关系营销的基础，是关系承诺的关键要素。因此，事先信任对顾客承诺也有着影响。基于此，我们提出如下假设：

H1a：事先信任对顾客满意有显著正向影响。

H1b：事先信任对后续信任有显著正向影响。

H1c：事先信任对顾客承诺有显著正向影响。

H1d：事先信任对顾客忠诚有显著正向影响。

顾客满意论是学术界较早提出来用于解释顾客品牌忠诚的一种理论。从认知学的角度看，正如 Oliver 认为的那样，顾客往往通过产品或服务的品质信息建立起品牌信任，在产品或服务的消费中建立并累积满意，满意到达一定的水平后，即产生忠诚。Garharino 和 Johnson 研究了顾客满意度、顾客信任和顾客承诺之间的关系。Alonso 通过实证研究揭示顾客满意对顾客信任有显著的直接影响，而顾客信任对顾客承诺的直接影响更是高达0.66，而顾客承诺也显著地影响着顾客忠诚。Bloemer 和 Ksaper 认为顾客承诺在不同程度的顾客满意和不同种类品牌忠诚之间的复杂关系中扮演了重要的中介角色。基于此，我们提出如下假设：

H2a：顾客满意对后续信任有显著正向影响。

H2b：顾客满意对顾客承诺有显著正向影响。

H2c：顾客满意对顾客忠诚有显著正向影响。

信任在关系营销中发挥着重要的作用。"承诺—信任理论"为我们揭示对产品或服务有着满意感知的顾客（即有着后续信任的顾客）倾向于维持与产品或服务提供者的这种关系，并愿意花时间和精力来维持这种关系。这对顾客忠诚有着重要影响。基于此，我们提出如下假设：

H3a：后续信任对顾客承诺有显著正向影响。

H3b：后续信任对顾客忠诚有显著正向影响。

关系承诺与顾客忠诚紧密相关。忠诚意味着承诺，它们都是营销理论研究的核心问题。Oliver 定义顾客忠诚包含高程度承诺的意义。Garbarino 和 Johnosn 的研究也证明关系承诺对顾客忠诚意愿有着积极性。而在其他领域的研究也同样支持承诺和顾客忠诚之间存在着积极影响。由于消费者的选择性感知，高承诺的顾客将使自己的态度和感知趋于一致，寻求能强化自己偏好的相关信息，从而影响顾客忠诚。基于此，我们提出如下假设：

H4：顾客承诺对顾客忠诚有显著正向影响。综合以上文献回顾和理论假设，本文建立以事先信任为源头，以顾客满意、后续信任和顾客承诺为中介变量的顾客忠诚形成机理模型，如图 1 所示。

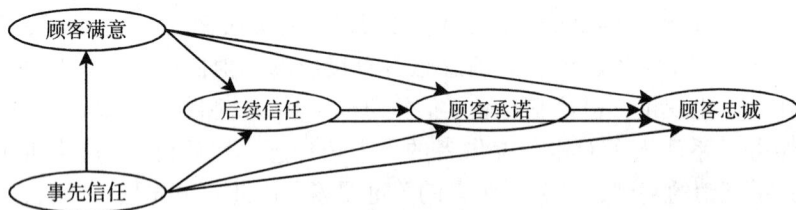

图 1　概念模型

四、研究方法

1. 数据收集

本研究选取保险业中的寿险业务作为实证对象。在天津市各区县对寿险业务的顾客进行问卷调查。在进行正式调查之前，我们进行了预调查，预调查的问卷我们先请对市场调查既有理论研究又有实践经验的教师进行审查，确保问卷的内容效度，预调查的对象是天津主要保险公司的部分客户经理和部分顾客。在此基础上对问卷进行了必要的提炼与调整，然后形成正式问卷进行调查。共发出问卷 300 份，回收有效问卷 268 份，有效问卷的回收率为 89.3%。

2. 分析方法

由于本文研究框架主要涉及结构变量之间的结构关系验证，为此我们采用结构方程建模（SEM）作为实证分析的主要方法，本文主要使用 AMOS17.0 软件进行结构方程检验，同时运用 SPSS17.0 软件进行数据分析。SEM 模型中最常用的估计方法是极大似然（Maximum Likelihood），使用极大似然法来估计参数时，样本数据必须符合多变量正态性假定，此外样本数据的样本数也不能太少，但样本数太大，使用该法来估计参数时，适配度的卡方值会过度敏感，因而进行 SEM 模型估计与决定模型是否被接受是应参考多向度的指标值加以综合判断。本文的研究模型也将采取极大似然分析法，有关数据的异常值的处理下文中具体说明。AMOS 要求样本模型至少是潜变量的 10 倍，本研究的样本满足此要求。

3. 变量测量

量表问项全部采用 1–7 级的 Likert 量表，1 表示完全不同意，7 表示完全同意。本文借鉴前人对各变量实证研究时所采用的问卷，具体各变量的计量指标来源见表 1。

表 1　变量来源

变量	计量指标来源
事先信任	Singh 和 Sirdeshmukh（2000），Chiou 等（2002）
顾客满意	Yi（1990），Oliver（1990），Chiou 等（2002），范秀成（2006）
后续信任	Morgan 和 Hunt（1994），Johnson（1999）
顾客承诺	Morgan 和 Hunt（1994），Johnson（1999）
顾客忠诚	Magnus（1998），Johnson（2002），陆娟等（2005）

资料来源：笔者整理。

五、分析与结果

1. 测量模型评价

（1）信度检验。

Cronbach's Alpha 在专题研究中常用来作为测试信度的标准（通常值大于 0.7 表示信度较好）。我们也通过该系数检测量表内部一致性信度，结果见表 2。数据显示，所有系数指标均超过 0.70，说明本研究中的量表具有较好的内部一致性。

表 2　信度检验分析

变量	代码	Cronbach's Alpha	项数	组合信度	AVE 值	R² 值
事先信任	PRT	0.880	4	0.7594	0.4387	
顾客满意	CS	0.843	3	0.6942	0.436	0.694
后续信任	POT	0.889	5	0.8812	0.5984	0.888
顾客承诺	CC	0.887	4	0.8861	0.6607	0.844
顾客忠诚	CL	0.870	4	0.8636	0.6133	0.934

潜在变量的组合信度是模型的内在质量判断标准之一。若潜在变量的组合信度大于0.60，则表示模型的内在质量好。本模型潜在变量的组合信度都达到了这个指标，说明本模型具有较好的组合信度。具体指标见表1。

（2）效度检验。

内敛效度是指测量同一概念的不同问项之间的相关度。第一步是考察问项在每个概念上的标准化载荷，载荷系数应该大于0.70，这意味着问项与其潜变量之间的共同方差大于问项与误差方差之间的共同方差；第二步是考察 AVE 值，一般而言 AVE 值应该大于0.5，这意味着解释了问项50%以上的方差。本研究的量表基本上达到了该要求，见表2和表3。

表3　内敛效度分析

潜变量	显变量	估计值	潜变量	显变量	估计值
事先信任（PRT）	PRT1	0.769	后续信任（POT）	POT1	0.810
	PRT2	0.841		POT2	0.832
	PRT3	0.874		POT3	0.770
	PRT4	0.753		POT4	0.696
顾客满意（CS）	CS1	0.837		POT5	0.810
	CS2	0.723	顾客忠诚（CL）	CL1	0.790
	CS3	0.863		CL2	0.747
顾客承诺（CC）	CC1	0.841		CL3	0.829
	CC2	0.800		CL4	0.758
	CC3	0.829			
	CC4	0.758			

2. 结构模型评价

（1）内生变量的 R^2 值。

我们用内生变量的 R^2 值来考察模型的解释力，它是指模型所解释的概念的方差大小。下表为内生变量的多元相关系数的平方（R^2）。本模型中的 R^2 值都接近或大于0.7，表明本模型具有良好的解释力。具体 R^2 值见表2。

（2）假设检验。

我们对本文提出的 10 个理论假设进行验证性分析。参数检验使用极大似然法（ML）进行估计。

表4　初始模型的路径系数估计结果

假设	关系	标准化估计值	T 值	P	检验结果
H1a：事先信任对顾客满意有显著正向影响	CS←PRT	0.833	11.241	***	接受
H1b：事先信任对后续信任有显著正向影响	POT←PRT	0.175	1.812	0.070	拒绝
H2a：顾客满意对后续信任有显著正向影响	POT←CS	0.787	7.380	***	接受
H1c：事先信任对顾客承诺有显著正向影响	CC←PRT	0.011	0.112	0.911	拒绝
H2b：顾客满意对顾客承诺有显著正向影响	CC←CS	0.206	1.013	0.311	拒绝

续表

假设	关系	标准化估计值	T 值	P	检验结果
H3a：后续信任对顾客承诺有显著正向影响	CC←POT	0.708	3.400	***	接受
H1d：事先信任对顾客忠诚有显著正向影响	CL←PRT	0.006	0.691	0.489	拒绝
H2c：顾客满意对顾客忠诚有显著正向影响	CL←CS	−0.194	−1.027	0.304	拒绝
H3b：后续信任对顾客忠诚有显著正向影响	CL←POT	0.430	1.883	0.06	拒绝
H4：顾客承诺对顾客忠诚有显著正向影响	CL←CC	0.691	4.683	***	接受

注：*** 表示在 0.001 的水平上显著。

我们发现，初始模型中实现信任对顾客忠诚、事先信任对顾客承诺等几条路径在寿险行业没有得到支持。对于 H1c，可能是因为在消费者的购买行为中，对于产品或服务的提供商做出承诺还是普遍倾向于有了满意体验之后，这点我们可以从后续信任对顾客承诺显著的路径系数中得到更好的理解；对于 H2b，从心理学角度能够得到一定的解释，"满意—信任—承诺"这样的心理路径更加符合人们的消费心理；对于 H1d，事先信任对顾客忠诚没有显著的直接影响，而是通过后续信任来间接作用于顾客忠诚；对于 H2c，顾客满意和顾客忠诚的关系，本研究得出的关系是两者没有显著的直接作用，这也符合了先前学者们研究的结论，即顾客满意到顾客忠诚中间存在中介变量的作用。

（3）模型修正。

因为使用 ML 要求数据具备多变量正态性假定，所以我们要剔除初始模型中样本的异常值，使得数据符合要求，然后再进行检验。

首先，我们利用初始模型的输出结果，对数据的异常值进行处理；其次，增加了能够得到理论支持的相关度较高的残差相关路径；最后，对不符合要求的变量路径进行剔除。通过模型修正，我们得到如下结果，见表 5 和表 6。

表 5　修正模型的路径系数估计结果

假设	关系	标准化估计值	T 值	P	检验结果
H1a：事先信任对顾客满意有显著正向影响	CS←PRT	0.833	11.292	***	接受
H1b：事先信任对后续信任有显著正向影响	POT←PRT	0.182	2.038	0.042	接受
H2a：顾客满意对后续信任有显著正向影响	POT←CS	0.785	7.776	***	接受
H3a：后续信任对顾客承诺有显著正向影响	CC←POT	0.918	12.784	***	接受
H3b：后续信任对顾客忠诚有显著正向影响	CL←POT	0.310	2.144	0.032	接受
H4：顾客承诺对顾客忠诚有显著正向影响	CL←CC	0.674	4.482	***	接受

注：*** 表示在 0.001 的水平上显著。

表 6　修正模型拟合程度评价

统计检验量	适配的标准或临界值	检验结果	评价
绝对适配度指数			
卡方值 χ^2	显著性概率 P > 0.05	—	—
GFI	> 0.90 以上	0.895	尚可

统计检验量	适配的标准或临界值	检验结果	评价
AGFI	> 0.90 以上	0.862	尚可
PMSEA	< 0.05	0.057	尚可
增值适配度指数			
NFI	> 0.90 以上	0.927	好
RFI	> 0.90 以上	0.914	好
IFI	> 0.90 以上	0.966	好
CFI	> 0.90 以上	0.966	好
简约适配度指数			
PNFI	> 0.90 以上	0.781	不好
NC 值（χ^2 的自由度比值）	1 < NC < 3，表示模型有简约适配程度	1.793	好

修正后的模型路径分析显示，假设检验均能得到通过，路径系数能较好地解释变量之间的作用。修正的概念模型如图 2 所示。

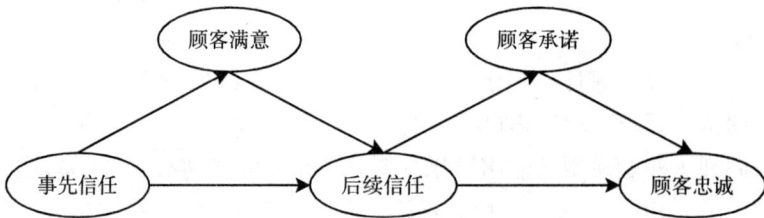

图 2　修正的概念模型

实证结果显示，事先信任对顾客满意的影响力达到了 0.833，对后续信任的路径系数也有 0.18，顾客满意对后续信任的路径系数达到了 0.785，后续信任对顾客承诺的影响达到了 0.918，对顾客忠诚也有 0.31 的影响效果，顾客承诺对顾客忠诚也有 0.674 的影响力。

上述数据显示，在保险行业的寿险业务中，事先信任是一个重要的影响因素，它对顾客满意有着显著的正向影响，通过后续信任和承诺间接影响顾客忠诚度。数据还表明了在寿险业中，顾客的满意度对忠诚度并没有直接的影响，这也再次论证了顾客满意和顾客忠诚之间并不是简单的线性关系。

修正后的模型整体适配度基本上符合要求，路径系数比较显著，对假设的解释也符合理论推导。因此，本研究的假设模型具备合理性，并且通过了实证的检验，具有一定的普适性。

六、结论及管理启示

长期以来，关系营销探讨了顾客满意和顾客忠诚的关系，"承诺—信任理论"的提出为两者关系提供了更具说服力的解释。但是在两者传导机制的研究中添加这两个变量不为常见。本研究在关系营销原有的框架基础上，讨论了顾客满意和顾客忠诚的关系，提出了两者之间存在中介变量的传导作用，并且得到了保险行业中寿险顾客研究的实证支持。

本研究的创新点在于构建了一个新的顾客忠诚形成机理模型。虽然几种典型的顾客满意度指数模型已得到理论界和实践界的认可，但是这些模型都没有反映顾客从满意到忠诚是一种复杂的心理认知过程。新模型的理论优势主要体现在以下几点：第一，将信任区分为事先信任和后续信任。传统的顾客满意度指数模型根本没有考虑顾客的信任问题。近年来，尽管有学者将信任引入满意和忠诚的关系研究中，但是都没有对信任进行划分。依据心理活动规律，顾客在购买产品或服务前后会产生不同的信任感。所以研究不同的信任在顾客忠诚形成机理中的作用很有必要。第二，基于"承诺—信任理论"，在"满意—忠诚"的关系中引入后续信任和承诺，深入剖析了顾客从满意到忠诚的复杂心理认知过程。由于满意是忠诚的必要非充分条件，所以传统的顾客忠诚形成机理模型受到很大挑战。尽管也有学者将信任或承诺引入满意和忠诚之间进行研究，但是由于模型构建不一致，实证研究缺乏等原因导致他们并未达成共识。本研究在清晰界定信任和承诺概念的基础上，基于过程的观点合理构建了顾客忠诚形成机理模型，并对其做了实证检验。第三，模型实证检验发现，事先信任对顾客忠诚没有直接影响，但是间接作用显著。事先信任直接影响的是顾客满意和后续信任，影响系数达到了 0.833 和 0.182。顾客满意没有表现出对顾客忠诚的直接影响作用，它通过后续信任和顾客承诺间接作用于顾客忠诚。而后续信任对顾客承诺和顾客忠诚则表现出了很强的直接影响作用，影响系数达到了 0.918 和 0.310。

由于新模型在理论上的优势，所以相对传统观点，新模型对管理有新的启示：第一，提高顾客事先信任感更具有操作性。企业在实施关系营销时，应该建立顾客事先信任感，在实践上这比单纯猜测顾客期望有更强的操作性。企业建立事先信任感可以通过建立良好的企业形象，树立好的口碑，履行符合企业的社会责任等方式来建立。在欧洲顾客满意指数模型（ECSI）中，企业形象作为一个外生变量出现。加入这个变量使得模型更加完整，更好地解释了顾客忠诚的影响因素。我们发现，顾客事先信任感的建立与企业形象高度相关，但是并不完全相同。形象好的企业不一定都能赢得顾客信任，但是顾客信任的企业一定是其形象认可的企业。这充分说明事先信任感在社会交易中有更强的主导性。据"态度—行为"一致性理论，事先信任感也能反映顾客的行为变化。第二，摒弃顾客越满意就会越忠诚的错误观点。大多数企业都认为顾客越满意就会越忠诚。因而很多企业都在盲目地通过各种管理手段来提高顾客满意度，以顾客满意为出发点进行一切管理活动。但是这种以顾客满意为导向的管理方式，不是那么尽如人意。企业投入了大量的资源来提高顾客满意度，但是仍然还有很多顾客流失，投入与产出不对等。其实满意和忠诚之间还有复杂的心理活动过程，满意必须上升为信任，继而形成一种承诺之后，顾客才会从态度和行为两方面忠实于企业。所以，企业在进行顾客关系管理时，不能仅仅考察顾客是否满意，必须在顾客满意的基础上，进一步调查顾客是否已经对企业形成信任和承诺，并有针对性地对满意的顾客进行信任营销和承诺营销。

七、局限和未来研究方向

本文在借鉴前人研究成果的基础上，建立了顾客忠诚形成机理模型，并用寿险公司的调查数据进行了验证分析。但由于研究时间和研究能力等的限制，本文还存在一些局限。

第一，仅仅以天津地区有寿险业务的保险公司为例，样本选取范围有点窄。同时通过分阶段抽取的有效配对样本为 268 份，尽管满足 AMOS 软件分析的样本要求，但是，如果能够增加样本选取范围以及样本数量，那么该研究结果将更具有可信度和说服力。

第二，采用问卷调查法，虽然在问卷设计和实际调查中力求做到科学合理，但是被调查者根据其主观认知来填答问卷，这种回答很可能受被调查者自身情感因素和实际环境等因素的干扰。

第三，本次研究的几个变量如顾客满意度、顾客承诺、顾客忠诚等多为敏感问题，他们的回答有可能没有完全反映现实情况。

鉴于以上的局限性，我们将在后续的研究中采用其他行业或地区的样本对本文所提出的修正模型进行进一步的研究和验证，以求获得顾客忠诚形成机理的普适性模型。同时事先信任和后续信任不仅对整个模型有着直接的影响，还有间接的调节作用，但是本模型仅指出了它们的直接影响作用，未能说明它们的调节作用，这是本模型的一个缺陷，也是下一个研究方向。

参考文献

[1] Morgan, Robert M., Shelby D. Hunt. The Commitment-Trust Theory of Relationship Marketing [J]. Journal of Marketing, 1994, 58 (7): 20-38.

[2] 汪纯孝，韩小芸，温碧燕. 顾客满意感与忠诚感关系的实证研究 [J]. 南开管理评论，2003 (4): 70-74.

[3] 范秀成，刘建华. 顾客关系、信任与顾客对服务失败的反应 [J]. 南开管理评论，2004 (6): 9-14.

[4] Jagdip Singh, Deepak Sirdeshmukh. Agency and Trust Mechanisms in Consumer Satisfaction and Loyalty Judgments [J]. Journal of the Academy of Marketing Science, 2000, 28 (1): 150-167.

[5] Jyh-Shen Chiou, Cornelia Droge, Sangphet Hanvanich. Does Customer Knowledge Affect How Loyalty Is Formed? [J]. Journal of Service Research, 2002, 5 (2): 113-124.

［6］Cardozo, Richard N. An Experimental Study of Consumer Effort, Expectation and Satisfaction ［J］. Journal of Marketing Research, 1965, 2 (8): 244-249.

［7］Oliver, R. L. A Cognitive Model of the Antecedents and Consequences of Satisfaction Decisions ［J］. Journal of Marketing Research, 1980, 17 (4): 460-469.

［8］Oliver. Measurement and Evaluation of Satisfaction Processes in Retailing Setting ［J］. Journal of Retailing, 1981, 57 (3): 25-48.

［9］A. S. Dick, K. Basu. Customer Loyalty: Toward an Integrated Conceptual Framework ［J］. Journal of the Academy of Marketing Science, 1994, 22 (2): 99-113.

［10］Oliver. Satisfaction: A Behavioral Perspective on the Consumer ［M］. USA: McGraw-Hill Companies, Inc., 1997.

［11］Jones, Sasser. Why Satisfied Customers Defect? ［J］. Harvard Business Review, 1995, 73 (6): 88-91.

［12］Finkelman, Daniel Paul. Crossing the Zone of Indifference ［J］. Marketing Management, 1993, 2 (3): 22-31.

［13］Robinson. Trust and Breach of the Psychological Contract ［J］. Administrative Science Quarterly, 1996, 41 (4): 574-599.

［14］Mattila, Anna S. The Impact of Relationship Type on Customer Loyalty in a Context of Service Failure ［J］. Journal of Service Research, 2001, 4 (2): 91-101.

［15］Elle Garbarino, Mark S. Johnson. The Different Roles of Satisfaction, Trust, and Commitment in Customer Relationships ［J］. Journal of Marketing, 1999, 63 (4): 70-87.

［16］Sirdeshmukh Deepak, Singh, Sabol. Consumer Trust, Value, and Loyalty in Relational Exchanges ［J］. Journal of Marketing, 2002, 66 (1): 15-37.

［17］Anderson, Erin, Weitz, Barton. The Use of Pledges to Build and Sustain Commitment in Distribution Channels ［J］. Journal of Marketing Research, 1992, 29 (1): 18-34.

［18］Macintosh, Gerrard, Lockshin, Lawrence S. Retail Relationships and Store Loyalty: A Multi-level Perspective ［J］. International Journal of Research in Marketing, 1997, 14 (5): 487-498.

［19］罗海成, 范秀成. 基于心理契约的关系营销机制: 服务业实证研究 ［J］. 南开管理评论, 2005, (6): 48-55.

［20］Ellen Garbarino, Mark, Johnson. The Different Roles of Satisfaction, Trust, and Commitment in Customer Relationships ［J］. Journal of Marketing, 1999, 63 (4): 70-87.

［21］Jose M. M. Bloemer, Hans D. P. Kasper. The Complex Relationship between Consumer Satisfaction and Brand Loyalty ［J］. Journal of Economic Psychology, 1995, 16 (2): 311-329.

［22］Oliver, R. L. Whence Consumer Loyalty ［J］. Journal of Marketing, 1999, 63 (4): 33-44.

［23］吴明隆. 结构方程模型——AMOS 的操作与应用 ［M］. 重庆: 重庆大学出版社, 2009.

［24］荣泰生. AMOS 与研究方法 ［M］. 重庆: 重庆大学出版社, 2009.

Research on the Formation Mechanism of Customer Loyalty Based on Pre–Trust and Pro–Trust

Yi Munong   Chu Tianshu   Qiao Shi   Zhang Chubing

(Business School of Tianjin University   Tianjin   300192)

Abstract: Customer satisfaction is a condition which is necessary but sufficient to customer loyalty. According to "Commitment–Trust Theory", the way from customer satisfaction to customer loyalty is a complex cognitive process. The process requires the catalytic intermediate factors which have been identified are trust and commitment. So the trust is divided into pre–trust and post–trust in this article. We propose a formation mechanism of customer loyalty model in which headstream is the pre–trust. Meanwhile, we validate this model using the analysis of survey data in the life insurance company. We find that the pre–trust exert a significant positive influence on customer satisfaction, and it indirectly influences customer loyalty through the post–trust and commitment.

Key Words: Customer Trust; Customer Satisfaction; Customer Commitment; Customer Loyalty

分标价定价策略的负面效果研究 *

韦夏　　王光耀　　涂荣庭

（北京大学光华管理学院　北京　100871）

【摘　要】 企业试图以分标价提高利润，但对分标价的长期负面效果鲜有研究。本文认为，当消费者发觉分标价产品的实际价格高于回忆价格时，购买满意度、重购意愿及对企业的正面口碑和信任都会显著降低。而且不管顾客是否认为自己没有精细计算造成了对总价格的低估，大部分的顾客都会将其归咎于企业而不是自己。同时，比起在自己发现的情况下，顾客在得到他人提醒时，涉及长期客户关系的重购意愿和顾客信任，下降幅度都显著更大。

【关键词】 分标价；负面效果；归因；情境

一、研 究 背 景

定价策略是企业参与市场竞争的重要利器。随着市场竞争日益加剧，定价策略的重要性也日益凸显，从尾数定价、组合定价到近年出现的分标价（Partitioned Pricing），都反映了企业尝试从定价方式上影响消费者的决策，提高企业利润，这也引起了学术界的进一步关注。

分标价作为企业的一种定价策略，指的是企业把原来整体标价的产品和/或服务区分成两个或者更多的部分进行分别标价，但是消费者在购买时往往仍须支付全部费用。例如，某餐厅收取 200 元的餐饮费加上 15% 的服务费，顾客其实要支付的总体价格是 230 元。占总价格比重较大的那部分一般较为重要，称为主体价格，另一部分则称为附加价格。

* 本文选自《营销科学学报》2011 年第 7 卷第 1 辑。

基金项目：本文受国家自然科学基金项目（70872006）资助。

作者简介：韦夏，北京大学光华管理学院市场营销系博士研究生；王光耀，北京大学光华管理学院学院市场营销系硕士；涂荣庭，北京大学光华管理学院市场营销系助理教授，博士生导师。

分标价在企业实践中应用广泛，电子商务中普遍采用的"售价+运费"或者"售价+税费"、维修服务中的"零部件+服务费或修理费"、餐厅的"餐饮费+服务费"、黄金饰品交易中的"金价+加工费"等，都是分标价在不同行业的具体运用。

分标价也引起了学术界的兴趣，有许多学者主要从分标价对消费者选择的影响（Morwitz et al.，1998）、消费者处理分标价的思维过程（Ya-dav，1994）、分标价的不同方式之间的差异（Hamilton and Srivastava，2008；Sheng et al.，2007；Xia and Monroe，2004）等方面，对分标价的正面效果进行了深入研究。

Yadav（1994）研究认为，消费者在评价一个产品组合时，会采取一种先锚定再调整（Anchoring and Adjusting）的认知处理方式，即先选择较为重要的部分进行评价，然后根据对较次要部分的评价来调整原来的判断。但是这种调整往往是不充分的，所以较为重要的部分会对消费者的评价产生更大的影响。

对于不同的分标价方式及其所产生的效果，学者们也进行了深入的研究。比如，基于心理账户理论（Mental Accounting），Chakravarti等（2002）提出，不同的分标价方式会使消费者关注核心产品的不同属性，对消费型特征（Consumption-related Feature，如电冰箱的制冰机）进行分标价会使消费者关注附加产品所带来的消费效益，并提高对整体定价组合的评价，这将有助于增强分标价的效果；相反，对绩效型特征（Performance-related Feature，如保修等）进行分标价，会凸显产品故障所带来的风险等问题，使消费者更重视产品的性能，从而降低分标价的效果。类似地，Xia和Monroe（2004）也发现对于网络企业来说，对销售税进行分标价比对运费进行分标价更容易让消费者接受。

尽管对分标价已有较多研究，但是主要集中在对其正面效果的研究方面，鲜有涉及其可能造成的负面影响。即使部分研究对负面效果有所提及，也主要是对分标价方式的讨论，如Sheng等（2007）认为过高的附加价格会使消费者产生不公平感，Chakravarti等（2002）发现，对绩效型特征进行分标价会引起消费者对产品性能及风险的关注等，而没有涉及分标价本身所可能造成的负面影响。

而且，现有研究多集中于对于分标价所造成的某一时点上的、短期的消费者选择过程，而很少研究分标价对企业所造成的长期影响。分标价与尾数定价有类似的地方，都是通过利用消费者的认知偏差以求达到提高产品销量等目的，而大部分消费者会认为利用认知偏差的这种方式是不道德的，如果企业长期使用这种定价方式，消费者会逐渐意识到其背后的"伎俩"，进而对这种定价方式产生一定的抵触情绪。这种抵触情绪可能会造成消费者对企业评价的降低，长此以往将影响企业绩效。

本研究探讨分标价可能造成的长期的和负面的影响，主要关注：①消费者发觉实际价格高于回忆价格的事件前后，对企业态度的变化，以及该事件对消费者行为意愿的影响；②消费者在不同的归因类型和发觉情境下这种负面影响的差异。

二、文献回顾和研究假设

根据 Bettman 等（1998）的理论，消费者在进行购买决策时，在可接受范围内，有四个维度的认知目标：最大化精确程度（Accuracy）、最小化所需的认知努力（Cognitive Effort）、最大化辨明正当性的容易程度（Ease of Justification）和最小化可能造成的负面情绪（Negative Emotion）。采用分标价的定价策略，提高了消费者计算总价格的难度，使得消费者需花费更大的努力获得精确的总价格。如对于同是 216 元的总价格，标价"188 元+28元"需要消费者经过一定的计算才得出，而采用"188 元+15%"的方式计算起来则需要更大努力。所以面对分标价，消费者需要在总价格的精确程度和所需努力之间进行取舍，由于消费者计算能力差异导致认知难度的不同，消费者可能采取不同的处理策略（Johnson et al., 1988）。

Morwitz 等（1998）借用"成本—收益框架"（Cost/Benefit Frame）解释了分标价导致更高购买需求的原因：消费者往往不能或不愿全面准确地处理价格信息，因为处理信息的过程本身就需要心理成本。消费者面对分标价信息时，会权衡处理它的成本和收益，进而选择不同的处理策略来获取综合价格信息，包括：①准确加总（精算法），少部分消费者采取将基本费用和附加费用精确相加的方式获得较准确的总价格，这样计算结果最精确，但需要最多的认知努力；②简化近似（估算法），大部分消费者采取的是折中方式，即通过简单的估算来得到总价格，这种认知模式下虽然精确性受损，但耗费的认知资源小于精算法；③忽略附加费（忽略法），还有一小部分消费者则完全忽略附加价格，包括不关注附加价格，以及虽然知觉到附加价格但在整合时不将附加价格纳入考虑范围（Stiving and Winner, 1997），这种方式最不精确，但耗费认知资源最少。这种普遍存在的、不精确处理附加价格的认知方式说明，消费者更倾向于关注主体价格、低估附加价格，从而造成分标价策略下对总价格的低估。而且，百分比标识的附加价，要经过乘法计算附加价的具体值，然后再将附加价数值加上主体价格数值；这两个步骤获得总体价格。而数字标示的附加价只需要经过前者的第二个步骤，耗费认知资源相对较少。因此：有以下假设：

H1a：当价格以分标价形式呈现时，消费者的回忆总价格低于实际总价格。

H1b：当价格以分标价形式呈现时，在实际总价格相等的情况下，附加价格采用百分比标示，相比附加价格采用数字标示，消费者的回忆总价格比较低。

传统上，顾客满意（Customer Satisfaction, CS）被认为是长期顾客行为的一个基本决定因素（Oliver, 1980），顾客越满意，就越可能继续光顾（Anderson and Sullivan, 1993）、为企业说好话（正面口碑）（Reichheld and Sasser, 1990；杜伟强和于春玲，2009），企业的利润从而得到提升（Fornell et al., 1996）。现实中，企业也往往会关注提高顾客满意。分标价使得消费者的回忆价格低于实际价格，"感觉"产品比实际上便宜，消费者为此而感到开心，企业也得到了实惠，如果只关注购后短期的顾客满意，该策略似乎可带来企业和消费者的"双赢"。但是，使顾客满意并不能确保其会持续光顾（Jones，1996），顾客即便满意也会转换到别处（Schneider and Bowen，1999）。对于关注长期顾客价值的企业，分标价的长期效果如何可能是更加重要的问题。

除了满意，信任也是促进顾客保留（retention）和提高正面口碑的重要推手。作为比满意更强烈的情感，信任能更好地预测顾客保留和口碑（Hart and Johnson，1999）。满意和信任虽然紧密相关，但两者的作用机制有所不同（Geyskens et al.，1998；Szymanski and Henard，2001）。Hart 和 Johnson（1999）提出，企业必须超越满意，和顾客建立"全面的信任"（Totaltrust），才能确保真正的客户忠诚。其中，重购意愿被看作是客户忠诚的行为表现维度，口碑则反映了忠诚的情感表现维度（Gremler and Brown，1996）。本文为较全面地研究消费者发觉实际价格与回忆价格不一致的长期和短期影响，检验在一种持续的交易情景下，顾客保持与企业的长期关系的意愿，所以选取了四个对企业绩效具有重要影响的变量作为因变量：相对关注过去交易的评价——购买满意度（Ajzen and Fishbein，1980），以及相对关注未来的交易态度和意愿——重购意愿（Fornell，1992；Sirohi et al.，1998）、口碑（Dick and Basu，1994；Sirohi et al.，1998）和顾客信任（Ganesh et al.，2000）。

顾客满意指顾客对以往消费体验的一种总体评价（Johnson and Fornell，1991），由实际的消费体验和预期的差距所决定（Tse and Wilton，1988；Yi，1990），是长期顾客行为的基本决定因素之一（Oliver，1980；Yi，1990）。前人研究认为，顾客满意会影响消费者的重购意愿（Anderson，1994；Oliver，1980；Oliver and Swan，1989；Mittal and Kamakura，2001；Homburg et al.，2005；朱华伟和涂荣庭，2007）和重购行为（Liang and Wang，2004；Oliva et al.，1992；Olsen，2002；Seiders et al.，2005），影响顾客口碑（Ping，1993；Anderson and Sullivan，1993）。持续的满意则可以提高企业的可信度从而增强顾客信任（Ganesan，1994）。

而重购意愿（Repurchase Intention，RI）是指消费者保持与现有供应商交易关系的愿望或倾向，即顾客在购买和使用商品/服务后，根据本次使用的感受，在下一次购买前形成的、再次购买同一个品牌产品的意向。Jones（1996）认为，虽然重购意愿并不一定会导致真实的重购行为，以此来预测重复购买行为会高估实际发生的重购率，但这种高估的程度却是相对稳定的，因此重购意愿仍然是预测顾客重购行为的一个重要指标。

口碑（Word-of-Mouth，WOM）则是消费者之间关于产品、服务、品牌或组织等信息的非正式、不含商业目的的人际传播（Anderson，1998）。根据口碑效价的不同，可以将口碑分为正面口碑、负面口碑。满意的消费者会进行正面的口碑传播（Sundaram et al.，1998），不满意的消费者则会用负面口碑来表达不满（Oliver and Swan，1989）。正面口碑会增加消费者的购买概率，这不仅可以减少企业的营销支出，同时也可以通过增加销售量（Oliver and Swan，1989）、吸引新顾客（Reichheld and Sasser，1990）而增加收入，负面口碑则会产生相反的影响。随着互联网的发展，口碑更容易获得，影响更大，因而对企业来说也更为重要（Zinkhan et al.，2003）。口碑可以显著增加企业顾客资产，提高长期顾客价值（Villanueva et al.，2008）。基于口碑对企业的重要性，本文选择口碑作为因变量之一，并将着重讨论消费者发觉实际价格高于回忆价格这一事件对于正面口碑的影响。

顾客信任（Customer Trust，CT）被认为是决定企业顾客关系成败的核心要素之一（Berry，1995；Blackston，1992；Morgan and Hunt，1994），反映了顾客与企业之间的情感关系（Elliot and Wattanasuwan，1998），有助于在顾客和企业之间建立密切的联系（Hiscock，2001）。尽管不同的学者对顾客信任的定义不尽相同，例如，Sirdeshmukh 等（2002）将其定义为顾客希望服务提供者在履行其承诺时是可靠的和可依赖的，Doney 和 Cannon（1997）将信任定义为对信任主体的可信度和善意的感知，但基本都认为信任包括善意信任（Benevolence）和能力信任（Competence）两个维度（金玉芳和董大海，2004），即情感信任（Affect-based Trust）和认知信任（Cognition-based Trust）（Johnson-George and Swap，1982）。由于本研究未涉及企业能力方面的因素，所以只选择了消费者对企业的情感信任作为因变量之一进行研究。信任可以减少感知交易风险（Ring and Van de Ven，1992），降低交易成本（Ganesan，1994；Gulati and Singh 1998）。根据承诺—信任理论（Morgan and Hunt，1994），关系承诺和信任是导致关系营销取得成功的关键中介变量，而且信任还直接影响着关系承诺，通过承诺降低双方终止关系的倾向，因此，信任对顾客归属感的形成有推进作用，在预测不同消费者未来的购买意愿时有重要的作用（Garbarino and Johnson，1999），也是顾客再购买行为发生的前提（薛君等，2005）。基于品牌信任对企业的重要性，本文以此作为因变量之一。

可见，虽然本文同时检验这四个因变量，它们并非是平行的，而是相互影响的。但本文并不探讨它们之间的关系，而是探讨分标价定价策略对它们分别产生的影响。

尽管采用分标价会造成较低的回忆价格，从而产生较高的消费者需求，但这是由于分标价导致消费者对于总价格的认知偏差所造成的。如果消费者通过某种途径纠正了这种偏差，比如，购买后经过重新计算或者得到他人告知，发现了准确的总价格，这一准确的价格与回忆价格的差距就可能造成其认知上的不一致，从而产生诸如感觉价格不公平或受欺骗等负面情绪。有研究表明，低于消费者期望造成的不一致，使消费者感觉价格不公平（包括情感上的和认知上的）的时候，会降低消费者的感知价值，引发负面情绪（Xia and Monroe，2004），进而降低消费者的满意度（Oliver，1999；Yi，1990），而且这种不一致程度与消费者的满意程度的降低呈正相关关系（Churchill and Surprenant，1982）。从长期来看，一次购买行为所产生的不公平感和负面情绪会影响消费者的行为，使消费者产生自我保护（如停止交易、退货或抱怨等）或者报复行为（如口碑、法律行为等）（Xia and Monroe，2004）。因此，我们有如下假设：

H2：当消费者意识到实际价格高于回忆价格时，消费者的购买满意度、重购意愿、正面口碑和顾客信任会降低。

长期而言，分标价策略可能会给企业带来一系列的负面效应，这些消费者的情感反应或行为倾向，一定程度上是基于其对原因和责任的认知。心理学研究表明，当负面事件

（结果）出现时，情景中的个人通常会根据自己掌握的信息进行原因推断，即对某种结果的形成进行归因（Wong and Bernard，1981），辨别这是自己、他人还是环境的责任（Weiner，1985）。Folkes（1984）和Weiner（2000）认为，可以根据原因潜在的性质，从归属性、控制性和稳定性这三个维度来解释个人对原因的推断：归属性是指原因的来源，即谁应该对此负责的问题；稳定性系指原因是经常出现还是偶尔出现，是相对稳定的还是暂时的；可控性是指原因的出现能否被控制，是否因人的意志而改变。在有关顾客归因的研究中，研究者通常是基于归属性来考虑原因的控制性（谢礼珊和龚金红，2008），受到设计上的局限，本文将"归因"可操作性定义为"原因能否为责任方所控制"，并重点关注两种归因类型：企业归因和自我归因。而且，参考谢礼珊和龚金红（2008）的研究，自我归因和企业归因并非截然对立，本文并不把两种归因看作一维变量的两端，而是将其作为二维变量来处理。

Weiner（2000）指出，当消费者认为企业应该为一个负面结果负责时，会产生愤怒、恼火、生气等情绪，继而引起对企业的负面行为，如抱怨、惩罚、谴责、报复等。在发觉实际价格高于回忆价格时，如果消费者将其归为企业的责任，可能会认为企业不够诚信，从而降低对企业的信任，表现出减少购买、正面口碑减少等对企业不利的行为。因此有以下假设：

H3a：当消费者意识到实际价格高于回忆价格时，相对于企业归因较低的消费者，企业归因较高的消费者的购买满意度、重购意愿、正面口碑及顾客信任的降低幅度更大。

而当消费者认为自己应该为负面结果负责时，则可能表现出自责、内疚等情绪（Weiner，2000）。但就顾客发觉实际价格高于回忆价格这一事件来说，即便消费者归咎为自己计算不仔细或者计算能力不够强等内因时，这可能只是对计算结果不准确这一事实的归因；而从结果的源头来看，还是可能认为是企业采取这种定价方式误导了消费者，由此归咎自己并不等于就不怪罪企业，对企业的负面评价并不一定比较小。在前期的初步访谈中也有部分证据支持这种推断。由此我们提出以下假设：

H3b：当消费者意识到实际价格高于回忆价格时，相对于自我归因较低的消费者，自我归因较高的消费者的购买满意度、重购意愿、正面口碑及顾客信任的降低幅度没有显著差异。

Weiner（1985）的研究表明，人们常把积极的成果（成功）归因于个人因素，而把消极的结果（失败）归因于外部因素。一般认为这种现象是由于人们都有一种维护和加强自尊心的强烈需要，这种自我防御偏见（Self-defense Bias）使得人们宁肯放弃客观的信息依据，而做出有助于自我形象的归因。所以，在由他人告知的情况下，消费者会倾向于进行更明确的外部归因，而且对自尊心的防御会更强烈，因而会更倾向于进行企业归因、对企业的评价更差。由此有以下假设：

H4：当消费者意识到实际价格高于回忆价格时，相对于消费者自己发觉的情况，在由他人告知的情况下，消费者会产生更低的购买满意度、重购意愿、正面口碑和顾客信任。

三、研究方法

（一）前测

为确定测试对象的产品类型及其主要属性，在北京某大学的在校学生中展开了两次前测。

第一次前测旨在选出比较适当的产品类型，希望找出学生群体比较熟悉的、较可能通过网上购买的产品品类。通过调查问卷，让学生被试从初步筛选出来的 9 类产品中选出最熟悉的三种和最有可能通过网络购买的三种。回收了 35 份合格样本，通过简单的频数统计筛选出了手机、数码相机和 MP3 三种产品。

第二次前测目的是找到所选产品的重要属性，用于正式问卷设计。通过调查问卷的形式，让学生被试分别对三种产品的各项功能属性的重要程度评分，并填写自己可接受的价格范围。通过对回收的 33 份合格样本进行分析，根据重要属性（重要程度>5，7 点量表）的数量选取了手机作为最终用于问卷设计的产品，其重要属性包括产品外观设计、外形尺寸、待机时间、蓝牙及照相功能。样本群体可接受的价格范围大致为 1000~2500 元。

（二）问卷设计

参照 Morwitz 等（1998）和 Kim（2006）所使用的回忆驱动情景设计实验，对信息感知模式进行操控。主体实验分为两个步骤。第一个步骤先测量分标价定价策略对消费者态度和行为意向的影响。将被试随机分配到不同的分标价定价方式组合情境中。测量消费者的回忆价格及处理分标价的认知方式。以再次检验前人的研究发现，即分标价策略会通过影响消费者处理价格的精确程度，从而降低总体回忆价格。该步骤更主要的目的是，为分标价的后续相关事件研究打下必要基础。

第二个步骤是本研究的重点，即基于分标价的前期效应，当消费者的认知偏差在后期得到纠正时的心理感知。通过操控被试发觉实际价格与回忆价格不一致的事件，将被试随机分配到不同的发觉情境（包括自己发现、他人告知）中，研究消费者的购买满意度、重购意愿、正面口碑及顾客信任的变化，即分标价策略可能存在的长期隐患。

在问卷的第一部分，为了模拟一个较为真实的购买情境，提高被试的涉入程度，让消费者想象自己要购买一部手机，并最终决定从两款手机中进行选择且通过"官方网站"在线购买。我们提供了两款手机在"官方网站"上的产品展示：产品的功能很接近，在外观设计描述、外形尺寸、附加功能上有细微的差别，待机时间则相同，品牌作了模糊化处理无法从图上识别（而且两款手机的原始图片来自同一个品牌）。两款手机总价格均约为

1900 元。所有信息及图片均来自市场上同等价位的真实手机，并在此基础上做了一定的调整。

为了避免受试很容易看出两款产品总价格相当，从而过于关注和依赖价格做出判断，提高模拟情景的真实性和被试涉入度，我们采用了如表 1 所示的四种定价方式组合：从定价组合设计上让两款手机的主体价格不同，附加价格——"运费及处理费"的表述方式也相应有所不同（分别表示为数字附加价、简单百分比附加价——10%，或复杂百分比附加价——13%）。值得注意的是，"定价方式组合"本身不是本文所要检验的自变量，而是要从中得到包含三种类型附加价格的选择结果，作为检验假设 H1b 的自变量。在控制两个备选产品吸引力相当的前提下，被试的选择结果难以通过直接操控获得。由于本文研究的重点是第二部分，即发觉回忆价格低于实际价格的"事件"的影响（假设 H2~H4），更侧重组内比较研究；不同定价方式间的差异（即假设 H1b）不作为研究和操控的重点。但作为再次检验前人研究结果，假设 H1b 在较充足的样本量基础上仍可以得到一定程度的支持。

表 1　定价方式组合

定价组合类型	A 款产品定价		B 款产品定价	
	手机价格/元	运费及处理费	手机价格/元	运费及处理费所占比例/%
P1	1679	13	1728	10
P2	1728	10	1679	13
P3	1679	13	1728	169
P4	1679	218	1728	10

在测量了被试对两款产品的购买意向，并让其做出产品选择之后，给出一段较为中性的对使用情况的描述（几天之后，您收到了手机，发现外观和预期的差不多，使用起来比较方便，各项功能也都正常），再请被试对该选择的购买满意度（Mittal and Kamakura，2001）、重购意愿（Sirohi et al.，1998）、正面口碑（Sirohi et al.，1998）和顾客信任（Ganesh et al.，2000）进行打分。所有测量量表均参考文献并结合深度访谈进行了适当调整，每个变量使用 2~4 个测项的 7 点量表进行测量（表 2）。

表 2　因变量因子分析结果

测项	因子载荷				Cronbach's α
	购买满意度	重购意愿	正面口碑	顾客信任度	
从功能参数来说，我的选择是合适的	0.840 (0.760)				0.756 (0.752)
从价格来说，我的选择是合适的	0.759 (0.820)				
从总体上来说，我的选择是合适的	0.825 (0.841)				

测项	因子载荷				Cronbach's α
	购买满意度	重购意愿	正面口碑	顾客信任度	
下次购买同类产品时我会继续选择该企业		0.689 (0.859)			0.765 (0.794)
下次购买同类产品时我会改选其他企业		−0.914 (−0.917)			
我会向朋友/同事推荐该企业			0.824 (0.877)		0.876 (0.809)
我会向朋友/同事推荐该企业的同类产品			0.861 (0.892)		
该企业是真诚的				0.850 (0.930)	0.929 (0.910)
该企业是可信赖的				0.836 (0.922)	

注：括号中的数字为发觉实际价格与回忆价格不一致之前的数据的因子分析结果。

其中，购买满意度在这里是指消费者对其选择行为的满意程度，只涉及消费者对该决策本身的评价，而没有涉及顾客满意度的其他方面。这主要是考虑到本研究采用的是虚拟情境，而且是以即时填写问卷方式进行的，不易涉及消费者比较复杂的消费体验，被试也难以对所作选择做出较为全面的满意度评价。关于口碑，为了避免引导被试过于关注定价方式，而且在虚拟情境提供的有限信息下，消费者缺少抱怨企业定价方式以外的其他理由，所以我们只测量正面口碑而不考虑负面口碑。

被试完成第一部分问卷后，实验员先收回该部分问卷，然后根据被试的选择"相应"发放第二和第三部分问卷，请被试填写。这主要是为了：①避免被试在填写问卷时前后翻看，特别是填写回忆价格时翻看前面的描述；②让被试以为接下来的问卷是对应其选择发放的，事实上与被试对产品的具体选择无关。

在第二部分问卷中，先请被试回忆并填写该产品的具体购买价格，然后询问被试对分标价的认知处理过程。结合前期深度访谈的结果，我们采用请被试直接汇报的方法，让其选取最符合当时处理情况的选项：①我较为仔细地计算了"手机价格+运费和处理费"所需的总价格；②我大致估算了一下"手机价格+运费和处理费"所需的总价格；③ 我只关注了手机价格，没怎么考虑运费和处理费。接下来，进入研究的第二大步骤，被试填写第三部分问卷。让被试想象一个发觉实际价格高于回忆价格的情境（自己发现或他人告知）：

自己发现的情境描述为：

想象在购买手机之后 2 周左右的时间，你在网上查找该款手机其他方面的资讯时，又一次在该品牌的官方网站上注意到了其价格，你重新计算了一下总价，发现实际上你为这款手机支付的总价格为 1900 元，这与你印象中的购买价格不一致。

他人告知的情境描述为：

想象在购买手机之后 2 周左右的时间，你与朋友谈论起新买的手机，当你根据记忆，兴冲冲地告诉朋友你购买该款手机的价格时，朋友说他之前也曾在该官方网站上关注过这款手机，并且告诉你这款手机实际的总价格为1900元，这与你印象中的购买价格不一致。

然后请被试对购买满意度、重购意愿、正面口碑和顾客信任度四个因变量再次进行评价，并询问被试对回忆偏差的归因。参考谢礼珊和龚金红（2008）的研究，分别采用3个问项的7点量表进行测量两种归因类型：企业归因和自我归因（表3）。

表3 "归因类型"因子分析结果

测项	因子载荷		Cronbach's α
	企业归因	自我归因	
该企业的定价方式造成了这种认知的不一致	0.764		0.745
该企业应该为这种不一致负责	0.851		
该企业不应该使用这种定价方式	0.805		
我自己计算不仔细造成了这种认知的不一致		0.912	0.774
我自己应该为这种不一致负责		0.877	

四、数据分析

通过在北京某大学随机有偿发放问卷，实际回收问卷320份，有效问卷303份（有效率94.7%），用于假设1的检验。对于假设2到假设4，研究的是分标价策略引起的回忆价格低于实际价格的情形，因此只取其中回忆价格低于实际价格的208份（占有效样本的68.6%）样本作为对比分析的合格样本。

（一）信度检验及因子分析

首先，分别对问卷中测量因变量和归因类型的项目进行因子分析，如表2和表3所示，结果与预期的基本一致。分别剔除了交叉负载的测项之后，调整后的结果显示Cronbach's α值都在0.7以上，说明使用这些问题能够测量相应的因变量，测项设计具有较高的内部一致性。在后续假设检验中，对因子分析得到的各个变量，都用各测项得分的简单平均值作为变量得分。

（二）回忆价格及认知处理方式

以1900元作为实际总价格进行比较，对303份有效样本进行单一样本T检验，结果显示回忆价格均值为1829.03元，显著低于实际价格（$t = -14.18$，$df = 302$，$p < 0.001$），验证了假设H1a。

对回忆价格按照三种分标价类型进行两两比较的一维方差分析（表4），结果显示，采用 13%附加价格（复杂附加价格）比采用数字附加价格可以导致消费者更低的回忆价格，但是用数字附加价格和 10%附加价格（简单附加价格）对回忆价格的影响没有显著差异：假设 H1b 没有得到验证。可见，附加价格形式是通过影响了处理分标价信息的难度，从而影响到人们采取的计算策略的。由于简单的百分比附加价（如 10%）容易换算成具体金额，其影响效果和数字型附加价格的更接近。这从另一个角度印证了 Morwitz 等（1998）用"成本—收益框架"（Cost/Benefitframe）解释分标价作用机制的合理性。

表 4 "回忆价格"一维方差分析

第一组（I）	第二组（J）	均值差（I-J）	标准误差	p
A 组	B 组	−3.288	16.565	0.844
A 组	C 组	31.493	16.920	0.064*
B 组	C 组	34.780	13.922	0.013*

注：A 组为数字附加价格的样本组，B 组为 10%附加价格的样本组，C 组为 13%附加价格的样本组。* 代表显著性检定 $p < 0.1$。

从表 5 还可以发现，从总体来看，多数被试（64.4%）采用了估算法，只有少数被试（11.5%）用精算法，另外有 1/4 左右的被试（24.1%）用忽略法。该分布比率与 Morwitz 等（1998）年的研究结果相近。同时，通过对各组进行对比可以发现，A 组（数字附加价格）和 B 组（简单附加价格）在处理方式的分布上很接近，相比之下，C 组（复杂附加价格）则有更多人采用忽略法，而较少用精算法。

表 5 附加价格的认知处理方式

样本组别	样本数	回忆价格		对附加价格的认知处理方式 *		
		均值	标准差	精算	估算	忽略
A 组	64	1839.58	76.783	9（14.1%）	41（64.1%）	14（21.8%）
B 组	118	1842.86	83.476	16（13.6%）	77（65.3%）	25（21.1%）
C 组	121	1808.08	93.184	10（8.3%）	77（63.6%）	34（28.1%）
总体	303	1829.03	87.125	35（11.5%）	195（64.4%）	73（24.1%）

注：A 组为数字附加价格的样本组，B 组为 10%附加价格的样本组，C 组为 13%附加价格的样本组。* 数字表示样本数，括号里的数字表示每组中选择该认知处理方式的样本数占本组样本数的比例。

（三）发觉实际价格高于回忆价格的影响

为进一步研究消费者发觉实际价格高于回忆价格时的影响，对发觉前后的 208 个样本的产品评价进行配对样本 T 检验，结果如表 6 所示。

可以看出，在发觉实际价格高于回忆价格之后，消费者的购买满意度、重购意愿、正面口碑和顾客信任都显著降低，支持了假设 H2。其中购买满意度的降低幅度则最小（0.22），这可能是因为价格只是影响满意度的因素之一，发觉事件对评估当次交易的负面

表 6　发觉实际价格高于回忆价格前后均值的配对样本 T 检验结果

因变量		样本数	均值	标准差	之前—之后			
					均值	标准差	t 值	p
购买满意度	之前	208	5.34	1.16	0.22	0.81	3.918	<0.001
	之后	208	5.12	1.02				
重购意愿	之前	208	4.42	1.11	0.83	1.19	10.094	<0.001
	之后	208	3.59	1.12				
正面口碑	之前	208	4.70	1.09	0.69	1.15	8.679	<0.001
	之后	208	4.00	1.22				
顾客信任	之前	208	5.22	1.01	1.28	1.34	13.734	<0.001
	之后	208	3.94	1.28				

影响不大。但顾客信任的降低幅度最大（1.28），重购意愿和正面口碑也有一定程度的下降。这说明发觉实际价格高于回忆价格这一事件会使消费者从情感到行为意愿上都对企业产生不满，而且更多是长期的负面影响，即使其仍然觉得自己过往的选择是合意的。

（四）归因的影响作用

通过相关分析发现，企业归因得分与自我归因得分虽然在 0.01 的水平上显著相关，但相关系数只有–0.216，参考谢礼珊和龚金红（2008）的研究，将其作为二维变量来处理。根据自我归因和企业归因的得分高低，把归因结果划分为四种类型：双重归因、企业归因、自我归因和模糊归因。四种归因类型的划分标准及描述统计量如表 7 所示。

表 7　归因类型划分及各类型的因变量均值

归因类型	划分标准		样本数/个	样本百分比/%	因变量降幅均值			
	企业归因得分	自我归因得分			购买满意度	重购意愿	正面口碑	顾客信任
双重归因	>4	>4	40	19.23	0.183	0.988	0.863	1.525
企业归因	>4	≤4	96	46.15	0.288	1.068	0.969	1.588
自我归因	≤4	>4	33	15.87	0.252	0.500	0.136	0.818
模糊归因	≤4	≤4	39	18.75%	0.059	0.385	0.321	0.653

可见，自我归因得分高的，企业归因得分不一定就低。而且接近一半的人归咎于企业而不是自己（46.15%）；约有 2/3 的人（双重归因和企业归因，65.38%）认为企业对这种情况负有较大责任；另外不到 1/5 的人是模糊归因，这部分人可能对此相对不在意。

分别以购买满意度、重购意愿、正面口碑和顾客信任的降低幅度（发觉实际价格高于回忆价格之前减去之后的变化量）作为因变量，对四种归因类型作两两方差分析，其结果如表 8 所示。可以看出，在双重归因和企业归因的情形下，重购意愿、正面口碑和顾客信任的降低幅度显著高于自我归因和模糊归因的情形，但是双重归因和企业归因之间、自我归因和模糊归因之间没有显著差别。而且企业归因的得分越高，重购意愿、正面口碑和顾客信任的降低幅度越大，而自我归因得分则没有显著影响，结果支持假设 H3a。而对于购买满意度，各种归因类型之间没有显著差别，且降幅在各种归因类型之间差距也比较小，结果没有支持假设 H3a，支持假设 H3b。总之，假设 H3a 得到了部分支持，假设 H3b 得到了支持。

表 8　因变量对归因的两两方差分析结果

第一组 (I)	第二组 (J)	购买满意度			重购意愿			正面口碑			顾客信任度		
		均值差 (I-J)	标准误差	Sig.	均值差 (I-J)	标准误差	Sig.	均值差 (I-J)	标准误差	Sig.	均值差 (I-J)	标准误差	Sig.
DA	CA	-0.104	0.152	0.492	-0.080	0.219	0.715	-0.106	0.209	0.612	-0.064	0.243	0.794
DA	SA	-0.069	0.190	0.717	0.487	0.273	0.076*	0.726	0.261	0.006**	0.707	0.303	0.021
DA	UA	0.123	0.182	0.499	0.602	0.261	0.022*	0.542	0.250	0.031*	0.871	0.290	0.003**
CA	SA	0.035	0.163	0.827	0.567	0.234	0.017*	0.832	0.224	0.000***	0.770	0.260	0.003**
CA	UA	0.228	0.153	0.139	0.683	0.221	0.002**	0.648	0.211	0.002**	0.935	0.245	0.000***
SA	UA	0.192	0.191	0.315	0.115	0.275	0.676	-0.184	0.262	0.484	0.164	0.305	0.591

注：DA 表示双重归因，CA 表示企业归因，SA 表示自我归因，UA 表示模糊归因。*** 代表显著性检定 $p < 0.001$，** 代表显著性检定 $p < 0.01$，* 代表显著性检定 $p < 0.1$。

由此可见，当消费者发现回忆价格低于实际价格时，往往更多是归咎于企业，其重购意愿、正面口碑和顾客信任的降低幅度都更大，但不同归因下的购买满意度没有显著差别。

（五）发觉情境的影响作用

分别以购买满意度、重购意愿、正面口碑和顾客信任的降低幅度（发觉实际价格高于回忆价格之前减去之后的值）作为因变量，对发觉情境（自己发现/他人告知）进行独立样本 T 检验，结果如表 9 所示。他人告知的情境下，消费者的重购意愿和顾客信任的降低幅度显著高于自己发现的情境（显著性水平分别为 0.05 和 0.1），购买满意度和正面口碑的降低幅度也要高于自己发现的情况，但是统计结果不显著。假设 H4 得到了部分支持。但是结合两种情境下四个变量降幅的相对大小来看，购买满意度的降幅比接近 2:1，重购意愿的降幅比约为 5:3，正面口碑和顾客信任的降幅比约为 4:3。由此可见，总体而

表 9　因变量对发觉情境的独立样本 T 检验结果

因变量 (降幅)	自己发现 (Self)		他人告知 (Other)		均值差 (Self-Other)	t 值	Sig. (2-tailed)
	均值	标准差	均值	标准差			
购买满意度	0.153	0.706	0.278	0.887	-0.125	1.135	0.258
重购意愿	0.617	1.042	1.027	1.284	-0.410	2.538	0.012*
正面口碑	0.592	0.995	0.786	1.276	-0.195	1.214	0.226
顾客信任	1.110	1.283	1.430	1.382	-0.325	1.749	0.082*

* 代表显著性检定 $p < 0.1$。

言，比起自己发现回忆价格低于实际价格，在他人告知情境下，购买满意度、重购意愿、正面口碑和顾客信任的降低幅度更大。

五、研究结论及意义

通过对消费者发觉实际价格高于回忆价格这一事件，如何影响消费者对企业的态度和行为意愿的研究，本文对分标价的负面效果进行了探讨，主要有以下发现：

第一，尽管分标价可以通过降低回忆价格来增加消费者选择的概率，可一旦消费者发觉实际价格高于回忆价格时，其购买满意度、重购意愿、正面口碑和顾客信任都有明显的降低。因此，尽管分标价定价策略可能给企业带来短期收益，企业在采用时仍需慎重，消费者既可能会因为回忆价格低于实际价格而继续购买，也可能会因为发觉实际价格高于回忆价格而转投他处；而且，由于顾客信任和正面口碑的下降，这种顾客转换给企业造成的长期损失可能会大于短期交易给企业带来的收益。因而，从长期来看，分标价策略给企业带来的可能是净损失而非净收益。当然，由于除了降低回忆价格，分标价也能降低消费者的信息不对称性，因此，并不能因为分标价的负面作用而否定某些优势。如 Xia 和 Monroe (2004) 通过研究发现，对于网络客户，分标价的效果比总标价更好，既可发挥分标价的优势，又能较好地避免分标价带来的负面效果。

第二，当消费者发觉实际价格高于回忆价格时，尽管购买满意度降幅较低，但是重购意愿、正面口碑和顾客信任都有明显降低。这表示产品满意度作为对当下和过去交易的产品质量的综合考评，可能是相对稳定的评估结果，但是本文发现，发觉实际价格高于回忆价格这一事件，虽然对过往交易的满意度影响不大，却显著影响消费者对企业的态度和后续行为意愿。可见，从短期效果而言，分标价的负面效果似乎并不明显，但存在长期的负面威胁，这更是企业难以觉察的。

第三，当发现实际价格高于回忆价格时，大部分的顾客会归咎于企业而不是自己，而且越是归咎于企业的顾客，其重购意愿、正面口碑和顾客信任度都更低。这与 Bendapudi 和 Leone (2003) 的研究发现一致，即自我服务归因是顾客的一种普遍心理机制。而且我们还发现，自我归因得分高的消费者，企业归因得分并不必然低，而是可能出现两者都高的双重归因的情况，且这种情况占到了总样本的接近 1/5 (19.23%)，说明消费者即便认为是自己没有精细计算造成了对总价格的低估，仍然可能认为企业不应该采取这种方式；总样本中近半数 (46.15%) 消费者认为是企业而不是自己应该负主要责任；上述两种情况总共占到约 2/3 (65.38%)，可见对于由分标价造成的对总价格的低估，多数消费者认为企业难辞其咎。

第四，尽管 Morwitz 等 (1998) 发现百分比分标价比数值分标价可以造成更低的回忆价格，但本研究发现 10% 的分标价和数值分标价之间的回忆价格并没有显著差异，消费者的认知处理方式也很接近，而13%的分标价则与前两者有明显差别，所造成的回忆价格也明显更低。因此，对于不同类型的分标价方式，很可能是计算难度，而非分标价方式本身的差异，才是产生回忆价格降低幅度不同的根本原因。另外，在研究中出现了回忆价格高于实际价格的情况，意味着即使消费者在处理附加价格时采取估算的策略，也并不必然会低估实际价格，而是有可能会采取"向上取整"的策略，即消费者可能以一个高于实际价格但是与实际价格最接近的整价（比如整百、整千等）进行估算。比如，某一产品定价为189元加上18%的附加价格，消费者可能会采用200加上20%的附加价格来估算，从而造成回忆价格大于实际价格，反而可能对企业带来一定的劣势。因此，企业采用分标价的定价策略需要注意主体价格和附加价格的数值特点。

第五，在研究中，比起自己发现的情况下，顾客在他人提醒时，涉及长期客户关系的重购意愿和顾客信任，下降幅度都显著更大。

通过以上的研究结论可见，长期而言，分标价定价策略本身会为企业绩效带来隐患，而且顾客归因和发觉风险都难以有效控制。因此，企业在制定分标价定价策略时，需要事先考虑到其可能产生的负面影响，如果企业在战略上重视与顾客建立长期关系而非短期交易关系，更要慎用分标价。设法提前采取相应的预防措施，如引导归因到价格以外的合理化因素（如产品包装、渠道来源等的差异）；采用难以发觉的分标价，例如，在短期活动中采用分标价，将价格和其他价值因素相结合等，以减少或避免其负面效果，求取长期效益和短期效益的平衡，以及吸引顾客和维持顾客的平衡。

六、局限与未来研究方向

本文针对以往研究偏重分标价的正面的、短期的效果，而对负面的、长期的影响研究不足的缺陷，从企业长期利益视角出发，基于分标价会使多数消费者低估总价格这一前提，着重探讨了消费者发觉实际价格高于回忆价格这一事件对企业可能造成的负面影响，并分析了在不同发觉情境和归因方式下，这些负面影响的程度差异，对于分标价的研究有所补充和完善。但是也存在以下局限：

第一，为弥补对前人对分标价长期效应的研究空白，本文尝试作了一些探讨，但在实验设计上存在不足。例如，为了让被试发觉分标价下回忆价格比实际价格偏低，在实验操控上采用了提醒的方式，难免让被试注意到研究者的目的，而可能带来虚假反应（Demand Artifact）的问题，这也是这类研究的最大难点所在。但是，即便如此，如果消费者普遍认为自己面对这种情况"应该会"不高兴从而显著降低对企业的评价，而不是"这种小事我不会在乎"或"是我自己算不清楚不怪企业"，这个发现本身也足以提醒企业要谨慎从事。作为一种对长期效应的尝试探讨，本文的发现提出了容易在使用分标价定价策略时被忽略的潜在问题。又如，对回忆价格的测量，本研究中采用的模拟选择方式与生活实际依然有一定的差异，被试的涉入程度（Involvement）与实际购买相比存在不足，造成回忆价格的准确程度下降；选择与回忆之间的间隔时间也由于受到实验方法的限制而较为短暂，这也与实际的回忆价格场景有一定的区别。总之，未来的研究可以设计更贴近现实的场景，来研究分标价的长期负面效果。

第二，分标价的负面效果可能受到多种因素的影响，且在不同情境下表现不尽相同。尽管本文考虑到了归因类型和发觉情境，但是依然有许多其他可能的相关因素，如价格偏差（回忆价格与实际价格的差距）大小、消费者个体因素及品牌因素等。本文也发现价格偏差与购买满意度降幅有显著的正相关关系，即价格偏差越大，购买满意度降幅越大。消费者个体因素如消费者的个性特征、思维方式、产品知识和涉入度以及价格敏感度等，品牌因素如品牌知名度等，消费者与厂商的关系，信任程度、品牌忠诚度等，都可能调节分标价的影响。未来的研究可以从这些方面对分标价的负面效果进行更深入的研究。

第三，本研究中尽管考虑了购买满意度、重购意愿、正面口碑、顾客信任等多个因变量，但是没有就消费者发觉实际价格高于回忆价格这一事件对各因变量之间的连锁影响进行研究。以往许多研究发现购买满意度、重购意愿、正面口碑、顾客信任这几个变量之间是相互影响的，但是在不同的情境下其影响作用不尽相同。特别是在消费者发觉实际价格高于回忆价格这一特殊情境下，这些变量都呈负向的变化，因此可以进一步探索分标价的负面影响以何种途径影响这些变量。

第四，样本的选择。本研究主要在大学进行，所选择的样本群体知识水平偏高，其回忆价格的准确程度可能会高于一般情况。以后的研究可以对更为一般的样本群体进行探讨。

第五，企业通过定价、广告、包装设计等策略，利用认知偏差影响消费者的决策的情况可以说屡见不鲜。从长期而言，消费者在重复的消费体验中变得越来越"精明"，使得一些策略的效果也大打折扣；而且在发觉或纠正了这种认知偏差之后，消费者甚至可能会对一些"伎俩"更加敏感或心生反感，对企业产生不信任感等负面态度，最终结果与企业的初衷背道而驰。而本文所关注的，只是长期而言消费者在纠正了分标价定价策略带来的认知偏差时的反应，并未涉及其他的定价等营销策略，未来研究可以借鉴这个思路，将关注的视野扩展到其他领域。

参考文献

[1] 杜伟强，于春玲. 顾客满意度与口碑的关系：产品类别的差异 [J]. 营销科学学报，2009，5（2）：43-54.

[2] 金玉芳，董大海. 消费者信任影响因素实证研究 [J]. 管理世界，2004（7）：93-99.

[3] 谢礼珊，龚金红. 服务失误归因与顾客感知的公平性关系研究 [J]. 管理学报，2008，5（6）：903-911.

[4] 薛君，李琪，梁斌. 我国通信业客户忠诚驱动因素实证研究 [J]. 经济管理，2005，380（20）：34-43.

[5] 朱华伟，涂荣庭. 购物导向与购物价值对顾客满意和未来行为意向的作用 [J]. 营销科学学报，

2007, 3 (4): 98-111.

[6] Anderson E. W. Cross-category Variation in Customer Satisfaction and Retention [J]. Marketing Letters, 1994, 5 (1): 19-30.

[7] Anderson E. W. Customer Satisfaction and Word-of-mouth [J]. Journal of Service Research, 1998 (1): 5-17.

[8] Anderson E. W., Sullivan M. W. The Antecedents and Consequences of Customer Satisfaction for Firms [J]. Marketing Science, 1993, 12 (2): 125-143.

[9] Ajzen I., Fishbein M. Understanding Attitudes and Predicting Social Behavior [M]. Englewood Cliffs, NJ: Prentice-Hall, 1980.

[10] Bendapudi N., Leone R. P. Psychological Implications of Customer Participation in Coproduction[J]. Journal of Marketing, 2003, 67 (1): 14-28.

[11] Berry L. L. Relationship Marketing of Services-growing Interest, Emerging Perspectives [J]. Journal of the Academy of Marketing Science, 1995, 23 (4): 236-245.

[12] Bettman J. R., Luce M. F., Payne J. W. Constructive Consumer Choice Processes [J]. Journal of Consumer Research, 1998 (25): 187-217.

[13] Blackston M. A. A Brand with An Attitude: a Suitable Case for the Treatment [J]. Journal of the Market Research Society, 1992, 34 (3): 231-241.

[14] Chakravarti D., Krish R., Paul P., et al. Partitioned Presentation of Multicomponent Bundle Prices: Evaluation, Choice and Underlying Processing Effects [J]. Journal of Consumer Psychology, 2002, 12 (3): 215-229.

[15] Churchiu G. A. J., Surprenant C. An Investigation into the Determinants of Customer Satisfaction [J]. Journal of Marketing Research, 1982, 19 (11): 491-504.

[16] Dick A. S., Basu K. Customer Loyalty: toward an Integrated Conceptual Framework [J]. Journal of the Academy of Marketing Science, 1994, 22 (Winter): 99-113.

[17] Doney P. M., Cannon J. P. An Examination of the Nature of Trust in Buyer-seller Relationships [J]. Journal of Marketing, 1997 (2): 35-51.

[18] Hamilton R. W., Srivastava J. When 2+2 is not the Same as 1+3: Variations in Price Sensitivity Across Components of Partitioned Prices [J]. Journal of Marketing Research, 2008, 65 (August): 450-461.

[19] Homburg C., Koschate N., Hoyer W. D. Do Satisfied Customers Really Pay More? A Study of the Relationship between Customer Satisfaction and Will-ingness to Pay [J]. Journal of Marketing, 2005, 69 (2): 84-96.

[20] Elliot R., Wattanasuwan K. Brands as Symbolic Resources for the Construction of Identity [J]. International Journal of Advertising, 1998, 17 (2): 131-144.

[21] Folkes V. S. Consumer Reactions to Product Failure: an Attribution Approach [J]. Journal of Consumer Research, 1984, 10 (3): 398-409.

[22] Fornell C. A National Customer Satisfaction Barometer: the Swedish Experience [J]. Journal of Marketing, 1992, 56 (January): 6-21.

[23] Fornell C., Ittner C. D., Larcker D. E. Understanding and Using the American Customer Satisfaction Index (ACSI): Assessing the Financial Impact of Quality Initiatives [J]. Journal of Marketing, 1996, 60 (October): 7-18.

[24] Ganesh J., Arnold M. J., Reynolds K. E. Understanding the Customer Base of Service Providers: an Examination of the Differences between Switchers and Stayers [J]. Journal of Marketing, 2000, 64 (July): 65-87.

[25] Ganesan S. Determinants of Long-term Orientation in Buyer-seller Relationships [J]. Journal of Marketing, 1994, 58 (April): 1-19.

[26] Garbarino E., Johnson M. S. The Different Roles of Satisfaction, Trust and Commitment in Customer Relationships [J]. Journal of Marketing, 1999, 63 (2): 70-87.

[27] Geyskens I., Steenkamp J. E. M., Kumar N. Generalizations about Trust in Marketing Channel Relationships Using Meta-analysis [J]. International Journal of Research in Marketing, 1998 (15): 223-248.

[28] Gulati R., Singh H. The Architecture of Cooperation: Managing Coordination Costs and Appropriation Concerns in Strategic Alliances [J]. Administrative Science Quarterly, 1998, 43 (4): 781-815.

[29] Hart C. W., Johnson M. D. Growing the Trust Relationship [J]. Marketing Management, 1999 (Spring): 8-19.

[30] Hiscock J. Most Trusted Brands [J]. Marketing, 2001, March 1: 32-33.

[31] Johnson M. D., Fornell C. A Framework for Comparing Customer Satisfaction across Individuals and Product Categories [J]. Journal of Economic Psychology, 1991, 12 (June): 267-286.

[32] Jones T. O. Why Satisfied Customers Defect [J]. Journal of Management in Engineering, 1996, 12 (6): 11.

[33] Kim H. M. The Effect of Salience on Mental Accounting: How Integration Versus Segregation of Payment Influence Purchase Decisions [J]. Journal of Behavioral Decision Making, 2006, 19 (September): 381-391.

[34] Liang C. J., Wang W. H. Attributes, Benefits, Customer Satisfaction and Behavioral Loyalty: an Integrative Research of Financial Services Industry in Taiwan [J]. Journal of Services Research, 2004, 4 (1): 57-91.

[35] Mittal V., Kamakura W. Satisfaction, Repurchase Intent, and Repurchase Behavior: Investiga-ting the Moderating Effect of Customer Characteristics [J]. Journal of Marketing Research, 2001, 38 (February): 131-142.

[36] Morgan R. M., Hunt S. D. The Commitmenttrust Theory of Relationship Marketing [J]. Journal of Marketing, 1994, 58 (20): 20-58.

[37] Morwitz V. G., Greenleaf E. A., Johnson E. J. Divide and Prosper: Consumers' Reactions to Partitioned Prices [J]. Journal of Marketing Research, 1998, 35 (November): 453-463.

[38] Oliva T., Oliver R., MacMillan I. A Catastrophe Model for Developing Service Satisfaction Strategies [J]. Journal of Marketing, 1992, 56 (July): 83-95.

[39] Oliver R. L. A Cognitive Model of the Antecedents and Consequences of Satisfaction Decisions [J]. Journal of Marketing Research, 1980, 17 (November): 460-469.

[40] Oliver R. L. Whence Consumer Loyalty [J]. Journal of Marketing, 1999 (63): 33-44.

[41] Oliver R. L., Swan J. E. Consumer Percep-tions of Interpersonal Equity and Satisfaction in Transactions: a Field Survey Approach [J]. Journal of Marketing, 53 (April): 21-35.

[42] Olsen S. O. Comparative Evaluation and the Relationship between Quality, Satisfaction, and Repurchase Loyalty [J]. Journal of the Academy of Marketing Science, 2002, 30 (3): 240-249.

[43] Ping R. A. The Effects of Satisfaction and Structural Constraints on Retailer Exiting, Voice, Loyalty,

Opportunism, and Neglect [J]. Journal of Retailing, 1993, 69 (3): 320-352.

[44] Reichheld F., Sasser W. E. Zero Defections: Quality Comes to Services [J]. Harvard Business Review, 1990, 68 (September/October): 105-111.

[45] Ring P. S., Van de Ven A. H. Developmental Processes of Cooperative Interorganizational Relationships Developmental Processes of Cooperative Interorganizational Relationships [J]. The Academy of Management Review, 1994, 19 (1): 90-118.

[46] Schneider B., Bowen D. E. Understanding Customer Delight and Outrage [J]. Slocan Management Review, 1999, Fall: 35-45.

[47] Seiders K., Voss G. B., Grewal D., et al. Do Satisfied Customers Buy More? Examining Moderating Influences in a Retailing Context [J]. Journal of Marketing, 2005, 69 (4): 26.

[48] Sheng S., Bao Y., Pan Y. Partitioning or Bundling? Perceived Fairness of the Surcharge Makes a Difference [J]. Psychology & Marketing, 2007, 24 (12): 1025-1041.

[49] Sirdeshmukh D., Singh J., Sabol B. Consumer Trust, Value and Loyalty in Relational Exchanges [J]. Journal of Marketing, 2002, 66 (1): 15-37.

[50] Sirohi N., McLaughlin E. W., Wittink D. R.. A Model of Consumer Perceptions and Store Loyalty Intentions for a Supermarket Retailer [J]. Journal of Retailing, 1998, 74 (2): 223-245.

[51] Stiving M., Winner R. S. An Empirical Analysis of Price Endings with Scanner Data [J]. Journal of Consumer Research, 1997 (24): 57-67.

[52] Sundaram D. S., Mitra K., Webster C.. Word-of-mouth Communications: a Motivational Analysis [J]. Advances in Consumer Research, 1998 (25): 527-531.

[53] Szymanski D. M., Henard D. H. Customer Satisfaction: a Meta-analysis of the Empirical Evidence [J]. Journal of the Academy of Marketing Science, 2001, 29 (1): 16-35.

[54] Tse D. K., Wilton P. C. Models of Consumer Satisfaction Formation: an Extensive [J]. Journal of Marketing Research, 1988, 25 (2): 204.

[55] Xia L., Monroe K. B. Price Partitioning on Internet [J]. Journal of Interactive Marketing, 2004, 18 (4): 63-73.

[56] Villanueva J., Yoo S., Hanssens D. M. The Impact of Marketing-induced Versus Word-of-mouth Customer Acquisition on Customer Equity Growth [J]. Journal of Marketing Research, 2008, 45 (February): 48-59.

[57] Weiner B. An Attributional Theory of Achievement Motivation and Emotion [J]. Psychological Review, 1985 (92): 548-573.

[58] Weiner B. Reflections and Reviews: Atributional Thoughts about Consumer Behavior [J]. Journal of Consumer Research, 2000, 27 (12): 382-387.

[59] Wong P. T., Bernard W. When People Ask Why Questions and the Heuristics of Attributionsearch [J]. Journal of Personality and Social Psychology, 1981, 40 (4): 650-663.

[60] Yadav M. S. How Buyers Evaluate Product Bundles: a Model of Anchoring and Adjustment [J]. Journal of Consumer Research, 1994, 21 (September): 342-354.

[61] Yi Y. A Critical Review of Consumer Satisfaction [J]. Review of Marketing, 1990 (4): 68-123.

[62] Zinkhan G. M., Kwak H., Morrison M., Peters C. O. Web-based Chatting: Consumer Communication in Cyberspace [J]. Journal of Consumer Psychology, 2003, 13 (1-2): 17-27.

The Dark Side of Partitioned Pricing

Wei Xia   Wang Guangyao   Tu Rongting

(Guanghua School of Management, Peking University Beijing 100871)

Abstract: Scholars and companies have paid much attention on partitioned pricing since its emergence. This paper focus on the dark side of partitioned pricing, particularly on the effect of the event that customers find the actual total price is higher than the recalled total price. By questionnaire survey, we find that customer satisfaction, repurchase intension, positive word-of-mouth and customer trust will significantly reduce, if customers realize the underestimation of the total price because of partitioned pricing. No matter consumers self blame for this underestimation, most of them tend to attribute the underestimation to the firm. Moreover, compared with conditions in which consumers aware of the underestimation by themselves, those who are reminded by others will have poorer trust to the firm and lower repurchase intentiontion.

Key Words: Partitioned Price; Dark Side; Attribution; Situation

广告导向与说服力：一项基于心理距离的研究 *

纪文波　彭泗清

（北京大学光华管理学院　北京　100871）

【摘　要】本文以房产广告为例，通过两个实验，探讨了心理距离与广告导向（具体导向或抽象导向）是如何影响消费者态度的。研究发现，当心理距离与广告导向相互匹配时，消费者呈现出更为积极的态度（实验一），即当消费者感知到目标房屋距离较近时，具体导向的房产广告对消费者态度的说服力更大，而当消费者感知到目标房屋距离较远时，具体导向和抽象导向的房产广告对消费者态度的影响作用没有显著的差异。同时，感知流畅性作为房产广告对消费者态度影响作用的中介作用也得到了验证（实验二），即当心理距离与房产广告匹配时，消费者在处理信息时会更加流畅，进而表现出更为积极的态度。

【关键词】心理距离；广告导向；构建水平理论；构建匹配

一、引　言

在现实生活中，广告不仅仅是消费者获得产品资讯的主要渠道之一，也是商家宣传产品和提高产品知名度的主要手段之一。商家为了更好地引起消费者的注意，设计了五花八门的广告，但是总的来说，广告一般有两种类型，一类广告强调通过该产品如何达到某种目的，即产品的具体方面；另一类广告则关注通过该产品为什么会达到某种目的，即产品的抽象方面。根据文献有关信息导向的分类（Kim et al., 2009），以及对真实广告的分析，我们依据广告内容把广告分为抽象导向与具体导向两种类型。那么，这两类广告是如何影

---

* 本文选自《营销科学学报》2011 年第 7 卷第 2 辑。

基金项目：国家自然科学基金（70972013）。

作者简介：纪文波，北京大学光华管理学院市场营销系博士研究生；彭泗清，北京大学光华管理学院市场营销系教授，博士生导师。

响消费者的决策过程呢？ 本文试图以房产广告为例，来研究广告内容导向对消费者说服力的影响作用。

俗话说"金窝银窝，不如自己的草窝"，从个人情感来说，"家"对于中国人来说非常重要，每个人都希望拥有一个属于自己的居所。从经济角度来讲，大多数人的房屋需求属于刚性需求，即房屋需求量不会随着价格的变化发生显著的变化。"家"既然对中国消费者如此重要，那么，人们在购买房屋时，究竟会考虑哪些因素呢？ 通过比较市面上的房产广告，我们发现，具体导向的房产广告强调房屋的具体信息，如小区位置、交通条件、附近商圈、毗邻学校、配套设施等；而抽象导向的房产广告则关注消费者高层次方面的需求，比如"忘记忧伤和烦恼"、"享受天伦之乐"、"甜蜜温馨"等。那么，这两类房产广告哪一种对消费者更有效？ 或者是，分别在什么条件下这两类房产广告更有效呢？ 消费者的判断与决策行为中，被消费者所关注的两种重要的目标分别是期求性（Desirability）与可行性（Feasibility）（Liberman and Trope，1998）。在决策过程中，消费者既会关注期求性方面的因素，如环境、舒适度及快乐感等更为高层次（High-level）和抽象化（Abstract）的因素，也会关注可行性方面，如交通、安全及方便性等比较低层次（Low-level）和具体化（Concrete）的因素。因此，如果能够了解消费者什么时候关心期求性和抽象化方面的因素，什么时候关心可行性和具体化方面的因素，则会帮助广告商设计更为有效的广告来吸引消费者。

研究发现，抽象化因素与具体化因素对消费者的影响重要性是由心理距离决定的（Trope and Liberman，2010），当消费者感知到的心理距离较远时，抽象化因素的影响作用更大；当消费者感知到的心理距离较近时，具体化因素的影响作用更大。在以前的文献中，心理距离（Psychological Distance）是由四个维度构成的，分别是时间距离、物理距离、社会距离及假设性距离（Trope and Liberman，2010）。其中，物理距离与房屋消费有着直接的关系，我们认为消费者对于物理距离较远与较近的房屋具有不同的认知，会关注不一样的因素。因此，本文就通过一系列的实验试图探讨物理距离的远近和广告导向是如何影响消费者态度的。

首先，我们会回顾相关文献，并提出相关假设。其次，通过两个实验来验证所提出的假设。最后，我们对本研究的结论、局限性，以及未来研究方向进行讨论。

二、理论背景

（一）构建水平理论与心理距离

消费者可以通过抽象或具体的方式来构建（Constructure）信息，根据构建水平理论（Construal Level Theory，CLT；Liberman et al.，2007；Liberman and Trope，2008；Trope et al.，2007；李雁晨等，2009；孙晓玲等，2007），不同的信息构建方式会影响消费者对信息的理解，进而影响其行为。例如，"挥手"是一种很具体的行为，但是也可以被抽象地理解为这是一种表达友好的方式。不同的信息构建方式也可以被消费者感知到的不同心理距离（即时间距离、物理距离、社会距离和假设性距离）所影响。特别是随着心理距离的增加，相对于具体化、情境化及低层次的构建方式来说，消费者将会采用更为抽象化、非情境化、高层次的构建方式来指导他们的想法和行为。

以前的研究发现时间距离可以影响人们构建方式（Liberman et al.，2002；Förster et al.，2004；Liberman and Trope，1998）。例如，在一个研究中，Liberman 和 Trope（1998）让被试描述不同的行为，他们发现被试倾向于采用抽象的、主要的（Superordinate）及高层次的词汇来描述将来发生的事情，而采用具体的、次要的（Subordinate）及低层次的词汇来描述正在发生的事情。

此外，物理距离（Spatial Distance）也可以影响消费者的构建方式（Fujita et al.，2006；Henderson et al.，2006）。在一个研究中，研究者要求被试观看一部学生相互交流的视频，这些学生来自于纽约大学华盛顿广场校区，或是意大利佛罗伦萨纽约大学（Fujita et al.，2006）。通过采用语言识别模型（Linguistic Categorization Model），他们发现，相对于物理距离较近的学生，被试倾向于采用抽象的语言描述物理距离较远的事情。

（二）广告导向

以前的文献倾向于把广告类型分成情感型诉求与理性型诉求两类（Papavassiliou and Stathakopoulos，1997），其中，情感型诉求广告强调个人的感觉和感受，而理性型诉求广告则强调产品的具体功能和给消费者带来的功效。这两种类型的诉求广告对消费者的影响作用是不一样的。研究证明，东西方文化差异及消费者的个人情感浓度等都会影响情感型和理性型诉求广告的有效性和说服力（Albers-Miller and Stafford，1999；Moore and Harris，1996）。

本文根据文献中有关信息导向的分类（Kim et al.，2009），以及对实际房产广告的分析，把广告区分为抽象导向与具体导向两种类型。其中，抽象导向的广告强调使用某种产品的价值所在，以及使用该产品的最高目的，即主要强调"为什么"（Why）。具体导向的广告则关注产品的可行性方面，即如何通过该产品达到某个目的，强调过程和方法，即"如何"（How）。以房产广告为例，抽象的房产广告强调"为什么会给你带来幸福"；而具体导向的房产广告则强调"如何会给你带来幸福"。

采用具体和抽象导向对广告进行分类，有以下几个原因：首先，可以了解消费者在什么条件下更关心"为什么"，而在什么情况下更关注"如何"；其次，本文采用心理距离的角度对广告说服力进行研究，而心理距离的远近会直接影响消费者对可行性与期求性方面的权重（Liberman and Trope，1998），采用具体和抽象导向的广告分类方法可以有效地了解心理距离是如何影响广告说服力的；最后，这种分类方法与之前的理性和情感诉求广告分类之间并不冲突，只是从不同的角度对广告内容进行解释。

（三）感知流畅与构建匹配

现有文献已经发现个人的主观感受会作为一种信息来源影响消费者的决策制定和判断（Schwarz and Clore，1983）。如果消费者在决策过程中感觉正确，那么信息的说服力就会增大（Cesario et al.，2004；Cesario and Higgins，2008；Reber et al.，2004）。在这种情况下，消费者会更加流畅地处理相关信息，而且在处理信息过程中，主观感觉非常好，这种状态被称为感知流畅（Experienced Fluency）。众多文献已经发现，感知流畅会被决策者错误地归结为这是由信息的说服力所造成的。

许多研究都验证了消费者的这种错误归因，比如说调节匹配性（Regulatory Fit）（Cesario et al.，2004；Cesario and Higgins，2008；Higgins et al.，2003；Labroo and Lee，2006；Lee and Aaker，2004；Lee and Higgins，2009）。Higgins 等（2003）研究发现，当被试的调节倾向与战略相互匹配时，倾向于支付更高的价格。而 Cesario 和 Higgins（2008）也发现人们的身体语言与调节倾向匹配时，会使消费者感知良好，从而影响信息的有效性。Labroo 和 Lee（2006）同样也证明，品牌与被试目标的流畅性或匹配会提高被试对该品牌的评价。

更重要的是，除了调节匹配性外，Kim 等（2009）发现当信息内容与构建水平相互匹配时，会有效促进被试对候选人信息的处理，并给予更为正面的评价。相比较调节匹配性而言，由信息构建水平引发的心理表征（Mental Representation）与信息内容的匹配性研究相对较少。为了与调节匹配性作区别，本文称为信息构建匹配性（Construal Fit）。

根据心理距离理论，时间距离只是心理距离的一个维度（Liberman et al.，2007）。其他维度包括物理距离、社会距离及假设性距离等，因此，至少存在四种构建水平的匹配性。以前的研究分别探讨了时间距离对于信息说服力的影响（Kim et al.，2009），以及社会距离对于消费者评价的影响（Kim et al.，2008）。本文主要探讨物理距离与信息内容的匹配与否是如何影响消费者评价的。本文主要以房产广告作为研究内容，一方面是由于房产消费是居民一生中最大的支出之一；另一方面，房产消费具有天然的物理距离特征，可以很好地帮助我们研究物理距离和广告内容的匹配度问题。

以前的研究已经验证，当时间距离与信息内容相互匹配时，消费者在处理信息时会感知流畅，进而提高信息的说服力（Kim et al.，2009）。同样地，我们认为当消费者所要处理的信息与物理距离相一致时，消费者会感知流畅，进而倾向于做出更为正面的评价。对于房地产广告来说，当物理距离较远时，抽象导向的房产广告对消费者的说服力更大，而当物理距离较近时，具体导向的房产广告对消费者的说服力更大。这是因为，随着心理距离的增加，相对于具体化、情境化及低层次的构建方式来说，消费者将会采用更为抽象化、非情境化、高层次的构建方式来指导他们的想法和行为。因此，我们的假设如下。

假设 1：当物理距离与房产广告相互匹配时，消费者倾向做出更为正面的评价。

假设 1a：当物理距离较近时，具体导向的房产广告对消费者态度的影响作用更大。

假设 1b：当物理距离较远时，抽象导向的房产广告对消费者态度的影响作用更大。

假设 2：当物理距离与房产广告相互匹配时，消费者在处理信息时感知到更高的流畅性，进而做出更为正面的评价，即感知流畅性会作为中介变量影响消费者的态度。

三、实验一

实验一的目的是验证构建匹配性对信息说服力的影响。

(一) 研究方法

这是一个 2（广告导向：抽象与具体）× 2（物理距离：近与远）的组间设计，94 名（65%是女性，平均年龄是 22.6 岁）来自某中国公办大学的学生通过预约参加了本次实验。根据文献，我们通过改变房产广告的标题和内容来控制广告内容的导向（Trope and Liberman，2003）。本次操控的广告内容从楼盘开发商的角度出发，其中，在抽象广告的导向情境中（图 1），房产广告的标题是"为什么生活更美好"，内容是有关生活的目标和价值；而在具体广告的导向情境中（图 2），房产广告的标题是"如何使生活更美好"，内容是达到美好生活的具体过程和行动。

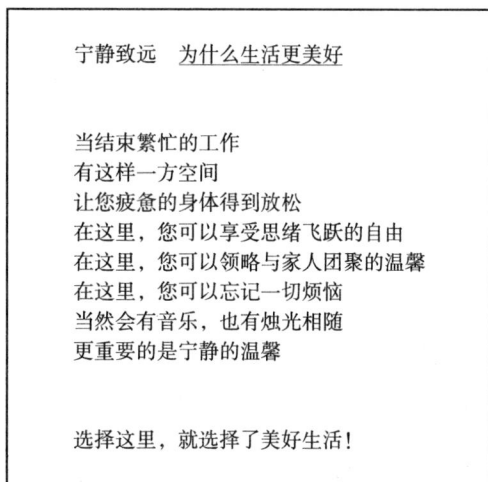

宁静致远　为什么生活更美好

当结束繁忙的工作
有这样一方空间
让您疲惫的身体得到放松
在这里，您可以享受思绪飞跃的自由
在这里，您可以领略与家人团聚的温馨
在这里，您可以忘记一切烦恼
当然会有音乐，也有烛光相随
更重要的是宁静的温馨

选择这里，就选择了美好生活！

图 1　抽象导向广告

首先，参加实验的被试被随机分配到 4 个实验情境中。然后，他们被要求设想他们的一个朋友要在距离他们生活和工作很近（或很远）的城市买房，在其他条件都一样的情况下，让他们提供购买建议。接下来，被试会看到一则房产广告，广告内容或是强调具体的可行性方面，或是强调抽象的期求性因素。在阅读完房产广告之后，被试需要在一个 9 分的语义量表上（表 1）表明他们对该房产的态度（Singh et al.，2000）。

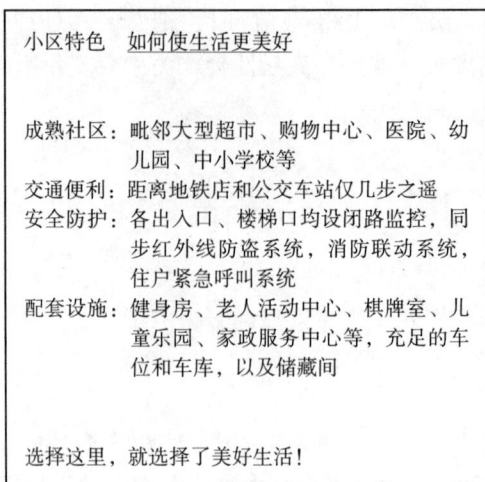

图2 具体导向广告

最后，他们需要填一些有关操控检验的问题和个人信息。

（二）操控检验

通过操控检验发现，相比具体导向的房产广告来说，人们认为抽象导向的房产广告更加强调价值与目标（$M_{abstract} = 5.23$ vs. $M_{concrete} = 4.45$；$F(1, 90) = 9.88$，$p < 0.01$）；相比抽象导向的房产广告，具体导向的房产广告更强调过程和行为（$M_{abstract} = 4.54$ vs. $M_{concrete} = 5.17$；$F(1, 90) = 6.74$，$p < 0.05$）。

（三）结果与讨论

有关房产态度的指标是通过对态度量表中四个问题的得分平均得来的，其信度达到了可接受的水平（Cronbach's $\alpha = 0.897$）。通过方差分析，广告导向的主效应显著（$F(1, 90) = 7.48$，$p < 0.01$）。更为重要的是，广告导向与物理距离之间产生了显著的交互作用（$F(1, 90) = 5.77$，$p < 0.05$），见图3。通过进一步的分析发现，在距离被试很近的一个城市购买房屋时，相对于抽象导向的房产广告，被试对广告为具体导向的房子表现出更为积极的态度（$M_{abstract} = 5.96$ vs $M_{concrete} = 7.36$；$F(1, 48) = 10.30$，$p < 0.01$）。因此，假设1a得到了验证。然而，当在一个距离被试很远的城市购买房屋时，被试对于广告为具体或抽象导向的房子所表现出的态度并没有显著性的差异（$M_{abstract} = 6.51$ vs $M_{concrete} = 6.60$；$F(1, 42) = 0.09$，$p > 0.7$），因此，假设1b并没有得到验证。

从实验结果得知，当物理距离很近时，人们对具体导向的房产广告表现出更为支持的态度。然而，当物理距离很远时，结果并没有反映人们对抽象导向的房产广告表现出更为积极的态度。原因可能是被试对于物理距离比较远的购买决策投入程度比较低，所以对抽象或具体导向的广告并没有仔细区分。

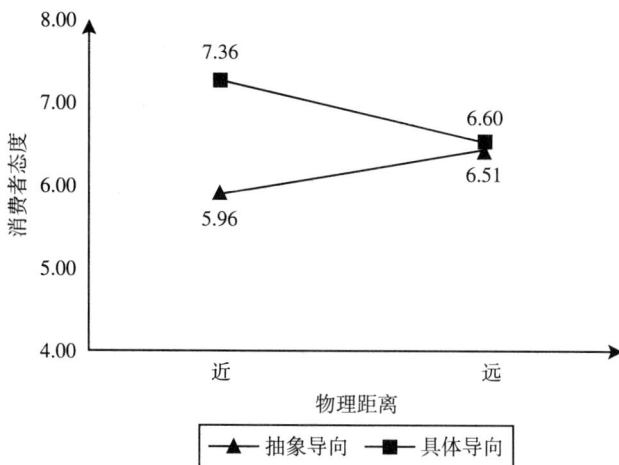

图3　广告导向和物理距离对房产态度的交互作用（实验一）

四、实验二

实验二的目的主要有三个：一是因为实验一并没有验证假设 1b，所以我们试图通过实验二来继续检验假设 1；二是为了验证感知流畅性的中介作用，即检验假设二；三是采用真实消费者作为被试，来提高研究的外部效度。

（一）研究方法

与实验一类似，这是一个 2（广告导向：抽象与具体）× 2（物理距离：近与远）的组间设计，70 名（57.1%是男性，平均年龄是 28.6 岁）真实消费者参与了本次实验。在这些被试中，约有一半（53.3%）的消费者已经购房，有 20%的消费者正在考虑购房，其余的消费者正在租房。实验步骤与实验一完全一样，广告内容的操控方法也与实验一样。在实验二中，被试被要求设想他们的一个朋友要在距离他们生活和工作很近（或很远）的城市买房，购房之后，他们的朋友打算在购房之后去这个城市生活和工作，在其他条件都一样的情况下，让他们提供购买建议。另外，在实验二中我们增加了测量感知流畅性的量表（Kim et al.，2009）（表2），用来检验感知流畅性的中介作用。

（二）操控检验

和预期一样，被试认为抽象导向的房产广告更多的是强调价值与目标（$M_{abstract} = 4.69$ vs. $M_{concrete} = 3.54$；$F(1, 68) = 10.35$，$p < 0.01$）；而具体导向的房产广告更多的是强调过程和行为（$M_{abstract} = 3.40$ vs. $M_{concrete} = 4.63$；$F(1, 68) = 10.17$，$p < 0.01$）。此外，在物理距离的

操控方面也是符合预期的（M_{near} = 3.82 vs. $M_{distant}$ = 5.08；$F(1, 68)$ = 8.44，$p < 0.01$）。

（三）结果与讨论

在实验二中，房产态度指标的信度也达到了可接受的水平（Cronbach's α = 0.919）。通过方差分析，广告导向与物理距离之间产生了显著的交互作用 $F(1, 66)$ = 6.75，$p < 0.05$，如图 4 所示。通过进一步的分析发现，在距离被试较近的城市购买房屋时，相对于抽象导向的房产广告，被试对广告为具体导向的房子表现出更为积极的态度（$M_{abstract}$ = 4.16 vs $M_{concrete}$ = 5.78；$F(1, 32)$ = 7.21，$p < 0.05$），假设 1a 再一次得到了验证。然而，当在距离被试较远的城市购买房屋时，被试对广告为具体或抽象导向的房子所表现出的态度并没有显著性的差异（$M_{abstract}$ = 6.22 vs $M_{concrete}$ = 5.72；$F(1, 34)$ = 0.82，$p > 0.31$），假设 1b 没有得到支持。这与实验一的结果是一样的。

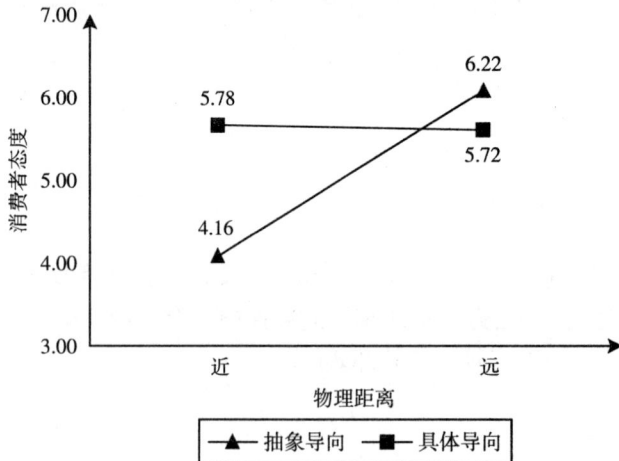

图 4　广告导向和物理距离对房产态度的交互作用（实验二）

感知流畅性指标的信度也达到了可接受的水平（Cronbach's α = 0.899）。通过方差分析，广告导向与物理距离对被试的感知流畅性具有显著的交互作用（$F(1, 66)$ = 4.32，$p < 0.05$），见图 5 。通过进一步分析发现，当物理距离很近时，被试处理具体导向的房产广告时感知到的流畅性程度更高（$M_{abstract}$ = 3.22 vs $M_{concrete}$ = 5.08；$F(1, 32)$ = 9.28，$p < 0.01$），因此对广告为具体导向的房子表现出更为积极的态度。而当物理距离很远时，被试在处理具体导向和抽象导向的房产广告时所感知到的流畅性程度并没有显著的差别（$M_{abstract}$ = 5.04 vs $M_{concrete}$ = 5.17；$F(1, 34)$ = 0.05，$p > 0.82$）。这也从侧面说明了，被试在考虑购买物理距离较远的房屋时，具体导向和抽象导向的房产广告对消费者的说服力是一样的。

根据 Baron 和 Kenny（1986）的建议，我们通过三个回归方程来检验感知流畅性的中介作用。首先，在第一个回归方程中，我们把消费者态度作为因变量，把广告导向、物理距离及他们的交互项作为自变量，结果显示交互项非常显著（β = −0.497，$p < 0.05$）。其

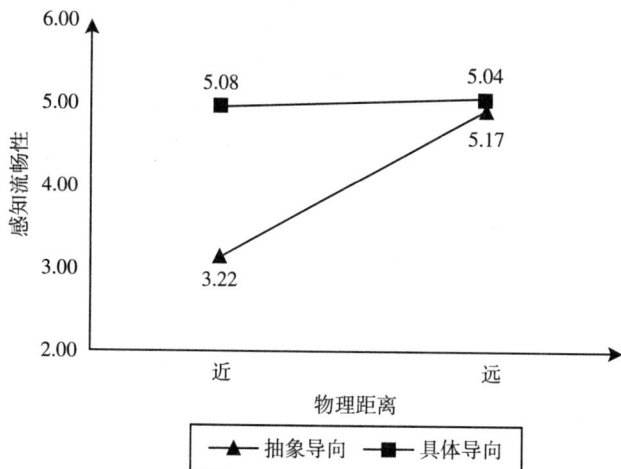

图 5　广告导向和物理距离对感知流畅性的交互作用（实验 2）

次，在第二个回归方程中，我们把感知流畅性作为因变量，自变量仍然与第一个回归方程一样，结果显示交互项也非常显著（$\beta = -0.396$，$p < 0.05$）。最后，在第三个回归方程中，我们把态度作为因变量，与第一个回归方程不同的是，我们也把感知流畅性作为一个自变量，结果显示感知流畅性非常显著（$\beta = 0.697$，$p < 0.01$），而广告导向和物理距离的交互项不再显著（$\beta = -0.221$，$p > 0.12$）。而且，通过 Sobel 测试进一步验证，感知流畅性的中介作用是非常显著的（$z = -3.47$，$p < 0.01$）。这说明，感知流畅性起到了完全的中介作用（图 6），假设 2 得到了支持。

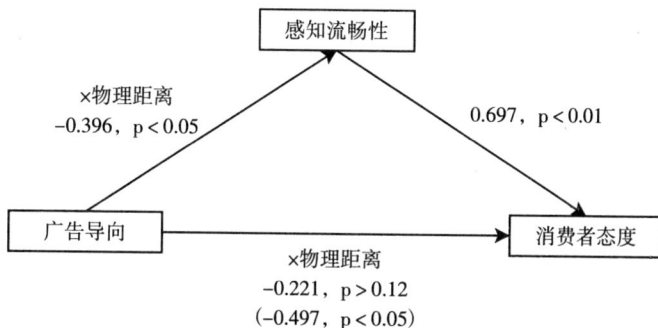

图 6　感知流畅性的中介作用

　　虽然我们的样本来自真实的消费者，而且有 70% 多的消费者已经或正在购房，但是，与实验一的结果类似，当被试感知到所要购买的房屋距离较近时，具体导向的房产广告比抽象导向的房产广告更有说服力；而当被试感知到所要购买的房屋距离较远时，具体导向和抽象导向的房产广告对消费者态度的影响力没有显著的差异。这可能是由以下原因引起的。首先，被试在评价距离较远的房屋时，由于心理距离较远，被试可能以自己所在城市（距离较近）的房屋为参照蓝本，对距离较远的房屋进行评价；其次，由于具体导向的房产广告所强调的是房屋的可行性方面，包括交通情况、地理位置、附属设施等，而这些因素可能是被试在购买房屋时的基本要求，估计只有当这些基本要求达到满足以后，才会考虑高层次方面的需求。当然，这还需要进一步的研究和验证。

此外，虽然感知流畅性的中介作用被证实了，但是我们却发现，在物理距离较远时，被试在处理抽象导向和具体导向的房产广告所感知到的流畅性并没有显著的差异。这也从另一个角度验证了我们的猜想，即房屋的可行性方面是一个最基本的要求，只有当具体方面得到满足以后，高层次的需求才会被考虑。同样，由于被试在处理抽象导向和具体导向的房产广告时所感知到的流畅性没有差异，所以，这两种类型的房产广告对消费者态度的影响作用也没有显著的差异。

五、总结与讨论

本文以房产广告为例，探讨了广告导向和物理距离的远近是如何影响消费者的感知流畅性，进而影响消费者对房屋的态度的。结果验证了我们大部分的假设，即消费者在考虑购买物理距离很近的房屋时，相对于抽象导向的广告来说，具体导向的广告对消费者判断和决策的影响作用更大。而当物理距离较远时，抽象导向与具体导向的广告对消费者的影响力是没有差别的。虽然实验 1 和实验 2 都没有支持假设 1b，但是该结论无论在理论上还是实践中都具有一定的意义的。此外，我们还通过实验 2 验证了感知流畅性的中介作用。结果显示，感知流畅性是房产广告导向与消费者态度之间的完全中介变量。本文的研究成果对于理论和实践都有一定的贡献。首先，本文的研究拓展了心理距离的研究领域，将物理距离与信息处理联系在一起，特别探讨了心理距离的其中一个维度，即物理距离与广告类型的交互影响作用。而且，本文也对广告领域的研究具有一定的贡献，特别是本文和前文的研究不同，把广告区分为抽象导向和具体导向两大类别，为将来广告效果的研究提供了新的思路。其次，本文的研究成果对于消费者和房产商都有一定的借鉴意义。对于消费者来说，虽然物理距离会影响决策制定过程，但是如果让消费者设想在居住过程中所要面临的问题，或是让消费者参照物理距离较近的房屋作参考，那么物理距离的影响作用可能会消失，从而使之做出更为理性的决策。对于房产商来说，可以根据不同地域的消费者选择具体导向或抽象导向的广告设计，从而更有效地吸引消费者的注意力，提升消费者的正面评价。

但是本文也有一些不完善的地方需要改进。首先，房产广告非常复杂，不仅仅包括抽象的广告内容，也会包括具体的广告内容，而不是只简简单单地提供一个方面的信息。因此，将来可以考虑研究具体和抽象信息的组合方式对决策的影响作用。

其次，本文只是通过量表的方式探讨了感知流畅性的中介作用，将来的研究可以通过直接操控被试感知到的流畅性程度的高低，进而直接验证感知流畅性在构建匹配性影响中的中介作用。

再次，本文是以房产广告为研究对象的，房屋消费相对来说比较特殊，不仅支出要远远大于其他方面的花费，其消费过程也很漫长，一般都长达几十年。因此，本文的研究结论是否能够扩展到其他的消费领域，比如耐用品、快速消费品、奢侈品等消费领域，还需要进一步的验证。

最后，房屋购买不仅仅牵涉到物理距离，也会涉及时间方面的要求。因此，将来可以研究这两种心理距离的交互影响作用。一种可能的结果是，当这两种距离同时存在时，物理距离的匹配会比时间距离的匹配的影响力更大，这是因为物理距离是一种最基本的影响因素（Zhang and Wang, 2009）。

参考文献

［1］李雁晨，周庭锐，周琇. 解释水平理论：从时间距离到心理距离［J］. 心理科学进展，2009，17 (4)，667–677.

［2］孙晓玲，张云，吴明证. 解释水平理论的研究现状与展望［J］. 应用心理学，2007，13 (2)，181–186.

［3］Albers–Miller D. N., Stafford R. M.. An International Analysis of Emotional and Rational Appeals in Servicesvs Goods Advertising［J］. Journal of Consumer Marketing, 1999, 16 (1)：42–57.

［4］Baron R. M., Kenny D. A.. The Moderator Mediator Variable Distinction in Social Psychological Research：Conceptual, Strategic, and Statistical Considerations［J］. Journal of Personality and Social Psychology, 1986, 51 (6)：1173–1182.

［5］Cesario J., Grant H., Higgins E. T.. Regulatory Fit and Persuasion：Transfer from "Feeling Right"［J］. Journal of Personality and Social Psychology, 2004, 86 (3)：388–404.

［6］Cesario J., Higgins E. T.. Making Message Recipients "Feel Righ"［J］. Psychological Science, 2008, 19 (5)：415–419 .

［7］Förster J., Friedman R. S., Liberman N.. Temporal Construal Effects on Abstract and Concrete Thinking：Consequences for Insight and Creative Cognition ［J］. Journal of Personality and Social Psychology, 2004, 87 (2)：177–189.

［8］Fujita K., Henderson M. D., Eng J., et al.. Spatial Distance and Mental Construal of Social Events ［J］. Psychological Science, 2006, 17 (4)：278–282.

［9］Henderson D., Fujita K., Trope Y., et al.. Transcending the "Here"：the Effect of Spatial Distance on Social Judgment［J］. Journal of Personality and Social Psychology, 2006, 91 (5)：845–856.

［10］Higgins E. T., Idson L. C., Freitas A. L., et al.. Transfer of Value From Fit［J］. Journal of Personality and Social Psychology, 2003, 84 (6)：1140–1153.

［11］Kim H., Rao A. R., Lee A.. It's Time to Vote：the Effect of Matching Message Orientation and Temporal Frame on Political Persuasion［J］. Journal of Consumer Research, 2009, 35 (6)：877–889.

［12］Kim K., Zhang M., Li X.. Effects of Temporal and Social Distance on Consumer Evaluations［J］. Journal of Consumer Research, 2008, 35 (4)：705–713.

［13］Labroo A., Lee Y. A.. Between Two Brands：a Goal Fluency Account of Brand Evaluation［J］. Journal of Marketing Research, 2006, 43 (8)：374–385.

［14］Lee Y. A., Aaker L. J.. Bringing the Frame into Focus：the Influence of Regulatory Fit on Processing

Fluency and Persuasion [J]. Journal of Personality and Social Psychology, 2004, 86 (2): 205–218.

[15] Lee A. Y., Higgins E. T.. The Persuasive Power of Regulatory Fit, in Frontiers of Social Psychology: Social Psycholgoy of Consumer Behavior [M]. Michaela Wnke, New York: Psychology Press, 2009, 319–333.

[16] Liberman N., Sagristano M. D., Trope Y.. The Effect of Temporal Distance on Level of Mental Construal [J]. Journal of Experimental Social Psychology, 2002, 38 (6): 523–534.

[17] Liberman N., Trope Y.. The Role of Feasibility and Desirability Considerations in Near and Distant Future Decisions: a Test of Temporal Construal Theory [J]. Journal of Personality and Social Psychology, 1998, 75 (1): 5–18.

[18] Liberman N., Trope Y.. The Psychology of Transcending the Here and Now [J]. Science, 2008, 322 (11): 1201–1205.

[19] Liberman N., Trope Y., Stephan E. Psychological Distance [M]//Kruglanski A W, Higgins ET. Social Psychology: Handbook of Basic Principles. Vol. 2. New York: Guilford Press, 2007, 353–383.

[20] Moore D. J., Harris D. W.. Affect Intensity and the Consumer's Attitude Toward High Impact Emotional Advertising Appeals [J]. Journal of Advertising, 1996, 25 (2): 37–50.

[21] Papavassiliou N., Stathakopoulos V.. Standardization Versus Adaptation of International Advertising Strategies: Toward a Framework [J]. European Journal of Marketing, 1997, 31 (7): 504–527.

[22] Reber R., Schwarz N., Winkielman P.. Processing Fluency and Aesthetic Pleasure: is Beauty in the Perceiver's Processing Experience [J]. Personality and Social Psychology Review, 2004, 8 (4): 364–382.

[23] Schwarz N., Clore G. L.. Mood, Misattribution, and Judgments of Well-being: Informative and Directive Functions of Affective States [J]. Journal of Personality and Social Psychology, 1983, 45 (3): 513–523.

[24] Singh M., Balasubramanian S., Chakraborty G.. A Comparative Analysis of Three Communication Formats: Advertising, Infomercial, and Direct Experience [J]. Journal of Advertising, 2000, 29 (4): 59–75.

[25] Trope Y., Liberman N.. Temporal construal [J]. Psychological Review, 2003, 110 (3): 403–421.

[26] Trope Y., Liberman N.. Construal-level Theory of Psychological Distance [J]. Psychological Review, 2010, 117 (2): 440–463.

[27] Trope Y., Liberman N., Wakslak C.. Construal Levels and Psychological Distance: Effects on Representation, Prediction, Evaluation, and Behavior [J]. Journal of Consumer Psychology, 2007, 17 (2): 83–95.

[28] Zhang M., Wang J.. Psychological Distance Asymmetry: the Spatial Dimension vs Other Dimensions [J]. Journal of Consumer Psychology, 2009, 19 (3): 497–507.

Advertising Orientation and Persuasion：
A Psychological Distance Perspective

Ji Wenbo   Peng Siqing

（Guanghua School of Management，Peking University   Beijing   100871）

Abstract：This research investigates the interactive effect of spatial distance and housing advertising orientation （abstract vs. concrete） on consumer attitude toward the target house. Results of study 1 and 2 reveal that when the target house is spatially close，concrete advertising has a greater impact on consumer attitude than abstract advertising，whereas when the target house is spatially distant，concrete and abstract advertising have no significantly different effect on consumer attitude. Furthermore，the mediating effect of experienced fluency is also investigated in study 2. This implies that the interactive effect of spatial distance and advertising orientation on consumer attitude is mediated by experienced fluency.

Key Words：Psychological Distance；Advertising Orientation；Construal Level Theory；Construal Fit

附录

请表明你对该房子的态度。

附表 1   消费者态度量表 （Singh et al.，2000）

态度	分数									态度
负面的	1	2	3	4	5	6	7	8	9	正面的
不喜欢的	1	2	3	4	5	6	7	8	9	喜欢的
不支持的	1	2	3	4	5	6	7	8	9	支持的
不感兴趣的	1	2	3	4	5	6	7	8	9	感兴趣的

你在评价房子的过程中，你认为该房子的宣传语如何。

附表 2   感知流畅性量表 （Kim et al.，2009）

感觉	分数									感觉
感觉不对劲的	1	2	3	4	5	6	7	8	9	感觉还不错
较为平庸的	1	2	3	4	5	6	7	8	9	吸引人眼球的
没有说服力的	1	2	3	4	5	6	7	8	9	有说服力的

实用性和享乐性附加目标及其对手段偏好度评价的影响 *

杜晓梦　　张黎

（北京大学光华管理学院　北京　100871）

【摘　要】本文研究了在目标系统理论中，增加一个附加目标对原有手段偏好度评价的影响。从附加目标与原有手段和原有目标在实用性/享乐性特性的异同角度出发，论述了两种情况下，附加目标对原有手段偏好度评价的不同影响，并通过三个实验探究了其中的影响机制。实验结果显示，首先，当附加目标与原有目标在实用性/享乐性属性上不一致时，由于对照效应的影响，增加一个享乐性的附加目标会提高对原有手段的偏好度评价；而增加一个实用性的附加目标会降低对原有手段的偏好度评价。其次，当附加目标与原有目标在实用性/享乐性属性上一致时，由于吸收效应的影响，增加一个感知价值小于原有目标的附加目标，会提高对原有手段的偏好度评价；而增加一个感知价值大于原有目标的附加目标，会降低对原有手段的偏好度评价。

【关键词】附加目标；手段；手段偏好度；目标系统

一、引　言

根据传统的目标系统理论（Goal System the Ory），一个目标可以通过多种手段来实现，同样地，一个手段也可以实现多个目标（Kruglanski et al., 2002）。对于某种特定手段的偏好度评价，一方面取决于这种手段所实现目标的感知价值，另一方面取决于这种手段能实现目标的可能性大小（Thompson et al., 2005）。举例来说，对一张彩票的偏好度评

* 本文选自《营销科学学报》2011年第7卷第3辑。

基金项目：北京大学中国经济研究中心奥美品牌研究中心。

作者简介：杜晓梦，管理学博士生，北京大学光华管理学院，通讯作者；张黎，管理学教授，北京大学国家发展研究院，北大国际MBA。

价，一方面取决于中奖奖金的价值，另一方面取决于中奖的概率大小。在手段实现目标可能性不变的情况下，增加目标的价值会提高人们对手段的偏好度评价。因此，人们往往偏好能实现更多目标的手段，这是因为目标的增加使得此手段能够实现的价值也增加了。

已有的研究发现，一个与手段不太相关的附加目标会降低对于手段的偏好度评价（Kivetz and Simonson，2003；Meyvis and Janiszewski，2002）。而也有研究指出，即使是相关的附加目标也会影响对原有手段的偏好度评价（Zhang et al.，2007）。由此看来，"相关性"这一变量不足以解释增加一个附加目标会如何影响对原有手段的偏好度评价这一问题。

本研究从另一个角度去审视这一问题，通过分析附加目标与原有手段和原有目标在实用性/享乐性属性上的差别，以及附加目标与原有目标的感知价值大小差异，尝试提供另一种可能的答案。实用性/享乐性角度一直是学术界讨论的重点问题之一，不同的学科，如哲学、经济学、心理学、社会学等均从这一角度出发，尝试解释不同的现象。在市场营销的研究领域中，前人的研究发现产品可以被分成实用品和享乐品，而消费者在选择不同商品时，所持有的消费目标也可以分成实用性的和享乐性的（Batra and Ahtola，1990）。持有不同的实用性/享乐性目标会对消费者的选择和评价带来不同的影响（Voss et al.，2003；马京晶等，2008；赵占波等，2007；郑毓煌，2007；郑毓煌和董春艳，2011）。因此，本研究引入这一视角，试图分析附加目标与原有手段不同的实用性/享乐性特性如何影响消费者对手段的偏好度评价。

本文通过两个实验先后论述了增加一个附加目标对原有手段偏好度评价的影响。第一，我们将回顾相关的理论框架；第二，实验一将讨论当附加目标与原有手段在实用性/享乐性这一特性不一致的情况下，附加目标如何影响原有手段的偏好度评价；第三，实验二在实验一的基础上，进一步通过更严谨的设计和实验刺激物的更替来排除实验一中可能出现的其他干扰因素；第四，实验三将讨论当附加目标与原有手段在实用性/享乐性这一特性相一致的情况下，附加目标如何影响原有手段的偏好度评价；第五，我们将对实验结果及理论实践意义进行综合讨论。

二、理论回顾和假设提出

（一）目标系统理论与实用性/享乐性目标

目标这一概念在消费者行为学中正在得到越来越多的关注。目标可以影响个体关注的信息（Huffman and Houston，1993），如个体如何做出一个决定（Garbarion and Johson，2001）及个体在购买产品时会考虑哪些因素（Ratneshwar et al.，2001）。早期的研究将目标作为一个独立的个体来研究，研究的重点在于目标的价值和如何实现目标。而 Kruglanski 等开始将目标纳入一个更大的目标系统中进行研究。在这个系统中，目标被看成一系列认知结构中的一个节点，一个目标可以和其他目标联系起来，此外，一个目标也可以和多个可以实现此目标的手段联系起来，从而将手段和目标纳入一个整体系统中来（Kruglanski et al.，2002），如图 1 所示。

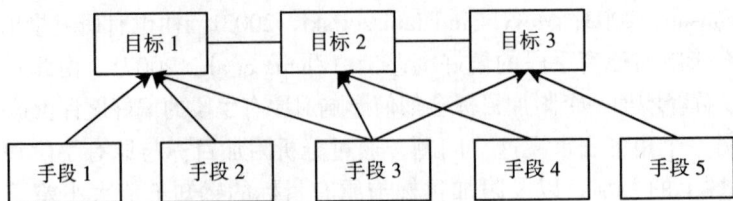

图1 目标系统示意图

与价值系统相类似，在目标系统中也可以采用实用性/享乐性这一二分法来区分目标的属性。相应地，享乐性目标是指那些体验性的、追求乐趣、审美及刺激等的目标，如休闲、放松和美的追求；而实用性目标则是指那些工具性、实际的目标，如节约和效率（Dhar and Wertenbroch，2000；Voss et al.，2003）。目标的这一属性可以被视为一种动机性的特性（Motivtional Attrib-ute），在整个目标系统之间进行传递（Fishbach et al.，2004）。也就是说，享乐性目标的享乐性会传递给手段，从而使手段也具有享乐性的特性；而功能型的目标也会把功能性这一属性传递给实现它的手段，使手段也具有功能性（Fishbach et al.，2004）。例如，如果想彰显自己高贵的身份和地位（享乐性的目标），你可能会购买一件奢侈的手表或者首饰（享乐性手段）。因此，在研究一种特定手段及此手段实现的目标，即一个"手段目标"联系时，手段的属性与原有目标的属性是一致的。

正是由于手段和目标具有实用性/享乐性这一属性，当我们在研究增加一个附加目标将会如何影响对手段的偏好度评价时，就要考虑到增加的目标与原有目标和手段在这一属性上是否一致这一问题。以下我们将分别讨论当附加目标与原有目标不一致及附加目标与原有目标一致时的情况，并提出相应的假设。

（二）附加目标与原有目标属性不一致的情况

早期的产品创新研究发现，在附加一项新的功能到一个原有产品上时，如果这一新功能与原有产品在享乐性/实用性属性上不一致，这个新的功能就会与原有产品产生一种对照，从而影响人们对这一附加了新功能的产品的评价，这种效应被称为对照效应（Contrast Effect）（Chernev，2004；Gill，2008；Nowlis and Simonson，1996）。对照效应有两种表现形式：①如果一个享乐性的功能被附加到一个实用性的产品上，会产生正面的对照效应，从而提高对产品的喜好；②如果一个实用性的功能被附加到一个享乐性的产品上，则会产生负面的对照效应，此时原有的享乐性产品看起来并没有那么"有乐趣"，从而对产品的喜好也会下降（Gill，2008）。

在目标系统理论中，更多的研究集中在附加目标与原有目标之间的冲突（Goal Conflict）上（Baumeister et al.，1998；Muraven et al.，1998）。一些研究认为，增加一个新的目标会分散手段实现目标的能力，降低人们对原有目标的注意力，从而影响对原有目标的实现，所以人们有时不得不做出一些取舍，来保证主要目标的实现（Gailliot et al.，2007）。而另外一些研究则认为人们都在寻找一些能够同时实现多个目标的"多功能的"手段（Kopetz et al.，2006；Kopetz et al.，2011）。然而，很少的研究集中在新增的附加目标与已有目标在实用性/享乐性属性上的对照如何影响人们对手段的评价上。事实上，已有研究发现，目标在情感特性上的不同，可能会带来对同一手段的不同评价。例如，Fishbach 等（2004）的研究发现，当被试具有"食物应该带来美食的享受"的目标时，他们会对食物的评价更高；反过来，当被试具有"监控体重"的目标时，他们对食物的评价就降低了。在目标系统理论的研究中，据我们所知还不曾有研究从实用性/享乐性属性差异角度出发，对附加目标对原有手段偏好度评价的影响做出过探讨，因此我们认为，引入这个角度的理论是有必要的。

结合上述讨论，我们认为，当增加一个附加目标到一个原有的"手段目标"联系中时，也可以分成以下两种情况。

第一种情况是附加目标为享乐性的目标，而原有目标为实用性的目标。在这种情况下，附加的目标会与原有的目标产生正面的对照效应，从而提高对原有手段的偏好度评价。举例来说，假设你想达到保持身体健康这一实用性的目标时，你选择了学习瑜伽这一手段来实现，在学习了一段时间后，你惊喜地发现瑜伽是很有乐趣的并且会给你带来身心的放松（享乐性的附加目标），你会更加喜欢瑜伽这个手段。由此，我们提出以下的假设。

H1：当一个享乐性的附加目标被添加到一个实用性的"手段目标"联系中时，对原有手段的偏好度评价会由于正面的对照效应而得到提高。

第二种情况是附加目标为实用性的目标，而原有目标为享乐性的目标。在这种情况下，附加的目标会与原有的目标产生负面的对照效应，使得原有的目标和手段显得没有那么享乐了，从而降低了对原有手段的偏好度评价。这也就是为什么人们常说当一种爱好变成了工作之后，对这种爱好的兴趣也就没那么多了。正是因为当增加了"得到报酬"这一实用性的附加目标时，原来为了"得到乐趣"而进行的兴趣爱好，也就变得没有那么有乐趣了，那么我们对这一兴趣爱好的评价和喜好度也就下降了。由此，我们提出以下的假设。

H2：当一个实用性的附加目标被添加到一个享乐性的"手段目标"联系中时，对原有手段的偏好度评价会由于负面的对照效应而得到降低。

（三）附加目标与原有目标属性一致的情况

在产品创新研究领域，早期的研究发现，如果一项新的产品功能与原有产品在享乐性实用性属性上相一致，如一个新的享乐性功能被添加到一款享乐性产品上，这个新的产品功能所具有的价值就会被吸收，这种效应被称为吸收效应（Assimilation Effect）（Chernev，2004；Gill，2008；Nowlis and Simonson，1996）。在吸收效应作用之下，新产品的总体价值提升了，因此对产品的喜好也就相应提升了。

然而，又有研究指出，当附加的产品功能小于原有产品的功能时，这个新功能会被人们接受，并得到正面的认识；而当附加一个大于原有产品功能的新功能时，人们会怀疑此产品是否有能力实现这一功能，并且怀疑增加的功能是否会对原有功能的性能产生影响（Chernev，2004；Nowlis and Simonson，1996）。举例来说，诺基亚的一款手机因为增添了手电功能而得到热卖，但试想如果一个手电筒厂家推出了可以打电话的手电筒，相信应该没有多少人敢于购买。这正是因为人们对于功能的价值大小存在一个主观的排序，如果一个新的功能超出了原有产品可以实现的能力，那么人们就会怀疑此产品的性能，进一步降低对该产品的偏好。

类似地，在目标系统的研究中，手段有限资源理论（Means Limited Resources Theory）指出一个特定手段的资源是有限的，因此，它能够达到目标的能力是有限制的，那么，增加一个附加目标势必会分散一部分原有手段的资源，从而使其对原有目标的实现产生影响（Gill，2008；Thompson et al.，2005）。就像一个人的能力有限，不能够同时处理不同的任务一样，手段的能力也是有限的（Limited Capability）。如果增加的附加目标感知价值超过原有目标的价值：一方面，人们会怀疑原有手段能否实现这一附加目标；另一方面，人们会认为这个感知价值大的附加目标牵扯了原有手段的大部分资源，从而影响了手段实现原有目标的能力，使得原有目标的性能变差。而原有目标的性能变差又导致手段带来的整体价值减少，从而进一步降低了对手段的偏好度评价。

那么，当增加的目标与原有目标在实用性/享乐性这一属性上相一致时，附加目标的价值能否被原有手段所吸收从而进一步增加对手段的偏好度，要取决于附加目标与原有目标感知价值的相对大小。因此，我们可以提出以下假设。

H3：当增加的附加目标与原有目标都是实用性属性时，一个感知价值小于原有目标感知价值的附加目标会提高对手段的喜好度评价；而一个感知价值大于原有目标感知价值的附加目标会降低对手段的喜好度评价。

H4：当增加的附加目标与原有目标都是享乐性属性时，一个感知价值小于原有目标感知价值的附加目标会提高对手段的喜好度评价；而一个感知价值大于原有目标感知价值的附加目标会降低对手段的喜好度评价。

同时，手段有限资源理论指出，一个手段的资源是有限制的，增加一个附加目标会牵扯到一部分手段的资源，从而影响原有目标的性能。那么，为什么增加一个感知价值大的附加目标会降低人们对手段的偏好度评价呢，其中的机理是什么呢？

我们认为，增加一个感知价值大的附加目标会使人们对手段实现原有目标的能力产生怀疑，认为增加了附加目标后，原有目标的性能会下降，而原有目标性能的下降又导致手段带来的整体价值减少，从而进一步降低了人们对手段的偏好度评价。因此，我们认为，原有目标的性能变化在增加一个附加目标对手段偏好度评价影响这一问题中起到一个中介变量的作用。因此，我们提出以下假设。

H5：原有目标的性能变化会作为一个中介变量，调节附加目标感知价值对原有手段的喜好度评价的影响。增加一个感知价值大的附加目标会通过降低原有目标的性能这一途径间接降低对原有手段的喜好度评价。

三、实验设计和数据分析

（一）实验一：附加目标与原有目标属性

不一致的情况实验一的目的是证明增加一个属性不一致的附加目标到一个特定的"手段目标"联系中，会对原有手段的偏好造成不同的影响。具体来说，我们的假设是：增加一个享乐性的附加目标到一个实用性的"手段目标"联系中，会提高对原有手段的偏好度；而增加一个实用性的附加目标到一个享乐性的"手段目标"联系中，会降低对原有手段的偏好度。

1. 实验方法

（1）被试。

位于北京的某综合性大学的 100 名学生参与了这个实验（其中包括 44 名男生和 56 名女生），在实验结束后我们发放给每人 15 元人民币作为报酬。经过检验，被试的各项人口统计数据（包括性别、年龄、专业和收入）均对我们关注的变量没有产生显著的影响，因此，我们将不汇报这些因素在实验中的相关结果。

（2）实验过程。

本实验采用了一个 2（目标状态：无附加目标 vs 有附加目标）×2（原有目标属性：实用性 vs 享乐性）×2（手段类型：手表 vs 香水）的混合设计，其中目标状态和原有目标属性被操控为组间因素，手段类型被操控为组内因素。被试被邀请来参加一个产品创新的实验，并被告知他们将阅读两个关于即将推出的新产品的描述，在每个产品描述之后，他们需要回答一些关于这个产品的问题。由于手段类型为组内因素，我们将分别阐述在这个因素包含的两个水平的情况下，不同实验条件的被试阅读到的产品描述。也就是说，所有的被试都将看到一个关于手表的产品描述和一个关于香水的产品描述，而由于前两个因素（目标数和原有目标属性）的不同，被试将看到的产品描述是不同的。

具体来说，由于前两个因素分别包含两个水平，所以我们得到四个实验条件：无附加目标且原有目标为实用性目标的条件、有附加目标且原有目标为实用性目标的条件（由于此实验是原有目标属性与附加目标属性不一致的情况，这意味着附加目标为享乐性目标）、无附加目标且原有目标为享乐性目标的条件、有附加目标且原有目标为享乐性目标（附加目标为实用性目标）。我们由此将被试分为四组，每组分别阅读关于两个手段类型，即手表和香水的产品介绍。

在手表的产品描述中，我们虚拟了一个手表制作商的品牌 TITON 。无附加目标且原有目标为实用性目标的条件下，被试阅读到以下的实用性原有目标的描述。

"TITON 是欧洲著名的腕表品牌之一，建立于 1919 年瑞士的格林肯小镇。TITONI 一向以朴实无华但精密可靠的品质闻名，是性能价格比最出色的瑞士腕表品牌之一。TITON 将'提供更加优质的产品给世界上所有人'作为自身的使命，在精密加工、测量技术、节能等方面具有很强的技术优势。TITON 将于 2010 年推出名为'火焰'的功能型腕表系列。该系列以优质的不锈钢钢材制造，强抗撞击性非常明显，通过承受 5000Gs 撞击测试。其光动能最长可以连续运转十年，采用高精度的年误差机芯，年误差在 10 秒以内，具有很强的实用性。"

在原有目标为实用性目标附加目标为享乐性目标的条件下，被试读到和以上一样的实用性原有目标描述，只是在最后添加了一句话作为享乐性附加目标的描述："另外，火焰系列专门聘请了法国顶级设计师为其设计了三种颜色（蓝火、金火和赤火）的可替换型真皮表带，以满足佩戴者不同服饰的搭配需求。"

类似地，在无附加目标且原有目标为享乐性目标的条件下，被试读到以下的享乐性原有目标的描述。

"TITON 是欧洲著名的腕表品牌之一，建立于 1919 年瑞士的格林肯小镇。高贵的艺术境界与昂贵的制作材料塑造了 TITON 经久不衰的品牌效应。TITON 腕表采用的钻石全部经过严格挑选，无论颜色还是清晰度都是上乘的水平，经由经验丰富的珠宝工艺师精心镶嵌，尽显佩戴者非凡的魅力和优雅的风度。TITON 将于 2010 年推出名为'火焰'的高档腕表系列。该系列采用完美切割的三层红宝石镜面设计，搭配以 12 颗精挑细选的钻石镶嵌，加上白金表带上纯手工雕刻的火焰造型，充分体现了佩戴者的高贵身份和不凡品位。"

在原有目标为享乐性目标，附加目标为实用性目标的条件下，被试读到和以上一样的享乐性原有目标描述，只是在最后添加了一句话作为实用性附加目标的描述："另外，火焰系列还具备打火机的功能，以满足佩戴者的实际需求。"

在阅读完产品描述后，被试读要求对此款即将推出的产品做出评价，我们用一个从 1（一点儿也不喜欢）到 9（非常喜欢）的李克特 9 点量表测量其对产品的偏好度评价。这个问题被隐藏在其他三个填充问题（Filler Items）之间。

在香水的产品描述中，我们虚拟了一个香水制作商的品牌 Well-being。实验过程基本与上述的手表的实验过程是一样的。在无附加目标且原有目标为实用性目标的条件下，被试读到以下的实用性原有目标的描述。

"Well-being 是韩国知名的日常生活化学用品品牌，创立至今已有 20 年的时间，在韩国日用品市场占领较大的市场份额。旗下产品包括厨卫清洁剂、洗衣粉、蚊香和沐浴用品等多种日常生活用品。Well-being 将于 2010 年推出'绿意'的驱蚊药水系列。该系列驱蚊药水采取纯植物气味驱蚊原理，蚊子无耐药特性，驱蚊效果好，其添加的最新科技成分'纳米银'，可达到除臭和杀灭 500 多种病菌的功能，家庭经常使用可减少或避免人体感染病毒。"

在原有目标为实用性目标，附加目标为享乐性目标的条件下，被试读到和以上一样的实用性原有目标描述，只是在最后添加了一句话作为享乐性附加目标的描述："另外，'绿意'驱蚊药水系列融合了知名香水品牌的三种香水配方（花香型、果香型和木香型)，使用者在驱蚊的同时还能选择自己喜爱的香氛类型，以满足不同消费者感官上的需求。"

类似地，在无附加目标且原有目标为享乐性目标的条件下，被试读到以下的享乐性原有目标的描述。

"Well-being 是韩国知名的香水品牌，创立至今已有二十年的时间，深受韩国时尚人士的喜爱。品牌以'美是自然和科学的结晶'为理念，甄选天然名贵香料，采用 24 道香水提纯加工工艺，将自然清新与时尚优雅完美地结合在一起。Well-being 将于 2010 年推出'绿意'的香水系列。该系列香水设计的灵感来自雨后的花朵，使用了两种不同寻常的成分：来自留尼汪岛的海湾玫瑰和来自西部非洲的卡罗卡朗迪香料，将雨水的清新与玫瑰的香甜巧妙地融合在一起，给人一种神清气爽的感受。"

在原有目标为享乐性目标，附加目标为实用性目标的条件下，被试读到和以上一样的享乐性原有目标描述，只是在最后添加了一句话作为实用性附加目标的描述："另外，'绿意'系列香水还添加了驱蚊配方，使使用者远离蚊虫的侵扰。"在阅读完产品描述后，被试被要求对此款即将推出的产品做出评价，我们用一个从 1（一点儿也不喜欢）到 9（非常喜欢）的李克特 9 点量表测量其对产品的偏好度评价。这个问题被隐藏在其他三个填充问题之间（问卷示例问题见附录 1）。

2. 结果分析及讨论

我们对被试的产品评价进行了重复性测量的 2（目标状态：无附加目标 vs. 有附加目标)×2（原有目标属性：实用性 vs 享乐性)×2（手段类型：手表 vs 香水）的 ANOVA 分析。结果显示了目标状态和原有目标属性两个因素之间的交互作用是显著的（$F(1, 96) = 37.75$，$p < 0.01$)，如图 2 所示。另外，与我们预想的一样，手段类型这个因素并没有对产品评价产生显著的影响，也没有与其他因素产生交互作用（$Fs < 1$)。这意味着在不同类型的手段操控下，目标状态和原有目标属性两个因素的交互效应显示出同样的交互模式，如图 3 所示。

为了进一步分析交互作用的具体数据，我们进行了单因素效应检验（Simple Effect test)。由于不同手段类型条件下，目标状态和原有目标属性的交互作用并没有显著差异，此处我们仅以手表为原有手段的研究数据为例，进行单因素效应的检验。检验结果如表 1 所示。

上述结果与我们的假设是一致的。当增加一个享乐性的附加目标到一个实用性的"手段目标"联系中时，被试对原有手段的偏好度评价从 4.72 显著地提高到了 7.095（$p < 0.01$)；而当增加一个实用性的附加目标到一个享乐性的"手段目标"联系中时，被试对原有手段的偏好度评价从 5.417 显著地降低到了 3.833（$p < 0.05$)。

实验一证实了假设中的"对照效应"。也就是说，增加一个性质不一致的附加目标到一个原有的"手段目标"联系中，会产生附加目标与原有目标的对照，从而影响对原有手

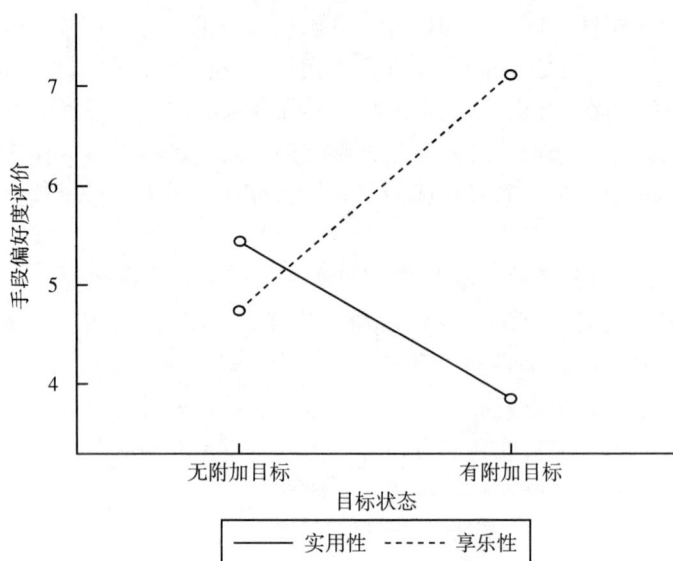

图 2　目标状态和原有目标属性对手段偏好度评价的交互作用

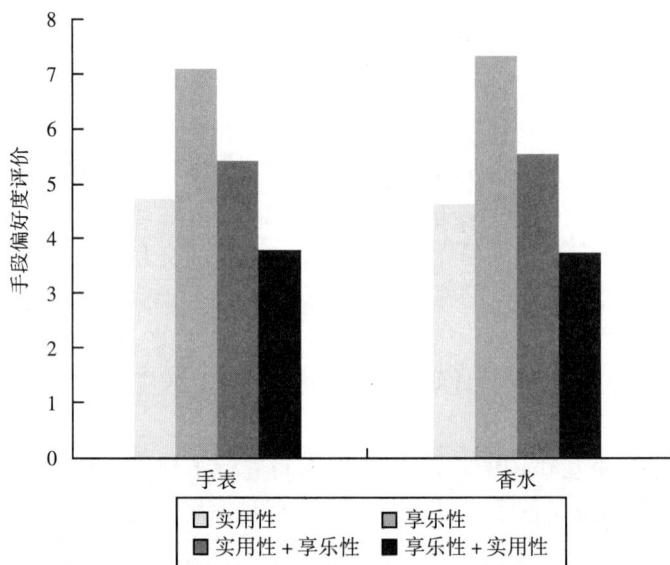

图 3　不同手段类型下交互作用对手段偏好度评价的影响模式

表 1　单因素效应检验结果

因素	编码	均值	标准差	样本量
原有目标属性：	实用性			
目标状态	无附加	4.720	1.969	25
目标状态	有附加	7.095	1.261	21

续表

因素	编码	均值	标准差	样本量
原有目标属性:	享乐性			
目标状态	无附加	5.417	2.636	24
目标状态	有附加	3.833	2.574	30
整个样本		5.120	2.492	100

段的偏好度。具体来说，增加一个享乐性的附加目标到一个实用性的"手段目标"联系中，附加的享乐目标产生了正面的对照效应，从而提高对原有手段的偏好度。相反地，增加一个实用性的附加目标到一个享乐性的"手段目标"联系中，会产生一种负面的对照效应，从而降低对原有手段的偏好度。

然而，实验一也存在一些不足。例如，并没有测量原有手段和附加目标的享乐性与感受，这可能会导致操控的目标不明确；另外，实验一也没有检验附加目标与原有手段的相关性、感知价值等属性，这些都可能导致有其他的解释干扰我们的假设。因此，我们设计了实验二用于排除以上种种的可能性。

（二）实验二：附加目标与原有目标属性不一致的情况

实验二的目的在于在实验一的基础上，进一步通过更严谨的设计和实验刺激物的更替来排除实验一中可能出现的其他干扰因素。具体来说，首先，我们会增加附加目标与原有手段感知价值差异这一属性，来排除由感知价值所带来的对手段偏好度的干扰，我们将会对感知价值小于、等于、大于原有手段的附加目标分别进行考察，以排除可能相关的因素；其次，我们会对原有手段和附加目标的实用性/享乐性属性进行测量，以保证实验操控目标的实现；再次，我们会增加附加目标与原有手段相关性的检验，以排除其因为附加目标和原有手段不相关导致的手段偏好度下降的可能性；最后，我们采用不同的刺激物，对手段偏好度的测量也采用不同的量表，进一步加强研究结果的内外部效度。

1. 预实验

在实验二中，我们选取"夏令营活动"作为原有手段。在实用性的条件下，我们将把夏令营和实用性目标联系起来，向被试展示一段学术型夏令营的描述；而在享乐性条件下，我们将把夏令营和享乐性目标联系起来，向被试展示一段观光型夏令营的描述（具体的描述与正式实验中的相同，请见正式实验部分）。

预实验的目的在于为两个类型的原有手段寻找符合以下条件的附加目标：①与原有手段在实用/享乐属性上不一致；②感知价值显著小于、等于或大于原有手段的感知价值。具体来说，我们将为学术型夏令营挑选出三个感知价值分别小于、等于、大于其享乐性的附加目标，而对于观光型夏令营，我们需要准备三个感知价值分别小于、等于、大于其实用性的附加目标。

位于北京的某综合性大学的 67 名学生参与了这个实验（其中包括 24 名男生和 43 名女生），在实验结束后我们发放给每人 10 元作为报酬。

（1）测量。

为了保证附加目标与原有手段的相关性，我们在进行预实验之前，通过前期访谈的方式征集了相关的意见，以此为基础设计了实验材料的备择选项。具体来说，对于学术型夏令营，我们的 8 项附加目标包括"每天播放电影 1 小时"、"举办社交聚会"、"组织抽奖活动"、"举办结业旅行"、"附送礼品"、"邀请名人演出"、"准备丰盛的自助午餐"以及"为学员拍摄写真"。相应地，对于观光型夏令营，我们的 8 项附加目标包括"配备外教"、"增长文化知识"、"举办去名校考察活动"、"准备丰富的特色书籍"、"邀请名师进行演讲"、"举行体能训练摆脱亚健康状态"、"举办有奖竞猜"及"返还国内 1000 公里经济舱里程"。

对于两项原有手段和 16 项附加目标，我们将进行以下属性的测量：①实用性和享乐性属性，在这里，我们采用 Voss 等（2003）文章中的量表，用"无用处的/有用处的"和"不实际的/实际的"两项去测量实用性得分（结果进行平均处理为单一值，r = 0.76），用"无乐趣的/有乐趣的"和"沉闷的/刺激的"两项去测量享乐性得分（结果进行平均处理为单一值，r = 0.83）（量表均采用李克特 7 点量表）；②感知价值属性，我们采用 Gill（2008）的方法，用一个问题"总体来说，这项活动（或这项附加目标）对于你来说有多少价值？"来测量（量表采用李克特 9 点量表，1 代表非常没有价值，9 代表非常有价值）。

（2）结果分析。

首先，对于两种手段的实用性和享乐性测量，学术型夏令营在实用性属性上得分显著高于享乐性属性得分（t = 3.764，p = 0.000），这说明学术型夏令营属于实用性的原有手段。相反地，观光型夏令营在实用性属性上得分显著低于享乐性属性得分（t = –3.801，p = 0.000），这说明观光型夏令营属于享乐性的原有手段。

其次，经过上文陈述的附加目标的条件筛选，我们分别为两项原有手段挑选出 3 项符合标准的附加目标。具体来说，对于学术型夏令营，我们分别挑选了"每天播放电影 1 小时"、"举办社交聚会"及"举办结业旅行"作为附加目标。对于观光型夏令营，我们分别挑选了"增长文化知识"、"举办去名校考察活动"及"举行体能训练摆脱亚健康状态"作为附加目标。

我们挑选的标准需要符合：①与原有手段在实用/享乐属性上不一致；②感知价值显著小于、等于或大于原有手段的感知价值。举例来说，"每天播放电影 1 小时"，其在实用性上得分显著低于享乐性属性（t = –4.108，p = 0.000），这说明它属于享乐性附加目标，与原有手段——学术型夏令营的属性是不一致的，符合了我们的第一个挑选标准。同时，它在感知价值上得分显著低于原有手段在感知价值上的得分（t = –4.259，p = 0.000），符合了我们的第二个挑选标准。其他的选项在两个标准上的得分结果见表 2。

2. 正式实验

（1）实验方法。

第一，被试。

我们邀请了位于北京的综合性大学的 268 名学生参与了这个实验（其中包括 103 名男

表 2　原有手段和附加目标在实用性/享乐性和感知价值比较属性的结果

原有手段	附加目标	实用性/享乐性	t 值	p 值	感知价值比较 [a]	t 值	p 值
学术型夏令营		实用性	3.764	0.000			
	每天播放电影 1 小时	享乐性	-4.108	0.000	显著小于	-4.259	0.000
	举办社交聚会	享乐性	-4.357	0.000	无显著差异	0.280	0.781
	举办结业旅行	享乐性	-4.870	0.000	显著大于	3.631	0.001
观光型夏令营		享乐性	-3.801	0.000			
	增长文化知识	实用性	5.694	0.000	显著小于	-5.236	0.000
	举办去名样考察活动	实用性	6.037	0.000	无显著差异	-0.808	0.422
	举办体能训练摆脱亚健康状态	实用性	5.526	0.000	显著大于	3.829	0.000

注：a：此感知价值比较为附加目标与相对应的原有手段的感知价值比较。

生和 165 名女生），在实验结束后我们发放给每人 15 元作为报酬。经过检验，被试的各项人口统计数据（包括性别、年龄、专业和收入）均对我们关注的变量没有产生显著的影响，因此，我们将不汇报这些因素在实验中的相关结果。

第二，实验过程。

本实验采用了一个 2（目标状态：无附加目标 vs 有附加目标）×2（原有目标属性：实用性 vs 享乐性）×3（附加目标价值：显著小于 vs 无显著差异 vs 显著大于）的组间设计。被试者被邀请来参加一个关于大学生生活的调查，并被告知他们将阅读一段关于某夏令营的描述，并在之后回答一些关于这个夏令营的问题。

在原有目标属性为实用性的实验条件下，被试将看到以下的描述。

"赴新学术夏令营是新加坡某大学面向中国在校大学生举办的学术型夏令营。在为期一周的时间内，夏令营将为学生教授密集的英文课程以及前沿的学术课程。学校将会指导学生们如何在学习中取得成功，如何在学校建立良好的信誉，并给大家介绍申请著名大学的技巧。此夏令营的主要目标在于培养学生的学术能力。"

在目标状态为无附加目标的实验条件下，被试的阅读到此为止；而在目标状态为有附加目标的实验条件下，被试还将阅读一句关于附加目标的描述。进一步，由于附加目标价值有三个实验条件，不同条件下的被试将分别阅读到以下三种描述："此外，夏令营还会在每晚加播一场电影，以满足同学们的娱乐需求"；"此外，夏令营还会举办社交聚会活动，使同学们认识更多的朋友，丰富夏令营的生活"；"此外，夏令营将在学习结束后举办结业旅行，带领同学们在新加坡观光览胜"。

在阅读完关于夏令营的介绍后，被试被要求回答以下的问题：首先，我们用两个问题来测量手段偏好度——被试被要求在一个从 1（非常不愿意）到 9（非常愿意）的李克特 9 点量表上标出其想要参加此夏令营的意愿，并给出愿意为此次夏令营支付的价格（开放性问题）；其次，我们采用预实验中使用过的方法检验了两项夏令营和三项附加目标的实用性/享乐性属性；最后，我们采用两个问题来检验附加目标与原有手段的相关性，即"你认为每晚加播一场电影（或举办社交聚会活动，或举办结业旅行活动）在学术夏令营中的安排合适吗？"以及"你认为每晚加播一场电影（或举办社交聚会活动，或举办结业旅行活动）与学术夏令营相关性高吗？"量表采用从1（非常不合适/非常不相关）到7（非常合适/非常相关）的李克特量表进行测量。

类似的实验过程被应用到原有目标属性为享乐性的实验条件下。在此条件下，被试将看到以下的描述。

"赴新观光夏令营是新加坡某大学面向中国在校大学生举办的观光型夏令营。在为期一周的时间内，夏令营将带领学生周游新加坡的名胜景点，观赏位于新加坡河河口海滨大道上的鱼尾狮塑像，领略充满热带风情的度假旅游胜地圣陶沙岛，品尝各种东南亚美食。此夏令营的主要目标在于让学生充分享受假期的快乐。"

类似地，在目标状态为无附加目标的实验条件下，被试的阅读到此为止；而在目标状态为有附加目标的实验条件下，被试还将阅读一句关于附加目标的描述。进一步，由于附加目标价值有三个实验条件，不同条件下的被试将分别阅读到以下三种描述："此外，夏令营还将讲授新加坡历史文化，增长同学们的文化知识"；"此外，夏令营还将举办去名校的考察活动，帮助同学们了解海外一流大学的学习情况"；"此外，夏令营还将举行各式体能训练，帮助同学们摆脱平日学习所积累的亚健康状态"。在阅读完关于夏令营的介绍后，被试被要求回答的问题与原有目标属性为实用性的实验条件下的问题类似，在此不作赘述（问卷示例问题见附录2）。

（2）结果分析及讨论。

1）操控检验。

我们检验先了原有手段和附加目标的实用性/享乐性特性。结果和预实验的结果相吻合：学术型夏令营在实用性得分上显著高于其在享乐性上的得分（$t = 4.531$，$p = 0.000$）；而享乐型夏令营在实用性得分上显著低于其在享乐性上的得分（$t = -3.602$，$p = 0.000$）；附加目标的实用性/享乐性得分也和预实验结果相吻合，因此不在此一一赘述。对于相关性的操控检验，我们将两项问题进行平均化处理成一个值（$r = 0.73$），结果显示六项附加目标和对应的原有手段之间的相关性得分为4~7（1~7的量表中），处于中等偏高的相关性，排除了由相关性引起的对分析结果的干扰。

2）手段偏好度评价。

在实验二中，对手段偏好度评价的测量，我们采取了两个问题：测量了被试想要参加夏令营的意愿和被试愿意为夏令营支付的价格。我们首先对于被试想要参加夏令营的意愿进行了一个2（目标状态：无附加目标 vs 有附加目标）×2（原有目标属性：实用性 vs 享乐性）×3（附加目标价值：显著小于 vs 无显著差异 vs 显著大于）的ANOVA分析。结果显示了目标状态和原有目标属性两个因素之间的交互作用是显著的（$F(1, 262) = 15.586$，$p < 0.01$）。同时，目标状态、原有目标属性和附加目标价值的三个因素之间的交互作用并不显著（$F(1, 256) = 0.680$，$p = 0.508$）。这意味着在不同附加目标价值的条件下，目标状态和原有目标属性两个因素的交互效应显示出同样的交互模式如图4-6所示。

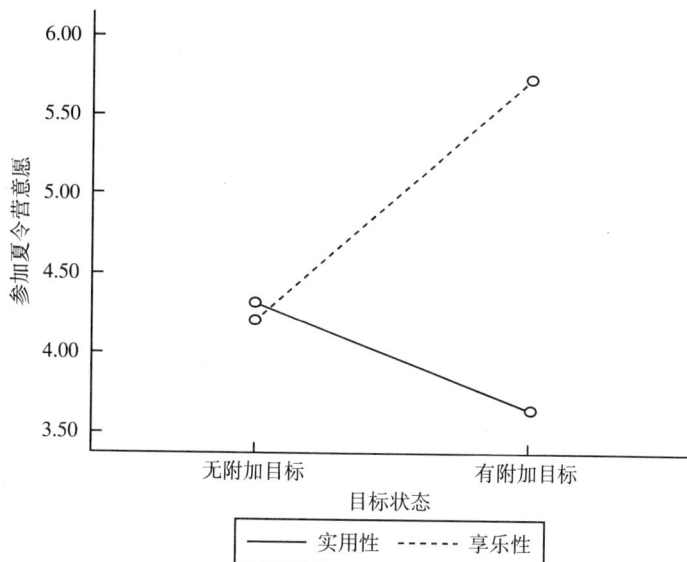

图 4 附加目标价值小于原有手段价值时，目标状态和原有目标属性的交互作用

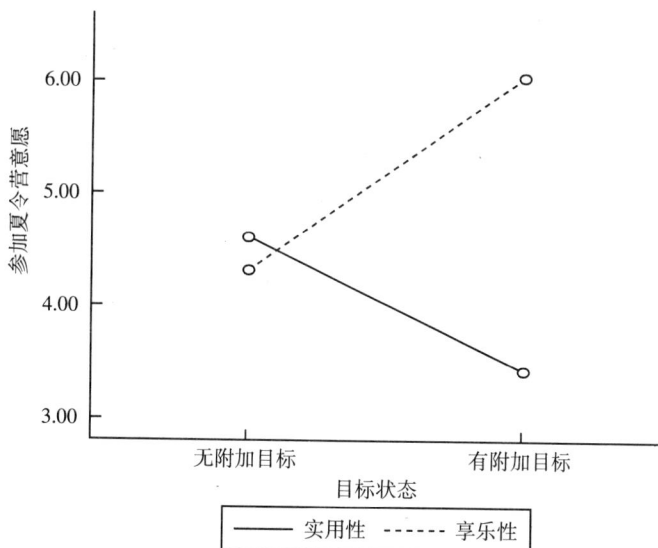

图 5 附加目标价值与原有手段无差异时，目标状态和原有目标属性的交互作用

此外，我们对被试给出的愿意为夏令营支付的价格也进行了一个 2（目标状态：无附加目标 vs 有附加目标）×2（原有目标属性：实用性 vs 享乐性）×3（附加目标价值：显著小于 vs 无显著差异 vs 显著大于）的 ANOVA 分析。结果与上述结果相吻合。目标状态和原有目标属性两个因素之间的交互作用是显著的（$F_{(1, 262)} = 86.179$，$p < 0.01$）。同时，目标状态、原有目标属性和附加目标价值的三个因素之间的交互作用并不显著（$F_{(1, 256)} = 1.386$，$p = 0.252$）。

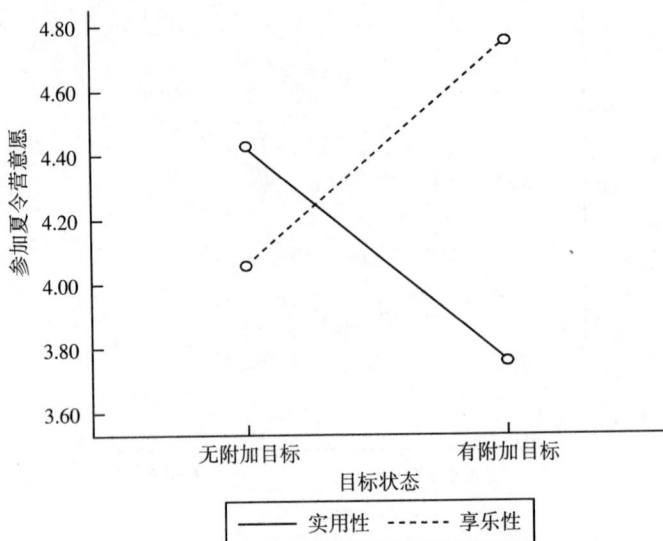

图 6 附加目标价值大于原有手段价值时，目标状态和原有目标属性的交互作用

综合上述结果，我们可以发现，附加目标价值对目标状态和原有目标属性的交互作用没有显著的影响。也就是说，无论附加目标价值显著小于原有手段的价值、与原有手段价值无显著差异，还是显著大于原有手段的价值，增加一个享乐性的附加目标到一个实用性的原有手段上，都会提高对原有手段的偏好度，而反过来，增加一个实用性的附加目标到一个享乐性的原有手段上，则会降低对原有手段的偏好程度。

实验二在实验一的基础上，加入了附加目标与原有手段感知价值差异这一属性，排除了由感知价值可能带来的对手段偏好程度的干扰。同时，实验二检验了原有手段、附加目标的实用性/享乐性属性，使得研究结果更加可靠，并且通过两个问题检验了附加目标与原有手段的相关性，排除了因为附加目标和原有手段不相关导致的手段偏好程度下降的可能性。

（三）实验三：附加目标与原有目标属性一致的情况

实验三的目的在于研究在附加目标与原有目标属性一致的情况下，附加目标将会如何影响对原有手段的偏好度。我们认为，增加一个感知价值小于原有目标的附加目标，会带来"吸收效应"，使得附加目标的价值被原有手段吸收，从而提高对原有手段的偏好度；而增加一个感知价值大于原有目标的附加目标，不会带来"吸收效应"；反之，会带来对手段实现原有目标能力的怀疑，从而降低对原有手段的偏好度。

此外，为了验证导致这一现象的内部途径，我们检验了"手段对原有目标的实现能力"这一变量的中介作用（Mediation Effect）。我们预测，增加一个感知价值小于原有目标的附加目标不会影响手段对原有目标的实现能力，从而使附加目标的价值能够被原有手段吸收，从而进一步提升对手段的偏好度；而增加一个感知价值大于原有目标的附加目标会降低手段对原有目标的实现能力，使原有目标的性能变差，从而进一步降低对原有手段的偏好度。

1. 实验方法

（1）被试。

我们邀请了位于北京的综合性大学的 60 名学生参与了这个实验（其中包括 31 名男生和 29 名女生），在实验结束后我们发放给每人 15 元人民币作为报酬。经过检验，被试的各项人口统计数据（包括性别、年龄、专业和收入）均对我们关注的变量没有产生显著的影响，因此，我们将不汇报这些因素在实验中的相关结果。

（2）实验过程。

本实验采用了一个 2（附加目标感知价值：小于原有目标 vs 大于原有目标）×2（目标状态：无附加目标 vs 有附加目标）×2（手段/目标的属性：实用性 vs 享乐性）的混合设计，其中附加目标感知价值被操控为组间因素，目标状态和手段/目标属性被操控为组内因素。在这里，我们按照组间因素的两个水平将被试分为两个实验组：附加目标感知价值小于原有目标的实验组及附加目标感知价值大于原有目标的实验组。

对于这个属性的操控效果我们将会在之后的结果分析部分进行讨论。

我们邀请被试参加一个所谓的产品创新的实验，并告知他们将阅读两段关于即将推出的新产品和服务的描述，一个是明年将推出的一款新的软件组合（实用性），另一个是明年将开张的一间咖啡厅（享乐性）。在每段描述后，他们将回答一些相关的问题。

第一个描述被操控为一个实用性的手段/目标。我们虚拟了一个专业翻译软件公司及其要在明年推出的一款新的软件组合。被试会首先读到以下描述（原有目标）。

"鼎尚软件公司是成立于深圳的一家中型翻译软件开发公司，生产面向企业与专业学术机构的翻译词典软件。该公司创立至今已有 5 年时间，推出了包括微电子学科电子词典、生物化学学科电子词典等专业翻译软件，拥有较高的客户满意度。鼎尚软件公司将于 2010 年首次推出一款适用于个人用户的翻译软件。软件含部分本地词库，支持取词、查词和查句等经典功能；支持中、日、英三语查询，并收录 30 万单词纯正真人发音，含 5 万长词、难词发音。"

阅读完以上的描述后，被试会被问及对于这款新的软件的偏好程度，一个从 1（一点也不喜欢）到 9（非常喜欢）的 9 点量表被用来测量这一问题。

接着，在附加目标感知价值小于原有目标价值的实验组的被试将会读到以下描述（附加目标）。

"为了与传统翻译软件进行区分，鼎尚软件公司首次尝试在即将推出的翻译软件中集成文档管理的功能。在文档管理的窗口下，用户可以搜索并查看浏览本地文档，保护文档的安全，并能设置文档的属性和文档的定时保存。"

在附加目标感知价值大于原有目标价值的实验组的被试将会读到以下描述（附加目标）。

"为了与传统翻译软件进行区分，鼎尚软件公司首次尝试在即将推出的翻译软件中集成病毒查杀的功能。在病毒查杀的窗口下，用户可以自定义查杀病毒的区域和方式，更新病毒库及备份系统文件。"

阅读完这一附加目标的描述后，两个实验条件下的被试会被问及对于这款附加了功能的新软件的偏好程度，一个从1（一点也不喜欢）到9（非常喜欢）的李克特9点量表被用来测量这一问题。同时，他们被问及附加的功能会如何影响原有软件的翻译功能，一个从–4（极大地降低）到4（极大地提高）的李克特9点量表被用来测量这一问题。这两个问题被隐藏在其他三个填充问题之间。最后，作为操控检验的问题，被试被要求判断附加功能与原有翻译功能的相关性，一个从1（一点也不相关）到9（非常相关）的9点量表被用来测量这一问题；并要求分别评价附加功能与主要功能给他们带来的价值，一个从1（一点儿也没价值）到9（非常有价值）的9点量表被用来测量这一问题。

接下来的第二段描述被操控为一个享乐性的手段/目标描述，我们虚拟了一个咖啡厅的品牌及其要开设一家新的分店。被试会首先读到以下描述（原有目标）。

"三色咖啡厅是一家中小型休闲咖啡厅，创业至今已有5年时间，在北京共有8家分店。三色咖啡厅以口味纯正的咖啡、公道实惠的价格及舒适的环境受到消费者的欢迎。由于注意到大学生消费水平的提高，三色咖啡厅将于2010年在本大学东门设立分店，店面占地约150平方米，以简洁清新的设计为主，定位价格中等偏低，以迎合大学生的需求。"

阅读完以上的描述后，被试会被问及对于这间新咖啡厅的偏好程度，一个从1（一点也不喜欢）到9（非常喜欢）的9点量表被用来测量这一问题。

接着，在附加目标感知价值小于原有目标价值的实验条件下的被试将会读到以下描述（附加目标）。

"为了与周围咖啡厅进行差异化竞争，三色咖啡厅决定在销售咖啡的同时，新增糖果的销售。其销售的糖果包括巧克力、牛奶糖等几十种糖果，以满足消费者不同的需要。"

在附加目标感知价值大于原有目标价值的实验条件下的被试将会读到以下描述（附加目标）。

"为了与周围咖啡厅进行差异化竞争，三色咖啡厅决定在销售咖啡的同时，加入高档西式餐品的销售。其销售的高档西式餐品包括意式秘制浓酱鹅肝、木炭火焦烤法国小填鸭等几十种高档菜肴，以满足消费者不同的需要。"

阅读完这一附加目标的描述后，两个实验条件下的被试会被问及对于这间附加了其他销售服务的咖啡厅的偏好程度，一个从1（一点也不喜欢）到7（非常喜欢）的7点量表被用来测量这一问题。同时，他们被问及附加的销售会如何影响原有咖啡厅的咖啡质量，一个从–4（极大地降低）到4（极大地提高）的9点量表被用来测量这一问题。这两个问题被隐藏在其他三个填充问题之间。最后，作为操控检验的问题，被试被要求判断附加的销售与原有的咖啡销售之间的相关性，一个从1（一点也不相关）到9（非常相关）的9点量表被用来测量这一问题；并要求分别评价附加销售与主要咖啡销售给他们带来的价值，一个从1（一点也没价值）到9（非常有价值）的9点量表被用来测量这一问题（问卷示例问题见附录3）。

2. 结果分析及讨论

（1）操控检验。

已有研究显示，感知的附加目标与原有目标的相关性可能影响对手段的偏好程度（Kopetz，et al.，2006）。具体来说，增加一个相关度高的附加目标会比增加一个相关度低的附加目标带来对原有手段的更高评价。而由于相关度并不是我们感兴趣的变量，所以在此研究中，我们控制了这一因素的影响。经过一个重复测量的 2（附加目标感知价值：小于原有目标 vs 大于原有目标）×2（手段/目标的属性：实用性 vs 享乐性）的 ANOVA 分析，结果显示附加目标与原有目标的相关性对手段偏好评价没有显著影响（Fs < 1），并且与其他变量没有交互关系（Fs < 1）。另外，感知价值小与感知价值大的附加目标与原有目标的相关性得分都在 5 左右（1~7 的量表中），处于中等水平，而不是极端的不相关或极端相关。

为了检验附加目标感知价值变量的两个不同水平是否显著地小于/大于原有目标，我们以此变量取值将数据分裂成两部分，并分别对这两组数据中附加目标和原有目标的感知价值进行了 t 检验。结果显示，附加目标感知价值小于原有目标的一组中，被试对附加目标的感知价值 3.32 要显著低于原有目标的感知价值 5.58（t = 4.284，p < 0.01）；而附加目标感知价值大于原有目标的一组中，被试对附加目标的感知价值 7.51 要显著高于原有目标的感知价值 5.75（t = −4.527，p < 0.01）。这个结果验证了我们对于组间因素附加目标感知价值的操控是成功的。

（2）手段偏好度评价。

对于手段偏好度评价分析，我们分别分析了实用性手段/目标属性操控下和享乐性手段/目标操控下的手段偏好度。首先，在实用性手段/目标属性设置下，经过一个重复测量的 2（附加目标感知价值：小于原有目标 vs 大于原有目标）×2（目标状态：无附加目标 vs 有附加目标）的 ANOVA 分析，结果显示附加目标感知价值和目标状态存在显著的交叉效应（F(1, 58) = 6.73，p < 0.05），当增加一个感知价值小于原有目标的附加目标时，手段偏好度评价从 4.45 上升到 5.94，而当增加一个感知价值大于原有目标的附加目标时手段偏好度评价从 4.68 下降到 3.97，如图 7 所示。

类似地，在享乐性手段/目标属性下，经过一个重复测量的 2（附加目标感知价值：小于原有目标 vs 大于原有目标）×2（目标状态：无附加目标 vs 有附加目标）的 ANOVA 分析，结果显示附加目标感知价值和目标状态存在显著的交叉效应（F(1, 58) = 6.73，p < 0.05），当增加一个感知价值小于原有目标的附加目标时，手段偏好度评价从 5.25 上升到 6.10，而当增加一个感知价值大于原有目标的附加目标时手段偏好度评价从 5.65 下降到 3.86，如图 8 所示。

上述结果与我们的假设相吻合，即无论是在实用性手段/目标属性设置下，还是在享乐性手段/目标属性设置下，增加一个感知价值小于原有目标感知价值的附加目标会提高对原有手段的偏好度评价；而增加一个感知价值大于原有目标感知价值的附加目标会降低对原有手段的偏好度评价，各实验条件下的相应数据见表 3。

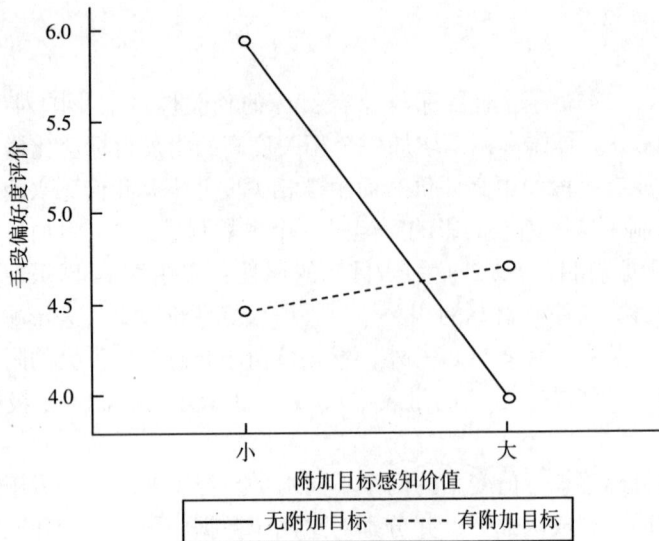

图 7　实用性手段/目标属性下附加目标感知价值与目标状态的交互作用对手段偏好度评价的影响

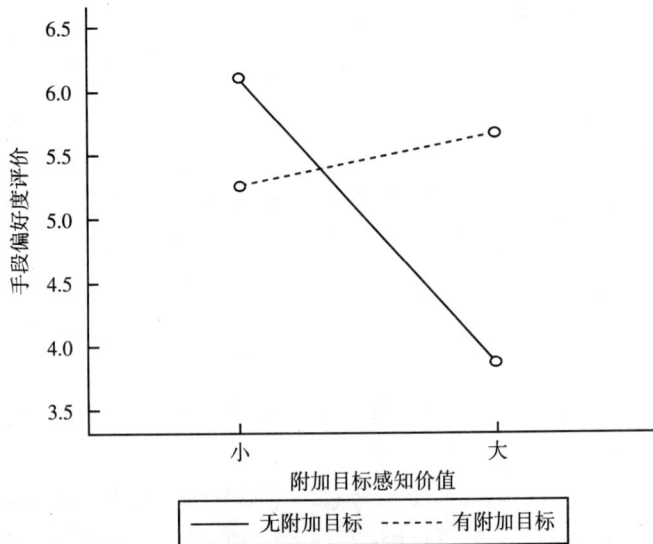

图 8　享乐性手段/目标属性下附加目标感知价值与目标状态的交互作用对手段偏好度评价的影响

表 3　实用性/享乐性手段下添加不同感知价值的附加目标对手段偏好程度的影响

手段类型	附加目标	均值 (标准差)	样本量	手段类型	附加目标	均值 (标准差)	样本量
实用性手段	无附加 目标	4.45 (2.173)	31	享乐性手段	无附加 目标	5.25 (2.556)	31
	附加目标感知 价值小于原有 目标	5.94 (2.393)			附加目标感知 价值小于原有 目标	6.10 (2.038)	

续表

手段类型	附加目标	均值 (标准差)	样本量	手段类型	附加目标	均值 (标准差)	样本量
实用性手段	无附加 目标	4.68 (2.173)	29	享乐性手段	无附加 目标	5.65 (3.131)	29
	附加目标感知 价值大于原有 目标	3.97 (2.195)			附加目标感知 价值大于原有 目标	3.86 (2.133)	

我们认为上述情况是因为增加一个感知价值小的附加目标时，原有手段实现原有目标的能力并不会受到怀疑，也就是说原有目标的性能并没有出现下降，此时，由于"吸收效应"，所以附加目标的价值被原有手段吸收，从而提高了对手段的偏好程度。相反地，当增加一个感知价值大的附加目标时，不会带来"吸收效应"，这是因为增加一个感知价值大的附加目标会占用原有手段的大量资源，使得原有手段实现原有目标的能力受到怀疑，也就是说原有目标的性能会出现下降，这导致附加目标的价值不能被原有手段吸收，从而降低对原有手段的偏好程度。接下来我们将检验"原有目标性能变化"这一中介作用的影响。

（3）中介作用检验。

为了检验中介作用的影响，我们首先平均了实用性和享乐性手段/目标设置下的原有目标性能变化值，然后经过一系列的回归分析，检验了原有目标性能的变化是否作为中介变量调节了附加目标感知价值对手段偏好度评价的影响。中介作用检验结果如图9所示。

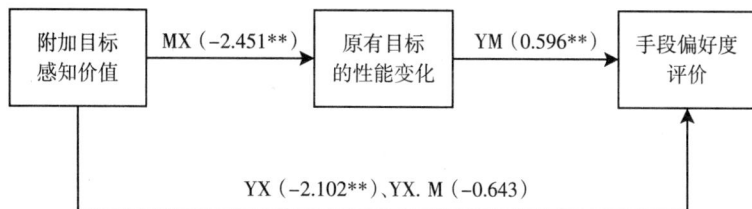

图9　附加目标感知价值对手段偏好度评价影响的路径结构

注：** 表示 $p < -0.01$。

中介变量的定义：考虑自变量 X 对因变量 Y 的影响，如果 X 通过影响变量 M 来影响 Y，则称 M 为中介变量（温忠麟等，2004）。本研究按照温忠麟等人提出的中介效应检验程序，采用建立结构方程模型的方法来检验中介效应，即分别考察 YX（自变量对因变量的直接影响），MX（自变量对中介变量的影响）和 YM（中介变量对因变量的影响），YX.M（考虑中介变量后，自变量对因变量的影响）。

具体步骤：第一，检验附加目标感知价值对手段偏好度评价的影响（YX）；第二，检验附加目标感知价值对原有目标的性能变化的影响（MX）；第三，检验原有目标的性能变化对手段偏好度评价的影响（YM）；第四，检验加入原有目标的性能变化这一变量后，附加目标感知价值对手段偏好度评价的影响（YX. M）。具体结果见表4。

表4　中介效应检验步骤

步骤	自变量	因变量	标准回归系数	标准误	t值
1（路径 YX）	附加目标感知价值	手段偏好度评价	−2.102	0.433	−4.858**
2（路径 MX）	附加目标感知价值	原有目标的性能变化	−2.451	−0.399	−6.146**
3（路径 YM）	原有目标的性能变化	手段偏好度评价	0.596	0.120	4.955**
4（路径 YX. M）	附加目标感知价值	手段偏好评价	−0.643	0.469	−1.371

注：** 表示 $p < -0.01$。

与 ANOVA 的结果相似，回归结果显示如下。

1）附加目标的感知价值（小 vs 大）与手段偏好度评价显著负向相关（$\beta = -2.102$），$F(1, 58) = 23.597$，$p < 0.01$。

2）增加一个感知价值大的附加目标会显著降低原有目标的性能（$\beta = -2.451^{**}$），$F(1, 58) = 37.778$，$p < 0.01$。

3）原有目标性能的变化显著影响对原有手段的偏好度评价（$\beta = 0.596^{**}$），$F(1, 58) = 55.015$，$p < 0.01$。

4）而当控制住原有目标性能变化这一变量的时候，附加目标的感知价值对手段偏好度评价的影响减弱了并且不再显著（$\beta = -0.643$，NS）。

进一步地，我们进行了一个 Baron 和 Kenny 版本的 Sobel 检验（Baron and Kenny, 1986），结果显示中介作用显著（$Z = -3.8269$，$p = 0.0001$）[①]（Sobel 检验的具体说明详见附录4）。这就是说，当控制住原有目标性能变化这一变量的时候，增加一个感知价值大的附加目标并不能直接降低对原有手段偏好程度的评价。附加目标的感知价值这一变量间接地通过原有目标性能变化这一中介变量影响对原有手段偏好度的评价。

四、总体讨论

（一）理论意义

已有研究指出能实现多个目标的手段通常因能够带来更多的价值而显得更有吸引力（Kopetz et al., 2006；Thompson et al., 2005），另有研究指出当增加了附加目标时，原有目标和手段的联系会被减弱，从而进一步降低对手段的偏好度评价（Zhang et al., 2007）。

---

① 在95%的显著水平下，Sobel test 的 $Z = ab/SE（ab）= -38269 < -1.96$，可以拒绝 ab 为 0 的假设，因此可以认为中介变量作用是显著的。

因此，增加一个附加目标会如何影响对原有手段的偏好度评价不仅取决于增加的附加目标的价值，还要取决于原有目标的实现是否被增加了的目标影响。

本研究尝试着从另一个角度去回答附加目标如何影响对原有手段的偏好度评价这一问题，即采用了实用性/享乐性属性二分法以及感知价值等理论框架，论证了如下内容。当附加目标与原有目标在实用性/享乐性属性不一致时，增加一个享乐性的附加目标到一个实用性的"手段目标"联系中，由于正面对照效应的影响，会提高对原有手段的偏好度评价；而增加一个实用性的附加目标到一个享乐性的"手段目标"联系中，由于负面对照效应的影响，会降低对原有手段的偏好度评价。

另外，当附加目标与原有目标在实用性/享乐性属性上一致时，增加一个感知价值小于原有目标的附加目标，那么由于吸收效应的影响，会增加原有手段所带来的整体价值，从而提高对原有手段的偏好度评价；而增加一个感知价值大于原有目标的附加目标，则不会发生吸收效应，由于对原有手段实现原有目标的能力，即原目标的性能产生了怀疑，手段所能带来的整体价值反而下降，从而进一步降低了对原有手段的偏好度评价。

总体来说，对于手段的偏好度评价和手段的选择一直是目标系统中研究的重要问题之一，然而通过增加一个特定手段能够实现的目标价值，即增加附加目标并不一定能提高对手段的偏好度评价。以往的研究从附加目标和主要目标的相关性角度出发，探讨了和主要目标相关度高低不同的附加目标对于手段偏好度评价的影响（Kopetz et al.，2006；Thompson et al.，2005，Zhang et al.，2007），但是却不能得出一个统一的答案。本研究采取了另外一个角度，即从附加目标和主要目标的实用性/享乐性属性角度出发，探讨了当附加目标和主要目标在这一属性上一致或不一致时，附加目标对与手段偏好度评价的影响，并检验了主要目标如何调节附加目标对手段偏好度评价的影响。相信上述的发现和讨论能从一个另外的角度对相关研究问题和文献做出理论上的贡献。此外，本研究对于新产品和新服务的开发与促销领域的相关研究问题也具有一定的启发意义。

（二）营销意义

本研究讨论了目标系统中，添加一个附加目标对原有手段偏好度评价的影响。在现实的营销环境中，此研究结果可以用于新产品和新服务的设计。例如，从我们的结论可以看出，增加一个新产品功能或新的服务品种要考虑到原有产品或服务与新添加的产品功能或服务在实用性/享乐性这一特性上是否一致。当新添加的产品功能或服务与原有产品或服务在这一特性上不一致时，依据我们的研究结果，一方面，增加一个享乐性的附加目标到一个实用性的手段上，会提升对手段的偏好度评价。也就是说，增加一项享乐性新功能或服务会提高对已有的实用性产品或服务的评价。例如，添加音乐功能的手机比普通手机的评价高。另一方面，增加一个实用性的附加目标到一个享乐性的手段上，却会降低对手段的偏好度评价。例如，我们证明了添加驱蚊功能到香水上会降低对香水的评价。

当新添加的产品功能或服务与原有产品或服务在实用性/享乐性这一特性上一致时，我们的研究结果表明，增加一个感知价值小的新功能或服务会提升对原有产品或服务的偏好程度评价，而增加一个感知价值大的新功能或服务会降低对原有手段的偏好程度评价，这是因为人们会对原有产品或服务的性能产生怀疑。例如，在捆绑销售的时候，如果捆绑的商品的感知价值超过主要商品时，人们就会怀疑主要商品的质量和价值，这也就是"买一赠二"这种促销活动往往起不到理想的效果的原因。综上所述，在设计一项新的产品功能或服务时，要综合比较新功能或服务与已有产品或服务的实用性/享乐性特性和感知价值，从而设计出成功的新产品或新服务。

五、研究局限和未来研究方向

研究的局限性表现在实验一和实验二的结果仅仅停留在现象发现的层面上。例如，我们通过前两个实验发现增加一个实用性/享乐性不同的附加目标会对原有手段偏好度评价产生影响，但是其中的机理并没有得到很好的解释。增加一个附加目标是通过增加或降低了手段实现原有目标的能力从而改变对原有手段的偏好度评价，还是通过改变了人们对原有手段的认知从而改变了对原有手段的偏好度评价，这个问题并没有进行深入的探讨。未来的研究应对此问题给出详细的解释。

另外，未来的研究可以尝试将属性不一致的情况与属性一致的情况相结合，进行对比，以检验当增加相同的附加目标到不同属性的原有"手段目标"联系中时，会对不同属性的手段产生怎样的影响。例如，增加一个享乐性的附加目标到一个享乐性和一个实用性的原有"手段目标"联系中，考察比较吸收效应和对照效应的相对差异。一个 2（原有目标属性：实用性 vs 享乐性）× 2（附加目标属性：实用性 vs 享乐性）的组间实验设计可以被运用去考察此类问题。

参考文献

[1] 温忠麟，张雷，侯杰泰等. 中介效应检验程序及其应用 [J]. 心理学报，2004，36（5）：614-620.

[2] 马京晶，马新昕，张黎. 选择与放弃中对产品实用性和享乐性的不同偏好 [J]. 营销科学学报，2008，4（1）：107-119.

[3] 赵占波，涂荣庭，涂平. 产品的功能性和享乐性属性对满意度与购后行为的影响 [J]. 营销科学学报，2007，3（3）：50-58.

[4] 郑毓煌. 理由启发式：消费者购买或选择享乐品的一个简单而有效的决策过程 [J]. 营销科学学报，2007，3（4）：63-71.

[5] 郑毓煌，董春艳. 决策中断对消费者自我控制的影响 [J]. 营销科学学报，2011，7（1）：1-14.

[6] Baron R. M., Kenny D. A. The Moderator-mediator Variable Distinction in Social Psychological Research: Conceptual, Strategic, and Statistical Considerations [J]. Journal of Personality and Social Psychology, 1986, 51: 1173-1182.

[7] Batra R., Ahtola O. T.. Measuring the Hedonic and Utilitarian Sources of Consumer Attitudes [J]. Mar-

keting Letters, 1990, 2（2）: 159-170.

［8］Baumeister R. F., Bratslavsky E., Muraven M., et al. Ego-depletion: is the Active Self a Limited Resource［J］? Journal of Personality and Social Psychology, 1998, 74（5）: 296-309.

［9］Chernev A. Goal-attribute Compatibility in Consumer Choice［J］. Journal of Consumer Psychology, 2004, 14（1&2）: 141-150.

［10］Dhar R., Wertenbroch K. Consumer Choice Between Hedonic and Utilitarian Goods［J］. Journal of Marketing Research, 2000, 37（1）: 60-70.

［11］Fishbach A., Shah J. Y., Kruglanski A. W. E-motional Transfer in Goal Systems［J］. Journal of Experimental Social Psychology, 2004, 40: 723-738.

［12］Gailliot M. T., Baumeister R. F., DeWall C. N., et al. Self-control Relies on Glucose as a Limited Energy Source: Willpower is More than a Metaphor［J］. Journal of Personality and Social Psychology, 2007, 92（2）: 325-336.

［13］Garbarion E., Johson M. S. Effect of Consumer Goals on Attribute Weighting, Overall Satisfaction, and Product Usage［J］. Psychology & Mar-keting, 2001, 18（9）: 929-949.

［14］Gill T. Convergent Products: What Functionalities Add More Value to the Base［J］. Journal of Marketing, 2008（72）: 46-62.

［15］Huffman C., Houston M. J. Goal Oriented Experiences and the Development of Knowledge［J］. Journal of Consumer Research, 1993, 20（Septembber）: 190-207.

［16］Kivetz R., Simonson I.. The Idiosyncratic Fit Heuristic: Effort Advantage as a Determinant of Consumer Response to Loyalty Programs［Z］. Journal of Marketing Research, 2003（40）: 454-467.

［17］Kopetz C., Fishbach A., Kruglanski A. W. Having One's Cake and Eating it Too: the Quest for Multifinal Means in Goal Pursuit［Z］. Unpublished Manuscript, 2006.

［18］Kopetz C., Faber T., Fishbach A., et al. The Multifinality Constraints Effect: how Goal Multiplicity Narrows the Means Set to a Focal End［J］. Journal of Personality and Social Psychology, 2011, 100（5）: 810-826.

［19］Kruglanski A. W., Shah J. Y., Fishbach A., et al. A Theory of Goal Systems［J］. Advances in Experimental Social Psychology, 2002（34）: 331-378.

［20］Meyvis T., Janiszewski C. Consumers' be Liefs about Product Benefits: the Effect of Obviously Irrelevant Product Information［J］. Journal of Consumer Research, 2002（28）: 618-635.

［21］Muraven M., Tice D. M., Baumeister R. F. Self-control as a Limited Resource: Regulatory Depletion Patterns［J］. Journal of Personality and Social Psychology, 1998, 74（3）: 774-789.

［22］Nowlis S. M., Simonson I. The Effect of New Product Features on Brand Choice［J］. Journal of Marketing Research, 1996（33）: 36-46.

［23］Ratneshwar S., Barsalou L. W., Pechmann C., et al. Goal Derived Categories: the Role of Personalnd Situational Goals in Category Representations［J］. Journal of Consumer Psychology, 2001, 10（3）: 147-157.

［24］Thompson D. V., Hamilton R. W., Rust R. T. Feature Fatigue: When Product Capabilities become too Much of a Good Thing［J］. Journal of Marketing Research, 2005（42）: 431-442.

［25］Voss K. E., Spange berg E. R., Groh mann B. Measuring the Hedonic and Utilitarian Dimensions of Consumer Attitude［J］. Journal of Marketing Research, 2003（40）: 310-320.

［26］Zhang Y., Fishbach A., Kruglanski A. W. The Dilution Model: how Additional Goals Undermine the Perceived Instrumentality of a Shared Path［J］. Journal of Personality and Social Psychology, 92（3）: 389-401.

The Impacts of an Additional Hedonic/Utilitarian Goal on the Evaluation of the Preference of Means

Du Xiaomeng   Zhanjli

(Guanghua School of Management, Peking University   Beijing   100871)

Abstract: Based on the goal system theory, this study tried to find out that whether adding an additional goal would increase or decrease the preference of means. Specifically, the dichotomy of hedonic/utilitarian characteristics of the focal goal and the additional goal was adopted to analyze the effect of additional goal on the preference of means. Three experiments were conducted to investigate the mechanism. Results showed that when the additional goal and the main goal were different in the utilitarian/hedonic attribute, because of contrast effect, adding a hedonic additional goal would enhance the preference of means and adding a utilitarian additional goal would decrease the preference of means. On the other hand, when the additional goal and the main goal were the same in the utilitarian/hedonic attribute, because of the assimilation effect, adding an additional goal which has a smaller perceived value than the main goal would enhance the preference of means and adding an additional goal which has a bigger perceived value than the main goal would decrease the preference of means.

Key Words: Additional Goal; Means; Preference of Means; Goal System

附录 1：实验一问卷示例问题

产品开发调查问卷

您好！ 我们正在进行一项新产品开发的研究，希望可以占用您几分钟的宝贵时间填写问卷。此问卷所有答案都将用于研究，不会用于任何其他用途，也不会泄露给任何第三方。您认真仔细的回答将对我们的研究非常有意义，十分感谢您的合作！

北京大学北大国际 MBA 产品开发调研组

第一部分：基本信息

您的年龄：_____岁

您的性别：A. 男   B. 女

您的月可支配收入：A. 500 元及以下　　　　B. 501~800 元

　　　　　　　　　　C. 801~1300 元　　　　D. 1301 元及以上

您所在的年级：A. 大一　　　　B. 大二　　　　C. 大三　　　　D. 大四

　　　　　　　E. 硕士生　　　　F. 博士生　　　G. 其他

您的专业：A. 理工类　　　　B. 艺术类　　　　C. 传媒类　　　D. 经济类

　　　　　E. 管理类　　　　F. 文史哲法类　　G. 其他

第二部分：请先阅读以下产品介绍，再依次填写问题，在您同意的数字上打钩。

Utilitarian Goal：[①]

TITONI 是欧洲著名的腕表品牌之一，建立于 1919 年瑞士的格林肯小镇。TITONI 一向以朴实无华但精密可靠的品质闻名，是性能价格比最出色的瑞士腕表品牌之一。TITONI 将"提供更加优质的产品给世界上所有人"作为自身的使命，在精密加工、测量技术、节能等方面具有很强的技术优势。

TITONI 将于 2010 年推出名为"火焰"的功能型腕表系列。该系列以优质的不锈钢钢材制造，强抗撞击性非常明显，通过承受 5000Gs 撞击测试。其光动能最长可以连续运转十年，采用高精度的年误差机芯，年误差在 10 秒以内，具有很强的实用性。

请就即将推出的火焰系列腕表回答下列问题（在相应的数字上打钩）。

您认为火焰系列腕表能给你带来的价值为：

1	2	3	4	5	6	7	8	9
非常没价值				中等				非常有价值

您对火焰系列腕表的喜好程度为：

1	2	3	4	5	6	7	8	9
非常不喜欢				中等				非常喜欢

您是否愿意拥有火焰系列腕表：

1	2	3	4	5	6	7	8	9
非常不愿意				中等				非常愿意

您是否有可能购买火焰系列腕表：

1	2	3	4	5	6	7	8	9
非常不可能				中等				非常可能

[①] 这里的英文标注是我们在本文中特地加入的，以便阅读者理解之用。在实际的实验中，为了不引起被试对实验目的的猜测，这些内容并不显示。其余部分中的英文注释同。

第三部分：请先阅读以下产品介绍，再依次填写问题，在您同意的数字上打钩。

Hedonic Goal：

Well-being 是韩国知名的香水品牌，创立至今已有 20 年的时间，深受韩国时尚人士的喜爱。品牌以"美是自然和科学的结晶"为理念，甄选天然名贵香料，采用 24 道香水提纯加工工艺，将自然清新与时尚优雅完美地结合在一起。

Well-being 将于 2010 年推出名为"绿意"的香水系列。该系列香水设计的灵感来自雨后的花朵，使用了两种不同寻常的成分：来自留尼汪岛的海湾玫瑰和来自西部非洲的卡罗卡朗迪香料，将雨水的清新与玫瑰的香甜巧妙地融合在一起，给人一种神清气爽的感受。

请就即将推出的"绿意"系列香水回答下列问题（在相应的数字上打钩）。

您认为"绿意"系列香水能给您带来的价值为：

1	2	3	4	5	6	7	8	9
非常没价值				中等				非常有价值

您对"绿意"系列香水的喜好程度为：

1	2	3	4	5	6	7	8	9
非常不喜欢				中等				非常喜欢

您是否愿意拥有"绿意"系列香水？

1	2	3	4	5	6	7	8	9
非常不愿意				中等				非常愿意

您是否有可能购买"绿意"系列香水？

1	2	3	4	5	6	7	8	9
非常不可能				中等				非常可能

附录 2：实验二问卷示例问题

大学生日常活动调查问卷

您好！我们正在进行一项关于大学生日常活动的研究，希望可以占用您几分钟的宝贵时间填写问卷。此问卷所有答案都将用于研究，不会用于任何其他用途，也不会泄露给任何第三方。您认真仔细的回答将对我们的研究非常有意义，十分感谢您的合作！

北京大学北大国际 MBA 产品开发调研组

第一部分：基本信息

您的年龄：＿＿＿岁

您的性别：A. 男　　　　B. 女

您的月可支配收入：A. 500 元及以下　　　　　B. 501~800 元

　　　　　　　　　　C. 801~1300 元　　　　　D. 1301 元及以上

您所在的年级：A. 大一　　　　B. 大二　　　C. 大三　　　D. 大四

　　　　　　　E. 硕士生　　　F. 博士生　　G. 其他

您的专业：A. 理工类　　　B. 艺术类　　　C. 传媒类　　　　D. 经济类

　　　　　E. 管理类　　　F. 文史哲法类　G. 其他

第二部分：请先阅读以下活动介绍，再依次填写问题，在您同意的数字上打钩。

Utilitarian Goal：[①]

　　赴新学术夏令营是新加坡某大学面向中国在校大学生举办的学术型夏令营。在为期一周的时间内，夏令营将为学生教授密集的英文课程以及前沿的学术课程。学校将会指导学生们如何在学习中取得成功，如何在学校建立良好的信誉，并给大家介绍申请著名大学的技巧。此夏令营的主要目标在于培养学生的学术能力。

　　请就上述夏令营回答下列问题（在相应的数字上打钩）。

　　您是否愿意参加此次夏令营：

1	2	3	4	5	6	7	8	9
非常不愿意				中等				非常愿意

　　请您在横线上填写您愿意为此次夏令营支付的价格：＿＿＿元（精确到十位）。

　　请您就以下问题对上述夏令营进行评价：

1	2	3	4	5	6	7
无用处的			中等			有用处的

1	2	3	4	5	6	7
不实际的			中等			实际的

1	2	3	4	5	6	7
无乐趣的			中等			有乐趣的

1	2	3	4	5	6	7
沉闷的			中等			刺激的

---

　　① 这里的英文标注是我们在本文中特地加入的，以便阅读者理解之用。在实际的实验中，为了不引起被试对实验目的的猜测，这些内容并不显示。其余部分中的英文注释同。

总体来说，上述夏令营对于您来说有多少价值？

1	2	3	4	5	6	7	8	9
非常没有价值				中等				非常有价值

附录3：实验三问卷示例问题

产品开发调查问卷

您好！我们正在进行一项新产品开发的研究，希望可以占用您几分钟的宝贵时间填写问卷。此问卷所有答案都将用于研究，不会用于任何其他用途，也不会泄露给任何第三方。您认真仔细的回答将对我们的研究非常有意义，十分感谢您的合作！

北京大学北大国际MBA产品开发调研组

第一部分：基本信息

您的年龄：_____岁

您的性别：A. 男　　　B. 女

您的月可支配收入：A. 500元及以下　　　B. 501~800元

C. 801~1300元　　　D. 1301元及以上

您所在的年级：A. 大一　　　B. 大二　　　C. 大三　　　D. 大四

E. 硕士生　　　F. 博士生　　　G. 其他

您的专业：A. 理工类　　　B. 艺术类　　　C. 传媒类　　　D. 经济类

E. 管理类　　　F. 文史哲法类　　　G. 其他

第二部分：请先阅读以下产品介绍，再依次填写问题，在您同意的数字上打钩。

鼎尚软件公司是成立于深圳的一家中型翻译软件开发公司，生产面向企业与专业学术机构的翻译词典软件。该公司创立至今已有五年时间，推出了包括微电子学科电子词典、生物化学学科电子词典等专业翻译软件，拥有较高的客户满意度。

鼎尚软件公司将于2010年首次推出一款适用于个人用户的翻译软件。软件含部分本地词库，支持取词、查词和查句等经典功能；支持中、日、英三语查询，并收录30万单词纯正真人发音，含5万长词、难词发音。

请就此款翻译软件回答下列问题（在相应的数字上打钩）。

您认为此款翻译软件会给您带来的价值为：

1	2	3	4	5	6	7	8	9
非常没价值				中等				非常有价值

您对此款翻译软件的喜好程度为：

1	2	3	4	5	6	7	8	9
非常不喜欢				中等				非常喜欢

Smaller Goal:[1]

为了与传统翻译软件进行区分，鼎尚软件公司首次尝试在即将推出的翻译软件中集成文档管理的功能。在文档管理的窗口下，用户可以搜索并查看浏览本地文档，保护文档的安全，并能设置文档的属性和文档的定时保存。

请就附加功能后的翻译软件回答下列问题（在相应的数字上打钩）。

与附加（文档管理/病毒查杀）功能之前相比，您认为附加（文档管理/病毒查杀）功能后的翻译软件整体质量：

-4	-3	-2	-1	0	1	2	3	4
非常差				没有区别				非常好

您认为附加（文档管理/病毒查杀）功能对翻译功能的影响为：

-4	-3	-2	-1	0	1	2	3	4
降低很多				没有影响				提升很多

您认为此款软件中（文档管理/病毒查杀）功能的性能：

1	2	3	4	5	6	7	8	9
非常差				中等				非常好

您认为附加（文档管理/病毒查杀）功能后的翻译软件会给您带来的价值为：

1	2	3	4	5	6	7	8	9
非常没价值				中等				非常有价值

您对附加（文档管理/病毒查杀）功能后的翻译软件的喜好程度为：

1	2	3	4	5	6	7	8	9
非常不喜欢				中等				非常喜欢

您认为（文档管理/病毒查杀）的功能与翻译功能之间的相关程度为：

1	2	3	4	5	6	7	8	9
非常不相关				中等				非常相关

---

[1] 这里的英文标注是我们在本文中特地加入的，以便阅读者理解之用。在实际的实验中，为了不引起被试对实验目的的猜测，这些内容并不显示。其余部分中的英文注释同。

您认为翻译软件给您带来的价值为：

1	2	3	4	5	6	7	8	9
非常小				中等				非常大

您认为（文档管理/病毒查杀）软件给您带来的价值为：

1	2	3	4	5	6	7	8	9
非常小				中等				非常大

第三部分：请先阅读以下产品介绍，再依次填写问题，在您同意的数字上打钩。

三色咖啡厅是一家中小型休闲咖啡厅，创业至今已有五年时间，在北京共有 8 家分店。三色咖啡厅以口味纯正的咖啡、公道实惠的价格及舒适的环境受到消费者的欢迎。

由于注意到大学生消费水平的提高，三色咖啡厅将于 2010 年在北京大学东门设立分店，店面占地约 150 平方米，以简洁清新的设计为主，定位价格中等偏低，以迎合大学生的需求。

请就三色咖啡厅回答下列问题（在 1~9 相应的数字上打钩）。

您认为三色咖啡厅会给您带来的价值为：

1	2	3	4	5	6	7	8	9
非常没价值				中等				非常有价值

您对三色咖啡厅的喜好程度为：

1	2	3	4	5	6	7	8	9
非常不喜欢				中等				非常喜欢

Bigger Goal：

为了与周围咖啡厅进行差异化竞争，三色咖啡厅决定在销售咖啡的同时，加入高档西式餐品的销售。其销售的高档西式餐品包括意式秘制浓酱鹅肝、木炭火焦烤法国小填鸭等几十种高档菜肴，以满足消费者不同的需要。

请就附加功能后的翻译软件回答下列问题（在相应的数字上打钩）。

与增加（糖果/高档西式餐品）销售之前相比，您认为增加（糖果/高档西式餐品）销售后的三色咖啡厅整体质量：

−4	−3	−2	−1	0	1	2	3	4
非常差				没有区别				非常好

您认为增加（糖果/高档西式餐品）的销售对三色咖啡厅咖啡质量的影响为：

-4	-3	-2	-1	0	1	2	3	4
降低很多				没有影响				提升很多

您认为三色咖啡厅提供的（糖果/高档西式餐品）的质量：

1	2	3	4	5	6	7	8	9
非常差				中等				非常好

您认为增加（糖果/高档西式餐品）销售后的三色咖啡厅会给您带来的价值为：

1	2	3	4	5	6	7	8	9
非常没价值				中等				非常有价值

您对增加（糖果/高档西式餐品）销售后的三色咖啡厅的喜好程度为：

1	2	3	4	5	6	7	8	9
非常不喜欢				中等				非常喜欢

您认为（糖果/高档西式餐品）与咖啡厅之间的相关程度为：

1	2	3	4	5	6	7	8	9
非常不相关				中等				非常相关

您认为咖啡厅给您带来的价值为：

1	2	3	4	5	6	7	8	9
非常小				中等				非常大

您认为（糖果店/高档西式餐厅）给您带来的价值为：

1	2	3	4	5	6	7	8	9
非常小				中等				非常大

附录 4：Sobel 检验原理简介

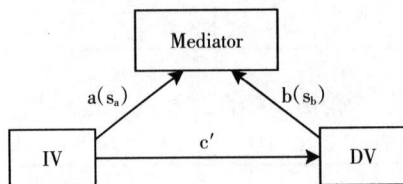

Sobel 检验中系数说明：

a、b 和 c′ 为回归路径系数。括号中的数为路径系数的标准误。具体来说，a 为自变量对中介变量的回归系数，S_a 为 a 的标准误；b 为中介变量对因变量的回归系数，S_b 为 b 的标准误。

Sobel 检验中的统计量 Z，计算公式如下：

$$Z = \frac{a \times b}{\sqrt{b^2 \times S_E^2 + a^2 \times S_E^2 + S_E^2 \times S_E^2}}$$

Z 统计量遵循一个均值为 0 且 95% 的取值区间分布于（−1.96，1.96）的正态分布，根据 Baron 和 Kenny（1986）论文中的假设，如果统计量 Z 位于（−1.96，1.96）的区间内，则有 95% 的可能性表示中介效应是不存在的。也就是说，判别中介效应成立的常用临界值为（−1.96，1.96）。

个性化商品推荐：基于"最近邻居"的加权协同过滤推荐方法 *

孙鲁平　　汪平　　苏萌

（北京大学光华管理学院　北京　100871）

【摘　要】个性化商品推荐是实现个性化营销的重要工具，网站可以根据消费者对商品的评分数据进行推荐，但评分数据的非随机缺失严重影响了现有推荐方法的效果。本文在"最近邻居"法的基础上，提出了加权协同过滤推荐（Weighted Collaborative Filtering, WCF）方法。该方法将商品评分的缺失模式相似性视为重要的消费者偏好信息加入商品相似性的计算，改进了现有推荐方法只采用共同评分相似性的不足，同时该方法还根据共同评分的多少调整相似性以及合理选取"最近邻居"。采用电影评分数据的实证研究发现，在相似性调整参数 θ 和"最近邻居"数量 K 的合理取值下，考虑了缺失模式的 WCF 方法均比传统方法的推荐效果好。而且，WCF 方法还比常用于处理数据缺失的 SVD（奇异值分解）方法有更高的推荐精度。不仅如此，当我们采用不同的方法计算缺失模式相似性及采用缺失程度不同的数据集时，WCF 方法的推荐效果仍比传统推荐方法和 SVD 方法好。最后本文讨论了 WCF 方法对购物网站的实用价值。

【关键词】个性化营销；个性化商品推荐；缺失模式；加权协同过滤推荐方法

一、引　言

随着互联网的普及，越来越多的消费者选择在网上购物。消费者购物方式的改变催生了大量购物网站，如淘宝商城、凡客诚品、红孩子商城等，中国的 B2C（Business-to-

---

* 本文选自《营销科学学报》2011 年第 7 卷第 4 辑。

基金项目：国家自然科学基金项目。

作者简介：孙鲁平，北京大学光华管理学院市场营销系博士研究生；汪平，北京大学光华管理学院市场营销系博士研究生；苏萌，北京大学光华管理学院市场营销系副教授。

consumer）市场发展潜力巨大。根据中国互联网络信息中心（CNNIC）的调查，截至 2010 年 6 月，中国网民已达 4.2 亿人，世界排名第一（赵光霞，2010）。而且，在网上购物的网民数量年增长率高达 30%。艾瑞咨询的调查发现，2011 年第一季度中国第三方网上支付交易规模达 3650 亿元，并预测第二季度的网上支付交易规模将达到 4543 亿元，较 2010 年第一季度增长 24.5%（程善宝，2011）。在网络购物中，网络口碑和个性化推荐对消费者的选择和购买发挥着越来越大的作用。前者是消费者发起的对产品或企业的评论；后者是企业发起的，根据每个消费者偏好的不同推荐相应的商品，实现个性化营销。相对于企业难以掌控的网络口碑，个性化推荐可以更直接地为企业所用。目前很多大型电子商务系统都有某种程度的商品推荐，亚马逊是其中的典范，其创始人杰夫·贝佐斯说："100 万个用户就应该有 100 万个亚马逊。"基于这种营销理念，亚马逊为用户提供"买过这本书的用户还买过什么"、"浏览过这本书的用户还浏览过什么"，这虽未完全实现个性化，但仍能有效地挖掘消费者的潜在需求。相关研究表明，只有 16% 的人逛亚马逊时知道买什么，亚马逊 35% 左右的销售额正是来自其推荐系统。此外，美国 ChoiceStream 公司的用户调研也表明：71% 的用户愿意接受个性化的内容，45% 的用户更愿意访问提供个性化推荐的网站，其中 56% 的用户更愿意回访这些网站；在提高商品销售种类方面，37% 的音乐购买者、42% 的电影购买者和 57% 的移动内容购买者会因为适合的推荐而购买更多商品（Cosgrove and Fougere，2007），这意味着个性化推荐蕴藏着巨大商机。

在营销领域，很多研究已经发现网络口碑的数量、评分情况及在不同社区间传播的离散度对产品的销量、收益等有显著影响（Chen et al.，2003；Chevalier and Mayzlin，2006；Duan et al.，2005；Godes and Mayzlin，2004；Hu et al.，2008；邱凌云，2008；王晓玉和晁钢令，2008；袁喜娜等，2010），而关于个性化商品推荐的研究却相对较少。Senecal 和 Nantel（2004）发现个性化推荐比专家推荐和其他消费者推荐更能促进购买，同时，Howard 和 Kerin（2004）发现个性化的商品推荐可以提高直邮广告的回复率。不仅如此，个性化商品推荐还可以降低消费者的搜寻努力并改善决策质量（Häubl and Trifts，2000），甚至可以影响消费者的长期偏好（Häubl and Murray，2003）。此外，通过提供个性化商品推荐，购物网站能增大消费者的转换成本、培养顾客忠诚（Häubl et al.，2004）。然而，个性化商品如果推荐得不够准确，则将产生严重的负面影响。美国 ChoiceStream 公司的用户调研发现，39% 的用户不愿意再回到推荐质量差的网站，35% 的用户不愿意从推荐质量差的网站买东西（Cosgrove and Fougere，2007）。因此，个性化商品推荐是把"双刃剑"，研究如何精准地给消费者推荐商品对购物网站开展个性化营销起着至关重要的作用。

目前，购物网站在准确地进行个性化推荐方面还面临很多困难。首先，独立的购物网站很难获得消费者完整的兴趣图谱。其次，每个购物网站都有很多种商品，提取、归纳商品的特征很困难，尤其对于体验型的产品（如电影、视频等），我们很难制定统一的标准概括它们的特征，因此也很难量化消费者对这些商品的偏好。最后，即使不利用消费者和商品的特征，仅采用消费者对商品的评分数据进行推荐也存在技术难题。每个购物网站都有很多种类的商品，每个消费者仅可能给很少一部分商品进行评分，在现有推荐方法中，这种评分的缺失一般被视为随机的。但研究发现，消费者倾向于发表或关注极端评论而非中间评论（郝媛媛等，2010；Dellarocas et al.，2007），对一件商品的喜爱程度显著地影响消费者是否对其评分（Marlin and Zemel，2007），因此，评分的缺失在大多数情况下都是非随机的，简单的假设评分随机缺失可能产生不好甚至错误的推荐。

本文提出基于"最近邻居"的加权协同过滤推荐（Weighted Collaborative Filtering，WCF）方法，该方法借用物以类聚的原理，根据消费者对与某个商品类似的商品群的偏好预测消费者对该商品的偏好。该方法不需要消费者和商品的特征，仅采用消费者对商品的评分数据，因此目前很多购物网站都可以采用。而且，在寻找与某商品相似的商品（即"最近邻居"）时，该推荐方法不仅考虑了两个商品在所有消费者中共同评分的相似性，还考虑了两个商品评分的缺失模式相似性，大大减少了非随机性评分缺失对推荐造成的不良影响。本文利用 Movie Lens 的电影评分数据对 WCF 方法进行了实证研究，发现该方法比传统的协同过滤方法以及奇异值分解（Single Value Decomposition，SVD）方法有更高的推荐质量，同时，对于缺失程度不等的多个数据集，我们都发现 WCF 方法较其他方法有更好的推荐效果。WCF 方法适用于中国很多购物网站，对竞争激烈的电子商务企业有重要的营销启示。

二、研究背景

（一）个性化营销与个性化商品推荐

个性化营销，又称一对一营销，是指商家根据每个消费者的特殊偏好来相应调整自己的经营行为的营销理念，如针对每个消费者提供不同的促销方案、旗帜广告等，这些特殊偏好可能是消费者提出的，也可能是企业从各种渠道主动搜集到的（Imhoff et al.，2001；Peppers and Rogers，1995；Wind and Rangaswamy，2001）。在个性化营销中，企业与市场将逐步建立一种新型关系，企业尽可能按每个顾客的偏好进行生产，以多品种、中小批量的混合生产取代过去的大批量生产，这有利于节省中间环节，降低销售成本，提高企业营销业绩（强海涛和蒋缨，2002）。个性化营销的核心在于强调企业对个体的关注，注重建立良好的客户关系，企业通过建立消费者的个人数据库和信息档案，及时了解每位顾客的最新需求，向顾客提供个性化的产品和服务。Vargo 和 Lusch（2004）提出，关系营销是一个新的发展趋势，而个性化营销的重要目标就是培养客户关系，尤其在竞争激烈的网络零售中，个性化营销更是购物网站进行差异化的重要组成部分。

个性化营销的概念被提出后，随着购物网站逐渐引入数据挖掘技术，相关研究和实践也越来越多。目前将个性化营销理论应用于营销实践的研究多围绕 4P 策略展开，如个性化促销或定价（Chen et al.，2002；Liu and Zhang，2006；Shaffer and Zhang，2002；

Vidyanand et al., 2005) 和个性化广告 (Xu et al., 2008)。而随着网络技术的发展，个性化商品推荐已成为营销与信息科学领域重叠的新研究方向，也是电子商务中非常重要的个性化营销工具。

根据实施技术的不同，个性化推荐可分为基于内容的推荐、协同过滤推荐和组合推荐。基于内容的推荐只根据商品的特征和消费者的历史偏好进行推荐，而不依赖其他消费者的评价，多被用于推荐含文本的商品，如网页 (Pazzani and Billsus, 1997) 和新闻 (Centeno et al., 1999) 等，常用词频倒排文档频率 (TF–IDF) (Resnick and Hal, 1997)、聚类分析、贝叶斯分类算法 (Mooney and Bennett, 1998) 等技术。这种推荐可以向用户推荐新商品，但不适合构造非常复杂的商品。协同过滤是目前最成功的推荐方法，它可以只利用其他消费者的评价进行推荐。协同过滤常采用"最近邻居" (Resnick et al., 1994；邓爱林等，2003)、聚类分析 (O'Conner and Herlocker, 1999)、数据降维 (Sarwar et al., 2000) 以及贝叶斯网络 (Breese et al., 1998) 等方法。该方法的推荐质量容易受到数据缺失的影响，且对"新商品"和"新用户"的推荐效果不佳。组合推荐方法综合以上两种方法产生推荐，分为三种类型 (许海玲等，2009)：①后融合，即直接融合两种方法产生的推荐结果 (Claypool et al., 1999；Pazzani and Billsus, 1997)；②中融合，指以一种方法为框架，融合另一种方法 (郭艳红和邓贵仕，2008)；③前融合，指将两种方法整合到统一框架下，一般用基于模型的方法实现。组合推荐方法兼具两种方法的优点，但运算量大、过程复杂。

（二）国内外管理领域的相关研究

协同过滤法是最常用的个性化推荐方法，分为基于模型的方法和基于记忆的方法。在管理领域，国外关于协同过滤推荐的学术研究主要利用消费者和商品的信息进行建模。Ansari 等 (2000) 将消费者和商品的异质性加入分层贝叶斯模型，取得了比基于记忆的方法更好的推荐质量。Ying 等 (2006) 认为评分缺失是非随机的，他们采用基于模型的方法，不仅考虑了消费者和产品的异质性，还估计了评分数据缺失与否的概率分布，提高了推荐质量。Marlin 和 Zemel (2007) 也发现评分的缺失是非随机的，并采用 CPT–v 缺失数据模型提高了推荐质量。国外的很多其他研究都没有考虑评分缺失的非随机性，而 Ying 等 (2006)、Marlin 和 Zemel (2007) 虽然考虑了这一点，但他们的模型需要大量的消费者和商品信息，而且计算复杂，这对于中国目前尚无完备的消费者和商品信息的购物网站都是不实用的。

国内管理领域关于协同过滤推荐的研究多为基于记忆的方法，尤其是"最近邻居"法。这些学者的贡献在于将"最近邻居"法与营销领域里的 RFM (Recency, Frequency, Monetary value) 模型、CRM (Customer Relationship Management) 等进行了结合。赵晓煜和丁延玲 (2006) 提出采用顾客的历史购买数据而非商品评分进行推荐，孙玲芳和张婧 (2010) 对此进行了实证研究，首先利用 RFM 模型对购买数据进行分析，推断出消费者对商品的偏好，再对偏好采用"最近邻居"法。而王卫平和吴伦 (2007) 则先识别出 CRM 中的优质客户群，然后用交易数据进行"最近邻居"法的销售机会推荐，发现采用"最近邻居"法推荐比 Apriori 算法更能促进交叉销售。此外，国内还有管理学者研究个性化文档的推荐（庞秀丽等，2008），以及对个性化推荐的技术进展进行回顾和述评（李聪等，2011；刘建国等，2009；朱岩和林泽楠，2009）。关于"最近邻居"法的技术创新集中在信息科学领域，其中多数研究通过改进"最近邻居"的寻找方法（即相似性度量）减少数据稀疏性对推荐的影响。目前，常用的相似性度量有 Pearson 相关系数，受限制的 Pearson 相关系数以及余弦相似性等（李聪，2010；刘建国等，2009），学者们对这些方法进行了各种改进。例如，邓爱林等（2003）用两个用户评分的并集而非交集计算用户相似性，提出了基于项目评分预测的协同过滤算法；李聪等（2008）也采用两个用户评分的并集计算相似性，但他们将用户进一步区分为无推荐能力和有推荐能力，只对有推荐能力的用户计算相似性，改进了推荐质量。此外，数据降维也是常用的处理数据稀疏性的推荐方法（李聪等，2011；Cao et al.，2011；Adomavicius and Tuzhilin，2005），SVD 是其中最常用的方法，孙小华等（2006）提出的 Pear-After-SVD 方法先用 SVD 对缺失数据预估，再用 Pearson 相似性寻找"最近邻居"，提高了"最近邻居"法的推荐质量。近几年，学者们还提出了一些新的数据降维方法，如概率矩阵分解（Probabilistic Matrix Factorization，PMF）（Salakhutdinov and Mnih，2008a）、贝叶斯概率矩阵分解（Salakhutdinov and Mnih，2008b）等，但这些方法都采用了概率模型，预测结果很容易受到数据特征和先验参数的影响，而且计算相对复杂，因此本文只对传统的协同过滤方法和未采用概率模型的 SVD 方法进行推荐效果对比。

无论是管理领域还是信息科学领域，数据的稀疏性都是"最近邻居"法的"瓶颈"。虽然学者们对改进推荐质量做出了突出贡献，但这些改进仍然没有突破数据随机缺失的假设，目前国内外的很多研究仍假设评分的缺失是随机的。

（三）缺失数据处理

虽然国外已有研究发现评分的缺失是非随机的（Marlin and Zemel，2007；Ying et al.，2006），国内相关研究仍假设缺失是随机的，对这种非随机性缺失如果不予以考虑，则可能产生不准确甚至错误的推荐。

根据 Little 和 Rubin（1987）的缺失数据统计分析理论，数据的缺失可分为三类：

第一，完全随机缺失（missing completely at random，MCAR），这种数据缺失不会对统计分析造成偏差，因此可以被忽略。

第二，随机缺失（missing at random，MAR），这种数据缺失依赖于数据中可观测的变量，因此可以采用多重填补的方法减低甚至消除缺失对统计分析造成的偏差。

第三，非随机缺失（missing not at random，MNAR），这种缺失依赖于数据中不可观测的变量（即缺失变量本身），目前尚没有统一的方法来处理这类缺失。

面临非随机缺失，数据中可观测的信息将无法预测缺失机制，此时可以采用缺失模式（missing-indicator）方法（Donders et al.，2006；Miettinen，1985），即将变量的缺失与否编译成一个哑变量（变量缺失则取值为 0，非缺失则取值为 1），在回归中将这个哑变量作为一个控制变量。这种方法可以在一定程度上减少非随机缺失造成的不良影响。

在协同过滤推荐中，评分的缺失可能有两个来源：一个是消费者从来没有购买过某个商品，因此没有给出评分；另一个是消费者购买过某个商品但感觉很一般，并不特别喜欢也没有极端的厌恶，因此也没有给出评分。无论哪种情况，评分的缺失与否都包含了一部分消费者的偏好信息，因此在个性化推荐中应充分利用这部分信息。而国内目前常用的"最近邻居"法以及专门用于处理数据稀疏性的 SVD 方法等都没有考虑评分的非随机性缺失。本文提出一种基于"最近邻居"的加权推荐方法（WCF），将缺失模式的信息加入商品相似性的计算，在不需要消费者和商品特征的情况下达到更高的推荐精度。

三、模　型

（一）基于商品的协同过滤推荐方法

基于商品的协同过滤推荐的问题空间可以描述为以行为商品，列为用户的矩阵 U：S × C→R$^+$，S 代表所有商品的集合，C 代表所有用户的集合，R$^+$表示全序集。U 矩阵中的元素 U(s，c) 代表商品 s 对用户 c 的效用，即用户 c 对商品 s 的评分或预测评分。通常 U 矩阵中的评分有很多缺失，表示用户没有对相应商品进行评分（见表1）。对于任意的用户 c∈C，用 $\tilde{r}(c，s)$ 表示用户 c 对其未评过分的商品 s 的预测评分，我们选择使用户 c 效用最大的商品 s′∈S 进行推荐，即：

$$\forall c \in C,\ s' = \arg \max_{s \in S} \tilde{r}(c，s) \tag{1}$$

表 1　商品—用户评分矩阵

商品/用户	用户 1	用户 2	用户 3	用户 4	用户 5	…
商品 1	1	2	3	1	—	…
商品 2	1	2	2	—	—	…
商品 3	4	—	—	2	3	…
商品 4	1	2	—	5	—	…
…	…	…	…	…	…	…

预测用户 c 对商品 s′的评分时，首先计算其他任意商品 s 与 s′的相似性，一般采用 s 与 s′的共同评分的 Pearson 相关系数度量（Resnick et al.，1994），有：

$$\text{sim}(s，s') = \frac{\sum_{c \in C_{ss'}} (r_{c,s} - \bar{r}_s)(r_{c,s'} - \bar{r}_{s'})}{\sqrt{\sum_{c \in C_{ss'}} (r_{c,s} - \bar{r}_s)^2 \sum_{c \in C_{ss'}} (r_{c,s'} - \bar{r}_{s'})^2}} \tag{2}$$

其中，$r_{c,s}$，$r'_{c,s}$ 分别为用户 c 对商品 s 和 s′ 的评分；$\bar{r}_s$ 和 $\bar{r}_{s'}$ 分别为所有用户对商品 s 和 s′ 的平均评分；C'_{ss} 为同时对商品 s 和 s′ 评分的用户集合，即：

$$C_{ss}\{c \in C \mid r_{c,s} \neq \emptyset \cap r_{c,s'} \neq \emptyset\}$$

最后，给定用户 c 对商品 s 的评分，预测其对商品 s′ 的评分：

$$\tilde{r}(c,\ s') = \frac{\sum_{s \neq s'} \mathrm{sim}(s,\ s') \times r_{c,s}}{\sum_{s \neq s'} |\mathrm{sim}(s,\ s')|} \tag{3}$$

（二）WCF 方法

传统的协同过滤推荐方法假设评分缺失是随机的，因此只采用两个商品的共同评分计算商品之间的相似性。而本文认为缺失机制包含了一些偏好信息，直接忽略将导致不准确的推荐。本文通过构建缺失模式矩阵 $M(s,\ c)$ 捕捉这部分信息，矩阵中的元素 $m(s,\ c)$ 表示用户 c 对商品 s 的评分是否存在，若用户 c 对商品 s 进行了评分，则 $m(s,\ c)=1$，否则 $m(s,\ c)=0$，缺失模式矩阵 M 描述了每个商品在用户中被评分与否的情况（见表 2）。

表 2　缺失模式矩阵

商品/用户	用户 1	用户 2	用户 3	用户 4	用户 5	…
商品 1	1	1	1	1	0	…
商品 2	1	1	1	0	0	…
商品 3	1	0	0	1	1	…
商品 4	1	1	0	1	0	…
…	…	…	…	…	…	…

加权协同过滤推荐方法认为商品的相似性有两个来源：一个是商品共同评分的相似性［见式（2）］，另一个是商品被评分与否的相似性，即缺失模式相似性。缺失模式相似性 $\mathrm{sim}_{\mathrm{missing}}(s,\ s')$ 用缺失模式矩阵 M 中商品 s 和 s′ 所对应行的 Pearson 相关系数度量，计算方法与式（2）类似，则：

$$\mathrm{sim}_{\mathrm{missing}}(s,\ s') = \frac{\sum_{c \in C, s \in S} (m_{c,s} - \bar{m}_s)(m_{c,s'} - \bar{m}_{s'})}{\sqrt{\sum_{c \in C, s \in S} (m_{c,s} - \bar{m}_s)^2 \sum_{c \in C, s \in S} (m_{c,s'} - \bar{m}_{s'})^2}} \tag{4}$$

其中，$m_{c,s}$ 和 $m'_{c,s}$ 分别表示用户 c 对商品 s 和 s′ 的评分是否存在，存在则取值为 1，否则取值为 0。$\bar{m}_s$ 和 $\bar{m}_{s'}$ 分别表示 M 矩阵中第 s 和 s′ 行的行均值。此外，在数据挖掘领域，计算两个 0-1 向量（即元素只包括 0 和 1 的向量，其中，1 表示数据非缺失，0 表示数据缺失）之间的相似性，还常用 Hamann 系数、Yule 系数、Rogers & Sneath 方法以及匹配法等（Cheetham and Hazel，1969），这些方法均通过两个 0-1 向量共同拥有 1 与共同拥有 0 的次数来度量向量间的相似性，因此原理非常类似。为了检验 WCF 方法的优越性是否在不同的缺失模式相似性的计算方法下都成立，本文还选取应用较为广泛的 Hamann 系数与 Pearson 相关系数作了对比分析。Hamann 系数的计算公式如下：

$$sim_{missing}^{H}(s, s') = \frac{(P + A) - (E_s + E_{s'})}{N_{ss'} + A} \tag{5}$$

其中，P 为商品 s 和 s′的评分同时为非缺失的次数；A 为两个商品的评分都为缺失的次数；E_s 为商品 s 的评分非缺失而商品 s′的评分缺失的次数；$E_{s'}$ 为商品 s 的评分缺失而商品 s′的评分非缺失的次数；$N_{ss'}$ 为商品 s 或 s′的评分非缺失的总次数。

传统方法只考虑共同评分的相似性，而本文用商品 s 和 s′的缺失模式相似性 $sim_{missing}$(s，s′) 与其共同评分相似性 $sim_{initial}$(s，s′) 加权，得到一个更好的商品相似性。此外，当采用 Pearson 相关系数度量两个商品的共同评分相似性时，一般需要两个商品有较多的共同评分，如果共同评分过少，就会得到不可靠的商品相似性，直接影响推荐质量。而且，在预测评分时，"最近邻居"的个数也可能显著地影响推荐质量。因此，本文提出的 WCF 方法将同时考虑以下三个方面。

第一，根据共同评分多少调整商品相似性。两个商品的共同评分越多，它们之间的相关系数就越可靠。假设 $sim_{initial}$(s，s′) 为由式（2）得来的商品共同评分的相似性，则共同评分相似性应根据两个商品的共同评分个数进行如下调整：

$$sim'_{initial}(s, s') = k \times sim_{initial}(s, s'), \quad k = \begin{cases} \dfrac{n}{\theta}, & n < \theta \\ 1, & n \geq \theta \end{cases} \tag{6}$$

其中，k 为调整权重；n 为商品 s 和 s′共同评分的个数。在现有研究中，θ 常取 20 ~ 60 不等，本文将尝试不同的 θ 值，检验 WCF 方法在各种 θ 值下的推荐效果。

第二，考虑缺失模式的相似性。由于评分缺失往往不是随机的，因此我们计算商品 s 和 s′缺失模式的相似性 $sim_{missing}$(s，s′)，并与 $sim'_{initial}$(s，s′) 加权平均，得到综合相关系数 sim_w(s，s′)：

$$sim_{\omega}(s, s') = \alpha sim_{missing}(s, s') + (1 - \alpha)sim'_{initial}(s, s') \tag{7}$$

其中，α 为缺失矩阵相似性所占的权重。

第三，合理选取"最近邻居"。推荐某商品时，与之很相似的商品才有参照价值。"最近邻居"的数量可以直接给定，也可以通过相似性阈值来确定（李聪，2010），本文通过规定"最近邻居"的数量选取"最近邻居"，即与某个商品最相似的前 K 个商品被选为该商品的"最近邻居"。在现有研究中，K 的选取依照数据中的商品数量和缺失程度而有所不同，本文将尝试不同的"最近邻居"数量。我们将商品 s′与其他所有商品的相关系数中最大的 K 个相关系数保留，其他的设为零，得到 s′与任意商品 s 的最终相关系数 ωsim (s，s′)：

$$\omega sim(s, s') = I_{x(K)}[sim(s, s')_{\omega}] = \begin{cases} 0, & sim(s, s')_{\omega} < x_{(K)} \\ sim(s, s')_{\omega}, & sim(s, s')_{\omega} \geq x_{(K)} \end{cases} \tag{8}$$

其中，$x_{(i)}$，i = 1，2，…，S 为列向量 sim_w(S，s′) 的次序统计量，即 $x_{(K)}$ 为所有商

品与商品 s′ 的相关系数中排名为 K 的相关系数。

综合以上考虑，则：

$$\omega sim(s, s') = I_{x(K)}\left[\alpha sim_{missing}(s, s') + (1-\alpha)\frac{k \times \sum\limits_{c \in C_{ss'}}(r_{c,s} - \bar{r}_s)(r_{c,s'} - \bar{r}_{s'})}{\sqrt{\sum\limits_{c \in C_{ss'}}(r_{c,s} - \bar{r}_s)^2 \sum\limits_{c \in C_{ss'}}(r_{c,s'} - \bar{r}_{s'})^2}}\right] \quad (9)$$

WCF 方法预测用户 c 对商品 s′ 的评分为 $\tilde{r}(c, s')$：

$$\tilde{r}(c, s') = \frac{\sum\limits_{s \neq s'}\omega sim(s, s') \times r_{c,s}}{\sum\limits_{s \neq s'}|\omega sim(s, s')|} \quad (10)$$

即：

$$\tilde{r}(c, s') = \frac{\sum\limits_{s \neq s'}\left|I_{x(K)}\left[\alpha sim_{missing}(s, s') + (1-\alpha)\frac{k \times \sum\limits_{c \in C_{ss'}}(r_{c,s} - \bar{r}_s)(r_{c,s'} - \bar{r}_{s'})}{\sqrt{\sum\limits_{c \in C_{ss'}}(r_{c,s} - \bar{r}_s)^2 \sum\limits_{c \in C_{ss'}}(r_{c,s'} - \bar{r}_{s'})^2}}\right] \times r_{c,s}\right|}{\sum\limits_{s \neq s'}\left|I_{x(K)}\left[\alpha sim_{missing}(s, s') + (1-\alpha)\frac{k \times \sum\limits_{c \in C_{ss'}}(r_{c,s} - \bar{r}_s)(r_{c,s'} - \bar{r}_{s'})}{\sqrt{\sum\limits_{c \in C_{ss'}}(r_{c,s} - \bar{r}_s)^2 \sum\limits_{c \in C_{ss'}}(r_{c,s'} - \bar{r}_{s'})^2}}\right]\right|}$$

$$(11)$$

四、实证研究

为了验证本文提出的 WCF 方法的优越性，我们利用电影评分数据比较 WCF 方法和传统 CF 方法以及 SVD 方法的推荐效果。

（一）数据描述

本文采用 MovieLens 的电影评分数据，包括 943 名用户对 1682 部电影的 100000 个评分。其中每个用户至少对 20 部电影评分，评分采用 5 分量表，越高代表用户越喜欢这个电影。我们将这评分随机分成估计样本（90000 个）和测试样本（10000 个），估计样本用于优化参数，测试样本用于检验各方法的预测效果。

若用户对每个电影评分，应有 1586126（943 × 1682）个评分，而实际只有 100000 个，数据缺失高达 93%。描述性分析显示，数据缺失模式可能包含着重要的偏好信息，与 Ying 等（2006）的发现类似，一些电影类型如黑色电影，虽然评分数很少，但平均评分却是 18 类电影中最高的（见图 1）。这说明，可能只有非常喜欢这种电影的用户看了这部电影并且给出了评分。这种情况对于很流行的电影不太明显，但在偏冷门的电影中很严重。

基于这种考虑，本文提出 WCF 方法来更好地寻找电影的"最近邻居"，然后对测试样本中的 10000 个评分进行预测。

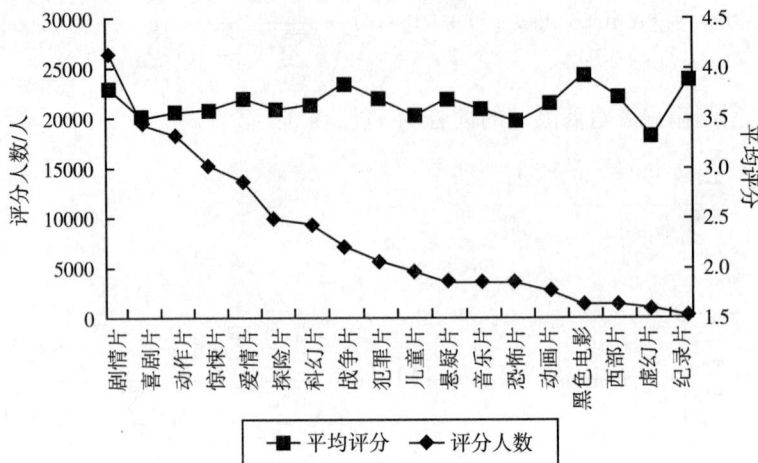

图 1　各类型电影的评分人数及平均评分

（二）WCF 及与不同 CF 算法的比较

推荐中常用平均绝对偏差（Mean Absolute Error，MAE）衡量推荐质量，MAE 值越小，推荐质量就越高：

$$MAE = \frac{\sum_{i=1}^{N} |\tilde{r}_i - r_i|}{N} \tag{12}$$

其中，N 为测试样本中的评分数量；$\tilde{r}_i$ 为预测评分；r_i 为真实评分。

为检验 WCF 方法对推荐质量的改进在统计上是否显著，我们采用 Bootstrap 的原理（Little and Rubin，1987），从原始数据中随机抽取估计样本（90000 个评分）和测试样本（10000 个评分）50 次，使用每次随机抽取的估计样本进行参数优化，测试样本用于计算推荐精度（MAE）。表 3 中的结果均为 50 次计算的均值。

表 3　不同模型不同权重 α 下的 MAE 值

模型/α	0	0.1	0.2	0.3	0.4	0.5	0.6	0.7	0.8	0.9	1
Model1	1.4056	1.3162	1.2311	1.1517	1.0780	1.0111	0.9530	0.9054	0.8724	0.8606	0.8828
Model2	1.2061	1.0916	0.9951	0.9206	0.8707	0.8431	0.8315	0.8311	0.8497	0.8565	0.8810
Model3	0.9488	0.9158	0.9132	0.9084	0.8977	0.8718	0.8289	0.7689	0.7384	0.7312	0.7345
WCF	0.8028	0.7902	0.7782	0.7682	0.7589	0.7490	0.7419	0.7342	0.7291	0.7279	0.7319

注：此处取"最近邻居"的数量 K = 50，共同评分对的调整参数 θ = 30。

为验证缺失模式的重要作用，我们分别对缺失模式相似性在商品相似性中的权重 α 为 0、0.1、0.2、0.3、0.4、0.5、0.6、0.7、0.8、0.9、1.0 的情形进行了计算（表 3 最后一行）。结果发现，对于 WCF 方法，当 α = 0 时，即完全不考虑缺失模式相似性时，MAE 是最高的（0.8028），随着 α 逐渐增加，MAE 逐渐降低，即推荐精度越来越高。当 α = 0.9 时，WCF 方法的 MAE 达到最小（0.7279），比 α = 0 时降低了 9.33%，推荐精度得到显著改进 [t(49) = 88.53，p < 0.001]。这说明 WCF 方法考虑的缺失模式信息对于提高推荐精度有重要作用。

同时，我们比较了 WCF 方法和传统推荐方法的推荐精度：

（1）Model 1，不调整相似性，也不选取"最近邻居"；

（2）Model 2，调整相似性（θ = 30），但不选取"最近邻居"；

（3）Model 3，不调整相似性，但选取"最近邻居"（K = 50）。

而 WCF 方法则既调整了相似性又选取了"最近邻居"。对这三个对比模型，我们同样分别计算了缺失模式相似性占不同权重时的 MAE（见表 3 和表 4），发现 Model 1 在 α = 0.9 时达到最优 MAE（0.8606）；Model 2 在 α = 0.7 时 MAE 最优（0.8311）；Model 3 的最优权重 α = 0.9，最优 MAE 为 0.7312。三个模型的最优 MAE 都比相应的 α = 0 时的 MAE 值有显著降低。这再次验证了考虑缺失模式对提升推荐精度的重要作用。

表 4　模型对比

模型	"最近邻居"选取	相似性调整	缺失模式				
			MAE（α = 0）	最优权重	最优 MAE	MAE 改进 *	改进显著性
Model 1	不考虑	不考虑	1.4056	0.9	0.8606	0.5450	p < 0.001
Model 2	不考虑	考虑	1.2061	0.7	0.8311	0.3750	p < 0.001
Model 3	考虑	不考虑	0.9488	0.9	0.7312	0.2176	p < 0.001
WCF	考虑	考虑	0.8028	0.9	0.7279	0.0749	p < 0.001

注：* 指 α = 0 时（即不考虑缺失模式）的 MAE 减去最优 MAE。

我们还发现，即使在都不考虑缺失模式相似性（α = 0）时，WCF 方法的 MAE（0.8028）在四个模型中仍是最低的，即 WCF 方法相对于三个对比模型推荐精度更高。这说明，WCF 方法比三个对比模型的推荐精度更高的原因，不仅仅在于考虑了缺失模式相似性，合理地选取"最近邻居"和根据共同评分调整相似性也发挥了重要作用。而在 WCF 方法考虑了缺失模式相似性后，最优 MAE 降为 0.7279，比不考虑缺失模式相似性的三个对比模型的推荐精度改进更大。而且，即使在三个对比模型中也都考虑缺失模式相似性，对比四个模型的最优 MAE（见表 4），WCF 方法的 MAE（0.7279）同样是最低的，而且在统计上是显著的（p < 0.001）。而对比四个模型考虑缺失模式前后的 MAE 变化，发现 Model 1 和 Model 2 的 MAE 改进最大（分别为 0.5450 和 0.3750），而 Model 3 和 WCF 方法的 MAE 改进较小，分别降低了 0.2176 和 0.0749（见表 4）。这说明合理选取"最近邻居"对推荐精度的提升远大于相似性调整。

同时，采用 Hamann 系数［式（5）］计算缺失模式相似性，我们得到了类似的结论。我们发现 WCF 方法的最优 MAE 相对于传统推荐方法仍然是最低的，此时 α = 0.6，最优 MAE 为 0.7659。而 Model 1，Model 2 和 Model 3 的最优 MAE 均在 0.82 以上，都比 WCF 方法的最优 MAE 高。而且，我们发现采用 Hamann 系数计算缺失模式相似性，使得每种推荐方法的最优 MAE 都提高了，因此用 Pearson 相关系数计算缺失模式相似性在本研究中可能是更好的选择。

为了检验 WCF 方法（相对于传统方法）的推荐效果对"最近邻居"的数量 K 和共同评分对数 θ 的敏感性，我们分别选取 K = 50，K = 100，K = 150，K = 200，K = 250，K = 300 以及 θ = 20，θ = 30，θ = 40，θ = 50，θ = 60，对 WCF 方法及传统方法的 MAE 进行了计算，发现 K 的选取对 WCF 方法及传统方法推荐效果的影响远大于 θ，不管 θ 取哪个值，K 值对各个模型推荐效果的影响都是非常类似的，我们以 θ = 30 为例作讨论（见图 2）。我们发现，在 K 的每个取值下，WCF 方法和 Model 3 的最优 MAE 都是最小的，其次是 Model2，最优 MAE 最大的是 Model 1。同时，相对于 K 的其他可能取值，K = 50 时每个模型的最优 MAE 都是最低的。因此，对于本文的数据，我们采用的"最近邻居"数量 K = 50 作进一步讨论。在给定 K 取值的条件下，当 θ 取值从 20 到 60 变化时，由于 Model 1 和 Model 3 没有考虑相似性调整，因此其最优 MAE 保持不变；而对于 WCF 方法和 Model 2，我们发现 θ 取各种值时，它们的最优 MAE 变化很小。而且不管 θ 取多少，WCF 方法的最优 MAE 总是最低的，本文取 WCF 方法的最优 MAE 相对较低的 θ = 30。

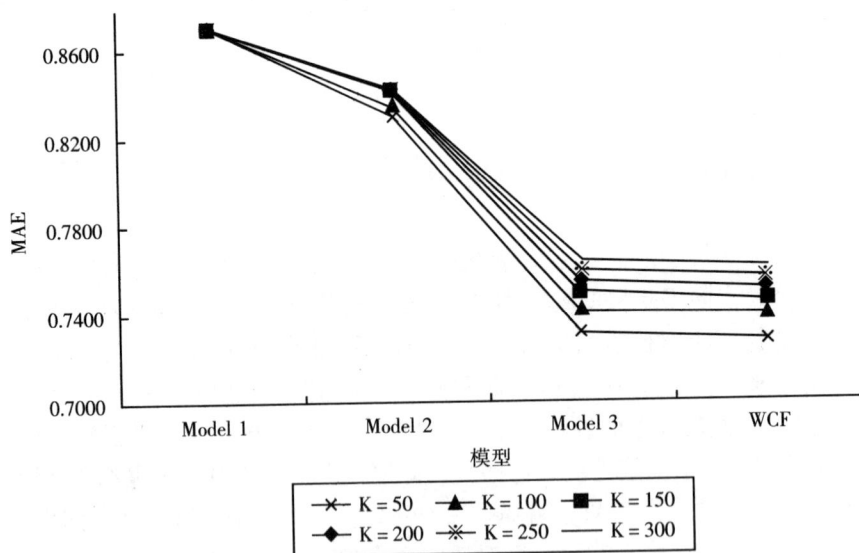

图 2 不同"最近邻居"数量 K 下各模型的 MAE

（三）WCF方法与SVD方法的比较

SVD方法是目前个性化推荐中最常用的数据降维方法（Adomavicius and Tuzhilin，2005；Deerwester et al.，1990；Strang，2009）。采用SVD方法对稀疏矩阵进行压缩，可以更好地处理评分数据的大量缺失，达到比传统推荐方法更高的推荐质量（Sarwar et al.，2000）。虽然近几年有些学者还提出了基于概率模型的PMF、BMF等方法，发现它比SVD方法的推荐质量更高（Salakhutdinov and Mnih，2008a，2008b），但这些方法都假设商品评分服从一定的概率分布，而且计算相对复杂，因此本文主要将WCF方法与业界最常用的不基于概率模型的SVD方法进行比较。

Deerwester等（1990）提出的SVD方法如下：

①使用SVD方法将原始评分矩阵分解为U、S和V；

②将矩阵S降为k维；

③计算降维后的矩阵S_k的平方根$S_k^{1/2}$；

④分别计算矩阵$U_k S_k^{1/2}$和$S_k^{1/2} V_k'$；

⑤用户c对电影s'的预测评分为$\bar{r}(c, s') = \bar{C} + U_k\sqrt{S_k}(c) \cdot \sqrt{S_k}V_k'(s')$。

我们分别用行均值和列均值进行了计算，结果发现采用列均值时SVD的推荐质量更好，这与Sarwar等（2001）的研究结果是一致的，因此本文只报告采用列均值得出的结果。为保证可比性，SVD方法将采用与WCF方法相同的电影评分数据，并且随机抽样并计算50次。每次计算都分别取k = 1，2，…，30、50、100、150、200、250、300、350、400、450、500、550和600，重复步骤①~⑤。

结果显示，k = 12时SVD方法推荐质量最好（见图3），此时$MAE_{SVD} = 0.7659$，与WCF方法的最优MAE（$\alpha = 0.9$时，$MAE_{WCF} = 0.7279$）相比，SVD方法的推荐精度比WCF

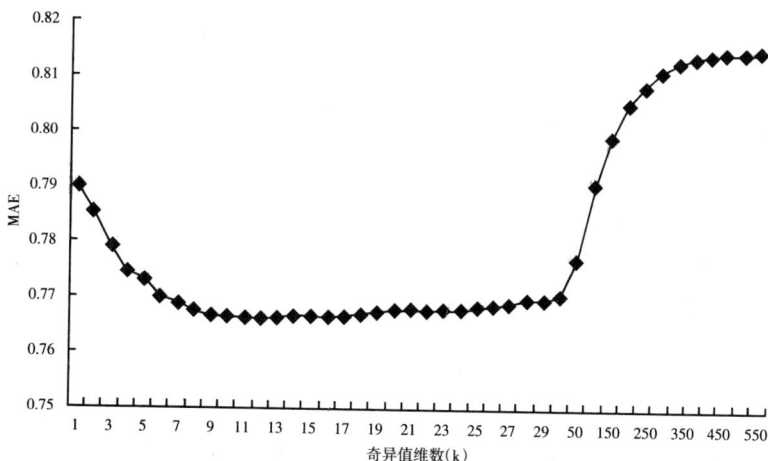

图3　不同维数的SVD算法的MAE值

方法低 5.22% 。这表明，即使是目前常见的处理数据稀疏性的 SVD 方法，也没有考虑了缺失模式相似性的 WCF 方法推荐精度高，这再次印证了 WCF 方法的优越性。

（四）WCF 方法在缺失程度不同的数据中的推荐效果

本文除了利用 MovieLens 的完整数据集，还设计了四个缺失程度不等的数据来进一步验证 WCF 方法的推荐效果。沿用 Cao 等（2011）的做法，我们从完整数据中抽出评分不超过 30、40、50、60 的电影分别组成新的数据集 N = 30、N = 40、N = 50、N = 60，这四个数据的缺失程度逐渐降低。我们用每个数据分别计算 Model 1、Model 2、Model 3、SVD 方法以及 WCF 方法的最优 MAE（见表 5）。

表 5   缺失程度不同的数据集中各推荐方法的效果比较

数据集	Model 1	Model 2	Model 3	SVD	WCF
N = 30	0.9921	0.9794	0.8672	0.8961	0.8451
N = 40	0.9305	0.9204	0.8311	0.8852	0.8212
N = 50	0.9231	0.9090	0.8408	0.8682	0.8187
N = 60	0.8917	0.8793	0.8106	0.8708	0.8002

注：每个数据集在最优 MAE 时的参数可能不同，但对于同一数据集，不同模型采用的参数是相同的。

我们发现，对于每个数据集，WCF 方法的最优 MAE 都是最低的，即对于缺失程度不等的四个数据集，WCF 方法的推荐效果都是最好的。而且随着缺失程度的逐渐降低，WCF 方法的最优 MAE 也逐渐降低，从 0.8451 变为 0.8002，而 Model 1、Model 2、Model 3 以及 SVD 方法等推荐方法的最优 MAE 虽然也逐渐降低，但都比 WCF 方法的最优 MAE 高。因此，这进一步验证了 WCF 方法在推荐效果上的优越性。

五、结论和讨论

随着网络零售竞争的日益加剧，个性化营销对于争取新客户、培养忠诚客户、提高销量变得越来越重要。个性化促销、定价、广告等在实施的过程中尚存在很多困难，鉴于单个购物网站很难获取全面的消费者信息，同时结构化地归纳和提炼商品的特征也非常困难，因此个性化的商品推荐很难做好。而且，即使不用消费者信息和商品特征，仅采用消费者对商品的评分信息，评分缺失的非随机性也严重影响了现有推荐方法的效果。本文在"最近邻居"法的基础上，提出了 WCF 方法，在计算商品之间的相似性时考虑了缺失模式相似性，改进了传统推荐方法只采用共同评分相似性的不足。采用 MovieLens 的电影数据，我们发现考虑缺失模式相似性可以显著地提高推荐精度，在缺失模式相似性的权重为0.9 时 WCF 方法达到最优 MAE（0.7279），而根据共同评分的多少调整相似性以及合理选取"最近邻居"也可以显著提高推荐精度，但合理选择"最近邻居"对改进推荐精度的作用更大。此外，为进一步验证 WCF 方法的优越性，本文还与传统推荐方法及 SVD 方法进行了对比，发现 WCF 方法的推荐精度比传统推荐方法及 SVD 方法有显著提高。不仅如此，当我们采用不同的方法计算缺失模式相似性，以及采用缺失程度不同的数据集时，WCF 方法的推荐效果均比传统的协同过滤方法和 SVD 方法好。

本文的主要贡献在于将评分数据的缺失视为非随机的，并借助缺失数据分析理论，将评分的缺失模式视为有用的偏好信息加入个性化商品推荐，不仅如此，我们还根据商品共同评分的多少调整相似性以及合理的选取"最近邻居"，并最终提出了 WCF 方法。而且实证研究发现 WCF 方法比传统推荐方法以及 SVD 方法的推荐效果更好。该方法计算简便，对拥有消费者评分数据的网站具有很高的实用价值，能够帮助这些网站提升个性化营销的效果。该方法还可以很方便地被应用于其他数据类型，目前很多购物网站只拥有消费者的浏览和购买数据，这些隐性评分数据也可以被用于 WCF 方法的个性化商品推荐，不仅能帮助网站提高在线成交量，还可以给顾客提供附加价值，让顾客对网站的个性化推荐产生长期依赖，进而形成顾客忠诚。

本文的局限在于，采用的数据是国外的电影评分数据，将来希望能够获得国内购物网站的商品评分数据，用国内的数据来验证 WCF 方法的推荐质量。而且，将来还可以利用购物网站的消费者购买数据，采用 WCF 方法进行个性化商品推荐，进一步验证该方法的推荐质量。最后，如果购物网站可以提供消费者与商品的特征信息，WCF 方法还可以结合其他的缺失数据处理方法，帮助购物网站进一步提高个性化商品的推荐质量。

参考文献

[1] 程善宝. 艾瑞咨询：2011Q1 中国第三方网上支付交易规模达 3650 亿元 [EB/OL]. http://ec.iresearch.cn/54/20110419/137647.shtml [2011-11-11].

[2] 邓爱林，朱扬勇，施伯乐. 基于项目评分预测的协同过滤推荐算法 [J]. 软件学报，2003，14 (9)：1621-1628.

[3] 郭艳红，邓贵仕. 协同过滤系统项目冷启动的混合推荐算法 [J]. 计算机工程，2008，34 (23)：11-13.

[4] 郝媛媛，叶强，李一军. 基于影评数据的在线评论有用性影响因素研究 [J]. 管理科学学报，2010，13 (8)：78-96.

[5] 李聪. 电子商务协同过滤可扩展性研究综述 [J]. 现代图书情报技术，2010 (11)：37-41.

[6] 李聪，梁昌勇，马丽. 基于领域最近邻的协同过滤推荐算法 [J]. 计算机研究与发展，2008，45 (9)：1532-1538.

[7] 李聪，梁昌勇，杨善林. 电子商务协同过滤稀疏性研究：一个分类视角 [J]. 管理工程学报，2011，25 (1)：94-101.

[8] 刘建国，周涛，汪秉宏. 个性化推荐系统的研究进展 [J]. 自然科学进展，2009，19 (1)：1-15.

[9] 庞秀丽，冯玉强，姜维. 电子商务个性化文档推荐技术研究 [J]. 中国管理科学，2008，16 (S1)：581-586.

[10] 强海涛，蒋缨. 个性化营销的理念与策略 [J]. 重庆商学院学报，2002 (4)：50-52.

　[11] 邱凌云. 网上口碑的信息效价与情感线索对说服效果的影响机制研究 [J]. 营销科学学报，2008，4（4）：32–44.

　[12] 孙玲芳，张婧. 基于 RFM 模型和协同过滤的电子商务推荐机制 [J]. 江苏科技大学学报（自然科学版），2010，24（3）：285–289.

　[13] 孙小华，陈洪，孔繁胜. 在协同过滤中结合奇异值分解与最近邻方法 [J]. 计算机应用研究，2006，（9）：206–207.

　[14] 王卫平，吴伦. 协同过滤在 CRM 交叉销售中的应用研究 [J]. 管理学报，2007，4（4）：436–441.

　[15] 王晓玉，晁钢令. 产品危机中口碑方向对消费者态度的影响 [J]. 营销科学学报，2008，4（4）：1–12.

　[16] 许海玲，吴潇，李晓东等. 互联网推荐系统比较研究 [J]. 软件学报，2009，20（2）：350–362.

　[17] 袁喜娜，张海林，姜旭平，等. 网络口碑营销分析——基于韩国网上影评和票房收入的实证研究 [J]. 营销科学学报，2010，6（1）：41–58.

　[18] 赵光霞. 2010. 中国网民数量达 4.2 亿手机网民 2.77 亿 [EB/OL]. http：//media. people. com. cn/GB/40606/12156872.html [2011–11–11].

　[19] 赵晓煜，丁延玲. 基于顾客交易数据的电子商务推荐方法研究 [J]. 现代管理科学，2006（3）：93–94.

　[20] 朱岩，林泽楠. 电子商务中的个性化推荐方法评述 [J]. 中国软科学，2009（2）：183–192.

　[21] Adomavicius G., Tuzhilin A. Toward the Next Generation of Recommender Systems：a Survey of the State–of–the–art and Possible Extensions [J]. IEEE Transactions on Knowledge and Data Engineering，2005，17（6）：734–749.

　[22] Ansari A., Essegaier S., Kohli R. Internet rec–ommendation systems [J]. Journal of Marketing Research，2000，37（3）：363–375.

　[23] Breese J. S., Heckerman D., Kadie C. Empirical Analysis of Predictive Algorithms for Collaborative Filtering [C]. Proceedings of the 14th Conference on Uncertainty in Artificial Intelligence，1998，43–52.

　[24] Cao B., Yang Q., Sun J. T., et al. Learning Bidirectional Asymmetric Similarity for Collaborative Filtering via Matrix Factorization [J]. Data Mining and Knowledge Discovery，2011，22（3）：393–418.

　[25] Centeno V. L., Panadero C. F, Kloos C. D. Personalizing Your Electronic Newspaper [C]. Proceedings of the 4th Euromedia Conference，1999，26–28.

　[26] Cheetham A. H., Hazel J E. Binary（presenceabsence）Similarity Coefficients [J]. Journal of Paleontology，1969，43（5）：1130–1136.

　[27] Chen Y., Fay S., Wang Q. Marketing Implications of Online Consumer Product Reviews [D]. University of Florida，2003.

　[28] Chen Y., Iyer G. Consumer Addressability and Customized Pricing [J]. Marketing Science，2002，21（2）：197–208.

　[29] Chevalier J., Mayzlin D. The Effect of Word of Mouth on Sales：Online Book Reviews [J]. Journal of Marketing Research，2006，43（3）：345–354.

　[30] Claypool M., Gokhale A., Miranda T., et al. Combining Content Based and Collaborative Filters in an Online Newspaper [C]. Proceedings of ACM SIGIR'99 Workshop Recommender Systems：Algorithms and Evaluation，1999.

　[31] Cosgrove K., Fougere P. Personalized Product Recommendations Shown to Strongly Influence Con–

sumer Shopping Behavior; Retailers Losing Revenue by not Helping Consumers Discover Merchandise [EB/OL]. http: //www.choicestream.com/pdf/2007_ChoiceStream_Personalization_Survey_FINAL.pdf, 2011-11-11.

[32] Deerwester S., Dumais S. T., Furnas G. W., et al. Indexing by Latent Semantic Analysis [J]. Journal of the American Society for Information Science, 1990, 41 (6): 391-407.

[33] Dellarocas C., Zhang X. M., Awad N. F. Exploring the Value of Online Product Reviews in Forecasting Sales: the Case of Motion Pictures [J]. Journal of Interactive Marketing, 2007, 21 (4): 23-45.

[34] Donders A. R., Van Der Heijden G. J., Stijnen T., et al. Review: a Gentle Introduction to Imputation of Missing Values [J]. Journal of Clinical Epidemiology, 2006, 59 (10): 1087-1091.

[35] Duan W., Gu B., Whinston A. Do Online Reviews Matter? An Empirical Investigation of Panel Data [D]. University of Texas at Austin, 2005.

[36] Godes D., Mayzlin D. Using Online Conversations to Study Word-of-mouth Communication [J].Marketing Science, 2004, 23 (4): 545-560.

[37] Häubl G., Dellaert B. G. C., Murray K. B., et al. Buyer Behavior in Personalized Shopping Environ Ments [M]. Dordrecht: Kluwer Academic Publishers, 2004, 207-229.

[38] Häubl G., Murray K. B. The Double Agent: Potential Benefits and Pitfalls of an Electronic Agent's Recommendations [D]. University of Alberta, 2003.

[39] Häubl G., Trifts V. Consumer Decision Making in Online Shopping Environments: the Effects of Interactive Decision Aids [J]. Marketing Science, 2000, 19 (1): 4-21.

[40] Herlocker J., Konstan J., Borchers A., et al. An Algorithmic Framework for Performing Collaborative Filtering [C]. The 22nd Annual International ACM SIGIR Conference on Research and Develop ment in Information Retrieval, 1999, 230-237.

[41] Howard D. J., Kerin R. A. The Effects of Per Sonalized Product Recommendations on Advertise ment Response Rates: the "Try This. It Works!" Technique [J]. Journal of Consumer Psychology , 2004, 14 (3): 271-279.

[42] Hu N., Liu L., Zhang J. Do Online Reviews Affect Product Sales? The Role of Reviewer Characteristics and Temporal Effects [J]. Information Technology and Management, 2008, 9 (3): 201-214.

[43] Imhoff C., Loftis L., Geiger J. Lavoisier Librarie: Building the Customer Centric Enterprise, Data Warehousing Techniques for Supporting Customer Relationship Management [M]. New York: John Wiley & Sons, 2001.

[44] Little R. J., Rubin D. B. Statistical Analysis with Missing Data [M]. New York: John Wiley & Sons, 1987.

[45] Liu Y., Zhang J. Z. The Benefits of Personalized Pricing in a Channel [J]. Marketing Science, 2006, 25 (1): 97-105.

[46] Marlin B. M., Zemel R. S. Collaborative Filtering and the Missing at Random Assumption [C]. Proceedings of the 23rd Conference on Uncertainty in Artificial Intelligence, 2007.

[47] Miettinen O. S. Get CITED Librarie—Theoretical Epidemiology: Principles of Occurrence Research in Medicine [M]. New York: John Wiley & Sons, 1985.

[48] Mooney R. J., Bennett P. N. Book Recommending Using Text Categorization with Extracted Information [C]. Recommender Systems Papers from 1998 Workshop, 1998: 70-74.

[49] O'Conner M., Herlocker J. Clustering Items for Collaborative Filtering [D]. University of Minnesota,

1999.

　　[50] Pazzani M. J., Billsus D. Learning and Revising User Profiles: the Identification of Interesting Web Sites [J]. Machine Learning, 1997, 27 (3): 313-331.

　　[51] Peppers D., Rogers M. A New Marketing Paradigm: Share of Customer, not Market Share [J]. Strategy & Leadership, 1995, 23 (2): 14-18.

　　[52] Resnick P., Hal R. V. Recommender Systems [J]. Communications of the ACM, 1997, 3 (40): 56-58.

　　[53] Resnick P., Iacovou N., Suchak M., et al. GroupLens: an Open Architecture for Collaborative Filtering of Netnews [C]. Proceeding of the ACM 1994 Conference on Computer Supported Cooperative, 1994: 175-186.

　　[54] Salakhutdinov R., Mnih A. Probabilistic Matrix Factorization [J]. Advances in Neural Information Processing Systems, 2008a, 20 (NIPS' 07): 1257-1264.

　　[55] Salakhutdinov R., Mnih A. Bayesian Probabilistic Matrix Factorization Using Markov Chain Monte Carlo [C]. Proceedings of the 25th International Conference on Machine Learning, 2008b: 880-887.

　　[56] Sarwar B. M., Karypis G., Konstan J. A., et al. Application of Dimensionality Reduction in Recom Mender System—A case study [C]. ACM WebKDD Workshop, 2000.

　　[57] Sarwar B. M., Karypis G., Konstan J. A., et al. Item-based Collaborative Filtering Recommendation Algorithms [C]. Proceedings of the 10th World Wide Web International Conference, 2001: 285-295.

　　[58] Senecal S., Nantel J. The Influence of Online Product Recommendations on Consumers' Online Choices [J]. Journal of Retailing , 2004, 80 (2): 159-169.

　　[59] Shaffer G., Zhang J. Z. Competitive one-to-one Promotions [J]. Management Science, 2002, 48 (9): 1143-1160.

　　[60] Strang G. Introduction to Linear Algebra [M]. Willesley: Willesley-Cambridge Press, 2009.

　　[61] Vargo S. L., Lusch R. F. Evolving to a New Dominant Logic for Marketing [J]. The Journal of Marketing, 2004, 68 (1): 1-17.

　　[62] Vidyanand C., Ghose A., Mukhopadhyay T., et al. Personalized Pricing and Quality Differentiation [J]. Management Science, 2005, 51 (7): 1120-1130.

　　[63] Wind J., Rangaswamy A. Customerization: the Next Revolution in Mass Customization [J]. Journal of Interactive Marketing, 2001, 15 (7): 13-33.

　　[64] Xu D. J., Liao S. S., Li Q. Customerization: Combining Empirical Experimentation and Modeling Techniques: a Design Research Approach for Personalized Mobile Advertising Applications [J]. Decision Support Systems, 2008, 44 (3): 710-724.

　　[65] Ying Y., Feinberg F., Wedel M. Leveraging Missing Ratings to Improve Online Recommendation Systems [J]. Journal of Marketing Research, 2006, 44 (3): 355-365.

Personalized Product Recommendation: A Weighted Collaborative Filtering Algorithm Based on the Nearest Neighbors

Sun Luping   Wang Ping   Su Meng

(Guanghua School of Management, Peking University   Beijing   100871)

Abstract: Personalized product recommendation is one of the most important tools in Personalizd Marketing. E-commerce websites can use consumers' product ratings to make personalized recommendations. However, these recommendations are usually not accurate due to the nonrandom missing values in the ratings. Based on the nearest neighbor algorithm, we proposed a weighted collaborative filtering (WCF) algorithm to deal with this problem. In WCF, the missing pattern similarity, which was important in inferring consumer preferences, was introduced into the product similarity calculation. Besides, product similarity was adjusted by the number of users simultaneously rating two products, and the number of nearest neighbors selected was also taken into account in WCF. Based on the ratings for movies, we found that under the feasible values of parameters θ (i.e., threshold of the number of users who co-rate two movies) andK (i.e., number of nearest neighbors), WCF had significantly higer recommendation quality than the traditional collaborative filtering algorithms .In addition, with different measures of missing pattern similarity and datasets with varying degrees of missing values, WCF has better recommendations than the traditional collaborative filtering algorithms and the Single Value Decomposition (SVD) method. Finally, the implications for E-commerce websites were discussed.

Key Words: Personalized Marketing; Personalized Product Recommendation; Missing Pattern; Weighted Collaborative Filtering Algorithm

折中效应和相似效应对消费者积分兑换奖品的偏好影响 *

陈荣　苏淞　黄劲松

（清华大学经济管理学院　北京　100062）

【摘　要】 本文探究了在不同的奖品组合下相似效应和折中效应的作用，借鉴服务分类模型，将积分奖励计划中奖品类别分为三大类：与企业核心业务相关、与企业增值业务相关以及与企业业务不相关的奖品。以信用卡和移动通信为实验场景，测试消费者对三类奖品组合变化的偏好，结果发现选择第一类奖品的顾客不易受折中或相似选项的影响，偏好较为稳定；增加第二类或第三类奖品的相似选项比折中选项效果更为明显。研究结果对丰富决策制定理论和指导积分奖励的设计有理论和现实意义。

【关键词】 积分奖励计划；折中效应；相似效应；服务花朵模型；奖品类别

一、引　言

忠诚奖励计划是企业对消费产品的顾客进行奖励并提升顾客忠诚度的一种策略，例如，积分卡就是一种奖励计划。忠诚奖励计划在航空、金融服务、酒店业、零售业等领域应用得非常普遍，已经成为一个重要的管理策略。但是，忠诚奖励计划目前也存在一些问题，例如，它对利润的贡献不足，顾客累积积分兑换奖品所投入的时间和精力较长，积分兑换奖励的规则复杂等。从以往的相关研究看（Bolton et al., 2000; Tietje, 2002; Yi and Jeon, 2003），研究内容主要集中在忠诚奖励计划对消费行为的影响，以及计划本身的营利性分析上。尽管有研究指出奖励计划中的奖品会对奖励计划的效果产生影响（Smith and

* 本文选自《营销科学学报》2011 年第 7 卷第 4 辑。

基金项目：国家自然科学基金（70872057）、（71172011）。

作者简介：陈荣，清华大学经济管理学院副教授；苏淞，北京师范大学经济与工商管理学院讲师；黄劲松，北京航空航天大学经济管理学院副教授。

Sparks，2009），但将奖励计划中的奖品加以分类并组合设计的理论研究数量很有限，而且以往的研究并没有关注到不同的奖品及其组合可能使相似效应（Similarity Effect）和折中效应（Compromise Effect）产生不同的作用。因此，本文拟将折中效应和相似效应的相关理论引入奖励计划的研究中，从服务分类的角度研究不同类别的奖品组合带来的效应。本研究不但对忠诚奖励计划的设计有重要理论意义，同时也拓展了折中效应和相似效应理论。

二、假设的提出

折中效应理论是由 Simonson（1989）提出的。该理论是建立在消费者的决策行为是非理性的，并且消费者表现为避免极端（Extremeness Avoidance）和厌恶损失（Loss Aversion）的基础之上的。该理论描述了消费者选择决策的普遍现象，即消费者在选择偏好或者对商品价值判断不确定的情况下，倾向于选择与其他选项相比属性相对折中的商品选项（黄晓治等，2010）。折中选项是指该选项所具有的属性处在平均水平，例如，某商品的价格、质量和性能等属性都表现一般；Simonson 将属性在某一个维度上表现突出，但其他维度上表现极差的商品称为极端选项，例如，某商品价格便宜，但是质量却很差。当商家提供给消费者的产品组合中，出现折中选项，或者增加一个产品选项，使得初始集内某个选项变为折中选项时，部分消费者的选择决策会发生改变，由原来选择极端选项转移到选择折中选项上来，并且选择折中选项的比例会显著上升，而选择极端选项的比例会相对下降。

相似效应理论建立在相似假设（Similarity Hypothesis）的基础上，该理论最早被应用于研究具有相似属性的新产品进入市场时，它们对产品市场份额和选择比例产生的影响。该理论认为当添加的新产品在一些属性上与原产品相似时，会更多地蚕食那些相似选项的份额。Rumelhart 和 Greeno（1971）验证了相似效应对消费者个人的选择决策的影响，后来的学者对相似理论效应模型不断进行完善，使之适应于复杂的产品组合和购买环境（Baker et al.，2002；Batsell，1980；Dube and Schmitt，1999；Huber et al.，1982）。

折中效应和相似效应在忠诚奖励计划中产生的作用是否与加入的选项相关呢？为了解决这一问题，本文首先根据 Eiglier 和 Langeard（1977）提出的服务分类思想和服务分类花朵模型（Lovelock et al.，2004）将忠诚奖励计划中的奖品划分为三类：第一类是与核心业务相关的奖品；第二类是与核心业务有一定关联的增值业务奖品；第三类是与核心业务无关的奖品。其次，本文将测试加入不同类型的选项时折中效应和相似效应产生的作用是否不同。

2007 年，美国权威忠诚计划咨询机构（COLLOQUY）的调查结果显示，美国航空业未来的积分奖励计划发展趋势是持续提高里程积分兑换机票的比例，例如，先前亚特兰大到纽约的单程经济舱机票只需要 1 万里程积分即可兑换，但是现在却需要 2 万里程积分。为什么企业会通过提高兑换比例来增加第一类奖品的兑换难度呢？很有可能是因为大部分顾客在积分兑换奖品时，选择了与核心业务相关的奖品，而这一举动增加了企业奖品兑换的成本（Kim et al.，2001），因为第一类奖品是把与核心业务相关的商品或服务作为奖品兑换给顾客，实际上是变相地将核心业务进行打折或赠送。而有实证研究结果表明，当今的消费者对于折扣、赠送等形式的促销活动越来越敏感，而且判断和甄别的能力越来越高，消费者普遍比以往更容易受到折扣、赠品等促销形式的激励（Fearne et al.，1999；Parsons，2003）。Koo 和 Fishbach（2008）提出消费者的自我控制受决策目标是否确定的影响，借用他们的观点，消费者选择奖励品的意愿和持续性取决于奖励品对顾客的回报是否确定。显然，作为与核心业务相关的奖励，消费者对这类产品的价值认定更加清晰。此外，根据心理账户（Mental Account）的相关理论，消费者会从心理上对其收入或支出贴上标签，建立账户，并将随后的消费或收益追溯到相应的心理账户中（Heath and Soll，1996；Thaler，1985，1999）。当消费者受忠诚计划影响进行消费时，忠诚计划本身提高了其对消费回报的期望（Lewis，2004），消费者会预期奖励回报的价值和获得的可能性（O'Brien and Jones，1995），并通过将收益追溯到相应的消费支出账户里，使该心理账户平衡。由于第一类奖品与该消费支出相关性更大，对于相应的期望收益更具代表性，因此也更容易归类、计算和记忆（Barsalou，1991；Heath and Soll，1996），使心理账户保持平衡或盈余。据此，我们提出假设：

H1：客户在进行积分兑换时，更倾向于选择第一类奖品。

如果 H1 成立，那么积分奖励在激发顾客使用量上的有效性将受到质疑。试想在移动通信服务中一个消费者如果以获得话费减免为目标的话，那么他很难因此多花话费。怎样才能改变顾客在奖品兑换上的选择决策？为此我们可以通过折中效应理论来指导忠诚奖励计划的设计并改变消费者的选择。比如 Williams-sonoma 通过向消费者展示 400 美元昂贵价格的烤面包机，而成功地增加了价格为 275 美元的另外一款烤面包机的销售额；Xerox 公司通过推出另外一款更高价格的复印机，使得这款复印机的销售额得到迅速提高（Pearlstein，2002）。折中效应能否在奖品兑换情景下发生作用，通过指导奖品组合的设计，实现影响和改变顾客兑换奖品的决策？兑换奖品的过程与消费者在购买实物商品的过程有很多相似之处，完成决策的过程以及决策制定的影响因素也比较相似，由此根据折中效应，提出假设：

H2：当奖品组合内出现折中选项时，顾客的选择决策会倾向从初始选项转移到折中选项上来。

在以往对折中效应的研究和实证检验中，商品选项都集中在对同一品牌的相同维度上的属性调整或变换上（如阿莫西林药品包装上瓶装和平版装在价格上的变化），但是积分奖励提供的兑换奖品则更为复杂，每个积分档内都由三类奖品组合而成，而这三类奖品都是在不同属性上的不同水平上有所变化（如手机充值卡能够满足顾客对核心业务的需求，而瑞士军刀则能够带给顾客享乐方面的需求），由于消费者风险规避和厌恶损失的心理的作用，使其在做出选择决策时，努力把握住其能得到的最大价值（Simonson and Tversky，1992），所以当可供选择的商品选项太多，而且属性在不同维度内时，消费者往往会选择逃离或者直接选择极端选项（Gourvilie and Soman，2007；Iyengar and Lepper，2000）。在现实的积分奖励计划中，奖品的数量和种类往往很多（例如，招商银行信用卡俱乐部提供206种积分奖品，并将奖品分为户外用品类、家居用品类、儿童用品类、报纸杂志类四大类），这难免使得顾客左右为难，造成决策上的困难；与其他两类产品相比，第一类奖品因为与使用的核心产品直接相关，消费者对它的价值判断更确信、更容易，因此难以受到外在线索干扰，这种选项对它的影响可能较小。

但是对于那些选择第二类和第三类奖品的顾客而言，情景效应可能更容易发生作用，因为它们的价值属性更为多元化，不同的顾客对其价值的判断和利益诉求点都不尽相同，很大程度上受到个人因素的影响，因此，当出现折中选项的情景变化时，由于追求利益最大、规避极端和厌恶损失的心理，这些顾客更容易受到折中选项的影响，认为折中选项既能够满足一定稳定的价值，同时又可以满足顾客在其他属性上的需求，因此很可能这类顾客更容易改变选择决策。据此我们做出如下假设：

H3：相对于选择第一类奖品的顾客，初始选择第二类和第三类奖品的顾客更容易受折中选项影响，改变选择决策。

在对积分奖励计划的奖品进行调研时，本文发现目前商家普遍应用的奖品组合设计方法来源于相似效应理论，即通过增加相似选项，来提高整体相似选项的选择比例。例如，招商银行信用卡的会员可用3600个积分在《三联生活周刊》季度订阅、《新京报》半年度订阅、《国家地理》季度刊、《贝太厨房》季度刊等奖品中挑选一个奖品进行兑换，不同的顾客根据个人偏好的不同，挑选的杂志也有所不同，单个杂志的选择比例也许并不高，但是所有杂志的选择比例凑在一起时，其所占的份额将会有显著的提升。按照相似效应理论的描述（Rumelhart and Greeno，1971），为初始产品组合（A、B、C）添加一个选项D，假设D与B相似，则初始选择B选项的份额将会较多地被D蚕食，而与D不相似的A和C选项相对B被蚕食的份额较少，换句话说，就是D的份额更多来自于B，较少来自于A和C。这意味着相似选项除了吸引选择与其相似的选项的顾客之外，还会吸引一部分来自选择非相似选项的顾客。之前关于相似效应的理论研究重点都集中在相似选项被蚕食情况以及如何设计选项避免蚕食现象发生的研究上。避开蚕食的角度，分散的相似选项在多大程度上可以提高同类整体的选择比例？在积分奖励情景下，相似选项整体比例的增加意味着可能发现使第二类或者第三类总体选择份额提高的机制，对于企业有效设计奖品组合、分散对第一类产品的关注及提高营利性具有重要的意义。

基于H3提出的情景效应、厌恶损失等理论，加之第一类奖品具有价值稳定、容易判断等特点，本文推断，在相似选项的奖品组合情景下，选择第一类奖品的顾客不容易受到相似选项的影响，对于第一类奖品的选择比例基本稳定；而对于选择另外一个非相似奖品选项的顾客来说，由于价值判断的不确定性和个人偏好的多元化等因素，相对容易受到相似选项的影响，从而改变选择决策。由此，本文提出第四个假设：

H4：增加第二类或第三类奖品的相似选项，相对于初始选择第一类奖品的顾客，初始选择第三类和第二类奖品的顾客更容易受相似选项影响，改变选择决策。

三、方 法

(一) 设计和程序

实验的目的是通过设置不同的奖品组合来观察顾客选择决策的变化情况。因此，在奖品组合的设计上，首先从三个类别中挑选出适合的奖品，将它们组合在一起，称为初始组合。其次以折中理论为指导，设计出两个折中选项：第一类和第二类的奖品的折中选项；第一类和第三类的奖品的折中选项，然后将这两个折中选项添加到初始奖品组合中，称之为折中组合。本文为了验证相似效应理论，设计出两个相似选项：一个是与第二类相似的奖品选项，另一个是与第三类相似的奖品选项，将这两个选项分别放入初始奖品组合中，命名为相似组合。于是，本实验一共设计出四种奖品组合，分别是：初始奖品组合、折中奖品组合、与第二类奖品相似的相似奖品组合以及与第三类奖品相似的相似奖品组合。

(二) 实验刺激

本文选择了招商银行信用卡俱乐部推出的"积分梦想加油站"和中国移动通信全球通业务推出的"积分奖励计划"作为实际调研的对象和实验设计的场景假设对象。选择这两个服务性行业进行研究，是考虑到它们是两个各自行业的旗舰，拥有良好的声誉和优良的业绩，同时又是较早在全国范围内推行积分奖励计划的典范。

为了清楚地观察各个变量对消费者决策的影响情况，实验中设计的奖品均为等面值的服务或者实物产品，例如，100 元的现金返还，100 元的购物折扣以及 100 元的奥运福娃纪念徽章一套。

实验对于奖品的选取，也经过了再三的斟酌。在考虑论坛上对奖品的提及情况、商家对奖品的实际采用情况，以及消费者的知晓程度等因素，最终我们选择了现金抵扣和充值卡作为第一类与核心业务相关的奖品；在第二类与附加业务相关的奖品类别中，我们选取了很具代表性的机票打折和彩铃包月服务；在第三类奖品的选取时，我们挑选了实验期内较为独特和流行的福娃纪念章和麦当劳兑换券（实验时间为 2008 年 4 月）。

(三) 被试

被访者主要是某高校 MBA 学生和研究生，还有一少部分信用卡持卡客户。问卷总共发放 250 份，回收 221 份，其中有效问卷 218 份，无效问卷 3 份，回收率 88.4%，问卷有效率 87.2%。其中，招商银行的"积分梦想加油站"和中国移动的"积分奖励计划"各有109 名参与者。

（四）测量

问卷设定了两个场景：场景一，招商银行信用卡积分奖励计划的情景。积分兑换的比例完全按照招商银行现行的制度设定。场景二，移动通信全球通的积分奖励计划，积分兑换的比例也完全按照移动公司现行的制度设定。这样设计的目的是为了提高问卷的有效性，消费者在回答问卷的时候，不会因为生疏或者歧义产生偏差和不相关联想。每个场景各有四个问题。完成场景和问题的设计后，我们将初始的问卷进行了场景和问题的拆分，将问卷拆分为 A 卷和 B 卷，两份问卷均含有两个场景，A 卷为场景一的第 1 个和第 3 个问题以及场景二的第 2 个和第 4 个问题；B 卷为场景一的第 2 个和第 4 个问题以及场景二的第 1 个和第 3 个问题。这样做的目的是为了精简问题，防止问卷过长，易使回答者产生倦怠、困惑等现象，导致回答有效性降低。

对于假设中提出的折中选项，实验为上述每个场景分别设计了两个折中选项。这两个折中选项是在选定初始三类奖品组合的基础上进行的价格属性上的折中组合：一个是第一类与第二类奖品在价格属性上折中后的组合，另一个是第一类与第三类奖品在价格属性上折中后的组合。例如，25 元的手机充值卡+25 元的彩铃包月服务就是通过对初始选项中第一类奖品 50 元手机充值卡和第二类奖品 50 元彩铃包月的价格上折中处理后的组合。针对折中选项对于消费者选择决策影响的测量，实验设计了两个问题：第 1 个问题由分别来自三个奖品类别的三个奖品选项组合而成；第 2 个问题在第 1 个问题的基础上，添加了两个折中奖品选项，由三个初始选项和两个折中选项构成。实验通过获取被测试者在回答这两个问题上的选择决策的数据，比较分析变化的比例，从而得出假设检验的结果。此外，对于相似奖品选项的设计，实验分别设计了两个相似的奖品选项，一个是与第二类奖品相似的奖品，另一个是与第三类奖品相似的奖品，实验中列出的奖品都是从两个企业现有计划中提供的相似奖品中挑选进行得出的，例如，半年的手机报新闻就是 50 元彩铃包月的相似选项。针对相似选项对于消费者选择决策影响的测量，实验在不同场景分别设计了两个问题，一个是由初始三个选项和其中一个相似选项（与第二类奖品相似）组成，另一个由初始三个选项和另外一个相似选项（与第三类奖品相似）组成，实验通过获取被测试者在回答这两个问题上的选择决策的数据，比较分析变化的比例，从而得出假设检验的结果。

四、结果和讨论

（一）实验结果

首先，我们对信用卡和移动通信两个场景对初始组合的选择情况分别进行了分析，观察不同场景下顾客对初始组合内每个问题的回答频率分布。从表 1 中我们可以看出，在信用卡的场景下，实验设计中初始的奖品选项 A、B、C 中，选择 A 的顾客有 87 人，比例为 79.8%。在移动通信的场景下，选择 A 选项的人数为 95 人，所占比例为 87.2% 。χ^2 检验验证了选择 A 的人数与选择 B 或 C 的人数存在显著差异（p<0.001）。H1 得到支持。

表 1　顾客对初始奖品组合选项的选择分布

信用卡业务			移动通信业务		
选项	选择人数/人	比例/%	选项	选择人数/人	比例/%
A	87	79.8	A	95	87.2
B	4	3.7	B	5	4.6
C	18	16.5	C	9	8.3

　　其次，对加入折中选项（D、E）后的 A、B、C、D、E 五个奖品选项组合的回答情况作了分析，观察各自场景下顾客对加入折中选项的奖品组合的选择情况。从表 2 中我们可以看出，在信用卡场景下，顾客对于折中选项组合中 D、E 的选择比例分别为 2.8% 和 11.9%；在移动通信场景下，选择折中选项 D、E 的比例为 3.7% 和 7.3%。两个场景下选择折中选项 D、E 的比例之和分别为 14.7% 和 11%，但是折中选项的选择比例并没有超过选项 A 的选择比率，顾客对 A 的偏好比率还是最高。所有显著的折中效应并没有发生，即 H2 没有得到支持。

表 2　顾客对增加折中选项后的奖品组合选项的选择分布

信用卡业务			移动通信业务		
选项	选择人数/人	比例/%	选项	选择人数/人	比例/%
A	74	67.9	A	92	84.4
B	3	2.8	B	2	1.8
C	16	14.7	C	3	2.8
D	3	2.8	D	4	3.7
E	13	11.9	E	8	7.3

　　对于文中提出的第三个假设的检验，主要是通过对初始问题中奖品的选择分布与折中问题中奖品的选择分布进行比较，运用统计学假设检验中两个总体参数的检验方法——两个总体比率之差的检验方法对数据进行验证。由于加入折中选项之后，选择 A、B、C 的比例都有所下降，各有一些顾客转移到新添加的折中选项上来了，H3 的推断，我们希望看到加入折中选项之后，初始选择第二类和第三类奖品的顾客，其转换到折中选项上的比例要比选择第一类的顾客多，于是我们根据选择 A、B、C 的流失率（见表3），提出 H_0: $P_{A'} > P_{B'}$ 和 H_0': $P_{A'} > P_{C'}$ 的零假设。

　　本文运用前面提到的统计检验公式，检验两个独立样本比率之差是否存在显著差异，考虑到选择 B、C 类奖品的样本偏少，因此将两个场景综合在一起，增大样本统计量，观察检验的结果。本文分别将不同组合的前后两次选择比率之差，两两进行比较，对前面提

表 3　顾客对增加折中选项后的奖品组合选项的选择分布以及流失率

信用卡业务				移动通信业务			
选项	选择人数/人	比例/%	流失率/%	选项	选择人数/人	比例/%	流失率/%
A	87	79.8	14.94	A	95	87.2	3.16
A（c）	74	67.9		A（c）	92	84.4	
B	4	3.7	25	B	5	4.6	60
B（c）	3	2.8		B（c）	2	1.8	
C	18	16.5	11.11	C	9	8.3	66.67
C（c）	16	14.7		C（c）	3	2.8	
D（c）	3	2.8		D（c）	4	3.7	
E（c）	13	11.9		E（c）	8	7.3	

注：（c）表示加入折中选项的问题选项。

出的原假设和备择假设进行检验，观察 p 值的情况。结果发现 p 值小于 0.05，拒绝原假设，即加入折中选项后，选择 B 和 C 奖品的顾客流失率显著大于选择 A 奖品的顾客流失，H3 得到了验证：相对于选择第一类奖品的顾客，初始选择第二类和第三类奖品的顾客更容易受到折中选项影响，改变选择决策。

H4 的验证分为两个步骤：第一步，验证信用卡和移动通信两个场景下，新加入的选项 D 和与其相似的初始选项中的 B，它们的选择比例之和大于初始选项中 B 的选择比例，即 $P\{B(S2) + D(S2)\} > P(B)$，这是为了验证相似效应发生并产生影响；第二步检验相似选项对于选择 A 的流失率的影响是否显著小于对另外一类非相似选项的流失率的影响。表 4 和表 5 具体列出分析结果。

表 4　顾客对相似选项奖品组合选择的分布（与第二类相似）

信用卡业务				移动通信业务			
选项	选择人数/人	比例/%	流失率/%	选项	选择人数/人	比例/%	流失率/%
A	87	79.8		A	95	87.2	
A（S2）	74	67.9	14.94	A（S2）	89	81.7	6.32
B	4	3.7		B	5	4.6	
B（S2）	4	3.7	0	B（S2）	5	4.6	0
C	18	16.5		C	9	8.3	
C（S2）	13	11.9	27.78	C（S2）	7	6.4	22.22
D（S2）	18	16.5		D（S2）	8	7.3	

表 5　顾客对相似选项奖品组合选择的分布（与第三类相似）

信用卡业务				移动通信业务			
选项	选择人数/人	比例/%	流失率/%	选项	选择人数/人	比例/%	流失率/%
A	87	79.8		A	95	87.2	
A（S3）	84	77.1	3.45	A（S3）	85	78.0	10.53

续表

信用卡业务				移动通信业务			
选项	选择人数/人	比例/%	流失率/%	选项	选择人数/人	比例/%	流失率/%
B	4	3.7		B	5	4.6	
B（S3）	4	3.7	0	B（S3）	3	2.8	40
C	18	16.5		C	9	8.3	
C（S3）	17	15.6	5.56	C（S3）	5	4.6	44.44
D（S3）	4	3.7		D（S3）	16	14.7	

注：（S3）表示加入与第三类奖品相似的选项的问题选项。

从表 4 我们可以看到，信用卡场景下，$P\{B(S2) + D(S2)\} = 3.7\% + 16.5\% = 20.2\%$，而 $P(B) = 3.7\%$，$P\{B(S2) + D(S2)\} > P(B)$；在移动通信场景下，$P\{B(S2) + D(S2)\} = 4.6\% + 7.3\% = 11.9\%$，而 $P(B) = 4.6\%$，$P\{B(S2) + D(S2)\} > P(B)$，在信用卡场景下，选 A 的比例由初始的 79.8% 下降到 67.9%；在移动通信场景下由 87.2% 下降到 81.7%。仍然使用 SPSS 里的非参数 χ^2 检验的方法对假设进行验证，两个场景下检验结果 p 值小于 0.001，可以说明选择相似选项的比率显著大于 0。相似效应在积分兑换奖品的情景下会产生效应，即从相似和非相似的产品选项份额中攫取走一部分选择份额。第二步就是要验证，相似选项对于选择第一类奖品的顾客的选择决策影响不显著，对于另外一类非相似奖品的选择顾客的选择决策影响显著。

继续采用和验证 H3 时一样的方法，通过验证 AC 选项的流失率的显著性差异 H_0：$P_{A'} > P_{C'}$，H_1：$P_{A'} < P_{C'}$ 的假设，表 5 中已经列出了检验得出的 p 值，说明选择 A 的流失率显著地小于选择 C 的流失率。

表 5 中列出的是添加了与第三类奖品相似的选项的奖品组合，从表中数据我们可以看出，在信用卡场景下，$P\{C(S3) + D(S3)\} = 15.6\% + 3.7\% = 19.3\%$，而 $P(C) = 16.5\%$，$P\{C(S3) + D(S3)\} > P(C)$；在移动通信场景下，$P\{C(S3) + D(S3)\} = 4.6\% + 14.7\% = 19.3\%$，而 $P(C) = 8.3\%$，$P\{C(S3) + D(S3)\} > P(C)$，而选择第一类奖品的人数与初始选择相比有所下降，选择比例在信用卡场景下，由 79.8% 下降到 77.1%；移动通信场景下由 87.2% 下降到 78%，同样采用 χ^2 检验的方法，两个场景下的 p 值分别为（p = 0.046，信用卡）和（p < 0.001，移动通信），这说明选择相似选项的比率显著大于 0。

第二步仍然是验证添加了相似选项后，初始选择 A 的流失率显著小于选择另外一类非相似奖品的流失率。从表 5 中的统计检验结果得到 p < 0.05，因此拒绝原假设，H_0：$P_{A'} > P_{B'}$ 接受备择假设，H_1：$P_{A'} < P_{B'}$。H4 得到了支持，这意味着相对于选择第一类奖品的顾客，选择另外一类非相似奖品的顾客更容易受到折中选项的影响，改变选择决策。

（二）讨论

本文通过对假设进行检验，验证了其中的三个假设：在积分兑换奖品的情景下，消费者更倾向于选择第一类奖品进行兑换；消费者在面对奖品组合中添加的折中选项时，选择第二类和第三类奖品的消费者更容易被折中选项所吸引过来，而选择第一类奖品的消费者相对不易受影响；而目前普遍使用的相似选项对于选择第一类奖品的顾客，影响作用不显著，相对于选择其他类别奖品的顾客而言，相似选项更容易影响他们的选择决策。但是明显的折中效应没有发生。

由于与核心业务相关的奖品其自身具有价值稳定、容易判断等特点，不可避免地在消费者决策中受到更多关注和青睐，这使得折中效应理论效用发挥大受限制。但是相似效应在实验中得到了验证，在积分兑换奖品的情景下也同样能够发生效用，而且还能够一定程度上影响并改变消费者的选择决策，只是对于偏好第一类奖品的顾客的影响力有限。

本文提出了将折中理论应用到积分奖励计划当中，用于指导积分奖品组合的设计。之前关于折中理论的研究多集中在消费者购买实物商品的决策研究领域，而对于积分兑换奖品这一新兴现象，既存在与传统商品购买相似的因素，又具有很多与传统商品购买情景下不同的新特点（积分的累积、奖品的种类等），因此将折中理论引入到积分奖励计划当中，验证其在新情景下的效果，是本文在理论上的创新和贡献。

本文提出了在积分奖品类别设计上的一种新的分类设计方法。借鉴服务营销中服务分类的理论模型，指导积分奖品的类别设计。这一分类方法能够与企业的核心业务、增值服务紧密结合起来，并帮助企业更有效地对奖励计划进行成本和利润的管理，清晰地获取不同类别奖品兑换的数据，从而准确地诊断和改进奖励计划的奖品组合，为企业提高计划的有效性提供了理论指导。

通过对折中效应的实验验证发现，折中效应在积分兑换奖品情景下对兑换第一类奖品的顾客的选择决策影响不显著，这个结论是本文的另一贡献，因为它关注了折中选项对其他选项的影响程度，强调了由于选项的某些特殊性的影响，折中选项的影响效用会受到限制。

本文的实践意义就是通过实证检验，得出对企业在积分奖品设计上有意义的理论指导。实验分析结果表明，核心类奖品具有很强的吸引力，而且消费者的偏好多种多样，简单的折中选项不能够将选择核心类奖品的顾客吸引过来，因此为了分散和稀释核心类奖品兑换带来的降低利润的压力，企业需要设计出丰富的、大量的相似组合类选项和其他创新类的选项。另外，在第一类奖品的设计上，尽量增加其价值判断的难度，使消费者不容易对其价值进行准确的判断。同时，还要注意奖品选项在设计时，不同属性的组合和一致性，避免同一奖品组合内过多不同属性间的取舍加剧顾客寻求稳定价值的心理。

在进行实验的过程中，被调查者同时看到了不同组合的问题，这导致了回答问卷的人在看到不同问题组合后，容易形成比较，实际使得原本非理性的消费者通过对问题进行比较后，决策变得相对理性了。今后在研究改进方面，可采取全因子设计（Full Factorial Design）的实验方法。此外，本文目前只在信用卡和手机通信两个业务领域进行了测试，而积分奖励计划已经在各个领域广泛使用，所以未来的研究应该在更多的产品、服务领域进行测试，对实践提出理论性指导。在对奖励单品的选择上，除价格外，我们要选择消费者选择偏好度基本相同的产品。未来的研究方向可以放在找出能够对选择核心类奖品的意愿，以及对组合设计的相应程度产生影响的调节变量，以期进一步深化理论和实践指引。

五、结 论

忠诚奖励计划的目的应该是通过为顾客提供价值而与顾客建立长期的关系，而非短期的销售促进（如宋亦平等，2009；Gomez et al.，2006；Meyer Waarden，2007）。提供与核心业务相关的奖品，尽管最受顾客欢迎，但因为近似于折扣促销，而容易对产品或服务的品牌产生负面影响，并使消费者品牌忠诚度降低（Karande and Kumar，1995；Macé and Neslin，2004）。因此，对奖励计划中奖品的组合进行深入研究，有助于改变目前理论界和实践领域对忠诚奖励计划长期效果的争议，提高忠诚计划的有效性。本研究发现，对于具体的积分奖励计划而言，与核心业务相关的奖品最受欢迎，加入折中选项也很难将这类需要吸引过来，折中效应没有发挥作用；但是，当加入了相似的选项时，与核心业务相关的奖品需要就被吸引过来了，相似效应产生了作用。研究结果表明可以通过使核心业务的奖品多样化来增加人们选择的可能性。本研究一方面为目前尚未引起足够重视的忠诚奖励计划奖品组合研究提供了理论贡献，拓宽了折中效应和相似效应的应用领域；另一方面也对实践中如何提高忠诚奖励计划的长期效果具有有益的启示和指导意义。

参考文献

［1］黄晓治，于洪彦，陈增祥. 情绪确定和不确定状态下的消费者选择：折中启发式的运用［J］. 营销科学学报，2010，6（2）：14-31.

［2］宋亦平，许诺，严秀茹. 关系利益对顾客忠诚度影响的变化——顾客与员工间个人熟悉度的调节作用研究［J］. 营销科学学报，2009，5（3）：1-22.

［3］Baker T. L.，Hunt J. B.，Scribner L. L. The Effect of Introducing a New Brand on Consumer Perceptions of Current Brand Similarity：the Roles of Product Knowledge and Involvement［J］. Journal of Marketing Theory and Practice，2002，10（4）：45-57.

［4］Bower G. The Psychology of Learning and Motivation：Advance in Research and Theory［M］. New York：Academic Press，1991：1-64.

［5］Batsell R. R. Consumer Resource Allocation Models at the Individual Level［J］. Journal of Consumer Research，1980，7（1）：78-87.

［6］Bolton R. N.，Kannan R. K.，Bramlett M. D. Implications of Loyalty Program Membership and Service Experiences for Customer Retention and Value［J］. Journal of the Academy of Marketing Science，2000，28（1）：95-108.

［7］Dube L.，Schmitt B. H. The Effect of a Similarity Versus Dissimilarity Focus in Positioning Strategy：the Moderating Role of Consumer Familiarity and Product Category［J］. Psychology & Marketing，1999，16（3）：211-224.

［8］Eiglier P., Langeard E. Services as Systems: Marketing Implication ［J］. French in Revue Francaise de Cestion, 1977 (77): 72–84.

［9］Fearne A., Donaldson A., Norminton P. The Impact of Alternative Promotion Strategies on the Spirits Category Evidence from UK ［J］. Journal of Product and Brand Management, 1999 (8): 430–442.

［10］Gomez B. G., Arranz A. G., Cillan J. G. The Role of Loyalty Programs in Behavioural and Affective Loyalty ［J］. Journal of Consumer Marketing, 2006 (23): 387–396.

［11］Gourvilie J. T., Soman D. Extremeness Seeking: When and Why Consumers Prefer the Extremes ［A］. HBS Marketing Research Paper, 2007, 7–92.

［12］Heath C., Soll J. B. Mental Budgeting and Consumer Decisions ［J］. Journal of Consumer Research, 1996, 23 (1): 40–52.

［13］Huber J., Payne J. W., Puto C. Adding Asymmetrically Dominated Alternative: Violations of Regularity and Similarity Hypothesis ［J］. Journal of Consumer Research, 1982, 9 (1): 90–98.

［14］Iyengar S. S., Lepper M. R. When Choice is Demotivating: can One Desire too Much of a Good Thing ［J］. Journal of Personality and Social Psychology, 2000 (79): 995–1006.

［15］Karande K. W., Kumar V. The Effect of Brand Characteristics and Retailer Policies on Response to Retail Price Promotions: Implications for Retailers ［J］. Journal of Retailing, 1995, 71 (3): 249–278.

［16］Kim B., Shi M., Srinivasan K. Reward Program and Tacit Collusion ［J］. Marketing Science, 2001, 20 (2): 99–120.

［17］Koo M., Fishbach A. Dynamics of Self-regulation: How (un) Accomplished Goal Actions Affect Motivation ［J］. Journal of Personality and Social Psychology, 2008, 94 (2): 183–195.

［18］Lewis M. The Influence of Loyalty Programs and Short-term Promotions on Customer Retention ［J］. Journal of Marketing Research, 2004, 41 (3): 281–292 .

［19］Lovelock C., Wirtz J., Keh H. T., et al. Services Marketing in Asia ［M］. NJ: Pearson Prentice Hall, 2004.

［20］Macé S., Neslin S. A. The Determinants of Preand Postpromotion Dips in Sales of Frequently Purchased Goods ［J］. Journal of Marketing Research, 2004 (41): 339–350.

［21］Meyer-Waarden L. The Effects of Loyalty Programs on Customer Lifetime Duration and Share of Wallet ［J］. Journal of Retailing, 2007 (83): 223–236.

［22］O'Brien L., Jones C. Do Rewards Really Create Loyalty? ［J］. Harvard Business Review, 1995 (73): 75–82.

［23］Parsons A. G. Assessing the Effectiveness of Shopping Mall Promotions: Customer Analysis ［J］. International Journal of Retail & Distribution Management, 2003, 31 (2): 74–79.

［24］Pearlstein S. The Compromise Effect and the New Thinking about Money is that Your Irrationality is predictable ［N］. Washington Post, (H01) 2002-01-27.

［25］Rumelhart D. L., Greeno J. G. Similarity between Stimuli: an Experimental Test of the Luce and Restle Choice Models ［J］. Journal of Mathematical Psychology, 1971, 8 (3): 370–381.

［26］Simonson I. Choice Based on Reason: the Case of Attraction and Compromise Effects ［J］. Journal of Consumer Research, 1989, 16 (2): 158–174.

［27］Simonson I., Tversky A. Choice in Context: Tradeoff Contrast and Extremeness Aversion ［J］. Journal of Marketing Research, 1992, 29 (3): 281–295.

[28] Smith A., Sparks L. Reward Redemption Behavior in Retail Loyalty Schemes [J]. British Journal of Management, 2009 (20): 204–218.

[29] Thaler R. H. Mental Accounting and Consumer Choice [J]. Marketing Science, 1985, 4 (3): 199–214.

[30] Thaler R. H. Mental Accounting Matters [J]. Journal of Behavioral Decision Making, 1999, 12 (3): 183–206.

[31] Tietje B. C. When do Rewards Have Enhancement Effect [J]. Journal of Consumer Psychology, 2002, 12 (4): 363–373.

[32] Yi Y., Jeon H. Effects of Loyalty Programs on Value Perception, Program Loyalty, and Brand Loyalty [J]. Journal of Academy of Marketing Science, 2003, 31 (3): 229–240.

Effects of Compromise Effect and Similarity Effect on Consumers' Preference for Points Rewards Redemption

Chen Rong   Su Song   Huang Jinsong

(Tsinghua University School of Economics and Management   Beijing   100062)

Abstract: The paper investigates how reward category and the design of reward combinations impact on the effectiveness of points reward program. It referred to the Lovelock' Flower of Service Model to classify the rewards as three categories: rewards related to core products or services, rewards related to supplementary products or services, and rewards not related with existing products or services. Due to the ease of value appraisal and familiarity, it posits that more consumers tend to choose the first type. Furthermore, with a compromise effect, the focus on the first type would diminish by adding some compromised alternatives between the first type and other types. The same thing would happen by adding some similar alternatives to the second or the third type. However, the preference for the first type is less likely to be influenced by the compromised alternatives than other types.

To test the hypotheses, a series of experiments with credit card and mobile communication scenarios among student subjects were performed. Choice percentages were calculated and compared among different groups.

As hypothesized, the percentage to choose the first type of rewards was the largest. Moreover, the results signified that the compromised or similar items did not significantly influence the customers' decision making whose reward came from the first category. But for the customers who chose the reward item belonging to the second or third category, it seemed easier to switch from the original choice.

The paper suggested a classification criterion for the rewarding products based on their correlation with the targeted product, which might helps for a better understanding of cost profit calculation and affiliated product adoption. The paper also explanatorily tested the applicability of comprise effect or similarity effect in the rewards combination design. The findings suggested that for the product which value is easier to judge, its preference is harder to shift by compromise effect. Managerially speaking, marketers could try to make the value judgment more difficulty for consumers to redeem the gift highly related with the core product, or they could try to provide many gifts that have low similarity with the core products.

Key Words: Points Reward Program; Compromise Effect; Similarity Effect; Flower of Service; Rewards Category

附录：问卷

A 版本

场景一：

某银行信用卡中心，从 2004 年就推出了积分奖励计划，每消费 10 元，即可累计 1 个积分，积分可用来兑换礼品。假设您是该银行信用卡的一名客户，您现在有 1000 积分需要在五一之前兑换相应分值的奖品，否则过期积分将会作废。

1. 如果该银行为您提供了以下三款奖品，请根据您的个人喜好做出选择（   ）。

A. 100 元现金返还，将在下个月打到您的信用卡上

B. 通过携程网购买机票，可享受 100 元额外现金抵扣

C. 福娃纪念大徽章一套，面值 100 元

2. 如果该银行为您提供以下四款奖品，请根据您的个人喜好做出选择（   ）。

A. 100 元现金返还，将在下个月打到您的信用卡上

B. 通过携程网购买机票，可享受 100 元额外现金抵扣

C. 福娃纪念大徽章一套，面值 100 元

D. 在信用卡指定商场购物，享受 100 元现金抵扣

场景二：

中国移动通信公司开展的全球通客户积分奖励计划，是为答谢广大全球通客户长期以来的支持与厚爱而推出的一项回馈客户服务。全球通客户在使用移动业务时可以获得和积累积分，每消费 1 元钱，即可累计 1 个积分，累积的积分可兑换礼品。假设您是移动通信公司全球通的用户，您目前有 1500 积分需要在五一前完成奖品兑换，否则过期积分将会作废。

1. 如果移动公司为您提供以下五款奖品，请根据您的个人喜好做出选择（　　）。

A. 50 元手机话费充值卡

B. 50 元彩铃卡（5 元/月，共 10 个月，可暂停或递延业务，用完为止）

C. 麦当劳 50 元食品兑换券

D. 25 元充值卡，外加 25 元的彩铃卡

E. 25 元充值卡，外加麦当劳 25 元食品兑换券

2. 如果移动公司为您提供以下四款奖品，请根据您的个人喜好做出选择（　　）。

A. 50 元充值卡

B. 50 元彩铃卡（5 元/月，共 10 个月，可暂停或递延业务，用完为止）

C. 麦当劳 50 元食品兑换券

D. 50 元的运动背包一个

请根据您目前的实际情况，回答以下问题：

1. 如果您目前拥有信用卡，您平均每月信用卡消费账单金额是：

□ 100 元以下　　　　□ 100~500 元　　　　□ 500~1000 元

□ 1000~2000 元　　　□ 2000 元以上

2. 您平均每月手机通信消费金额是：

□ 30 元以下　　　　□ 30~50 元　　　　□ 50~100 元

□ 100~150 元　　　□ 150~200 元　　　□ 200 元以上

3. 您的个人月平均收入是：

□ 1000 元以下　　　□ 1000~2500 元　　　□ 2500~5000 元

□ 5000~8000 元　　　□ 8000~12000 元　　　□ 12000 元以上

4. 您的家庭月平均收入是：

□ 3000 元以下　　　□ 3000~5000 元　　　□ 5000~10000 元

□ 10000~15000 元　　□ 15000~30000 元　　□ 30000 元以上

5. 请您勾出对以下问题的赞同程度：

a) I compare prices of at least a few brands before I choose one.

我通常要对几个品牌的价格进行比较后，才做出选择。

非常同意　　○　　○　　○　　○　　○　非常不同意

b) I find myself checking the prices in the grocery store even for small items.

在杂货店购物时，即使是小件商品，我也要核对价格。

非常同意　　○　　○　　○　　○　　○　非常不同意

c) It is important to me to get the best price for the products I buy.

对我来说，能够以最优惠的价格购买到商品是最重要的。

非常同意　　○　　○　　○　　○　　○　非常不同意

d) I like to try different things. 我喜欢尝试不同的东西。

非常同意　　○　　○　　○　　○　　○　非常不同意

e）I like to great deal of variety. 我喜欢购买很多样式的东西。

非常同意　　○　　　○　　　○　　　○　　　○　　非常不同意

f）I like new and different styles. 我喜欢新奇且与众不同的风格。

非常同意　　○　　　○　　　○　　　○　　　○　　非常不同意

B 版本

场景一：

某银行信用卡中心，从 2004 年就推出了积分奖励计划，每消费 10 元，即可累计 1 个积分，积分可用来兑换礼品。假设您是该银行信用卡的一名客户，您现在有 1000 积分需要在五一之前兑换相应分值的奖品，否则过期积分将会作废。

1. 如果该银行为您提供了以下五款奖品，请根据您的个人喜好做出选择（　　　）。

A. 100 元现金返还，将在下个月打到您的信用卡上

B. 通过携程网购买机票，可享受 100 元额外现金抵扣

C. 福娃纪念大徽章一套，面值 100 元

D. 在携程网购买机票，可享受 50 元额外现金抵扣，外加 50 元的现金返还

E. 福娃纪念小徽章一套，面值 50 元，外加 50 元的现金返还

2. 如果该银行为您提供以下四款奖品，请根据您的个人喜好做出选择（　　　）。

A. 100 元现金返还，将在下个月打到您的信用卡上

B. 通过携程网购买机票，可享受 100 元额外现金抵扣

C. 福娃纪念大徽章一套，面值 100 元

D. 价值 100 元的蒸汽电熨斗一个

场景二：

中国移动通信公司开展的全球通客户积分奖励计划，是为答谢广大全球通客户长期以来的支持与厚爱而推出的一项回馈客户服务。全球通客户在使用移动业务时可以获得和积累积分，每消费 1 元钱，即可累计 1 个积分，累积的积分可兑换礼品。假设您是移动通信公司全球通的用户，您目前有 1500 积分需要在五一前完成奖品兑换，否则过期积分将会作废。

3. 如果移动公司为您提供以下三款奖品，请根据您的个人喜好做出选择（　　　）。

A. 50 元手机话费充值卡

B. 50 元彩铃卡（5 元/月，共 10 个月，可暂停或递延业务，用完为止）

C. 麦当劳 50 元食品兑换券

4. 如果移动公司为您提供以下四款奖品，请根据您的个人喜好做出选择（　　　）。

A. 50 元充值卡

B. 50 元彩铃卡（5 元/月，共 10 个月，可暂停或递延业务，用完为止）

C. 麦当劳 50 元食品兑换券

D. 50 元的手机报新闻赠阅（5 元/月，共 10 个月，可暂停或递延业务，用完为止）

请根据您目前的实际情况，回答以下问题（同 A 版本）。

诱导性信息对消费者选择的折中效应的影响 *

陈峻松[1]　符国群[2]　邬金涛[3]

(1. 中欧国际工商学院　上海　201206；2. 北京大学光华管理学院　北京　100871；
3. 中山大学岭南学院　广州　510275)

【摘　要】 为了考察消费者处于诱导性信息环境下的选择结果，通过两个实验发现，即使当消费者面对各种诱导性信息时，依然会在消费选择中表现出折中效应。但是，如果改变呈现诱导性信息的方式，使消费者在中性信息环境下自主做出选择，再呈现诱导信息，则可以系统性地弱化折中效应，从而改变消费者的选择偏好。

【关键词】 自发参照；折中效应；消费者选择；诱导性信息

如何理解消费者选择的机制和过程，一直受到学术界的关注。在市场调查中，消费者选择是评价购买偏好最常见也是最客观的手段[1]。有效设计营销策略，很大程度上依赖于能否准确地把握消费者对于产品和服务选项的选择原则和过程。传统的理性假设认为，当消费者面对某个选择集时，每一个选项都有一个效用值或者主观价值，而消费者则会计算并选择价值最高的可选项。但是，近年来的一些研究显示，消费者偏好很大程度上依赖于选择的环境，研究者称之为环境效应[2,3]。

环境效应理论认为，当消费者在评价目标选项时，他们不仅仅考虑目标选项属性的绝对水平，还会考察目标选项在选择集合里与其他选项的相对位置[4]。环境效应的存在使决策过程更加复杂，同时也吸引了更多的学者来观察，在选择集里的其他可选项是如何影响目标选项的被选状况[5]。一个被广泛讨论和研究的环境效应就是折中效应，指的是"当一个可选项变成选择集里的中间项或者折中选择的时候，它被选择的概率将增大，它在集合里所占选择份额也会增加"[5]。

许多研究考察了折中效应产生的心理机制[1,6]，以及影响其效果强度的因素[7]。在折中效应的众多实验中，至今没有对消费者决策时所处的信息环境给予足够的关注。换言

---

* 本文选自《管理学报》2011 年第 3 期。

基金项目：国家自然科学基金资助项目（70972012）。

作者简介：陈峻松，中欧国际工商学院讲师；符国群，北京大学光华管理学院；邬金涛，中山大学岭南学院。

之，以往的实验中，受试者在回答有关决策问题的过程中，处于一种中性的信息条件下。受试者在面对客观描述的选项进行选择时，没有受到诱导性信息的影响。但是，在真实的世界里，消费者不可能总是处于完全中性的信息环境，决策时总是会面对不同性质的诱导性信息。由此，存在如下问题：①在人们面临诱导性信息的条件下，折中效应是否依然存在？②如果折中效应存在，消费者依然偏向于选择中间选项，是否意味着诱导性信息的影响就不存在或其效果被削弱了呢？③是否可以通过某种方式来恢复诱导性信息的影响？也就是说，能否通过某种方式来改变消费者的选择？

一、文献综述

（一）折中效应和影响因素

折中效应显示的是人们选择中的非理性倾向，即在选择集里增加一个极端选项，会改变人们对现有选项的偏好，使集合中的中间选项更受欢迎。折中效应研究显然具有重要的理论意义，因为该现象违反了传统理性选择模型的一些基本假设。其中之一就是常规性原则，即在一个选择集合里增加一个新的选项，不会改变已有的选项被选择的概率[8]。同时，该现象也有诸多实践价值，比如在新产品引入、产品定位、品牌延伸和产品种类管理上都可以加以运用[6,9]。

在过去的十多年里，一些研究集中于考察折中效应产生的认知过程[10,11]，也有一些研究侧重于关注强化或削弱折中效应的影响因素。这些因素大致可以归纳为两类：第一类是消费者特性，如消费者知识[7,12]、消费者动机倾向[13] 等；第二类选择项特性，如选项属性的重要性和目标选择项的位置[7]、属性的可比性[14]、被选项品牌名称[15] 等。

1. 消费者特性

消费者特性因素包括消费者知识、消费者对于产品的熟悉程度，以及消费者动机倾向等，这些因素被认为会系统地影响折中效应。例如，较多的产品知识会使得消费者在选择过程中，更多地遵循价值最大化的原则[12]。因为，具备较多产品知识的消费者更加容易评估可选产品的质量，而较少受到选择集里其他选项信息的影响和干扰，因此选择时受折中效应的影响较小。

消费者对于产品越熟悉，越是较少地利用折中原则[7]。这是因为，具有高产品熟悉度的消费者，更加容易从购物环境和记忆中提取信息，这样，他在面临选择时能够对目标选项做出更加全面的评价，因而较少受折中效应的影响。

文献［13］考察了消费者动机导向和环境效应的关系。他们发现，防御导向的消费者（更加关注安全和保护的个体）相比促进导向的消费者（更加关注成就和进取的个体），更加容易受到折中效应的影响。防御导向的消费者决策时更加保守和谨慎，他们在选择时倾向于减少风险、避免错误，因而也会回避较极端的选择。对于这种类型的消费者来说，极端选择项往往意味着较大的风险，因为它们会在一个属性上表现好，但在另外一个属性上表现差。从某种意义上，这有点类似于赌博，一旦赌错了属性，就会导致很糟糕的选择。所以，防御导向的消费者往往喜欢更加安全的选择，即选择那些在每个属性上表现都中规中矩的产品，由此减少犯大错误的机会。相比之下，促进导向的消费者，则喜欢采取较激进的策略来取得更好的成就和结果，他们对于在某些属性上表现突出的极端选项更加敏感和偏爱，并把这些极端选项看作是一种获得突破的机会。

2. 选择项特性

被选集里各个选项的属性及特征，会影响折中效应的强度。文献［7］指出，当被选项的两个属性的重要性越是不对称，消费者就越不会选择折中项。这是因为当属性的重要性对称的时候，消费者面对的是一个相对较困难的决策，极端选项在某一属性上有优势，但是这个优势又被其在另外一个属性上的劣势所抵消。此时，选择折中项的可能性会增加。相反，当两个属性在重要性上不对称时，比如某被选产品在一个重要属性上表现突出，该产品的吸引力相应会增加，其他选项的吸引力则会降低，从而会弱化折中效应。

文献［14］考察了产品系列的可比性对于折中效应的影响。他们把可比型产品系列定义为一个品牌下的一系列产品，这些产品的差异可以用诸如价格、尺寸、甜度等方面的不同水平予以反映。在这一类产品中，每个产品在这些属性上呈现不同的量化属性值。而非可比型产品系列则是：该系列下的产品，在一些离散性和非补偿性属性上表现出差别和不同。这两种产品，在很多或大多数属性上不具有直接的可比性。他们的研究结果表明，对于非可比型品类，随着品类中产品数量的增加，消费者越可能选择极端选项。而对于可比型品类，随着品类中被选产品数量的增加，消费者则会表现出更强的折中效应。此外，CHUANG 等［16］还考察了原产国对于折中效应的影响。他们发现，当产品的原产地形象较差时，折中效应的表现强度会降低。

（二）选择环境中的诱导性信息

消费者选择很多时候会受到行为环境和情境的影响。不同的情境，会使消费者采用不同的决策原则。如果仅仅观察消费者和产品特征，是不能完全解释消费者选择行为的［17］。决策情境与折中效应的关系，一直缺少相关的实证研究。直到最近，才开始有研究关注此类问题。例如，LIN 等［18］考察了时间压力对于折中效应和吸引效应的影响。他们发现，当消费者时间压力较大时，折中效应发生的可能性就越小。因为在时间紧迫的情况下，消费者更可能采取非补偿性决策原则。除了时间，信息环境也是消费者面临的重要情境。过去的实验在很多产品上测试了折中效应，包括租房、投资理财产品、照相机、打印机、电脑、音响、牙膏、漱口水等［4,5,9,19,20］，但是受试者都是被假定在一个中性的信息环境下做选择。比如在 SIMONSON［5］的早期实验里，他要求学生回答一个关于租房的问题。可供选择的几所公寓在质量和离校园距离这两个属性上不同。一些学生有两个选择，公寓 x 是质量高，离校园 11 英里（17.6km）；公寓 y 是质量中等，离校园 6 英里（1.6km）。另外一些学生除了这两个选择之外，还有第三个选择，即公寓 z，它的质量低但是离校园仅 1 英里（1.6 km）。他发现，当学生只有选择集合 {x，y} 的时候，y 被选择的份额是 50%；当面临的选择集合是 {x，y，z} 时，66% 的学生选择了 y。在实验中，学生面对的信息，仅仅是对于房子属性的客观描述，没有任何诱导性的信息出现，因此属于中性的信息环境。

笔者认为，在真实的消费决策环境下，消费者会面对这样那样的诱导性信息。鉴于此，笔者试图研究在现实的决策环境下，当消费者面临诱导性信息时，折中效应是否依然如故。具体来说，本研究的主要问题就是引言中提出的三个问题。本研究的假设是：诱导性信息会影响折中效应的力度。在存在诱导性信息时，消费者选择仍然可能表现出折中效应。但是改变信息呈现方式，则会调节折中效应的影响。

二、实验 1

实验 1 的目的在于：①观察当消费者面对明显的诱导性信息时，是否依然能表现出折中效应；②当改变信息呈现方式时，观察消费者选择和偏好是否发生变化。

（一）方法

1. 样本和刺激物

为了使研究结果更加贴近真实，没有选择学生样本，而是在上海浦东机场，邀请了 656 名成年消费者参加实验。其中，男性 326 人（49.7%），女性 330 人（50.3%）。实验完成后，每人获得一盒巧克力作为回报。笔者向受试者提供一个用文字描述的消费选择决策过程，并要求他们从可供选择的项目里给出唯一答案。

2. 实验设计和过程

实验 1 有两个研究目的，因此，实验也分为两个部分。第一部分实验要求受试者做一个租公寓的决策，采用了 2（选择项：2 项/3 项）×2（信息：没有诱导性信息/有诱导性信息）组间设计。笔者的实验设计和文献 [5] 的设计相似，是通过两个属性来描述公寓的情况，即每月租金和离工作单位的距离（指从公寓到单位的最快时间）（见表 1），公寓在面积和配置等方面相同。

表 1　实验 1 第一部分设计：有、无诱导性信息条件下公寓租赁决策

选择项	第 1 组	第 2 组	第 3 组	第 4 组
	无诱导性信息		有诱导性信息	
	2 选（N = 130）	3 选（N = 134）	2 选（N = 136）	3 选（N = 120）
x，1500 元/月，40 分钟路程	*	*	*	*
y，2000 元/月，25 分钟路程	*	*	*	*
z，2500 元/月，10 分钟路程		*		*

在没有诱导性信息的条件下，让受试者只关注公寓的这两个属性，然后做出选择。而在有诱导性信息的条件下，鼓励受试者想象一下，他们的财力是有限的，如果他们愿意去租便宜的房子，就可以省下钱去买他们喜欢的其他产品和服务。在预调研中，对 15 名消费者进行了测试，绝大多数受试者认为，该信息会促使他们选择相对便宜的公寓，因而可以认为该信息具备诱导性。

第二部分实验是为了观察在不同的信息呈现条件下，受试者是否会系统地出现选择偏好的变化，因此，笔者采取的是三种信息呈现方式的组间设计（见表 2）。

表 2　实验 1 第二部分设计：3 种信息呈现方式下公寓租赁决策

条件	选项	信息提供方式
条件 1（N = 134）	3 选	无诱导性信息下选择
条件 2（N = 120）	3 选	有诱导性信息下选择
条件 3（N = 136）	3 选	先在无诱导性信息下选择（条件 3a），之后呈现诱导性信息，再次完成同样的选择（条件 3b）

（二）结果和讨论

为了测试折中效应，通常的做法是计算折中选项 y 在 2 选和 3 选条件下份额 P 的变化，即 $\Delta P = P_z(y; x) - P(y; x)$[1]（更详细的计算过程见文献 [20]）。

首先，观察在有、无诱导性信息的条件下，消费者的选择变化。在没有诱导性信息条件下，y 的份额从 2 选下的 29.2% 上升到 3 选下的 58.7%，$\Delta P = 29.5\%$（$\chi^2(1) = 21.59$，$p < 0.001$），很显然这符合折中效应的表现。当消费者面临诱导性信息时，y 的份额从 2 选下的 32.4% 上升到 3 选下的 73.4%，$\Delta P = 41.0\%$（$\chi^2(1) = 38.52$，$p < 0.001$）（见图 1）。

当面对诱导性信息的时候，一般的直觉是，相比没有诱导性信息时，中间选项被选择的可能性减少，也就是说消费者会更倾向于选择低价选项 x。然而结果显示：即使面对诱导性的信息，受试者在选择上仍然表现出了明显的折中效应，而且折中效应并没有因为加入诱导性信息而下降。

根据上述试验结果，诱导性信息似乎并没有降低折中效应，那么这是否意味着诱导性信息对折中效应不产生影响呢？换句话说，在消费者面对诱导性信息时，消费者依然固执地选择中间选项，而不是按诱导方希望的方向进行选择呢？带着这样的问题，笔者进行了第二部分实验。

在实验 1 的第二部分，比较了受试者在三种信息呈现方式下，对于租房的选择结果（见表 3）。从实验结果中得到了新的发现。如，在条件 3a 下，受试者先在没有诱导性信

---

① P(y; x, z) 表示选项 y 在选择集合 {x, y, z} 里相对选项 x 和 z 的份额，而 $P_z(y; x)$ 表示选项 y 在选择集合 {x, y, z} 里相对选项 x 的份额，指的是由于选项 z 加入后，集合里 y 相对于 x 的吸引力。计算公式为：$P_z(y; x) = P(y; x, z)/[P(y; x, z) + P(x; y, z)]$。

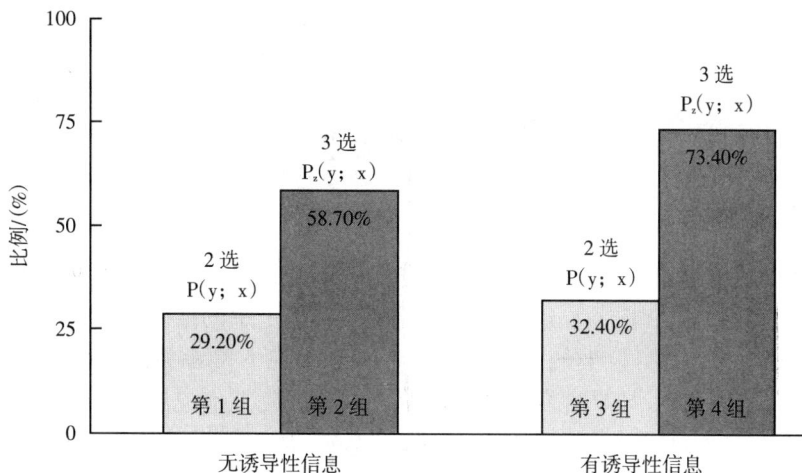

图1 实验1第一部分实验条件下受试者的选择结果

表3 实验1第二部分条件下受试者选择结果

单位：%

选择项	条件1（N＝134）	条件2（N＝120）	条件3（N＝136）	
	无诱导性信息	有诱导性信息	无诱导性信息（3a）	有诱导性信息（3b）
x，1500元/月，40分钟路程	35.8	21.7	33.8	57.4
y，2000元/月，25分钟路程	50.7	60.0	45.6	26.5
z，2500元/月，10分钟路程	13.4	18.3	20.6	16.2

息下进行选择，此时的选择结果和条件1下受试者选择结果非常接近，中间选项y获得了最大的份额，表现出明显的折中效应。当受试者在条件3b下，即面对诱导性信息再次选择时，其选择结果和条件2下的受试者表现出显著的差异。进一步分析发现了两个有趣的现象：①条件3b下y选项的份额显著减少。y作为中间选项，在从条件1到条件2的变化中，始终都是占最大份额的选项；而在条件3a到3b的变化中，y的份额从45.6%下降到26.5%[χ^2（1）＝10.78，p＜0.01]。这说明，此时的折中效应已经消失。②在条件3b下，选项x成为份额最高的选项。x是价格低，离单位远的公寓。在设计诱导性信息时，这个信息的出发点就在于劝说受试者选择低价的公寓，这样的效果在条件2下没有出现，但是在条件3b下得以出现。这显示出诱导性信息对于消费者选择偏好产生了非常明确的影响。

从表3可以看到：条件2与条件3b都是面对同样的诱导性信息，然后进行选择，其唯一的区别是：3b条件下的受试者被要求在没有诱导性信息下先做出明确的选择，写下选择结果，然后在有诱导性信息下重新选择。这2种条件下的选择结果相差很远，笔者的解释是：受试者在无诱导性信息下所做的选择（条件3a），会作为后续行为与决策的参照，正是这种自发参照效应的存在，使得受试者在面对诱导性信息时（条件3b），更有可能去改变自己先前做出的选择。而相比没有这样的参照（条件2），即使受试者在面临同样的诱导性信息，他们没有一个明确的是否要改变选择的问题，因此，在面对3选时，会觉得选择中间选项似乎会比较稳妥和理性，因而表现出折中效应。

三、实验2

相比实验1，实验2在三个方面做了改进和深化：①实验1只有单一的租房选择，实验2则选取了多种产品和服务，这使我们得以观察实验1中的结果能否扩展到其他产品和服务的购买选择中。②实验1的诱导性信息，在于劝说消费者关注价格，选择低价产品（后面称之为低价信息）。如果自发参照效应存在，它原则上也应当适用于鼓励消费者选择高价产品的情况。由此，在实验2里，将测试另外一类信息，即诱导消费者增加消费和选择高价产品时（后面称之为高价信息），自发参照效应的影响是否依然存在。③实验2对于信息本身进行操控检测，以检验诱导信息确实具有笔者希望的诱导性。

（一）方法

1. 样本和刺激物

在上海一家大型超市门口，邀请了312位成年顾客参加了实验调查，其中男性160人（51.3%），女性152人（48.7%）。实验完成后，每人获得一盒巧克力作为回报。在实验里，受试者被要求在这三种产品上进行消费选择，即租房、租车和选择黄油饼干。

2. 实验设计和过程

实验2的目的在于进一步验证，消费者自发参照是否会系统性地影响消费者的选择。受试者被随机分配在三种不同的实验条件下（分组和实验1的第二部分相同）。为每一个产品的选择设计了一条不同的诱导性信息，目的在于鼓励受试者选择更高价位的选项（见表4）。

表4　实验2中三种产品的消费选项及诱导性信息

产品类别	选择项	诱导性信息
租房	● 1500元/每月，40分钟路程 ● 2000元/每月，25分钟路程 ● 2500元/每月，10分钟路程	你得知公司对于上班时间有非常严格的要求，如果你上班迟到，则会很大程度影响你当月考核
租车	● 0个气囊，250元/天 ● 2个气囊，300元/天 ● 4个气囊，400元/天	你知道你所在城市的交通状况不是很好，经常会有一些严重的交通事故、车祸等报道
黄油饼干	● 饼干里含有4%的黄油，24元一盒（500克） ● 饼干里含有8%的黄油，36元一盒（500克） ● 饼干里含有12%的黄油，48元一盒（500克）	你的配偶马上要过生日，他（她）很喜欢黄油饼干，你准备把这种饼干作为生日礼物之一送给他（她）

3. 操控检测

对于实验中条件 1 下的受试者，他们被要求在没有诱导性信息下做出选择。在受试者完成选择后，向其展示一条相关的诱导性信息，并且要求他们用 1~7 的量度来给两个问题打分，即：① "你认为这条信息，在多大程度上会鼓励你考虑贵的选项？（1=肯定不会，7=肯定会）"；② "你认为这条信息，在多大程度上会鼓励你考虑便宜的选项？（1=肯定不会，7=肯定会）"。以此来检测这些诱导性信息的影响效果。

（二）结果和讨论

在实验 2 中，测试了高价诱导信息对消费者选择的影响，表 5 呈现了该实验的主要结果。综合来看，在没有诱导性信息时（条件 1），受试者对于 y 的选择是 51.3%；在有诱导性信息时（条件 2），受试者对于 y 的选择是 49.4% $[\chi^2 (1) = 0.228,\ p = 0.633]$。结果说明 y 的份额在 2 种条件下没有实质性变化，并且在条件 2 下，y 的份额（49.4%）显著高于 z（34.6%）$[\chi^2 (1) = 7.88,\ p < 0.01]$。这些都显示了在条件 2 下，受试者的选择出现了明显的折中效应。在操控检测中，设计了两个问题来判断信息是否具备高价诱导性。结果显示，每一条信息都被认为是鼓励了高价购买（打分的均值见表 6）。这表明，由于折中效应的存在，稀释了诱导性信息的效果，使条件 2 下的大多数受试者并没有选择高价选项。

表 5　实验 2 中受试者选择结果

单位：%

信息条件	选项		租房	租车	黄油饼干	合计平均
1（N = 106）	x		30.2	24.5	23.6	26.1
	y		45.3	60.4	48.1	51.3
	z		24.5	15.1	28.3	22.6
2（N = 102）	x		23.5	3.9	20.6	16.0
	y		43.2	64.7	40.2	49.4
	z		33.3	31.4	39.2	34.6
3（N = 104）	3a	x	27.9	19.2	23.1	23.4
		y	44.2	66.3	52.9	54.5
		z	27.9	14.5	24.0	22.1
	3b	x	6.7	6.7	16.4	10.0
		y	34.6	48.1	25.9	36.2
		z	58.7	45.2	57.7	53.9

表 6　实验 2 中操控检测的结果

产品	该信息会鼓励购买低价产品吗（均值）	该信息会鼓励购买高价产品吗（均值）	统计检验
租房	2.40	4.39	$(t = 13.70,\ p < 0.01)$
租车	2.01	4.79	$(t = 20.97,\ p < 0.01)$
黄油饼干	1.67	5.45	$(t = 30.26,\ p < 0.01)$

再来观察条件 3 下的选择情况。在受试者没有诱导性信息时（条件 3a），y 的份额是 54.5%。当再次在诱导性信息下选择时（条件 3b），y 的份额变为 36.2%［$\chi^2(1) = 9.73$，$p < 0.01$］，说明其份额显著下降。同时，在条件 3b 下，y 的份额（36.2%）显著低于 z（53.9%）［$\chi^2(1) = 10.77$，$p < 0.01$］，此时 z 已变成消费者最偏好的选择，这也反映了此时高价诱导性信息的影响完全被释放出来。至此，通过这三个产品的实验再次证明，当消费者面对诱导性信息时，由于消费者自发参照的存在，其偏好会发生系统性变化。这种变化，不仅对于低价诱导信息成立，对于高价诱导信息同样成立。

四、结论和讨论

本文探讨了诱导性信息环境下的折中效应，以及消费者自发参照对其偏好选择的影响。在实验 1 中观察到，当消费者直接面对低价诱导信息时，其选择结果仍然表现出较强的折中效应。但是，当消费者先在没有诱导性信息下做出选择，然后在有诱导性信息下再次选择时，低价诱导性信息的影响效应得以实现，消费者偏好显著地转移到低价选项上。继而在实验 2 中，使用了多种产品，并采用高价诱导性信息，和更精致的实验，观察到了同样的结果和影响机制。

在实验 1 和实验 2 里，都研究了租房决策问题，对该问题的进一步观察得到有价值的发现。在实验 1 里提供的是低价信息，在实验 2 里提供的是高价信息。在没有自发参照时，虽然受试者都面对诱导性信息，但是他们最偏好的选项都是 y（60.0%，低价信息；43.2%，高价信息），即选择折中项，而当形成自发参照后，最偏好的选项分别变为 x（57.4%，低价信息）和 z（58.7%，高价信息），这反映了自发参照产生的巨大影响。

（一）理论意义

（1）本次实验结果是对折中效应研究的重要补充。

本文探讨了消费者在诱导性信息环境下，是否会表现出折中选择。当消费者直接面对诱导性信息，此时可以被假设对选项某一属性有一定的偏好。笔者发现即使在有偏好的情况下，消费者的选择仍然表现出较显著的折中效应。由此，本文对折中效应研究做出了重要补充。

（2）本次实验结果同时也是偏好逆转研究领域里新的发现。

实验中，在没有自发参照的时候，即使受试者面对高价或者低价诱导性信息，中间选项 y 依然是最受偏好的选项。但是当形成自发参照后，诱导性信息所指向的选项成为最受欢迎的选项。所以，自发参照确实会导致消费者选择偏好的逆转。

（二）实践启示

（1）为了使诱导性信息发挥其影响效应，营销者要学会善用消费者自发参照效应。

以租房为例，房屋中介向顾客推荐 x、y、z 3 套公寓，价格依次递增，但是离顾客上班的距离越来越近。如果销售员希望顾客选择公寓 x，即价格低但是距离远的公寓，那么可以在销售过程中传递一些低价诱导性信息。但是，本研究发现，即使提供这样的诱导性信息，消费者也不一定会按销售人员希望的那样做出选择。要使这一信息发挥作用，销售员应该让顾客在没有诱导性信息下明确选择一次，然后在提供诱导性信息之后再次选择。

（2）对企业在产品设计上的启示。

企业常常通过设计高、中、低档次的产品和运用相应的诱导信息劝说消费者购买某一档次的产品。如果企业希望更多消费者购买高端的产品，这种策略往往难以奏效。因为，根据本研究，此时折中效应依然存在，即使在面对诱导性信息时，消费者仍会更多地选择中档产品，而不是两端的产品。更合适的做法是只设计中、高两档产品，从而避免出现折中效应。

（三）研究的局限和方向

在大量访谈的基础上，选择和设计了四项诱导性信息，并且度量了其中三项的影响力度。但是，没有在其他指标上对信息进行进一步分析，如信息对于受试者的可靠性、相关性、重要性等。这些信息特征的获得，会帮助我们更好地理解受试者为什么会选择高价或者选择低价的选项，也会使我们对结果的解释更加完善。笔者在机场和超市门口采用了方便抽样，如果可以通过控制收入、教育程度等变量来提高样本的内部一致性，会增加实验结果的说服力。此外，试验中的诱导性信息，是让消费者想象一些特殊的场景，这些场景会鼓励消费者选择低价或者高价的选项。如果采用其他的诱导方式，比如向消费者提供商业广告、促销信息等，这样的诱导方式产生的结论，对企业来说将具有更多的商业价值。

本文并不想根据现有发现，得出所有的诱导性信息在没有自发参照效应条件下都会产生折中效应的结论。笔者相信，如果诱导性信息突破某一个水平或者边界，有没有自发参照效应，都有可能不会产生折中效应。此外，笔者同样相信，并不是所有的诱导性信息，都会由于信息呈现模式的不同，而使消费者选择出现系统性变化。如果这样的推断是正确的，那么由于消费者自发参照效应的存在，系统改变消费者选择的诱导性信息必然具备一些特征。由此，如何找出并度量这些特征，从而事先预测诱导性信息的影响效果，将是今后一个很有价值的研究方向。

参考文献

［1］Dharr, Simonson I. The Effect of Forced Choice on Choice ［J］. Journal of Marketing Research, 2003, 40（2）: 146-160.

［2］Huber J., Payne J. W., Puto C. Adding Asymmetrically Dominated Alternatives: Violation of Regularity and the Similarity Hypothesis [J]. Journal of Consumer Research, 1982, 9 (1): 90-98.

[3] Payne J. W., Bet Tman J. R., Jon Nson E. J. Behavioral Decision Research: A Constructive Process-ing Perspective [J]. Annual Review of Psychology, 1992, 43 (1): 87-131.

[4] Tversky A., Simonson I. Context Dependent Preferences [J]. Management Science, 1993, 39 (10): 1179-1189.

[5] Simonson I. Choice Based on Reasons: The Case of Attraction and Compromise Effects [J]. Journal of Consumer Research, 1989, 16 (2): 158-174.

[6] Simonson I., Tversky A. Choice in Context: Tradeoff Contrast and Extremeness Aversion [J]. Journal of Marketing Research, 1992, 29 (3): 281-295.

[7] Sheng S., Parker A. M., Nakamoto K. Understanding the Mechanism and Determinants of Compromise Effects [J]. Psychology & Marketing, 2005, 22 (7): 591-609.

[8] Luce R. D. The Choice Axiom after Twenty Years [J]. Journal of Mathematical Psychology, 1977, 15 (2): 215-233.

[9] Kivet Z. R., Net Zer O., Srinivasan V. Alternative Models for Capturing the Compromise Effect [J]. Journal of Marketing Research, 2004, 41 (3): 237-257.

[10] Wernerfelt B. A Rational Reconstruction of the Compromise Effect: Using Market Data to Infer Utili-ties [J]. Journal of Consumer Research, 1995, 22 (4): 627-633.

[11] Nowlis S. M., Simonson I. Sales Promotions and Choice Context as Competing Influences on Consumer Decision Making [J]. Journal of Consumer Psychology, 2000, 9 (1): 1-17.

[12] Mishra S., Unesh U. N., Stem D E. Antecedents of the Attraction Effect: An Information Processing Perspective [J]. Journal of Marketing Research, 1993, 30 (3): 331-349.

[13] Mourali M., Bockenholt U., Laroch E. M. Compromise and Attraction Effects under Prevention and Promotion Motivations [J]. Journal of Consumer Research, 2007, 34 (2): 234-247.

[14] Gourville J. T., Soman D. Extremeness Seeking: When and Why Consumers Prefer the Extreme [Z]. Working Paper, Harvard University, 2007: 1-40.

[15] Sinn F., Milberg S. J., Epstein L. D., et al. Compromise the Compromise Effect: Brands Matter [J]. Marketing Letters, 2007, 18 (4): 223-236.

[16] Ch Uang S. C., H Siu J., Yen R. The Impactofa Product's Country-of-Origin on Compromise and Attraction Effects [J]. Marketing Letters, 2007, 18 (4): 279-291.

[17] Belk R. W. A Free Response Approach to Developing Product Specific Consumption Situation Tax-onomies [C]//Shocker A D. Analytic Approaches to Product and Marketing Planning. Cambridge: Marketing Sci-ence Institute, 1979: 177-196.

[18] Lin C. H., Sun Y. C., Ch Uang S. C., et al. Time Pressure and the Compromise and Attraction Effects in Choice [J]. Advances in Consumer Research, 2008, 35 (3): 348-352.

[19] Lehm Ann D. R., Pan Y. G. Context Effects, New Brand Entry, and Consideration Sets [J]. Journal of Marketing Research, 1994, 31 (3): 364-374.

[20] Ernev A. Extremeness Aversion and Attribute Balance Effects in Choice [J]. Journal of Consumer Re-search, 2004, 31 (2): 249-263.

When Could Persuasive Information Influence Consumer's Choice

Chen Junsong   Fu Guoqun   Wu Jintao

(China Europe International Business School   Shanghai 201206;

Guang hua School of Management, Peking University   Beijing 100871;

Sun Yat-sen University Lingnan College   Guangzhou 510275)

Abstract: The paper is to explore the consumers' choice result when they are faced with persuasive information. The findings from our experiments indicate that consumers could still indicate compromise effect when facing persuasive information. However, changing the way of presenting the persuasive information could systematically weaken the compromise effect, thus changing consumers' choice preference.

Key Words: Self-generated Reference; Compromise Effect; Consumer Choice; Persuasive Information

网络口碑对消费者产品态度的影响机理研究 *

宋晓兵　丛竹　董大海

（大连理工大学管理学院　大连　116024）

【摘　要】 针对网络口碑区别于传统口碑的主要特点，提出了网络口碑对消费者产品态度的影响机理，并以网络电影评论社区为研究背景，利用实验法对这一机理进行了实证检验。研究结果表明，网络口碑的论据质量和网络社区可靠性都会对消费者的产品态度产生正向影响，而且卷入度与网络口碑论据质量、网络社区可靠性分别具有显著的交互作用。

【关键词】 网络口碑；论据质量；社区可靠性；卷入度

网络口碑已成为当代消费者获得产品信息的重要来源。根据调查显示，截至 2008 年底，我国网民数量已达到 2.98 亿 [1]，其中，有 88%的网民会通过浏览网络社区来获取产品信息，有 61.7%的社区网民在购买商品时会首先考虑网友的意见，这一比例已经超过传统环境中的亲戚朋友推荐（57.9%）和电视广告（57.5%）[2]。由此可见，互联网的出现改变了人们的消费习惯和搜寻产品信息的主要途径。

到目前为止，国内外的学者们已针对传统口碑对消费者的影响进行了卓有成效的研究。但是，网络口碑与传统口碑相比已发生了重大变化：从口碑的表现形式上来说，网络口碑的文字形式与传统口碑的口头形式相比，信息量更大，发布时间更自由，并且消费者无法获悉口碑发出者的语气、表情和肢体语言，因此，口碑内容本身将对消费者产生更大的影响；从口碑发出者的角度来说，网友与亲戚朋友相比，范围更广泛，与阅读帖子的消费者之间关系强度更弱，更不容易获得消费者的信任。鉴于此，针对传统口碑的许多研究结论已经无法完全解释网络口碑的作用，有必要在网络社区环境下研究网络口碑对消费者产品态度的影响机理。

本文针对网络口碑在表现形式和口碑发出者等方面区别于传统口碑的主要特点，分别

---

* 本文选自《管理学报》2011 年 4 月第 4 期。

基金项目：国家自然科学基金资助项目（70532006，70902031）；教育部新世纪优秀人才支持计划资助项目（2006）。

作者简介：宋晓兵，大连理工大学管理学院讲师，博士；丛竹、董大海，大连理工大学管理学院。

研究口碑论据质量和网络社区可靠性在不同卷入度条件下对消费者产品态度的影响：①网络口碑是以文字形式表现的，网络口碑本身所包含的信息是消费者形成产品态度的主要依据，因此，我们将口碑论据质量作为消费者产品态度的一个重要的影响因素；②消费者与网络口碑的发出者素不相识，无法判断口碑发出者的能力和动机，他们往往借助网站声誉来帮助自己对口碑的可信性做出判断，网络环境下信息源的可靠性不再是传统环境下口碑发出者的可靠性，而转变为口碑媒介即网络社区的可靠性，因此，我们将网络社区可靠性作为消费者产品态度的另一个影响因素；③根据 ELM 模型中的观点，口碑论据质量对消费者态度的影响是中心路径，而网络社区对消费者态度的影响是边缘路径，消费者的卷入度将会调节这两个因素对消费者态度影响的相对重要性。

一、文 献 回 顾

（一）论据质量

论据是指与所持立场的真实观点相关的信息[3]。PETTY 等[4] 从说服效果角度对论据质量进行了界定：强论据是指那些引发信息接收者更积极思考的信息；弱论据是指那些引发接收者消极思考的信息。ARENI 等[5] 研究了论据质量在 ELM（Elaboration Likelihood Model）中的操作化问题，他们提出论据质量的判断存在两个维度：论据效价是指论据所表达的正面、负面或中立的观点，论据强度则指这种观点的强弱程度；他们的研究表明，高度卷入的被试受到正面论据的影响要大于负面或中立论据的影响。BOLLER 等[6] 则认为，论据质量概念的关键在于论据结构；他们认为，论据实际上是一种信息的表现形式，是利用一些主张来支持另外一些主张，因此，论据结构可以根据主张之间的逻辑关系来界定；他们利用前人提出的法律论据结构模型将论据结构划分为主张、证据、依据和概率四个组成部分。

（二）网络社区可靠性

HOVL AND 等[7] 认为，可靠性应包括专业性和可信性两个维度：专业性是指信息传播者提供准确信息或讨论特定话题的资格和能力；可信性是指信息传播者提供准确信息的意愿，即信息传播者在提供信息时是诚实的、公正的。先前大多数研究中，可靠性的主体都是人，而本文关注的则是网络社区的可靠性。BICKART 等[8] 对网络论坛和公司网站两类来源的信息对消费者的影响进行了对比研究，结果表明与公司网站相比，来自于网络论坛的信息引发了被试对产品更大的兴趣，其原因是被试认为网络论坛要比公司网站更加可靠。BROWN 等[9] 认为，网络社区是连接信息发布者与接收者的节点，在社区成员发布信息的同时，他也将自身的可靠性贡献给了网络社区，因为这样的信息对于其他社区成员具有一定稀缺性和专业性，正是发布信息的社区成员的贡献才形成了网络社区本身的可靠性。

（三）卷入度和 ELM

卷入度是指个人基于内在需要、价值和兴趣所感知的自己与客体之间的相关程度，可以从处理对象和卷入本质这两个角度对卷入度这一概念进一步细化。从处理对象角度，可以将卷入度分为广告卷入度、产品卷入度和购买决策卷入度三类，其中，广告卷入度是指消费者对广告信息的认知反应程度或信息处理速度；产品卷入度是指消费者对产品的重视程度或者是产品对个人的重要性，高价值、高误购风险的产品多属高卷入产品；购买决策卷入度是指个人对购买决策的关心和注意的程度，以及产品选择可以反映个人价值及利益的程度[10]。从卷入本质角度，则可分为情境卷入度、持久卷入度与反应卷入度三类，其中，情境卷入度是指消费者在特定情境下购买或选择产品时对某件事物的短暂性关切；持久卷入度是指个人对于事物的持久性关切；反应卷入度是指情境卷入度与持久卷入度结合所产生的一种状态，是消费者在这两种卷入度同时存在的一种反应[11]。根据上述分类，本研究中所使用的卷入度概念是一种针对口碑信息（类似于广告信息）的情景卷入度。

PETTY 等[12]提出了 ELM，他们认为，有两条路径可以改变人们对某一事物的态度：①中心路径，态度的改变来自于个人对信息的仔细考虑，接收者认为这些信息反映了特定立场的真实意义；②外围路径，态度的改变并不是个人从自身角度出发考虑赞同或反对议题的理由，而是由于态度所指向的客体与某些正面或负面的线索相关，个人正是基于这些不同的线索对信息所表达观点的真实性做出判断。卷入度的高低将会影响个人采取哪种路径来形成特定的态度：当卷入度较高的时候，形成一种合理的、真实的意见变得更加重要，人们会更有动机去付出必要的认知努力来评价这一议题，也就是对信息进行精细加工的可能性增加了，因而说服会通过中心路径发生；当卷入度较低的时候，人们会认为没有必要付出太多的认知努力去评价该议题，那么其对信息精细加工的可能性也就降低，人们就会利用一些外围线索来形成自己对该议题的评价，因而说服会通过外围路径发生。需要说明的是，这两条说服路径并不是非此即彼的关系，而是在不同的条件下，不同路径作用显著性水平不同，也有可能在信息处理过程中由一条路径跳到另一条路径。

二、研究假设

态度功能理论认为，人们持有某种态度是为了满足其自身的内在需求，如果外界的信息能够满足这种需求，它就更容易改变人们的态度。那些含有高质量论据的信息往往是逻辑清晰的、组织严密的、有依据的，因而更容易引起接收者的认同；而且高论据质量的信息更能反映信息所指客体的真实属性，信息中所主张的结果更可能发生，因而信息接收者可以利用这些信息对事物做出正确的判断，这时接收者就会对信息产生顺从。对于网络口碑而言，如果它是有逻辑、有根据、能够反映事物的真实属性的，即它所包含信息的论据质量较高时，消费者就会更愿意相信；相反，如果口碑表达没有条理、没有根据，不能解释口碑对象的真实属性，即论据质量较低时，消费者往往觉得它是没有价值的而不愿意相信。由此，如果同为正向口碑，那么论据质量较高的网络口碑所产生的消费者产品态度，将会高于论据质量低的网络口碑产生的消费者产品态度。综上所述，根据态度功能理论，提出如下假设：

假设1 网络口碑论据质量越高，消费者对正向口碑所指向产品的态度越积极。

来源可靠性理论认为，人们更可能被那些显得来源可靠的信息所说服[13]。已有研究检验了来源可靠性对接收者态度和行为的影响，这些研究表明，与可靠性低的信息来源相比，高度可靠的信息来源会使信息接收者产生更积极的态度，从而引发其更大的行为屈从[14]。在传统口碑传播的研究中，学者们认为口碑发布者是信息的来源，口碑发布者的可靠性对口碑接收者具有显著的说服作用[15]。但是，在网络口碑的传播中，由于消费者与口碑发布者素不相识，他们无法对口碑发布者的可靠性做出有效判断。这时，网络社区则成为联系口碑发布者与消费者的关键节点，从口碑接收者即消费者角度来说，网络社区才是口碑的最直接来源。消费者往往更愿意相信那些可靠性更高的网络社区中网友们对某产品的评价，而不愿意相信那些不可靠的网络社区中的口碑。由此，如果同为正向口碑，那么更可靠的网络社区上的口碑所产生的消费者产品态度，将会高于不可靠的网络社区上的口碑。综上所述，根据信息来源可靠性理论，提出如下假设：

假设2 网络社区的可靠性越高，消费者对正向口碑所指向产品的态度越积极。

ELM模型指出，卷入度的高低决定了信息接收者对信息处理方式的不同。在高卷入度条件下，信息接收者有动机去仔细处理信息，他将把思维的焦点放在说服性信息的内容上，信息内容本身将对接收者的态度产生更大的影响；在低卷入度条件下，信息接收者不会投入过多的精力对信息内容进行精细加工，而更可能去关注一些非核心因素，如信息来源的吸引力、可靠性或权威等[16]。PETTY等[17]的研究表明，广告的论据质量对被试态度的影响在高卷入度条件下比在低卷入度条件下更大，广告代言人专业性的影响在低卷入度条件下比在高卷入度条件下影响更大。在网络口碑的传播中，我们预期能有类似的交互效应的产生，即卷入度的高低将会影响消费者对口碑信息的处理方式：口碑论据质量作为影响消费者态度的中心路径，将在高卷入度情形下产生更强的影响；而网络社区的可靠性作为影响消费者态度的边缘路径，将在低卷入度情形下发挥更强的作用。由此，提出以下假设：

假设3 高卷入度条件下口碑论据质量对消费者产品态度的影响，比低卷入度条件下口碑论据质量对消费者产品态度的影响更大。

假设4 高卷入度条件下网络社区可靠性对消费者产品态度的影响，比低卷入度条件下网络社区可靠性对消费者产品态度的影响更小。

三、研 究 设 计

（一）实验情景设计

本研究将采用实验法来检验上述假设。实验预计分为 2（高论据质量，低论据质量）×2（高可靠性，低可靠性）×2（高卷入度，低卷入度）共 8 个小组，计划每个小组包含 30 个样本，总共需要 240 个样本。研究将以网络电影评论社区作为研究背景，这主要基于三个方面考虑：①电影是一种体验型产品，受到口碑的影响比较明显；②电影社区是网络社区的典型代表，通常会围绕某一部电影而形成特定的讨论群体，实验中比较容易模拟；③电影受众中年轻人居多，而能够到电影社区中参加讨论的年轻人多具有较高学历，这与网络用户的年龄与学历分布是相一致的。

（二）变量控制和预调研

在实验开始之前，进行了预调研来确定口碑论据质量和网络社区可靠性的控制方案。对于网络口碑的论据质量这一变量来说，为了避免消费者先前态度对实验效果的影响，通过搜索引擎收集了 49 条关于一部新电影《Body of Lies》的正面评论，并依据 BOLLER 等[6]提出的论据构成方式对这 49 条影评进行了加工，包括对长度的控制、论据的组合等，最终形成了 16 条正面的影评。接下来，通过预调研征集了 34 名在校大学生对这 16 条影评的说服力水平进行打分（1~10 分），并从中选择 4 条说服力最高的作为高论据质量的评论，4 条说服力最低的作为低论据质量的评论，t 检验结果表明，4 条得分最高的评论（6.58 分、6.55 分、5.97 分、5.97 分）在说服力水平上的得分显著高于 4 条得分最低的评论（3.61 分、4.67 分、4.82 分、4.91 分）。为了保证实验的外部效度，准备为实验中每一小组都提供多条电影评论，我们为高论据质量小组呈现的是上述 4 条高得分评论，为低论据质量小组呈现的是上述 4 条低得分评论。

在实验中要控制的另一个变量是网络社区可靠性，我们要提前确定可靠性高低不同的 2 个网络影评社区。首先，根据网友们的意见确定了 21 个备选影评社区，综合这 21 个社区的 Alexa 排名、Page Rank、Sogou Rank、Google 收录和百度收录 5 个指标，选择了 3 个排名靠前的社区（"豆瓣网"、"时光网"和"IMDB 中文网"）作为高可靠性社区的候选，而将另 3 个排名靠后的社区（"新影评"、"后窗影评"和"电影评论网"）作为低可靠性社区的候选。其次，通过预调研让 34 名在校大学生对这 6 个网站的可靠性进行打分（1~10 分），t 检验结果表明，大学生对"豆瓣网"（6.48 分）、"IMDB 中文网"（6.81 分）和"时光网"（5.44 分）3 个网站可靠性的打分显著高于"新影评"（3.70 分）、"后窗影评"（3.89 分）和"电影评论网"（3.81 分）。综合网站各项排名指标和预调研结果，选择了"IMDB

中文网"作为高可靠性的网络社区,"后窗影评"作为低可靠性的网络社区。

对于卷入度这一变量的控制,借鉴了其他学者较为成熟的方法,主要体现在调查问卷的最开始对调研目的的不同阐述。为了使部分被试具有较高的卷入度,这些被试影片将在近期于本市上映,我们只选择了 50 名观众来征求意见,被试的个人意见将会对电影公司是否将该电影引入本市产生重要影响,并且还会从被试中随机抽取 10% 赠送该电影的电影票;为了使另一部分被试具有较低的卷入度,这些被试该电影将于一年以后在中国大陆上映,选择了 1000 名观众来征求意见,被试个人的意见对我们预测该电影在大陆地区的票房只有参考作用,因此,所有问题的答案没有正确错误之分,只需按照自己的真实想法填写即可。

(三) 变量测量

为了检验实验的控制效果和前述假设,在实验过程中让被试回答了关于自变量(论据质量、网络社区可靠性)、因变量(产品态度)以及调节变量(卷入度)的测量问题。对于论据质量的测量,本研究综合了 PETTY 等[17] 和 LEE[18] 的研究中对于论据质量的测量题项,从主观、客观 2 个方面的 4 个题项来测量网络口碑的论据质量;对网络社区可靠性的测量,主要借鉴了 JAIN 等[19] 的研究中开发的量表,采用了 3 个整体性的测量题项;对于产品态度的测量,使用的是前人研究中普遍使用的态度测量量表,并结合本研究的特定背景稍加改动,主要包括 4 个题项。最后,对于卷入度的测量,也是借鉴先前研究中经常使用的量表,也有 4 个题项。对于各个变量的具体测量题项见表 1。

表 1 变量测量题项

变量	测量题项	代码	量表及含义
论据质量	您认为上述网友的评论是	AQ1	1 非常不严谨……7 非常严谨
		AQ2	1 非常没有依据……7 非常有依据
		AQ3	1 非常不可信……7 非常可信
		AQ4	1 非常没说服力……7 非常有说服力
网络社区可靠性	您认为 IMDB 网站是	SC1	1 非常不专业……7 非常专业
		SC2	1 非常不值得信任……7 非常值得信任
		SC3	1 非常不可靠……7 非常可靠
产品态度	您如何评价《Body of Lies》这部电影	AT1	1 非常不喜欢……7 非常喜欢
		AT2	1 非常不中意……7 非常中意
		AT3	1 非常差……7 非常好
		AT4	1 非常不值得一看……7 非常值得一看
卷入度	您对上述评论内容感兴趣吗	IN1	1 非常不感兴趣……7 非常感兴趣
	您有没有注意到上述评论的具体内容	IN2	1 完全没注意……7 非常注意
	当您阅读,上述评论的时候……	IN3	1 完全没投入……7 非常投入
	您是……	IN4	1 快速掠过……7 仔细阅读

四、数据分析与假设检验

我们利用随机抽样的方法抽取了 265 名在校大学生作为研究被试，并随机将他们分配到 8 个实验组中。在实验过程中向每名被试发放了一份调查问卷，在问卷中首先阐明本次调研的目的，其中包含了控制卷入度的相关语句；其次，简要介绍了某一网络电影评论社区（IMDB 中文网、后窗影评）；再次，分别向被试呈现了在该社区中出现的 4 条电影评论（高论据质量、低论据质量）；最后，让被试根据自己在该网络社区中看到的电影评论，回答关于各个变量的测量问题，以及其他一些人口统计变量的问题。本次实验共回收有效问卷 248 份，有效回收率达到 95.1%，每一实验组的被试数量都多于 30 个人。

1. 信度检验

在检验各研究假设之前，需要对各变量测量量表的信度进行检验。在这里主要利用各测量题项与总体相关系数（CITC）和 Cronbach α 系数来检验各变量的信度。利用 SPSS 11.5 统计分析软件对上述 2 个参数进行了计算，结果见表 2。从中可以看出，各题项的 CITC 值在 0.542~0.800 之间，都大于 0.50 的最低标准；与此同时，4 个变量的 Cronbach α 系数在 0.733~0.893 之间，也都大于 0.70 的最低标准，这说明本研究的各个变量的测量量表都具有较好的内部一致性信度。

表 2　信度检验结果

变量	题项	CITC	删除题项后 α	Cronbach α
论据质量	AQ1	0.725	0.808	0.856
	AQ2	0.696	0.819	
	AQ3	0.701	0.817	
	AQ4	0.681	0.826	
网络社区可靠性	SC1	0.742	0.827	0.869
	SC2	0.766	0.802	
	SC3	0.747	0.818	
产品态度	AT1	0.542	0.662	0.733
	AT2	0.596	0.687	
	AT3	0.599	0.686	
	AT4	0.557	0.652	
卷入度	IN1	0.688	0.889	0.893
	IN2	0.784	0.855	
	IN3	0.797	0.851	
	IN4	0.800	0.851	

2. 变量的控制效果检验

对于论据质量、网络社区可靠性和卷入度，分别使用了 4 个、3 个和 4 个题项来测量，要求被试在 7 级李克特量表上打分。统计结果显示，高论据质量组的论据质量均值为 4.92，低论据质量组的论据质量均值为 4.59，两者差异显著（F = 11.93，p = 0.001）；高网络社区可靠性组的可靠性均值为 5.21，低网络社区可靠性组的可靠性均值为 4.86，两者差异显著（F = 8.13，p = 0.005）；高卷入度组的卷入度均值为 5.07，低卷入度组的卷入度均值为 4.11，两者差异显著（F = 49.05，p = 0.000）。不同性别、年龄的被试在各变量上没有显著差异。通过以上分析可见，通过预调研得到的关于网络社区可靠性、网络口碑论据质量的控制方案，与实验中被试感知到的结果是相符的；借鉴前人研究对卷入度的控制方法有效性也得到了实验报告结果的证实。数据分析的结果表明，对两个自变量和一个调节变量的控制都是成功的。

3. 假设检验

（1）主效应检验。

本研究提出了 4 个假设，下面分别进行检验。将利用 One-Way ANOVA 分析方法分别检验网络口碑论据质量和网络社区可靠性对消费者产品态度的影响。论据质量对消费者态度影响的检验结果见表 3。在高论据质量组，消费者对电影的态度均值为 5.11；在低论据质量组，消费者对电影的态度均值为 4.88。消费者对电影的态度在高、低论据质量组间差异显著（F = 11.339，p = 0.001），这说明网络口碑论据质量对消费者产品态度具有显著的主效应，因此，假设 1 得到了数据支持。

表 3　论据质量对消费者态度的影响

	平方和	自由度	均方差	F 值	显著性
组间	3.397	1	3.397	11.339	0.001
组内	64.708	246	0.300		
合计	68.105	247			

网络社区可靠性对消费者态度影响的检验结果见表 4。在高可靠性组，消费者对电影的态度均值为 5.23；在低可靠性组，消费者对电影的态度均值为 4.75。消费者对电影的态度在高、低可靠性组间差异显著（F = 47.266，p = 0.000），这说明网络社区可靠性对消费者产品态度也具有显著的主效应，因此，假设 2 得到了数据的支持。

表 4　网络社区可靠性对消费者态度影响

	平方和	自由度	均方差	F 值	显著性
组间	12.227	1	12.227	47.266	0.000
组内	55.877	246	0.259		
合计	68.105	247			

（2）交互效应检验。

下面利用 Two-Way ANOVA 来检验卷入度与论据质量对消费者产品态度的交互作用。首先，方差齐性检验的结果表明，各组方差没有显著差异（F = 1.144，p = 0.332），即方差具有齐性，其次，利用 LSD 法来检验卷入度和论据质量的交互作用，检验结果见表 5。

表 5　卷入度和论据质量对态度的交互作用

变差来源	平方和	自由度	均方差	F 值	显著性
校正模型	4.894	3	1.631	5.523	0.001
截距	5358.388	1	5358.388	18140.820	0.000
IN	0.143	1	0.143	0.485	0.487
AQ	2.987	1	2.987	10.114	0.002
IN × AQ	1.366	1	1.366	4.624	0.033

从表 5 可以看出，卷入度（IN）对被试产品态度的影响不显著（F = 0.485，p = 0.487），而网络影评论据质量（AQ）对被试态度有显著影响（F = 10.114，p = 0.002），卷入度与论据质量对被试的产品态度具有显著的交互效应（F = 4.624，p = 0.033）。

进一步的分析结果见表 6 和图 1。从中可以看出，在高卷入度条件下，随着论据质量的提高，消费者的产品态度有显著的提高（4.81，5.20）；但是在低卷入度条件下，随着论据质量的提高，消费者的产品态度并没有显著提升（4.91，4.99）。这说明高卷入度条件下口碑论据质量对消费者产品态度的影响，比低卷入度条件下口碑论据质量对消费者态度的影响更大，因此，假设 3 得到了数据的支持。

表 6　不同卷入度和论据质量实验组中态度的均值与标准差

	低论据质量	高论据质量
高卷入度	4.81（0.54）	5.20（0.46）
低卷入度	4.91（0.56）	4.99（0.63）

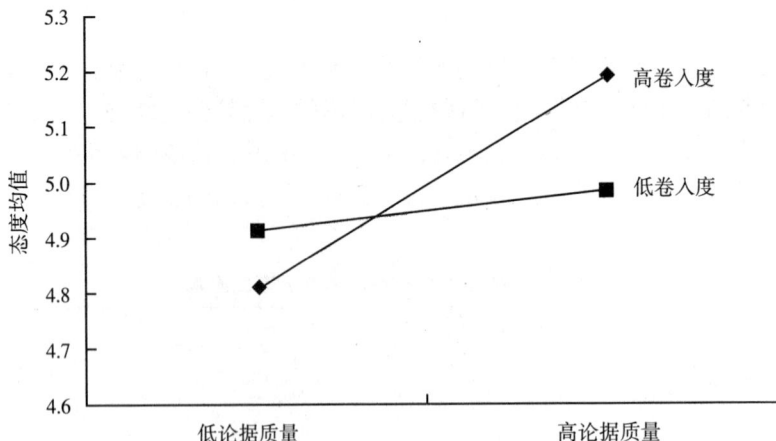

图 1　卷入度与论据质量的交互作用

接下来检验卷入度与网络社区可靠性对消费者产品态度的交互作用。方差齐性检验的结果表明方差具有齐性（F = 2.470，p = 0.063），因此，利用 LSD 法来检验卷入度和网络社区可靠性的交互作用，检验结果见表 7。从中可以看出，卷入度（IN）对被试产品态度的影响不显著（F = 0.143，p = 0.706），而网络社区的可靠性（SC）对被试产品态度有显著影响（F = 55.198，p = 0.000），卷入度与网络社区可靠性对被试的产品态度具有显著的交互效应（F = 17.607，p = 0.000）。

表 7　卷入度和社区可靠性对态度的交互作用

变差来源	平方和	自由度	均方	F 值	显著性
校正模型	16.545	3	5.515	22.890	0.000
截距	5380.491	1	5380.491	22331.960	0.000
IN	0.034	1	0.034	0.143	0.706
SC	13.299	1	13.299	55.198	0.000
IN × SC	4.242	1	4.242	17.607	0.000

进一步的分析结果见表 8 和图 2。从中可以看出，在高卷入度条件下，随着网络社区可靠性的提高，消费者的产品态度只有较小的提升（4.90，5.11）；但是在低卷入度条件下，随着网络社区可靠性的提高，消费者的产品态度却得到显著提升（4.59，5.37）。这说明，高卷入度条件下网络社区可靠性对消费者产品态度的影响，比低卷入度条件下网络社区可靠性对消费者态度的影响更小，因此，假设 4 得到了数据的支持。

表 8　不同卷入度和网络社区可靠性实验组中态度的均值与标准差

	低可靠性	高可靠性
高卷入度	4.90（0.52）	5.11（0.53）
低卷入度	4.59（0.40）	5.37（0.49）

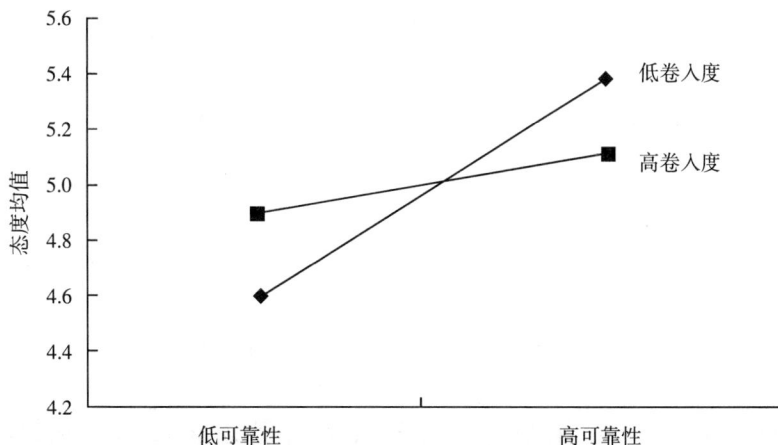

图 2　卷入度与社区可靠性的交互作用

最后，利用 There-Way ANOVA 对卷入度、网络口碑论据质量和网络社区可靠性三者对被试态度的交互作用进行了检验。研究结果表明，卷入度、论据质量和网络社区可靠性三者之间的交互作用并不显著（F = 0.143，p = 0.706）。

五、研究结论与启示

1. 研究结论

本研究针对网络口碑在表现形式和口碑发出者等方面与传统口碑的差异，基于态度功能理论、来源可靠性理论和 ELM，提出了口碑论据质量和网络社区可靠性在不同卷入度条件下影响消费者产品态度的研究假设，并利用实验法对这些研究假设进行了实证检验。研究结果表明，网络口碑的论据质量和网络社区可靠性都会对消费者的产品态度产生正向影响，而且卷入度与网络口碑论据质量、网络社区可靠性分别具有显著的交互作用，高卷入度条件下口碑论据质量对消费者产品态度的影响比低卷入度条件下更大，高卷入度条件下网络社区可靠性对消费者产品态度的影响比低卷入度条件下更小。

本研究探察了网络口碑对消费者产品态度的影响机理，这是对传统口碑研究在互联网环境下的拓展与深化：①通过控制论据的强度维度来区分论据质量的高低，并验证了不同论据质量的正向口碑将会产生不同的产品态度，这是对传统口碑研究中以论据的效价维度来界定论据质量的拓展，说明除了口碑的效价以外，口碑的论据强度也一样会影响消费者的产品态度；②本研究表明网络消费者由于无法判断信息发布者的可靠性，将会选择网络社区作为判断信息可靠性的"外部代理"，因此，互联网环境下的信息源可靠性是指网络社区这一信息发布平台的可靠性，而不是传统口碑研究中信息发布者的可靠性，这体现了网络口碑区别于传统口碑的新的传播机制；③本研究还在互联网环境下检验了 ELM 的适用性，研究结果表明，卷入度也会影响网络消费者的信息处理方式，这回应了 KARSON 等[20] 的研究中对该模型在互联网环境下适用性的质疑，丰富与拓展了 ELM 的相关研究。

2. 管理启示

本研究结果对于商家利用网络口碑开展营销活动具有一定的启示。对于低卷入度的产品来说，商家应该更加关注在可靠性高的网站上进行口碑营销，也就是要更多地激励那些满意顾客在知名度高的网站上发表对于产品的正面评论，这样会激起其他潜在消费者的阅读兴趣，从而形成他们对产品的良好态度。对于那些高卷入度的产品来说，商家应该时刻关注网友们对其产品或服务本身的评论，对于那些积极的评论，应该鼓励发表者再多发一些更加详细、更有说服力的评论；而对于那些"证据确凿"的不良评论，要及时与发表者进行沟通，并针对其评论内容进行必要的回应或处理，争取能变坏事为好事。

本研究对网络社区的经营者也有一定的借鉴意义。研究结果表明，网络社区的可靠性对于消费者的产品态度将产生显著影响，这说明网络社区已经不仅仅是信息传播的媒介，可靠的网络社区将为众多商家进行网络口碑营销提供有效的平台。网络社区的经营者可以通过提供丰富的信息和专业的服务，或者采取适当的激励政策等吸引网友参与到社区中来，并逐渐增强他们在社区中的参与度与依赖感。同时，这些网友在发起话题和回复帖子的过程中，也将促进社区信息的丰富和专业水平的提高，从而吸引更多的网友加入到该社区。

3. 研究局限与展望

本研究还存在以下几方面的不足：①以电影为研究客体探察各因素对消费者产品态度的影响，这可能会由于电影这一服务产品的特殊属性而影响研究结论在其他产品种类中的普适性，未来的研究可以在其他的产品种类，特别是有形产品中进一步检验本文所提的研究假设；②对论据质量的控制采用的是统一论据效价、差别论据强度的方法，因此只探察了正面口碑对消费者态度的影响，实际上，负面口碑对消费者的影响可能更大，未来的研究可以进一步探察负面口碑的论据强度对消费者产品态度的影响；③只探察了网络口碑对消费者态度的影响，而没有继续探察网络口碑及其所形成的态度对消费者购买行为的影响，实际上，消费者的购买行为才是商家营销活动的根本目的，因此，未来的研究有必要进一步探察网络口碑对消费者的购买意向和实际购买行为的影响机制。

参考文献

［1］中国互联网络信息中心. 第 23 次中国互联网络发展状况统计报告 ［R/OL］. ［2009-01-13］(2009-09-30). http：//www.cnnic.cn/uploadfiles/pdf/2009/1/13/92458.pdf.

［2］艾瑞市场咨询有限公司. 2008 年中国网络社区电子商务研究报告 ［R/OL］. ［2008-11-17］(2009-09-30). http：//www.iresearch.com.cn/Report/1211.html.

［3］Petty R. E., Priester J. R., Brinol P. Mass Media Attitude Change：Implications of the Elaboration Likelihood Model of Persuasion ［M］. NJ：Lawrence Erlbaum Associates, 2002.

［4］Petty R. E., Cacioppo J. T . The Elaboration Likelihood Model of Persuasion ［J］. Advances in Experimental Social Psychology, 1986, 19 (1)：123-205.

［5］Areni C. S., Lutz R. J. The Role of Argument Quality in the Elaboration Likelihood Model ［J］. Advances in Consumer Research, 1988, 15 (1)：197-203.

［6］Boller G. W., Sway J. L., Munch J. M. Conceptualizing Argument Quality via Argument Structure ［J］. Advances in Consumer Research, 1990, 17 (1)：321-328.

［7］Hhovland C., Janis I, Kelley H. Communication and Persuasion ［M］. New Haven：Yale University Press, 1953.

［8］Bickart B., Schindler R. M. Internet Forums as Influential Sources of Consumer Information ［J］. Journal of Interactive Marketing, 2001, 15 (3)：31-40.

［9］Brown J., Broderick A. J., Lee N. Word of Mouth Communication within Online Communities：Conceptualizing the Online Social Network ［J］. Journal of Interactive Marketing, 2007, 21 (3)：2-20.

［10］Zaich Kowsky J. L. Measuring the Involvement Construct ［J］. Journal of Consumer Research, 1985, 12 (3)：341-352.

［11］Andrews C. J., Du Rvasula S. A., Syed H. A Framework for Conceptualizing and Measuring the Involvement Construct in Adverting Research ［J］. Journal of Advertising, 1990, 19 (4)：27-40.

[12] Petty R. E., Cacioppo J. T., Schumann D. Central and Peripheral Routes to Advertising Effectiveness: The Moderating Role of Involvement [J]. Journal of Consumer Research, 1983, 10 (2): 135–146.

[13] Sterntha L. B., Dholakia R., Leavitt C. The Persuasive Effect of Source Credibility: Tests of Cognitive Response [J]. Journal of Consumer Research, 1978, 5 (4): 252–260.

[14] Hovland C. I., Weiss W. The Influence of Source Credibility on Communication Effectiveness [J]. Public Opinion Quarterly, 1951, 15 (2): 635–650.

[15] Sch Losser A. E. Source Perceptions and the Persuasiveness of Internet Word of Mouth Communication [J]. Advances in Consumer Research, 2005, 32 (1): 202–203.

[16] Pet Ty R. E., Cacioppo J. T. Issue Involvement as a Moderator of the Effects on Attitude of Advertising Content and Context [J]. Advances in Consumer Research, 1981, 8 (1): 20–24.

[17] Petty R. E., Cacioppo J. T., Heesacker M. The Use of Rhetorical Questions in Persuasion: A Cognitive Response Analysis [J]. Journal of Personality and Social Psychology, 1981, 40 (1): 432–440.

[18] Lee E. J. Deindividuation Effects on Group Polarization in Computer–Mediated Communication: The Role of Group Identification, Public–Self–Aware–ness, and Perceived Argument Quality[J]. Journal of Communication, 2007, 57 (3): 385–403.

[19] Jain S. P., Posavac S. S. Prepurchase Attribute Verifiability, Source Credibility, and Persuasion [J]. Journal of Consumer Psychology, 2001, 11 (3): 169–180.

[20] Karson E. J., Korgaonka P. K. An Experimental Investigation of Internet Advertising and the Elaboration Likelihood Model [J]. Journal of Current Issues & Research in Advertising, 2001, 23 (2): 53–64.

The Impact of Internet Word–of–mouth on Consumer's Product Attitude

Song Xiaobing   Cong Zhu   Dong Dahai

(Management Institute, Dalian University of Technology   Dalian   116024)

Abstract: Aiming at the characters of Internet word–of–mouth compared with traditional word–of–mouth, this research proposes the hypotheses about the impact of Internet word–of–mouth on Consumer's product attitude. The author tests the hypotheses by conducting an experiment in the context of virtual community about movies. The result indicates that argument quality of Internet word–of–mouth and community credibility has positive effect on consumer's product attitude. And involvement has interaction effect with argument quality of Internet word–of–mouth and community credibility respectively.

Key Words: Internet Word–of–mouth; Argument Quality; Community Credibility; Involvement

第二节

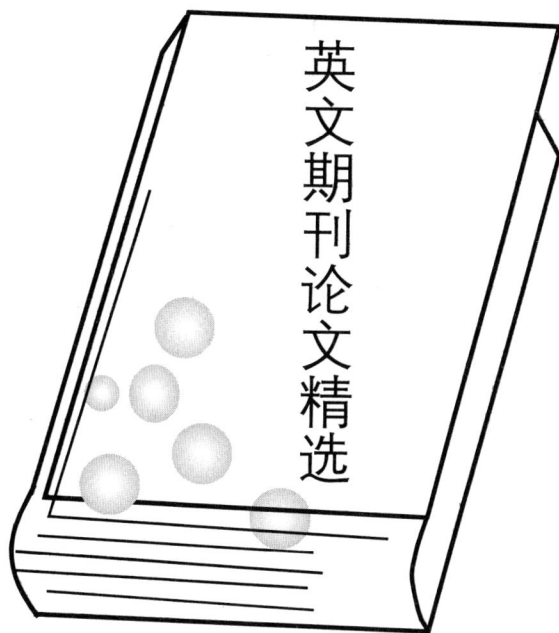

英文期刊论文精选

一、社会排斥导致人群战略性增加消费支出以增强社会属性

作者：Mead, Nicole L.; Baumeister, Roy F.; Stillman, Tyler F.; Rawn, Catherine D.; Vohs, Kathleen D.

来源：《消费者研究》2011 年第 1 期

关键词：消费（经济）；消费者行为；研究；消费者研究；消费者心理学；消费者态度；购物；社会排斥；归属感（社会心理学）；社会层面；社交互动；社会心理学；同伴关系；幸福

摘要：当人们根深蒂固的社会交往需求被社会排斥阻碍的时候，深层次的心理问题就随即产生了。尽管事实上社会关系及在这方面的消费是日常生活的主要方面，但很少有研究关注归属感威胁如何影响消费者行为方面的问题。我们提出了一个假说，即社会排斥导致人们战略性增加消费支出以增强社会属性，并且用四个实验来证实这个假说。与对照组相比，被排斥的实验对象更有可能购买象征团队成员身份的物品（但不是实用的或是自我馈赠的物品）；根据与之互动的成员的偏好来调整自己的消费偏好；在同伴喜欢但对自己并不具有吸引力的食物上消费；表示愿意尝试吸毒，但只有在确定会增强他们社会关系的情况下才会这样做。总之，结果显示被社会排斥的人群会牺牲个人和经济的福利来换取社会福利。

Article: Social Exclusion Causes People to Spend and Consume Strategically in the Service of Affiliation

Author: Mead, Nicole L.; Baumeister, Roy F.; Stillman, Tyler F.; Rawn, Catherine D.; Vohs, Kathleen D.

Source: Journal of Consumer Research, Feb.2011

Key Words: consumption (economics); consumer behavior; research; consumer research; consumers–psychology; consumers–attitudes; shopping; social isolation; belonging (social psychology); social aspects; social interaction; social psychology; peer relations; well–being

Abstract: When people's deeply ingrained need for social connection is thwarted by social exclusion, profound psychological consequences ensue. Despite the fact that social connections and consumption are central facets of daily life, little empirical attention has been devoted to understanding how belongingness threats affect consumer behavior. In four experiments, we tested the hypothesis that social exclusion causes people to spend and consume strategically in the service of affiliation. Relative to controls, excluded participants were more likely to buy a product symbolic of group membership (but not practical or self–gift items), tailor their spending preferences to the preferences of an interaction partner, spend money on an unappealing food item favored by a peer, and report being willing to try an illegal drug, but only when doing so boosted their chances of commencing social connections. Overall, results suggest that socially excluded people sacrifice personal and financial well-being for the sake of social well-being.

二、打破消费者习惯的神话：消费者怎样保护他们的领域依赖的身份投资不受市场神话贬值的影响

作者： Arsel, Zeynep；Thompson, Craig J.

来源：《消费者研究》2011 年第 1 期

关键词： 消费（经济）；研究；消费者态度；消费者行为；基础设施（经济）；消费者研究；品牌形象；品牌识别；身份（心理学）；美学；社会文化因素；文化资本；竞争

摘要： 市场神话往往被认为是吸引消费者产生消费行为或品牌忠诚的文化来源。这个行为倾向夸大了消费者在某一领域的身份投资被相关联的市场神话推动的程度。我们调查了在商业神话的消费领域慢慢建立起社会关系和文化资本的人群，并借此给上述倾向提供理论纠正。对这些消费者来说，盛行的市场神话只是使他们的审美兴趣平凡化而已，而不是身份价值的来源。作为回应，他们打破消费行为的神话，通过贬值来去除已经获得的领域依赖社会和文化资本。我们的研究推进了关于市场神话和消费者身份认知工作的研究，并解释了阻止消费者放弃与不好的意思有着文化关联的消费领域的社会文化推动力。

Article： Demythologizing Consumption Practices：How Consumers Protect Their Field-Dependent Identity Investments from Devaluing Marketplace Myths

Author： Arsel, Zeynep；Thompson, Craig J.

Source： Journal of Consumer Research, Feb.2011

Key Words： consumption（economics）；research；consumers-attitudes；consumer behavior；infrastructure（economics）；consumer research；brand image；brand identification；identity（psychology）；aesthetics；sociocultural factors；cultural capital；competition

Abstract： Marketplace myths are commonly conceptualized as cultural resources that attract consumers to a consumption activity or brand. This theoretical orientation is prone to overstating the extent to which consumers' identity investments in a field of consumption are motivated by an associated marketplace myth. We provide a theoretical corrective to this tendency by investigating consumers who have become vested in a commercially mythologized consumption field through an incremental process of building social connections and cultural capital. For these consumers, the prevailing marketplace myth is experienced as a trivialization of their aesthetic interests, rather than as a source of identity value. In response, they employ demythologizing practices to insulate their acquired field-dependent social and cultural capital from devaluation. Our findings advance theorizations concerning marketplace myths and consumer identity work and explicate the sociocultural forces that deter consumers from abandoning a consumption field that has become culturally associated with undesirable meanings.

三、一分耕耘，一分收获？流利和解释水平如何影响消费者信心

作者：Tsai，Claire I.；Mcgill，Ann L.

来源：《消费者研究》2011 年第 1 期

关键词：消费者信心；研究；品牌价值；决策制定；消费者行为；消费者态度；消费者心理学；消费者研究；品牌认知；消费（经济）；社会心理；判断；元认知

摘要：决策信心受流利程度影响，并根据解释水平调整，这引发不同的理论来解释对流利程度的感觉。在低层次的解释水平上，流利程度解释了决策过程步骤的可行性，但是高层次的解释水平上，流利程度解释着期盼好结果而投入的（不充分）的努力。我们通过调整产品说明书的字体或是要求被试者回忆想法的数量来控制流利程度。我们的研究显示，在低的解释水平上流利程度增强人们的信心，但在高的解释水平上，流利程度削弱人们的信心。解释水平并不影响消费者思想的说服力，这支持了一个假说，即决策过程中的流利程度的解读，而非想法内容，导致了解释水平的调整效果。

Article：No Pain，No Gain? How Fluency and Construal Level Affect Consumer Confidence

Author：Tsai，Claire I.；Mcgill，Ann L.

Source：Journal of Consumer Research，Feb.2011

Key Words：consumer confidence；research；brand image；decision making；consumer behavior；consumers-attitudes；consumers-psychology；consumer research；brand identification；consumption（Economics）；social psychology；judgment；metacognition

Abstract：Choice confidence is affected by fluency and moderated by construal levels that evoke different theories to interpret the feelings of fluency. At lower construal levels，fluency informs the feasibility of completing the concrete steps of the decision process to choose well，but at higher construal levels，fluency informs（insufficient）effort invested for the desirability of the outcome. We manipulated fluency by varying the font of product descriptions or the number of thoughts we asked participants to recall. Our studies showed that fluency increased confidence for people processing at lower construal levels but decreased confidence for those processing at higher construal levels. Construal level does not affect the persuasiveness of consumers' thoughts，supporting the hypothesis that it is the interpretation of fluency experienced during judgment，not the thought content，that leads to the moderating effects of construal level.

四、选择的源头：个人享乐与功利决策的因果关系及满意度

作者：Botti，Simona；Mcgill，Ann L.

来源：《消费者研究》2011 年第 2 期

关键词：消费者研究；决策；消费者心理；享乐主义消费；功利主义；目标（心理

学）；满意度；控制源；人格；动机（心理学）；按摩；美食

摘要：消费者可以使用相同的产品或服务有不同的目的，例如，为了自己的快乐——一个快乐的目标——或实现一些更高层次的目的——功利目标。本文探讨这种目标的差异是否以是自我选择或外部决定的结果来影响满意度。在四个实验中我们设置消费目标，控制输出物，选择价，以及由外部确定的决策是由专家确定还是随机。结果表明，当目标是享乐而不是功利时，自主选择的结果比一个外部选择的结果更令人满意。我们推测，相对于工具性动机的活动，如功利的选择，这种影响来源于与最终动机活动相关的个人因果关系，如享乐选择，并提供支持这种解释优于其他解释的证据。

Article：The Locus of Choice：Personal Causality and Satisfaction with Hedonic and Utilitarian Decisions

Author：Botti，Simona；Mcgill，Ann L.

Source：Journal of Consumer Research，Apr.2011

Key Words：consumer research；decision making；consumers psychology；hedonistic consumption；utilitarianism；goal（psychology）；satisfaction；locus of control；personality；motivation（psychology）；massage；gourmet foods

Abstract：Consumers may consume the same products or services with different goals，for example，for their own pleasure-a hedonic goal-or to achieve some higher level purpose-a utilitarian goal. This article investigates whether this difference in goals influences satisfaction with an outcome that was either self-chosen or externally determined. In four experiments we manipulate consumption goals，controlling for the outcomes，the option valence，and whether the externally made choice was determined by an expert or at random. Results show that the outcome of a self-made choice is more satisfying than the outcome of an externally made choice when the goal is hedonic but not when it is utilitarian. We hypothesize that this effect results from the greater perceived personal causality associated with terminally motivated activities，such as hedonic choices，relative to instrumentally motivated activities，such as utilitarian choices，and provide evidence that supports this explanation over alternative accounts.

五、商务与政治联系对公司表现影响：来自中国的证据

作者：Sheng，Shibin；Zhou，Kevin Zheng；Li，Julie Juan

来源：《市场营销》2011 年第 1 期

关键词：新兴经济；关系；制度环境；制度理论；关系治理；社会关系

摘要：尽管新兴经济体的社会关系中的作用越来越受到人们的重视，很少有研究明确区分商业与政治关系的不同作用。借鉴关系治理和制度的理论，这项研究提供了一种中国商业和政治关系的权变观点。从 241 家中国企业的调查结果表明，经贸关系比政治关系对公司表现有更强的正效应，而这两种效应取决于制度环境和市场环境。当法律的执行是低

效的并且技术变化迅速时，经贸关系更加有利，而政治关系仅当一般政府的支持很弱并且技术的动荡很低时才会导致更好的表现。这些结果表明，中国的公司应该谨慎使用商业和政治关系，并利用不断变化的制度环境和市场环境使自己的关系效用最大化。

Article：The Effects of Business and Political Ties on Firm Performance：Evidence from China

Author：Sheng, Shibin；Zhou, Kevin Zheng；Li, Julie Juan

Source：Journal of Marketing，Jan.2011

Key Words：emerging economy；guanxi；institutional environment；institutional theory；relational governance；social ties

Abstract：Despite increasing attention to the role of social ties in emerging economies，few studies have explicitly distinguished the differential roles of business versus political ties. Drawing on relational governance and institutional theories，this study offers a contingent view of business and political ties in China. The findings from a survey of 241 Chinese firms indicate that business ties have a stronger positive effect on performance than political ties，and both effects depend on institutional and market environments. Business ties are more beneficial when legal enforcement is inefficient and technology is changing rapidly，whereas political ties lead to greater performance when general government support is weak and technological turbulence is low. These findings indicate that firms operating in China should be cautious in their use of business and political ties and adapt their tie utilization to changing institutional and market environments.

六、推荐计划和客户价值

作者：Schmitt, Philipp；Skiera, Bernd；Van den Bulte, Christophe

来源：《市场营销》2011 年第 1 期

关键词：顾客忠诚；客户关系管理；客户推荐计划；客户价值；社会网络；口碑

摘要：推荐项目已经成为一种流行的方式来获得客户。然而，迄今为止没有证据表明通过这样的项目获得的客户比其他客户更有价值。作者解决了这个问题，并探讨了在何种程度上被介绍的客户有更多的可营利性和忠诚度。在近三年来对一个领先的德国银行的约10000 名客户的跟踪调查中，作者发现被介绍的客户：①具有较高的边际贡献，但随着时间的推移这种差异减少；②具有较高的保留率，这种差异随着时间的推移仍然存在；③在短期和长期都更有价值。在相似的人口统计和采集时间内，被推荐客户的平均价值高于未被推荐客户至少 16%。然而，价值差异的大小随客户群的不同而改变；因此，企业应在他们的推荐项目中使用可选择的方案。

Article：Referral Programs and Customer Value

Author：Schmitt, Philipp；Skiera, Bernd；Van den Bulte, Christophe

Source：Journal of Marketing，Jan.2011

Key Words：customer loyalty；customer management；customer referral programs；customer value；social networks；word of mouth

Abstract：Referral programs have become a popular way to acquire customers. Yet there is no evidence to date that customers acquired through such programs are more valuable than other customers. The authors address this gap and investigate the extent to which referred customers are more profitable and more loyal. Tracking approximately 10000 customers of a leading German bank for almost three years, the authors find that referred customers：①have a higher contribution margin, though this difference erodes over time；②have a higher retention rate, and this difference persists over time；③are more valuable in both the short and the long run. The average value of a referred customer is at least 16% higher than that of a nonreferred customer with similar demographics and time of acquisition. However, the size of the value differential varies across customer segments；therefore, firms should use a selective approach for their referral programs.

七、新兴市场对营销的影响：反思现有的观点和实践

作者：Sheth, Jagdish N.

来源：《市场营销》2011年第4期

关键词：负担能力；新兴市场；包容性增长；可持续增长能力

摘要：本文的核心观点是关于新兴市场的五个关键特质异质性，社会政治智力，资源的长期短缺，未打上烙印的竞争以及不足的新兴市场基础设施和这五个特质从根本上不同于传统化工业资本主义社会，它们要求我们重新思考营销的核心假设，如市场定位，市场细分，微分优势。为了适应这些特点，我们必须重新思考营销视角（比如从微分优势市场聚合和标准化的角度）。同样，我们必须重新思考公共策略的问题（比如从合规以及危机驱动到目标驱动的角度）和营销事件的问题（比如从全球化到融合营销的角度）。

Article：Impact of Emerging Markets on Marketing：Rethinking Existing Perspectives and Practices

Author：Sheth, Jagdish N.

Source：Journal of Marketing，Jul.2011

Key Words：affordability；emerging markets；inclusive growth；sustainability

Abstract：The core idea of this article is that five key characteristics—market heterogeneity, sociopolitical governance, chronic shortage of resources, unbranded competition, and inadequate infrastructure—of emerging markets are radically different from the traditional industrialized capitalist society, and they will require us to rethink the core assumptions of marketing, such as market orientation, market segmentation, and differential advantage. To accommodate these characteristics, we must rethink the marketing perspective (e.g., from differential advantage to market aggregation and standardization) and the core guiding strategy concepts (e.g., from market orientation to market development). Similarly, we must rethink issues of public policy (e.g., from compliance and crisis driven to purpose driven) and the marketing practice (e.g., from globalization to fusion marketing).

八、缩小营销能力差距

作者：Sheth, Jagdish N.
来源：《市场营销》2011 年第 4 期
关键词：适应性营销能力；海量数据；数字营销；市场学习；市场定位；开放销售；战略营销

摘要：销售人员不断受到大量数据的影响，这些数据远远超出了他们所在组织的理解和使用能力。他们所指定的策略跟不上技术授权的顾客，媒体、渠道、客户接触点的迅速发展，或者微分段的可能性所带来的破坏性影响。缩小快速发展市场的复杂性和有限的组织反应能力之间的差距需要我们重新思考营销能力。三个自适功能是必要的：①警惕性市场学习，利用一个可以预测市场变化和未满足需求的预警系统来增强市场洞察；②适应市场实验，从实验中不断学习；③开放营销，不断锤炼与处于最前列的新媒体、社交网络科技之间的关系，并且动员现有合作伙伴的技能。这些自适应性的好处将会在具有弹性和流动性的、有警惕性领导的和更具适应性的商业模式的组织内体现出来。

Article: Closing the Marketing Capabilities Gap
Author: Sheth, Jagdish N.
Source: Journal of Marketing, Jul.2011
Key Words: adaptive marketing capabilities; data deluge; digital marketing; market learning; market orientation; open marketing; strategic marketing

Abstract: Marketers are being challenged by a deluge of data that is well beyond the capacity of their organizations to comprehend and use. Their strategies are not keeping up with the disruptive effects of technology-empowered customers; the proliferation of media, channel, and customer contact points; or the possibilities for microsegmentation. Closing the widening gap between the accelerating complexity of their markets and the limited ability of their organizations to respond demands new thinking about marketing capabilities. Three adaptive capabilities are needed: ①vigilant market learning that enhances deep market insights with an advance warning system to anticipate market changes and unmet needs; ②adaptive market experimentation that continuously learns from experiments; ③open marketing that forges relationships with those at the forefront of new media and social networking technologies and mobilizes the skills of current partners. The benefits of these adaptive capabilities will only be realized in organizations that are more resilient and free-flowing, with vigilant leadership and more adaptive business models.

九、混合型产品：制造型企业如何将产品与服务成功的结合

作者：Ulaga，Wolfgang；Reinartz，Werner J.

来源：《市场营销》2011 年第 6 期

关键词："商家对商家"的服务；混合型产品；区域优势；资源基础观；维修分类；服务转型策略

摘要：本文研究了使得产品和服务在市场中成功结合的主要因素。好的厂商不像纯服务型的企业，他们能找准自己独特的定位并通过混合型产品增长收入，但他们必须学会如何利用稀缺的资源和开发特色功能。作者通过运用案例分析和深入调研优秀厂商的方法开发了一个"资源能力"框架作为研究和实践的基础。管理层识别四个关键资源：①来自公司的安装基础的具体产品的使用和数据处理；②产品生产和生产资料；③有经验的产品销售和营销网络；④现场服务组织。通过利用稀缺的资源，成功企业应该建立五大关键能力：①服务相关数据处理和解释能力；②处理风险并且减少风险的能力；③设计到服务的能力；④混合产品销售能力；⑤混合型产品发展能力。这些能力从两个方面影响厂商的位置优势：差异化和成本领先。作者提出了一个新的生产服务类型并且讨论了资源和能力如何通过混合产品的分类来影响成功。

Article: Hybrid Offerings: How Manufacturing Firms Combine Goods and Services Successfully

Author: Ulaga, Wolfgang; Reinartz, Werner J.

Source: Journal of Marketing, Nov.2011

Key Words: business-to-business services; hybrid offerings; positional advantage; resource-based view; service classification; service transition strategies

Abstract: This article examines key success factors for designing and delivering combinations of goods and services (i.e., hybrid offerings) in business markets. Goods manufacturers, unlike pure service providers, find themselves in a unique position to grow revenues through hybrid offerings but must learn how to leverage unique resources and build distinctive capabilities. Using case studies and depth interviews with senior executives in manufacturing companies, the authors develop a resource-capability framework as a basis for research and practice. Executives identify four critical resources: ①product usage and process data derived from the firm's installed base of physical goods; ②product development and manufacturing assets; ③an experienced product sales force and distribution network; ④a field service organization. In leveraging these specific resources, successful firms build five critical capabilities: ①service-related data processing and interpretation capability; ②execution risk assessment and mitigation capability; ③design-to-service capability; ④hybrid offering sales capability; ⑤hybrid offering deployment capability. These capabilities influence manufacturers' positional advantage in two directions: differentiation and cost leadership. The authors propose a new typology of industrial services and discuss how resources and capabilities affect success across categories of hybrid offers.

十、病毒式网络营销的播种策略：实证比较

作者：Hinz, Oliver; Skiera, Bernd; Barrot, Christian; Becker, Jan U.
来源：《市场营销》2011 年第 6 期
关键词：播种策略；社会感染；定位；病毒式网络营销

摘要：播种策略会对病毒式网络营销的成功产生巨大影响。然而，先前采用计算机模拟和模型分析这两种方法所得出的关于播种策略的研究结论却大相径庭。本文通过两个互补的小规模实验以及现实生活中有超过 20 万手机用户参与的病毒式网络营销来比较四种播种策略。实证研究结果显示：其中最佳的播种策略会起到八倍于其他策略的营销效果。针对人脉广、交际活跃的人群实施"播种策略"是最为有效的途径，因为上述人群最有可能参与到病毒式网络营销之中。该结论与其他研究的普遍假设相矛盾。人脉广、交际活跃的人会更踊跃地利用广泛的交际圈传播信息，但相比其他人而言，他们不会产生更显著的影响力。

Article: Seeding Strategies for Viral Marketing: An Empirical Comparison

Author: Hinz, Oliver; Skiera, Bernd; Barrot, Christian; Becker, Jan U.

Source: Journal of Marketing, Nov.2011

Key Words: seeding strategy; social contagion; targeting; viral marketing; word of mouth

Abstract: Seeding strategies have strong influences on the success of viral marketing campaigns, but previous studies using computer simulations and analytical models have produced conflicting recommendations about the optimal seeding strategy. This study compares four seeding strategies in two complementary small-scale field experiments, as well as in one real-life viral marketing campaign involving more than 200000 customers of a mobile phone service provider. The empirical results show that the best seeding strategies can be up to eight times more successful than other seeding strategies. Seeding to well-connected people is the most successful approach because these attractive seeding points are more likely to participate in viral marketing campaigns. This finding contradicts a common assumption in other studies. Well-connected people also actively use their greater reach but do not have more influence on their peers than do less well-connected people.

十一、理论和概念发展对于市场营销的贡献——基本框架

作者：MacInnis，Deborah J.
来源：《市场营销》2011 年第 4 期
关键词：理论和概念方面的文章；理论和概念方面的思想；新奇的点子；学术理论

摘要：理论概念的先导在市场营销领域有着举足轻重的作用，它为该领域的发展注入了活力，然而最近有研究认为市场营销领域的理论概念的发展日趋缓慢。本文的作者通过建立基本框架的方法来"概念化"对于市场营销的影响。"概念化"一词是指一系列理论和概念对于市场营销领域的贡献。本文描述了不同种类的理论和概念贡献、重要性以及它们之间的相同点和不同点。此外，本文还描述了不同种类的理论和概念的思考方式和技巧，以及如何使用蕴含这些思考方式和技巧的工具。本文最后总结了今后几年理论和概念对于市场营销英语可能带来的创新和贡献。

Article：A Framework for Conceptual Contributions in Marketing
Author：MacInnis，Deborah J.
Source：Journal of Marketing，Jul.2011
Key Words：conceptual articles；conceptual thinking；novel ideas；theory

Abstract：Conceptual advances are critical to the vitality of the marketing discipline，yet recent writings suggest that conceptual advancement in the field is slowing. The author addresses this issue by developing a framework for thinking about conceptualization in marketing. A definition of conceptualization is followed by a typology of types of conceptual contributions. The types of conceptual contributions，their similarities and differences，and their importance to the field are described. Thinking skills linked to various types of conceptual contributions are also described，as are the use of tools that can facilitate these skills. The article concludes with a set of recommendations for advancing conceptualization in our field in the years to come.

十二、为应对环境变化，营销方式的转型迫在眉睫

作者：Kotler，Philip
来源：《市场营销》2011 年第 4 期
关键词：消费者的生活方式；逆营销；环境；外部成本；金融危机；社交营销；可持续性

摘要：营销人员先前在制定和实施营销策略时总是将其建立在资源是无限的以及对环境不会产生影响的假设之上的。随着人们逐渐意识到资源的有限性以及环境成本的昂贵，营销人员有必要重新审视它们的理论和实施方式。他们需要修正产品开发的方式、定价、推广方式以及品牌战略。最近的金融危机引发了他们另一层面的考量。因为金融危机使得消费者不得不适应低收入、低消费的生活方式，公司必须更加审慎地在其增长目标和可持

续发展之间寻求平衡。为了应对这些新的挑战，我们应将更多的注意力投入到采用逆营销、社交营销等营销方式上。

Article：Reinventing Marketing to Manage the Environmental Imperative

Author：Kotler, Philip

Source：Journal of Marketing, Jul.2011

Key Words：consumer lifestyles; demarketing; environment; externality costs; financial meltdown; social marketing; sustainability

Abstract：Marketers in the past have based their strategies on the assumption of infinite resources and zero environmental impact. With the growing recognition of finite resources and high environmental costs, marketers need to reexamine their theory and practices. They need to revise their policies on product development, pricing, distribution, and branding. The recent financial meltdown has added another layer of concern as consumers adjust their lifestyles to a lower level of income and spending. Companies must balance more carefully their growth goals with the need to pursue sustainability. Increased attention will be paid to employing demarketing and social marketing thinking to meet the new challenges.

十三、消费者价格预期对卖家动态定价策略的影响

作者：Yuan, Hong; Han, Song

来源：《市场营销研究杂志》2011年第1期

关键词：适应性学习；动态定价；市场实验；价格预期；顺序搜索

摘要：作者提出了一个动态的市场均衡模型来研究消费者如何形成价格预期，以及这些期望如何影响他们的顺序搜索行为和市场价格。他们得到一个完美贝叶斯纳什均衡并显示，虽然当期价格上涨引起搜索，那些观察历史价格上涨的消费者会形成更高的价格预期，从而变得更加悲观，搜索更少。此外，作者表明，当边际成本的增加导致价格增加时，消费者通过搜索更多来做出响应，这将导致更高的价格和即时价格的调整。相比之下，因为消费者的搜索活动在价格下跌时会下降，卖家可能会降低他们的价格来抑制消费者的搜索倾向。作者测试了他们的理论模型及其影响，在一系列模拟市场实验中找到了支持它的证据。

Article：The Effects of Consumers' Price Expectations on Sellers' Dynamic Pricing Strategies

Author：Yuan, Hong; Han, Song

Source：Journal of Marketing Research, Feb.2011

Key Words：adaptive learning; dynamic pricing; market experiment; price expectations; sequential search

Abstract：The authors propose a dynamic market equilibrium model to investigate how consumers form price expectations and how these expectations influence their sequential search behavior and prices in the market. They derive a perfect Bayesian Nash equilibrium and show that whereas higher current period prices induce search, consumers who observe higher historical prices form higher price expectations, become more pessimistic, and search less. Furthermore, the authors show that when prices increase as a result of an increase in marginal costs, consumers respond by searching more, which then leads to higher prices and instant price adjustment. In contrast, because consumer search activities decline when prices fall, sellers may respond by lowering their prices just enough to dampen consumers' search tendencies when costs decrease. The authors test their theoretical model and its implications and find support for it in a series of simulated market experiments.

十四、消费者的支付意愿如何测量：采用最先进方法的经验比较

作者：Miller, Klaus M；Hofstetter, Reto；Krohmer, Harley；Zhang, Z. John
来源：《市场营销研究杂志》2011 年第 1 期
关键词：需求预计；假说偏见；市场研究；定价；支付意愿
摘要：本研究比较了四种常用的用来测量消费者支付意愿与实际购买数据的方法：开放式问题（OE）的形式；选择聚合（CBC）分析；Becken, DeGroot 和 Marschak 的（BDM）激励相符机制；诱因一致选择聚合分析。作者测试了这四种方法的相对优势，使用实际购买数据为基准，同时建立在统计标准和决策相关指标的基础上。结果表明：BDM 和 ICBC 的方法可以通过统计和决策导向测试。作者发现，受访者在诱因一致的设置中比非诱因一致的设置中对价格更敏感。此外，相比于假想的联合分析，他们在 ICBC 下发现大量的"没有"选择。本研究揭示了一个有趣的可能性：即使 OE 形成和 CBC 分析生成假设的偏见，他们仍可能导致正确的需求曲线和正确的定价决策。

Article：How Should Consumers' Willingness to Pay Be Measured? An Empirical Comparison of State-of-the-Art Approaches
Author：Miller, Klaus M；Hofstetter, Reto；Krohmer, Harley；Zhang, Z. John
Source：Journal of Marketing Research, Feb.2011
Key Words：demand estimation; hypothetical bias; market research; pricing; willingness to pay
Abstract：This study compares the performance of four commonly used approaches to measure consumers' willingness to pay with real purchase data (REAL): the open-ended (OE) question format; choice-based conjoint (CBC) analysis; Becker, DeGroot, and Marschak's (BDM) incentive-compatible mechanism; incentive-aligned choice-based conjoint (ICBC) analysis. With this five-in-one approach, the authors test the relative strengths of the four measurement methods, using REAL as the benchmark, on the basis of statistical criteria and

decision-relevant metrics. The results indicate that the BDM and ICBC approaches can pass statistical and decision-oriented tests. The authors find that respondents are more price sensitive in incentive-aligned settings than in non-incentive-aligned settings and the REAL setting. Furthermore, they find a large number of "none" choices under ICBC than under hypothetical conjoint analysis. This study uncovers an intriguing possibility: Even when the OE format and CBC analysis generate hypothetical bias, they may still lead to the right demand curves and right pricing decisions.

十五、线上社交相互影响：关于口碑和观察学习的一个自然实验

作者：Chen, Yubo；Wang, Qi；Xie, Jinhong
来源：《市场营销研究杂志》2011 年第 2 期
关键词：自然实验；观察学习；社会影响；社会相互作用；口碑

摘要：消费者的购买决策可能受别人的意见，或者口碑，和/或他人的行为，或观察学习的影响。虽然信息技术为企业创造了更多的机会促进和管理这两类社会互动，但到目前为止，研究人员在解开他们的竞争效应上遇到了问题，而且在这两个社会的影响有何不同以及如何相互作用方面提供了有限的见解。使用一个来自于亚马逊网上卖家政策转变的独特的自然实验设置，作者设计了三个纵向的准实验现场研究，来检查关于社会互动的两种类型的三个问题：①对产品销售的不同影响；②一生的影响；③相互作用的影响。一个有趣的发现是，当负面口碑比积极的口碑拥有更多影响力时，积极的观察学习的信息显著增加销售，但是负面的观察学习的信息没有影响。这表明消费者购买报告统计数据可以在不伤害利基产品的情况下帮助大众市场产品。结果也显示，观察学习对销售的影响随着口碑范围的增加而增加。

Article: Online Social Interactions: A Natural Experiment on Word of Mouth Versus Observational Learning

Author: Chen, Yubo; Wang, Qi; Xie, Jinhong

Source: Journal of Marketing Research, Apr.2011

Key Words: natural experiment; observational learning; social influences; social interactions; word of mouth

Abstract: Consumers' purchase decisions can be influenced by others' opinions, or word of mouth (WOM), and/or others' actions, or observational learning (OL). Although information technologies are creating increasing opportunities for firms to facilitate and manage these two types of social interaction, to date, researchers have encountered difficulty in disentangling their competing effects and have provided limited insights into how these two social influences might differ from and interact with each other. Using a unique natural experimental setting resulting from information policy shifts at the online seller Amazon.com, the authors design three longitudinal, quasi-experimental field studies to examine three issues regarding the two types of social interaction: ①Their differential impact on product sales; ②Their lifetime effects; ③Their interaction effects. An intriguing finding is that while negative WOM is more influential than positive WOM, positive OL information significantly increases sales, but negative OL information has no effect. This suggests that reporting consumer purchase statistics can help mass-market products without hurting niche products. The results also reveal that the sales impact of OL increases with WOM volume.

十六、形成消费者想象：自我倾注在产品评估中的角色

作者：Hung, Iris W; Wyer, Robert S.
来源：《市场营销研究杂志》2011 年第 2 期
关键词：背景影响；意象；想象；自我意识；自我倾注

摘要：客户对产品的吸引力往往是基于主观的反应，他们会想象如果他们个人使用会怎样。三个实验通过这一标准的使用和条件的应用来研究自我关注的影响。当判断背景的特点（社会或非社会性的）与产品通常使用的情况相类似，自我关注会增加参与者想象自己使用他们评估的产品的倾向；反过来，这些想象会增加他们对这些产品的评估和选择这些产品作为参加实验的礼物的可能性。当判断背景的特点被附带的背景音乐和其他存在的情况操纵时，这些影响会发生。然而，当自我关注低或判断背景的特点与通常使用产品的时候不同时，这些影响不明显。

Article: Shaping Consumer Imaginations: The Role of Self-Focused Attention in Product Evaluations
Author: Hung, Iris W; Wyer, Robert S.
Source: Journal of Marketing Research, Apr.2011
Key Words: context effects; imagery; imagination; self-awareness; self-focused attention

Abstract: Consumers' attraction to a product can often be based on the subjective reactions that they imagine they would have if they personally used it. Three experiments examine the effects of self-focused attention on the use of this criterion and the conditions in which it is applied. When features of the judgment (social or nonsocial) context are similar to those of the situation in which the products are normally used, self-focused attention increases participants' disposition to imagine themselves using the products they evaluate, and in turn, these imaginings increase both their evaluations of these products and their likelihood of choosing these products as a gift for taking part in the experiment. The effects occur when features of the judgment context are manipulated both by incidental background music and by the presence of others in the situation at hand. However, when either self-focused attention is low or features of the judgment context are dissimilar to those in which the products are normally used, these effects are not apparent.

十七、媒体广告对品牌考虑和选择的影响

作者：Nobuhiko Terui，Masataka Ban，Greg M. Allenby

来源：《营销科学》2011 年第 1 期

关键词：贝叶斯分析；阈值效应；效用的决定因素

摘要：媒体广告对品牌选择的影响的本质通过两类产品进行了调查，即通过将家用扫描仪面板数据和媒体曝光信息结合。其他的模型说明通过多方面来测试，包括广告被假设直接影响品牌效用，模型错误差和品牌考虑。我们发现广告通过间接的考虑路径而不是直接的影响品牌效应产生影响。

Article：The Effect of Media Advertising on Brand Consideration and Choice

Author：Nobuhiko Terui，Masataka Ban，Greg M. Allenby

Source：Marketing Science，Jan/Feb.2011

Key Words：Bayesian analysis；threshold effect；determinants of utility

Abstract：The nature of the effect of media advertising on brand choice is investigated in two product categories in analyses that combine household scanner panel data with media exposure information. Alternative model specifications are tested in which advertising is assumed to directly affect brand utility，model error variance，and brand consideration. We find strong support for advertising effects on choice through an indirect route of consideration set formation that does not directly affect brand utility. Implications for media buying and advertising effects are explored.

十八、内部市场结构的进化

作者：Oliver J. Rutz，Garrett P. Sonnier

来源：《营销科学》2011 年第 2 期

关键词：动态因素分析选择模型；贝叶斯动态线性模型；个体水平

摘要：我们使用一个动态因素分析选择模型来捕捉潜在的属性空间内品牌的定位变化。我们的动态模型可以使研究者在新的范围内或成熟的范围内调查品牌的定位。我们证明，即使在不受结构变化影响的成熟的范围内，稳定特质的假设也是站不住脚的。通过模型化特定时间个体水平的属性，我们来考虑属性的变化。动态属性方法被模型化成贝叶斯动态线性模型，这一模型被嵌套进动态因素分析选择模型中。我们的方法充分利用了来自过去和将来阶段的预测数据来预测目前阶段的属性。我们通过模拟多样的动态组合，包括静止的行为，展示了我们模型的稳定性。应用这个模型到一个家庭购买的数据集，我们发现了大量的潜在品牌属性的证据。从管理者角度，我们发现了广告支出可以帮助解释动态属性方法中的变量。

Article：The Evolution of Internal Market Structure

Author：Oliver J. Rutz, Garrett P. Sonnier

Source：Marketing Science, Mar/Apr.2011

Key Words：context effects; imagery; imagination; self-awareness; self-focused attention

Abstract：We present a dynamic factor-analytic choice model to capture evolution of brand positions in latent attribute space. Our dynamic model allows researchers to investigate brand positioning in new categories or mature categories affected by structural change such as entry. We argue that even for mature categories not affected by structural change, the assumption of stable attributes may be untenable. We allow for evolution in attributes by modeling individual-level time-specific attributes as arising from dynamic means. The dynamic attribute means are modeled as a Bayesian dynamic linear model (DLM). The DLM is nested within a factor-analytic choice model. Our approach makes efficient use of the data by leveraging estimates from previous and future periods to estimate current period attributes. We demonstrate the robustness of our model with data that simulate a variety of dynamic scenarios, including stationary behavior. We show that misspecified attribute dynamics induce temporal heteroskedasticity and correlation between the preference weights and the error term. Applying the model to a panel data set on household purchases in the malt beverage category, we find considerable evidence for dynamics in the latent brand attributes. From a managerial perspective, we find advertising expenditures help explain variation in the dynamic attribute means.

十九、从大量定性数据中找到样本回答者的有效方法

作者：Surendra N. Singh, Steve Hillmer, Ze Wang

来源：《营销科学》2011年第3期

关键词：消费者推动媒体；消费者推动内容；顾客网上反馈；文本挖掘；定性内容；大规模定性数据集；样本开放问题

摘要：互联网包含了大量消费者产生的内容，这些内容对于提高企业的产品和服务提供了很多有价值的洞察。但是，传统的从网上内容中筛选特征信息的方法有很多局限性。使用数据和模拟的结合，我们可以展现一个抽样的流程，这一流程可以比目前最受欢迎的两种流程选出内容包含有更多信息的回答者，这两种流程仅仅使用随机抽样然后对随机样本分层的方法。另外，我们得出一种方法可以决定观察重复一定次数特征信息的可能性。这使得管理者可以在获得额外特征信息和较大样本的高成本之间平衡，来选择样本的容量。我们应用在网上获得的一个宾馆的真实数据集来对其中一种方法做出了解释，并解释了样本定量内容在文本挖掘中怎样扮演一个有用的起始角色。

Article：Efficient Methods for Sampling Responses from Large-Scale Qualitative Data

Author：Surendra N. Singh, Steve Hillmer, Ze Wang

Source: Marketing Science，May/Jun.2011

Key Words: consumer–generated media; consumer–generated content; customer feed–back on the Web; text mining; qualitative comments; large–scale qualitative data sets; sampling open–ended questions

Abstract: The World Wide Web contains a vast corpus of consumer–generated content that holds invaluable insights for improving the product and service offerings of firms. Yet the typical method for extracting diagnostic information from online content–text mining–has limitations. As a starting point, we propose analyzing a sample of comments before initiating text mining. Using a combination of real data and simulations, we demonstrate that a sampling procedure that selects respondents whose comments contain a large amount of information is superior to the two most popular sampling methods–simple random sampling and stratified random sampling–in gaining insights from the data. In addition, we derive a method that determines the probability of observing diagnostic information repeated a specific number of times in the population, which will enable managers to base sample size decisions on the trade–off between obtaining additional diagnostic information and the added expense of a larger sample. We provide an illustration of one of the methods using a real data set from a website containing qualitative comments about staying at a hotel and demonstrate how sampling qualitative comments can be a useful first step in text mining.

第三章 市场营销学科 2011 年 出版图书精选

第一节

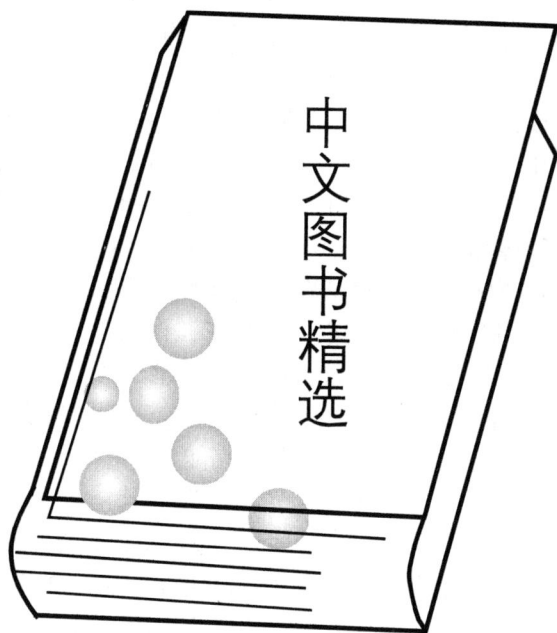

中文图书精选

一、营销动态能力的构成：中国国际化企业视角

英文书名：Dimensions and Development Mechanisms of Marketing Dynamic Capabilities：Chinese International Firms' Perspective

作者：纪春礼/Ji Chunli

出版社：经济科学出版社/Economic Science Press

出版时间：2011 年 11 月 1 日

内容简介：如何在动态环境中更好地创造并传递顾客价值，进而获取并维持企业竞争优势是企业管理实践者和研究学者所共同关注的重要问题。《营销动态能力的构成：中国国际化企业视角》以中国国际化企业为研究对象，从创造和传递顾客价值的跨部门核心商业流程的反应性和效率出发，深入探讨了营销动态能力的内涵界定、构成维度及其各维度之间的相互关系，并进一步探究了营销动态能力的关键前置影响因素，揭示了营销动态能力的形成机理。同时以中国国际化企业的数据对上述问题进行实证检验。

《营销动态能力的构成：中国国际化企业视角》的价值和创新之处主要体现在：第一，丰富完善了营销动态能力的构成维度，构建了各维度之间的关系模型并给予了实证检验支持，深化了对营销动态能力的概念化和操作化探索。第二，以资源基础观理论和动态能力理论为理论基础，深化了对营销动态能力形成机理的认识。《营销动态能力的构成：中国国际化企业视角》发现，不仅以往研究探讨的资源遴选机制和能力构建机制是营销动态能力的前置影响因素，环境感知机制和组织学习机制同样是两个重要的前置影响因素。第三，通过理论分析和实证检验揭示了营销动态能力的形成机理，即环境感知机制、资源遴选机制、组织学习机制和能力构建机制对四个核心营销流程有着不同的积极影响作用，在促进跨部门营销流程发展的基础上，提升企业的营销动态能力。

作者纪春礼，主要研究方向为：国际企业管理、市场营销、国际商务等。博士期间，在《管理世界》、《管理评论》、《外国经济与管理》等重要期刊上公开发表论文 13 篇。论文《基于组织免疫视角的科技型中小企业风险应对机理研究》获"中国企业管理案例与理论构建研究论坛（2010）"优秀论文奖。作者还担任企业管理咨询公司核心顾问，参与多家企业的管理咨询项目，积累了丰富的企业管理咨询经验。

二、服务营销创新研究专论

英文书名：Service Marketing Innovation Research

作者：陈信康/Chen Xinkang

出版社：上海财经大学出版社/Shanghai University of Finance and Economics Press

出版时间：2011 年 12 月 1 日

内容简介：进入后工业化社会，服务经济逐渐成为各国经济的主导。从服务产业在国民经济中的地位与作用可以衡量出该国的经济发展水平与国民生活水平。我国服务产业的整体发展程度远远落后于国际先进水平，快速提升服务产业在国民经济中的地位与作用是

我国进入 21 世纪后所必须解决的迫切问题。

《服务营销创新研究专论》是中国后工业社会营销创新研究系列之一,该书立足于服务企业核心能力的构建,通过对服务企业的营销战略与策略的创新研究,力图为我国服务企业整体竞争力的提升和应对 21 世纪全球服务经济的竞争提供理论上的依据和指导。针对中国特定背景条件下体现出的"后工业社会"特征的市场现象,作者分别从消费行为变化、分销渠道变化、品牌观念变化、服务方式和服务营销的变化与发展等方面的问题进行深入的探索和研究,以形成独具特色的研究成果,力图寻求在"后工业化"的背景条件下,市场营销系统及其各主要构成要素所发生的变化,以及这些变化对于我国企业的营销实践所带来的影响,并力图通过对中国企业在进入后工业化时期营销实践的总结,归纳和提炼出同中国的环境和企业相适应的新的营销思想,为市场营销理论的发展做出贡献。

本书作者陈信康为上海财经大学国际工商管理学院副院长,同时兼任上海财经大学世博经济研究院院长。重要研究方向为中国营销理论体系的创建与应用实证,服务营销,美、日营销比较,流通系统化与商业现代化等。出版了《企业国际市场的开拓》、《中国商业变革与创新》、《营销策划概论》、《国际市场营销教程》、《中国商业现代化新论》等 8 本著作。研究注重理论与实际的紧密联系,1995~2001 年,曾兼任一家日资咨询公司总经理达六年之久,积累有丰富的经营与管理的实践经验。

三、新切割营销

英文书名: New Cutting Marketing

作者:路长全/Lu Changquan

出版社:机械工业出版社/Mechanical Industry Press

出版时间:2011 年 11 月 1 日

内容简介:高度决定速度,角度决定长度。从青藏高原流下来的水成千上万,为什么只有长江和黄河最终形成奔腾不息的江河?因为这两条江河发源的角度和高度不同!了不起的营销同样诞生于非凡的高度和角度,这就是切割。《新切割营销》是作者倾注近二十年时间对中国市场营销实践探索的最新成果,阐述了中国复杂变化的市场的最新竞争策略。

《新切割营销》第一次系统地提出中国企业的竞争之道,教中国企业如何将对手逼向一侧,成为中国企业的竞争制胜指南。本书还第一次提出"营销就是解决竞争"的务实的营销思想。同时"新切割营销的钻石模型"首次由中国最具影响力的营销实战专家路长全集多年的实战经验提出,它的理论机理是运用几种营销手段很自然地形成钻石型的多面体,从而形成企业自身独特的立体式的成长空间。"一刀切"高度,"一刀切"角度,高度构建"第一",角度造就"唯一"。只有在消费者心智中建立起"第一"或"唯一"两种认知,你才是不可被取代、不可被复制的。新切割营销的钻石模型向读者充分展示了全方位的、立体化的营销策略。较之《切割营销》,书中的案例无论在数量和质量上都更丰富,理解起来更轻松,应用起来更明晰。

本书作者路长全是中国著名营销专家,在中国企业界享有极高声誉。近二十年致力于中国品牌实践和营销理论体系的构建，提出了著名的"骆驼与兔子"管理理论，创建了"切割营销"和"品牌二极法则"等著名理论，指导众多企业走向成功。他是清华大学等知名高校客座教授，北京大学民营经济营销课题组组长。著有《解决：营销就是解决竞争》、《切割营销》、《品牌背后的伟大两极》等书籍，这些著作广泛影响着中国企业界。

四、市场营销部管理制度范本大全

书名： Marketing Management System Templates Encyclopedia

作者： 王广伟/Wang Guangwei

出版社： 鹭江出版社/Lujiang Press

出版时间： 2011 年 11 月 1 日

内容简介：《市场营销部管理制度范本大全》是"企业规范化管理制度范本大全"丛书之一，由"时代光华管理培训研究中心"整体策划完成。由引爆营销理论创始人、品牌战略营销策划专家王广伟编著。

本书具体内容分别为：市场营销部的组织构架和管理岗位，市场调研管理，营销策划管理，营销计划管理，销售管理，产品价格管理，促销管理，广告管理，渠道管理，区域管理和客户服务管理。本书立足中国企业实际，结合企业管理的实际需要，将枯燥的理论简单化、流程化、制度化，对市场营销部门管理的相关制度、流程、管理表格、文案等进行了介绍。本书内容全面，操作简便，书中大量的表格可以直接拿来就用，方便易行，是所有中小企业老板和市场营销管理人员案头必备的实用工具书。

作者王广伟，是引爆营销理论创始人，品牌战略营销策划专家，新浪千万财经名博，山东大学特聘营销专家，和讯网、商通网、品牌中国、价值中国、成功营销、中国日化网等特约专栏作家，《中国中小企业》、《大众投资指南》、《创始人》、《精品日化》、《中国洗涤化妆品周报》等特约撰稿人。王广伟具有十多年企业管理和营销的实战经验，对品牌管理和市场营销有独到见解。已出版的著作《引爆营销》被中央党校、江苏省委党校、中央财经大学等国内三十多所院校荐购，被中新网誉为"金融危机下最值得一读的好书"。

五、营销突围：颠覆传统理念的本土营销新思维

英文书名： Marketing Break Through

作者： 孙洪杰，孙焱/Sun Hongjie，Sun Yan

出版社： 清华大学出版社/Tsinghua University Press

出版时间： 2011 年 11 月 1 日

内容简介：《营销突围：颠覆传统理念的本土营销新思维》是以中国营销实践素材为基础，扎根于中国营销实践，以中国营销人的实战误区为参照，结合最新国际理论前沿，提炼出的新的营销思维、营销理念和营销模式。它颠覆了传统的营销理念，揭示了中国特色营销实践背后蕴含的营销规律。《营销突围：颠覆传统理念的本土营销新思维》分为四篇：第一篇为营销理念突围，充分结合中国复杂的营销环境中多元化的利益相关者，对营销的

实质和导向进行了颠覆性思考，并重构了产品概念，扩展了企业营销思维；第二篇为品牌策略突围，澄清了品牌理念和策略的诸多误区，提出了一些新的品牌模式；第三篇为渠道策略突围，这部分是在营销体系中最中国化的部分，紧紧围绕当前的厂商关系提出了诸如终端定位、终端组合等新的概念和理念，并提出了一系列渠道创新的策略；第四篇为促销策略突围，提出了条件促销、梯度促销等新营销策略模式。另外，本书的内容除了扎根中国本土营销实践的理论提炼和策略创新之外，有一小部分是作者根据国际最新的营销进展并结合中国的营销实践编写的，这对于中国企业的营销突围也有重要的启示。这些观念所带来的思维碰撞和启迪有助于广大的中高层营销实践者挣脱惯性思维，在营销实践中突出重围，同时也有助于广大营销专业的学生摆脱人云亦云的学习障碍，看清营销思维的实质。

本书的作者受过规范的博士教育，掌握了最新的国际营销理论前沿和先进的研究方法。长期密切接触中国营销实践，深入国内诸多大中型企业，为中国企业的营销提供咨询和服务；同时作者长期在国内最知名的营销实战杂志《销售与市场》开辟专栏，进行实战类营销论文的写作。本书正是作者长期思考的结晶，从中国的营销实践中汲取营养，从国际最新的营销前沿理论中吸收能量，推陈出新，提出了一系列新的营销概念、理念和策略，汇集了作者近几年的研究成果。

六、客户管理：打造忠诚营销价值链的行动指南

英文书名：Customer Management

作者：史雁军/Shi Yanjun

出版社：清华大学出版社/Tsinghua University Press

出版时间：2011 年 11 月 1 日

内容简介：客户管理不仅是一种以客户为中心的营销理念，更是一套系统化的实践方法。想要在竞争中脱颖而出，企业就必须比竞争者更清楚地知道谁是自己真正的客户，并想方设法赢得客户忠诚。《客户管理：打造忠诚营销价值链的行动指南》应该是国内最值得一读的客户密集型企业真正提升客户忠诚的实战手册，它凝聚了业内知名人士史雁军先生多年来从事客户管理和服务营销咨询的实战经验，书中通过大量国内外案例的剖析，系统全面、视野开阔并具有前瞻性地讲述了客户管理的先进理念与方法。与其他营销管理读物明显不同的是，该书很清晰细腻地勾勒出了一条通往客户忠诚的路线圈。《客户管理：打造忠诚营销价值链的行动指南》从客户管理的核心要素谈起，提出企业建立客户忠诚的营销方法与行动指南，并且探讨了社会化媒体带来的客户管理挑战。本书围绕客户管理的 3 个核心要素，提出了创造忠诚营销价值链的 5 个关键步骤：如何建立客户联络，如何发展客户关系，如何营造客户体验，如何赢得客户忠诚，如何经营客户价值。本书还通过大量的客户营销策略与营销战术案例，阐明客户管理的操作方法与行动指南，是企业管理人和营销人不可或缺的营销读物。

七、E 营销：开启企业网络营销成功之门

英文书名： E Marketing: Open the Success Door to the Corporate Network Marketing
作者： 陈亮/Chen Liang
出版社： 电子工业出版社/Publishing House of Electronics Industry
出版时间： 2011 年 9 月 1 日
内容简介： 目前电子商务已经成为当今最热门的商业模式之一，网络营销也成为营销最火热的话题。本书从网络营销理论、信息平台建设、搜索引擎营销、平台推广与宣传、网络营销运营与管理、网络营销效果评估及网络营销技术人才要求 7 个方面进行了系统的讲解。为了方便读者学习与落地操作，本书在几个核心章节都设置了一份落地作业，具体介绍了在做网络营销的过程中应该考虑哪些因素。《E 营销》旨在为企业管理人士和电子商务营销人士提供营销思维，从营销的角度来阐述企业如何进行网络营销，如何借力网络营销，如何在网络营销时代把企业的商业模式、营销模式结合起来，如何更快地让企业盈利、赚钱。

本书作者陈亮是新一代营销咨询专家，年轻派营销咨询机构总裁，专注"80 后"、"90 后"年轻人，细分营销与新模式营销，并且总结出了适合中小成长型企业营销的跨媒体营销模式，提供营销咨询与网络营销服务，整合了一切新营销模式与工具，开创了效果付费商业模式，为客户提供业绩增长，在销售中创建品牌。作者出版著作了《E 营销：开启企业网络营销成功之门》、《创品牌：品牌营销的 16 个关键》、《销底牌：营销企划案例解析》、《智略：广告媒介投放实施方法》、《如何进行媒体传播》、《人者为王：陈亮营销创业实录》等多部著作。

八、微博营销：把企业搬到微博上

英文书名： Microblog Marketing: Move the Enterprise to Microblogging
作者： 胡卫夕，宋逸/Hu Weixi, Song Yi
出版社： 机械工业出版社/Mechanical Industry Press
出版时间： 2011 年 8 月 1 日
内容简介： 为什么迈克尔·戴尔宣称微博营销将是戴尔未来的营销战略之一？为什么诺基亚会选择微博作为它最新旗舰手机 N8 的首发平台？为什么 SOHO 中国的联席总裁张欣女士会说："我们将加大网络媒体的投入，微博是首选？"为什么李开复会认为"微博改变一切"？《微博营销：把企业搬到微博上》将通过翔实的分析和生动的案例向您阐述微博给营销带来的革命，将清晰地告诉您什么是微博营销、为什么要进行微博营销以及如何进行微博营销。《微博营销：把企业搬到微博上》详细介绍了微博的起源与发展，微博给营销带来革命性、颠覆性影响，全面阐述了微博在互联网时代的营销功能，透彻地分析了企业利用微博进行营销的策略与步骤。同时，本书总结了微博营销带来的风险以及非盈利组织如何进行微博营销，通过案例系统地展示了不同行业、不同规模的企业是如何利用微博进

行营销的。

本书作者胡卫夕长期关注信息革命给商业带来的影响，有较为丰富的网络营销实践经验，对互联网广告、社会化网络以及新媒体营销有独到的见解，对社会化媒体营销、互动营销等有较深入的研究。另一作者宋逸对传媒、SNS 服务、新媒体营销有着深刻的认识，擅长社会化媒体营销研究，现专注于微博营销的理论研究与微博营销的实践。

九、透视营销

英文书名：Marketing Perspective

作者：徐诺/Xu Nuo

出版社：新华出版社/Xinhua Publishing House

出版时间：2011 年 7 月 1 日

内容简介：《透视营销》主要包括九个部分的内容。第一部分从透视营销思维和定义上对透视营销进行了概述；第二部分论述透视营销的过程及步骤；接着在第三部分至第六部分中通过研究市场环境因素、产品影响因素、终端影响因素、媒介影响因素等，可以透视预测并创造出未来的商机；第七部分从新市场、新产品、新终端和新媒介四个角度进行了可行性评估，评估出有效的商机并迅速抢占商机，从而打开营销的新局面；而在第八部分和第九部分则介绍了透视营销的技巧。本书还收录了作者主持与参与的多个策划案例，并充分利用 54 个品牌成功的案例，精练地说明了透视营销的方法。

作者徐诺为营销、策划、设计与广告的合体专家，是透视营销理论倡导者，拥有十多年丰富的市场营销、品牌策划、品牌设计、广告创意等实战经验。

十、社会化媒体营销大趋势：策略与方法

英文书名：Social Media Marketing

作者：唐兴通/Tang Xingtong

出版社：清华大学出版社/Tsinghua University Press

出版时间：2011 年 5 月 1 日

内容简介：面对社交网络，尤其是微博的不断流行，企业应了解如何适应这种社会化媒体营销及新营销的趋势？《社会化媒体营销大趋势：策略与方法》介绍了各种不同的社会化媒体，包括社交网络、微博、博客、视频、百度百科、BBS 等，并对如何在实际工作中应用众多社会化媒体工具给出了具体的指导。在《社会化媒体营销大趋势：策略与方法》一书中，作者通过系统性的策略思考、实证案例，结合社会化媒体概念和新营销的知识，以朴实的语言阐述了以下问题：社会化媒体是什么？传统的营销模式在未来还能奏效吗？社会化媒体将给商业带来什么？微博会不会昙花一现？什么样的病毒营销堪称完美？LBS、APP 如何借力社会化媒体？电子商务联手社会化媒体会发生什么化学反应？社会化媒体营销活动的 KPI 体系如何？《社会化媒体营销大趋势：策略与方法》是作者多年从事网络营销实战的总结，揭示了社会化媒体如何改变了营销和企业运营的规则，系统地总结了社会化

媒体营销及新营销。

对中国的广大企业来说，本书所讲述的内容非常有价值，可以帮助企业通过社会化媒体营销提升销售业绩、品牌美誉度，适合对社会化媒体、网络营销、电子商务感兴趣，想低成本在网上销售、推广的读者，尤其适合大专院校网络营销及电子商务专业的学生、网络营销从业人员、向互联网化转型的传统企业。

本书作者唐兴通为网络营销专家、中国电子商务协会专家委员，是中国最早从事社会化媒体理论的研究者和实践者。同时，作者还担任 Social media today、Global brand、搜狐、艾瑞、中国公关网、阿里巴巴等多家媒体、平台的专栏作家，工作涉及社会化媒体营销、电子商务、品牌营销等。此外，作者也为《第一财经日报》、《21 世纪经济报道》、《南华早报》、《世界经理人》、《销售与管理》、《南方都市报》等多家媒体撰写专栏或接受专访，多次出席大学讲坛、行业会议作主题演讲，为多家知名企业提供网络营销服务。

十一、市场营销网络营销

英文书名： E-Marketing

作者： 杨学成/Yang Xuecheng

出版社： 中国人民大学出版社/China Renmin University Press

出版时间： 2011 年 12 月 1 日

内容简介： 本书诠释了计算机与互联网技术的高速发展下催生的网络营销新理念。在新的时代背景下，无论是作为实施网络营销的主体，还是受到网络营销影响的客体，各种组织和个人都有必要理解这种新的营销理念。《市场营销：网络营销》旨在阐释网络营销的基本理论和最新实践，帮助读者成为更好的消费者和更好的营销人员。

本书由四篇组成，第一篇（第 1 章至第 3 章）为网络营销基础，包括网络营销的基本概念、网络营销的环境支撑以及网络消费者行为分析等；第二篇（第 4 章至第 8 章）为网络营销战略与组合，包括网络营销战略与网络营销的产品、价格、渠道、促销策略等；第三篇（第 9 章至第 11 章）为网络营销实践，包括市场调研、客户关系营销与交互式营销等；第四篇（第 12 章至第 13 章）为网络营销前瞻，包括移动电子商务与 SNS 营销等。

本书的作者为杨学成，是管理学博士，担任北京邮电大学经济管理学院副教授、硕士生导师，MBA 教育中心主任。主要研究领域为：互联网环境下的营销变革，已在该领域发表学术论文 20 余篇，承担省部级以上课题 5 项，出版教材和专著 3 部。

十二、社会化营销：人人参与的营销力量

英文书名： Social Marketing: Customer Engagement

作者： 陈亮途/Chen Liangtu

出版社： 万卷出版公司/Rolls Publishing Company

出版时间： 2011 年 9 月 1 日

内容简介：《社会化营销：人人参与的营销力量》是讲述社会化媒体营销的著作。今

天，社会化媒体营销和移动互联网的势头已经是锐不可当了，而这两者正是最需要创意才能跟顾客、跟大众建立关系和创造利润的。假如国内的企业还是以不规范的手段来做营销行为，那么我们的营销水平一定会更加低落。《社会化营销：人人参与的营销力量》作者一直以提升国内营销素质和营销人员的水平作为使命，经常穿梭于世界各地，本书正是作者工作经验的结晶。在书中，作者列举了大量国内外的成功（失败）案例，以帮助读者理解社会化媒体营销的威力，做到"四两拨千斤"，投入有限的资源，创造最大的利润。

作者陈亮途为创意营销人，极具感染力的培训导师，生于中国香港，大学主修营销，之后在英国获得 MBA 学位。在香港及内地传媒界有超过二十年的成功出版和营销管理实战经验，深具国际视野，认为营销应当"尊重市场、顾客至上"，目前专注于社会化媒体营销领域。

十三、创业企业市场营销

英文书名： Venture Marketing

作者： 任玉霞，刘娜，孟兆磊/Ren Yuxia, Liu Na, Meng Zhaolei

出版社： 中国劳动社会保障出版社/China Labor and Social Security Publishing House

出版时间： 2011 年 7 月 1 日

内容简介： 创业是富民的根本大事。当前我们都希望创业活动能在我们国家蓬勃发展，更多的人能够树立正确的创业观，敢于创业，理性创业，有准备地创业，以创业的方式实现自我价值，尤其是更多地具备一定条件的大学生能够走上奋发图强、报效国家的创业之路。《创业企业市场营销》由任玉霞、刘娜、孟兆磊编著，可读性较强，在一定程度上填补了国内此类教材的空白，为高校和培训机构进行创业教育和辅导提供了指导，现实意义很大，有利于促进我国以创业带动就业的发展目标。立足大学生创业培训的需要，兼顾创业基本知识和操作技能的普及，覆盖大学生创业的各个方面，让更多的人理性认识创业，既不畏惧创业，也不盲目创业。

《创业企业市场营销》共分为五章。在第一章中介绍了市场营销基础知识，如市场、市场营销和市场营销环境等；第二章则从市场调研、市场细分、目标市场和市场定位策略等角度论述市场营销前期市场分析；接着在第三章中，作者从"精雕细琢推产品"、"精打细算定价格"、"运筹帷幄辟渠道"、"玲珑变通做促销"和"别出心裁新营销"五个方面介绍了市场营销策略的选择；第四章市场营销管理中介绍了市场营销计划、市场营销组织和市场营销控制；第五章则是论述市场营销的保障，如高情远致树形象和同力协契塑团队。

十四、E-mail 营销：网商成功之道

英文书名： E-mail Marketing: The Bible to Succeed in E-Business

作者： 毛从任，孙欢，张红雨，顾娟/Mao Congren, Sun Huan, Zhang Hongyu, Gu Juan

出版社： 电子工业出版社/Publishing House of Electronics Industry

出版时间: 2011 年 4 月 1 日

内容简介:《E-mail 营销:网商成功之道》是第一本关于许可式订阅 E-mail 营销的原创书籍,该书针对 E-mail 营销在全球互联网营销中的重要地位,以及国内网商在邮件营销过程中的一些误区,按照从理论到实践的脉络来帮助网商提高 E-mail 营销的水平。《E-mail 营销:网商成功之道》按照 E-mail 营销概论、E-mail 营销技术、E-mail 营销优化以及 E-mail 营销管理 4 个模块,通过 23 个章节详细地阐述了狩猎式与耕作式 E-mail 营销的区别以及耕作式营销的优势、实施、要点、经验和技巧等。通过大量调查统计数据,向读者展示一个潜力巨大的 E-mail 营销的发展空间以及详细、系统的改进方案。本书从外贸企业最熟悉的 E-mail 出发,为外贸企业详解国际最先进的客户关系维护手段。本书用营销案例展现了许可式订阅邮件营销全过程,并详细讲解了如何走出垃圾邮件的误区,如何进行有效的用户拓展,如何设计精美的许可邮件,如何提高邮件到达、打开、转化率,如何分析与测试营销效果,如何提高与保持用户忠诚度等问题。

《E-mail 营销:网商成功之道》适合营销一线的网商、行业内专家、研究学者、软件工程师、国际贸易人士、梦想互联网创业的年轻人、网上交易操作者和知识型猎奇白领,当然也适合作为电子商务方面专业高校学生的业余参考读物。

十五、市场调查与预测

英文书名: Market Research and Forecasting
作者: 赵相忠/Zhao Xiangzhong
出版社: 中南大学出版社/Central South University Press
出版时间: 2011 年 7 月 1 日
内容简介:《市场调查与预测》系统地阐述了市场调查与预测的基本原理、基本原则和基本方法,并结合实例论述了市场调查与预测在现代市场研究中的运用。全书共分 13 章,主要包括市场调查与预测概述、市场调查分类与程序、抽样调查、市场调查的方法与技术、调查资料处理、调查报告编写、市场预测通论、经验判断预测法、时间序列分析预测法、因果分析预测法、市场资讯系统以及市场调查与预测的新发展等内容。《市场调查与预测》内容丰富、重点突出,并吸纳了国内外相关领域的最新研究成果,具有较强的实用性和可操作性。《市场调查与预测》既可作为高等院校财经、管理类专业的本科教学用书,也可供从事经济管理、市场营销等工作的人员参考。

第二节

英文图书精选

一、Priceless：The Myth of Fair Value（and How to Take Advantage of It）

书名：无价：洞悉大众心理玩转价格游戏

作者：William Poundstone/威廉·庞德斯通

出版社：Hill and Wang

出版时间：2011 年 1 月 4 日

内容简介：为什么免费的巧克力让我们疯狂？为什么百老汇剧场里价格越高的位置卖得越火？为什么 100 万美元带来的愉悦感，400 万美元才能让它翻倍？为什么议价时，一定要抢先报价，而且一定要"狮子大开口"？威廉·庞德斯通用《无价：洞悉大众心理玩转价格游戏》告诉我们答案是：价格只是一场集体幻觉。在心理学实验里，人们无法准确地估计"公平价格"，反而受到无意识、不理性、政治等不正确因素的强烈影响，营销专家们很快就把这些发现应用了起来。"价格顾问"建议零售商怎样说服顾客多付钱或少付钱，谈判教练也提供类似的建议帮商务人士谈成交易。全新的价格心理学要求商家设计价签、菜谱、返款优惠等。

该书共分为三个部分，第一部分价格背后的心理奥秘，第二部分魔术般的价格骗局，第三部分挥舞价格的魔棒。通过大量的案例与实证分析，威廉·庞德斯通向我们展示了价格如何变成最为普遍的隐形说服大师。不管是谁，只要平常要跟人讨价还价，《无价：洞悉大众心理玩转价格游戏》就不能不看。

威廉·庞德斯通是美国超级畅销书作家，迄今为止已出版作品 13 部，两次获得普利策奖提名。同时，他还是《哈佛商业评论》、《纽约时报》、《哈珀斯》、《时尚先生》等世界知名杂志长期撰稿人；《今日秀》、《大卫·莱特曼深夜秀》、《CBS 早间新闻》等世界著名电视、电台节目的常客；也是 ABC 电视台两档黄金节目作家兼联合制片人。他曾获美国国家优异奖学金，是毕业于麻省理工学院的物理学高才生。另有代表作《谁是谷歌想要的人才？》，广为中国读者熟知。

二、Brandwashed：Tricks Companies Use to Manipulate Our Minds and Persuade Us to Buy

书名：品牌洗脑：世界著名品牌只做不说的营销秘密

作者：Martin Lindstrom/马丁·林斯特龙

出版社：Crown Business；First Edition Edition

出版时间：2011 年 9 月 20 日

内容简介：在这本书中，马丁向我们展示了广告商和品牌是如何让我们觉得"如果不买新的产品，我就好像缺了点什么、愚蠢或跟不上时代了"；展示了营销者们为了让我们掏钱而使用的最卑劣的策略和诡计，包括从众心理、激起并不存在的幼年回忆、性暗示、健康谎言等。马丁把我们带到世界各地，分享他和广告界、营销界高管以及业内人士对话，并且进行了幽默的讽刺和调侃。

另外，作者还揭露了营销者、广告商、零售商如何利用数据挖掘，借助复杂的新工具和科技，追踪和分析我们留下的种种"电子足迹"：包括在商店刷会员卡、用信用卡购物或在网上查看商品，通过复杂的算法预测出我们的个性和我们可能会购买的东西，然后为我们提供适合于个人独特心理特点的商品，对于"我们应该买什么"产生看不见又实质性的影响。

总之，该书揭示了人们尚在母体中时，是如何被打上品牌偏好的烙印，品牌是如何利用人性的弱点如恐慌、从众、怀旧、喜爱性感、崇拜明星等俘虏跟随者。马丁领先性地呈现了大数据营销，揭示了在互联网时代，品牌是如何神不知、鬼不觉地收集人们的电子足迹，分析人们的偏好，并进行个性化、有针对性的营销。在揭露了品牌的种种"洗脑"手段后，马丁突然发现，每一个消费者既被"洗脑"，又在给别人"洗脑"；最终，他提出了品牌营销的终极秘诀……

不仅是在营销领域，作为心理学，《品牌洗脑》也会是你很好的选择。

三、The Luxury Strategy

书名： 奢侈品战略：揭秘世界顶级奢侈品的品牌战略

作者： J. N Kapferer

出版社： Macmillan Publishers

出版时间： 2011 年 12 月 20 日

内容简介： 奢侈品不是完美，而是动人，视顾客的梦想为永恒追求。《奢侈品战略：揭秘世界顶级奢侈品的品牌战略》是阐述奢侈品品牌的经典之作，与奢侈品本身一样，是一件世间稀缺的珍品。它出自两位奢侈品界的世界级专家之手，一位曾担任数家著名的顶级奢侈品公司的首席执行官和首席运营官，另一位是奢侈品学术研究的前沿学者和顶级品牌的战略顾问。这两位专家都拥有奢侈品行业丰富的从业经验，他们专长互补，为读者揭开奢侈品风靡全球的所有秘密，为什么奢侈品让你如此着迷？读完本书你自有答案。

作者在书中总结了欧洲奢侈品先驱们的成败得失，为读者提供了一个严格的蓝图，揭秘最高水平的奢侈品牌和企业管理的各个细节，包括奢侈品牌对产品品质的至高追求，品牌价值的极致开发，经销商的严格把控，颠覆市场营销策略的营销手法，销售人员高明的沟通技巧；等等。这也是迄今为止最科学的一套规则。

本书共分为三个部分，第一部分，回到奢侈品本源，作者介绍了奢侈品的简史，界定奢侈品同高档品的区别，奢侈品的面面观，提出奢侈品"反市场营销法则"；第二部分，奢侈品牌需要特定经营方法，本书从消费者态度、品牌价值、品牌延伸、产品和服务、品牌定位、经销和互联网困境等，阐述了现有奢侈品牌的营销方法；第三部分，战略视角，包括奢侈品商业模式，奢侈品行业的进入和脱离，奢侈品牌学习和品牌的可持续发展。总之，无论是对奢侈品寻根溯源、奢侈品现象条分缕析、奢侈品营销法则的精到提炼，还是对奢侈品的定位分析、对品牌构建的诸多逻辑的梳理等，它是目前仅见的非常难得的一本好书。

透过专业的视角，你可以在书中自如追溯奢侈品的本源，体会奢侈品在历史积淀后留存的艺术与工艺价值。本书最重要的价值就在于提出："奢侈品的品牌战略并非专利，只要做个有心人，你同样能够遵循这些经验，引领你的品牌跻身世界顶级奢侈品之列！"

四、The Ultimate Sales Letter：Attract New Customers. Boost your Sales

书名：优势策略营销：顶级大师助你销量飙升、利润翻番

作者：Jay Abraham/杰·亚伯拉罕

出版社：Adams Media；4 Edition

出版时间：2011 年 2 月 14 日

内容简介：在《优势策略营销：顶级大师助你销量飙升、利润翻番》中，作者向我们展示了可以让财富呈指数级增长的营销术。本文展现了三个案例：第一，一位空调和暖气维修商每年倒贴 10 美元为其客户调试空调，不仅没有亏本反而盈利 250 万美元，关系的价值比交易的价值大多少。第二，索尼推出了一系列不同价位的平板显示器，你的显示器性能不全但价格便宜。通过背书策略，你就可以共享索尼巨大的广告资源。第三，金融家杰·古尔德给朋友推荐某只股票，还嘱咐他保密。股票大跌，古尔德开了一张支票，感谢朋友把消息透露给其他人，客户推荐的威力有多大。

在案例的基础上，作者提出了五个独具创意性的营销手段：①顾问式销售。运用再销售、混合销售和积极销售获取附加利润。②渐进式营销。把非活跃客户转成老客户，将一锤子买卖做成长久生意。③联合经营。借助外部力量，零风险、零投资开拓有利可图的新市场。④客户推荐体系。利用六度人脉理论，让热情的客户充当销售代表。⑤背书策略。巧妙"与虎谋皮"，让竞争对手大方"转让"其客户资源。

在《优势策略营销：顶级大师助你销量飙升、利润翻番》的最后，作者还提出了十个营销秘诀：①开辟新分销渠道；②联手打包销售；③在新兴市场中联合经营；④分摊前期成本；⑤实现友好收购；⑥降低风险；⑦获取新知识；⑧增加产品种类；⑨寻求营销或销售资源；⑩发挥核心业务优势。

80% 的利润来自 20% 的策略营销！全世界盈利最快的就是营销，向杰·亚伯拉罕学营销就是快速盈利的开始。这不是"空手套白狼"的天方夜谭，这是全球顶级营销大师的策略营销智慧，微软、IBM、美林证券、花旗银行、联邦快递、通用电气、丰田等都在上的营销课。推荐这本书的名人就有：克林顿首席谈判顾问、王牌谈判大师罗杰·道森；《心灵鸡汤》作者之一马克·汉森；美国首屈一指的商业心理大师博恩·崔西；北京钰泰工体集团董事长黄朝扬；上海金丝猴食品集团副董事长郭树良；世界华人第一成功学权威陈安之；北京章光 101 集团广州章光有限公司总经理赵胜惠；盛世纵横教育集团董事长周嵘；中国著名管理战略专家、科略教育集团董事长熊兵……

五、Will Work for Shoes：The Business Behind Red Carpet Product Placement

书名：植入式营销：利用名人的力量速成和增值你的品牌

作者：Susan J. Ashbrook/苏珊·艾什布鲁克

出版社：Greenleaf Book Group LLC.

出版时间：2011 年 9 月 1 日

内容简介：如果你想让自己的产品家喻户晓，不要犹豫了，就用本书中作者苏珊·艾什布鲁克教给大家的方法：利用富人和名人效应来影响购买群体。基于红毯后的精彩故事、多年来在行业中积累的宝贵经验和对名人营销成功人士的深度访谈，本书教给我们：将产品穿在名人的身上或者放在名人手中；与设计师、推广专员和其他与明星有密切关系的人建立联系；为产品找到合适的品牌代言人；实施名人营销战役；从名人手中收回价值不菲的代言产品；做好应对名人品牌效应的一切准备等。尽管本书聚焦于时尚，但是苏珊·艾什布鲁克的建议适用于任何产品，并且她为名人植入式营销创造了辉煌的研究案例。

本书包含了以下几方面内容，首先作者详细地剖析了植入营销的概念；其次作者利用丰富的案例说明了不同的产品和服务需要不同类型的名人，同时植入营销策略还会受到不同地点的影响。我们可以充分利用杂志、网络和电视（如电影节、音乐颁奖典礼等）的影响，建立品牌强大的关系网，找到产品的最佳代言人，花最少的钱做最好的宣传。

苏珊·艾什布鲁克教会了我们在不同的环境下如何做植入式营销，非常受用。而且文章的可读性也非常强，包含了艾斯卡达、阿玛尼、迪奥、施华洛世奇、百威啤酒、宝马MiniCooper、宝洁、通用等国际大牌成功的植入式营销案例，还结合了荧屏、杂志、网络新媒体的营销模式，告诉读者大公司是如何在不知不觉中做宣传的。

六、Principles of Marketing（14th Edition）

书名：工商管理经典译丛：市场营销原理（第 14 版）（全球版）

作者：Philip Kotler/菲利普·科特勒，Gary Armstrong/加里·阿姆斯特朗

出版社：Prentice Hall

出版时间：2011 年 2 月 6 日

内容简介：正如每一位营销人员应该做的那样，《市场营销原理》（第 14 版）力求为其读者（顾客）创造更多的价值。作者在延续以往版本之精华的基础上，建立了一个创新性的顾客价值和客户关系框架。该框架涵盖当今市场营销的基本要素，重点提出了五个主要的价值主题：为了获得来自顾客的价值回报，首先要为顾客创造价值；建立和管理强势品牌以创造品牌资产；测量和管理市场营销回报；利用市场营销新技术；全球范围内可持续市场营销。在阐明营销行为蕴含的理念的同时，全书以大量翔实的案例介绍现代市场营销实践的发展。每一章都收录了众多真实的、最新的业内资讯，力求在强化关键概念的同时，密切联系营销实践。本书共分为四个部分：第一部分，定义营销和营销过程；第二部

分，市场环境与消费者分析；第三部分，设计顾客驱动的营销策略与组合；第四部分，扩展市场营销。

《市场营销原理》（第 14 版）的目标是为市场营销基础课提供一本最新、最实用、信息丰富且令人兴奋的教材，事实上，它在全球范围内一直被广泛采用，是全球商学院广泛采用的经典教材，也是国内众多高校本科生、MBA 学生市场营销学课程的主要教材，还可以作为研究人员以及企业经营管理者的参考用书。

七、Marketing Plans：How to Prepare Them，How to Use Them

书名：隐喻营销：洞察消费者真正需求的 7 大关键

作者：Gerald Zaltman/杰拉尔·萨尔特曼，Lindsay H. Zaltman/林赛·萨尔特曼

出版社：Wiley；7 Edition

出版时间：2011 年 3 月 21 日

内容简介：在制度化的理性管理模式下，现代企业和营销人员面临的普遍问题是无法深入思考。萨尔特曼介绍的隐喻源正是深入洞察消费者真正需求的强大武器。《隐喻营销》一书中，萨尔特曼为我们介绍了导致洞察缺失的普遍因素：①短期思考；②陈旧的市场营销理念；③缺少真正的管理层支持和奖励机制；④担心变革；⑤被表面的差异化所迷惑。

《隐喻营销：洞察消费者真正需求的七大关键》还介绍了存在于人类潜意识中的七大隐喻源。在现代这个数据泛滥而洞察短缺的商业世界，对隐喻源的理解和认知，让企业高管和营销人员可以从消费者生活的另一个侧面，发现更深入的客户洞察并形成有效的营销策略，而不是仅仅将眼光停留在对于商品表面功能特性的认识上。隐喻源的七个关键分别是：①平衡——公平、均衡与要素间的相互作用如何影响消费者心理；②转变——内容与周围情况的变化如何影响消费者心理；③旅程——过去、现在和未来的交汇如何影响消费者心理；④容器——包含、排斥与边界如何影响消费者心理；⑤关联——自身同他人关联的需求如何影响消费者心理；⑥资源——获得及其结果如何影响消费者心理；⑦控制——精通、脆弱与幸福感如何影响消费者心理。

市场营销面临的最大挑战是在全球范围内定位产品。《隐喻营销：洞察消费者真正需求的七大关键》开启了一扇至关重要的思想大门，引领读者通向消费者的潜意识。为渴望自己的产品能够给他人生活带来真正意义的营销者提供了很大价值。令人疲惫的商业流行语和泛滥成灾的 PPT 把这个世界变得越发复杂，作者为我们铺平了一条通往简洁世界的道路。隐喻不仅仅是语言修辞的一种形式，也是引导我们发现事物含义的路标。对这些含义的洞察，能让品牌营销人员在商业战场上打出一场又一场漂亮的胜仗。

八、The Ultimate Marketing Plan

书名：终极营销：移动互联时代的精准营销策略（第 4 版）

作者：Dan S.Kennedy/丹·S.肯尼迪

出版社：Adams Media Corporation；4th Revised Edition

出版时间：2011 年 6 月 24 日

内容简介：在如今纷繁变幻的商业世界里，墨守成规无异于自取灭亡。如果你还在使用老一套营销技巧的道路上缓步前行，那么你很快就会被客户甩在后面。这个时候你需要做的就是进入快车道！在这本多次再版的经典营销书籍中，营销专家丹·S. 肯尼迪将带领你做好准备，以最佳状态进入不断发展的市场当中。他将向你展示，如何通过 Facebook、Twitter、博客等社交网站踏上新的广袤平台，与数以百万计的新客户建立联系。在这一经过全面校订和及时更新的新版图书中，肯尼迪将很多新颖的工具融入了传统的营销方案当中，比如社交媒体、网站、会员制等。这一举措能够强化你的客户基础，但不会让你的预算超标。翻开本书，你会看到很多新颖的例证、营销技巧和专家建议。肯尼迪将为你提供合适的方法，帮助你推动事业至行业最前沿。

本书将为你提供终极营销的 11 个要素：①正确的信息；②展示；③目标市场；④证据；⑤顾客的感受；⑥风潮；⑦行动；⑧财产价值；⑨顾客增值；⑩制造短时期的营销高峰；⑪利用营销技巧和在线媒体/网络营销获利。

《终极营销：移动互联时代的精准营销策略》的妙处在于它像一盏指路明灯，让你换个角度追寻自己事业的新方向。书里介绍的营销策略不仅会让你赚到更多的钱，关键是，通过学习这本书，你会系统地了解市场体系，做到凡事胸有成竹，还能正确地挑选自己的客户，享受更多的闲暇时光，而不再整日惶惶不安，做那些徒劳无功的事。

本书的内容基于人们的实践经验，是在前人不断取得成功的基础上创作而成的。这下你就可以放心地投入时间、精力和金钱来实施我们的《终极营销：移动互联时代的精准营销策略》了。

九、Consultative Selling: The Hanan Formula for High-Margin Sales at High Levels

书名：顾问式销售：向高层进行高利润销售的哈南方法（第八版）

作者：Mack Hanan/麦克·哈南

出版社：AMACOM；Eighth Edition

出版时间：2011 年 5 月 21 日

内容简介：《顾问式销售——向高层进行高利润销售的哈南方法》（第八版）是畅销 40 年的销售经典著作《顾问式销售》的第八版。书中通过对顾问式销售策略的系统介绍、分步骤的实施指南，以及 IBM、惠普、美国航空、摩托罗拉、施乐、NCR、通用汽车和波音等著名公司的案例，帮助读者避免传统的价格谈判，快速完成重大销售；击败低价竞标者；缩短销售周期，控制销售成本；与客户运营经理建立长期可持续的关系。

本书共分为两个部分。第一部分，顾问式定位及合伙策略。首先作者定义了什么是顾问式销售，其次还教会读者如何建立合作伙伴将自己的销售渗入到高端客户群体中，并获得超额利润；第二部分，顾问式提案策略。这一部分的重点是解决销售中出现的问题。作者创造性地提出了"数字 1 的力量系统化"的观点，以及如何使用财务报表帮助企业解决困难，创造解决方案系统。

本书能够帮助读者：①避免传统的价格谈判，快速完成重大销售；②识别销售线索的关键信息来源；③使客户投资获得更高收益，保持较高的客户满意度；④击败那些通常向非营利机构或政府机构销售的低价竞标者；⑤缩短销售周期，控制销售成本；⑥建立并运用价值主张数据库和绩效证明数据库；⑦在网上运用顾问式销售策略；⑧研究客户的现金流以赢得提案；⑨创建一个两层销售模型来区分顾问式销售和商品销售。

《顾问式销售——向高层进行高利润销售的哈南方法》（第八版）是一本影响和改变了无数销售人员命运的销售圣经，是 B2B 的开山鼻祖、一代销售大师的经典著作，四十多年畅销不衰，销量超过 10 万册。四十年来，麦克·哈南（Mack Hanan）的《顾问式销售》使得无数销售人员获得了极大的成功。经过修订和再版，第八版无论是在内容上还是形式上都更能应对 21 世纪商业环境下的"破坏性"需求。

本书适合所有渴望在销售领域有重大突破的销售人员、销售管理人员以及希望用更低成本打败竞争对手，紧紧抓住客户的企业管理人员阅读；也适合销售培训师、咨询师以及高校相关专业的师生阅读。

十、The Third Screen：Marketing to Your Customers in a World Gone Mobile

书名： 决战第三屏：移动互联网时代的商业与营销新规则

作者： Chuck Martin/恰克·马丁

出版社： Nicholas Brealey America

出版时间： 2011 年 3 月 16 日

内容简介： 随着智能手机的逐步深入，企业该如何面对？这是本书重点关注的领域，本书是作者多年从事移动互联网、新媒体营销实战的总结，揭示了移动互联网如何改变营销和企业运营的规则，系统总结了移动互联网商业及新营销。

本书介绍了各种不同的移动互联网商业应用，包括移动应用 APP、移动电子商务、二维码、即时营销、移动搜索等，并对如何在实际工作中应用移动互联网给出了具体的指导，涉及移动互联网商业规则、移动营销策略、移动互联网产品开发方法论、移动互联网与商业及消费行为的变迁。

《决战第三屏：移动互联网时代的商业与营销新规则》的目的是帮助企业及营销者更好地理解手机革命的重要性，详细介绍了企业如何更有效地开展移动营销，也希望能够阐明困扰营销者的移动技术问题，并凸显移动营销与传统营销模式的不同。同时，《决战第三屏：移动互联网时代的商业与营销新规则》介绍了企业使用移动营销的不同模式，以及这些模式是如何驱动移动营销行业的发展，如何为企业服务的，并开阔了商业领导人对于手机市场的认识。

十一、Scientific Advertising

书名：*科学的广告*

作者：Claude C. Hopkins/霍普金斯

出版社：Create Space Independent Publishing Platform

出版时间：2011 年 12 月 6 日

内容简介：霍普金斯在书中详细讲述了自己多年的广告经验，也指出科学的广告应该具备的要素。经过无数人的努力，广告终于发展成了一门科学，以固定的原则为基础，并且相当准确。与广告有关的原因与结果，全都经过仔细的分析研究，直到被彻底理解；有关程序的正确方法已然得到求证和确立。现在，我们知道什么最有效，因为我们是依据基本原理行事的。

过去的广告犹如一场赌博，现在在专业的指导下广告已成为一项最安全的行业。过去，肯定没有哪家企业只需冒如此少的风险就能有这样的机遇。这本书是现代广告巨擘穷其一生的经验总结，改变广告教父大卫·奥格威人生的百年经典之作。

全书共分为 14 个部分：①广告法则是如何建立起来的，广告中包含着科学和技术，且是一个必须条件；②问题在于销售术，广告不成功的主要原因在于试图向人们推销他们不想要的东西；③提供服务，人们只为自己寻求服务，而不会关心你的利益或者利润；④邮购广告的启示，在做广告的过程中学会精打细算；⑤标题，人们通常都是通过对标题的一瞥之见来做出决定；⑥心理；⑦变得具体，每一种宣传方式只有变得具体才能取得成倍的效果；⑧讲述完整的故事；⑨广告中的美术，优秀的广告不仅卖故事，设计、画面颜色等同样能对消费者产生影响；⑩昂贵的因素；⑪信息；⑫战略，是成功的广告最先考虑的因素之一，根据消费者的习惯或者时间的不同，在适合的时间和地点投放广告，才能将广告的效果最大化；⑬试用品的运用；⑭建立销售渠道。

十二、Amway Forever: The Amazing Story of a Global Business Phenomenon

书名：*永远的安利*

作者：Kathryn A. Jones/凯瑟琳·琼斯

出版社：John Wiley & Sons Ltd.

出版时间：2011 年 8 月 16 日

内容简介：在过去的十年中，安利的业务发展迅速，产品延伸到 80 多个国家，销售额达 90 亿美元，成为全世界利润最高、发展势头最强劲的零售企业之一。那么，一个产生于《广告狂人》热播时代的零售类企业是如何在今天竞争激烈的商界取得成功并获得空前的发展的呢？

《永远的安利》深入探究了安利的企业创新，尤其是前所未有的市场营销策略，和令人质疑的销售战略，并且讲述了安利成长为强大的全球企业的故事以及这个高盈利企业背后的许多细节。本书追踪了安利从一开始的小公司到最后发展成为国际巨头的每一个成长过程，全面审视了安利的领导者是如何带领企业获得成功的。安利这个故事的一面是关于热情、奉献和创新的力量，而另一面则涉及了有争议的商业行为和一场公开的唇枪舌剑。本书完整地展现了一个企业结合创造性的市场营销和铺天盖地的广告，形成独一无二的商业模式，从而走向成功的故事。

凯瑟琳·琼斯，一位商业方面的资深作家和编辑，也是美国《纽约时报》的特约作者，为商业、资金、旅游版面和国内版面撰写文章，亦曾担任美国《得克萨斯月刊》的特约作家，现为该月刊的特约编辑。她同时还为美国《时代周刊》、《生活》、《达拉斯晨报》和很多其他新闻媒体撰写文章。

十三、What Women Want: The Global Marketplace Turns Female – Friendly

书名：女人为什么购买：女性驱动的新商业思维

作者：Paco Underhill/帕科·昂德希尔

出版社：Blackstone Audiobooks

出版时间：2011 年 5 月 1 日

内容简介：越来越多的女性拥有更多的财富，经济上变得更加独立，她们在商业中的消费选择正在改变着商业领域的各个角落，从汽车到食品，从装饰家具到娱乐休闲、网络购物等。女性在各个消费领域轻松成为一家之主，她们的购物价值观和消费方式促使商家在产品包装、服务等方面应该更加重视女性特征。继畅销书《顾客为什么购买》之后，帕科·昂德希尔再度将研究视角缩窄在女性的身上，以他一贯的幽默和聪慧的才能，以及特有的敏锐观察力和执行力，通过仔细地观察和研究现实生活的案例，为商家提供了应对女性需求和趋势变化的对策。

《女人为什么购买：女性驱动的新商业思维》中提出女性所要的其实并不复杂，女人想要干净、想要控制、想要安全、想要体贴。但是就像你问一个女人，想吃什么，她回答"随便，干净一点就行"，但事实上真"随便"了，她又开始挑三拣四一样。本书从 16 个章节介绍了女性的消费需求，囊括了房子、厨房、浴室、家庭办公室、健身房、酒店、维修、电子产品、衣柜、农贸市场、药店、化妆品、商场、理发、社交网络。但值得注意的是，现代女性的消费追求不再是简单实用，而是怎样把复杂的工作利用工具缩短到一个小时。现代女性注重体验和享受，例如：浴室不再仅仅是一个洗澡的地方，而是将享乐、幻想、奢华、自尊（有时甚至带点自恋）集于一身的地方，这里雾气蒙蒙，香氛缭绕，偶尔烛光摇曳，让女人有一种愉悦、放松而自在的独处感觉。也正是女性，让办公不再沉闷，而是有了更多的色彩，更有灵性和个性，并且充满了浓浓的情感。

这就是帕科·昂德希尔在《女人为什么购买：女性驱动的新商业思维》这本书告诉我们的，得女人者得天下。掌握女性的需求，商家才能在这场没有硝烟的战争中立于不败之地。

十四、Distribution Channels：Understanding and Managing Channels to Market

书名： 渠道分销：建立适应新经济的分销盈利模式

作者： Julian Dent/朱利安·丹特

出版社： Kogan Page；Second Edition

出版时间： 2011 年 8 月 15 日

内容简介：《渠道分销：建立适应新经济的分销盈利模式》向读者阐述了商业模式的重要意义，并揭示了分销渠道中所有参与者的关键信息，这些参与者包括分销商、批发商、终层渠道参与者及零售商。通过详细分析各类分销渠道的商业模式，本书系统而全面地阐释了应如何优化这些模式及不同分销渠道参与者之间的商业关系，以及在考虑到渠道经济的战略与战术维度时，如何使产品与服务通过最佳途径销售。无论读者是负责公司的分销管理，还是分销渠道的一分子，《渠道分销：建立适应新经济的分销盈利模式》都将为您奉上优化分销商业模式，提高分销利润的真知灼见。

《渠道分销：建立适应新经济的分销盈利模式》内容涵盖分销的整个流程，包括接近并服务市场和消费者、控制品牌、形成差异化、改善企业分销模式等，对于与分销渠道相关的任何读者而言，《渠道分销：建立适应新经济的分销盈利模式》就是部"分销圣经"。

本书通过提供一手的实践性建议，推动商业洞察力，为读者解决了以下一系列问题：①商业角色；②商业模式；③收益率；④资本管理与生产率；⑤可持续性与发展；⑥向分销商销售；⑦其他渠道参与者的角色；⑧其他渠道商业模式如何起作用；⑨向其他渠道参与者销售；⑩零售商的角色；⑪零售商业模式如何起作用；⑫向零售商销售。

这是一部颠覆常规分销思维的书，彻底理顺你的分销系统，建立适应新经济的分销盈利模式，使你的分销利润产生惊人的提升。这本极具商业洞察力的图书，结构严谨而又不失可读性，它全面探讨了企业通过充分了解渠道合作伙伴的商业模式，从而使分销活动更为成功的途径。

十五、The New Relationship Marketing：How to Build a Large，Loyal，Profitable Network Using the Social Web

书名： 关系营销 2.0：社交网络时代的营销之道

作者： Mari Smith/史密斯

出版社： John Wiley & Sons Inc.

出版时间： 2011 年 11 月 18 日

内容简介：《关系营销 2.0——社交网络时代的营销之道》将关系营销 2.0 定义为"真正地关心所有人，建立稳定的、双赢的关系"，并且企业在社交网络时代的营销指明了道路。本书详细介绍了建立关系的 9 个有效步骤，通过这 9 个步骤，可以建立规模巨大的、忠实且高质量的关系网络，从而帮助你克服新媒体营销的 11 大恐惧，全面拥抱和实现新时代的关系建设，为企业赢得机会、知名度和业绩。

本书将为你答疑解惑，具体来讲，将介绍以下内容：①发展一个规模可观的、忠诚的网络，由高质量的关系构成，形成源源不断的销售机会、快乐的客户、宣传、交易、机会、利润以及其他更多；②轻松识别关键影响人士、传播者、超级粉丝，并用自然而然而且能够迅速赢得好感的方式与他们建立联系；③建立更强大、更持久，能够发展更多业务的关系；④用自己创造性的、高度个性化的新媒体沟通吸引潜在客户、现有客户以及同事，使他们成为回头客；⑤成为重要的影响中心，成为人们心中平易近人、方便接触的专家，对每个人都要亲切；但在这样做的时候，注意不要把自己宝贵的时间全都浪费在"黑洞"里；⑥确切地知道哪些工作可以自动进行、哪些工作可以委托给别人，但同时依然要给网络中的每个人提供特别的个人接触。

本书的目标就是帮助读者掌握使用已经验证的基于 Internet 和基于个人的正确策略组合，有效地建立关系的良好艺术和实践。希望本书能够帮助读者理解线上社交营销世界中那些不公开的协议、规矩、最佳实践、文化的精妙之处。在读者理解了线上关系营销的工作方式之后，本书还将展示如何让自己面对面联系的时间真正发挥最大作用。

十六、Selling to the New Elite：Discover the Secret to Winning Over Your Wealthiest Prospects

书名： 精英消费：新时代的精英消费者研究及销售秘诀

作者： Jim Taylor/吉姆·泰勒，Stephen Kraus/史蒂芬·克劳斯，Doug Harrison/道格·哈里森

出版社： Amacom

出版时间： 2011 年 3 月 1 日

内容简介： 想要赚大钱，就把您的目标客户群锁定在金字塔顶端的新精英分子！这群人想要什么？购物习惯和思维如何？世界领先的战略研究公司哈里森集团以自身经验和研究成果为您一一分析，让您攻无不克，驰骋商场！

《精英消费：新时代的精英消费者研究及销售秘诀》为您剖析新精英分子的生活与心理：什么样的商品会让他们动心？他们都在哪些地方购物？他们如何做出购买决定？消费方式如何？他们想从顶级品牌中获得什么？他们对市场有什么期许？

基于对世界高端品牌——雷克萨斯、香奈儿、卡地亚、内曼·马库斯百货、苹果、通用汽车、美国运通等案例的研究，加上销售专家和营销大师的指导，本书揭示了奢侈品的本质和人类占有的本能欲望，教导销售人员如何将目标锁定在精英分子身上，如何将潜在客户转化为真实客户和忠实客户，如何让忠实客户扩展至全球，以及如何挽回不忠实客户的青睐。通过研究成果、真实案例和练习，本书将理论转化为了销售激情的 13 种表达方式、理想变现 7 法则等行动策略。同时，列举了数个成功销售人员与客户之间如何实现双赢的案例。

本书提到的 13 种销售激情的表达方式：①表达对工作的热爱；②讲述细节丰富的故

事；③发掘共同追求；④导览与讲解；⑤理解他们最根本的激情：家庭；⑥满足眼下最要紧的激情：对价值的追求；⑦使用富于激情的语言；⑧理解：可靠＝"新式信任"；⑨设计一种庆祝仪式；⑩传达能够激发兴趣的品牌承诺；⑪设计能够激发兴趣的"电梯演说"；⑫提问激情色调的问题；⑬把产品卖给幸福。

读过此书，您同样也可以赢得新精英分子的青睐，并跻身为其中一员。当今时代营销传播渠道"爆炸式"扩张，经济环境极具挑战性，线上传播渠道——社会媒体、手机信息、电子邮件、博客剧烈冲击原已密集的线下传播渠道——直邮、广告页、电视、广播，营销传播行业的不和谐之音震耳欲聋。由此，消费者的精力和金钱更趋向于投向与自身紧密相关的信息和产品。很多消费者已经意识到，唯有相关性强的信息和产品才值得留意。信息内容千篇一律的时代已经不复存在。本书将会使用大量的案例，让读者看到优秀的营销员是如何有激情地对精英分子进行销售，将产品信息分与他人，并且实现更高层次的业务增长。

十七、Integrated Advertising，Promotion，and Marketing Communications

书名：广告、促销与整合营销传播（第5版）

作者：Donald E. Clow/克洛，Kenneth Baack/巴克

出版社：Pearson Education Limited

出版时间：2011年3月7日

内容简介：现代社会中，任何人都会或多或少地受到广告或其他促销工具的影响。无论是企业还是公共组织，与目标受众进行有效、迅速、一致的沟通，都是事业成功的关键因素。广告信息及其他形式的促销信息，不仅可以促进产品和服务的销售，还可用来处理各种社会问题。

《广告、促销与整合营销传播》（第5版）的写作目的是为读者提供实用的整合营销传播框架，将广告、促销及其他营销手段真正整合为一体。本书共分为五部分，分别讲述了整合营销传播中的基础知识、广告工具、媒体工具、促销工具，以及对整合营销传播的伦理、监管和评估考虑。

《广告、促销与整合营销传播》（第5版）案例丰富，行文生动，读者可充分领略营销领域的多姿多彩。现代社会中，任何人都会或多或少地受到广告或其他促销工具的影响。无论是企业还是公共组织，与目标受众进行有效、迅速、一致的沟通，都是事业成功的关键因素。广告信息及其他形式的促销信息，不仅可以促进产品和服务的销售，还可用来处理各种社会问题。

十八、The Best Digital Marketing Campaigns in the World：Mastering the Art of Customer Engagement

书名：数字营销：世界上最成功的25个数字营销活动

作者：Damian Ryan/瑞安，Calvin Jones/琼斯

出版社：Kogan Page

出版时间：2011 年 7 月 15 日

内容简介：全球在社会化数字网络广告方面的花销将稳步增长至 43 亿美元，仅美国就将达到 16 亿多美元。DamianRyan 编著的《数字营销：世界最成功的 25 个数字营销活动》选取了 25 个在创意和营销方面最成功的数字营销经典案例。每个案例都包括了当前面临的挑战、活动预算、目标受众、行动计划、结果、经验总结、活动链接、专家观点等方面的内容，并且配以相应的图片进行清晰说明。

读者可以从《数字营销：世界最成功的 25 个数字营销活动》中的每个案例中看到营销人员面对的不同挑战，他们部署的创造性数字化营销战略，以及对生意的最终影响。虽然这些案例源于不同的产品品牌，在不同的技术平台推出了不同的营销活动，但是，他们都选用了数字化媒体，设计了品牌营销的创新性方式。这些案例都有一个内在的、引人注目的因素，所以在纷乱的数字化网络世界可以脱颖而出——这些案例成功地整合了多种媒体和渠道，模糊了数字媒体与传统媒体之间的界限，利用数字化网络口碑带动传统大众媒体曝光，转而促使人们进行参与及消费活动。

《数字营销：世界上最成功的 25 个数字营销活动》为世界权威数字营销著作，也是亚马逊网站的畅销图书。

十九、Sticky Marketing: Why Everything in Marketing Has Changed and What to Do about It

书名：粘性营销：新时代的营销圣经

作者：Grant Leboff/格兰特·勒伯夫

出版社：Kogan Page

出版时间：2011 年 2 月 15 日

内容简介："不要再问市场营销能带给你什么回报，要问市场营销能为你的客户带来什么！"这是《粘性营销：新时代的营销圣经》所要传递的核心理念之一。现代企业必须摒弃原有的"叫喊式广告"模式，转向"口碑式传播"来吸引并留住你的客户。

《粘性营销——新时代的营销圣经》着重强调了世界新经济时代营销界正在发生的巨大变化：由大众营销转化为利基营销（小众营销），由叫喊式广告转化为口碑式传播，由竞争转化为协作，由产品转化为体验。

本书首先分析了市场营销中的传统观念——大多数人在如何做营销，为什么传统的营销方式曾经发挥过良好的效用；然后探究了传统的营销方法如今不再奏效的原因，并提出了极具启迪性及可操作性的解决方案，以便帮助企业实现"粘性营销——吸引正确的客户群并持久粘住他们"。

在互联网背景下，如何从传统的"关系营销"到"客户互动"营销；如何将企业自身的问题转化为与客户互动的基础；如何做到从"投资回报"到"客户回报"的转变，这些问题在书中都得到了解答。格兰特·勒伯夫还提出产品的体验过程如何大于产品的使用过程，并且认为互联网背景下的营销不仅需要策略，战略才是最重要的手段。

格兰特·勒伯夫是英国销售与营销领域权威专家，粘性营销俱乐部有限公司（Sticky Marketing Club Ltd.）的创始人兼咨询专家。他为客户提供销售与营销策略咨询意见，帮助企业营销经理创建并在特定的领域准确定位品牌。格兰特·勒伯夫还建立了销售与营销网站，为商界有效营销提供了丰富的资源与信息。同时，他是多家商界杂志和报纸的长期撰稿人，如《每日电讯报》《金融时报》和《独立报》等。

二十、Marketing for China's Managers Current and Future（Second Edition）

书名：写给中国经理人的市场营销学

作者：Noel Capon/凯普，Willem Burgers/柏唯良，Yuhuang Zheng/郑毓煌

出版社：Wessex Press；Second Edition

出版时间：2011 年 4 月 4 日

内容简介：市场营销在现今的商业环境里扮演着举足轻重的角色，特别是在中国这样成长迅速和竞争越来越激烈的市场，如何最大化股东价值成为越来越重要的目标。营销的本质在于企业如何吸引、保留和加强其与顾客的关系。成功传递顾客价值可以直接增加股东价值，促进业务的长期繁荣。在《写给中国经理人的市场营销学》中，作者不仅要探索营销的战略层面，还要探索营销人每天都要做的策略决定。

这是一部立足中国本土又兼具国际视野的市场营销学著作。本书的作者不仅有着全球最顶级商学院的学者和教授身份，更对中国的市场和文化有着深入的理解。本书从经济全球化的视野出发，通过美国、欧洲、亚洲以及大量的中国企业的真实案例、情境模拟，展示了一种教与学的新视角——现代企业的营销应该如何运作。

这本书不仅为本科生以及研究生阶段的营销课程打下坚实的基础，更包含了其他营销教材中通常没有的材料和观点，其中包括：如何提升股东的价值，与现代营销环境相关的新理念，营销组合的应用，公共及非盈利性营销，B2C 和 B2B 战略间的平衡。

在本书中，你将学到如何架构和分析营销中的管理问题。本书将帮助你正确而妥善地处理营销人员、高级管理人、经理人以及首席执行官们所面临的核心营销问题，如：细分市场与目标市场，产品生命周期管理，品牌管理，产品线管理，新产品开发，营销沟通与广告等；还会帮助你对公司的市场、产品以及服务进行战略性的思考，如：市场调查，顾客调查，竞争者、企业和互补者洞察，营销调研等。

第四章 市场营销学科 2011 年大事记

第一节 国内事件

一、2011 年 JMS 中国营销科学学术年会

会议简介：

"JMS 中国营销科学学术年会"是由《营销科学学报》(Journal of Marketing Science，JMS) 编委会主办、理事会成员单位承办的纯学术会议。该会议得到国家自然科学基金委员会管理科学学部、中国高校市场学研究会、中国管理现代化研究会市场营销专业委员会的支持。学术年会倡导营销学术研究的科学精神与方法，倡导营销教育、研究的交流与合作，年会旨在通过高水平的学术交流促进中国营销学科的发展。学术年会坚持学术性、规范性和开放性原则，年会上交流的论文力图反映中国市场营销领域的最新研究进展。

JMS 学术年会每年举办一次，由国内各著名高校轮流承办。每届年会邀请国内外知名的营销学者做主题报告，平行举办多个分领域论坛。年会期间还为全国各高校提供营销专业教师招聘服务，年会之前举办"JMS 中国营销科学博士生论坛"。JMS 年会对促进海内外营销学者的学术交流、对推动我国营销学科的发展正在发挥越来越重要的作用。

召开时间及地点：

2011 年 8 月 19~22 日；广州：中山大学

承办单位：

中山大学管理学院和香港岭南大学商学院

支持单位：

澳门大学工商管理学院、中山大学心理学系和新加坡南洋理工大学市场行销系

会议主题：

中国市场营销知识创新——多维性、差异性、共性

会议概况：

2011 年 8 月 19~22 日，第八届中国营销科学学术年会暨博士生论坛在中国广州中山

大学召开。大会得到了国家自然科学基金委员会管理科学部的支持，力求倡导通过多学科交叉视角，通过多学科交叉，进而促进中国市场营销理论研究的创新，加快中国市场营销研究的知识体系积累。

8月19日，大会顺利进行。本次论坛共收到竞赛论文70余篇，有6篇论文在会上进行最佳候选论文演讲，并分获"中国营销科学博士生论坛甘碧群优秀论文"一至三等奖。本次论坛设有：历届博士生论坛一等奖获得者感言——获奖与学术生涯、师生关系与博士生团队建设、从博士生顺利转型到教师——中青年教师学术生涯分享、资深教授学术生涯分享等互动和讨论环节。其中前两个环节是今年新增的两个环节，并且也是博士生们共同关注的话题。论坛当晚举行的博士生招聘会吸引了100多位博士生参加，广东商学院、中南大学、重庆大学等五所高校进行了招聘宣讲并得到了在场同学的积极响应。

8月20日，年会正式拉开序幕。中山大学管理学院执行院长李仲飞院长代表学院在开幕式上致辞，欢迎来自海内外的营销学者来到中山大学管理学院。国家自然科学基金委员会管理学部二处处长冯芷艳教授在开幕式上致辞，充分肯定了营销学科在学术研究、项目申请、论文发表等方面的迅速发展与进步，对学术界进一步产出高质量研究成果、为解决中国国内重大产业发展需求提供知识支持提出了希望与建议。加拿大阿尔伯塔大学营销学终身教授 Robert Fisher 代表国际学者，在开幕式上致辞，从一名外国教授的角度，高度肯定了中国市场的吸引力，并预估了中国营销学术研究未来几年对国际学术的影响力；同时，他对《营销科学学报》倡导的中国营销科学学术年会表达了良好祝愿。香港岭南大学协理副校长、营销学首席教授陈增声作为合作承办方致辞。

本届年会共收到中文论文330余篇，英文论文70余篇。经专家匿名评审，有226篇论文在分组会议上交流，8篇论文被评为年会优秀论文。共有400多位来自美国、加拿大、澳大利亚、丹麦、日本、埃及、巴基斯坦、新加坡、韩国、中国香港、中国澳门、中国台湾12个国家和地区的境外学者，也有来自中国国内高校（以985高校为主体）、院所（如中科院等）的营销同仁参会。年会共邀请11位海内外知名的营销学者做了主题演讲。

二、2011年国际营销科学与信息技术交流大会

会议简介：

市场营销研究中心英文名称为"Marketing Center of China"，英文简称"MRCC"。中国市场营销研究中心（以下简称中心）成立于2006年1月，是由中国营销界著名学者、博士生导师郭国庆教授牵头组建的非营利性专业学生机构。中心宗旨是创造更多的学术机会，搭建更好的研究平台，推动国内外市场营销学者的学术交流与合作，促进市场营销理论与实务的结合，提升中国企业营销水平。

召开时间及地点：

2011年12月17~18日；贵州：贵州财经学院工商管理学院

承办单位：

贵州财经学院工商管理学院、北京中经蓝山文化交流有限公司

支持单位：

中国市场营销研究中心、贵州财经学院、东方教育论坛（澳大利亚）

会议主题：

金融服务创新中的营销科学与信息技术

会议概况：

来自中国人民大学、南开大学、厦门大学、武汉大学、河海大学、对外经济贸易大学、吉林大学、暨南大学、大连交通大学、西安理工大学、广东工业大学、河北大学、上海大学、浙江师范大学、山东工商学院、山东财经大学、内蒙古财经学院、贵州财经学院等国内外知名高校的 100 余位营销专家学者、企业界代表，及贵州财经学院师生出席了大会。

贵州财经学院校长陈厚义教授致开幕辞。陈厚义教授代表贵州财经学院全体师生对全国各地的营销学者及企业代表的到来表示欢迎，向与会者介绍了贵州财经学院的基本情况，同时预祝此次大会能够取得圆满成功。广东农工商学院党委书记杨群祥教授致开幕辞。杨群祥教授特别感谢主办方及承办方所提供的这次难得的学术交流机会，鼓励在场嘉宾能够抓住这次难得的机会，畅所欲言，充分交流，取得收获。中国市场营销研究中心主任郭国庆教授致开幕辞。他代表本次会议组委会，感谢与会专家、学者的出席，希望与会者们可以围绕大会主题，分享营销科学最新的研究成果，共同探讨学科的最新发展。另外，他还表示中国市场营销研究中心将继续竭尽所能，为国内营销学人的全面发展服务，通过充分整合各方面资源，积极发挥优势，为学界同仁提供支持和帮助，努力打造国内营销学人第一服务平台。

大会主题演讲阶段，9 位发言人做了精彩的演讲报告，内容充实创新，受到了在场听众的一致赞赏。随着全球金融活动和风险发生机制的联系日益紧密，营销科学和管理技术的创新对金融服务的发展起着越来越大的作用。各位与会代表从多个角度研究了金融服务创新中的营销科学与管理技术方面的相关理论前景，探讨了实践中的困惑与对策，为进一步推动国内外营销学者的学术交流与合作，促进营销科学理论的创新与营销管理实践的深入发展奠定了坚实的基础。

三、2011 中国创新营销峰会

会议简介：

中国创新营销峰会是《成功营销》杂志每年 11 月推出的年度营销盛会，每年峰会规模在 600 人左右，自 2004 年创办以来，至今已经成功举办过 9 届。

峰会将分析本年度最成功企业的营销策略及下一年企业营销的趋势和方向，同时评选出该年度各行业的最佳创新营销案例、产品、平台和公司。此会议结合成功营销特刊——

《年度创新 100 营销案例手册》是每年营销领域最具影响力的盛会与盛事之一，拥有极高的赞助价值和传播价值。

《成功营销》杂志隶属于香港上市公司财讯传媒集团（SEEC Media Group Limited），是一本以独特的前瞻性和全球视野关注企业品牌成长与营销创新的高端营销管理类期刊，是营销新平台、营销新案例、营销新趋势的"发现者"和"传播者"，是影响企业营销决策的知识读本。

召开时间及地点：

2011 年 11 月 29 日；北京：北京 JW 万豪酒店

承办单位：

财讯传媒集团（SEEC）《成功营销》杂志社

支持单位：

赢讯公关咨询有限公司

会议主题：

消费者驱动大营销

会议概况：

11 月 29 日下午，北京 JW 万豪酒店群星闪耀、高手云集，备受业界瞩目的"2011 中国创新营销峰会暨第八届《成功营销》领袖年会"拉开帷幕。这场由财讯传媒集团（SEEC）《成功营销》杂志社主办的年度营销盛会，汇聚了业内近 500 位企业家广告主、服务机构营销专家、互联网资深人士，共同见证本年度业界同仁营销智慧火光的交锋碰撞。

本届峰会延续了《成功营销》一贯的创新理念，可谓亮点百出，精彩重重。除了现场议题按照今年营销动作频频的社会化媒体、视频营销、碎片化趋势、移动营销等热门话题分别设置，另外"案例手册现场首发"、"互动营销体验区"等元素的添加，凸显出了本届峰会的创新之处。

下午峰会伊始，在主办方《成功营销》齐馨女士开场致辞之后，由财讯传媒集团副总裁汪云志先生、《成功营销》杂志执行出品人主编齐馨女士、伊利集团副总裁靳彪先生和微软亚太及大中华区市场总监杜美红女士现场首度共同发布《2011 创新 100 营销案例手册》，该案例手册收录了这一年来凝聚了营销人智慧的创新营销百个案例，涵盖快消、电子、服装、医药健康、汽车、地产家居、金融、城市旅游、电子商务十多个行业。

本届峰会围绕"消费者驱动大营销"主题，结合今年的营销热点共划分为四大板块，分别为"2011 创新营销趋势盘点"、"谁的社会化——社会化媒体语境下如何吸引消费者参与"、"打动你的消费者——大视频下的内容创新与传播管理"和"碎片中的价值——移动互联网时代的广告集约传播"，每板块以主题演讲加互动论坛的形式顺次进行，邀与会嘉宾共同探讨如何在媒体社会化、受众碎片化的时代，吸引、把握住你的消费者。

会上气氛热烈，嘉宾发言也颇为精彩，来自伊利、微软、中粮、戴尔、三星、TCL、伊利、科宝博洛尼等重量级嘉宾与营销界的 400 多位与会嘉宾一起分享了社会化媒体时代下的企业略创新之策。而参与互动的嘉宾也踊跃发言，各抒己见，不时妙语连珠，引爆全场。

此外，说到本届峰会现场设置亮点，非"互动营销展"莫属。近 200 平方米的大型展厅陈列着近十家公司机构的"独门武器"——创新科技产品，产品涵盖科技含量极高的互联电子硬件、新媒体技术的互动视讯屏幕以及移动营销新品等，种类繁多、琳琅满目，向参会嘉宾展示了业界营销技术的最新创举。

四、2011 中国营销领袖年会

会议简介：

《新营销》杂志创刊于 2003 年，以"营销"为聚集核心，是一本面向职业营销经理人的高端商业杂志，也是中国唯一一个由世界营销大师 Philip Kotler（菲利浦·科特勒）担任终生荣誉顾问的营销类杂志。《新营销》始终秉承"前瞻性、厚重感、穿透力"的办刊思路，立足中国，放眼全球，密切关注全球创新营销理论及其革命性实践在新行业、新领域的应用，以及中国企业在营销理论与实践方面的大胆创新与尝试，运用分析比较手法，剖析企业成功的商业模式、营销实践，深度探索其背后的营销战略。经过六年精心打造，《新营销》杂志以多元的价值观，以深度与宽度纵横相结合的深刻洞察力，无可争议地成为中国营销经理人首选期刊，荣登营销界权威杂志榜单。

新营销杂志社主办中国营销领袖年会暨 "标杆 20"中国营销大奖颁奖典礼，作为中国营销领袖人物的头脑风暴阵地和同行风云际会的高端平台，该年会已经成为中国营销领袖参会最多、规模最大、档次最高的顶级盛事，亦是营销人士一年一度最为期待的头脑峰会。年会致力于推进中国企业的市场竞争力，推动本土与全球营销智慧的融合。

召开时间及地点：

2011 年 12 月 10 日；广州：中山大学

承办单位：

新营销杂志社、中山大学管理学院 EMBA 教育中心、中国营销领袖俱乐部

支持单位：

中央电视台广告经营管理中心、科特勒咨询集团

会议主题：

E 时代的新营销

会议概况：

2011 年 12 月 10 日，由新营销杂志社、中山大学管理学院 EMBA 教育中心和中国营销领袖俱乐部联合主办的 2011（第八届）中国营销领袖年会在广州中山大学管理学院顺利召开。中国领先的高端私人医生服务机构——颐年康盛公司因其在高端私人医生服务行业的创新营销思路和取得的成就，荣获 2011 年中国营销标杆企业奖殊荣。

作为中国营销领袖人物的头脑风暴阵地和同行风云际会的高端平台，"中国营销领袖年会"已经成为中国营销领袖参会最多、规模最大、档次最高的顶级盛事，亦是营销人士

一年一度最为期待的头脑峰会。年会致力于推进中国企业的市场竞争力，推动本土与全球营销智慧的融合。每届年会都以"全球思维、本土实践"的主题、高层次的嘉宾阵容和丰硕的会议成果赢得了中国营销界的高度关注与一致认可。

本届中国营销领袖年会以"E 时代的新营销"作为主题，邀请全球企业界、营销界的精英领袖，分享他们如何利用新思维、新技术让营销实现质的飞跃，并获得巨大成功。颐年康盛公司总裁宋海峰受邀在年会做了"创新营销助力私人医生服务行业发展"的主题演讲，和与会的各界嘉宾分享了健康管理和私人医生服务行业在国内的现状、发展和颐年康盛公司创新营销的"独门秘籍"，受到与会嘉宾的高度认可和赞扬。

《新营销》成立八年来一如既往地将"中国营销"纳入世界营销体系中，密切关注全球创新营销理论和革命性实践在新行业、新领域的应用，成绩卓著。"中国营销领袖年会"迄今已成功举办了 4 届：2003 年"全球化视野下的中国营销创新"、2004 年"体育魔力·营销力量"、2005 年"决定中国未来营销的关键性力量"、2006 年"营销的'中国芯'"、2007 年"迎接下一个拐点"与"新媒介与营销创新峰会"、2009 年"不确定时期的营销变革"、2010 年"回归营销本原"。

五、中国国际营销传播大会

会议简介：

中国国际营销传播大会涵盖整个广告和营销传播行业产业链，是该领域的首个大型会议。该大会将成为来自国内外传媒业人士参加的重要年度盛典。中国国际营销传播大会得到了中国广告主协会、中国商务广告协会、中国广告协会、中国网络电视台、国际广告媒体协会（WAMA）及世界广告主联合会（WFA）的大力支持和紧密合作。

中国国际营销传播大会将汇聚国内外业内的领袖和精英，以期达成以下目标：①广告供应商与广告主的对接；②与同行交流信息和经验；③了解行业竞争趋势；④与国内外市场营销和广告行业建立社交网络；⑤充分利用国际广告媒体协会的在线社区 MediaWeb2.0 建立国际网络。

在中国国际营销传播大会上，来自行业的决策者和意见领袖将在这里汇聚，并在多场不同的会议和论坛上探讨营销和广告业的最新趋势。

召开时间及地点：

2011 年 8 月 2~4 日；北京：悠唐皇冠假日酒店、京津新城凯悦酒店

承办单位：

中国广告主协会、中国商务广告协会、德国美沙集团

支持单位：

中国广告协会、世界广告主联合会、国际广告媒体协会、中国网络电视台、中国营销协会

会议主题：

沟通，创意和启迪

会议概况：

2011 中国国际营销传播大会于 2011 年 8 月 2~4 日在京津新城凯悦酒店召开，并于 2011 年 8 月 1 日在北京举办开幕宴会。继 2010 中国国际营销传播大会成功举办之后，主办方进一步提升理念，以期为参与嘉宾提升整体价值。中国国际营销传播大会自 2011 年开始提供一个全新的理念——将知识与生活相结合，并借此成为沟通、创新并富有启迪的盛会。

除了综合性的会议日程，2011 中国国际营销传播大会还提供了良好的交流机会以及个人和公司的活动，以期将参会嘉宾的收益更大化。在轻松、创新和富有启迪的环境下，找到新的客户以及建立新的社交网络。

中国国际营销传播大会为实现这一新理念，提供了知识交流、社交和团队建设等不同活动以供选择。在"沟通，创意和启迪"的主题下，中国国际营销传播大会为决策者、意见领袖、行业专家、政府、大学和媒体提供了交流的平台。数千名与会者参加了 2011 中国国际营销传播大会。来自知名企业的专家也应邀出席并与观众分享他们的案例研究、最新的成功项目和品牌宣传经验。

此外，中国国际营销传播大会还提供不同类别的奖项。奖项类别包括"最佳数字营销奖"、"最佳汽车营销理念奖"、"最佳金融营销理念奖"、"最佳快消品营销奖"、"最佳奢侈品牌营销奖"以及"最佳户外营销奖"。获奖者将介绍他们在营销和广告业领域的杰出理念、品牌和营销活动以及技术创新。

大会的主要议题将包括：①21 世纪的营销——为全球市场提供营销创意理念；②"十二五"规划及其对营销和广告行业的影响；③现今的营销传播正在如何改变经济决策的制定；④新的消费需求和趋势——机会和挑战；⑤移动营销；⑥在线营销；⑦社交媒体营销；⑧电子商务；⑨汽车营销；⑩金融营销；⑪奢侈品牌营销；⑫快速消费品营销；⑬媒介审计；⑭数字时代的广告公司；⑮广告技术和设备。

第二节　国际事件

一、New Developments in the Practice of Marketing Science 2011~2012

MSI 协会简介：

MSI 协会全称 Marketing Science Institute，即营销科学研究所。

营销科学研究所成立于 1961 年，是一个学习型组织，致力于弥合市场营销学的理论和商业实践之间的差距，在学术研究和商业价值中间架起一座桥梁。MSI 是一个企业会员制的组织，但此外，世界各地大学中领袖研究人员也被邀请参加到 MSI 研究计划之中。

作为一个非盈利机构，MSI 从财务上支持对企业具有重要意义的营销研究课题，并通过一系列会议等方式亲身传播具有领先发展优势的营销学术理念。MSI 每年关注的重点问题是对现实企业经营业绩产生关键影响的因素，而这些因素的主体将作为 MSI 学术团体董事会的企业受托人。MSI 一般会在一年中组织两次左右的受托人大会，这些会议内容仅对协会的会员公开。受托人的会议对于 MSI 协会来说是非常重要的环节，会议上聚集了协会的会员，就该年协会的关键问题予以商讨敲定。一旦确定了关键问题，MSI 会通过其系列出版物、会议和研讨会方式来支持对这些问题感兴趣的学者进行研究和传播。按照协会要求，组织内的会员只能通过邀请加入。

召开时间及地点：

2011 年 12 月 9~10 日；美国：马里兰大学史密斯商学院 []

承办单位：

MSI 协会及马里兰大学

支持单位：

INFORMS 营销科学分会、欧洲市场营销学会（EMAC）

会议主旨：

营销中定量分析方法的新发展：影响和实现

会议概况：

联合 INFORMS 营销科学分会（ISMS）、马里兰大学及 MSI 年末共同举办了这场关于营销科学实践及影响的讨论会。本次会议是系列会议之一，被设计成一个从营销从业人员和营销科学家相互分享营销发展问题的领导论坛。MSI 旨在成为一个从业者和营销科学家分享营销问题中关于定量方法发展的前沿论坛。

这次会议中一个值得关注的焦点是营销科学实践奖的颁发。这项奖项创建于 2003 年，由 ISMS 及 MSI 两个协会联合提议。如今已有多项优秀的市场营销学理念和实施方法被授予了这个奖项。营销科学实践奖评判的标准有创新性、稳健性、可核查性及影响性。

二、AMA's Winter Marketing Educators Conference 2011

AMA 协会简介：

AMA 协会全称 American Marketing Association，即美国营销协会。美国市场营销协会的历史可以追溯到 1900 年，当时，由市场营销人员和市场研究员组成的美国广告教师协会和美国市场营销协会两大协会合并，期望能够通过融合更广义领域上的市场人员来是实现跨领域的营销合作，并以合作来激发彼此在市场中的智慧。

美国市场营销协会（AMA）是一个专业协会，其致力于改善个人和组织的领导时间，推动营销在全球范围内的发展。按照 AMA 对自身的期望，其所承担的社会责任包括：

①联通作用：AMA 作为一个渠道，以促进知识共享；②传播作用：AMA 提供营销资源，并提供营销教育、职业和专业发展的机会；③推进作用：AMA 促进/支持营销实践和市场领导思想。

整合相关信息，通过全面的教育和有针对性的网络，AMA 致力于帮助营销者提高他们的市场专业知识、拓宽他们的职业生涯，并使这样的营销人员在市场中取得更好的成绩。

召开时间及地点：
2011 年 2 月 18~20 日；美国：奥斯汀希尔顿酒店

承办单位：
美国营销协会

支持单位：
美国营销协会

会议主旨：
回顾过去、展望未来：塑造未来的营销研究

会议概况：
AMA 冬季教育者会议是一个重要的学者间进行研究沟通、智力交流的机会，会议致力于营销知识的专业发展，会议上，与会者也会来与来自世界各地的同事联网进行探讨。

2011 年的会议讨论集中于号召营销学者承担起自己的学术使命，为当代下的商界领袖们提供一个清晰、有适应性的营销实践框架，并能详细分析出当时动荡背景下企业所面临的多样性问题。会议就未来的市场纪律、品牌忠诚度和品牌价值的重新审视、营销策略的实施和创新、营销战略和公司性能的新问题与解决方法等内容进行了讨论，同时开展了多场特别会议环节。

三、The 40ᵗʰ EMAC Conference

EMAC 协会简介：
EMAC 协会全称 The European Marketing Academy，即欧洲市场营销学会。EMAC 对于研究市场营销理论的学者来说是一个专业协会，协会的目的是促进营销领域的研究成果及创新想法的国际交流。EMAC 的核心活动是在市场营销研究方面的国际杂志上发表论文并且每年定期组织研究会议。EMAC 的研究会议作为一个营销思路密集沟通和新的见解频繁交流的平台而被关注，论坛中探讨的内容覆盖了全部主要的市场营销领域，其研究结果信息会在会后与相关人士进行共享。

召开时间及地点：
2011 年 5 月 24~27 日；斯洛文尼亚：卢布尔雅那大学

承办单位：
欧洲市场营销学会、卢布尔雅那大学

支持单位：

卢布尔雅那大学

会议主旨：

未来：灵感、创新的实现

会议概况：

营销部选择了"未来：灵感、创新的实现"作为在 2011 年会议的主旨。市场营销与灵感和理论创新密不可分。在创新方面，营销实践者可以通过细微的小方法来刺激大家的灵感，进而实现真正意义上的产品创新。

就具体的创新手段而言，主要有以下三个方面：①专家方法：是指以团队为中心进行头脑风暴及产品原型设计，定期评审讨论修改内容，包括具体的产品设计、产品营销之类的用户体验。②用户测试：产品创新应走入现实用户的生活及工作环境中去，通过用户测试检验产品得出经验数据。③数据分析：互联网产品需要充分利用数据分析的方法，从而确定新功能、新界面或新的交互形式。

四、MRA's Annual Conference and Expo 2011

MRA 协会简介：

MRA 协会全称为 The Marketing Research Association，即市场研究协会。市场研究协会（MRA），于 1957 年 6 月 13 日在纽约州注册成立，原名为市场研究行业协会，后于 1970 年正式更名。成立后的两年，该组织在纽约举行了第一次会议，并于 1978 年，MRA 成立后的第一个 12 章节报告诞生。

现在的市场营销研究协会是一个由全职工作人员组成，总部设在华盛顿特区的专业协会。MRA 作为市场营销研究领域专业领先和最大的协会，主旨在于通过舆论来促进、统一和推进营销专业洞察力。MRA 推进工作的进展是依靠大力支持和倡导成员在营销专业知识、技能方面的成长，而 MRA 这些年的发展则在很大程度上是由于其持续提供了近 100 种营销产品和服务，包括协助前政府官员实现有效宣传等。

召开时间及地点：

2011 年 6 月 6~8 日；美国：欧尼肖雷汉姆酒店

承办单位：

欧洲市场营销学会、哥本哈根商学院

支持单位：

GMI、STS 等多家企业

会议主旨：

展望与交流

会议概况：

此会议为 MRA 的第一个展望大会。MRA 年度会议，基本上是每年的 6 月举行一次，是行业的重要会议。此次会议吸引了 700 多名调查和研究领域的成员。因其开放、大一统的特点，MRA 展望大会以其独特性区别于其他会议，并具有前沿性、教育性和战略性。会议为业内专业人士提供了交流平台，共同探讨营销学习的经验和乐趣。

会议为期三天，主要由学者论坛、相互交流及颁奖典礼组成，会议内容涉及营销领域的各个方面，参会学者们提出了很多独树一帜的想法。总体上来说，会议的风格是与实践紧密相连的，各个领域的营销专家及企业人士齐聚一堂，讲出自己在细分模块中的经验总结，并倾听来自其他领域专家的报告。可以说，这次会议在 2011 年的国内外会议中不仅阵容较大，而且也给出了很多学术上值得借鉴的观点。

五、Asia-Pacific Conference of the Association for Consumer Research 2011

ACR 协会简介：

ACR 于 1969 年由一小群消费行为的研究人员创立，这群研究人员在俄亥俄州立大学中的一次非正式会议上提出了组织大型年会以进行消费者行为研究探讨的想法，而这种想法就演化成了今天的 ACR。第一次 ACR 的会议即在 1970 年于美国马萨诸塞大学召开，之后的每一年 ACR 都会举办一次年会，以汇集对于消费者行为感兴趣的研究人员、公共决策者以及营销实践人员。

消费者研究协会的使命是促进消费研究，并且为全球学术界、工业界及政府提供学术交流的平台。ACR 的核心功能之一是协助消费者研究领域成长与进步。为此，ACR 曾主办或支持一系列的学术会议，并就一些前沿问题发表学术评论，并出版研究型刊物。ACR 的协会标志由三个牵手的小人组成，象征着与协会相关的三个利益团体，分别是学术界、产业界以及政府。这三个团体之间的学术交流与合作反映了 ACR 创立的实质。

ACR 一直以来都不断强调道德在学术信息交流中的重要性，并设计出了一系列行业标准以保证道德能指导研究行为的开展，协会内的准则如下：①诚实地设计、分析、报告并展示研究的成果；②尊重研究过程中所涉及的其他利益群体（例如评论家、受访者和读者）。

ACR 目前有近 1700 名成员，成员跨越多个学科，包括心理学、社会学、人类学、经济学、语言学等多个领域。

召开时间及地点：
2011 年 6 月 16~18 日；北京：中国人民大学
承办单位：
消费者研究学会、人民大学商学院
支持单位：
消费者研究学会
会议主旨：
Linking Cultures，Concepts & Continents

会议概况：

6月16~18日，2011年消费者研究学会亚太会议（2011 Asia-Pacific Conference of the Association for Consumer Research）在中国人民大学汇贤大厦智慧谷数码馆、明德商学楼隆重召开。本次会议由消费者研究学会（Association for Consumer Research）主办，中国人民大学商学院承办，会议的主题是"Linking Cultures，Concepts & Continents"。

来自美国耶鲁大学、亚利桑那大学、伊利诺伊大学、美国东北大学、北卡罗来纳州立大学、俄亥俄州立大学、加拿大约克大学、皇后大学、麦吉尔大学、澳大利亚悉尼大学、莫纳什大学、新南威尔士大学、香港中文大学、香港科技大学、香港城市大学、中国人民大学、清华大学、复旦大学和南开大学等国内外营销学界及相关学科的近170位知名学者（其中130位学者来自海外高校），参加了这一学术盛会，共同探讨当前消费者研究领域的热点问题，分享最新的学术研究成果。本次会议录用的论文全部经过同行专家的严格匿名评审，具有相当高的学术水平和在国际一流期刊上发表的潜力。

6月18日，会议圆满完成各项既定日程目标，顺利闭幕。来自全球20多个国家和地区的与会者反映大会各项工作筹备充足，日程进行井然有序，会议论文营销理论和实证研究方面都具有相当高的学术水平，让人受益匪浅。大会主席Linda Price教授充分肯定了会议筹备委员会的工作，对会议的成功举办非常满意，并邀请本次筹委会成员成为下一届主委会的程序委员会，分享成功经验。

第五章　市场营销学科 2011 年文献索引

第一节　中文期刊索引

[1] 贾玉文. 基于供应链的经销商管理系统研究 [J]. 管理世界，2011 (1).

[2] 汪涛，周玲，彭伟新，朱晓梅. 讲故事塑品牌：建构和传播故事的品牌叙事理论——基于达芙妮品牌的案例研究 [J]. 管理世界，2011 (3).

[3] 何浏，王海忠，朱帮助，田阳. 名人多品牌/产品组合代言溢出效应探析—— 一项基于网络外部性视角的研究 [J]. 管理世界，2011 (4).

[4] 彭惠，吴洪. 诚信的条件——C2C 电子商务市场中卖家诚信度对商品特性的依赖 [J]. 管理世界，2011 (4).

[5] 马龙龙. 企业社会责任对消费者购买意愿的影响机制研究 [J]. 管理世界，2011 (5).

[6] 孙江永，王新华. 产品异质与汽车行业跨国公司进入中国市场的方式选择——基于需求的视角 [J]. 管理世界，2011 (5).

[7] 赵浩兴. 科特勒营销管理理论演进脉络及其发展探讨——菲利普·科特勒《营销管理》中文版各个版本的比较研究 [J]. 管理世界，2011 (6).

[8] 孙永波. 商业模式创新与竞争优势 [J]. 管理世界，2011 (7).

[9] 朱瑞博，刘志阳，刘芸. 架构创新、生态位优化与后发企业的跨越式超越——基于比亚迪、联发科、华为、振华重工创新实践的理论探索 [J]. 管理世界，2011 (7).

[10] 李飞，贾思雪，刘茜，于春玲，吴沙莉，马宝龙，米卜. 关系促销理论：一家中国百货店的案例研究 [J]. 管理世界，2011 (8).

[11] 陈雨田，吕巍. 制度化，关系建设及角色绩效—— 一个关系治理的复合模式及基于亚太地区工业品营销渠道的实证研究 [J]. 管理世界，2011 (8).

[12] 费显政，游艳芬，杨辉，丁弈峰. 营销互动中的消费者内疚——对关键事件的探索性研究 [J]. 管理世界，2011 (9).

[13] 吴思. 产品伤害危机：伤害类型、应对方式及营销策略 [J]. 管理世界，2011 (9).

[14] 寿志钢，朱文婷，苏晨汀，周南. 营销渠道中的行为控制如何影响信任关系——基于角色理论和公平理论的实证研究 [J]. 管理世界，2011（10）.

[15] 何佳讯，才源源，秦翕嫣. 中国文化背景下消费者代际品牌资产的结构与测量——基于双向影响的视角 [J]. 管理世界，2011（10）.

[16] 熊艳，李常青，魏志华. 媒体"轰动效应"：传导机制、经济后果与声誉惩戒——基于"霸王事件"的案例研究 [J]. 管理世界，2011（10）.

[17] 邢小强，仝允桓，陈晓鹏. 金字塔底层市场的商业模式：一个多案例研究 [J]. 管理世界，2011（10）.

[18] 黄先海，周俊子. 中国出口广化中的地理广化、产品广化及其结构优化 [J]. 管理世界，2011（10）.

[19] 柳海燕，白军飞，仇焕广，习银生，徐志钢. 仓储条件和流动性约束对农户粮食销售行为的影响——基于一个两期销售农户决策模型的研究 [J]. 管理世界，2011（11）.

[20] 何浩然. 个人和家庭跨期决策与被试异质性—基于随机效用理论的实验经济学分析 [J]. 管理世界，2011（12）.

[21] 帅青红，黄涛，方玲，郭子香，骆阳. 银联与通联、开联不对称竞争的博弈分析 [J]. 管理世界，2011（12）.

[22] 张喆，房茜蓉，韩斌. 产品优惠券价值的框架效应研究 [J]. 管理科学，2011（1）.

[23] 牛志勇，黄沛，高维和. 大型零售商低价与渠道合作策略对比及选择分析 [J]. 管理科学，2011（1）.

[24] 张莉，Wan Fang. 在国际 A 类刊物发表文章的 10 条建议——以市场营销刊物为例 [J]. 管理科学，2011（1）.

[25] 柴俊武，李晶晶. 目标取向和过时感知能力对两类销售行为的影响 [J]. 管理科学，2011（2）.

[26] 田志龙，王瑞，杨文，马玉涛. 中国情境下消费者 CSR 反应的行业比较研究 [J]. 管理科学，2011（2）.

[27] 常亚平，邱媛媛，阎俊，张金隆. 虚拟社区知识共享主体对首购意愿的作用机理研究 [J]. 管理科学，2011（2）.

[28] 李四兰，景奉杰. 在线交易中认知需要对整合价与分离价感知的影响 [J]. 管理科学，2011（3）.

[29] 盛天翔，刘春林. 网络渠道与传统渠道价格差异的竞争分析 [J]. 管理科学，2011（3）.

[30] 孙燕红，涂燚鑑，徐晓燕. 基于顾客渠道偏好的服务竞争模型 [J]. 管理科学，2011（4）.

[31] 金永生，王睿，陈祥兵. 企业微博营销效果和粉丝数量的短期互动模型网络渠道与传统渠道价格差异的竞争分析 [J]. 管理科学，2011（4）.

[32] 王长征，周学春. 象征型品牌的效应——从意义到忠诚 [J]. 管理科学，2011 (4).

[33] 孙瑾，张红霞. 服务品牌名字的暗示性对消费者决策的影响——基于服务业的新视角 [J]. 管理科学，2011 (5).

[34] 林家宝，鲁耀斌，卢云帆. 移动商务环境下消费者信任动态演变研究 [J]. 管理世界，2011 (6).

[35] 李随成，禹文钢. 制造商对供应商长期导向的前因作用机理研究 [J]. 管理科学，2011 (6).

[36] 高政利. 功能互补、零售终端与联盟（连锁）集团（FRR）范式——以中小生产组织为例 [J]. 南开管理评论，2011 (1).

[37] 田志龙，王瑞，樊建锋，马玉涛. 消费者 CSR 反应的产品类别差异及群体特征研究 [J]. 南开管理评论，2011 (1).

[38] 邬适融，陈洁，曾艺生，王晗蔚. 消费者持续满意度研究——基于快乐适应视角 [J]. 南开管理评论，2011 (1).

[39] 张圣亮，高欢. 服务补救方式对消费者情绪和行为意向的影响 [J]. 南开管理评论，2011 (2).

[40] 陈晔，白长虹，吴小灵. 服务品牌内化的概念及概念模型：基于跨案例研究的结论 [J]. 南开管理评论，2011 (2).

[41] 曾伏娥，罗茜，屠采撷，李鹏. 网上消费者非伦理行为：特性、维度与测量 [J]. 南开管理评论，2011 (2).

[42] 寿志钢，王峰，贾建民. 顾客累积满意度的测量——基于动态顾客期望的解析模型 [J]. 南开管理评论，2011 (3).

[43] 方正，杨洋，江明华，李蔚，李珊. 可辩解型产品伤害危机应对策略对品牌资产的影响研究：调节变量和中介变量的作用 [J]. 南开管理评论，2011 (4).

[44] 李东进，马云飞，杜立婷. 错过购买情境下消费者后悔对购买意向的影响研究 [J]. 南开管理评论，2011 (5).

[45] 张辉，汪涛，刘洪深. 顾客参与了为何仍不满意——顾客参与过程中控制错觉与顾客满意的关系研究 [J]. 南开管理评论，2011 (5).

[46] 王国才，刘栋，王希凤. 营销渠道中双边专用性投资对合作创新绩效影响的实证研究 [J]. 南开管理评论，2011 (6).

[47] 张峰，吴晓云. 跨国营销模式选择的权变影响：基于顾客视角的研究 [J]. 南开管理评论，2011 (6).

[48] 朱虹，张科，黄韫慧. 性别—积极情景线索与刻板印象——基于内隐联想实验的直销信任感检验 [J]. 南开管理评论，2011 (6).

[49] 李随成，杨婷. 供应商早期参与制造企业新产品开发的实证研究：供应商视角 [J]. 管理评论，2011 (1).

[50] 薛倚明, 韩琳. 常见牙膏品牌亲和力与重复购买意愿的实证研究 [J]. 管理评论, 2011 (2).

[51] 刘卫东, 应婧. 基于产品寿命周期的质量成本模型及其分析 [J]. 管理评论, 2011 (2).

[52] 严兴全, 周庭锐, 李雁晨. 信任、承诺、关系行为与关系绩效: 买方的视角 [J]. 管理评论, 2011 (3).

[53] 李艺, 马钦海, 张跃先. 顾客个人价值嵌入的顾客满意度指数扩展模型 [J]. 管理评论, 2011 (3).

[54] 李庆华, 王文平. 基于时际范围经济的企业国际市场进入过程模型: 知识观视角的研究 [J]. 管理评论, 2011 (3).

[55] 谈毅. 中小企业新产品开发关键成功因素的识别及其实证研究 [J]. 管理评论, 2011 (3).

[56] 李静, 郑用吉. 服务业顾客关系承诺研究——基于中、韩、澳顾客跨文化的比较 [J]. 管理评论, 2011 (4).

[57] 李明芳, 王道平, 李锋. 基于现金折扣和延期支付条件下变质产品的补货策略 [J]. 管理评论, 2011 (4).

[58] 欧海鹰, 吕廷杰. 在线关键词广告研究综述: 新的研究方向 [J]. 管理评论, 2011 (4).

[59] 贾薇, 张明立, 王宝. 服务业中顾客参与对顾客价值创造影响的实证研究 [J]. 管理评论, 2011 (5).

[60] 陈佳, 齐元, 陈毅文, 孔寅平. 电视购物消费者知觉风险与购买决策行为分析 [J]. 管理评论, 2011 (5).

[61] 赖胜强, 唐雪梅, 朱敏. 网络口碑对游客旅游目的地选择的影响研究 [J]. 管理评论, 2011 (6).

[62] 周涛, 鲁耀斌, 张金隆. 移动商务网站关键成功因素研究 [J]. 管理评论, 2011 (6).

[63] 程鹏飞, 刘新梅. 连续性服务业中企业形象对顾客转换意向的影响 [J]. 管理评论, 2011 (7).

[64] 孙瑾. 属性可比性对消费者品牌评价的影响: 评价模式的调节作用 [J]. 管理评论, 2011 (8).

[65] 秦辉, 邱宏亮, 吴礼助. 运动鞋品牌形象对感知—满意—忠诚关系的影响研究 [J]. 管理评论, 2011 (8).

[66] 柴俊武, 周雪梅. 职场 Tweens 的生活态度、消费态度及其交互影响研究 [J]. 管理评论, 2011 (8).

[67] 薛佳奇, 刘益, 张磊楠. 竞争关系下制造商专项投资对分销商机会主义行为的影响 [J]. 管理评论, 2011 (9).

［68］吴剑琳，代祺，古继宝.产品涉入度消费者从众与品牌承诺：品牌敏感的中介作用——以轿车消费市场为例［J］.管理评论，2011（9）.

［69］陈李钢，祁巍，李一军.基于赞助搜索的广告研究进展评述［J］.管理评论，2011（10）.

［70］曹忠鹏，赵晓煜，代祺.SSTs情境下顾客技术准备的结果模型［J］.管理评论，2011（11）.

［71］温飞，沙振权.网络商店的在线口碑传播：信任的中介及性别的调节作用［J］.管理评论，2011（11）.

［72］王斌，武春友.景区形象对顾客忠诚影响的实证研究［J］.管理评论，2011（11）.

［73］阎俊，蒋音波，常亚平.网络口碑动机与口碑行为的关系研究［J］.管理评论，2011（12）.

［74］易牧农，楚天舒，乔时，张初兵.基于事先信任和后续信任的顾客忠诚形成机理研究［J］.管理评论，2011（12）.

［75］白少布，刘洪.基于ERP制度的闭环供应链协调机制研究［J］.管理评论，2011（12）.

［76］郑毓煌，董春艳.决策中断对消费者自我控制的影响［J］.营销科学学报，2011（7）.

［77］张黎，郑毓煌，吴川.消费者的调节聚焦对品牌延伸评价的影响［J］.营销科学学报，2011（7）.

［78］田志龙，杨文，龙晓枫，王瑞.消费者规范理性：外延、内涵及其与消费者行为的关系研究［J］.营销科学学报，2011（7）.

［79］韦夏，王光耀，涂荣庭.分标价定价策略的负面效果研究［J］.营销科学学报，2011（7）.

［80］李东进，马云飞，李研.启动目标对消费者记忆效果影响的研究［J］.营销科学学报，2011（7）.

［81］张婧，祁超.战略导向对组织创新的影响：我国制造型企业的实证研究［J］.营销科学学报，2011（7）.

［82］范庆基.中国国家形象、企业形象与品牌形象的影响关系——基于韩国消费者评价视角［J］.营销科学学报，2011（7）.

［83］李飞，胡凯，米卜.营销定位理论研修核心问题的研究进展［J］.营销科学学报，2011（7）.

［84］王良燕，潘黎，杨雪.可评估性理论在市场营销领域的研究综述及应用［J］.营销科学学报，2011（7）.

［85］周志民，贺和平，苏晨汀，周南.在线品牌社群中E-社会资本的形成机制研究［J］.营销科学学报，2011（7）.

［86］纪文波，彭泗清.广告导向与说服力：一项基于心理距离的研究［J］.营销科学学

报，2011（7）.

[87] 董春艳，郑毓煌，夏春玉. 陌生人存在对消费者自我控制的影响 [J]. 营销科学学报，2011（7）.

[88] 韦夏，涂荣庭，江明华，李斐. 奢侈品真实性感知机制研究 [J]. 营销科学学报，2011（7）.

[89] 刘凤军，李敬强. 消费者感知的企业体育赞助动机与购买意愿关系的实证研究 [J]. 营销科学学报，2011（7）.

[90] 赵鑫，马钦海，郝金锦. 顾客心理契约违背与信任和满意关系的再思考 [J]. 营销科学学报，2011（7）.

[91] 邬金涛，江盛达. 顾客逆向行为强度的影响因素研究 [J]. 营销科学学报，2011（7）.

[92] 杨宜苗，马晓慧，郭岩. 西方市场营销研究的主题、方法和学者研究——基于 Journal of Marketing（2005–2009）的文献分析 [J]. 营销科学学报，2011（7）.

[93] 殷志平. 中外企业汉语品牌命名的现状与趋势：语言学视角分析 [J]. 营销科学学报，2011（7）.

[94] 周南. 三十年营销学旅反思 [J]. 营销科学学报，2011（7）.

[95] 冯文婷，吴贤均，彭泗清. 跨国公司"亲华"广告的双边效果：是皆大欢喜，还是顾此失彼？[J]. 营销科学学报，2011（7）.

[96] 施卓敏，范莉洁，温琳琳. 面子知觉对原产国品牌的内隐态度和外显态度的影响研究 [J]. 营销科学学报，2011（7）.

[97] 董璐琼，郑毓煌，赵平. 借我一对时间的慧眼：时间概念对消费者有益品和有害品选择的影响 [J]. 营销科学学报，2011（7）.

[98] 王静一，王海忠. 基于控制幻觉的消费者幸运迷信决策研究 [J]. 营销科学学报，2011（7）.

[99] 杜晓梦，张黎. 实用性和享乐性附加目标及其对手段偏好度评价的影响 [J]. 营销科学学报，2011（7）.

[100] 张辉，白长虹. 消费者对自愿支付吗——PWYW 支付意愿的内在驱动因素 [J]. 营销科学学报，2011（7）.

[101] 王谢宁. 基于 Beta geometric/NBD 模型的客户流失预测分析 [J]. 营销科学学报，2011（7）.

[102] 韩小芸，谢礼珊，杨俊峰. 顾客心理授权及其与服务公平性关系的实证研究 [J]. 营销科学学报，2011（7）.

[103] 孙鲁平，汪平，苏萌. 个性化商品推荐：基于"最近邻居"的加权协同过滤推荐方法 [J]. 营销科学学报，2011（7）.

[104] 李东进，武瑞娟，李研. 消费者选择结果效价、放弃方案信息、满意和后悔 [J]. 营销科学学报，2011（7）.

［105］卢晓，Michel C.T.Phan. 跨文化视角下的仿冒奢侈品购买动机研究 ［J］. 营销科学学报，2011（7）.

［106］彭艳君. 旅游业顾客参与对服务失误归因及其行为意向的影响研究——以旅游形式为调节变量 ［J］. 营销科学学报，2011（7）.

［107］陈荣，苏淞，黄劲松. 折中效应和相似效应对消费者积分兑换奖品的偏好影响 ［J］. 营销科学学报，2011（7）.

［108］王朝辉，沙振权，程瑜. 到"实地"去：营销问题的人类学视角分析 ［J］. 营销科学学报，2011（7）.

［109］邱玮，白长虹. 服务品牌内化：结构、组成要素与概念界定 ［J］. 营销科学学报，2011（7）.

［110］唐小飞，钟帅，梅发贵，陈滨桐. 服务价值层级与银行客户情感反应研究 ［J］. 营销科学学报，2011（7）.

［111］盛金根，左娟，夏曦，李永建. 基于网页版式的网页营销策略研究 ［J］. 营销科学学报，2011（7）.

［112］欧阳桃花，蔚剑枫. 研发—营销界面市场协同机制研究："海尔案例" ［J］. 管理学报，2011（1）.

［113］张涛，庄贵军，滕文波. 电子零售渠道的建立对各方收益的影响研究 ［J］. 管理学报，2011（1）.

［114］黄韫慧，施俊琦. 并购事件对被并购品牌的内隐和外显态度影响 ［J］. 管理学报，2011（1）.

［115］柏庆国，张玉忠，徐健腾. 易变质产品在带运输时间的二级供应链中的订购策略研究 ［J］. 管理学报，2011（2）.

［116］秦娟娟，赵道致. 风险偏好信息非对称下的供应链寄存契约研究 ［J］. 管理学报，2011（2）.

［117］许晖，李巍，王梁. 市场知识管理与营销动态能力构建——基于天津奥的斯的案例研究 ［J］. 管理学报，2011（3）.

［118］陈峻松，符国群，邬金涛. 诱导性信息对消费者选择的折中效应的影响 ［J］. 管理学报，2011（3）.

［119］宋晓兵，丛竹，董大海. 网络口碑对消费者产品态度的影响机理研究 ［J］. 管理学报，2011（4）.

［120］张峰. 基于顾客的品牌资产构成研究述评与模型重构 ［J］. 管理学报，2011（4）.

［121］慕银平. 随机需求下单向替代的两产品订货与定价联合决策研究 ［J］. 管理学报，2011（5）.

［122］常亚平，韩丹，姚慧平，张金隆. 在线店铺设计对消费者购买意愿的影响研究 ［J］. 管理学报，2011（6）.

［123］慕银平. 交叉折扣券面值与产品定价联合决策研究 ［J］. 管理学报，2011（6）.

[124] 陈晔，白长虹，曹振杰. 内部营销对员工品牌内化行为的影响关系与路径研究——以服务型企业为例 [J]. 管理学报，2011（6）.

[125] 孙洪杰，周庭锐. 选择集同异结构对消费者决策冲突的影响研究 [J]. 管理学报，2011（6）.

[126] 赵道致，吕昕. 零售商强势的供应链 VMI 模式演化机理研究 [J]. 管理学报，2011（8）.

[127] 银成钺，徐晓红. 基于归因理论的顾客对供应链其他成员服务失误的反应研究 [J]. 管理学报，2011（8）.

[128] 李巍，王志章. 网络口碑发布平台对消费者产品判断的影响研究——归因理论的视角 [J]. 管理学报，2011（9）.

[129] 林少龙，林月云，陈炳宏. 虚拟品牌社群成员个人特质对品牌社群承诺的影响：社群发起形态的干扰角色 [J]. 管理学报，2011（10）.

[130] 孙树垒，路晓伟，张庆民，王海燕. 基于客户识别的客户保持决策模型与定价策略 [J]. 管理学报，2011（10）.

[131] 徐彪，李心丹，张珣. 基于顾客承诺的 IT 业品牌忠诚形成机制研究 [J]. 管理学报，2011（11）.

[132] 王大海，姚飞，郑玉香. 基于计划行为理论的信用卡使用意向分析及其营销策略研究 [J]. 管理学报，2011（11）.

[133] 熊恒庆，张荣耀，黄松. 两级供应链中订货延迟的影响分析 [J]. 管理学报，2011（11）.

[134] 种晓丽，张金隆，满青珊，鲁耀斌. 基于消费者效用的移动服务定价策略研究 [J]. 管理学报，2011（12）.

第二节　英文期刊索引

1. 2011 年度 Journal of Consumer Research 文献索引

标题：Journal of Consumer Research

ISSN：0093-5301

出版者：University of Chicago Press，Journals Division，1427 E. 60th Street，Chicago IL，60637，United States of America

出版物类型：Academic Journal

科目：Consumer Behavior & Theory

说明：An interdisciplinary Journal focusing on all aspects of consumer education.

出版者 **URL**：http://www.journals.uchicago.edu/

［1］Underpredicting Learning after Initial Experiencewith a Product./Billeter, Darron; Kalra, ajay; Loewenstein, George./Feb 2011, Vol. 37 Issue 5, p723-736.

［2］Early Modern Ottoman Coffeehouse Culture and the Formation of the Consumer Subject./ Karababa, Eminegül; Ger, Guliz./Feb 2011, Vol. 37 Issue 5, p737-760.

［3］Semantic Anchoring in Sequential Evaluations of Vices and Virtues./Chernev, Alexander./Feb 2011, Vol. 37 Issue 5, p761-774.

［4］The Underdog Effect: The Marketing of Disadvantage and Determination through Brand Biography./Paharia, Neeru; Keinan, Anat; Avery, Jill; Schor, Juliet B./Feb 2011, Vol. 37 Issue 5, p775-790.

［5］Demythologizing Consumption Practices: How Consumers Protect Their Field-Dependent Identity Investments from Devaluing Marketplace Myths./Arsel, Zeynep; Thompson, Craig J./ Feb 2011, Vol. 37 Issue 5, p791-806.

［6］No Pain, No Gain? How Fluency and Construal Level Affect Consumer Confidence./ Tsai, Claire I.; Mcgill, Ann L./Feb 2011, Vol. 37 Issue 5, p807-821.

［7］Assimilation and Contrast in Price Evaluations./Cunha JR., Marcus; Shulman, Jeffrey D./Feb 2011, Vol. 37 Issue 5, p822-835.

［8］Assimilation and Contrast in Price Evaluations./Cunha JR., Marcus; Shulman, Jeffrey D./Feb 2011, Vol. 37 Issue 5, p822-835.

［9］Strangers on a Plane: Context-Dependent Willingness to Divulge Sensitive Information./ John, Leslie K.; Acquisti, Alessandro; Loewenstein, George./Feb 2011, Vol. 37 Issue 5, p858-873.

［10］The Impact of Sequential Data on Consumer Confidence in Relative Judgments./ Biswas, Dipayan; Zhao, Guangzhi; Lehmann, Donald R./Feb 2011, Vol. 37 Issue 5, p874-887.

［11］Illusionary Progress in Loyalty Programs: Magnitudes, Reward Distances, and Step-Size Ambiguity./Bagchi, Rajesh; Li, Xingbo./Feb 2011, Vol. 37 Issue 5, p888-901.

［12］Social Exclusion Causes People to Spend and Consume Strategically in the Service of Affiliation./Mead, Nicole L.; Baumeister, Roy F.; Stillman, Tyler F.; Rawn, Catherine D.; Vohs, Kathleen D./Feb 2011, Vol. 37 Issue 5, p902-919.

［13］Ovulation, Female Competition, and Product Choice: Hormonal Influences on Consumer Behavior./Durante, Kristina M.; Griskevicius, Vladas; Hill, Sarah E.; Perilloux, Carin; Li, Norman P./Apr 2011, Vol. 37 Issue 6, p921-934.

［14］Productivity Orientation and the Consumption of Collectable Experiences./Keinan, Anat; Kivetz, Ran. /Apr 2011, Vol. 37 Issue 6, p935-950.

［15］On the Heritability of Consumer Decision Making: An Exploratory Approach for Studying Genetic Effects on Judgment and Choice./Simonson, Itamar; Sela, Aner./Apr 2011, Vol. 37

Issue 6, p951-966.

[16] Work or Fun? How Task Construal and Completion Influence Regulatory Behavior./ Laran, Juliano; Janiszewski, Chris./Apr 2011, Vol. 37 Issue 6, p967-983.

[17] The Envy Premium in Product Evaluation./Van De Ven, Niels; Zeelenberg, Marcel; Pieters, Rik./Apr 2011, Vol. 37 Issue 6, p984-998.

[18] The Curious Case of Behavioral Backlash: Why Brands Produce Priming Effects and Slogans Produce Reverse Priming Effects./Laran, Juliano; Dalton, Amy N.; Andrade, Eduardo B./ Apr 2011, Vol. 37 Issue 6, p999-1014.

[19] Generous Paupers and Stingy Princes: Power Drives Consumer Spending on Self versus Others./Rucker, Derek D.; Dubois, David; Galinsky, Adam D./Apr 2011, Vol. 37 Issue 6, p1015-1029.

[20] The Self-Activation Effect of Advertisements: Ads Can Affect Whether and How Consumers Think about the Self./Rampe, Debra; Stapel, Diederik A.; Siero, Frans W./Apr 2011, Vol. 37 Issue 6, p1030-1045.

[21] From Firm Muscles to Firm Willpower: Understanding the Role of Embodied Cognition in Self-Regulation./Hung, Iris W.; Labroo, Aparna A./Apr 2011, Vol. 37 Issue 6, p1046-1064.

[22] The Locus of Choice: Personal Causality and Satisfaction with Hedonic and Utilitarian Decisions./Botti, Simona; Mcgill, Ann L./Apr 2011, Vol. 37 Issue 6, p1065-1078.

[23] Outpacing Others: When Consumers Value Products Based on Relative Usage Frequency./ Hamilton, Rebecca W.; Ratner, Rebecca K.; Thompson, Debora V./Apr 2011, Vol. 37 Issue 6, p1079-1094.

[24] Guiltless Gluttony: The Asymmetric Effect of Size Labels on Size Perceptions and Consumption./Aydinoglu, Nilufer Z.; Krishna, Aradhna./Apr 2011, Vol. 37 Issue 6, p1095-1112.

[25] Intuitive Biases in Choice versus Estimation: Implications for the Wisdom of Crowds./ Simmons, Joseph P.; Nelson, Leif D.; Galak, Jeff; Frederick, Shane./Jun 2011, Vol. 38 Issue 1, p1-15.

[26] The Zero-Comparison Effect./Palmeira, Mmuricio M./Jun 2011, Vol. 38 Issue 1, p16-26.

[27] Getting Ahead of the Joneses: When Equality Increases Conspicuous Consumption among Bottom-Tier Consumers./Ordabayeva, Nailya; Chandon, Pierre./Jun 2011, Vol. 38 Issue 1, p27-41.

[28] Marketplace Tensions in Extraordinary Experiences./Tumbat, Gulnur; Belk, Russell W./Jun 2011, Vol. 38 Issue 1, p42-61.

[29] When Your World Must Be Defended: Choosing Products to Justify the System./

Cutright, Keisha M.; Wu, Eugenia C.; Banfield, Jillian C.; Kay, Aaron C.; Fitzsimons, Gavan J./Jun 2011, Vol. 38 Issue 1, p62–77.

［30］Been There, Done That: The Impact of Effort Investment on Goal Value and Consumer Motivation./Ying Zhang; Jing Xu; Zixi Jiang; Szu–chi Huang./Jun 2011, Vol. 38 Issue 1, p78–93.

［31］Gaming with Mr. Slot or Gaming the Slot Machine? Power, Anthropomorphism, and Risk Perception./Kim, Sara; Mcgill, Ann L./Jun 2011, Vol. 38 Issue 1, p94–107.

［32］A Coal in the Heart: Self–Relevance as a Post–Exit Predictor of Consumer Anti–Brand Actions./Johnson, Allison R.; Matear, Maggie; Thomson, Matthew./Jun 2011, Vol. 38 Issue 1, p108–125.

［33］How Credit Card Payments Increase Unhealthy Food Purchases: Visceral Regulation of Vices./ Thomas, Manoj; Desai, Kalpesh Kaushik; Seenivasna, Satheeshkumar./Jun 2011, Vol. 38 Issue 1, p126–139.

［34］Safety First? The Role of Emotion in Safety Product Betrayal Aversion./Gershoff, Andrew D.; Koehler, Jonathan J./Jun 2011, Vol. 38 Issue 1, p140–150.

［35］Indulgence or Self–Control: A Dual Process Model of the Effect of Incidental Pride on Indulgent Choice./Wilcox, Keith; Kramer, Thomas; Sen, Sankar./Jun2011, Vol. 38 Issue 1, p151–163.

［36］It's Not Me, It's You: How Gift Giving Creates Giver Identity Threat as a Function of Social Closeness./Ward, Morgan K.; Broniarczyk, Susan M./Jun 2011, Vol. 38 Issue 1, p164–181.

［37］On Intertemporal Selfishness: How the Perceived Instability of Identity Underlies Impatient Consumption./Bartels, Daniel M.; Urminsky, Oleg./Jun 2011, Vol. 38 Issue 1, p182–198.

［38］Carryover Effects of Self–Control on Decision Making: A Construal–Level Perspective./Wan, Echo Wen; Agrawal, Nidhi./Jun 2011, Vol. 38 Issue 1, p199–214.

［39］Celebrity Contagion and the Value of Objects./Newman, George E.; Diesendruck, Gil; Bloom, Paul./Aug 2011, Vol. 38 Issue 2, p215–228.

［40］Choice, Rejection, and Elaboration on Preference–Inconsistent Alternatives./Laran, Juliano; Wilcox, Keith./Aug 2011, Vol. 38 Issue 2, p229–241.

［41］Bringing Us Together or Driving Us Apart: The Effect of Soliciting Consumer Input on Consumers' Propensity to Transact with an Organization./Liu, Wendy; Gal, David./Aug 2011, Vol. 38 Issue 2, p242–259.

［42］The Role of Relationship Norms in Responses to Service Failures./Wan, Lisa C.; Hui, Michael K.; Wyer JR., Robert S./Aug 2011, Vol. 38 Issue 2, p260–277.

［43］Making Magic: Fetishes in Contemporary Consumption./Fernandez, Karen V.;

Lastovicka, John L./Aug 2011, Vol. 38 Issue 2, p278-299.

[44] The Last Name Effect: How Last Name Influences Acquisition Timing./Carlson, Kurt A.; Conard, Jacqueline M./Aug 2011, Vol. 38 Issue 2, p300-307.

[45] How to Make a 29% Increase Look Bigger: The Unit Effect in Option Comparisons./ Pandelaere, Mario; Briers, Barbara; Lembregts, Christophe./Aug 2011, Vol. 38 Issue 2, p308-322.

[46] Truly, Madly, Deeply: Consumers in the Throes of Material Possession Love./ Sirianni, Nancy J.; Lastovicka, John L./Aug 2011, Vol. 38 Issue 2, p323-342.

[47] Professor of marketing at the Arizona State University, W. P. Carey School of Business, Tempe AZ./Lee, Kyoungmi; Kim, Hakkyun; Vohs, Kathleen D./Aug 2011, Vol. 38 Issue 2, p343-357.

[48] The Effects of Ad Context and Gender on the Identification of Visually Incongruent Products./Noseworthy, Theodore J.; Cotte, June; Lee, Seung Hwan (Mark)./Aug 2011, Vol. 38 Issue 2, p358-375.

[49] Effects of Construal Level on the Price-Quality Relationship./Yan, Dengfeng; Sengupta, Jaideep./Aug 2011, Vol. 38 Issue 2, p376-389.

[50] The Impact of Product Name on Dieters' and Nondieters' Food Evaluations and Consumption./Irmak, Caglar; Vallen, Beth; Robinson, Stefanie Rosen./Aug 2011, Vol. 38 Issue 2, p390-405.

[51] The Impact of Product Name on Dieters' and Nondieters' Food Evaluations and Consumption./Irmak, Caglar; Vallen, Beth; Robinson, Stefanie Rosen./Aug 2011, Vol. 38 Issue 2, p390-405.

[52] When Does the Past Repeat Itself? The Interplay of Behavior Prediction and Personal Norms./Chandon, Pierre; Smith, Ronn J.; Morwitz, Vicki G.; Spangenberg, Eric R.; Sprott, David E./Oct 2011, Vol. 38 Issue 3, p420-430.

[53] Seeing Is Eating: How and When Activation of a Negative Stereotype Increases Stereotype-Conductive Behavior./Campbell, Margaret C.; Mohr, Gina S./Oct 2011, Vol. 38 Issue 3, p431-444.

[54] Grapes of Wrath: The Angry Effects of Self-Control./Gal, David; Liu, Wendy./Oct 2011, Vol. 38 Issue 3, p445-458.

[55] Predicting Consumption Time: The Role of Event Valence and Unpacking./Tsai, Claire I.; Min Zhao./Oct 2011, Vol. 38 Issue 3, p459-473.

[56] The Signature Effect: Signing Influences Consumption-Related Behavior by Priming Self-Identity./Kettle, Keri L.; Häubl, Gerald./Oct 2011, Vol. 38 Issue 3, p474-489.

[57] Psychological Distance and the Dual Role of Price./Bornemann, Torsten; Homburg, Christian./Oct 2011, Vol. 38 Issue 3, p490-504.

［58］ Helpful Hopefulness: The Effect of Future Positive Emotions on Consumption./ Winterich, Karen Page; Haws, Kelly L./Oct 2011, Vol. 38 Issue 3, p505-524.

［59］ The Effects of Duration Knowledge on Forecasted versus Actual Affective Experiences./ Min Zhao; Tsai, Claire I./Oct 2011, Vol. 38 Issue 3, p525-534.

［60］ Knowing Too Much: Expertise-Induced False Recall Effects in Product Comparison./ Mehta, Ravi; Hoegg, Joandrea; Chakravarti, Amitav./Oct 2011, Vol. 38 Issue 3, p535-554.

［61］ An Interpretive Frame Model of Identity-Dependent Learning: The Moderating Role of Content-State Association./Mercurio, Kathryn R.; Forehand, Mark R./Oct 2011, Vol. 38 Issue 3, p555-577.

［62］ I Imagine, I Experience, I Like: The False Experience Effect./Rajagopal, Priyali; Montgomery, Nicole Votolato. /Oct 2011, Vol. 38 Issue 3, p578-594.

［63］ Opportunity Cost Consideration./Spiller, Stephen A./Dec 2011, Vol. 38 Issue 4, p595-610.

［64］ The Bad Thing about Good Games: The Relationship between Close Sporting Events and Game-Day Traffic Fatalities./Wood, Stacy; McInnes, Melayne Morgan; Norton, David A./ Dec 2011, Vol. 38 Issue 4, p611-621.

［65］ Attaining Satisfaction./Cho, Cecile K.; Johar, Gita Venkataramani./Dec 2011, Vol. 38 Issue 4, p622-631.

［66］ Magical Thinking and Consumer Coping./St. James, Yannik; Handelman, Jay M.; Taylor, Shirley F./Dec 2011, Vol. 38 Issue 4, p632-649.

［67］ How Does Organizational Identification Form? A Consumer Behavior Perspective./ Press, Melea; Arnould, Eric J./Dec 2011, Vol. 38 Issue 4, p650-666.

［68］ When Imitation Doesn't Flatter: The Role of Consumer Distinctiveness in Responses to Mimicry./White, Katherine; Argo, Jennifer J./Dec 2011, Vol. 38 Issue 4, p667-680.

［69］ The Construal (In) compatibility Effect: The Moderating Role of a Creative Mind-Set./Xiaojing Yang; Ringberg, Torsten; Huifang Mao; Peracchio, Laura A./Dec 2011, Vol. 38 Issue 4, p681-696.

［70］ Affect-Gating./King, Dan; Janiszweski, Chris./Dec 2011, Vol. 38 Issue 4, p697-711.

［71］ From Inherent Value to Incentive Value: When and Why Pointless Effort Enhances Consumer Preference./Kim, Sara; Labroo, Aparna A./Dec 2011, Vol. 38 Issue 4, p712-742.

［72］ Living U.S. Capitalism: The Normalization of Credit/Debt./Peñaloza, Lisa; Barnhart, Michelle./Dec 2011, Vol. 38 Issue 4, p743-762.

［73］ Shall I Tell You Now or Later? Assimilation and Contrast in the Evaluation of Experiential Products./Wilcox, Keith; Roggeveen, Anne L.; Grewal, Dhruv./Dec 2011, Vol. 38 Issue 4, p763-773.

2. 2011 年度 Journal of Marketing 文献索引

标题：Journal of Marketing

ISSN：0022-2429

出版者：American Marketing Association，311 South Wacker Drive，Suite 5800，Chicago IL 60606-5819，United States of America

出版物类型：Academic Journal

科目：Marketing

说明：Publishes articles selected by blind review judged on their contributions to the advancement of the science and/or practice of marketing that provide new insights，new ideas or new empirical results.

出版者 URL：http：//www.ama.org/

［1］The Effects of Business and Political Ties on Firm Performance：Evidence from China./ Sheng，Shibin；Zhou，Kevin Zheng；Li，Julie Juan./Jan 2011，Vol. 75 Issue 1，p1-15.

［2］Is Market Orientation a Source of Sustainable Competitive Advantage or Simply the Cost of Competing?/Kumar，V；Jones，Eli；Venkatesan，Rajkumar；Leone，Robert P./Jan 2011，Vol. 75 Issue 1，p16-30.

［3］From Point of Purchase to Path to Purchase：How PreshoppingFactors Drive Unplanned Buying./Bell，David R；Corsten，Daniel；Knox，George./Jan 2011，Vol. 75 Issue 1，p31-45.

［4］Referral Programs and Customer Value./Schmitt，Philipp；Skiera，Bernd；Van den Bulte，Christophe./Jan 2011，Vol. 75 Issue 1，p46-59.

［5］Marketing in the C-Suite：A Study of Chief Marketing Officer Power in Firms' Top Management Teams./Nath，Pravin；Mahajan，Vijay./Jan 2011，Vol. 75 Issue 1，p60-77.

［6］Emotional Intelligence in Marketing Exchanges./Kidwell，Blair；Hardesty，David M；Murtha，Brian R；Sheng，Shibin./Jan 2011，Vol. 75 Issue 1，p78-95.

［7］Product Development Team Stability and New Product Advantage：The Role of Decision-Making Processes./Slotegraaf，Rebecca J；Atuahene-Gima，Kwaku./Jan 2011，Vol. 75 Issue 1，p96-108.

［8］Why Do Firms Invest in Consumer Advertising with Limited Sales Response? A Shareholder Perspective./Osinga，Ernst C；Leeflang，Peter S.H；Srinivasan，Shuba；Wieringa，Jaap E./Jan 2011，Vol. 75 Issue 1，p109-124.

［9］Performance Implications of Mismatched Governance Regimes Across External and Internal Relationships./Kumar，Alok；Heide，Jan B；Wathne，Kenneth H./Mar 2011，Vol. 75 Issue 2，p1-17.

［10］Performance Implications of Mismatched Governance Regimes Across External and Internal Relationships./Kumar，Alok；Heide，Jan B；Wathne，Kenneth H./Mar 2011，Vol. 75 Issue 2，p1-17.

［11］ Designing Solutions Around Customer Network Identity Goals./Epp, Amber M; Price, Linda L./Mar 2011, Vol. 75 Issue 2, p36–54.

［12］ When Should the Customer Really Be King? On the Optimum Level of Salesperson Customer Orientation in Sales Encounters./Homburg, Christian; Müller, Michael; Klarmann, Martin./Mar 2011, Vol. 75 Issue 2, p55–74.

［13］ An Empirical Test of Warranty Theories in the U.S. Computer Server and Automobile Markets./Chu, Junhong; Chintagunta, Pradeep K./Mar 2011, Vol. 75 Issue 2, p75–92.

［14］ Return on Interactivity: The Impact of Online Agents on Newcomer Adjustment./K? hler, Clemens F; Rohm, Andrew J; de Ruyter, Ko; Wetzels, Martin./Mar 2011, Vol. 75 Issue 2, p93–108.

［15］ The Effect of Goal Visualization on Goal Pursuit: Implications for Consumers and Managers./Cheema, Amar; Bagchi, Rajesh./Mar 2011, Vol. 75 Issue 2, p109–123.

［16］ Consumer Disidentification and Its Effects on Domestic Product Purchases: An Empirical Investigation in the Netherlands./Josiassen, Alexander./Mar 2011, Vol. 75 Issue 2, p124–140.

［17］ Balancing Risk and Return in a Customer Portfolio./Tarasi, Crina O; Bolton, Ruth N; Hutt, Michael D; Walker, Beth A./May 2011, Vol. 75 Issue 3, p1–17.

［18］ Commentaries and Rejoinder to 'Balancing Risk and Return in a Customer Portfolio'./ Selnes, Fred; Billett, Matthew T; Tarasi, Crina O; Bolton, Ruth N; Hutt, Michael D; Walker, Beth A.May 2011, Vol. 75 Issue 3, p18–26.

［19］ Do Marketing Media Have Life Cycles? The Case of Product Placement in Movies./ Karniouchina, Ekaterina V; Uslay, Can; Erenburg, Grigori./May 2011, Vol. 75 Issue 3, p27–48.

［20］ Should Firms Spend More on Research and Development and Advertising During Recessions?/Srinivasan, Raji; Lilien, Gary L; Sridhar, Shrihari./May 2011, Vol. 75 Issue 3, p49–65.

［21］ Competing for Consumer Identity: Limits to Self–Expression and the Perils of Lifestyle Branding./Chernev, Alexander; Hamilton, Ryan; Gal, David./May 2011, Vol. 75 Issue 3, p66–82.

［22］ Process and Outcome Interdependency in Frontline Service Encounters./Ma, Zhenfeng; Dub, Laurette./May 2011, Vol. 75 Issue 3, p83–98.

［23］ Poisoning Relationships: Perceived Unfairness in Channels of Distribution./Samaha, Stephen A; Palmatier, Robert W; Dant, Rajiv P./May 2011, Vol. 75 Issue 3, p99–117.

［24］ Customer Equity Sustainability Ratio: A New Metric for Assessing a Firm's Future Orientation./Skiera, Bernd; Bermes, Manuel; Horn, Lutz./May 2011, Vol. 75 Issue 3, p118–131.

［25］ It's Got the Look: The Effect of Friendly and Aggressive "Facial" Expressions on

Product Liking and Sales./Landwehr, Jan R; McGill, Ann L; Herrmann, Andreas./May 2011, Vol. 75 Issue 3, p132–146.

[26] The Asymmetric Effects of Extending Brands to Lower and Higher Quality./Heath, Timothy B; Del Vecchio, Devon; McCarthy, Michael S./Jul 2011, Vol. 75 Issue 4, p3–20.

[27] Getting a Grip on the Saddle: Chasms or Cycles?/Chandrasekaran, Deepa; Tellis, Gerard J./Jul 2011, Vol. 75 Issue 4, p21–34.

[28] Emotional Brand Attachment and Brand Personality: The Relative Importance of the Actual and the Ideal Self./Malär, Lucia; Krohmer, Harley; Hoyer, Wayne D; Nyffenegger, Bettina./Jul 2011, Vol. 75 Issue 4, p35–52.

[29] Facilitating and Rewarding Creativity During New Product Development./Burroughs, James E; Dahl, Darren W; Moreau, C. Page; Chattopadhyay, Amitava; Gorn, Gerald J./Jul 2011, Vol. 75 Issue 4, p53–67.

[30] Stock Market Reaction to Unexpected Growth in Marketing Expenditure: Negative for Sales Force, Contingent on Spending Level for Advertising./Kim, MinChung; McAlister, Leigh M./Jul 2011, Vol. 75 Issue 4, p68–85.

[31] The Impact of Incomplete Typeface Logos on Perceptions of the Firm./Hagtvedt, Henrik./Jul 2011, Vol. 75 Issue 4, p86–93.

[32] Enough Is Enough! The Fine Line in Executing Multichannel Relational Communication./Godfrey, Andrea; Seiders, Kathleen; Voss, Glenn B./Jul 2011, Vol. 75 Issue 4, p94–109.

[33] The Alignment of Contract Terms for Knowledge–Creating and Knowledge–Appropriating Relationship Portfolios./Lee, Jongkuk./Jul 2011, Vol. 75 Issue 4, p110–127.

[34] Reinventing Marketing to Manage the Environmental Imperative./Kotler, Philip./Jul 2011, Vol. 75 Issue 4, p132–135.

[35] A Framework for Conceptual Contributions in Marketing./MacInnis, Deborah J./Jul 2011, Vol. 75 Issue 4, p136–154.

[36] Sophistication in Research in Marketing./Lehmann, Donald R; McAlister, Leigh; Staelin, Richard./Jul 2011, Vol. 75 Issue 4, p155–165.

[37] Impact of Emerging Markets on Marketing: Rethinking Existing Perspectives and Practices./Sheth, Jagdish N. /Jul 2011, Vol. 75 Issue 4, p166–182.

[38] Closing the Marketing Capabilities Gap./Day, George S./Jul 2011, Vol. 75 Issue 4, p183–195.

[39] Bridging the Academic–Practitioner Divide in Marketing Decision Models./Lilien, Gary L./Jul 2011, Vol. 75 Issue 4, p196–210.

[40] On Managerial Relevance./Jaworski, Bernard J./Jul 2011, Vol. 75 Issue 4, p211–224.

[41] Will Consumers Be Willing to Pay More When Your Competitors Adopt Your Technology?

The Impacts of the Supporting-Firm Base in Markets with Network Effects./Wang, Qi; Xie, Jinhong./Sep 2011, Vol. 75 Issue 5, p1-17.

[42] Is Retail Category Management Worth the Effort (and Does a Category Captain Help or Hinder)? /Gooner, Richard A; Morgan, Neil A; Perreault, William D./Sep 2011, Vol. 75 Issue 5, p18-33.

[43] The Bright Side and Dark Side of Embedded Ties in Business-to-Business Innovation./ Noordhoff, Corine S; Kyriakopoulos, Kyriakos; Moorman, Christine; Pauwels, Pieter; Dellaert, Benedict G.C./Sep 2011, Vol. 75 Issue 5, p34-52.

[44] Behemoths at the Gate: How Incumbents Take on Acquisitive Entrants (and Why Some Do Better Than Others)./Mukherji, Prokriti; Sorescu, Alina; Prabhu, Jaideep C; Chandy, Rajesh K./Sep 2011, Vol. 75 Issue 5, p53-70.

[45] Extreme Makeover: Short-and Long-Term Effects of a Remodeled Servicescape./ Brüggen, Elisabeth C; Foubert, Bram; Gremler, Dwayne D./Sep 2011, Vol. 75 Issue 5, p71-87.

[46] The Impact of Brand Quality on Shareholder Wealth./Bharadwaj, Sundar G; Tuli, Kapil R; Bonfrer, Andre./Sep 2011, Vol. 75 Issue 5, p88-104.

[47] The Repetition-Break Plot Structure Makes Effective Television Advertisements./ Loewenstein, Jeffrey; Raghunathan, Rajagopal; Heath, Chip./Sep 2011, Vol. 75 Issue 5, p105-119.

[48] It's the Thought (and the Effort) That Counts: How Customizing for Others Differs from Customizing for Oneself./Moreau, C. Page; Bonney, Leff; Herd, Kelly B./Sep 2011, Vol. 75 Issue 5, p120-133.

[49] Hybrid Offerings: How Manufacturing Firms Combine Goods and Services Successfully./ Ulaga, Wolfgang; Reinartz, Werner J./Nov 2011, Vol. 75 Issue 6, p5-23.

[50] Social Effects on Customer Retention./Nitzan, Irit; Libai, Barak./Nov 2011, Vol. 75 Issue 6, p24-38

[51] Multihoming in Two-Sided Markets: An Empirical Inquiry in the Video Game Console Industry./Landsman, Vardit; Stremersch, Stefan./Nov 2011, Vol. 75 Issue 6, p39-54.

[52] Seeding Strategies for Viral Marketing: An Empirical Comparison./Hinz, Oliver; Skiera, Bernd; Barrot, Christian; Becker, Jan U./Nov 2011, Vol. 75 Issue 6, p55-71.

[53] Decision Process Evolution in Customer Channel Choice./Valentini, Sara; Montaguti, Elisa; Neslin, Scott A. /Nov 2011, Vol. 75 Issue 6, p72-86.

[54] Social Capital of Young Technology Firms and Their IPO Values: The Complementary Role of Relevant Absorptive Capacity./Xiong, Guiyang; Bharadwaj, Sundar./Nov 2011, Vol. 75 Issue 6, p87-104.

[55] The Aha! Experience: Insight and Discontinuous Learning in Product Usage./Lakshmanan,

Arun; Krishnan, H. Shanker./Nov 2011, Vol. 75 Issue 6, p105–123.

［56］Regret from Postpurchase Discovery of Lower Market Prices: Do Price Refunds Help?/Dutta, Sujay; Biswas, Abhijit; Grewal, Dhruv./Nov 2011, Vol. 75 Issue 6, p124–138.

3. 2011 年度 Journal of Marketing Research 文献索引

标题: Journal of Marketing Research (JMR)

ISSN: 0022-2437

出版者: American Marketing Association, 311 South Wacker Drive, Suite 5800, Chicago IL 60606-5819, United States of America

出版物类型: Academic Journal

科目: Marketing

说明: Written for technically oriented professional market researchers and academicians. Articles cover concepts, methods, & applications of marketing research, as well as reviews and comments relating to the research industry and its practices.

出版物 URL: http://www.ama.org/

［1］Lessons from an 'Oops' at Consumer Reports: Consumers Follow Experts and Ignore Invalid Information./Simonsohn, Uri./Feb 2011, Vol. 48 Issue 1, p1–12.

［2］Mapping Online Consumer Search./Kim, Jun B; Albuquerque, Paulo; Bronnenberg, Bart J./Feb 2011, Vol. 48 Issue 1, p13–27.

［3］Measuring Contagion in the Diffusion of Consumer Packaged Goods./Du, Rex Yuxing; Kamakura, Wagner A. /Feb 2011, Vol. 48 Issue 1, p28–47.

［4］The Effects of Consumers' Price Expectations on Sellers' Dynamic Pricing Strategies./Yuan, Hong; Han, Song./Feb 2011, Vol. 48 Issue 1, p48–61.

［5］When Trade–Offs Matter: The Effect of Choice Construal on Context Effects./Khan, Uzma; Zhu, Meng; Kalra, Ajay./Feb 2011, Vol. 48 Issue 1, p62–71.

［6］Learning and Acting on Customer Information: A Simulation–Based Demonstration on Service Allocations with Offshore Centers./Sun, Baohong; Li, Shibo./Feb 2011, Vol. 48 Issue 1, p72–86.

［7］From Generic to Branded: A Model of Spillover in Paid Search Advertising./Rutz, Oliver J; Bucklin, Randolph E. /Feb 2011, Vol. 48 Issue 1, p87–102.

［8］It's Not What You Get but When You Get It: The Effect of Gift Sequence on Deposit Balances and Customer Sentiment in a Commercial Bank./Haisley, Emily; Loewenstein, George./Feb 2011, Vol. 48 Issue 1, p103–115.

［9］Unstructured Direct Elicitation of Decision Rules./Ding, Min; Hauser, John R; Dong, Songting; Dzyabura, Daria; Yang, Zhilin; Su, Chenting; Gaskin, Steven P./Feb 2011, Vol. 48 Issue 1, p116–127.

［10］ Product Line Design for Consumer Durables: An Integrated Marketing and Engineering Approach./Luo, Lan. /Feb 2011, Vol. 48 Issue 1, p128–139.

［11］ Adaptive Self-Explication of Multiattribute Preferences./Netzer, Oded; Srinivasan, V./Feb 2011, Vol. 48 Issue 1, p140–156.

［12］ More or Less: A Model and Empirical Evidence on Preferences for Under-and Overpayment in Trade-In Transactions./Kim, Jungkeun; Rao, Raghunath Singh; Kim, Kyeongheui; Rao, Akshay R./Feb 2011, Vol. 48 Issue 1, p157–171.

［13］ How Should Consumers' Willingness to Pay Be Measured? An Empirical Comparison of State -of-the-Art Approaches./Miller, Klaus M; Hofstetter, Reto; Krohmer, Harley; Zhang, Z. John./Feb 2011, Vol. 48 Issue 1, p172–184.

［14］ Answering the Unasked Question: Response Substitution in Consumer Surveys./Gal, David; Rucker, Derek D. /Feb 2011, Vol. 48 Issue 1, p185–195.

［15］ The Influence of Price Discount Versus Bonus Pack on the Preference for Virtue and Vice Foods./Mishra, Arul; Mishra, Himanshu./Feb 2011, Vol. 48 Issue 1, p196–206.

［16］ Advertising Bans and the Substitutability of Online and Offline Advertising./Goldfarb, Avi; Tucker, Catherine. /Apr 2011, Vol. 48 Issue 2, p207–227.

［17］ Fatal (Fiscal) Attraction: Spendthrifts and Tightwads in Marriage./Rick, Scott I; Small, Deborah A; Finkel, Eli J. /Apr 2011, Vol. 48 Issue 2, p228–237.

［18］ Online Social Interactions: A Natural Experiment on Word of Mouth Versus Observational Learning./Chen, Yubo; Wang, Qi; Xie, Jinhong./Apr 2011, Vol. 48 Issue 2, p238–254.

［19］ Consumer Learning in a Turbulent Market Environment: Modeling Consumer Choice Dynamics After a Product-Harm Crisis./Zhao, Yi; Zhao, Ying; Helsen, Kristiaan./Apr 2011, Vol. 48 Issue 2, p255–267.

［20］ Recurring Goals and Learning: The Impact of Successful Reward Attainment on Purchase Behavior./Drèze, Xavier; Nunes, Joseph C./Apr2011, Vol. 48 Issue 2, p268–281.

［21］ Scope Insensitivity and the 'Mere Token' Effect./Urminsky, Oleg; Kivetz, Ran./Apr 2011, Vol. 48 Issue 2, p282–295.

［22］ How Asking "Who Am I?" Affects What Consumers Buy: The Influence of Self-Discovery on Consumption./Wu, Eugenia C; Cutright, Keisha M; Fitzsimons, Gavan J./Apr 2011, Vol. 48 Issue 2, p296–307.

［23］ Complicating Choice./Schrift, Rom Y; Netzer, Oded; Kivetz, Ran./Apr 2011, Vol. 48 Issue 2, p308–326.

［24］ The Sources and Consequences of the Fluent Processing of Numbers./King, Dan; Janiszewski, Chris./Apr 2011, Vol. 48 Issue 2, p327–341.

［25］ Stockouts in Online Retailing./Jing, Xiaoqing; Lewis, Michael./Apr 2011, Vol. 48 Issue 2, p342–354.

[26] Conscious and Nonconscious Comparisons with Price Anchors: Effects on Willingness to Pay for Related and Unrelated Products./Adaval, Rashmi; Wyer, Robert S./Apr 2011, Vol. 48 Issue 2, p355–365.

[27] The Anchor Contraction Effect in International Marketing Research./de Langhe, Bart; Puntoni, Stefano; Fernandes, Daniel; van Osselaer, Stijn M.J./Apr 2011, Vol. 48 Issue 2, p366–380.

[28] Shaping Consumer Imaginations: The Role of Self-Focused Attention in Product Evaluations./Hung, Iris W; Wyer, Robert S./Apr 2011, Vol. 48 Issue 2, p381–392.

[29] Aesthetic Incongruity Resolution./Patrick, Vanessa M; Hagtvedt, Henrik./Apr 2011, Vol. 48 Issue 2, p393–402.

[30] Self-Regulatory Strength and Consumers' Relinquishment of Decision Control: When Less Effortful Decisions Are More Resource Depleting./Usta, Murat; Häubl, Gerald/Apr 2011, Vol. 48 Issue 2, p403–412.

[31] Gender Identity Salience and Perceived Vulnerability to Breast Cancer./Puntoni, Stefano; Sweldens, Steven; Tavassoli, Nader T./Jun 2011, Vol. 48 Issue 3, p413–424.

[32] Network Effects and Personal Influences: The Diffusion of an Online Social Network./Katona, Zsolt; Zubcsek, Peter Pal; Sarvary, Miklos./Jun 2011, Vol. 48 Issue 3, p425–443.

[33] The Value of Social Dynamics in Online Product Ratings Forums./Moe, Wendy W; Trusov, Michael./Jun 2011, Vol. 48 Issue 3, p444–456.

[34] How Well Does Advertising Work? Generalizations from Meta-Analysis of Brand Advertising Elasticities./Sethuraman, Raj; Tellis, Gerard J; Briesch, Richard A. Journal of Marketing Research (JMR). Jun2011, Vol. 48 Issue 3, p457–471.

[35] It's the Mind-Set That Matters: The Role of Construal Level and Message Framing in Influencing Consumer Efficacy and Conservation Behaviors./White, Katherine; MacDonnell, Rhiannon; Dahl, Darren W./Jun 2011, Vol. 48 Issue 3, p472–485.

[36] Effects of Social and Temporal Distance on Consumers' Responses to Peer Recommendations./Zhao, Min; Xie, Jinhong./Jun 2011, Vol. 48 Issue 3, p486–496.

[37] Securities Trading of Concepts (STOC)./Dahan, Ely; Kim, Adlar J; Lo, Andrew W; Poggio, Tomaso; Chan, Nicholas./Jun 2011, Vol. 48 Issue 3, p497–517.

[38] Estimating the Value of Brand-Image Associations: The Role of General and Specific Brand Image./Sonnier, Garrett; Ainslie, Andrew./Jun 2011, Vol. 48 Issue 3, p518–531.

[39] Positive Affect, Intertemporal Choice, and Levels of Thinking: Increasing Consumers' Willingness to Wait./Pyone, Jin Seok; Isen, Alice M./Jun 2011, Vol. 48 Issue 3, p532–543.

[40] Choice as an End Versus a Means./Choi, Jinhee; Fishbach, Ayelet./Jun 2011, Vol. 48 Issue 3, p544–554.

[41] The Social Utility of Feature Creep./Thompson, Debora V; Norton, Michael I./Jun

2011, Vol. 48 Issue 3, p555-565.

［42］ Price Competition and Endogenous Valuation in Search Advertising./Xu, Lizhen；Chen, Jianqing；Whinston, Andrew./Jun 2011, Vol. 48 Issue 3, p566-586.

［43］ Effects of Customer and Innovation Asset Configuration Strategies on Firm Performance./Fang, Eric（Er）；Palmatier, Robert W；Grewal, Rajdeep./Jun 2011, Vol. 48 Issue 3, p587-602.

［44］ Understanding Governance Decisions in a Partially Integrated Channel：A Contingent Alignment Framework./Kim, Stephen K；McFarland, Richard G；Kwon, Soongi；Son, Sanggi；Griffith, David A./Jun 2011, Vol. 48 Issue 3, p603-616.

［45］ Seeing Ourselves in Others：Reviewer Ambiguity, Egocentric Anchoring, and Persuasion./Naylor, Rebecca Walker；Lamberton, CaitPoynor；Norton, David A./Jun 2011, Vol. 48 Issue 3, p617-631.

［46］ Tariff Choice with Consumer Learning and Switching Costs./Goettler, Ronald L；Clay, Karen./Aug 2011, Vol. 48 Issue 4, p633-652.

［47］ Choice Set Heterogeneity and The Role of Advertising：An Analysis with Micro and Macro Data./Draganska, Michaela；Klapper, Daniel./Aug 2011, Vol. 48 Issue 4, p653-669.

［48］ Preference Minorities and the internet./Choi, Jeonghye；Bell, David R. Aug 2011, Vol. 48 Issue 4, p670-682.

［49］ Cross-Selling the Right Product to the Right Customer at the Right Time./Li, Shibo；Sun, Baohong；Montgomery, Alan L./Aug 2011, Vol. 48 Issue 4, p683-700.

［50］ Why Didn't I Think of That? Self-Regulation Through Selective Information Processing./Trudel, Remi；Murray, Kyle B./Aug 2011, Vol. 48 Issue 4, p701-712.

［51］ Modeling Multiple Relationships in Social Networks./Ansari, Asim；Koenigsberg, Oded；Stahl, Florian./Aug 2011, Vol. 48 Issue 4, p713-728.

［52］ Discrepant Fluency in Self-Customization./Wilcox, Keith；Song, Sangyoung./Aug 2011, Vol. 48 Issue 4, p729-740.

［53］ The Influence of Friends on Consumer Spending：The Role of Agency—Communion Orientation and Self-Monitoring./Kurt, Didem；Inman, J. Jeffrey；Argo, Jennifer J./Aug 2011, Vol. 48 Issue 4, p741-754.

［54］ Multiple Routes to Self-Versus Other-Expression in Consumer Choice./Maimaran, Michal；Simonson, Itamar. /Aug 2011, Vol. 48 Issue 4, p755-766.

［55］ Incorporating Context Effects Into a Choice Model./Rooderkerk, Robert P；Van Heerde, Harald J；Bijmolt, Tammo H.A./Aug 2011, Vol. 48 Issue 4, p767-780.

［56］ The Incentive and Selection Roles of Sales Force Compensation Contracts./Lo, Desmond（Ho-Fu）；Ghosh, Mrinal；Lafontaine, Francine./Aug 2011, Vol. 48 Issue 4, p781-798.

[57] Fast-Food Consumption and the Ban on advertising Targeting Children: The Quebec Experience./Dhar, Tirtha; Baylis, Kathy./Oct 2011, Vol. 48 Issue 5, p799-813.

[58] Relaxation Increases Monetary Valuations./Tuan Pham, Michel; Hung, Iris W; Gorn, Gerald J./Oct 2011, Vol. 48 Issue 5, p814-826.

[59] Mental Simulation and Product evaluation: the affective and Cognitive Dimensions of Process versus outcome Simulation./Zhao, Min; hoeffler, Steve; ZauberMan, Gal./Oct 2011, Vol. 48 Issue 5, p827-839.

[60] Rejectable Choice Sets: How Seemingly Irrelevant No-Choice Options Affect Consumer Decision Processes./Parker, Jeffrey R; Schrift, Rom Y./Oct 2011, Vol. 48 Issue 5, p840-854.

[61] Warm Glow or Cold, Hard Cash? Social Identify Effects on Consumer Choice for Donation Versus Discount Promotions./Winterich, Karen Page; Barone, Michael J./Oct 2011, Vol. 48 Issue 5, p855-868.

[62] What Drives Immediate and Ongoing Word of Mouth?/Berger, Jonah; Schwartz, Eric M./Oct 2011, Vol. 48 Issue 5, p869-880.

[63] Automated Marketing Research Using Online Customer Reviews./Lee, Thomas Y; BradLow, Eric T./Oct 2011, Vol. 48 Issue 5, p881-894.

[64] The impact of Candidate Appearance and Advertising Strategies on Election Results./Hoegg, Joandrea; Lewis, Michael V./Oct 2011, Vol. 48 Issue 5, p895-909.

[65] Price Presentation Effects in Purchases Involving Trade-Ins./Srivastava, Joydeep; Chakravarti, Dipankar. /Oct 2011, Vol. 48 Issue 5, p910-919.

[66] The Role of Reciprocity in Clarifying the Performance Payoff of Relational Behavior./Hoppner, Jessica J; Griffith, David A./Oct 2011, Vol. 48 Issue 5, p920-928.

[67] Misunderstanding Savings Growth: Implications for Retirement Savings Behavior./Mckenzie, Craig R.M; Liersch, Michael J./Oct 2011 Supplement 1, Vol. 48, pS1-S13.

[68] Earmarking and Partitioning: Increasing Saving by Low-Income Households./Soman, Dilip; Cheema, Amar. /Oct 2011 Supplement 1, Vol. 48, pS14-S22.

[69] ncreasing Saving Behavior Through Age-Progressed Renderings of the Future Self./Hershfield, Hal E; Goldstein, Daniel G; Sharpe, William F; Fox, Jesse; Yeykelis, Leo; Carstensen, Laura L; Bailenson, Jeremy N./Oct 2011 Supplement 1, Vol. 48, pS23-S37.

[70] Winning the Battle but Losing the War: The Psychology of Debt Management./Amar, Moty; Ariely, Dan; Ayal, Shahar; Cryder, Cynthia E; Rick, Scott I./Oct 2011 Supplement 1, Vol. 48, pS38-S50.

[71] Using Loan Plus Lender Literacy Information to Combat One-Sided Marketing of Debt Consolidation Loans./Bolton, Lisa E; Bloom, Paul N; Cohen, Joel B./Oct 2011 Supplement 1, Vol. 48, pS51-S59.

[72] Minimum Required Payment and Supplemental Information Disclosure Effects on

Consumer Debt Repayment Decisions./Navarro-Martinez, Daniel; Salisbury, Linda Court; Lemon, Katherine N; Stewart, Neil; Matthews, William J; Harris, Adam J.L./Oct 2011 Supplement 1, Vol. 48, pS60-S77.

［73］Leave Home Without It? The Effects of Credit Card Debt and Available Credit on Spending./Wilcox, Keith; Block, Lauren G; Eisenstein, Eric M./Oct 2011 Supplement 1, Vol. 48, pS78-S90.

［74］Axe the Tax: Taxes Are Disliked More than Equivalent Costs./Sussman, Abigail B; Olivola, Christopher Y. /Oct 2011 Supplement 1, Vol. 48, pS91-S101.

［75］Once Burned, Twice Shy: How Naive Learning, Counterfactuals, and Regret Affect the Repurchase of Stocks Previously Sold./Strahilevitz, Michal Ann; Odean, Terrance; Barber, Brad M./Oct 2011 Supplement 1, Vol. 48, pS102-S120.

［76］Fear, Social Projection, and Financial Decision Making./Lee, Chan Jean; Andrade, Eduardo B./Oct 2011 Supplement 1, Vol. 48, pS121-S129.

［77］Microfinance Decision Making: A Field Study of Prosocial Lending./Galak, Jeff; Small, Deborah; Stephen, Andrew T./Oct 2011 Supplement 1, Vol. 48, pS130-S137.

［78］Tell Me a Good Story and I May Lend You Money: The Role of Narratives in Peer-to-Peer Lending Decisions./Herzenstein, Michal; Sonenshein, Scott; Dholakia, Utpal M./Oct 2011 Supplement 1, Vol. 48, pS138-S149.

［79］Marketing Complex Financial Products in Emerging Markets: Evidence from Rainfall Insurance in India./Gaurav, Sarthak; Cole, Shawn; Tobacman, Jeremy./Oct 2011 Supplement 1, Vol. 48, pS150-S162.

［80］Are Consumers Too Trusting? The Effects of Relationships with Expert Advisers./Schwartz, Janet; Luce, Mary Frances; Ariely, Dan./Oct 2011 Supplement 1, Vol. 48, pS163-S174.

［81］Dynamic Marketing Budgeting for Platform Firms: Theory, Evidence, and Application./Sridhar, Shrihari; Mantrala, Murali K; Naik, Prasad A; Thorson, Esther./Dec 2011, Vol. 48 Issue 6, p929-943.

［82］The Fewer the Better: Number of Goals and Savings Behavior./Soman, Dilip; Zhao, Min./Dec 2011, Vol. 48 Issue 6, p944-957.

［83］Framing Goals to Influence Personal Savings: The Role of Specificity and Construal Level./Ülkümen, Gülden; Cheema, Amar./Dec 2011, Vol. 48 Issue 6, p958-969.

［84］The Psychology of Decisions to Abandon Waits for Service./Janakiraman, Narayan; Meyer, Robert J; Hoch, Stephen J./Dec 2011, Vol. 48 Issue 6, p970-984.

［85］Modeling Multichannel Home Video Demand in the U.S. Motion Picture Industry./Mukherjee, Anirban; Kadiyali, Vrinda./Dec 2011, Vol. 48 Issue 6, p985-995.

［86］Focus! Creative Success Is Enjoyed Through Restricted Choice./Sellier, Anne-

Laure；Dahl，Darren W./Dec 2011，Vol. 48 Issue 6，p996-1007.

［87］Looks Interesting，but What Does It Do？Evaluation of Incongruent Product Form Depends on Positioning./Noseworthy，Theodore J；Trudel，Remi./Dec 2011，Vol. 48 Issue 6，p1008-1019.

［88］From Rumors to Facts，and Facts to Rumors：The Role of Certainty Decay in Consumer Communications./Dubois，David；Rucker，Derek D；Tormala，Zakary L./Dec 2011，Vol. 48 Issue 6，p1020-1032.

［89］Embodied Myopia./Van den Bergh，Bram；Schmitt，Julien；Warlop，Luk./Dec 2011，Vol. 48 Issue 6，p1033-1044.

［90］Motivational Consequences of Perceived Velocity in Consumer Goal Pursuit./Huang，Szu-chi；Zhang，Ying. /Dec 2011，Vol. 48 Issue 6，p1045-1056.

［91］Location，Location，Location：An Analysis of Profitability of Position in Online Advertising Markets./Agarwal，Ashish；Hosanagar，Kartik；Smith，Michael D./Dec 2011，Vol. 48 Issue 6，p1057-1073.

4. 2011 年度 Marketing Science 文献索引

标题：Marketing Science

ISSN：0732-2399

出版者：INFORMS：Institute for Operations Research，7240 Parkway Drive，Suite 300，Hanover MD 21076，United States of America

出版物类型：Academic Journal

科目：Marketing

说明：Research articles involving the confluence of the organization，customers and the marketplace.

出版物 **URL**：http：//mktsci.journal.informs.org/

［1］Modeling Multivariate Distributions Using Copulas：Applications in Marketing./Peter J. Danaher，Michael S. Smith./Jan/Feb 2011，Volume 30 Issue 1.

［2］Commentary—A Latent Variable Perspective of Copula./ModelingEdward I. George，Shane T. Jensen./Jan/Feb 2011，Volume 30 Issue 1.

［3］Rejoinder—Estimation Issues for Copulas Applied to Marketing Data./Peter J. Danaher，Michael S. Smith./Jan/Feb 2011，Volume 30 Issue 1.

［4］Internet Channel Entry：A Strategic Analysis of Mixed Channel Structures./Weon Sang Yoo，Eunkyu Lee./Jan/Feb 2011，Volume 30 Issue 1.

［5］"Bricks and Clicks"：The Impact of Product Returns on the Strategies of Multichannel Retailers./ElieOfek，ZsoltKatona，MiklosSarvary./Jan/Feb 2011，Volume 30 Issue 1.

［6］Identifying Unmet Demand./Sandeep R. Chandukala，Yancy D. Edwards，Greg M. Allenby./Jan/Feb 2011，Volume 30 Issue 1.

［7］ The Effect of Media Advertising on Brand Consideration and Choice./Nobuhiko Terui, Masataka Ban, Greg M. Allenby./Jan/Feb 2011, Volume 30 Issue 1.

［8］ Brands: The Opiate of the Nonreligious Masses?/Ron Shachar, TülinErdem, Keisha M. Cutright, Gavan J. Fitzsimons./Jan/Feb 2011, Volume 30 Issue 1.

［9］ The Design of Durable Goods./OdedKoenigsberg, Rajeev Kohli, Ricardo Montoya./Jan/Feb 2011, Volume 30 Issue 1.

［10］ Bayesian Analysis of Hierarchical Effects./Sandeep R. Chandukala, Jeffrey P. Dotson, Jeff D. Brazell, Greg M. Allenby./Jan/Feb 2011, Volume 30 Issue 1.

［11］ Cross-Market Discounts./Marcel Goić, KinshukJerath, Kannan Srinivasan./Jan/Feb 2011, Volume 30 Issue 1.

［12］ Preview Provision Under Competition./Yi Xiang, David A. Soberman./Jan/Feb 2011, Volume 30 Issue 1.

［13］ The Perils of Behavior-Based Personalization./Juanjuan Zhang./Jan/Feb 2011, Volume 30 Issue 1.

［14］ Opinion Leadership and Social Contagion in New Product Diffusion./RaghuramIyengar, Christophe Van den Bulte, Thomas W. Valente./Mar/Apr 2011, Volume 30 Issue 2.

［15］ Commentary—Contagion in Prescribing Behavior Among Networks of Doctors./cholas A. Christakis, James H. Fowler./Mar/Apr 2011, Volume 30 Issue 2.

［16］ Commentary—Identifying Social Influence: A Comment on Opinion Leadership and Social Contagion in New Product Diffusion./nan Aral./Mar/Apr 2011, Volume 30 Issue 2.

［17］ Commentary—Invited Comment on "Opinion Leadership and Social Contagion in New Product Diffusion"./id Godes./Mar/Apr 2011, Volume 30 Issue 2.

［18］ Rejoinder—Further Reflections on Studying Social Influence in New Product Diffusion./RaghuramIyengar, Christophe Van den Bulte, Thomas W. Valente. /Mar/Apr 2011, Volume 30 Issue 2.

［19］ Tricked by Truncation: Spurious Duration Dependence and Social Contagion in Hazard Models./Christophe Van den Bulte, RaghuramIyengar./Mar/Apr 2011, Volume 30 Issue 2.

［20］ Hybrid Advertising Auctions./Yi Zhu, Kenneth C. Wilbur./Mar/Apr 2011, Volume 30 Issue 2.

［21］ The Evolution of Internal Market Structure./Oliver J. Rutz, Garrett P. Sonnier./Mar/Apr 2011, Volume 30 Issue 2.

［22］ Profitability of the Name-Your-Own-Price Channel in the Case of Risk-Averse Buyers./Dmitry Shapiro./Mar/Apr 2011, Volume 30 Issue 2.

［23］ Predictably Non-Bayesian: Quantifying Salience Effects in Physician Learning About Drug Quality./Nuno Camacho, Bas Donkers, Stefan Stremersch./Mar/Apr 2011, Volume 30 Issue 2.

[24] Efficient Choice Designs for a Consider-Then-Choose Model./Qing Liu, Neeraj Arora./Mar/Apr 2011, Volume 30 Issue 2.

[25] Demystifying Disruption: A New Model for Understanding and Predicting Disruptive Technologies./Ashish Sood, Gerard J. Tellis./Mar/Apr 2011, Volume 30 Issue 2.

[26] Stuck in the Adoption Funnel: The Effect of Interruptions in the Adoption Process on Usage./AnjaLambrecht, KatjaSeim, Catherine Tucker./Mar/Apr 2011, Volume 30 Issue 2.

[27] How Peer Influence Affects Attribute Preferences: A Bayesian Updating Mechanism./Vishal Narayan, Vithala R. Rao, Carolyne Saunders./Mar/Apr 2011, Volume 30 Issue 2.

[28] Online Display Advertising: Targeting and Obtrusiveness./Avi Goldfarb, Catherine Tucker./May./Jun 2011, Volume 30 Issue 3.

[29] Commentary—When Is Less More, and How Much More? Thoughts on the Psychological and Economic Implications of Online Targeting and Obtrusiveness./Leonard M. Lodish, Americus Reed, II./May./Jun 2011, Volume 30 Issue 3.

[30] Commentary—Discussion of "Online Display Advertising: Targeting and Obtrusiveness" by Avi Goldfarb and Catherine Tucker./Andrea M. Matwyshyn./May./Jun 2011, Volume 30 Issue 3.

[31] Rejoinder—Implications of "Online Display Advertising: Targeting and Obtrusiveness./Avi Goldfarb, Catherine Tucker./May./Jun 2011, Volume 30 Issue 3.

[32] Gut Liking for the Ordinary: Incorporating Design Fluency Improves Automobile Sales Forecasts./Jan R. Landwehr, Aparna A. Labroo, Andreas Herrmann./May./Jun 2011, Volume 30 Issue 3.

[33] The Seeds of Negativity: Knowledge and Money./Mitchell J. Lovett, Ron Shachar./May./Jun 2011, Volume 30 Issue 3.

[34] A Dynamic Model of Sponsored Search Advertising./Song Yao, Carl F. Mela./May./Jun 2011, Volume 30 Issue 3.

[35] A Regime-Switching Model of Cyclical Category Buying./Sungho Park, Sachin Gupta. May./Jun 2011, Volume 30 Issue 3.

[36] Multiple-Constraint Choice Models with Corner and Interior Solutions./Takuya Satomura, Jaehwan Kim, Greg M. Allenby./May./Jun 2011, Volume 30 Issue 3.

[37] Crisis and Consumption Smoothing./PushanDutt, V. Padmanabhan./May./Jun 2011, Volume 30 Issue 3.

[38] Scalable Inference of Customer Similarities from Interactions Data Using Dirichlet Processes./Michael Braun, André Bonfrer./May./Jun 2011, Volume 30 Issue 3.

[39] Efficient Methods for Sampling Responses from Large -Scale Qualitative Data./Surendra N. Singh, Steve Hillmer, Ze Wang./May./Jun 2011, Volume 30 Issue 3.

[40] Commentary—Reexamining Bayesian Model-Comparison Evidence of Cross-Brand

Pass-Through./Jason A. Duan, Leigh McAlister, Shameek Sinha./May./Jun 2011, Volume 30 Issue 3.

[41] Practice Prize Winner—Dynamic Marketing Budget Allocation Across Countries, Products, and Marketing Activities./Marc Fischer, Sönke Albers, Nils Wagner, Monika Frie./ Jul/Aug 2011, Volume 30 Issue 4.

[42] A "Position Paradox" in Sponsored Search Auctions./KinshukJerath, Liye Ma, Young-Hoon Park, Kannan Srinivasan./Jul/Aug 2011, Volume 30 Issue 4.

[43] The Impact of Economic Contractions on the Effectiveness of R&D and Advertising: Evidence from U.S. Companies Spanning Three Decades./Jan-Benedict E. M. Steenkamp, Eric (Er) Fang./Jul/Aug 2011, Volume 30 Issue 4.

[44] Modeling Indirect Effects of Paid Search Advertising: Which Keywords Lead to More Future Visits?/Oliver J. Rutz, Michael Trusov, Randolph E. Bucklin./Jul/Aug 2011, Volume 30 Issue 4.

[45] Uninformative Advertising as an Invitation to Search./Dina Mayzlin, Jiwoong Shin./ Jul/Aug 2011, Volume 30 Issue 4.

[46] Testing Models of Strategic Behavior Characterized by Conditional Likelihoods./Thomas Otter, Timothy J. Gilbride, Greg M. Allenby./Jul/Aug 2011, Volume 30 Issue 4.

[47] A Dynamic Model of the Effect of Online Communications on Firm Sales./Garrett P. Sonnier, Leigh McAlister, Oliver J. Rutz./Jul/Aug 2011, Volume 30 Issue 4.

[48] No Customer Left Behind: A Distribution-Free Bayesian Approach to Accounting for Missing Xs in Marketing Models./Yi Qian, HuiXie./Jul/Aug 2011, Volume 30 Issue 4.

[49] Optimizing E-tailer Profits and Customer Savings: Pricing Multistage Customized Online Bundles./Yuanchun Jiang, Jennifer Shang, Chris F. Kemerer, Yezheng Liu./Jul/Aug 2011, Volume 30 Issue 4.

[50] Firm Strategies in the "Mid Tail" of Platform-Based Retailing./Baojun Jiang, Kinshuk Jerath, Kannan Srinivasan./Sep/Oct 2011, Volume 30 Issue 5.

[51] Competing for Low-End Markets./Wilfred Amaldoss, Woochoel Shin./Sep/Oct 2011, Volume 30 Issue 5.

[52] Zooming In on Paid Search Ads—A Consumer-Level Model Calibrated on Aggregated Data./Oliver J. Rutz, Michael Trusov./Sep/Oct 2011, Volume 30 Issue 5.

[53] Active Machine Learning for Consideration Heuristics./Daria Dzyabura, John R. Hauser./ Sep/Oct 2011, Volume 30 Issue 5.

[54] The Impact of Tariff Structure on Customer Retention, Usage, and Profitability of Access Services./RaghuramIyengar, KamelJedidi, SkanderEssegaier, Peter J. Danaher./Sep/Oct 2011, Volume 30 Issue 5.

[55] Measuring the Lifetime Value of Customers Acquired from Google Search Advertising./

Tat Y. Chan, Chunhua Wu, Ying Xie./Sep/Oct 2011, Volume 30 Issue 5.

[56] Social Learning and Dynamic Pricing of Durable Goods./Bing Jing./Sep/Oct 2011, Volume 30 Issue 5.

[57] New Perspectives on Customer "Death" Using a Generalization of the Pareto/NBD Model./KinshukJerath, Peter S. Fader, Bruce G. S. Hardie./Sep/Oct 2011, Volume 30 Issue 5.

[58] Modeling Customer Lifetimes with Multiple Causes of Churn./Michael Braun, David A. Schweidel./Sep/Oct 2011, Volume 30 Issue 5.

[59] Product Positioning in a Two-Dimensional Vertical Differentiation Model: The Role of Quality Costs./Dominique OliéLauga, ElieOfek./Sep/Oct 2011, Volume 30 Issue 5.

[60] Assessing the Effect of Marketing Investments in a Business Marketing Context./V. Kumar, S. Sriram, Anita Luo, Pradeep K. Chintagunta./Sep/Oct 2011, Volume 30 Issue 5.

[61] Foreword—Revisiting the Workshop on Quantitative Marketing and Structural Econometrics./Brett R. Gordon, Raphael Thomadsen, Eric T. Bradlow, Jean-Pierre Dubé, Richard Staelin./Nov/Dec 2011, Volume 30 Issue 6.

[62] Structural Workshop Paper—Descriptive, Structural, and Experimental Empirical Methods in Marketing Research./Peter C. Reiss./Nov/Dec 2011, Volume 30 Issue 6.

[63] Structural Workshop Paper—Data Selection and Procurement./Carl F. Mela./Nov/Dec 2011, Volume 30 Issue 6.

[64] Structural Workshop Paper—Discrete-Choice Models of Consumer Demand in Marketing./Pradeep K. Chintagunta, Harikesh S. Nair./Nov/Dec 2011, Volume 30 Issue 6.

[65] Structural Workshop Paper—Estimating Discrete Games./Paul B. Ellickson, Sanjog Misra./Nov/Dec 2011, Volume 30 Issue 6.

[66] Music Downloads and the Flip Side of Digital Rights Management./Dinah A. Vernik, DevavratPurohit, Preyas S. Desai./Nov/Dec 2011, Volume 30 Issue 6.

[67] Noncompensatory Dyadic Choices./Neeraj Arora, Ty Henderson, Qing Liu./Nov/Dec 2011, Volume 30 Issue 6.

[68] Optimal Advertising When Envisioning a Product-Harm Crisis./Olivier Rubel, Prasad A. Naik, Shuba Srinivasan./Nov/Dec 2011, Volume 30 Issue 6.

[69] Competitive Strategy for Open Source Software./Vineet Kumar, Brett R. Gordon, Kannan Srinivasan./Nov/Dec 2011, Volume 30 Issue 6.

[70] Identifying Causal Marketing Mix Effects Using a Regression Discontinuity Design./Wesley Hartmann, Harikesh S. Nair, Sridhar Narayanan./Nov/Dec 2011, Volume 30 Issue 6.

[71] Understanding Responses to Contradictory Information About Products./Ajay Kalra, Shibo Li, Wei Zhang./Nov/Dec 2011, Volume 30 Issue 6.

[72] The Sense and Non-Sense of Holdout Sample Validation in the Presence of Endogeneity./Peter Ebbes, Dominik Papies, Harald J. van Heerde./Nov/Dec 2011, Volume 30 Issue 6.

后 记

　　一部著作的完成需要许多人的默默贡献，闪耀着的是集体的智慧，其中铭刻着许多艰辛的付出，凝结着许多辛勤的劳动和汗水。

　　本书在编写过程中，借鉴和参考了大量的文献和作品，从中得到了不少启悟，也汲取了其中的智慧菁华，谨向各位专家、学者表示崇高的敬意——因为有了大家的努力，才有了本书的诞生。凡被本书选用的材料，我们都将按相关规定向原作者支付稿费，但因为有的作者通信地址不详或者变更，尚未取得联系。敬请您见到本书后及时函告您的详细信息，我们会尽快办理相关事宜。

　　由于编写时间仓促以及编者水平有限，书中不足之处在所难免，诚请广大读者指正，特驰惠意。